Ione Buyst

Penha Carpanedo & Márcio Pimentel

ORGANIZADORES

Ione Buyst

uma vida a serviço da liturgia

apostolado litúrgico

Paulinas

PAULUS

Edições Loyola

Dados Internacionais de Catalogação na Publicação (CIP)
(Câmara Brasileira do Livro, SP, Brasil)

Ione Buyst : uma vida a serviço da liturgia / (orgs.) Penha Carpanedo, Márcio Pimentel. -- 1. ed. -- São Paulo : Edições Loyola (Aneas) : Apostolado Litúrgico : Paulinas : Paulus, 2025.

Bibliografia.
ISBN 978-65-5504-467-6 (Loyola / Apostolado Litúrgico / Paulus)
ISBN 978-65-5808-382-5 (Paulinas)

1. Buyst, Ione - Crítica e interpretação 2. Catolicismo 3. Igreja Católica - Liturgia - Estudo e ensino 4. Igreja Católica - Liturgia - História 5. Igreja Católica - Liturgia - Manuais, guias, etc. 6. Igreja Católica - Liturgia - Teologia I. Carpanedo, Penha. II. Pimentel, Márcio.

25-297274.0 CDD-264.02

Índices para catálogo sistemático:

1. Liturgia : Igreja Católica : Cristianismo 264.02

Aline Graziele Benitez - Bibliotecária - CRB-1/3129

Diretor geral: Eliomar Ribeiro, SJ
Editor: Gabriel Frade

Diretora editorial (Apostolado Litúrgico): Ir. Maria da Penha Carpanedo
Diretora editorial (Paulinas): Ir. Ágda França
Diretor editorial (Paulus): Pe. Jakson Ferreira de Alencar

Capa: Ronaldo Hideo Inoue
Diagramação: Desígnios Editoriais

Capa composta a partir da ilustração (editada generativamente) de © kitidach sobre o fundo de © Phokin. Imagens do Adobe Stock. Fotos de Ione Buyst e dos organizadores na primeira e segunda orelhas, respectivamente, provenientes de seus arquivos pessoais.

No miolo, ilustração da página 6, de Zr. Hadewych de Ceukeleer, e imagens do caderno de fotografias, provenientes de arquivo pessoal, fornecidas pelos organizadores.

Edições Loyola
Rua 1822 nº 341, Ipiranga
04216-000 São Paulo, SP
T 55 11 3385 8500/8501, 2063 4275
editorial@loyola.com.br, **vendas**@loyola.com.br
loyola.com.br, @edicoesloyola

apostolado litúrgico
Rua Carlos Silveira Franco Neto nº 180, Jacaré
13318-420 Cabreúva, SP
T 55 11 4409 2025, 4409 2551, 11 97592 4380
vendas@apostoladoliturgico.com.br
apostoladoliturgico.com.br
revistadeliturgia.com.br, 11 97530 9827

Paulinas
Rua Dona Inácia Uchoa nº 62, Vila Mariana
04110-020 São Paulo, SP
T 55 11 2125 3500, **TM/SAC** 0800 701 0081
editora@paulinas.com.br, **paulinas.com.br**

PAULUS
Rua Francisco Cruz nº 229, Vila Mariana
04117-091 São Paulo, SP
T 55 11 5087 3700
editorial@paulus.com.br, **paulus.com.br**

ISBN (Loyola/Apostolado Litúrgico/Paulus) 978-65-5504-467-6
ISBN (Paulinas) 978-65-5808-382-5

110825

Abreviaturas

Asli	Associação dos Liturgistas do Brasil
CEBs	Comunidades Eclesiais de Base
Celam	Conselho Episcopal Latino-Americano
Celmu	Curso Ecumênico de Formação e Atualização Litúrgico-Musical
CL	Ciência Litúrgica
DD	*Dies Domini*
DP	Documento de Puebla
FAJE	Faculdade Jesuíta de Filosofia e Teologia
GS	*Gaudium et Spes*
IELM	Introdução ao Elenco das Leituras da Missa
Ifiteg	Instituto de Filosofia e Teologia de Goiás
IGLH	Instrução Geral sobre a Liturgia das Horas
IGMR	Instrução Geral sobre o Missal Romano
Ispal	Instituto Superior de Pastoral Litúrgica
JOC	Juventude Operária Católica
LH	Liturgia das Horas
LL	Laboratórios Litúrgicos
ML	Movimento Litúrgico
MR	Missal Romano
NALC	Normas Universais do Ano Litúrgico e Calendário Romano Geral
PL	Patrologia Latina
RB	Regra de São Bento
REB	Revista Eclesiástica Brasileira
Rica	Ritual de Iniciação Cristã dos Adultos
SC	*Sacrosanctum Concilium*
TdL	Teologia da Libertação

Como uma árvore

Desenho: Zr. Hadewych de Ceukeleer

Mijn boom…
worden als een boom
brede kruin zijn
met takken en bloemen en vruchten
wijd-uit
heilzaam
in het leven staan
diepe wortels hebben
even wijd als de kruin
in God
drinken, zich voeden
en kracht opdoen en vruchtbaarheid.

Ione Buyst (Priorij Schotenhof, Bélgica, 7 jan. 1981)

Minha árvore…
tornar-me como uma árvore
copa bem ampla
com galhos e flores e frutas
ocupar na vida
um espaço largo e vasto
salvífico
ter raízes profundas
tão amplas quanto a copa
em Deus
beber, alimentar-se
adquirir forças e fecundidade

Ione Buyst
(tradução do original acima, em neerlandês)

Sumário

parte um
Autobiografia de Ione Buyst

parte dois
Elogios a Ione e sua obra

parte três

Artigos marcantes na obra teológico-litúrgica de Ione Buyst

certamente realizou no desejo de colaborar com a memória do estudo e da pastoral da liturgia em nosso meio, área para a qual deu uma contribuição grande e original. Sem esquecer o fato de ela ser mulher, estrangeira e consagrada, atuando em um serviço eclesial desempenhado quase exclusivamente por homens clérigos... Mesmo assim, Ione coordenou a Pastoral Litúrgica de uma diocese e colaborou com o setor de liturgia da CNBB. Certamente é a primeira liturgista do Brasil e, talvez, na América Latina.

No início da década de 1980, além de poucas pessoas formadas em liturgia, havia, no Brasil, dificuldade de acesso a publicações litúrgicas estrangeiras. Também nisto ela é uma referência para os que se sentem chamados ao serviço da liturgia. Mesmo com poucos recursos, Ione sempre se dedicou com afinco à pesquisa de temas "novos", relevantes e pertinentes, boa parte deles solicitados ora pela *Revista de Liturgia*, ora pelas diferentes assessorias que prestou ao longo dos anos. Atenta a uma visão integral do ser humano, Ione procura, em seus trabalhos, dialogar com outras disciplinas e permanecer aberta a práticas e reflexões emergentes, sem perder de vista a especificidade do campo da liturgia cristã. Da mesma forma, mantém-se coerente com o método de Ciência Litúrgica explicitado por ela.

O estudo da liturgia esteve, para ela, constantemente entrelaçado à formação litúrgica do Povo de Deus, e isso desde o começo de sua vida paroquial na Bélgica. Fiel a essa orientação para a formação popular, durante décadas Ione aceitou assessorias em todas as regiões de nossa terra, inclusive nas cidades mais distantes, às vezes enfrentando mosquitos e barulho. Assim, interagiu tanto com agricultores como com universitários, colaborando na formação dos agentes de pastoral, de animadores e de ministros/as de comunidade, além de pessoas consagradas inseridas e de lideranças da juventude. Seus escritos e falas (algumas das quais gravadas em vídeo) são didáticos, bem adaptados aos destinatários. Seu modo de falar o português,

Prefácio

Domingos Ormonde
(presbítero da Diocese de Duque de Caxias, RJ,
membro fundador da Rede Celebra)

Banhados em Cristo, somos uma nova criatura.
As coisas antigas já se passaram, somos nascidos de novo.
Aleluia, aleluia, aleluia! (bis)

Este refrão, usado pelas comunidades na aspersão batismal, é um dos muitos dons da vida de Ione Buyst, toda ela a serviço da liturgia, toda ela enraizada em Deus. Ione nunca foi de falar muito de si mesma, mas sempre teve bastante interesse pela história das outras pessoas, mesmo por aquelas recém-conhecidas. Com esta autobiografia, Ione nos permite entrar em contato com sua árvore, árvore que é ela mesma, por meio de seus "galhos e flores e frutos". Como seria bom fazer uma leitura acompanhada por sua flauta doce...

Ainda garota, Ione teve a graça do contato vital com pessoas entusiasmadas e comprometidas com o Movimento Litúrgico que antecedeu o Concílio Vaticano II. Suas experiências iniciais de celebração e formação, como ela mesma diz, talvez tenham despertado a liturgista que veio a se tornar e certamente impulsionaram sua vocação para a vida monástica. Assim, tudo começou com o encantamento pelo serviço a Deus na liturgia.

Os leitores vão se admirar com a quantidade de informações deste livro, o que denota como Ir. Ione foi sempre aplicada na tarefa de anotar e cuidadosa no arquivamento de materiais, atividades que certamente realizou no desejo de colaborar com a memória do estudo e da pastoral da liturgia em nosso meio, área para a qual deu uma contribuição grande e original. Sem esquecer o fato de ela ser mulher, estrangeira e consagrada, atuando em um serviço eclesial desempenhado quase exclusivamente por homens clérigos... Mesmo assim, Ione coordenou a Pastoral Litúrgica de uma diocese e colaborou com o setor de liturgia da CNBB. Certamente é a primeira liturgista do Brasil e, talvez, na América Latina.

No início da década de 1980, além de poucas pessoas formadas em liturgia, havia, no Brasil, dificuldade de acesso a publicações litúrgicas estrangeiras. Também nisto ela é uma referência para os que se sentem chamados ao serviço da liturgia. Mesmo com poucos recursos, Ione sempre se dedicou com afinco à pesquisa de temas "novos", relevantes e pertinentes, boa parte deles solicitados ora pela *Revista de Liturgia*, ora pelas diferentes assessorias que prestou ao longo dos anos. Atenta a uma visão integral do ser humano, Ione procura, em seus trabalhos, dialogar com outras disciplinas e permanecer aberta a práticas e reflexões emergentes, sem perder de vista a especificidade do campo da liturgia cristã. Da mesma forma, mantém-se coerente com o método de Ciência Litúrgica explicitado por ela.

O estudo da liturgia esteve, para ela, constantemente entrelaçado à formação litúrgica do Povo de Deus, e isso desde o começo de sua vida paroquial na Bélgica. Fiel a essa orientação para a formação popular, durante décadas Ione aceitou assessorias em todas as regiões de nossa terra, inclusive nas cidades mais distantes, às vezes enfrentando mosquitos e barulho. Assim, interagiu tanto com agricultores como com universitários, colaborando na formação dos agentes de pastoral, de animadores e de ministros/as de comunidade, além de pessoas consagradas inseridas e de lideranças da juventude. Seus escritos e falas (algumas das quais gravadas em vídeo) são didáticos, bem adaptados aos destinatários. Seu modo de falar o português, cabe notar também, certamente é um sinal de sua abertura e solidariedade para com o povo brasileiro.

Como assessora experimentada na itinerância, entusiasmou-se com o projeto da Rede Celebra desde o seu começo. Ione sabia das necessidades pastorais de formação litúrgica, sobretudo nas pequenas comunidades eclesiais, com seu grande número de servidores, e da necessidade de capacitar agentes para a Pastoral Litúrgica nas paróquias, dioceses e regiões, tornando mais acessível a formação, que precisava ser desenhada para cada realidade. Nesse sentido, ela deixa um significativo legado para a Rede, seja na produção de conteúdos, seja na formalização do método e em suas mediações.

A teologia litúrgica desenvolvida por Ione tem que ver com a Teologia da Libertação, orientação teológica infelizmente mal conhecida em seus fundamentos e, por isso, tratada com preconceito dentro da própria Igreja. Ione, ao contrário, aproximou-se dela, estudou e assimilou essa teologia latino-americana, além dos documentos episcopais relacionados a ela, e, também aqui, deu uma contribuição original. Com respeito a isso, podemos falar de uma mútua fecundação. De um lado, a Teologia da Libertação ganhou uma compreensão mais adequada tanto da Eucaristia e dos demais sacramentos como da noção de espiritualidade, abrindo um caminho de superação de dualismos na compreensão e na vivência da fé; de outro lado, elementos como a antecipação do Reino, a parceria com os pobres, o horizonte da esperança e também a valorização de uma eclesiologia de comunhão e de ministerialidade passaram a ser mais bem explicitados no mistério da liturgia.

Vale trazer, ainda, mais uma palavra sobre suas andanças. Ione teve várias moradas, em função de seus estudos e do serviço à liturgia, e agora está de volta a seu primeiro mosteiro no Brasil, nesta terra onde Deus a quis, como ela mesma diz. Eu a conheci na Faculdade Nossa Senhora da Assunção, em São Paulo, onde ocupava um pequeno quarto, no qual dormia, preparava algumas refeições, orava e estudava.

Como era convidada pelo Brasil afora, tinha uma bolsa de viagem que me chamava atenção: além da Bíblia, do Ofício e de subsídios didáticos, levava suas roupas (sempre muito simples), alguns alimentos alternativos e, também, itens de sacristia: um tecido com a cor litúrgica, ícone, vela e – quem sabe? – um pouco de incenso.

Afinal, ela foi, quase o tempo todo, uma "eremita missionária", mas sempre no exercício de ter um "coração de monja", uma "monja eremita". Um dia perguntei a ela – já no Mosteiro de Goiás – o porquê de usar o hábito na liturgia. Seu hábito era uma túnica comprida, branca, de tecido simples, com um capuz arredondado. Ela me disse que o hábito "remexe" com o interior das pessoas e com sua sensibilidade para com o sagrado e que, sem a necessidade de palavras, remete ao mistério de Deus. Pensando, depois, nessa resposta, percebi que sua postura orante provocava esse mesmo efeito nas celebrações.

Seu nome de batismo, *Godelieve*, que significa "amada de Deus", é muito adequado para quem revela que Deus sempre a fascinou. Lembra-me que no Alto Rio Negro, na Amazônia, há uma tradição de o pajé revelar o nome secreto de cada criança, ato que a ajuda a resguardar sua individualidade. Para Ione, a confirmação, nas Escrituras e na celebração, de ser "amada de Deus" deve ter dado novo vigor a cada conflito vivido na Igreja e muito ânimo, tanto para ser solidária com os mais fragilizados socialmente como para pensar o mistério da liturgia a partir deles. Para ela, assim como para Jesus, deve ser determinante a certeza de ser Filho amado do Pai.

Apresentação

Penha Carpanedo
(discípula do Divino Mestre, redatora da Revista de Liturgia, membro da equipe de articulação nacional da Celebra, rede de animação litúrgica)

Uma árvore com raízes profundas, proporcionais à copa ampla, com galhos, flores e frutos, é, de fato, uma imagem à altura da jornada espiritual de nossa querida Ione e do seu ministério a serviço da liturgia no Brasil. A sua história coincide com a história da reforma litúrgica em nosso país, de cujo processo participou apaixonadamente, com muita criatividade, pesquisa e trabalho incansável, desde a primeira hora. Belga flamenga de origem, Ione chegou ao Brasil em fevereiro de 1964, trazendo, em sua bagagem, a Constituição Litúrgica *Sacrosanctum Concilium*, que havia sido recém-promulgada em dezembro de 1963, e, em seu corpo, a experiência de celebrar antecipadamente o que esse documento previa. Vinda de um mosteiro beneditino, onde a liturgia nunca deixou de ser "cume e fonte" da vida, e formada pelo Movimento Litúrgico, Ione já tinha descoberto a liturgia como ação, oração e primeira escola de vida espiritual. Aqui está o segredo de raízes tão amplas quanto a copa.

O encantamento de Ione pela Igreja do Brasil foi amor à primeira vista, e aqui a árvore foi replantada, cresceu e se enraizou no fértil terreno da recepção da reforma litúrgica do Concílio Vaticano II. Em 1966, com dois anos de Brasil, participou com grande interesse do Ispal (Instituto Superior de Pastoral Litúrgica), um organismo da CNBB que deixou marcas profundas especialmente nos primeiros anos da renovação litúrgica em nosso país. Ao mesmo tempo, seu primeiro engajamento foi a prática concreta da Pastoral Litúrgica de uma diocese, a de Ribeirão Preto, em São Paulo. Uma experiência pensada segundo os princípios teológicos e pastorais ditados pela Constituição Litúrgica do Concílio Vaticano II. Foi ali também que ela forjou o seu jeito de trabalhar em equipe que perpassou toda a sua vida, sempre defendendo que o verdadeiro conhecimento se constrói coletivamente. E a partir deste aprendizado, como de um solo bem fecundo, emergiu a liturgista, professora e escritora, mas sempre mantendo o pé no chão da vida e da celebração nas comunidades. Ione não podia imaginar uma teologia litúrgica que não tivesse como norma a experiência ritual e que, ao mesmo tempo, não levasse a celebrar com mais qualidade e autenticidade.

Em 1968, a Conferência do Episcopado Latino-Americano, ocorrida em Medellín, na Colômbia, determinou o início de uma Igreja com identidade própria e, consequentemente, com um método próprio de fazer teologia, partindo da realidade concreta, iluminada com dados bíblicos e da tradição eclesial, para chegar a pistas de ação em vista da transformação das condições desumanas vividas no continente, para condições mais humanas.

Aqui no Brasil, foi Ione a primeira a intuir que a teologia litúrgica deveria seguir por esta mesma trilha, tendo como ponto de partida a própria experiência de celebrar. Foi um longo processo até consolidar um método de estudar liturgia a partir do rito, como fizeram os pais da Igreja em suas catequeses mistagógicas. Num contexto em que o rito não gozava de muita simpatia, soava estranho tomá-lo como ponto de partida para o estudo da teologia litúrgica, em vez de partir diretamente da realidade. Mas, como a própria Ione justifica, "o rito, além de imperativo teológico, é um dado antropológico"; e explicita que, como tal, dá acesso à realidade, de uma forma não especulativa e não racional, mas corporal, existencial, vital. Portanto, o estudo parte do rito, não como *script*, mas como ação, em conexão com a realidade na qual ele está inserido, e, deste lugar de revelação de Deus, busca-se a necessária iluminação e aprofundamento para voltar à prática com maior qualidade teológica e densidade espiritual.

Ione transitou de maneira leve, acessível e profunda entre a teologia litúrgica com temas os mais variados e o exercício permanente de formar equipes de liturgia, de articular a Pastoral Litúrgica, de preparar, de celebrar, de avaliar celebrações e de promover e assessorar a formação de base. A "Celebra, rede de animação litúrgica", que nasceu em grande parte por intuição de Ione, foi uma resposta a essa necessidade de formação na base, para apoiar as agentes e os agentes da Pastoral Litúrgica, que muitas vezes se encontravam isoladas e isolados pelas distâncias, por falta de respaldo eclesial e de acesso à academia. De fato, o grande mérito da Celebra foi socializar um método de formação que havia nascido e que fora praticado no Centro de Liturgia da Faculdade Nossa Senhora da Assunção, do qual Ione fez parte como protagonista desde o início da composição da equipe que o fundou.

Tudo isso, e mais do que isso, está escrito neste livro, que consta de três partes: a Autobiografia de Ione, Elogios à Ione e sua obra e artigos de sua autoria, além de um anexo com indicação de toda a sua produção bibliográfica.

Na primeira parte, a sua autobiografia, "como uma árvore", conta em detalhes a sua trajetória, que pôde ser recuperada graças ao hábito que ela tinha de sempre datar e anotar tudo, desde as pequenas coisas do dia a dia, até os grandes eventos nos quais tomava parte. Em suas entrelinhas emerge a mulher de grande estatura humana e espiritual, que batalhou para ocupar um espaço na Igreja e na academia e que enfrentou com firmeza as agruras, das quais, como mulher, não ficaria isenta. Agora, olhando o percurso feito, ela pode com liberdade desenhar os próprios rastros, que servirão de mapa, sobretudo para as mulheres que ainda vivenciam um descompasso quando o assunto é oportunidade e reconhecimento.

A segunda parte, "Elogios à Ione e sua obra", põe em evidência com diferentes olhares, o que é inerente à identidade de Ione, como discípula, como pesquisadora e como pedagoga da fé em ato, na liturgia. Assim, Marcelo Barros descreve a "Ione, monja leiga e sem claustro", que viveu um monaquismo no feminino, simples e despojado, missionário, profundamente evangélico. Jerônimo coloca sob lupa "o berço, ou 'o ventre' que gerou e influenciou a sua arquitetura mental para o desenvolvimento de uma teologia litúrgica latino-americana que tem tons de originalidade e singularidades". Damásio, por sua vez, aproxima-se do seu pensamento em fecunda relação com o grande Romano Guardini (1885-1968), ilustre protagonista do Movimento Litúrgico. Danilo discorre, sobre a presença da mistagogia na metodologia que ela propõe. Marlon põe em foco a menina dos olhos da metodologia que Ione intuiu e desenvolveu com Domingos e Doroty: o Laboratório Litúrgico. Ele fala menos de Ione e mais do Laboratório Litúrgico em si, visto ser este o tema de sua defesa no mestrado e doutorado. E isto não é de pouca significância: que uma experiência nascida de pura intuição, forjada na experiência, alcance a academia como tema de doutorado.

E os elogios à Ione continuam com Dom Edmar Peron, exaltando a contribuição de Ione, como mulher e como assessora competente, na comissão litúrgica da CNBB. Elza Helena de Abreu lembra o quanto Ione foi determinante na criação, organização e atividades do Centro de Liturgia Dom Clemente Isnard. Maria Cristina Bove Roletti evidencia as raízes da árvore: "profundas em Deus e no compromisso com os pobres". De Goiânia, vem um depoimento bonito de quem conviveu com Ione em inúmeros eventos de formação promovidos pelo núcleo da Rede Celebra de lá. Marina, monja do mosteiro *Vita et Pax*, onde tudo começou e onde Ione se encontra atualmente, nos aproxima dela nesta fase da sua maturidade humana e espiritual, onde o "si mesmo" é soberano e faz da fragilidade um dom.

A terceira parte desta obra se abre com reações de Márcio Pimentel ao emblemático artigo de Ione "Alguém me tocou", sobre a sacramentalidade da Liturgia na SC, no qual a autora toca a novidade conceitual do Concílio Vaticano II em matéria de liturgia. Na sequência uma coletânea de artigos, escolhidos entre os 150 publicados na *Revista de Liturgia* ao longo de quase cinquenta anos, além de alguns poucos editados em outras revistas: uma pequena amostra da abrangência de temas, da sua linha teológica e metodológica e do seu jeito de escrever. É perceptível o quanto Ione não escreve para esnobar conhecimento; a sua preocupação quase obstinada com quem vai ler o que ela escreve resulta em textos acessíveis, mesmo quando se trata de uma produção de caráter mais acadêmico.

Finalmente, um anexo traz a lista de produção bibliográfica, abrangendo todos os trabalhos publicados entre 1973 e 2019.

Finalizo com uma palavra de gratidão. Ter compartilhado com Ione a vida, o trabalho, os sonhos, as lágrimas, as utopias e a nobre esperança foi uma dádiva incomparável! Conheci Ione no início da década de 1980. Desde então, de lugares diferentes, percorremos a mesma estrada, em amizade fecunda de vida e missão. Fui formada, em grande parte, na sua escola. Parece-me que li quase tudo o que Ione escreveu, mas me sinto eternamente aprendiz do seu saber e do seu legado que extrapolam o que está no papel. Uma nova geração desponta, de olho em suas pegadas. Sabe que está diante de uma fonte genuína, mas sabe também que, para ser fiel a Ione, tem a responsabilidade de avançar, de alargar e de chegar além de onde ela chegou. Márcio Pimentel faz parte desta nova geração que visualiza em Ione um caminho que não poderá ser abandonado por quem se dedica à Pastoral e à Ciência Litúrgicas, por se tratar de um percurso jamais encerrado. Márcio abraçou generosamente o convite de assumir comigo esta tarefa um tanto complexa, de discernir, fazer escolhas e de organizar um livro de memórias de Ione, dada a grande quantidade de material à nossa disposição, impossível de ser todo abarcado nesta obra.

Uma gratidão muito especial à Ione, em nome da *Revista de Liturgia*, na qual Ione esteve presente na reunião que decidiu o seu início e contribuiu como articulista, como membro da equipe editorial e como divulgadora desde a primeira edição e ao longo dos seus cinquenta anos. A *Revista de Liturgia* é a versão brasileira da edição *A Vida em Cristo e na Igreja*, editada na Itália pelas Pias Discípulas do Divino Mestre. No Brasil, ela é expressão da missão que nos insere na Igreja, como "membros vivos e operantes", a serviço da liturgia. Ione se fez irmã imprescindível e fiel colaboradora neste processo. Em 2023, na comemoração dos cinquenta anos da Revista, durante a Semana de Liturgia, Ione, já em cadeira de rodas, viajou de Ribeirão Preto a São Paulo, ida e volta no mesmo dia para nos dar a alegria de sua presença, num gesto de extrema delicadeza. A você, Ione querida, sempre, nosso reconhecimento e imensa gratidão!

parte um

Autobiografia de Ione Buyst

Autobiografia de Ione Buyst

1. Raízes

Nasci em *Anderlecht*, perto de Bruxelas, capital da Bélgica, em 13 de maio de 1936. Meu pai: Lodewijk Leopold Buyst, mais conhecido como "Pol"; minha mãe: Lucia Augustina De Wael, conhecida como "Lucie". Vivi a maior parte de minha infância e juventude em Itterbeek, um município a 6 quilômetros de Bruxelas, na época uma localidade rural com mais ou menos 2 mil habitantes, na área flamenga. Sou a primeira (1936) de mais três filhos: Hugo (1942), Hilda (1944) e Lydia (1947). Meu nome: *Godelieve* Laura Francisca Buyst. *Godelieve*, nome tipicamente flamengo, de uma santa flamenga do século XI, que significa "amada de Deus" (*Gode-lieve*). Laura é o nome de minha madrinha, avó materna; Francisca, em homenagem a meu padrinho Francisco, irmão mais velho de meu pai, mais conhecido como *Peter Sus*.

Morávamos perto da igreja paroquial e também da casa dos meus avós maternos, que viviam do cultivo de frutas e verduras: morango, melão, pêssego, batata, trigo, alface, alho-poró, salsão etc. Eles possuíam dois terrenos próprios e outros dois ou três arrendados, todos mais ou menos perto de casa. Passei muitos dias com eles, brincando na terra, "ajudando" na limpeza do terreno, no plantio do alho-poró, na colheita das verduras e frutas...

Gostava muito do meu tio Emanuel, irmão mais novo de minha mãe; era solteiro ainda, morava e trabalhava com meus avós. Ele me levava – ida e volta – para minha casa, na garupa da sua moto. Infelizmente, indo visitar a namorada, morreu em 1947, aos 27 anos, num acidente de moto, para desespero de meus avós! Meu avô, de tanta tristeza, desenvolveu um câncer de fígado e morreu mais ou menos um ano depois. Para que minha avó não ficasse sozinha, meus pais construíram uma casa nova ao lado da casinha antiga de meus avós, com três cômodos reservados para ela: um quarto em cima, ao lado do meu, e, no térreo, cozinha e sala de estar. Ela viveu mais que minha mãe, sua filha, que morreu de câncer, em 2 de maio de 1959, aos 47 anos.

Meu avô paterno era moleiro, dono de um moinho, com uma boa clientela, no município de *Dilbeek*. Teve dois filhos num primeiro casamento e, depois de viúvo, mais oito filhos no casamento com aquela que viria a ser a minha avó. Num dado momento, meu avô passou todos os bens para um único filho – o mais velho do segundo casamento –, deixando os outros nove sem nada. Meu pai, aos 17 anos, interrompeu seus estudos e começou a trabalhar num banco semiestatal; alugou uma casinha junto com seu irmão mais novo, André, com quem manteve uma grande amizade até o final da vida. Como morava perto da igreja paroquial, era comum passarmos na casa dele depois da missa dominical, entre outras oportunidades. Tive bastante contato também com alguns outros irmãos e as duas irmãs de meu pai, uma delas religiosa, que viveu e trabalhou muitos anos na África, no antigo "Congo Belga". Finalmente, encontrei-me várias vezes com minha avó paterna, quando ela – depois da morte de meu avô – foi morar nos arredores de Bruxelas, com sua outra filha, minha tia Ida, que era casada.

2. Memórias significativas

Embora tenha nascido em *Anderlecht*, passei a infância na pequena localidade de onde ia à escola primária dirigida por uma comunidade de religiosas que, olhando agora a distância, parece-me que eram bem atualizadas. Desses anos, quero lembrar um fato marcante na vida da liturgista que me tornei muito tempo depois. Quando os padres premonstratenses de *Averbode* vieram realizar uma missão na paróquia, na qual estavam previstas sessões específicas para nós, crianças, alunas da escola primária, um dos padres nos levou à igreja. Quando a vimos..., a encontramos totalmente modificada. Na pequena igreja gótica, normalmente havia um corredor bem largo no meio, provavelmente para possibilitar a entrada dos noivos nos casamentos e para a passagem dos caixões nas missas dos defuntos, em dias de enterro. Mas o padre que veio para "pregar a missa" (ou seja, fazer uma catequese sobre a celebração) havia colocado uma mesa para servir de altar entre o presbitério e a nave, bem perto do povo; havia também, na nave, eliminado o corredor do meio, enchendo todo o espaço com cadeiras, fazendo uma faixa estreita de cada lado, como passagem. Pediu que ocupássemos as cadeiras, colocou-se atrás do altar e, de frente para nós, a assembleia, fez ali o que naqueles tempos se chamava de "missa seca": sem "celebrá-la", seguia a sequência da celebração eucarística conforme o rito de então, explicando rito por rito, dando o sentido e, em alguns ritos, antecipando a forma e o sentido que seria dado, anos depois, na reforma do Concílio Vaticano II.

Essa foi a primeira "aula" de liturgia de minha vida, que me marcou profundamente, não somente em termos de conteúdo, mas também na maneira de ensinar, no método pedagógico, interessante e eficiente. Tinha na época 8 ou 9 anos. Depois dessa experiência, a cada missa eu colocava em prática, sozinha, o que o padre havia ensinado: que era para ficar em pé na hora da consagração, em vez de ajoelhar; que o momento da comunhão do povo era logo depois da comunhão do padre, e não depois de terminar a missa, como se fazia naquele tempo etc. E tudo isso se deu uns vinte anos antes do Concílio!

Há, ainda, outros momentos de minha infância que recordo com carinho: os passeios a pé ou de bicicleta com meu pai, colhendo plantas medicinais para chás e para banhos; visitando parentes, conhecendo o lugar onde se encontrava antigamente a casa paterna de meu pai e o famoso moinho; visitando os monumentos históricos da redondeza: o castelo de *Gaasbeek* e de *Groot-Bijgaarden*, o riacho em *Sint-Anna*, que aparece na famosa pintura de *Brueghel* de um cego guiando outros cegos... Lembro-me, ainda, das conversas sobre a vida, com minha mãe, na cozinha, ao preparar as refeições, ou fazendo arrumações nos armários; recordo-me, por exemplo, de quando me falou discretamente sobre o sentido do jejum no início de uma Quaresma. Minha mãe havia sido "jocista"[1], embora nunca tenha trabalhado em fábrica, mas sempre na terra, com meus avós.

Destaco, também, alguns acontecimentos relacionados à Segunda Guerra Mundial que permanecem vivos em minha memória: meu pai teve de fugir de casa, junto com um grupo de amigos, a fim de não ser levado pelos nazistas à Alemanha para trabalhos forçados nas fábricas de armamentos; durante a ocupação alemã, fomos obrigados a ceder um quarto de pernoite a um general do exército nazista; uma "bomba V" caiu a uns cem metros de nossa casa, ferindo vizinhos que vieram correndo, buscando socorro; recordo-me, ainda, que num domingo de manhã, do porão – onde dormíamos por medo das bombas –, ouvíamos muita gente na rua em frente à nossa casa falando exaltados; estavam vendo, de longe, o palácio da Justiça, em Bruxelas, em chamas: um último estrago realizado pelas tropas nazistas, acuadas pela chegada das forças inglesas.

O acontecimento mais valioso da minha adolescência e juventude foi a descoberta, quando tinha aproximadamente 13 anos, do grupo das escoteiras em *Anderlecht* – subúrbio de Bruxelas –, do qual participei até meus vinte e tantos anos. Para quem não conhece o escotismo, sugiro que veja, entre outras, algumas páginas na internet e se deixe encantar por essa proposta pedagógica[2]. O nome do nosso grupo

---

1. Membro da JOC, Juventude Operária Católica – em flamengo KAJ, Katholieke Arbeidersjeugd –, fundada em Bruxelas por Mons. Cardijn.
2. Sobre o escotismo, veja, entre outras coisas: <https://www.escoteiros.org.br/o-movimento-escoteiro/>; <https://www.scout.org/>. Acesso em: 07 jul. 2025.

era *Onze-Lieve-Vrouw van Vlaanderen* (Nossa Senhora de Flandres), nome que indicava claramente uma opção político-cultural a favor do reconhecimento oficial do povo flamengo e de sua língua.

Havia reuniões a cada domingo à tarde, no pátio e no sótão de uma escola. Às vezes, era prevista alguma outra atividade maior, como a ida à Floresta de Bruxelas (*Zoniënwoud*), a romaria a pé ao santuário mariano de Halle etc. No período das férias de verão, fazíamos nosso acampamento anual, ponto alto da vida escoteira. A cada ano, explorávamos assim outra região do país, escolhida cuidadosamente. O ponto alto do acampamento era na noite em que fazíamos *kampvuur* (fogueira do acampamento). Era um acontecimento cultural, preparado com esmero e realizado – eu diria – com ar de sacralidade: todas sentadas na grama ao redor da fogueira ardente, com o cobertor elegantemente jogado nos ombros, num silêncio profundo, seguindo a programação cuidadosamente preparada, e as várias apresentações intercaladas com cantos...

Depois de alguns anos no grupo, fui convidada a fazer parte da equipe de coordenação e pude assim participar de acampamentos para as lideranças, em âmbito nacional, sempre muito interessantes e instrutivos. Aos 18 anos, mais ou menos, passei para o grupo das *voortreksters*[3], com o qual fazíamos viagens interessantes, preparadas de antemão, até para o exterior. Lembro-me de uma viagem de ônibus, atravessando França (com parada em Lourdes), Espanha e Portugal (Fátima). Em outra oportunidade, fomos à Alemanha, até perto da "Cortina de Ferro", que isolava a Alemanha Oriental (sob influência da União Soviética) da Alemanha Ocidental (sob influência, principalmente, dos Estados Unidos).

3. *Voortrekster* (termo feminino de *voortrekker*); vem do verbo *voortrekken*, que significa literalmente "caminhar à frente" (para indicar o caminho, por exemplo). No escotismo, na Bélgica, refere-se ao grupo de escoteiros e escoteiras adultos (a partir dos 18 anos).

Por volta da década de 1960, as coordenações nacionais dos escoteiros e das escoteiras resolveram realizar juntos um congresso nacional – uma novidade na época. E me pediram para assumir, junto com uma das lideranças dos escoteiros, uma fala sobre... liturgia! Disseram que não me preocupasse, porque teríamos a assistência do monge beneditino, o liturgista Dom Ambroos Verheul, do Mosteiro de Affligem, que ficava a uns 17 quilômetros de minha casa. Ele me indicou, para leitura atenta, o livro sobre a Eucaristia do teólogo alemão Romano Guardini, traduzido em neerlandês com o título *Daarom, Heer, gedenken wij* (em tradução livre: "Por isso, Senhor, fazemos memória"). Deu-me uma folha datilografada, frente e verso, com a síntese do livro, a ser apresentado por mim, no Laboratório Litúrgico, no dia do Congresso. Adorei o livro, preparei-me e, no dia do Congresso, com Dom Ambroos sentado num canto no fundo da sala, apresentei a síntese com entusiasmo e convicção. E, então, me pergunto: será que aconteceu ali a gestação da professora de liturgia que me tornei anos mais tarde? Certamente, esse fato também veio reforçar e justificar o nome (totem) que eu recebi ao fazer minha adesão oficial no grupo das escoteiras: *Schrijverke*[4], referente a um poema do poeta flamengo Guido Gezelle. Ele observa um inseto e pergunta o que escreve na água sem parar; *schrijverke*, responde: "Escrevo sem parar o santo nome de DEUS". De fato, desde muito pequena, "Deus" me fascina.

Quanto a Dom Verheul, no ano de 1970, foi eleito abade do Mosteiro de Keizersberg, em *Leuven* (Louvaina). Esse mosteiro é famoso por seus monges liturgistas; entre outros: Dom Bernard Capelle, Dom Bernard Botte, Dom Lambert Beauduin e o próprio Ambroos Verheul, que veio da Abadia de *Affligem*. Cada vez que voltava à Europa para ver minha família, eu o visitava e saía de lá carregada de

4. *Schrijver* é palavra em neerlandês que significa "escritor". O diminutivo *schrijverke* é aqui expressão poética, carinhosa, para caracterizar o movimento que o inseto faz na água, parecido com a mão de alguém que está escrevendo.

novos livros da área de liturgia, da autoria dele e de outros autores. Faleceu em 31 de dezembro de 2005.

Outro monge beneditino, Dom Gregorius Serbrock, da Abadia de *Sint-Andries*, perto de Brugge (Bruges), esteve também muito presente em minha vida. Em primeiro lugar, porque acompanhava o nosso grupo de escoteiras, pelo menos a distância, e participava de alguns acampamentos e outros momentos importantes. Depois, uma vez ao ano, ele convidava 50 a 60 mulheres para dias de estudo e espiritualidade, no feriado prolongado da festa de Todos os Santos e de Finados. Eram sempre temas bem atualizados, como por exemplo, sobre o famoso Congresso de Assis (em 1956), sobre ecumenismo, comunhão sob as duas espécies, ordenação de mulheres etc. Lembro-me ainda da preparação e realização de um *ágape*[5] no refeitório da abadia onde estávamos hospedadas, que abriu para mim, com muita clareza, o sentido da celebração eucarística como refeição. Dom Gregorius foi também meu diretor espiritual, assim como de muitas de minhas amigas. Algumas vezes por ano, ele vinha a Bruxelas para atender a quem quisesse. O nosso ponto de encontro era o restaurante da Central da JOC (KAJ), próximo a uma estação de trem. Havia ali também uma capela, o que facilitava para quem quisesse se confessar. Em maio de 1963, Dom Gregorius presidiu a celebração eucarística de minha entrada para o noviciado no Mosteiro de Schotenhof. Morreu em maio de 1979, num acidente de trânsito.

3. Escola secundária e formação em línguas germânicas

Depois do sexto ano na escola primária, em Itterbeek, em setembro de 1949, meus pais me matricularam no segundo grau do *Lyceu*

5. Sentido literal de *ágape*: "amor", "doação". Trata-se de uma refeição que os primeiros cristãos tomavam diariamente em comum.

Regina Caeli (dirigido pelas Irmãs da Caridade), que ficava em *Dilbeek* – município vizinho ao nosso –, a uns três quilômetros de nossa casa. Essa escola foi escolhida porque era uma instituição católica e decididamente flamenga, numa época de luta política a favor da regulamentação das escolas católicas e da luta linguística pela oficialização da língua flamenga. De fato, desde o tempo da ocupação por Napoleão, e ainda no tempo de meu pai, todos os estudos eram ministrados obrigatoriamente em francês, menos na escola primária.

Lá, no *Regina Caeli*, de setembro de 1949 a junho de 1955, cursei os seis anos de *humaniora* na área de economia, não por interesse pela economia, mas pela boa carga horária de línguas germânicas (neerlandês, alemão, inglês). Mais tarde, meu irmão e minhas irmãs seguiram a *humaniora* clássica, em que predominava o estudo do grego e do latim.

Dos seis anos que estudei em *Dilbeek*, quero destacar, além da boa qualidade do ensino, a oportunidade de atividades extracurriculares, com excelentes professores: teatro, voleibol, basquete, tênis. E, ainda, o pequeno grupo externo de alunos que criamos, fora do esquema formal da escola. Aproveitávamos os momentos de recreio para aprender e praticar as danças folclóricas da tradição flamenga. Organizávamos a missa às sextas-feiras, cantada e dialogada, com a participação dos alunos de vários movimentos de juventude, cada qual com seu uniforme, mostrando unidade em tempos de concorrência entre os vários movimentos.

Depois de cursar os seis anos de *humaniora*, segui os dois anos na Escola Normal Superior para a formação de professoras de línguas germânicas, em *Eekloo*, de setembro de 1955 a junho de 1957. Morei na escola como interna e, como gostava muito de música, acabei formando um grupo informal de canto; cantávamos a várias vozes, geralmente depois da missa diária, no caminho entre a igreja e o prédio dos nossos alojamentos.

Depois de formada, fui convidada a lecionar na escola de *Dilbeek*, onde havia estudado antes. Fui professora de minha língua materna (*nederlands*, neerlandês; mais conhecida aqui no Brasil como holandês) – e, também, alemão e inglês.

4. Entrada no Mosteiro de Schotenhof e vinda ao Brasil

No início da década de 1960, cresceu em mim o chamado para a vida monástica. Meu diretor espiritual sugeriu o contato com alguns mosteiros e, um dia, fui passar um fim de semana no Priorado de Schotenhof, perto de Antwerpen [Antuérpia]. Gostei! Assim, acabei entrando como postulante, no dia 21 de novembro de 1962. Seis meses depois, no dia 26 de maio de 1963, fiz a vestição, entrei no noviciado e recebi o nome monástico de *Johanne*, tendo como padroeiro São João Batista. Foi uma celebração festiva, presidida por Dom Gregorius Serbrock, meu diretor espiritual, e participada por meu pai, meu irmão e irmãs, ex-colegas e amigas.

A priora geral, *Domna*[6] Gertrudis, não estava presente, pois fazia sua primeira visita oficial à nova comunidade fundada no Brasil dez anos antes, em 1952. Voltou no mês de agosto, entusiasmada com o que vira. Mostrou *slides* do Brasil, de Ribeirão Preto e da nova comunidade e, um belo dia, no corredor, avisou: "Preciso conversar com você". Alguns dias depois, me chamou e disse: "Vou te mandar para o Brasil!". Desabei em choro! Ela se assustou e sugeriu-me que pensasse no assunto, dizendo que não costumavam mandar ninguém contra a vontade. Caso eu aceitasse, teria de ir imediatamente, porque a priora, *Domna* Bernarda, fundadora da comunidade de Ribeirão Preto, estava à morte e, para ser aceita pela comunidade, era preciso que eu a conhecesse.

No dia 17 de janeiro de 1964, noviça ainda, junto com a Oblata Catarina, embarcamos, em Roterdã, na Holanda (hoje chamada

6. *Domna* é o feminino de "dom".

oficialmente de Países Baixos), num navio semicargueiro que nos traria ao Brasil. Uma comitiva nos levou, de carro, de Schotenhof até o navio: madre priora Gertrudes, meu pai, minhas duas irmãs e familiares de Catarina.

Passamos duas semanas em alto mar, eu com enjoo e praticamente sem comer. Chegando ao Brasil, paramos nos portos de Recife, Rio de Janeiro e, finalmente, Santos, onde nos esperavam duas ou três pessoas da comunidade de Ribeirão Preto. Passando por São Paulo, fizemos depois o trajeto de Kombi até Ribeirão Preto. Chegamos a tempo para as primeiras vésperas da festa de Santa Escolástica, no dia 9 de fevereiro. Logo meu nome *Johanne* (tendo como padroeiro São João Batista) foi transformado em "Ione"[7]. E assim fui, nos meses seguintes e anos, conhecer a nova comunidade, a cidade, aprender a língua, acostumar-me à alimentação, ao clima, à liturgia... Madre Bernarda faleceu no dia 10 de março de 1964, um mês depois de minha chegada.

No dia 24 de junho daquele mesmo ano, na festa de São João Batista, fiz minha primeira profissão monástica, com toda a liturgia cantada em português, com as melodias compostas pela nova priora, *Domna* Clara Hermans (holandesa), seguindo as orientações da recém-proclamada Constituição Conciliar *Sacrosanctum Concilium* (promulgada em 4 de dezembro de 1963) e cuja edição em neerlandês eu pude trazer em minha bagagem, na viagem da Bélgica para o Brasil.

No dia 28 de outubro de 1965, recebemos a triste notícia da morte repentina da priora geral, *Domna* Gertrudis. O processo de sucessão não foi nada fácil: a nova priora, *Domna* Imelda, que até então era a mestra de noviças, não agradou a algumas monjas mais antigas

7. Chegando a Ribeirão Preto, logo no primeiro dia surgia a dificuldade com o nome monástico que recebi no dia da entrada no noviciado em Schotenhof: "Johanne". Como foi considerado impronunciável em português, a comunidade trocou "Johanne" por "Ione" (nome desconhecido por mim até então). Outra possiblidade teria sido "Joana"; porém, já havia uma oblata com esse nome.

que, junto com o grupo das oblatas da Bélgica, se separaram do Mosteiro de Schotenhof em 1966, dando início a um novo mosteiro em Siena, na Itália. A comunidade de Ribeirão Preto seguiu o grupo de Siena e se separou de Schotenhof.

Domna Imelda, que havia sido a mestra das noviças, chamou-me de volta a Schotenhof. Respondi negativamente, dizendo acreditar que Deus me queria agora aqui no Brasil. Não queria perder o contato com Schotenhof, que eu havia escolhido como "meu" mosteiro, mas também não podia aceitar o convite da nova priora para deixar o Brasil e voltar definitivamente para lá. Sem ninguém a quem recorrer para ouvir uma opinião, pedi que me passassem ao grupo das oblatas internas, porque assim teria mais liberdade de eventualmente manter contato com alguém de lá e visitar o mosteiro quando fosse para a Bélgica rever minha família. Expus meus planos à nossa priora, *Domna* Clara, e ela não contestou, não questionou; aceitou, lembrando que, nesse caso, teria de recomeçar todos os anos de formação com o grupo das oblatas. Se ela tivesse sugerido um tempo de reflexão ou se tivesse indicado alguém com quem conversar sobre o assunto, talvez eu tivesse ficado como monja...

Pouco tempo depois dessa drástica decisão da mudança de monja para oblata, minha saúde cobrou o preço: contraí uma hepatite e fiquei num quarto isolado. Por isso, não estava presente quando o novo arcebispo, Dom Miele[8], veio para conhecer a comunidade. Restabelecida, fui me apresentar, e ele disse: "Ah! É você que gosta de liturgia!". E me convidou para iniciar o Serviço Arquidiocesano de Pastoral Litúrgica.

Apesar da ruptura entre os dois mosteiros, continuei sempre em contato com as monjas de Schotenhof, assim também com as monjas que, mais tarde, em 1990, se separaram de lá e foram para o Mosteiro

8. Dom Bernardo Miele, arcebispo com direito à sucessão, a pedido de Dom Felício Vasconcellos, que ficara muito doente e impossibilitado de continuar no cargo.

de Affligem, que mais tarde mudou para Louvaina. Anos depois, o mosteiro na Itália fechou, e nós, de Ribeirão Preto, reatamos com o Mosteiro de Schotenhof.

5. O início do itinerário litúrgico-pastoral em Ribeirão Preto

Em janeiro de 1966, surgiu a oportunidade de participar, no Rio de Janeiro, de um curso intensivo de liturgia no Ispal (Instituto Superior de Pastoral Litúrgica), um organismo vinculado à CNBB. De Ribeirão Preto, fomos quatro pessoas ligadas direta ou indiretamente à nossa comunidade, mais um monge olivetano e dois padres diocesanos. O curso foi excelente, com ótimos professores, seguindo a recém-proclamada Constituição Conciliar *Sacrosanctum Concilium* (SC), que veio modificar a maneira de celebrar, de compreender (teologia) e organizar (pastoral) a liturgia. Esse curso me deu a base para assumir, poucos anos mais tarde, a coordenação do serviço arquidiocesano de Pastoral Litúrgica.

Naquele período, continuei com as atividades assumidas no colégio e na comunidade do *Vita et Pax*: aulas de inglês e religião (1965-1971); retiros para professoras, para alunas...; formação semanal das professoras, preparando-as para a catequese litúrgica e a celebração semanal da Palavra com todas as alunas do "primário", com os textos da liturgia dominical; encontros de formação litúrgico-espiritual para religiosas da cidade; encontros semanais para pais, professores etc., em preparação à liturgia dominical...

Depois do Concílio Vaticano II, em 1967, organizamos uma vasta programação – catorze noites –, com o título "Por que vivo, afinal?", aberta aos pais e amigos do colégio *Vita et Pax*, e a um público maior, abordando variados temas: amor e felicidade; a busca de Deus num mundo em evolução; o Povo de Deus e o problema da nossa existência, o Povo de Deus e o problema do mal; Jesus Cristo, nossa esperança;

um só corpo por um só Espírito; o sentido do trabalho humano; Igreja e ecumenismo.

Participaram, em média, cem pessoas, entre as quais professores da USP e membros do clero. Lembro-me do Prof. Aymar Baptista Prado, detentor da patente brasileira do bafômetro[9], e de sua esposa, Neide; Dom Fortunato, monge beneditino olivetano, e Pe. Diógenes Silva Matthes, na época pároco da catedral (que, em 1971, tornou-se o primeiro bispo da Diocese de Franca). O método era ativo, participativo, com interações espontâneas. O Prof. Aymar dizia que eu usava o método do saca-rolha: fazia perguntas que obrigavam a pensar.

Em setembro de 1967, eu já estava participando da reunião da equipe de coordenação da pastoral da Arquidiocese de Ribeirão Preto, com Dom Miele, Côn. Angélico[10] e mais umas quatro ou cinco pessoas. Para esse Serviço Arquidiocesano de Pastoral Litúrgica, dediquei dezoito anos de trabalho árduo, criativo, compensador, coordenado por mim e por mais duas pessoas-chave: Sueli Danhone[11], que havia feito o curso do Ispal, e Marina Azevedo Ortolan, professora de música, diretora de conservatório musical. Contamos ainda com um presbítero assistente: nos três primeiros anos, o monge olivetano Dom Hipólito e, depois dele, Pe. André Agazzi, sacramentino. E sempre confiamos na orientação e no acompanhamento atento de Dom Miele.

---

9. Disponível em: <https://www.ribeiraopreto.sp.gov.br/portal/saude/ubs-dom-mielle>. Acesso em: 07 jul. 2025.

10. Côn. Angélico Sândalo Bernardino, coordenador da pastoral da arquidiocese, que em 1975 foi eleito bispo auxiliar de Dom Paulo Evaristo Arns, em São Paulo; em 2000, tornou-se o primeiro bispo de Blumenau, SC. É bispo emérito desde 2009.

11. Na época, Sueli era professora no Colégio *Vita et Pax*, depois formou-se como assistente social; mais tarde, foi convidada a ser professora na faculdade de Serviço Social na Unaerp e, mais tarde, foi fundadora e diretora da Casa das Mangueiras, trabalho educacional com os, na época, chamados "menores infratores". Continuou esse trabalho durante bem uns quarenta anos. Faleceu em 28 de maio de 2017. Vejam: Buyst, Ione (org.), *Sueli Danhone, diversos olhares*, Ribeirão Preto, Editora Corpo 12, 2018.

Além do atendimento diário no Secretariado de Pastoral, das visitas às paróquias e comunidades, foram sendo criados vários programas e atividades, de acordo com as necessidades e as possibilidades e com o envolvimento e participação de inúmeras pessoas – padres, religiosos e religiosas, leigos e leigas, entre outros: o folheto *Família de Deus*, com leituras e cantos de cada domingo; encontros O *povo canta*, para formação e ensaio de canto; encontros de formação, para as equipes de liturgia; boletim informativo; encontros de formação sobre a importância do corpo na liturgia. De 1971 a 1982, como responsável pelo Serviço Arquidiocesano de Liturgia, fui membro da Equipe de Coordenação de Pastoral Arquidiocesana de Ribeirão Preto.

6. Comissão Nacional de Liturgia da CNBB

Em 1971, recebi o convite para integrar a Comissão Nacional de Liturgia da Conferência Nacional dos Bispos do Brasil (CNBB), tendo como bispo presidente Dom Clemente Isnard, OSB. Pedi a opinião de Dom Miele, e ele me disse que deveria aceitar. Fui nomeada membro dessa Comissão, depois da 12ª Assembleia Geral da CNBB, em fevereiro de 1971. Mais tarde, fiquei sabendo que o pedido vinha do próprio Dom Clemente, bispo de Nova Friburgo, como ele mesmo conta no Prefácio do livro *Equipe de liturgia*, o primeiro de minha autoria em 1985.

Havia uma reunião anual, de vários dias, primeiro no Rio de Janeiro, mais tarde em Brasília – com a mudança da sede da CNBB – ou em outros lugares. Havia geralmente dez pessoas participantes, entre as quais Dom Clemente e o assessor do momento: Pe. Busch, Pe. Odilon Jaeger SJ, Pe. Moacyr Gibin.

No currículo que entreguei para poder entrar na pós-graduação, consta a longa lista dos encontros anuais dessa Comissão dos quais participei até aquela data. Em cada reunião, tratava-se geralmente de um único assunto. A título de exemplo: 1972, Batismo e Eucaristia; 1974, Pastoral da Confirmação; 1975, Rito da Penitência; 1977, Encontro sobre batismo e grupos populares; 1980, Encontro Nacional de Formadores de Liturgia; 1982, Encontro de Reflexão para acompanhar o desenvolvimento da liturgia no Brasil; 1983, Encontro Nacional dos Professores de Liturgia...

Por essas reuniões passaram também as discussões dos "documentos azuis" da CNBB: 1975, Pastoral dos Sacramentos da Iniciação cristã; 1976, Pastoral da Penitência; 1977, Diretório para missas com grupos populares; 1980, Batismo de crianças; 1989, Animação da vida litúrgica no Brasil.

Por sugestão de um membro da equipe da CNBB, junto com Dom Marcos Barbosa e Pe. José A. M. Busch, trabalhei na confecção de um pequeno ritual de bênçãos[12] em 1976, cuja terceira edição em 1978, foi ampliada com uma introdução redigida por mim. Tudo isso, antes de surgir a edição típica em 1984 do *Benedictionibus* (Ritual de Bênçãos), que só foi traduzido para o Brasil em 1989. E, na década de 1980, fui membro da comissão *ad hoc* do Hinário Litúrgico da CNBB.

Esse período foi de muito aprendizado e de envolvimento com a liturgia no Brasil, sempre dialogando com a experiência local na Arquidiocese de Ribeirão Preto. Foi nessa época, inclusive, que Pe. Gregório Lutz, enquanto assessor de liturgia na CNBB, organizou encontros com formadores em liturgia. O primeiro foi realizado em São Paulo, em julho de 1980. No 11° encontro, realizado em Vitória, ES, nasceu a Asli, Associação de Liturgistas do Brasil, autônoma, tendo sido eleito como primeiro presidente Frei José Ariovaldo da Silva. Participei ativamente em quase todos os encontros, antes e depois da criação da Asli, até 2014. Alguns dos temas trabalhados e apresentados por mim nos encontros anuais da Asli: 2003, Ritualidade; 2006, Liturgia: Ritualidade e Mística; 2014, Metodologia da Formação

12. *Bênçãos, sugestões pastorais*, São Paulo, Paulinas, 1976.

Litúrgica. Para a reunião de 2019, com o tema "Medellín, 50 anos", enviei uma lista de trabalhos e artigos de minha autoria sobre a liturgia de acordo com Medellín e sugeri que os/as colegas liturgistas escritores fizessem o mesmo, para proveito de todos.

Um pouco mais tarde, mais precisamente no início dos anos 1990, num encontro nacional de músicos organizado pela CNBB surgiu a ideia de criar um Curso de Música e Liturgia para suprir a carência de formação de animadores/as do canto na liturgia, o Celmu, Curso Ecumênico de Formação e Atualização Litúrgico-Musical. O local do curso era o Seminário Santo Antônio, em Agudos, SP (próximo a Bauru). Participei dessa reunião e lecionei no curso desde o início, de 1994 a 2001.

Naquele tempo, o Celmu colocava à disposição dos interessados uma série de disciplinas úteis para o exercício da animação litúrgico-musical nas comunidades: teoria e iniciação musical, história da música, harmonia, contraponto, composição, prosódia, técnica vocal, regência, gregoriano, canto coral, aprendizado de instrumentos, liturgia, Pastoral Litúrgica, pastoral da música litúrgica, salmos, hinologia, religiosidade popular. Sendo ecumênico, tornou-se um verdadeiro laboratório onde se aprendia a conhecer, a conviver, a respeitar e a celebrar com membros de diversas.

Organizado em etapas de onze dias, em três janeiros consecutivos, no regime de internato, o curso buscava favorecer a formação litúrgico-musical para os/as animadores/as a fim de que pudessem ajudar os fiéis a celebrarem de forma criativa, participativa, simbólica e orante o Mistério Pascal.

Alguns dos assuntos tratados por mim de 1994 a 2001 foram: O lugar da música na liturgia; Salmos e cânticos bíblicos; Critérios para escolha das músicas na liturgia cristã; Ministério da música na liturgia cristã; Formação litúrgico-musical dos ministros e do povo; Papel dos corais; Importância do domingo (teologia, história, mística); Especificidade da celebração dominical; Momentos rituais musicados, próprios para cada tipo de celebração: o sentido do rito, escolha dos cantos, execução, mística...; celebração eucarística (partes fixas da missa e partes móveis); Liturgia das Horas (Ofício Divino); celebração dominical da Palavra; ano litúrgico e cantos próprios para cada tempo; batismo, exéquias, liturgia com crianças; prática litúrgico-musical ecumênica. Critérios para escolha das músicas nas celebrações no próprio curso do Celmu.

O esquema e os textos oferecidos pela Liturgia das Horas "oficial" parecem não levar em conta a realidade dos leigos, do povo em geral, quanto à linguagem, ao tamanho e às horas de celebrar os ofícios. Daí que a proposta de Marcelo Barros veio responder a uma real necessidade e a uma oportunidade única para oferecer ao povo das comunidades um alimento espiritual sólido, tradicional e ao mesmo tempo numa linguagem e roupagem cultural adequadas. Contribuição especial veio de Reginaldo Veloso, Geraldo Leite e Jocy Rodrigues, que já tinham composto várias versões de salmos. Reginaldo Veloso, como parte da equipe de elaboração do Ofício, trabalhou muito para completar o que faltava na salmodia do ofício. Pe. Geraldo Leite, com sua experiência de rezar regularmente um ofício em sua comunidade de Ponte dos Carvalhos, cooperou com a estrutura e o estilo simples e celebrativo.

Numa primeira reunião, pensamos a proposta do Ofício, repartimos as tarefas e fomos aos poucos elaborando, e "costurando" durante várias reuniões até conseguirmos, com o trabalho diligente e incansável de Ir. Penha Carpanedo, aprontar os textos para a primeira edição, no "livrinho verde", publicado em dezembro de 1988. Depois de cinco reimpressões, a equipe ponderou a possibilidade de uma edição ampliada do Ofício Divino, inclusive porque muitas comunidades religiosas adotaram esse Ofício no lugar do "Liturgia das Horas" oficial, mas sentiam falta de mais salmos e cânticos bíblicos. Em 1994, foi publicada uma segunda edição ampliada, seguida de treze reimpressões. Em 2018, foi necessária uma terceira edição, desta vez com Suplemento (novos hinos, salmos etc.), cuja reimpressão foi realizada em 2022.

7. Revista de Liturgia

No início dos anos 1970, recebi o convite das Pias Discípulas do Divino Mestre para participar de uma reunião, em São Paulo, sobre uma revista de liturgia que a Congregação estava planejando lançar no Brasil, tendo como referência a revista publicada na Itália, com o título *La vita in Cristo e nella Chiesa*. A versão brasileira adotou o mesmo título, em português – *A vida em Cristo e na Igreja*, com o subtítulo *Revista de Liturgia*, nome com o qual se tornou conhecida e que passou a ser efetivamente o seu título no Brasil a partir de 1996. Colaborei com artigos desde a edição zero, publicada em 1973, e continuei contribuindo ao longo dos anos, com mais de 150 artigos, muitos dos quais editados posteriormente em livros e outros como parte desta obra. Além disso, desde a primeira edição, meu nome consta na lista do Conselho de Redação.

8. Mudança para São Paulo

Dom Bernardo Miele faleceu em 22 de dezembro de 1981, e Dom Romeu Alberti assumiu a arquidiocese em agosto de 1982, com outro estilo e outros objetivos pastorais. Embora me conhecesse dos encontros e trabalhos na Pastoral Litúrgica na CNBB em âmbito nacional, não conseguia marcar audiência ou qualquer contato ao longo dos quase três anos desde a chegada dele à arquidiocese. Continuei meu trabalho normalmente, até que, em maio de 1985, não fui convocada para a assembleia geral da arquidiocese, a primeira desde a chegada de Dom Romeu. Resolvemos então, em equipe, deixar o trabalho na arquidiocese: serviço da Pastoral Litúrgica, da juventude, do ecumenismo, da livraria e outros. Impossível retratar em palavras a intensidade, a quantidade e a qualidade de todo o trabalho realizado ao longo desses dezoito anos na Arquidiocese de Ribeirão Preto, de setembro de 1967 até maio de 1985. Sou imensamente grata por essa experiência maravilhosa.

É importante recordar que fiz os meus estudos de filosofia e teologia 1978 a 1983 no Cearp (Centro de Estudos da Arquidiocese de Ribeirão Preto). Em 1984, recebi o diploma de Bacharelado em Teologia com a monografia "A noção do 'Mistério Pascal' no Documento de Medellín e as consequências para a celebração litúrgica". Já havia exercido o magistério dando aulas no curso de teologia para leigos entre 1978 até 1984 (Eclesiologia e Sacramentos). Cheguei a lecionar também durante dez anos a disciplina de Teologia e Pastoral Litúrgica no Instituto de Teologia e Ciências da Religião da Faculdade de Teologia (PUC-Campinas).

Quando da chegada do novo arcebispo de Ribeirão Preto e já na dúvida de minha permanência no serviço arquidiocesano, havia iniciado, em março de 1985, os estudos na recém-inaugurada pós-graduação em liturgia, em São Paulo. Então, no final de maio, deixei Ribeirão Preto e fui morar na Faculdade de Teologia Nossa Senhora da Assunção, da Arquidiocese de São Paulo, no bairro Ipiranga. Nessa oportunidade, ao deixar a coordenação do Serviço de Pastoral Litúrgica da Arquidiocese de Ribeirão Preto, SP, resolvi escrever e publicar, para partilhar a rica experiência vivida e o trabalho realizado ao longo de dezoito anos, principalmente na formação de equipes de liturgia. Essas são de fato, a meu ver, o coração da pastoral de qualquer paróquia que se preze, porque a liturgia é o centro vital de toda a vida cristã. Além dos artigos publicados na *Revista de Liturgia* e em outras revistas, em 1985, foi publicado pela editora Vozes meu primeiro livro: *Equipe de liturgia*, como n. 1 da coleção com o mesmo nome, com prefácio de Dom Clemente Isnard[13]. Depois da décima quinta edição, atualizada na mesma editora, com mais de 43 mil exemplares vendidos em quinze anos, em 2008, o livro passou a ser reeditado pelas

13. Foi bispo referencial pela Liturgia, na CNBB. Faleceu em 24 de agosto de 2011.

Paulinas, na Coleção Celebrar, vol. 8. Foi traduzido para o espanhol pelo Celam[14] e pelas *Ediciones Dabar* (2002 e 2003) do México. Esse livro foi o primeiro de muitos outros.

9. O Centro de Liturgia

Em março de 1985, iniciamos o curso de pós-graduação em liturgia, com um pequeno grupo, do qual eu fazia parte, assim como fazia parte da pequena equipe de quatro pessoas que criou e coordenou o que mais tarde veio a se chamar o "Centro de Liturgia"[15]. O Curso de Especialização já existente havia vários anos, em janeiro, foi reconfigurado e recebeu o nome de Atualização em Liturgia. O nome "Especialização" foi mantido para um novo curso de quatro meses (um semestre), que se tornou propedêutico para o mestrado. A cada ano, tentávamos adequar melhor os conteúdos e a metodologia às novas turmas que iam se sucedendo, seja nos Cursos de Atualização e de Especialização, seja no mestrado e doutorado. Novos membros foram ingressando na pequena equipe, trazendo novas ideias e possibilidades. O Centro de Liturgia foi oficializado em 18 de novembro de 1986[16].

Foi no Centro de Liturgia da Faculdade de Teologia Nossa Senhora da Assunção, São Paulo, SP, que obtive o título de Mestrado em Teologia com concentração em Liturgia, com a dissertação sobre os princípios de Ciência Litúrgica na perspectiva da Teologia da Libertação:

---

14. *Equipos de liturgia*, Celam, Del, 8, 1992.

15. Cf. Lutz, Gregório. Ione Buyst e o Centro de Liturgia da Pontifícia Faculdade de Teologia Nossa Senhora da Assunção em São Paulo, SP, in: Sivinski, Marcelino; Silva, José Ariovaldo da, *Liturgia no coração da vida. Comemorando a vida e ministério litúrgico de Ione Buyst*, São Paulo, Paulus, 2006, 27-31.

16. In: Lutz, Gregório, *Liturgia. Vida e obra de Pe. Gregório Lutz, CSSp (1933-2019)*, São Paulo, Loyola, 2019, 50.

"Como fazer Ciência Litúrgica na América Latina hoje?". Em 1993, na mesma faculdade, obtive o título de Doutorado em Teologia Dogmática com Concentração em Liturgia, com a seguinte tese: "O hino 'Cristo ressuscitou': relato e análise de uma experiência litúrgica como contribuição para a metodologia da Ciência Litúrgica".

O tempo em que participei intensamente do Centro de Liturgia, entre março de 1985 e fevereiro de 2009, foi marcado por muito empenho e criatividade, facilitado pelo fato de – pelo menos nos primeiros anos – eu e os membros da equipe de coordenação morarmos na Faculdade, celebrando a liturgia juntos, tomando juntos as refeições, inclusive com vários alunos que também ficavam hospedados no mesmo prédio. Mais tarde, com a ampliação da equipe – Frei José Ariovaldo da Silva, Ir. Penha Carpanedo, Pe. Domingos Ormonde –, o espírito de equipe continuou e, eu diria, era contagiante e produtivo. Fomos criativos e avançamos na metodologia, na introdução de novos elementos no currículo, no aperfeiçoamento da pedagogia. Ao longo dos anos, passaram centenas de alunos pelos cursos de atualização, especialização e pós-graduação. Foram sendo elaboradas e apresentadas dissertações e teses[17].

Em 1987, foi organizada por nós a primeira Semana de Liturgia. Daí em diante, a cada ano, a "Semana de Liturgia" atraía mais participantes, vindos de vários cantos do Brasil e até de fora. Em cada edição, um novo tema da vida litúrgica na atualidade, na maioria das vezes sugerido pelos participantes da Semana anterior. Participei de todas as Semanas, até 2016, menos da 21ª Semana, em 2007, quando

17. Minha dissertação de mestrado, a primeira a ser defendida no Centro de Liturgia, em 1987, foi publicada pela Paulus, em 1990, com o seguinte título: *Como estudar liturgia? Princípios de Ciência Litúrgica* (em 2007, foi publicada a quinta edição ampliada). Minha tese de doutorado foi defendida em 18 de novembro de 1993 e publicada pela Paulus em duas partes: *Pesquisa em liturgia. Relato e análise de uma experiência*, São Paulo, Paulus, 1994. (Col. Teologia e Liturgia), e: *Cristo ressuscitou. Meditação litúrgica com um hino pascal*, São Paulo, Paulus, 1995 (Col. Teologia e Liturgia).

tive de cuidar de uma amiga que ficou doente; assim mesmo, pedi à Ir. Penha Carpanedo que apresentasse o meu texto, uma Introdução ao tema da Semana (Mistagogia do espaço litúrgico).

Minha última participação nas "Semanas" foi em 2016, na 30ª Semana de Liturgia, onde dirigi uma *Lectio Divina* com o Salmo 103(102), citado pelo Papa Francisco, juntamente com outros salmos, na Bula *Misericordiae Vultus* (O rosto da misericórdia). Durante muitos anos, o conteúdo das Semanas de Liturgia foi publicado na coleção "Cadernos de Liturgia" pela editora Paulus.

10. A dissolução do vínculo entre o Centro de Liturgia e a Faculdade N. Sra. da Assunção

Já havia deixado de lecionar no Curso de Especialização e na Pós-Graduação, embora tivesse continuado no Curso de Atualização e nas Semanas de Liturgia, quando, em 19 de fevereiro de 2009, houve a fatídica reunião da "dissolução" do vínculo entre o Centro de Liturgia e a Faculdade de Teologia. Pe. Gregório explica em pormenores na sua autobiografia como se deu a ligação entre o Centro e a Faculdade, à época de Dom Paulo Evaristo Arns. A proposta original era de um Instituto de Liturgia, mas, com a negativa da Santa Sé, optou-se por manter o formato de um Centro dentro da própria instituição pontifícia (a Faculdade Nossa Senhora da Assunção) como recomendaria o documento emanado do Vaticano. É o próprio Pe. Gregório Lutz que conta:

> Nas vésperas da integração da Faculdade de Teologia Nossa Senhora da Assunção, na Pontifícia Universidade de São Paulo, o então diretor da faculdade, o Cônego Pe. Antônio Manzatto, nos declarou numa reunião do Centro (conforme as anotações pessoais que fiz naquela reunião): "O Centro de Liturgia nunca teve ligação oficial

com a Faculdade. O documento considerado como contrato, assinado pelo então diretor, Pe. Adriano, não tem valor"[18].

Isso se deu depois de mais de vinte anos de intensa atividade, como vimos acima, com várias teses de doutorado defendidas e muitas dissertações de mestrado apresentadas. Era como se o Centro de Liturgia nunca tivesse existido, quase literalmente nas palavras do Cônego Manzatto. Em decorrência disso, Pe. Gregório foi afastado e aposentado. Porém, com a equipe de coordenação, conseguiu-se reorganizar o Centro de Liturgia, mudando o nome para Centro de Liturgia Dom Clemente Isnard, no Centro Universitário Salesiano de São Paulo (Unisal), que passou a oferecer três cursos de pós-graduação *lato sensu* (especialização) em Liturgia, Música Litúrgica e Espaço Litúrgico, Arquitetura e Arte Sacra[19], fase em que também lecionei até 2011.

O centro de Liturgia visibilizou a parceria com a Celebra, Rede de Animação Litúrgica, na preparação e realização da Semana de Liturgia [de julho de 2010 a fevereiro de 2025]. Por sua vez, a Rede manteve uma pós-graduação *lato sensu* em Goiânia, em parceria com o Ifiteg, de 2007 a 2016, e com FAJE, de 2018 a 2020, em Belo Horizonte, voltando ao Ifiteg na edição 2025-2026.

A consequência mais negativa, com o fechamento da pós-graduação no primeiro Centro de Liturgia, foi que se perdeu a licença e o direito de promover a formação acadêmica para mestre e doutor em Teologia Dogmática, com Especialização em Liturgia. Essa formação se caracterizava pelo método ver-julgar-agir adaptado à Ciência Litúrgica. O método continua sendo seguido, tanto na pós-graduação do Centro Dom Clemente quanto da Rede Celebra, porém em âmbito de pós-graduação *lato sensu*[20].

---

18. Lutz, Gregório, *Liturgia. Vida e obra de Pe. Gregório Lutz, CSSp (1933-2019)*, São Paulo, Loyola, 2019, 50.
19. Disponível em: <www.centrodeliturgia.com.br>. Acesso em: 07 jul. 2025.
20. In: Buyst, Ione, Recordações, *Revista da Liturgia*, n. 276 (nov.-dez. 2019) 8-9.

11. A metodologia do Centro de Liturgia

Entre as novidades trazidas pelo Centro de Liturgia, cabe mencionar, sem dúvida alguma, a introdução do método ver-julgar-agir, a observação participante e os laboratórios litúrgicos. Sobre o papel do centro de Liturgia, Gregório escreve:

> Talvez a maior contribuição que o Centro de Liturgia tenha dado e está dando para a formação litúrgica é o método próprio do estudo da liturgia que está baseado no ver-julgar-agir, que seus ex-alunos estão levando para seus lugares de estudo e de celebração[21].

E acrescenta:

> A elaboração deste método é mérito, sobretudo, de Ione Buyst, que o apresentou em sua dissertação de mestrado e o aplicou rigorosamente em sua tese de doutorado[22].

Na verdade, o método nos veio da JOC (Juventude Operária Católica), criada por Jozef Cardijn. Em sua Encíclica *Mater et Magistra* (MM, 236), o Papa João XXIII aponta o método "Ver – Jugar – Agir" como sendo o mais adequado para a formação do Povo de Deus nos princípios da justiça social: partem da realidade social, procuram examinar essa realidade à luz da Palavra de Deus e dos ensinamentos da Igreja e, a partir desse confronto, propõem orientações para a ação pastoral.

---

21. In: *Liturgia. Vida e obra de Pe. Gregório Lutz, CSSp (1933-2019)*, São Paulo, Loyola, 2019, 80.
22. Ibidem, 50. Vejam também: Lutz, Gregório, Ione Buyst e o Centro de Liturgia da Pontifícia Faculdade de Teologia Nossa Senhora da Assunção em São Paulo – SP, in: Sivinski, Marcelino; Silva, José Ariovaldo Da, *Liturgia no coração da vida. Comemorando a vida e ministério litúrgico de Ione Buyst*, São Paulo, Paulus, 2006, 27-31.

Percebi a importância desse método – não somente para a ação pastoral, mas também para a Ciência Litúrgica – lendo e estudando o livro *Teologia e prática. Teologia do político e suas mediações*, de Clodovis Boff[23], sua tese de doutorado, que trata no fundo da epistemologia da Teologia da Libertação: como fazer teologia a partir e em diálogo com a práxis?[24]

Pessoalmente, estudei e esquadrinhei o livro no início dos anos 1980 e levei uma síntese para o encontro dos professores de liturgia organizado pela CNBB, principalmente da segunda seção do livro que trata da mediação hermenêutica e se inspira no processo de prática teórica de Althusser para tratar da pertinência teológica. Clodovis Boff faz distinção entre o "objeto formal" e o "objeto material". O objeto formal é necessariamente um olhar teológico; é da ordem dos princípios da fé (a revelação), que devemos usar com a devida mediação hermenêutica; o objeto material, no entanto, pode ser qualquer assunto ou realidade que – no caso da realidade política – pode e deve ser analisado primeiramente com uma mediação socioanalítica. Desse duplo trabalho resulta um olhar teológico sobre a realidade, no caso, a práxis política.

Uma das frases que mais chamaram minha atenção foi esta: "A pertinência de uma disciplina se define logicamente em relação a seu objeto formal"[25]. Aos poucos, comecei a entender que seria possível elaborar princípios de Ciência Litúrgica próprias para a América Latina. Deveríamos partir da realidade litúrgica lida no contexto social e eclesial, com a ajuda de outras disciplinas, como a antropologia e a sociologia ("ver") para, em seguida, olhá-la criticamente a partir dos dados da revelação, desvelando seu valor ou falta de valor teologal ("julgar") e, a partir daí, apontar critérios para a prática litúrgica (pistas

23. Petrópolis, Vozes, 1978.
24. O texto a seguir foi tirado do opúsculo *Formação litúrgica. Memória Pessoal. Centro de Liturgia, São Paulo, 1985-2006*, 23-25, de minha autoria.
25. Ibidem, 139.

para o "agir"). Precisávamos, de fato, de uma boa teoria capaz de acompanhar e analisar as práticas litúrgicas, principalmente nas comunidades eclesiais de base, que haviam aprendido a ligar "liturgia e vida". Se existisse uma liturgia com a cara latino-americana, seria preciso que tivéssemos as ferramentas "metalitúrgicas" (litúrgico-científicas)[26] necessárias para abordar essas práticas. E não poderíamos ignorar, nessa tarefa, o caminho trilhado pela teologia latino-americana, a Teologia da Libertação.

O Curso de Especialização, principalmente a partir de sua remodelação em 1993, tentou não somente expor aos alunos esses princípios de Ciência Litúrgica, como fez uma tentativa de organizar o currículo de tal modo que cada turma passasse pela experiência, embora limitada, de um processo de Ciência Litúrgica. Assim o expressamos no Caderno de Liturgia n. 4, que relatou toda a experiência daquele primeiro ano[27]:

> O objetivo implícito nesta programação é o de desencadear um processo de aprendizagem da Ciência Litúrgica encurtando a distância entre teoria e prática (pensar e aprender fazendo) com acento na metodologia e na aquisição de instrumental (e não tanto na "transmissão" de conteúdos). Os "alunos" se transformam, assim, em participantes ativos do processo de aprendizagem e da produção de conhecimentos[28].

Outro aspecto de nosso trabalho no Centro de Liturgia que merece destaque é o Laboratório Litúrgico. Na verdade, suas raízes estão no meu trabalho no Colégio *Vita et Pax*, em Ribeirão Preto, na

---

26. Costuma-se usar o termo "Ciência Litúrgica" ou "metaliturgia" para designar o estudo sistemático da liturgia, para distingui-lo da *celebração* litúrgica.
27. Centro de Liturgia, *Curso de Especialização em Liturgia. Uma experiência universitária significativa*, São Paulo, Paulus, 1995 (Cadernos de Liturgia, 4).
28. Ibidem, 5.

década de 1970. Junto com Sueli Danhone, realizávamos encontros com os pais os quais pediam que preparássemos suas filhas para a "primeira comunhão". Num desses encontros, uma das mães levantou a questão de como falar de "Deus" às crianças. Ela era psiquiatra infantil, estava seguindo uma formação para psicodramatista e nos convidou para integrar o grupo de estudo e prática do psicodrama que estava organizando para a sua equipe. E assim, durante seis meses, estudamos e exercitamos o psicodrama e fomos, com a ajuda dela, tirando algumas conclusões e adaptando algumas práticas para o nosso trabalho educacional e pastoral. Lembro-me de um encontro arquidiocesano de formação para as equipes de liturgia no qual ela trabalhou com o grupo a "imagem" de uma equipe de liturgia a serviço de Deus e de seu povo.

Levei essa experiência para dentro do Centro de Liturgia, onde, em janeiro de 1988, organizamos um audacioso "Curso de Conscientização do Corpo na Liturgia". Falei de nosso projeto para Ivete de Jesus, oblata de São Bento, membro da Fraternidade das Oblatas, que desde a década de 1970 trabalhava com a população de rua em São Paulo, e ela disse: "Procurem a Dorothy!". Procuramos a Dorothy Leirner, renomada atriz. Pe. Domingos Ormonde e eu fizemos contato e nos encontramos, uma vez por semana, durante vários meses na casa dela para pensar e organizar esse curso. Dorothy não somente se comprometeu com nossa proposta, mas trouxe ainda consigo uma bela equipe, com instrutora de *tai chi chuan*, "logopedista" e outras especialidades. Anos mais tarde, ajudou a conduzir sessões de Laboratório Litúrgico no curso de pós-graduação em liturgia.

A partir desse curso de 1988, o "trabalho do corpo", os laboratórios litúrgicos e as "vivências" passaram a integrar todos os cursos no Centro de Liturgia. Impossível formar liturgistas e liturgos sem uma preocupação com o corpo[29].

---

29. Leiam: Buyst, Ione, *Memória pessoal*, 28-31, "Laboratório Litúrgico e vivências".

Em 2000, o Laboratório Litúrgico foi objeto de uma pesquisa realizada por Pe. Luiz Eduardo Baronto, publicada com o seguinte título: *Laboratório Litúrgico. Pela inteireza do ser na vivência ritual* (São Paulo: Editora Salesiana, 2000). Convidada a escrever o prefácio do livro, eu lembrei:

> Luiz Eduardo foi uma das pessoas que passaram pela experiência do Laboratório Litúrgico no curso de atualização e, desde o início, percebeu a importância desta técnica na formação litúrgica. Não somente utilizou o laboratório em sua própria prática, como tornou-se um estudioso do mesmo, oferecendo a todos/as nós agora o primeiro fruto de suas pesquisas. Seu trabalho revela a profundidade das raízes do Laboratório Litúrgico e incita a um tríplice aprimoramento: da prática do Laboratório Litúrgico, da formação de pedagogos/as litúrgicos/as no uso do mesmo, do estudo destas e outras de suas bases teóricas.

12. As reviravoltas na vida monástica

Antes mesmo de minha decisão de tornar-me oblata para continuar a viver no Brasil, conheci o monge beneditino Marcelo Barros. O vi pela primeira vez num dos encontros da Cimbra (Conferência Inter Monástica Brasileira), no Rio de Janeiro, em meados da década de 1960. Ele era monge do Mosteiro de Olinda. De 1967 a 1969, participou de uma comunidade ecumênica com Irmãos de Taizé, ao lado do mosteiro.

Bem mais tarde, fiquei sabendo que Marcelo havia se mudado para um mosteiro em Curitiba, fundado pelo Mosteiro de Tournay (França). Marcelo se juntou aos únicos monges franceses que restaram dessa experiência: Filipe Leddet e Pedro Recroix. Em 1977, os três se mudaram para a Diocese de Goiás, a convite do então bispo,

Dom Tomás Balduíno. Em fevereiro de 1985, resolveram iniciar uma nova fase e abriram o Mosteiro da Anunciação do Senhor, na periferia da Cidade de Goiás.

Quando os conheci, Filipe era coordenador de pastoral da diocese; Pedro, eremita, fazia maravilhosos quadros talhados em madeira, no seu apertado ateliê; Marcelo, prior da pequena comunidade, acompanhava a Pastoral da Terra, escrevia, coordenava retiros, viajava pelo Brasil afora, pela América Latina, África, Europa, dando palestras e gente nova estava chegando: Marcos, Celso, entre outros. Muitos vinham, mas nem todos ficavam.

Marcelo havia me convidado para conhecer o mosteiro, e, assim, fui para lá a fim de passar a Semana Santa, em 1986. A partir daquele dia, voltei regularmente, duas ou três vezes ao ano, fora dos meus períodos de aula e assessorias pelo Brasil afora. Geralmente, aproveitava os tempos litúrgicos "fortes": no mês de dezembro – Advento, Novena de Natal, Natal; Domingo de Ramos até o segundo Domingo de Páscoa, e possivelmente até Pentecostes; na festa de João Batista, meu padroeiro monástico, em 24 de junho, até a festa de São Bento, 11 de julho.

Inicialmente, ficava na casa dos hóspedes até que, com o consentimento de Marcelo e da comunidade, resolvi construir, no terreno do mosteiro, a ermida Betânia, inaugurada no Domingo de Ramos de 1992. A partir de 1990, deixei de lecionar no curso de Teologia da PUC de Campinas (SP) para poder ficar mais tempo em Goiás.

Em reunião, no dia 14 de julho de 1988, foi firmado o seguinte acordo sobre o meu lugar no mosteiro da Anunciação do Senhor, em Goiás:

1. Ione vive atualmente, desde dezembro de 1987, como "eremita missionária", conjugando solidão/silêncio e comunhão fraterna, oração e trabalho (principalmente na formação litúrgica), transformação interior/santificação pessoal e intercessão pelo "mundo".

Alterna períodos no mosteiro (ocupando um espaço do terreno onde se construiu a ermida Betânia), com períodos em São Paulo para aulas no Centro de Liturgia e convivência com a Fraternidade das Oblatas de São Bento e os Amigos de São Bento e seu trabalho com o "povo da rua" em São Paulo, Belo Horizonte (Pastoral da Rua) e Ribeirão Preto (Casa das Mangueiras). Atende ainda a pedidos de cursos e assessorias de retiros e formação litúrgica em outras cidades ou estados.

2. A relação de Ione com o mosteiro é de apoio fraterno, principalmente no que diz respeito à vocação e identidade monástica, ligada à missão eclesial de solidariedade com os pobres e numa perspectiva ecumênica e de diálogo religioso e intercultural. Não há uma "ligação interna" com a comunidade dos monges, como é o caso da Fraternidade das Monjas e da Equipe de Leigos, que participam das reuniões e decisões do mosteiro e têm comunhão de bens. Ione está no mosteiro sem ser do mosteiro. Participa dos ofícios divinos, do almoço (menos um ou dois dias por semana, que passa em retiro), de alguns contatos com hóspedes, do encontro da comunidade aos domingos à tarde, e a partir de agora também do jantar da sexta-feira, seguido eventualmente de atividade recreativa. Juridicamente, continua pertencendo à comunidade beneditina (Mosteiro *Regina Pacis*) da Fundação *Vita et Pax* (Congregação de Monte Oliveto), de Ribeirão Preto (SP), onde fez a profissão monástica temporária, em 1964, e oblação no grupo das "oblatas internas", em 1971.
3. Além das atividades mencionadas, colabora esporadicamente na realização de retiros ou *Lectio Divina* com os hóspedes, na equipe do canto litúrgico, entre outros. Na sua ausência, a ermida Betânia está à disposição dos irmãos para retiros dos membros da comunidade ou de algum hóspede.
4. Para garantir a relação fraterna, e a título de avaliação dessa relação, ficou combinada a realização de um ou dois encontros por ano entre Ione e a coordenação do mosteiro.

13. O que me encantou no Mosteiro de Goiás?

Primeiro, a vida monástica "inserida" no meio do povo, acompanhando suas dificuldades, suas lutas, suas dores e suas alegrias. O mosteiro era muito procurado, não somente por pessoas da Cidade de Goiás, da redondeza e de outras cidades do estado de Goiás, mas de várias partes do Brasil, da América Latina e da Europa também. Raramente ficávamos sem hóspedes, muitos deles interessados em participar dos ofícios e outras atividades, por alguns dias, ou por um tempo maior. Na casa dos hóspedes, havia também um quarto com beliches reservado para os lavradores dos acampamentos dos sem-terra e para os lavradores do "Mosquito", área já conquistada.

E havia o movimento contrário: nós, do mosteiro, monges e monjas participávamos da vida dos vizinhos, do bairro, da diocese. Lembro-me com saudade da festa de São João, com direito à novena preparatória; o povo, com cantoria e reza, passando nas casas pelo bairro, e pelo mosteiro, arrecadando dinheiro para a realização da festa. E no dia 23, à noite, no bairro de João Francisco, procissão, reza do terço, erguimento do mastro, e comes e bebes à vontade.

Lembro-me ainda de uma caminhada de várias horas que fizemos de Mossâmedes até a catedral na Cidade de Goiás, a pé, cantando e rezando, recordando as lutas do povo, a vida dos mártires da caminhada. Fizemos uma parada no lugar onde Pe. Francesco Cavazzuti (Pe. Chicão), italiano, foi atingido por um pistoleiro, no dia 27 de agosto de 1987, por causa de sua pregação e de sua atuação pastoral em defesa dos pobres, dos lavradores. Escapou com vida, mas ficou cego.

Em algumas ocasiões festivas, como por exemplo, na Vigília Pascal e no Natal, contávamos no mosteiro com a presidência da celebração de Dom Tomás Balduíno, então bispo de Goiás, conhecido por suas homilias profundas e sempre bem ligadas com o momento atual. Aprendi enormemente também com Ir. Guido, ex-abade do Mosteiro de Tournay, que, terminado o seu mandato, veio se juntar à comunidade de Goiás. Eu apreciava muito as homilias dele e as conversas à mesa no refeitório em dias de festa.

No Mosteiro de Goiás, o ponto alto eram as vigílias no sábado à noite (início do domingo, o dia do Senhor). As vigílias iniciavam no escuro, com um longo tempo de silêncio e oração individual. Depois, como que de dentro desse silêncio, ressoava um refrão meditativo, relacionado com a festa ou tempo litúrgico. E aí começava o ofício, com os versos da abertura, em forma de repetição, enquanto se acendiam as luzes. Momentos inesquecíveis, profundos. Algumas vezes, o ofício iniciava-se com uma dança simples, que envolvia todos e todas, com movimentos repetidos e acompanhados por um canto, como por exemplo: "Louvarei a Deus, seu nome bendizendo [...], à vida nos conduz"[30].

Outro componente que me encantava no Mosteiro de Goiás era o estilo da construção: simples, sóbrio e muito bonito. A capela pequena, aconchegante, redonda, em tijolo à vista, com os bancos fixos na parede, onde os monges e o povo assentavam-se, lado a lado. Não havia janelas, mas uma abertura entre a parede e o telhado, que permitia contato com a natureza (o vento, o canto dos pássaros...) e com a vida do povo (os ruídos que vinham da rua e da casa dos vizinhos). Havia, ainda, os entalhes em madeira, obra de Pedro: na entrada, a anunciação do anjo a Maria; atrás da estante da Palavra, um desenho não figurativo; atrás da mesa do altar, a sarça ardente...[31]. E, nesse ambiente, a liturgia! O Ofício Divino de manhã, à tarde e ao meio-dia, simples, verdadeiro, tranquilo, profundo, com a participação de vizinhos e hóspedes. Aos domingos e às quintas-feiras, celebrávamos a Eucaristia. Regularmente, havia um dia de retiro, no qual eu era convidada a participar. De manhã, um texto ou uma palavra de Marcelo como

30. *Cantos de Taizé*, São Paulo, Loyola, n. 14.
31. Sobre a vida e a arte de Pe. Pedro Recroix, vejam: *Pedro Recroix. Arte em feitio de oração. ITS – Instituto Terceiro Setor, Série Arte e Pessoa*, Brasília, DF, 2009.

sugestão para meditação ao longo do dia e, no final da tarde, partilha das descobertas feitas, das dúvidas surgidas, dos propósitos tomados...

Mais tarde, com o crescimento da comunidade e a participação de vizinhos e de muitos visitantes do Brasil e do exterior, a capela se tornou demasiado pequena, principalmente para as celebrações festivas (domingos, Advento e Natal, Páscoa, Pentecostes...). Então, resolveu-se construir uma igreja que comportasse mais ou menos cem pessoas: a Igreja da Santíssima Trindade, inaugurada em 27 de fevereiro de 1994. Era também circular, com o chão de pedra, com patamares entre dois ou três degraus, de modo que, a partir de qualquer lugar, podia se ver perfeitamente o que acontecia no altar. Havia grandes bancos de madeira, rústicos, colocados em semicírculos, em cima desses pisos de maior largura. No centro, embaixo, um pequeno altar (mesa) de madeira; e, atrás, em cima, contrapondo-se com o altar, a estante da Palavra. Atrás da mesa do altar, na parede, um enorme quadro de madeira entalhado por Pedro, representando a Santíssima Trindade, como no famoso ícone de Rublev. Na parede do fundo, atrás do ambão, um quadro de Maria de Guadalupe. As "janelas" em enormes vãos, sem vidro, com figuras desenhadas em ferro, pintadas de preto. Ideal para o clima quente de Goiás.

Além da liturgia, havia outra prática importante no Mosteiro de Goiás que influenciou minha vida espiritual: a prática da chamada "oração de Jesus". Trata-se de uma prática antiga, vivida sobretudo no monaquismo oriental (hesicasmo), mas que se espalhou recentemente também no ocidente e não somente em meios monásticos.

Nos poucos meses em que fiquei no Mosteiro de Schotenhof (do final de novembro de 1962 a janeiro de 1964), tive a oportunidade de participar de uma palestra sobre o assunto, dada por um dos monges de *Vita et Pax*, prior da comunidade na Inglaterra, que era praticante desse tipo de oração. Achei interessante, mas ficou nisso; naquele tempo, não dei continuidade. No Mosteiro de Goiás, chegávamos meia hora antes dos ofícios e, sentados no chão ou em banquinhos bem baixos, praticávamos a oração de Jesus, em silêncio, cada pessoa com sua fórmula de oração. Aprofundei o tema lendo vários estudos sobre o assunto[32], e tornei-me praticante, recitando a fórmula escolhida, não somente antes dos ofícios, mas em todos os momentos e circunstâncias.

Na tentativa de fazer um mosteiro "misto", com homens e mulheres, monges e monjas, Marcelo sugeriu que eu aceitasse a consagração monástica. Ele conhecia minha história e sabia que, de coração, eu era monja. Conhecia também a comunidade de *Vita et Pax* e, assim, em fins dos anos 1980, aproveitando o final do encontro do Emla (Encontro Monástico Latino-Americano), que se realizou em São Paulo, solicitou à Ir. Clara Hermans, priora da Comunidade Monástica do *Vita et Pax*, que me "emprestassem" à comunidade de Goiás. Essa conversa aconteceu na casa das Irmãs Pias Discípulas do Divino Mestre, na Rua Buri em São Paulo. Discretamente, sentamo-nos na salinha da entrada – Ir. Marcelo Barros, Ir. Marcos, Ir. Clara e eu.

Relutei alguns anos para aceitar a proposta de Marcelo! Finalmente, recebi a consagração monástica na vigília de Pentecostes, em 21 de maio de 1994, na recém-inaugurada Igreja da Santíssima Trindade, no Mosteiro de Goiás, com a presença de quatro irmãs da Comunidade de *Vita et Pax* de Ribeirão Preto: Ir. Clara Hermans (priora), Ir. Pia Clerckx, Ir. Marina Domingues dos Santos e a Oblata Elena Pereira Dias. Participaram também Sueli Danhone e Marina

32. Vejam alguns livros sobre a oração de Jesus, publicados no Brasil: Um Monge da Igreja Oriental, *A invocação do nome de Jesus*, São Paulo, Paulinas, 1984 (Coleção "A oração dos pobres"); Anônimo, *Relatos de um peregrino russo*, São Paulo, Paulinas, 1985 (Coleção "A oração dos pobres"); Main, John, *Prática diária da meditação cristã*, São Paulo, Paulinas, 1997 (Coleção "A oração dos pobres"); Freeman, Laurence, *Prática diária da meditação cristã*, São Paulo, Paulus, 1995; Freeman, Laurence, *A luz que vem de dentro*, São Paulo, Paulus, 1998; Leloup, Jean-Yves, *Escritos sobre o hesicasmo. Uma tradição contemplativa esquecida*, Petrópolis, Vozes, 2003; Goleman, Daniel, *A mente meditativa. As diferentes experiências meditativas no oriente e no ocidente*, São Paulo, Ática, [4]1997.

Ortolan, de Ribeirão Preto, e ainda Cristina Bove e Fortunata Novaes, da Fraternidade das Oblatas de São Bento, de Belo Horizonte. O bispo consagrante foi Dom Tomás Balduíno, então bispo da Diocese de Goiás. E assim, depois de muitos anos, retomei oficialmente minha vida monástica, agora como monja eremita.

Depois de minha consagração, veio o desejo de conhecer outras pessoas e comunidades com vocação semelhante à minha e, por isso, resolvi organizar uma peregrinação monástica, aproveitando minha viagem à Bélgica, em agosto e setembro de 1995, para rever meus familiares e amigos. Partindo de Bruxelas, tracei o seguinte roteiro: Paris, Comunidade Monástica de Jerusalém; Tournay, no sul da França, o mosteiro que fundou o Mosteiro de Goiás; no norte da Itália, o Mosteiro de Bose, misto, monges e monjas, tendo, então, como prior o leigo Enzo Bianchi; Roma, o Mosteiro das Irmãs de Camaldoli, e, em Camaldoli, o mosteiro dos monges camaldolenses, tanto dos cenobitas, como dos eremitas![33] Em Rosana Calabria, no sul da Itália, visitei também uma comunidade mista, bem pequena. Tenho até hoje contato com um deles, Frédéric, que há alguns anos ocupa um eremitério antigo, Sant'Ilarione, em San Nicola RC, Itália. Foram contatos inesquecíveis, enriquecedores, inspiradores. Voltei ao Brasil no final de setembro.

Em 1999, veio também Ir. Paola Petri, italiana, convidada pelo mosteiro para integrar a comunidade monástica de Goiás, reforçando o grupo das mulheres. Ela havia trabalhado durante muitos anos como religiosa marista na Oceania, na área da educação, e depois entrou no mosteiro beneditino de Chantelle, Diocese de Moulins, na França, de onde foi enviada a vários mosteiros na África para ajudar na formação. Depois do fechamento do Mosteiro de Goiás, ficou morando na cidade, como monja eremita. Tenho contato com ela até hoje.

33. Anos mais tarde, visitei as duas comunidades em sua fundação recente em Mogi das Cruzes, SP.

No dia 8 de novembro de 2006, voltei à ermida de Goiás para passar ali mais uma temporada, incluindo o tempo do Advento e a festa do Natal. Chegando, fiquei sabendo que, devido a problemas internos, o mosteiro iria fechar provisoriamente a partir do dia 26 de dezembro. Desolação! Desconfiando do "provisoriamente", decidi fechar a ermida definitivamente, abandonando, junto com o mosteiro, a querida cidade de Goiás!

14. Pequenos recortes entre São Paulo, Goiás e Ribeirão Preto

14.1. Fraternidade das oblatas e Amigos de São Bento

Morando em São Paulo já havia aproximadamente dois anos, na Faculdade de Teologia e participando da Pós-Graduação em Liturgia, numa tarde, fui ao centro da cidade e entrei na Livraria da Paulus, na Praça da Sé. Um livro chamou a minha atenção: "Quantas vidas eu tivesse, tantas vidas eu daria!", de G. Castelvecchi (Nenuca)[34]. Nenuca era oblata de São Bento e trabalhava com o povo da rua. Depois de folhear o livro, olhei os títulos dos capítulos, as fotos. Ainda no ônibus para o Ipiranga, no trajeto de volta para casa, comecei a leitura do livro. Chegando a meu quarto, na Faculdade, não consegui parar de ler, em prantos. Havia descoberto algo muito valioso. Na aula de liturgia, que estava ministrando na graduação de Teologia, mostrei o livro aos alunos e disse: "Se alguém quiser saber como ligar liturgia com trabalho social, leia isto aqui". No final da aula, um aluno, Roberval, me procurou e disse: "Faço parte desse grupo. Veja aí na página tal". Poucas semanas depois, comuniquei aos alunos que passaria a Semana Santa no recém-iniciado Mosteiro de Goiás. Na primeira noite, apareceu outra hóspede, Cristina, membro da Fraternidade

34. São Paulo, Paulinas, 1985 (Coleção: O povo quer viver, 15).

das Oblatas de São Bento, fundada por Pe. Inácio e Nenuca. Roberval havia contado a ela que eu iria passar a Semana Santa em Goiás, e ela não teve dúvidas: viajou de São Paulo a Goiás para participar do Tríduo Pascal e se encontrar comigo. Surpresa total! Conversamos a noite inteira e aí nasceu um contato que continua até hoje, com ela e com as outras oblatas que fui conhecendo depois, em São Paulo: Isabel, Regina (falecida em 12 de agosto de 2024), Maria Júlia (falecida em 5 de janeiro de 2002), Fortunata (falecida em 18 de janeiro de 2021) e Ivete (falecida em 14 de junho de 2021).

Voltando a São Paulo, entrei em contato, pela primeira vez, com Ivete e Regina, na casa delas, na Baixada do Glicério. Convidaram-me para os encontros semanais, aos domingos, com o povo da rua, na "Casa de Oração": um antigo salão de festas na Rua Riachuelo, atrás da Igreja e do Convento dos Franciscanos, no Largo de São Francisco. O povo vem chegando, deixa suas sacolas e mochilas numa improvisada "portaria", entram, cumprimentam-se; alguns logo procuram um canto para dormir. Pessoas da equipe se misturam com os que chegam e conversam. Outros estão preparando um lanche a ser compartilhado. Mas, antes, há jogos, brincadeiras e uma reza, uma pequena celebração. E aí, sim, é servido o lanche esperado por todos. Logo depois, todos vão saindo; a equipe limpa o local e faz uma breve avaliação. E me convidam para voltar todos os domingos..., o que fiz durante muitos anos, nos períodos em que eu ficava em São Paulo.

Aos poucos, fui conhecendo a história do grupo: os contatos que estabeleceram e os laços que teceram em várias "modalidades" e a organização pastoral com a população de rua, primeiro em Recife, depois em São Paulo e, a partir de 1986, também em Belo Horizonte. Pouco a pouco, fui convidada para reuniões da Fraternidade: a celebração do Ofício Divino, aos sábados de manhã, em minha casa na Rua Djalma Dutra; a participação na Missão do Povo da Rua e de outras atividades: a sopa debaixo do Viaduto do Glicério, a Missão Anual do Povo da Rua, a Pastoral da Rua em Belo Horizonte...

Minha participação principal na Fraternidade não é no trabalho pastoral e social, e – sim – na vida "interna" do grupo das Oblatas, que se concentra em quatro encontros, iniciando na sexta-feira, depois do almoço, com um tempo de descanso, em seguida, um bate-papo de "recordação da vida" e dos trabalhos realizados. Depois, vem o estudo de um tema programado, que continua no sábado, manhã e tarde. À noite, fazemos nossa celebração litúrgica dominical, às vezes seguida de comemoração de aniversários.

Em dezembro, avaliamos os encontros do ano que passou e definimos as datas e os temas de estudo do ano seguinte. A título de exemplo, aqui vão alguns dos temas trabalhados ao longo dos anos: Nova Classe B; Islã; Os monges de Tibhirine; Teologia da Libertação; O bem viver; Papa Francisco; Novos rumos da Igreja; Espiritualidade; *Evangelii Gaudium*; São Bento; Dom Oscar Romero. E, a cada ano, lemos e aprofundamos o tema da Campanha da Fraternidade.

Houve também momentos mais fortes, de retomada e avaliação da vida e da missão da Fraternidade. Foi o que aconteceu, por exemplo, em 2005, com o tema: "Fraternidade das Oblatas de São Bento, 20 anos de caminhada" (1984-2004), quando contamos com a assessoria de Ir. Mercedes Lopes (da Congregação Jesus Crucificado), amiga da Fraternidade.

Anos atrás, esses encontros eram realizados cada um numa cidade onde se encontrava qualquer um dos participantes: São Paulo, Belo Horizonte, Goiás, Ribeirão Preto. Depois, com a idade dificultando a locomoção, principalmente da parte de Sueli Danhone, que desde 1999 participou dos quatro encontros anuais da Fraternidade, até seu falecimento, em 28 de maio de 2017[35], optamos por realizar todos os encontros em Ribeirão Preto, primeiro na Fazenda Macaúba, depois no Mosteiro Beneditino do *Vita et Pax*. Devido à pandemia

35. Veja: Bove, Cristina, Sueli presente entre nós! in: Buyst, Ione (org.), *Sueli Danhone. Diversos olhares*, Ribeirão Preto, Editora Corpo 12, 2018, 138-144.

causada pela Covid-19, os encontros foram suspensos em 2020, 2021 e 2022.

Ligados à Fraternidade das Oblatas, havia dois grupos chamados de Amigos de São Bento. O primeiro grupo nasceu em São Paulo, com moradores de rua que participavam da Comunidade dos Sofredores de Rua. O segundo, surgiu em 1990, o grupo Amigos de São Bento, com os "agentes" que trabalham com o povo da rua em São Paulo e em Belo Horizonte; também em Ribeirão Preto, na Casa das Mangueiras.

Além das atividades e reuniões dos grupos locais, organizamos vários retiros com os três grupos juntos: em julho de 1996, em Belo Horizonte, no recanto Santa Clara, com o tema "Procurar e encontrar Deus na missão"; agosto de 1997, em Ribeirão Preto, Fazenda Macaúba, com o tema: *Ora et labora*, oração e trabalho, oração e missão; em julho de 1998, em Ribeirão Preto, sobre "A Regra de São Bento, ontem e hoje: leitura a partir da missão com o povo da rua"; em julho de 1999, no Mosteiro de Goiás, sobre a "Unidade na pluralidade"; e, em julho de 2001, em Ribeirão Preto, no Mosteiro do *Vita et Pax*, com o tema: "Deus".

14.2. Escola experimental "Casa das Mangueiras"

Ainda no ano de 1970, Sueli Danhone, que era professora no Colégio *Vita et Pax* e trabalhava comigo no Serviço Arquidiocesano de Pastoral Litúrgica, iniciou sua participação na comunidade beneditina de *Vita et Pax*, confirmada oficialmente na celebração litúrgica em 28 de maio de 1971.

Em janeiro de 1972, tomamos uma decisão. Era a hora do pós-Medellín: da opção pelos pobres, da Teologia da Libertação e do movimento da "inserção" da vida consagrada plantada no meio do povo. Sueli e eu optamos por morar mais perto do povo, numa casa no

Bairro Iguatemi, novo conjunto habitacional popular. Nessa nossa casa, aconteciam as reuniões trimestrais da equipe arquidiocesana de liturgia junto com o Arcebispo Dom Miele, com celebração doméstica da Eucaristia, na mesma mesa redonda em que, em seguida, servíamos o almoço.

Ao redor dessa mesma mesa, foram realizadas inúmeras reuniões para fundar e levar adiante a Casa das Mangueiras. De fato, em 1973, descobrimos que, no posto policial do bairro da Vila Virgínia, crianças e adolescentes eram mantidos presos atrás de grades (às vezes, eletrificadas), em condições desumanas, inclusive sem boletins de ocorrência e sem que os pais ou parentes fossem avisados. Depois de muitos contatos com os meninos e com as autoridades, iniciamos a Casa das Mangueiras: os três padres: Agostinho Duarte OSB, João Rípoli e Gisberto Pugliese, mais a Sueli e eu[36]. A inauguração aconteceu no dia 8 de dezembro de 1973, em troca do fechamento definitivo do posto policial. Foi coordenada por Pe. Agostinho por dois anos e depois por Sueli Danhone, na condição de voluntária.

Sueli ficou à frente dessa iniciativa educacional inovadora de crianças e adolescentes "infratores" (como eram chamados na época), em regime aberto, durante bem uns quarenta anos, até sua aposentadoria, em fevereiro de 2014. Assumiu essa tarefa com competência profissional, autenticidade, paixão, persistência e alegria que lhe eram características. Mas tomou, acima de tudo, como uma missão profética, no seguimento de Jesus Cristo: "O Senhor me deu o seu Espírito [...] e me enviou para anunciar a liberdade aos presos [...], para libertar os que estão sendo oprimidos" (Lc 4,18).

36. Por que o nome "Casa das Mangueiras"? É que no terreno em volta da casa, na Rua Arnaldo Vitaliano, havia muitas mangueiras. Então os meninos diziam: "A casa lá nas mangueiras!". Quando, mais tarde, a casa foi mudada para a Vila Recreio, num terreno sem árvores, logo se plantou uma mangueira na entrada dela, para fazer jus ao nome.

Nos primeiros anos da Casa das Mangueiras, minha participação era de apoio a Sueli e a toda a equipe, além de tarefas específicas, como fazer os registros fotográficos das atividades na Casa, levar os meninos ao médico, buscar um ou outro voluntário, organizar os momentos de oração e de celebrações litúrgicas, sem deixar meu trabalho no Serviço Arquidiocesano de Pastoral Litúrgica. Mas, a partir de maio de 1985, deixei Ribeirão Preto para estudar e trabalhar em São Paulo.

Mesmo depois da minha mudança para São Paulo, continuei acompanhando o andamento da Casa, quase diariamente, via contato telefônico com Sueli. Algumas vezes durante o ano, passava por Ribeirão Preto e visitava Sueli e a Casa das Mangueiras, assim como a Comunidade do *Vita et Pax*, amigos e antigos colaboradores. Nessas ocasiões, organizávamos atividades religiosas mais complexas na Casa das Mangueiras. Assim, em 1997, a pedido de alguns meninos e meninas da Casa, organizamos a preparação do batismo de alguns deles, ao longo de vários meses, como conto no livro: *Festa do batismo: da vivência de rua à vida em comunidade*[37]. Em agosto de 2000, a pedido de uma das adolescentes, celebramos o batismo de três adolescentes/mães, com seus filhos recém-nascidos, depois de um bom tempo de preparação. Regularmente, fazíamos também encontros de espiritualidade para os educadores. Muitos deles aderiram aos "Amigos de São Bento", ligados à Fraternidade de São Bento, das Oblatas de São Paulo e Belo Horizonte que trabalham com a população de rua desde a década de 1970.

Depois dos famosos atentados nos Estados Unidos e da onda de ódio que se espalhou no mundo, principalmente contra os muçulmanos, realizamos no dia 17 dezembro de 2007, na Casa das Mangueiras, um encontro de Oração Inter-religiosa, com representantes de

37. Ione Buyst e equipe da Casa das Mangueiras, *Festa do batismo. Da vivência de rua à vida em comunidade*, São Paulo, Paulinas, 1998.

dezesseis tradições religiosas: Judaísmo, Islamismo, Budismo, Hinduísmo, Igreja Messiânica, Adventista, Santos dos Últimos Dias, Metodista, Presbiteriana, Católica, Espírita, Testemunhas de Jeová, Evangelho Quadrangular, Assembleia de Deus, Ortodoxa e Religiões Afro.

No dia 21 de fevereiro de 2014, Sueli aposentou-se e deixou a Casa das Mangueiras. Eu continuo até hoje com contatos esporádicos, mesmo depois da morte de Sueli, em 28 de maio de 2017.

15. Formação litúrgica no México

Foram dois os contatos que me aproximaram do México. O primeiro: as Irmãs Beneditinas mexicanas (Misioneras Guadalupanas de Cristo Rey, OSB), que iniciaram em 1994 uma comunidade em Lagoa da Confusão, no estado do Tocantins. O segundo: um grupo de padres mexicanos que vieram fazer pós-graduação no Brasil, sendo que um deles, Pe. Ignacio Martínez, foi meu aluno na pós-graduação de liturgia na Faculdade de Teologia Nossa Senhora da Assunção, em São Paulo.

A minha primeira ida ao México se deu em 1996, de 11 de setembro a 6 de outubro. Fiquei hospedada na casa das Irmãs Beneditinas, Misioneras de Cristo Rey, em Cuernavaca, no estado de Morelos. E apliquei uma extensa (e intensa) programação de formação litúrgica. Primeiro, em Cuernavaca, para Animadoras de Comunidade, com irmãs que trabalham na pastoral. Em Torreón, a convite de uma comunidade beneditina, feminina, chamada "Pan de Vida", fundada por norte-americanas, coordenada pela Ir. Pati. Fui convidada a ministrar três dias de formação litúrgica sobre o Ofício Divino, com o grupo de 70 mulheres, muito ativas na pastoral. Voltando a Cuernavaca, coordenei, de segunda à sexta-feira, um curso sobre o *corpo* na liturgia e uma sessão de Laboratório Litúrgico. Esse curso aconteceu num lugar histórico: em Ahuacatitlán (a 25 quilômetros de Cuernavaca), onde existia, em anos idos, o Monasterio Santa Maria de la Resurrección, coordenado por Dom Gregório Lemercier, um monge beneditino belga. Ele introduziu a psicanálise na vida do mosteiro. Roma proibiu a experiência e, então, fecharam-no, e atualmente o lugar é usado para cursos e retiros. Pude também visitar Teotihuacán, sítio arqueológico de uma cidade que foi construída entre os anos 100 antes de Cristo e 250 anos depois de Cristo, considerada a sexta maior cidade do mundo naquela época.

Voltei muitas vezes a Cuernavaca e várias outras cidades para atender aos pedidos de formação litúrgica[38]. Encontrei-me com vários grupos: Beneditinas Guadalupanas, "Hermanas de la pastoral", presbíteros, religiosas, leigos e leigas...; Mercedárias; CIRM (Conferência das Religiosas do México). Trabalhei vários aspectos da liturgia, a pedido de cada grupo: a celebração da Palavra, o Laboratório Litúrgico, a Eucaristia, a celebração de exéquias, a inculturação e a música na liturgia.

A formação era oferecida tanto para leigos quanto para padres e religiosas e incluía retiros litúrgicos. Os assuntos tratados estavam sempre ligados ao "complexo" da liturgia em seus vários aspectos.

16. Celebra, Rede de Animação Litúrgica

Em dezembro de 2020, festejamos os vinte e cinco anos de existência da Rede Celebra: 1995-2020! Não tenho pretensão de fazer aqui o histórico completo da "Celebra"! Quero apenas lembrar alguns momentos significativos de minha participação nessa história.

Depois do 7° Encontro Intereclesial de CEBs, em Duque de Caxias, RJ, 1989, constatou-se a riqueza das celebrações e, ao mesmo tempo, a importância do aprofundamento, revisão e preparação da liturgia nos intereclesiais e sua continuidade nas bases.

38. *Capancita, Puebla, Oaxaca, Monte Alban; Mitla, Tula, Ciudad de México; Tacubaya; Yaultepec; Tlaylacapan; Tepoztla...*

Na *Revista de Liturgia*, n. 109 (jan.-fev. 1992), foi publicada uma "carta aberta", assinada por mim, Marcelo Barros e Marcelo Guimarães, com considerações e sugestões quanto à liturgia no 8º Intereclesial das CEBs, que aconteceria em Santa Maria, RS, em setembro no mesmo ano (1992). Durante um ano e meio, foi feito um trabalho intensivo de formação da equipe de liturgia que atuaria no Intereclesial em Santa Maria, coordenado por Marcelo (Irineu) Guimarães: estudos, laboratórios, treinamentos...

A equipe que elaborou o Ofício Divino das Comunidades, na revisão da primeira edição, em uma de suas reuniões escreveu uma carta, publicada na *Revista de Liturgia*, n. 119 (set.-out. 1993), reforçando a ideia de pensar um tipo de "CEBI da liturgia"[39] que, em âmbito nacional, tivesse a função de sustentar comunidades em busca de um novo caminho na liturgia. Frei Carlos Mesters foi uma das pessoas que apoiaram a proposta e ele sugeriu o nome Celebra, aceito de bom grado pela equipe.

Em fevereiro de 1995, um grupo que participava de uma formação em São Paulo, coordenada por Ir. Penha Carpanedo, sobre o Ofício Divino das Comunidades, retomou a ideia e marcou uma data "para começar um serviço de articulação: de 11 a 15 de dezembro de 1995". Coube à Maria de Lourdes Zavares cuidar de toda a logística do encontro, que aconteceu no Centro de Treinamento da Diocese de Goiás.

Reuniram-se dezesseis pessoas, vindas de várias regiões do país, trazendo experiências, preocupações e anseios. O grupo formulou a carta de princípios que norteariam a vida e a missão desse novo serviço na Igreja. O nome "Celebra", proposto por Frei Carlos Mesters, foi aceito com o complemento: "Rede de Animação Litúrgica". Na ocasião, Maria de Lourdes Zavarez e Pe. Domingos Ormonde

---

39. Referência ao caráter popular e ecumênico do Centro de Estudos Bíblicos (cf. https://cebi.org.br/). (N. do E.)

assumiram o serviço de articulação nacional, escolhendo algumas pessoas como apoio.

Antes de existir a Rede Celebra, criamos em São Paulo, no contexto do Centro de Liturgia na Faculdade Nossa Senhora da Assunção, o grupo "Mulheres na Liturgia", que se reuniu pela primeira vez nos dias 15 e 16 de outubro de 1994. Os "quatro pontos" que ficaram no final desse encontro:

a) É importante valorizarmos as atitudes sacramentais no cotidiano das mulheres;
b) há uma maneira própria de nós, mulheres, sentirmos, participarmos, recebermos e estarmos presentes nas celebrações litúrgicas;
c) as liturgias presididas por mulheres têm características próprias: importância dada ao corpo (gestos, movimentos, procissões, dança, vestes...); vivência comunitária: acolhimento, ambiente familiar, doméstico, cotidiano, informal; preocupação com a participação de todos; ministérios assumidos colegialmente, em equipe, repartindo os serviços...; tempo sentido como cíclico, em espiral: a vivência e a compreensão vão crescendo e amadurecendo de semana em semana, de ano para ano. É uma gestação (nove meses!). Esse "jeito" próprio das mulheres na liturgia visa complementar, entrosar, equilibrar, "casar" com o jeito dos companheiros, para que a imagem de Deus se manifeste e seja experienciada por inteiro, com sua dimensão feminina e masculina;
d) metodologia seguida pelas mulheres: dialogal, participativa, integradora (holística, ou seja, integrando todos os elementos, mesmo os aparentemente opostos); misericórdia com o fraco, o pequeno...

Na reunião de 12 de outubro de 1996, em São Paulo, o grupo se ligou à Rede Celebra (fundada em dezembro do ano anterior), por se identificar inteiramente com as propostas da Rede. Escolhemos como novo nome "Celebra-Mulher", e Teresinha Fachin como coordenadora do grupo. Após troca de experiências e leitura de alguns textos referentes à mulher na liturgia, preparamos o encontro do ano seguinte, programado para o fim de semana (sábado e domingo) anterior à 11ª Semana de Liturgia, ou seja, 11 e 12 de outubro de 1997. O Boletim de Liturgia[40] do segundo semestre desse mesmo ano publicou como notícia a existência do grupo, destacando o "jeito" próprio das mulheres na liturgia, notificando uma fusão do grupo "Celebra-Mulher" com a Rede, até porque uma de suas características é o protagonismo das mulheres.

Desde o início, os passos da Celebra foram marcados pelos "Núcleos", que foram nascendo em vários lugares do Brasil, por iniciativa das pessoas que participaram daquela primeira reunião realizada em Goiás, em dezembro de 1995. Aos poucos, foram surgindo em outros lugares, sempre por iniciativa de alguma pessoa motivada pela proposta da Rede. O Núcleo é o espaço mais importante da Rede Celebra. Os outros elementos existem em função da vida dos núcleos. Atualmente, existem 30 núcleos, em torno de 500 membros; cada núcleo se organiza e cria suas atividades, de acordo com suas necessidades, possibilidades e interesses. Há pessoas que, na impossibilidade de se vincular a um núcleo, fazem adesão à Rede no formato de "pertença individual", como, atualmente, é o meu caso.

Uma referência importante para os núcleos e os membros de pertença individual foram, nesses vinte anos, os encontros nacionais com diversidade de temas e diferentes modalidades.

À medida que a Rede foi crescendo, equipes de serviço se tornaram necessárias. Além da equipe de articulação e de apoio, somaram-se: a equipe de comunicação, que cuida do Boletim, da página da Rede Celebra na internet e da parte técnica da formação em regime remoto, e uma pequena equipe que cuida das finanças da Rede.

---

40. Vejam *Boletim da Rede Celebra*, abril 2003, e *Boletim do Centro de Liturgia*, 1997.

A publicação mais genuína realizada pela Rede Celebra é o "Boletim de Liturgia". Nasceu em 1996, de uma forma simples e despretensiosa: uma folha de papel sulfite dobrada, formando um folheto de quatro páginas, com as letras espremidas para que coubesse o conteúdo, sempre rico e atual. No cabeçalho, um desenho, singelo, simbólico, sugestivo, de Edmar de Oliveira, de Goiânia. No Boletim n. 40, de junho de 2006, veio escrito: "Lembrando os 70 anos de Ione e o anúncio da publicação do livro *Liturgia no coração da vida. Comemorando a vida e o ministério litúrgico de Ione Buyst,* organizado por Pe. Marcelino Sivinski e Frei J. Ariovaldo da Silva, publicado pela Paulus". A partir da assembleia de 2020, o Boletim assumiu novo visual, colorido e digital.

Outro meio é a página eletrônica, para ser uma referência de formação com todo o material disponibilizado, sobretudo em função das Escolas de Liturgia e da Especialização.

Em 2001, teve início a Coleção Rede Celebra, editada pelas Paulinas, atualmente com onze volumes, dos quais oito da minha autoria. São livros de pequeno porte, com temas variados, acessíveis às equipes de liturgia.

As Escolas de Liturgia começaram na Casa da Juventude, em Goiânia, em parceria com a Rede Celebra, durante dez anos – cada edição, em quatro etapas durante um ano, tendo como destinatária a juventude. O subsídio elaborado na Casa da Juventude permitiu multiplicar essa escola em outros regionais, dioceses e paróquias, e não só para jovens. O grande mérito dessa modalidade de formação é garantir conteúdos básicos, metodologia participativa, experiência celebrativa e vivência espiritual com base na liturgia.

A partir da assembleia da Celebra, de julho de 2019, as Escolas passaram a ser parte integrante do projeto de formação da Rede Celebra, que reúne quatro programas: processo de adesão à Rede Celebra; formação inicial dos novos membros que inclui fazer a Escola de Liturgia e uma leitura dirigida da Carta de Princípios da Celebra;

estudos de temas específicos, incluindo formação para formadores e a especialização em liturgia.

Quanto ao quarto programa do projeto de formação da Rede, a especialização, começou em 2007, como atividade do núcleo de Goiânia, "Celebra Centro-Oeste", coordenado por Maria de Lourdes Zavarez. Inicialmente, era um curso de capacitação ligado à UCG (Universidade Católica de Goiás), hoje PUC-GO. Tendo iniciado em janeiro de 2007, a primeira turma terminou em janeiro de 2008, em três etapas: janeiro, julho e janeiro. A partir de 2009, o curso passou para o Ifiteg (Instituto de Filosofia e Teologia de Goiás), realizando a segunda edição de janeiro de 2009 a janeiro de 2010.

Na terceira edição, de 2011 a 2012, o curso passou à Especialização em Liturgia (*lato sensu*), sem deixar de acolher alunos de capacitação (extensão). Nesse formato, foram mais duas edições: janeiro de 2013 a janeiro de 2014;[41] janeiro de 2015 a janeiro de 2016.

Em janeiro de 2017, a pedido dos ex-alunos, aconteceu um curso de Laboratório Litúrgico, aberto também a outras pessoas da Rede. Ione, Lourdes e Adriana foram as assessoras.

Em 2018, o curso foi transferido para Belo Horizonte, sob a tutela da FAJE[42], em duas edições: janeiro de 2018 a janeiro de 2019, e janeiro de 2020 a janeiro de 2021, sendo apenas a primeira etapa presencial, devido à pandemia. Neste ano de 2025, o curso de Especialização da Rede retorna para Goiânia, ao Ifiteg.

Tive a oportunidade de participar de todo o processo, enquanto esteve em Goiânia, contribuindo com a organização dos conteúdos e com a metodologia.

Além disso, pude contribuir com a formação da Rede a convite de vários núcleos para encontros de estudo e aprofundamento de

---

41. Ione Buyst ministrou a aula inaugural para as turmas seguintes: 2011-2012; 2013-2014; 2015-2016.

42. FAJE (Faculdade Jesuíta de Filosofia e Teologia), em Belo Horizonte, MG.

uma variedade de *temas* sugeridos de acordo com seu histórico e suas necessidades. Cito alguns dos assuntos tratados, sem datas e sem o nome dos núcleos: Metodologia da Rede Celebra; Eucaristia; Aplicação da técnica do Laboratório Litúrgico; Eucologia; Homilia; Leitura Orante; Espiritualidade litúrgica; Celebração do Domingo ao redor da Palavra de Deus; Ano litúrgico; Jornada litúrgica: catequese e liturgia, na perspectiva do Ritual de Iniciação Cristã dos Adultos (Rica); Introdução aos sacramentos; Canto e música na liturgia.

17. Nova fase

No dia 13 de maio de 2006, completei 70 anos. Sueli insistiu para que eu passasse meu aniversário em Ribeirão Preto. Mal sabia eu sobre tudo aquilo que me esperava naquele dia! Sueli começou a me prevenir que havia alguns amigos que iam chegar, que os acolheríamos no *Vita et Pax*, que faríamos um almoço na Casa das Mangueiras. Na véspera, aos poucos, foram chegando os colegas do Centro de Liturgia de São Paulo e os membros da coordenação da Rede Celebra. Caí de surpresa em surpresa. No dia 13, fomos todos para a Casa das Mangueiras, inclusive os membros da comunidade beneditina do *Vita et Pax* e amigos e colaboradores antigos da pastoral arquidiocesana de Ribeirão Preto. O ponto alto foi a celebração eucarística presidida pelo Pe. Domingos Ormonde, concelebrada pelo Pe. Marcelino Sivinski e pelo Frei José Ariovaldo da Silva; os três professores, colegas do Centro de Liturgia e membros da Rede Celebra. No momento da homilia, veio a surpresa maior: dois dos concelebrantes, Pe. Marcelino e Frei Ariovaldo, apresentaram um livro que haviam preparado, em segredo, em minha homenagem, com a colaboração de vários colegas, amigos e amigas: *Liturgia no coração da vida. Comemorando a vida e ministério litúrgico de Ione Buyst*, organizado por Pe. Marcelino Sivinski e Frei José Ariovaldo da Silva, pela Paulus, 2006. Um trabalho maravilhoso! Terminada a celebração eucarística, tivemos um almoço festivo com muita conversa e alegria. Um dia inesquecível.

No primeiro semestre de 2007, cumpri os compromissos planejados: cursos, retiros, encontro das Oblatas da Fraternidade de São Bento..., a última viagem à Bélgica, de 17 de março a 15 de maio. E – o que não estava programado – procurei e comprei uma casa para voltar a morar em Ribeirão Preto. Sueli se prontificou em cuidar da necessária reforma durante a minha ausência. Vendi o apartamento em São Paulo e, no dia 5 de julho de 2007, mudei-me para Ribeirão Preto; fui morar no Jardim Presidente Médici, um bairro de classe média baixa, vizinho do Bairro Iguatemi, onde morei de 1972 a 1985 e onde continuou morando Sueli, desde janeiro de 1972.

No mesmo mês de julho de 2007, ainda, viajei de novo a Goiás no dia 12, para dar aulas, nos dias 13 e 14, sobre a relação entre catequese e liturgia no Curso de Pós-Graduação em Pedagogia Catequética. Nos dias 17 a 20 do mesmo mês, participei – ainda em Hidrolândia – da reunião da equipe de articulação e apoio da Rede Celebra, e, nos dias 21 a 28, da quinta etapa da Escola de Formadores da mesma Rede sobre o ano litúrgico.

Quando voltei a morar em Ribeirão Preto, em julho de 2007, o arcebispo, nomeado em 5 de abril de 2006, foi Dom Joviano de Lima Júnior. Eu o conhecia desde os tempos dos encontros "O Povo Canta", dos quais ele, então noviço dos padres sacramentinos em Uberaba, participava assiduamente. Além disso, nos víamos em vários encontros de liturgia da CNBB, na qual Dom Joviano era o bispo referencial para a Pastoral Litúrgica. Nessa função, ele me convidou para assessorar alguns encontros nacionais de liturgia.

Também Sueli Danhone é conhecida de Dom Joviano do tempo dos encontros "O Povo Canta!", e ele sabia também da existência da Casa das Mangueiras. Por isso, combinamos uma visita à cúria diocesana, num sábado à tarde, Sueli, Fátima e eu. Dom Joviano fez uma surpresa: preparou um lanche delicioso para tomarmos juntos.

Nos meses e anos seguintes, retribuímos várias vezes com jantares descontraídos em minha casa, Dom Joviano, Sueli e eu. No encontro de oração inter-religiosa, com representantes de dezesseis tradições religiosas, em dezembro de 2007, Dom Joviano foi um dos participantes.

Em 14 de maio 2008, participei, a convite de Dom Joviano, de uma reunião dos bispos do Sub-regional Sul I, na Cúria Metropolitana de Ribeirão Preto. Ele me pediu uma fala sobre formação litúrgica – maneira delicada de me entrosar de novo na pastoral da arquidiocese e região. Dom Joviano sabia da história do meu afastamento, em 1985, e procurou refazer os laços.

Em setembro do mesmo ano (2008), Dom Joviano me pediu para dirigir um encontro dos alunos da Escola Diaconal e suas esposas e – em outro momento – um retiro. Esse trabalho continuou depois, a pedido de Pe. André Luiz Massaro, coordenador da Escola Diaconal Arquidiocesana, com uma formação litúrgica de sete encontros, no primeiro semestre de 2013, com Laboratório Litúrgico, focando na espiritualidade e na mística, coroando, assim, os seis anos da primeira turma de preparação ao diaconato. No fim de semana, em 13 e 14 de dezembro de 2014, pude ainda coordenar um encontro sobre "A liturgia na Igreja doméstica", com a terceira turma da Escola Diaconal.

No período em que Dom Joviano foi presidente da Comissão Episcopal Pastoral para a Liturgia da CNBB, fui convidada a participar do Seminário Nacional da Reconciliação, em fevereiro de 2007, com uma fala sobre as celebrações penitenciais. Também no Seminário Nacional, em fevereiro de 2008, no qual aprofundamos os três aspectos da Pastoral Litúrgica – a celebração, a formação e a articulação (organização) –, dei minha contribuição, falando sobre "Formação litúrgica: o quê, para quê, para quem, como?". Participei ainda no Seminário sobre a metodologia da formação litúrgica, em de fevereiro de 2010, em Belo Horizonte.

Além das atividades realizadas a pedido de Dom Joviano, o que mais marcou esse novo período de minha vida?

Além do ensino[43], cito aqui algumas atividades que consigo lembrar: participação nas quatro reuniões anuais da Fraternidade das Oblatas de São Bento; redação de artigos para a *Revista de Liturgia* (o último artigo: RL 222, nov.-dez. 2010. "Um ofício de vigília para o Natal?"); participação na Asli, encontros anuais – e na Rede Celebra nacional – a última reunião anual da qual participei foi nos dias 18 a 23 de julho de 2007, em Fortaleza, CE.

O tempo foi passando, mantendo-me ativa nas diversas frentes de formação litúrgica, conforme procurei descrever nos tópicos acima. No dia 18 de março de 2020, início da pandemia da Covid-19 em Ribeirão Preto! Ir. Marina veio em casa a fim de me levar provisoriamente para o mosteiro do *Vita et Pax*. Rapidamente, juntamos o necessário em roupas, livros etc. Depois de alguns meses, devido à maior dificuldade de locomoção e com o crescente número de infectados na cidade, chegamos à conclusão de que seria melhor vender a casa e ficar morando no *Vita et Pax* definitivamente. E assim foi feito.

Conseguimos vender a casa e, no *Vita et Pax*, deram-me o quarto 29, um espaço amplo, onde conseguimos organizar cinco ambientes: "quarto de dormir", com a cama e um criado mudo; no meio da sala, uma mesa redonda, ao lado de um armário com pratos,

---

43. Além das aulas no Centro de Liturgia, alguns destaques importantes: em 2002, de 6 a 11 de fevereiro, fui professora visitante no Mestrado Profissionalizante em Teologia, Área de Concentração em Liturgia, na Escola Superior de Teologia, Instituto Ecumênico de Pós-Graduação em Teologia (IEPG/EST), em São Leopoldo, RS. Tema: "Laboratório Litúrgico, um caminho pedagógico-litúrgico com vistas a uma autêntica experiência ritual". Nos dias 29 de junho a 8 de julho de 2004, repetiu-se o mesmo tema. Nos dias 6 a 8 de setembro de 2004, ministrei, na mesma instituição, o curso teórico-prático: "Ritualidade, corporeidade e espiritualidade na liturgia cristã". Nos anos 2007 a 2010, ministrei aulas de "Catequese e liturgia" no Curso de Especialização em Pedagogia Catequética, ligado à UCG (Universidade Católica de Goiás), na cidade-polo de Goiás, GO. De 2011 a 2016, fui professora na Pós-Graduação *lato sensu* de Liturgia, pela Rede Celebra/IFITEG, em Goiânia. Em janeiro de 2017, conduzi um aprofundamento sobre o Laboratório Litúrgico, a pedido de um grupo de ex-alunos.

copos, xícaras, talheres etc. para o café da manhã e, às vezes, almoço e jantar; um espaço para o "escritório": perto da janela, a grande mesa fixa na parede, com lugar para computador e mais um gaveteiro e uma pequena estante; uma "biblioteca": duas estantes com os livros mais necessários (sendo que os outros livros ficaram em outra sala, em duas estantes enormes, que vieram de minha casa anterior, e que não couberam no meu quarto); num ambiente separado por um muro e uma porta, temos o banheiro, a ducha e um armário...

Participei e participo diariamente das vésperas com a comunidade, do almoço e do jantar. Aos domingos e dias festivos, celebração eucarística às 8h30. Desde março de 2020, consigo andar somente com andador, e, mais recentemente, somente em cadeira de rodas...

Atividade? Há alguns meses estou redigindo esta autobiografia, a pedido de Ir. Penha Carpanedo, diretora da *Revista de Liturgia* (RL), em vista de uma publicação com uma seleção de alguns artigos escritos ao longo dos cinquenta anos dessa Revista (1972-2022). De resto, cuidar de mim (com lentidão e ajuda de cuidadoras)!

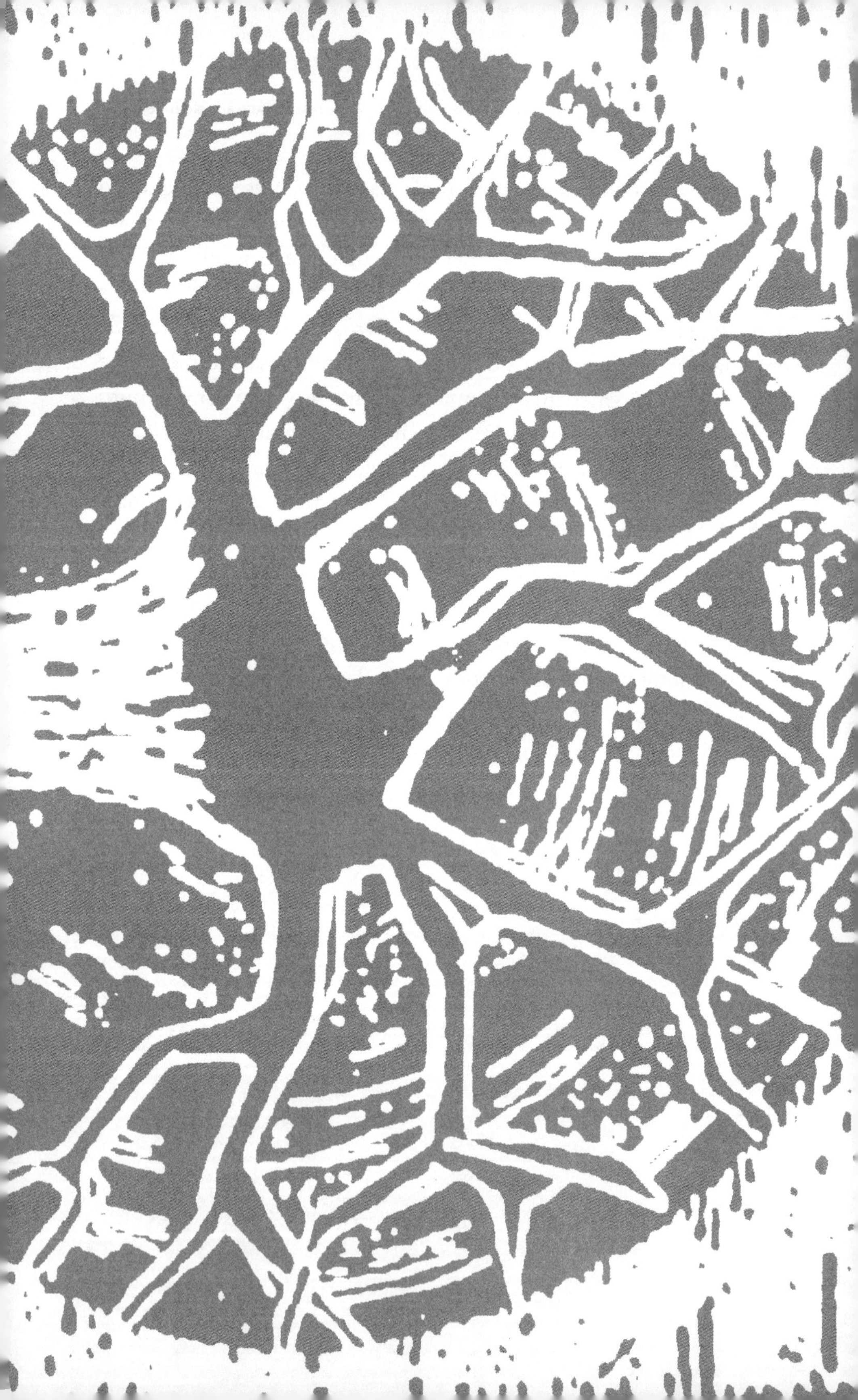

parte dois

Elogios a Ione e sua obra

Ione, monja leiga e sem claustro

Marcelo Barros
(monge beneditino)

Toda pessoa é terra sagrada, na qual só se acede como que de pés descalços. Cada aproximação pede que o coração peregrino, ao se achegar, se curve. Em todo ser humano há um mistério que exerce atração fascinante que chama e, ao mesmo tempo, envia. Mesmo entre as pessoas que, desde jovens, atendem pressurosas ao chamado divino, descoberto no mais profundo do seu ser, algumas se deixam fascinar de forma mais radical. Parecem literalmente para-raios, nos quais os focos de luz e as forças que movem as ventanias encontram polo de enraizamento e moradia. Isso por uma espécie de destino divino. A pessoa não escolhe. Pode aceitar e desenvolver essa força que interiormente a atrai, ou também poderia fazer de conta que não percebe. No entanto, na Bíblia, o profeta Jeremias afirma: "É como fogo a me queimar por dentro que penetra até nos meus ossos. Tentei aguentar, mas não fui capaz" (Jr 20,9).

Das pessoas que conheço e, por algum tempo, tive a graça de acompanhar como irmão e companheiro de caminho, alguém em quem vejo isso se realizar de forma muito forte é a nossa Ir. Ione Buyst.

Muitas pessoas a admiram e nutrem por ela sentimentos de gratidão pelo tanto que, no Brasil, ela contribuiu, teológica e pastoralmente, com a Ciência Litúrgica e a pastoral das celebrações nas comunidades e movimentos sociais. Nessas linhas, recordo a contribuição original de Ione Buyst como monja leiga e sem claustro, inserida na caminhada das comunidades e na espiritualidade do Cristianismo da Libertação.

1. A longa e diversificada peregrinação monástica de Ione

Foi como monja que o Brasil recebeu Ione em 1964, quando, antes de completar 30 anos, ela chegou da Bélgica para ser monja no Mosteiro *Regina Pacis* e fazer parte da Comunidade *Vita et Pax* em Ribeirão Preto. Esse mosteiro pertence à Congregação das Beneditinas Olivetanas, ramo da ordem beneditina ligado ao Mosteiro do Monte Olivetti, perto de Florença, na Itália, comunidade fundada no século XIV por São Bernardo Tolomei.

Essas monjas da Congregação Olivetana, que, ainda na primeira parte da década de 1960, vieram da Bélgica para o Brasil, coordenadas pela Madre Clara Hermans, eram monjas diferentes das que até então conhecíamos. Revelavam-se inseridas na pastoral da Igreja local e mais abertas aos novos tempos. Na época, aconteciam encontros nacionais de comunidades beneditinas do Brasil (Cimbra). Nessas reuniões monásticas, Madre Clara e as monjas de Ribeirão Preto sempre se posicionavam como as pessoas mais abertas e desejosas de renovação da Igreja e do mundo.

Ione viveu ali o seu período de formação monástica, mas acabou optando por uma vida fora do claustro e passou a integrar o grupo das oblatas, leigas ligadas à espiritualidade monástica, mas que a vivem no mundo e não no convento. A partir daí, Ione percorreu longo caminho de busca espiritual, até que muitos anos mais tarde quis viver como monja eremita, ligada ao Mosteiro da Anunciação do Senhor, na Cidade de Goiás. Ali construiu o seu eremitério e ali recebeu a consagração monástica e viu confirmado o seu jeito próprio de ser monja. Ali viveu por muitos anos, sempre dedicada ao ensino e à prática da Pastoral Litúrgica[1].

Ao mesmo tempo em que ensinava e propunha a experiência de oração e celebração que vivia no dia a dia, Ione integrou-se ao grupo

1. Quem quiser aprofundar isso, ver: Fonseca, Joaquim, Teologia litúrgica de Ione Buyst, *REB*, v. 84, n. 327 (jan.-abr. 2024) 48-50.

da Fraternidade São Bento, comunidade de oblatas beneditinas, irmãs consagradas à Pastoral do Povo da Rua que tinham duas pequenas comunidades, uma inserida na realidade do centro de São Paulo e outra em Belo Horizonte. Algumas vezes no ano, os dois grupos se reuniam para retiro e partilha. Ione participava e, em tudo o que podia, ajudava no aprofundamento desse modo original de viver a vocação beneditina.

Ao viver isso, Ione nos ajudou a redescobrir a liberdade de ser monja ou monge no mundo e de forma mais simples e mais despojada. Do seu jeito, Ione assumiu algo da espiritualidade de Nazaré, conhecida a partir da experiência espiritual do Ir. Carlos de Foucauld. Ela uniu essa dimensão espiritual com a mística de leigas medievais que viveram a vocação monástica independente das ordens eclesiásticas. Nos séculos medievais, onde hoje é a Bélgica, floresceram comunidades de beguinas. De fato, nomes como Juliana de Norwich, Hildegarda de Bingen e Hadewijch de Antuérpia deram a Ione o sabor de uma monasticidade vivida no feminino e em uma espiritualidade alternativa e mais evangélica. Assim, ela experimentou a peregrinação para a simplicidade das formas e a centração no que o evangelho chama de "o único necessário" (Lc 10,38-42).

2. A retomada do primeiro amor

2.1. A redescoberta da monasticidade da fé e da espiritualidade

Há quem veja monges e monjas como uma espécie de especialistas de espiritualidade. Em nossos dias, é comum dizer que espiritualidade é algo inerente à vocação humana e, portanto, algo universal e antropológico[2]. Do mesmo modo, se pode dizer que a monasticidade também é dimensão inerente à natureza humana.

---

2. Cf. Frei Betto; Boff, Leonardo, *Mística e espiritualidade*, Rio de Janeiro, Garamond, 1998. Ver também: Wilber, Ken, *Meditação integral*, Petrópolis, Vozes, 2020.

Raimon Panikkar (1918-2010) afirmava a dimensão universal da vocação monástica. Ressaltava o que chamava de *paradigma monástico*, como busca da simplicidade e da inteireza original que existe em todo ser humano que ama a unificação interior e a simplicidade[3].

Na Idade Média, Santo Estêvão de Muret dizia: "Monge ou monja é toda pessoa que busca a unidade interior. A única regra dos monges é o Evangelho da Unidade. A Regra de São Bento existe para nos ajudar a concretizar este caminho de unificação interior"[4].

Nos primeiros séculos, a vocação monástica cristã começou a ser vivida por mulheres. No começo do século III, Cipriano de Cartago fala das virgens consagradas. No século IV, Pacômio, considerado Pai do Monaquismo Cristão Cenobita, escreveu uma regra para o mosteiro de monjas coordenado por sua irmã Maria. Também no século IV, a Regra de Santo Agostinho foi escrita para comunidades femininas e só depois foi adaptada para comunidades masculinas. Na realidade atual da Igreja, como os monges se deixaram ordenar padres e bispos, o carisma do monaquismo acabou ficando mais com as mulheres e de fato toda a vida religiosa é mais representativa nos institutos femininos do que nos masculinos, quase todos clericalizados. É fácil constatar isso: basta ir a um encontro da CRB (Conferência dos Religiosos do Brasil). O título continua no masculino, mas a grande força de sua atuação está nas comunidades e figuras femininas. Do seu jeito próprio, Ione Buyst se tornou conhecida como monja beneditina e abriu caminho para outras pessoas que queiram viver essa vocação sem precisar percorrer o caminho institucional e ficar presa às normas e cânones das congregações monásticas oficiais.

---

3. Panikkar, Raimon, *L'éloge du simple*, Paris, Du Cerf, 1989.
4. St. Étienne de Muret, *Livre de la doctrine*, citado por *Connaissance des Pères de l'Église*, n. 19-20, 50 (contra-capa).

3. Alguns elementos dessa espiritualidade monástica

Diante do catolicismo devocional, atualmente predominante nas paróquias, a espiritualidade monástica, como Ione nos ensina, privilegia um estilo de oração extremamente sóbria, centrada no essencial da fé – Bíblia, aliança com Deus Amor, seguimento de Jesus e comunitarismo.

Na direção oposta ao devocionismo barroco com o qual padres e bispos orientam comunidades, a espiritualidade monástica nos propõe a teologia *apofática* dos antigos pais e mães da Igreja que acreditavam melhor não falar tanto de Deus, mas a partir da sua palavra e do seu projeto. Este cuidado vem da tradição judaica, desde o Êxodo: "Não pronunciarás o nome divino" (Ex 20). Trata-se de mística.

No século IV, em seu livro sobre a vida de Moisés, Gregório de Nissa afirma que a verdadeira visão de Deus consiste em compreender que "ele transcende todo o conhecimento". Deus "é inacessível a toda natureza intelectual" e "escapa ao domínio do Espírito". Em outro de seus escritos, este bispo oriental afirma:

> Quando a alma, à medida que pode, entra na partilha de seus bens, a Palavra a atrai de novo à participação de sua transcendente beleza, por uma renúncia como se ela não tivesse ainda nenhuma parte nestes bens (então, nenhuma parte na verdade). Assim, por causa da transcendência dos bens que ela descobre, à medida que progride, lhe parece sempre estar apenas no início do início de sua ascensão. É porque a Palavra repete: "Levanta-te" àquela que já está levantada. "Vem!" para aquela que já veio. Quem se levanta verdadeiramente é preciso sempre levantar de novo. A quem corre para o Senhor nunca faltará um vasto espaço. Assim, quem sobe não para nunca e vai de começo em começo, por começos que nunca terão fim[5].

5. Gregoire de Nysse, *Commentaire du Cantique*, Patrologie grecque, t. 44, col. 876 C., citado por Besret, Bernard, *Lettre ouverte au Pape qui veut nous assener la verité absolue dans toute sa splendeur*, Paris, Albin Michel, 1993, 40- 41.

A espiritualidade litúrgica é remédio para as tendências do devocionismo superficial e dispersivo que, nas últimas décadas, se tornou epidêmico nas comunidades paroquiais que voltaram a viver um tipo de catolicismo comum nos tempos de nossas avós. Recentemente, o Papa Francisco tem criticado esta tendência.

Desde que chegou ao Brasil, Ione centrou a sua espiritualidade na liturgia, com o cuidado de ser muito fiel ao espírito proposto pelo tempo litúrgico e pela sacramentalidade oferecida na vida. Às vezes, alguns de nós podíamos até discordar de um ou outro elemento de rigidez que percebíamos na sua proposta, mas tínhamos sempre de reconhecer a total fidelidade dela a seus princípios e a integridade radical de sua orientação.

O caminho monástico oferece uma espiritualidade que ajuda as pessoas em seu caminho de fé. Nas antigas comunidades, cada irmão ou irmã que entrava recebia um dos irmãos ou irmãs mais velhas como alguém para ajudá-lo no diálogo da fé. Ione percorreu esse método espiritual.

Uma espiritualidade libertadora e alimentadora da solidariedade comunitária. Desde a juventude, Ione sempre foi ligada à caminhada das comunidades eclesiais de base e das pastorais sociais, não como agente de pastoral e sim como irmã monja que, quando lhe é pedida, presta assessoria.

Historicamente, o movimento monástico cristão surgiu antes das grandes divisões das Igrejas. Por isso, a vocação monástica sempre se ligou à espiritualidade ecumênica. Antes mesmo do Concílio Vaticano II, alguns mosteiros beneditinos como Chevetogne na Bélgica, o do Monte Olivetti na Itália e outros sempre foram centros de espiritualidade ecumênica. Nem sempre explicitaram iniciativas ecumênicas, mas cuidaram de viver o diálogo intercultural e inter-religioso, assim como a ecumenicidade como dimensão central da fé. Para o monge ou monja, dialogar espiritualmente com outra pessoa ou comunidade de outra confissão ou pertença religiosa não é apenas uma questão de abertura pessoal. É forma de viver a espiritualidade como busca de Deus na relação com o diferente.

Em Goiás, Ione se integrou profundamente na prática ecumênica do Mosteiro da Anunciação e esta é a herança que dela recebemos. Sua aventura espiritual me recorda o poema de outra artesã de espiritualidade, Adélia Prado, que diz:

> Nem a terra toda cobre esta nudez,
> nem o mar, nem Deus que me trata
> como se eu fora divina.
> Ele não é o que dizem,
> grita, convoca à loucura,
> furta de mim as delícias
> que nos sonhos concede:
> os peixes dentro da rocha,
> primeiro de vidro,
> depois vivos, frementes,
> da mãe cristal, pendentes,
> da mãe ametista.
> A boca está seca, é sede.
> Ele quer água, eu bebo,
> quer urinar, levanto-me,
> sem roupa, ando na casa,
> tem piedade de mim.
> A humilhação me prostra,
> meia-noite, meio da vida a pino,
> a cova, a mãe, o grande escuro é Deus
> e forceja por nascer na minha carne[6].

---

6. Prado, Adélia, "Nigredo", in: *Poesia reunida*, São Paulo, Siciliano, 1993, 334- 335, citada por Gebara, Ivone, *Teologia ecofeminista*, São Paulo, Olho D'água, 1997, 128-129.

"Educação [litúrgica] vem de berço"

Jerônimo Pereira
(monge beneditino do Mosteiro de Olinda, PE)

Ione nasce na efervescência da terceira fase do Movimento Litúrgico, no dia 13 de maio de 1936. O seu berço pátrio é o foco de nascimento e expansão do que foi caracterizada como a fase "realística" do Movimento Litúrgico, a qual tanto antecedeu imediatamente a *Mediator Dei* (1947), quanto preparou o Concílio Vaticano II para navegar nas águas de um modo de sentir diferente não somente o aspecto teológico da liturgia, mas também a própria espiritualidade, a soteriologia, a noção de revelação, a eclesiologia etc.

Ao lado dos movimentos bíblico e patrístico, o Movimento Litúrgico levou o catolicismo do século XIX e XX a conhecer uma mudança de coordenadas tanto no âmbito eclesial quanto cultural, quando, provocando a teologia de então a sair da atitude contrarreformista de defesa da posição jurídico-organizadora que tinha marcado fortemente os tempos modernos, fomentou a consciência do potencial que se constituía como organismo e, ao mesmo tempo, da sua interioridade e do seu alto grau de espiritualidade[1].

Um detalhe de importância vital é que todo o Movimento Litúrgico moderno é de raiz tipicamente beneditina. Os ares beneditinos europeus, especialmente belgas, das décadas sucessivas aos anos

1. Cf. Neunheuser, B. Movimento Litúrgico, in: Sartore, D.; Triacca, A. M. (ed.), *Dicionário de liturgia*, São Paulo, Paulus, 1992, 792.

1930 vão repercutir tão fortemente na vida e na obra de Ione que a fazem assumir na sua vida a forma e a dinâmica desse estilo: a centralidade do Cristo celebrado.

A nossa contribuição não trata diretamente da figura de Ione ou de uma de suas obras, mas se propõe a apresentar ao caro leitor, à cara leitora, o berço ou "o ventre" que gerou e influenciou a sua arquitetura mental para o desenvolvimento de uma teologia litúrgica latino-americana que tem tons de originalidade e singularidades.

O nosso percurso pretende ser linear: depois de uma breve exposição do lugar-tenente que ocupa a liturgia na vida monástica beneditina, a partir dos ditames da regra deixada pelo Santo Legislador do Ocidente monástico, São Bento, e a profunda e determinante ligação com o desenrolar do Movimento Litúrgico, passaremos a delimitar o argumento, a partir da periodização do mesmo. Determinada a dinâmica epistemológica, passaremos a analisar as três fases da história do Movimento Litúrgico, concentrando-nos, finalmente, na contribuição máxima do universo (monástico beneditino) belga. Nesse item, a observação mais ou menos detalhada da vida do monge da abadia de Mont-César, Lambert Beauduin, fundador do Movimento Litúrgico moderno, servirá para abrir horizontes sobre as ideais e os ideais que pairavam sobre os ambientes, físicos e espirituais, nos quais Ione transitava quando criança, adolescente e jovem monja.

1. O Movimento Litúrgico beneditino como berço

A vida de oração monástica beneditina é caracterizada pela dimensão coral. São Bento (480-560), quando entende organizar a vida espiritual dos monges, o faz com um código celebrativo onde "nada deve ser anteposto à Obra de Deus" (RB, 43,3), onde "Obra de Deus" é sinônimo de liturgia. A esse seu "cânon" fazem eco dois outros preceitos da Regra: "Nada antepor ao amor de Cristo" (RB, 4,21) e: "Nada, absolutamente, se anteponha ao Cristo" (RB, 72,11). Para o santo legislador, a liturgia é o lugar privilegiado da relação com Cristo[2]. Tal concessão beneditina determinou ao longo dos séculos que os mosteiros que viviam da sua Regra permanecessem lugares de um contínuo celebrar.

A liturgia tornou-se o elemento fundamental e guia do ritmo do dia monástico, determinando os horários do sono, da alimentação, do trabalho etc. A vida cristã vivida dentro dos mosteiros deveria ser um cultivar contínuo do celebrar. A oração litúrgica tornou-se o apostolado monástico por excelência. São Bento, que vive na "época de ouro da liturgia" bebendo do grande período de criatividade e de intercâmbio entre Oriente e Ocidente, entende que à oração nada se deve antepor porque ela é a manifestação mais viva da presença de Cristo entre os seus.

Se bem que não seja verdade histórica que a dinâmica comunitária da oração monástica tenha sido o ponto inspirador do movimento surgido nos mosteiros em torno da liturgia a partir do século XIX, não é também verdade que tal aspecto não tenha influenciado a maré de monges que viram na liturgia o "cume e a fonte" de toda a vida da Igreja e em torno da qual organizaram um verdadeiro "batalhão", que culminou com a Reforma Litúrgica do Concílio Vaticano II.

2. Questões de metodologia

O estudo da história, de qualquer história, implica um fundo ideológico. Assim, no livro *Histoire du mouvement liturgique*, de Olivier Rousseau, publicado na França no pós-Segunda Guerra Mundial (Chevetogne, 1959) e no verbete "Movimento Litúrgico" no dicionário

2. Cf. Soldavini, C., *Una scuola di vita spirituale. Commento alla Regola di San Benedetto*, Noci, La Scala, 2022, 293.

litúrgico italiano elaborado pelo Professor Alceste Catella (2001), nos deparamos com periodizações diferentes para a história do Movimento Litúrgico. De acordo com Rousseau, o Movimento Litúrgico teria tido início com o abade beneditino francês Dom Prosper Guéranger (1805-1875), terminando com *Mediator Dei* (Pio XII, 1947). O Professor Catella, todavia, assegura que a periodização histórica de um movimento do gênero é uma questão metodológica e afirma que o Movimento Litúrgico não pode ser considerado concluso com a *Mediator Dei*. O Professor Andrea Grillo, por sua vez, entende dividir a história do Movimento Litúrgico em três fases: a pré-conciliar, o período conciliar e da reforma dos livros litúrgicos, e uma fase ainda em aberto e tutora em ato, denominada por ele *seconda svolta antropologica* do Concílio[3]. O Professor Bernard Botte (*Le mouvement liturgique*, Paris 1973), indicando os três elementos básicos para a constituição de um autêntico "movimento", pode ajudar os interessados na questão a dirimir as interrogações pertinentes às diferentes visões de um mesmo dado. O primeiro dos elementos é uma intenção precisa de pôr em movimento alguma coisa. Essa "alguma coisa" no Movimento Litúrgico será identificada com a participação ativa dos fiéis na liturgia. O segundo deles diz respeito à existência de organismos que mantenham essa intuição em movimento. Esses organismos serão os mosteiros e o movimento de renovação e expansão da vida monástica beneditina em praticamente todo o ocidente latino. O terceiro elemento diz respeito aos meios de divulgação. Portanto, o tipo de proposta deve ser objetivamente claro e deve ser

3. Cf. Grillo, A., *La nascita della liturgia nel XX secolo. Saggio sul rapporto tra movimento liturgico e (post-)modernità*, Assisi, Cittadella, 2003, e idem, Il metodo in Teologia Sacramentaria in rapporto al sorgere della "questione liturgica", in: Giacchetta, F. (ed.), *Grazia, sacramentalità, sacramenti. Il problema del metodo in Teologia Sacramentaria*, Assisi, Cittadella, 2008, 45-48. Sobre o argumento completo, conferir: Calapaj, A. M., Il movimento liturgico italiano e Vagaggini, *VM* 65 (2011) 39-55; Paiano, M., *Liturgia e società nel novicento. Percorsi del movimento liturgico di fronte ai processi di secolarizzazione*, Roma, Storia e Literatura, 2000.

buscado com o auxílio de grupos laboratoriais e de publicações. A história nos mostra que esses elementos, mais ou menos nessa ordem, foram construindo-se enquanto constituía-se o fenômeno chamado de Movimento Litúrgico.

Um problema epistemológico é que, quando falamos ou ouvimos falar de Movimento Litúrgico, o imaginamos como se fosse algum tipo de deus onipresente. O Movimento Litúrgico nasce de homens e, nos locais em que está presente, apresenta características diferentes. Não podemos pensar que o Movimento Litúrgico seja a mesma coisa em todos os lugares; cada país tem um tipo diferente de proposta. O Movimento Litúrgico constitui uma espécie de *práxis* que difere muito de um lugar para outro. Portanto, o interesse pela liturgia e pelos "movimentos litúrgicos" deve ser estudado um de cada vez! Aqui daremos uma maior atenção, por razões já esclarecidas, ao Movimento Litúrgico belga.

De qualquer modo, para o nosso escopo, seguindo as intuições da Professora Anna Maria Calapaj, levamos em consideração o movimento em torno da liturgia que se desenvolveu antes do Concílio Vaticano II. Romano Guardini organiza esse período histórico dividindo-o em três fases, a saber: "uma *fase restauradora*; depois uma *acadêmica* e, por fim, uma *realística*"[4].

3. A fase restauradora

Na primeira fase indicada por Guardini, a figura de destaque é o fundador e primeiro abade da abadia francesa de São Pedro de Solesmes, *Dom Prosper Guéranger* (1805-1875). Entre o fim do século XVII

4. Guardini, R., Anotações no diário de 26 de maio de 1953, citado por Grillo, A., *Oltre Pio V. La riforma liturgica nel conflitto di interpretazioni*, Brescia, Queriniana, 2007, 31.

e início do XVIII, a França conheceu, além de um pulular de missais locais, independentes da Santa Sé, promovidos e editados por bispos jansenistas, a ingerência de elementos tipicamente galicanos no Missal Romano[5]. Diante da situação quase que anárquica da Igreja na França, com o surgimento do movimento neogalicano e das edições de missais descarnados de elementos da liturgia romana, Guéranger, um padre diocesano, ordenado em 1827, "vê na unidade litúrgica com Roma a premissa indispensável para toda verdadeira vida eclesial"[6], identificando a Idade Média como o modelo de tal unidade. Funda a abadia de São Pedro de Solesmes, restaurando a vida monástica e o canto gregoriano, tendo como fundamento da sua obra o amor à Sagrada Escritura acompanhado de um senso da sua interpretação tradicional segundo os Padres da Igreja; além de um conceito profundo do valor da tradição e da sua indefectível continuidade e de fidelidade absoluta ao magistério da Igreja.

Três obras suas são de fundamental importância. Em 1830, com apenas 25 anos, publica uma série de artigos no periódico *Memorial Catholique*, intitulados *Considérations sur la liturgie catholique*, sete anos mais tarde reunidos e publicados como uma obra[7]. Dez anos mais tarde publicou os dois primeiros volumes de uma obra mais ampla e mais bem estruturada, as *Institutions liturgiques*[8]. A última obra, *Année liturgique*, constitui um marco importante para o

5. Um exemplo típico é o do Missal Parisiense (MP), o Missal especial da Diocese de Paris. A sua primeira impressão tinha aparecido em 1481, outras edições aconteceram em 1487, 1504, 1539, 1555 e, após o Concílio de Trento, 1585 e 1738. Entre 1611 e 1666, o MP teve cinco edições que se mostram num alinhamento crescente com o MR de 1570. A partir de 1685, o MP começou a apresentar uma maior independência, com elementos que pertenciam ao "Movimento Litúrgico" neogalicano.

6. NEUNHEUSER, B., Movimento Litúrgico, in: SARTORE; TRIACCA (ed.), *Dicionário de liturgia*, cit., 791.

7. GUÉRANGER, P., *Mélanges de liturgie. D'histoire et de théologie, v. I (1830-1837)*, Solesmes, 1887, 15-110.

8. GUÉRANGER, P., *Institutions liturgiques (vol. I e II, 1840-1841; III, 1851)*, Paris/Bruxelas, Société Générale de la Librairie Catholique, 1878.

desenvolvimento e a redescoberta do ano litúrgico centrado sobre o mistério de Cristo[9]. Com razão chama Guardini essa fase de "restauradora", porque a preocupação primeira do beneditino não é outra senão a restauração da liturgia romana, cujo auge se encontra, na sua concepção, na Idade Média.

4. A fase acadêmica

Uma segunda fase, porém, lentamente vai se abrindo com o surgimento do tema das "Origens" e tem como figura de destaque o beneditino solesmense *Dom Ferdinand Cabrol* (1855-1937)[10]. Dom Ferdinand Cabrol era monge professo da abadia de Solesmes e consequentemente ligado a Guéranger. Em 1896 foi enviado à abadia de Farnborough, na Inglaterra, e eleito o primeiro abade em 1903. Cercou-se de eruditos e transformou a abadia num grande centro de cultura, nos fins do século XIX e início do XX.

Cabrol herda o interesse pela liturgia, mas de uma forma mais desencantada que Guéranger. Imperava, nessa época, um fervor geral pela redescoberta de textos antigos e pairava no ar uma vontade de regressar à verdadeira liturgia das origens. Nesses anos houve também uma explosão de escavações arqueológicas com o objetivo de compreender a vida dos primeiros cristãos. Cabrol, dentro desta lógica de investigação da pureza litúrgica, escreve, em 1902, um volume sobre as origens do culto cristão, uma coletânea de estudos e conferências. Trata-se do *Le livre de la prière antique*, onde afirma que a Igreja encontra o fundamento da sua vida de oração na antiguidade, consequentemente,

9. Sobre essa obra, cf. BROVELLI, F., Per *uno studio de "L'année liturgique" di P. Guéranger. Contributo alla storia del movimento liturgico*, Roma, CLV-Ed. Liturgiche, 1981.
10. Cf. CALAPAJ, A. M. B., Comprendere la liturgia attraverso la storia? A proposito di alcune prospettive di storia della liturgia fra otto e novecento, in: TROLESE, F. G. B. (ed.), *La liturgia nel XX secolo. Un bilancio*, Padova, Messaggero, 2006, 99-100.

a oração antiga é o fundamento, a oração cristã por excelência, a liturgia de todos os tempos. Dessa forma, chega à visão do chamado culto original como um lugar de onde recorrer para compreender a liturgia. Deve-se ter em mente que ele escreveu alguns anos antes de 1907, ano da condenação do modernismo, com a Encíclica *Pascendi Dominici Grecis* (8 set. 1907), com a qual o Papa Pio X condenava as "doutrinas modernistas". Afirmar uma evolução do rito nos últimos anos significou entrar numa perspectiva suspeita, como se a liturgia estivesse incrustada de elementos estranhos. Além disso, ele está nas origens do *Dictionnaire d'archéologie chrétienne et de liturgie* (quinze tomos – 1903-1951) junto com Henri Leclercq (1869-1945). Tenha-se também em mente que Cabrol e Farnborough são ilhas de língua francesa em terras de língua inglesa. Nós nos dedicamos à tradução de textos (lembre-se que o francês era a língua oficial da época). Este mosteiro tornou-se referência para liturgistas ingleses que tinham a característica de reunir católicos e anglicanos. O Movimento Litúrgico inglês tende a descobrir as origens da liturgia buscando as fontes comuns e a essência da liturgia.

Outros personagens importantes nessa fase do Movimento Litúrgico são Louis Marie Olivier Duchesne (1843-1922), detestado pelos bispos porque tinha o hábito de eliminar os santos do santoral. Vive em Roma, tratando da história da Igreja antiga, e escreve um livro sobre as origens litúrgicas (*Origines du culte chrétien*, E. De Boccard, [5]1920 [1889]). Sendo historiador e não teólogo, transparece mais neutralidade. Uma mulher que se destaca nesse período é Antonietta Giacomelli (1857-1949). A partir de 1902, apoiando-se na profunda convicção da necessidade de encorajar e aumentar a educação cultural religiosa tanto nas elites quanto na população em geral, começou a assumir uma postura específica de educação no sentido pastoral e litúrgico. Com esse objetivo publicou alguns ensaios: um sobre a missa, *La messa. Istruzioni, testo liturgico e preghiere* [*A missa. Instruções, texto litúrgico e orações*] (Roma-Milão 1904); e três volumes do *Adveniat Regnum tuum* (Ritual do Cristão: I, Leituras e orações cristãs, 1904; II, Ritual do Cristão,

1905; III, O ano cristão, 1907). Nesse período, muitas obras são colocadas no índice dos livros proibidos. O próprio Ângelo Roncalli, futuro Papa João XXIII, escreveu boletins litúrgicos em Bérgamo até que a certa altura o seu bispo o proibiu, até a morte de Pio X, em 1914.

Em síntese, para Cabrol e os pensadores e estudiosos desse período, a liturgia das origens, e não aquela medieval, é a fonte na qual inspirar-se, é a expressão paradigmática da oração válida para todo tempo. Essa é uma fase realmente "acadêmica" que indicará, por meio do estudo da história da liturgia, a necessidade de uma reforma dos ritos.

Nesse contexto se insere a *Abadia de Beuron*, na Alemanha, fundado em 1863. Beuron se diferencia de Solesmes porque procura que a vida litúrgica não se restrinja ao coro, mas, sim, que penetre a vida no seu conjunto, impregnando-a toda de santidade, ideia expressa na chamada "arte de Beuron", vivamente retratada na majestosa basílica do Mosteiro de São Bento de São Paulo. O Movimento de Beuron se estende por meio das suas fundações, chegando à Bélgica (Maredsous), Tchecoslováquia (Emaús-Praga), Áustria (Seckau) e Brasil.

5. A fase realística

O dia 9 de agosto de 1903 viu subir ao trono de São Pedro Monsenhor Giuseppe Sarto, patriarca de Veneza desde 1893, que assumiu o nome de Pio, o décimo na história do papado.

Pio X, no início de seu pontificado, tomou duas medidas na perspectiva dos Congressos Eucarísticos nascidos na França e do Movimento Ceciliano: no dia 22 de dezembro de 1905 convida toda a cristandade à comunhão frequente, inclusive cotidiana, e no dia 8 de agosto de 1910 libera à participação da mesa eucarística as crianças com discrição de juízo com capacidade de discernir o pão eucarístico[11]. No entanto, é a promulgação do *Motu Proprio Tra le Sollecitudini*, de

11. Cattaneo, E., *Il culto cristiano in occidente. Note storiche*, Roma, CLV-Ed. Liturgiche, 1984, 489.

22 de novembro de 1903, em que o Papa fala da participação ativa [dos fiéis] aos sacrossantos mistérios e à oração pública e solene da Igreja[12], a dar corpo a uma série de movimentos na Europa, reunidos sob o nome de Movimento Litúrgico, que cresceu sob o estandarte da *participação ativa* dos fiéis na liturgia e de um renovado e renovador interesse pelo mistério da Igreja, cujo trabalho resultou na reforma litúrgica desejada e operada pelo Concílio Vaticano II.

A sistematização desse movimento se deu no ambiente monástico belga de Maredsous e de Mont-César por meio de um monge de marcante personalidade, *Dom Lambert Beauduin* (1873-1960)[13], que se apoiou na célebre frase de São Pio X[14] e a transformou em fim último dessa terceira fase do Movimento Litúrgico.

6. Beauduin e a participação ativa

Octave Beauduin nasceu em Rosoux, Bélgica, em 4 de agosto de 1873. No seminário maior de Liège, recebeu forte influência do Pe. Antoine Pottier (1849-1923), defensor do papel das cooperativas, dos sindicalistas e do salário justo, que tinha um apostolado muito próximo do apostolado operário e da Encíclica *Rerum Novarum*, do

---

12. Pius X, *Motu Proprio Tra le sollecitudini, ASS* 36 (1903-1904) 531.

13. Cf. Loonbeek, R.; Mortiau, J., Un pionnier Dom Lambert Beauduin (1873-1960), in: Loonbeek, R.; Mortiau, J. (ed.), *Liturgie et Unité des chrétiens*, I-II, Louvain-la-Neuve, Chevetogne, 2001.

14. Pius Pp X, *Motu Proprio Tra le Sollecitudini, ASS* 36 (1903-1904), 331 (387-395). Cf. Mistrorigo, A., La partecipazione dei fedeli alla Liturgia nel pensiero e nell'opera dei Sommi Pontefici, in: *La partecipazione dei fedeli alla Messa. Dottrina e pastorale. XIII settimana siturgica nazionale, 10 – 13 luglio 1962*, Roma, CAL, 1963, 11-27. Pius Pp XII, Liturgia, *Ecclesia, Christus*, in: Bugnini, A., *Documenta pontifícia ad instaurationem liturgicam spectantia, II, Ab anno 1953 ad annum 1958*, Roma, CLV-Ed. Liturgiche, 1959, 46; Dell'oro, F., Il rinnovamento della liturgia sotto il pontificato di Pio XII e Giovanni XXIII, in: *Assisi 1956-1986. Il movimento liturgico tra riforma conciliare e attese del popolo di Dio*, Assisi, Cittadella, 1987, 203-206.

Papa Leão XIII, de 15 de maio de 1891, sobre a questão social. Foi ordenado sacerdote em 1897. Em 1899, porém, ingressou na congregação diocesana dos Missionários do Trabalho, fundada cinco anos antes. Desempenhou diversas responsabilidades nessa jovem e modesta congregação, sendo a principal delas a administração de uma casa em uma cidadezinha belga chamada Seraing onde, com outros sacerdotes, realiza um apostolado junto aos trabalhadores.

Beauduin era, por natureza, um homem ativo e empreendedor. No entanto, foi também atraído por uma vida de oração e contemplação. Em parte, incomodado com a evolução dos Missionários do Trabalho, e ao mesmo tempo ansioso por encontrar uma forma de saciar a sede de vida interior, ingressou em 1906 no Mosteiro de Mont-César, que se tornou abadia em 1899, perto da Universidade de Louvain. No mosteiro recebeu o nome de "Lambert", pelo qual doravante seria conhecido. Antes de tudo, o esplendor dos ofícios monásticos fez com que ele descobrisse no mosteiro a riqueza espiritual da liturgia, que até agora não tinha estado no centro da sua piedade, o que era comum à sua época. Nesse período foi profundamente marcado pela leitura do *Année liturgique*, de Dom Guéranger, bem como pelos ensinamentos orais do então prior do Mosteiro, Dom Columba Marmion.

Uma série de circunstâncias fortuitas o levou ao estudo da liturgia. Um encontro com fiéis leigos no ambiente do mosteiro, em 2 de fevereiro de 1909, onde os participantes tomaram parte de uma liturgia solene com a ajuda de um livrinho por ele preparado, traduzindo todos os textos para o francês, o tocou de modo particular. Em seu discurso de agradecimento, o coordenador do grupo citou a frase do *Motu Proprio* de Pio X sobre a participação ativa de todo o Povo de Deus na celebração dos divinos mistérios. Esta passagem do texto do Papa, como já referido, se tornará como que a bandeira do inquieto monge belga em sua cruzada litúrgica. Esse tema tornou-se para ele "uma verdadeira máquina de guerra para impulsionar o Movimento Litúrgico".

Por ser um homem de ação, via todas as coisas na perspectiva da ação. Notando que o Povo de Deus, inclusive os sacerdotes, não viviam suficientemente os ritos e as preces da liturgia, quis trabalhar para os fazer descobrir. Mont-César, todavia, era um mosteiro de obediência solesmense. Para Dom Guéranger, a liturgia era antes de tudo um culto prestado a Deus, a quem "toda a honra e toda a glória são devidas para todo o sempre". O seu intuito em ajudar os fiéis a redescobrirem as riquezas da liturgia era para que pudessem ser mais autenticamente "adoradores em espírito e em verdade como o exige o Pai". O abade de Solesmes estava convencido de que a participação na liturgia formaria cristãos mais convictos e mais espirituais. Mas esta seria apenas uma consequência secundária. Para ele, o cristão, com o seu batismo, deveria dedicar-se essencialmente ao "louvor da glória" da Santíssima Trindade, que produziria a sua santidade na terra e depois o tornaria bem-aventurado no céu.

Beauduin, obviamente, não questiona a orientação teocêntrica da liturgia dada pelo abade de Solesmes; contudo, de acordo com o seu temperamento pragmático, ele aborda a liturgia principalmente como um meio de tornar os cristãos mais cristãos. É neste sentido que o Movimento Litúrgico, por ele impulsionado é, no seu espírito e nas suas mais profundas intenções, um Movimento Litúrgico tipicamente pastoral, realístico, não "ideal ou histórico". Segundo a sua lógica interna, se o objetivo principal da liturgia era formar e informar os cristãos, estes deveriam poder ter mais facilmente acesso a ela. Qual o primeiro passo a dar? Traduzir os textos da liturgia acrescentando-lhes notas explicativas. Nascem os Missais cotidianos bilíngues. Beauduin, todavia, intui que o acesso à liturgia é ainda limitado aos que sabem ler; então passa a colocar em evidência que seria ainda melhor se a liturgia fosse diretamente no vernáculo, para ser compreendida imediatamente. Além disso, toma consciência de que os contemporâneos já não dispõem de tempo para participar de celebrações longas e demasiadamente articuladas; seria útil, portanto, simplificar e abreviar a liturgia. Finalmente, alguns de ritos da Idade Média parecem difíceis de compreensão para um espírito moderno; então, seria necessário reconstruir, pelo menos em parte, a liturgia, para torná-la mais "transparente", mais fácil de compreender. Tradução, simplificação e reconstituição da liturgia passam a ser os três eixos principais da abordagem de Beauduin, por ele denominada de "Pastoral Litúrgica". Este será o programa que será implementado mais tarde pela *Sacrosanctum Concilium* sobre a liturgia e a reforma litúrgica pós-conciliar, sob o estrito controle do Papa Paulo VI.

Um programa audacioso desses não poderia ser oferecido imediatamente. Fazia-se necessário apresentá-lo paulatinamente, trabalhando nos bastidores, aproveitando as oportunidades certas.

No dia 23 de setembro de 1909, no *Congrès national des oeuvres catholique*, em Malines, Beauduin lançou as bases do seu projeto com um discurso que intitulou "A verdadeira oração da Igreja". O monge irrequieto sustenta que a primeira e essencial fonte do verdadeiro espírito cristão encontra-se na participação ativa dos fiéis na liturgia da Igreja. Logo, a renovação litúrgica se fazia necessária, para que o povo cristão passasse a encontrar na liturgia a expressão da sua oração e o alimento da sua vida espiritual. As obras de renovação poderiam ser lentas e difíceis; por isso, era necessário divulgar os textos litúrgicos entre todos os fiéis, com tradução literal. Seu argumento conduzia logicamente à sensação de uma ação que deve necessariamente ser empreendida.

O Movimento Litúrgico vem à luz, instigando a criação de semanas de liturgia e o aparecimento das grandes revistas litúrgicas[15]. De fato, ao lado de Beauduin, estiveram presentes nessa empreitada os seus irmãos de comunidade Dom Bernard Botte (1883-1980) e Dom

15. Na Itália a *Revista Liturgica* (1914) pelos beneditinos de Praglia e Finalpia. Na França *La Maison-Dieu* (1944) pelo *Centre de Pastoral Liturgique* de Paris, fundado em 1943. No mundo alemão, duas outras revistas se ocupam de Ciência Litúrgica: *Liturgiegeschichtliche Quellen und Forschungen* (1902-1940. 1957-) e *Archiv für Liturgiewissenschaft* (1950).

Bernard Capelle (1884-1961), que organizaram as "Semanas Litúrgicas" e deram origem a algumas publicações, incluindo a revista *Questions liturgiques et paroissiales*. Certamente, toda essa movimentação provocou muito cedo controvérsias, pelo fato de um grupo de monges apresentar a Liturgia como a catequese fundamental da doutrina cristã e o meio eficaz para fazer nascer, crescer e alimentar a vida espiritual[16].

A proposta de espiritualidade litúrgica apresentada pelo mundo beneditino em Maredsous suscitou uma verdadeira guerra com o mundo jesuíta. A Primeira Guerra Mundial (1914-1918) retardou os trabalhos, mas que foram retomados com um grande impulso pelos discípulos e admiradores de Beauduin. Em 1921, o interesse principal de Dom Beauduin voltou-se para o ecumenismo, com o projeto do "Mosteiro da União", uma comunidade monástica formada por monges de tradição oriental e ocidental, hoje em Chevetogne, Bélgica, onde ele morreu em 11 de janeiro de 1960.

7. O desdobramento do Movimento Litúrgico

No mundo alemão nesse período destacou-se também a abadia de *Maria Laach*, especialmente por causa do seu monge *Odo Casel* (1886-1948), no uso da categoria religiosa cristã de "mistério" para compreender e viver a liturgia. Na década de 1930, na Alemanha, nasceu uma discussão de caráter idêntico ao de Maredsous, num debate que dizia respeito não só à autenticidade do Movimento Litúrgico, mas também às propostas de reformas da liturgia que eram propostas por ele. A proposta de apresentar uma piedade litúrgica como uma expressão completa e uma forma de vida espiritual e superior

16. Sobre a discussão gerada em torno da obra de M. Festugière e as reações levantadas pelo ambiente jesuíta de então, conferir Girolimetto, A., Liturgia e vita spirituale: il dibatito sorto negli anni 1913-1914, in: *Liturgia. Temi e autori. Saggi di studio sul Movimento Liturgico*, Roma, CLV-Ed. Liturgiche, 1990, 211-274.

às outras formas de piedade provocou muitas discussões. As contraposições se colocavam entre a piedade objetiva e a piedade subjetiva. Despontaram também figuras ligadas a *Maria Laach*, como o jovem ítalo-alemão *Romano Guardini* (1885-1968), empenhado em levar o espírito da liturgia aos jovens universitários; o *Professor A. Baumstark* (1872-1948), do mesmo círculo que Guardini, e o austríaco *Pius Parsh* (1884-1954), que se empenhava mais na dimensão paroquial-pastoral do Movimento Litúrgico.

As principais inovações capazes de suscitar a atenção do episcopado e também do bispo de Roma eram, sobretudo, "as missas dialogadas" (em latim, obviamente) e as celebrações com altares "voltados para o povo". Com o fim de eliminar todos os perigos de extremismos, o Papa Pio XII, no dia 20 de novembro de 1947, promulgou a Encíclica *Mediator Dei*, o primeiro documento pontifício da história dedicado à liturgia[17].

17. Pio XII, Litterae encyclicae *Mediator Dei et Hominum, AAS* 39 (1947) 521-595. Sobre a Encíclica *Mediator Dei* nos limitamos a apresentar uma bibliografia básica: Bibliographie sur l'encyclique *Mediator, QL* 29 (1948) 278-282; Beauduin, L., L'encyclique *Mediator Dei, LMD* 13 (1948) 7-25; idem, La liturgie: definition, hiérarchie, tradition, *QL* 29 (1948) 123-144; Hanssens, G. M., La liturgia nell'enciclica *Mediator Dei et Hominum, CivCatt* 99 (1/1948) 579-594; idem, 99 (2/1948) 242-255; Cappelle, B., Autour de l'encyclique *Mediator, QL* 31 (1950) 12-17; *Atti della prima Settimana Liturgica Nazionale sull'Enciclica "Mediator Dei", Badia di S. Giov. Evangelista, Parma 12-16 settembre 1949*, s.l., CAL, 1950; Gurgel, M. T., Aspectos pastorais da *Mediator Dei* quanto à participação dos fiéis na missa, *REB* 11 (1951) 180-200; Rossi, C., A cinque anni dalla *Mediator Dei, LMD* 39 (1952) 229-236; Ferraro, G., L'enciclica di Pio XII *Mediator Dei* a 50 anni dalla pubblicazione, *CivCatt* 148 (3/1997) 226-238; Catella, A., Dalla costituzione conciliare *Sacrosanctum Concilium* all'enciclica *Mediator Dei*. Un processo interpretativo, in: *La "Mediator Dei", il Centro di Azione Liturgica. 50 anni alla luce del Movimento Liturgico*, Roma, CLV-Ed. Liturgiche, 1998, 11-43; Sodi, M., A cinquat'anni dalla *Mediator Dei*. Il culto Cristiano tra teologia e dimensione pedagogico-educativa, in: Sorci, P. (ed.), *Il soggetto della celebrazione. A cinquant'anni dalla "Mediator Dei". Atti del quinto Convegno liturgico pastorale. Palermo 4-6 marzo 1997*, Caltanissetta-Roma, Salvatore Sciascia Editore, 1998, 15-57; Braga, C., La natura della liturgia nella *Mediator Dei* e nella *Sacrosanctum Concilium*, in: *Liturgia opus Trinitatis*, 25-48.

Pio XII deu início a uma série de reformas que antecipou a reforma litúrgica do Vaticano II. Restituindo a liturgia, até então tratada como cerimônia, à categoria de ente teológico, o Papa Pacelli em 1947 permitiu os primeiros rituais bilíngues. No dia 28 de outubro de 1949, instituiu uma comissão para a reforma geral da liturgia. Modificou as regras do jejum eucarístico (1953-1957) (Constituição Apostólica *Christus Dominus*, 6 de janeiro de 1953 [*AAS* 45] 15-24). Com o Decreto *Maxima redemptionis nostrae mysteria*, de 16 de novembro de 1955[18], o Papa anunciou o restauro da forma ritual e da dignidade teológica da celebração litúrgica da Semana Santa fazendo referência ao Tríduo Sacro[19], chamado de *feria V in Cena Domini, feria VI in Passione et Morte Domini, et Sabbato Sancto* (II, 5). O Domingo de Páscoa não fazia parte do Tríduo (cf. *Missale Romanum, editio typica* 1962, n. 75). Permitindo a celebração de missas vespertinas (1955) e simplificando as rubricas que diziam respeito ao calendário e ao Breviário (1955) (cf. *Monitum S. Oficii*, de 22 de março de 1955 [*AAS* 47] 218-224), indicou a intenção de fazer uma profunda reforma litúrgica[20].

A continuação da história, todos nós conhecemos.

---

18. *AAS* 47 (1955) 838-847.

19. "*Etenim sacrosanctae hebdomadae liturgici ritus, non solum singulari dignitate, sed et peculiari sacramentali vi et efficacia pollent ad christianam vitam alendam, nec aequam obtinere possunt compensationem per pia illa devotionum exercitia, quae extraliturgica appellari solent, quaeque sacro triduo horis postmeridianis absolvuntur*". Pio XII, *Maxima redemptionis* 7, 839; cf. Braga, C., *La riforma liturgica di Pio XII. Documenti. I la "Memoria sulla riforma liturgica"*, Roma, , CLV, 2003, 49-79; Gy, P.-M., Semaine sainte et Triduum pascal, *LMD* 41 (1955) 7-15; idem, La reforme de la semaine sainte et le principe de la pastorlae liturgique, *LMD* 45 (1956) 9-15; Metzger, M., La formazione della "Grande Settimana", in: Catella, A.; Remondi, G. (ed.), *Celebrare l'unità del Triduo pasquale 1. Il Triduo oggi e il Prologo del Giovedì santo*, Leumann, ElleDiCi, 1994, 75-91; Schmidt, H., Esprit et histoire du Jeudi saint, *LMD* 37 (1954) 66-92; Braga, C., Commentarium. Variationes in ordinem hebdomadae sanctae, *EL* 80 (1966) 49-51; Tena, P., La "recepción" de la semana santa reformada, *Ph* 25 (1985) 5-14.

20. Sacra Congregazione dei Riti (ed.), *Memoria sulla riforma liturgica. Consultazione dell'episcopato intorno alla riforma del Breviario romano (1956/1957). Risultati e deduzioni*, Città del Vaticano, s.n., 1957. Para o tema é de fundamental importância a

8. Uma palavra conclusiva

A renovação monástica foi o ponto de partida da renovação litúrgica e do Movimento Litúrgico subsequente. Foram alguns monges beneditinos que deram o primeiro impulso e que formularam o pensamento teórico inicial, permitindo que o fato litúrgico fosse concebido, explorado e vivido de uma nova maneira. Na história da liturgia, há poucos casos como o de Guéranger, para quem a vida monástica está intimamente ligada à vida litúrgica. Curiosa afirmação que mostra como as duas realidades são ao mesmo tempo unidas e indispensáveis. Dentro desse mesmo espaço nasce o desejo de fazer com que a riqueza dos ritos e das preces ultrapasse os muros claustrais para se tornar os pulmões capazes de fazer toda a Igreja respirar.

Nesse duplo contexto, respirando esses ares, bebendo dessa fonte, alimentando-se dessa atmosfera, nasceu Ione. A sua aproximação e, mais tarde, o seu ingresso no mundo beneditino deram-lhe uma formação litúrgica clássica e eloquente. O seu contato com a cultura e a teologia que se desenvolviam no Brasil e em todo o contexto latino-americano a desafiaram a pensar uma teologia litúrgica completamente original, onde, sem negar as suas raízes, pode mergulhar na teologia autóctone e dela fazer tesouro. Graças à sua educação de berço, ela foi a primeira a pensar a teologia litúrgica na perspectiva da Teologia da Libertação, entendida na sua inteireza de libertação do ser.

---

obra de BRAGA, C., *La riforma liturgica di Pio XII. Documenti. I. La "memoria sulla riforma liturgica"*, Roma, CLV-Ed. Liturgiche, 2003.

Como estudar liturgia: relação epistemológica entre Romano Guardini e Ione Buyst

Damásio Raimundo Santos de Medeiros
(professor de Liturgia e Sacramentos na Faculdade de Teologia do Centro Universitário Salesiano - Unisal, São Paulo)

Romano Guardini (1885-1968) e Ione Buyst (nascida em 1936, tendo chegado ao Brasil em 1964), embora distantes no tempo e espaço, partilham interesses comuns: a visão de mundo e o modo de viver a fé concreta, a forma vivente da liturgia, a atenção à liturgia e à formação das pessoas/comunidades para e a partir da celebração.

Na presente nota, apresentaremos alguns pontos comuns, no âmbito da elaboração metodológica da Ciência Litúrgica entre os dois liturgistas e suas respectivas publicações: de Romano Guardini, *Über die systematische Methode in der Liturgiewissenschaft* ("Sobre o método sistemático na Ciência Litúrgica", 1921)[1], e, de

1. GUARDINI, R., Über die systematische Methode in der Liturgiewissenschaft, in: *Jahrbuch für Liturgiewissenschaft* 1 (1921) 97-108. O texto representa uma novidade na produção guardiniana, pois se apresenta como um verdadeiro estudo de caráter científico, enriquecido de notas bibliográficas referentes ao estudo do mesmo tema. É também significativo, pela mesma natureza da reflexão, na busca do entendimento teórico e não encontrado nas suas publicações recentes, como "O espírito da liturgia" (1918) e "Formação litúrgica" (1923). Além disso, o ensaio está dividido em quatro partes. Na primeira procura superar a mentalidade da época de colocar o estudo da liturgia somente na perspectiva histórica, colocando-o no âmbito sistemático. Na segunda parte, elenca as principais características de uma

Ione Buyst, *Como estudar liturgia. Princípios de Ciência Litúrgica* ([5]2007)[2].

A relação entre os dois é fecunda. A inspiração de Guardini na atividade de Buyst não se reduz ao método sistemático na Ciência Litúrgica, mas a hipótese é de que a esta liturgista seja naturalmente devedora do pensamento singular do teólogo ítalo-alemão[3].

---

liturgia sistemática, para depois retornar à relação entre a dimensão sistemática e a dimensão histórica. Conclui o ensaio com dois breves parágrafos. É interessante considerar a relação entre a história, a dimensão sistemática e o método. Cf. TOMATIS, P., Romano Guardini e il metodo della scienza liturgica, *Ephemerides liturgicae* 137 (2023) 285.

2. BUYST, I., *Como estudar liturgia. Princípios de Ciência Litúrgica*, São Paulo, Paulus [5]2007. A obra está estruturada em três partes. A primeira parte, intitulada "A Ciência Litúrgica e suas vertentes significativas", se ocupa da conceituação do termo "liturgia", do que significa "fazer Ciência Litúrgica" e da apresentação de cinco "vertentes significativas na história da Ciência Litúrgica", sendo elas: a) uma teologia litúrgica espiritual ou mistagógica; b) estudos históricos da liturgia; c) teologia litúrgica; d) Ciência Litúrgica pastoral; e) vertente antropológico-teológica e sociológica da Ciência Litúrgica. A segunda parte versa sobre "A Igreja na América Latina, sua liturgia e teologia". Aqui, a autora traz a lume os principais "temas" da Teologia da Libertação, a saber: a irrupção do povo pobre e oprimido, como sujeito eclesial e litúrgico; a libertação dos pobres, como "salvação" também na liturgia; a Teologia da Libertação em si, ou seja, seu método e seu sujeito. Por fim, na terceira parte – eixo axial da obra –, a autora propõe uma Ciência Litúrgica na perspectiva da libertação. Cf. FONSECA, J., Teologia litúrgica de Ione Buyst, *Revista Eclesiástica Brasileira* 327 (2024) 51.

3. Dentre as pesquisas de Ione Buyst, destacamos: *Como estudar Ciência Litúrgica na América Latina hoje. Princípios* (dissertação apresentada à Faculdade de Teologia Nossa Senhora da Assunção de São Paulo, para obtenção do grau de Mestre em Teologia na área de Liturgia, São Paulo, 1987); idem, *O hino "Cristo ressuscitou". Relato e análise de uma experiência litúrgica como contribuição para a metodologia da Ciência Litúrgica* (tese apresentada para a obtenção do grau de Doutorado em Teologia, com Especialização em Liturgia, na Faculdade de Teologia Nossa Senhora da Assunção de São Paulo, sob a orientação do Prof. Dr. Pe. Gregório Lutz, São Paulo, 1993); idem, *Formação litúrgica. Memória pessoal. Centro de Liturgia – São Paulo (1985-2006)*, Ribeirão Preto, s.n., [2]2010; idem, *O segredo dos ritos. Ritualidade e sacramentalidade da liturgia cristã*, São Paulo, Paulinas, 2011.

1. Os primeiros passos

Romano Guardini é considerado um dos maiores teólogos de seu tempo (1885-1968)[4]. Sua contribuição desempenhou um papel fundamental nos movimentos eclesiais que precederam o Concílio Vaticano II, particularmente o Movimento Litúrgico (ML)[5]. Ele, porém, ultrapassa as fronteiras da comunidade católica. Pensador de grande envergadura, dedicou-se a temas ligados à filosofia, à teologia, à antropologia, à educação e à arte, compondo uma obra, ao mesmo tempo, vasta e permeada de uma profunda unidade[6]. No âmbito específico litúrgico, Guardini aprendeu a conhecer e apreciar a possibilidade de "outra mística, em que a intimidade do mistério estava ligada à grandeza das formas objetivas"[7].

O pensamento de Guardini, a partir do Movimento Litúrgico (ML) alemão, marcou, outrossim, os inícios do ML no Brasil. Inicialmente, na pessoa de Dom Martinho Michler (1901-1988), monge beneditino alemão, discípulo de Guardini, desembarcado no Rio de Janeiro em 1933. Formado no ambiente monástico de Beuron e Maria Laach, conheceu de perto os monges Odo Casel, Lambert Beauduin e o Professor Romano Guardini. Dom Martinho trouxe para o Brasil o entusiasmo, o conteúdo e o método do ML alemão, que foi posteriormente assumido com ótica guardiniana por Dom Clemente Isnard (1917-2011), Cláudio Pastro (1948-2016) e Ione Buyst[8].

4. Durante o ano de 2024, a *Revista de Liturgia* publicou o perfil de Romano Guardini como formador "para" e "desde" a ação ritual litúrgica.

5. Cf. Medeiros, D.; Alves, J. B. C., Romano Guardini, formador "para" e "desde" a ação ritual litúrgica. publicações guardiniana sobre a liturgia, *Revista de Liturgia* 303 (2024) 8-10.

6. Cf. Fernandes, M. L.; Koller, F. S. (orgs.), O simbolismo em Guardini, *Revista de Cultura Teológica* 96 (2020) 197-198.

7. Guardini, R., *Appunti per autobiografia*, Brescia, Morcelliana, 1986, 114.

8. Dom Martinho Michler foi propriamente o iniciador do ML em terras brasileiras por meio de suas ideias, missas dialogadas, Liturgia das Horas com os leigos, difusão do Missal, retiros espirituais, na ótica de seu guia espiritual, Romano Guardini.

Durante a juventude, na Bélgica, Buyst foi dirigida espiritualmente por um monge beneditino, Gregorius, ao mesmo tempo em que viveu um clima cultural de grandes desafios, sofrimentos e de reconstrução social; após a Segunda Guerra Mundial, Buyst teve não somente contato com uma nova realidade sociorreligiosa, mas experienciou novos ventos de valores cristãos, especialmente por meio do movimento dos escoteiros na sua paróquia (Itterbeek), na descoberta da Liturgia das Horas, na participação da celebração eucarística, na leitura de textos e revistas sobre Bíblia, teologia, ecumenismo[9] e Movimento Litúrgico, que aos poucos se expandia em parte do continente europeu: França, Alemanha, Bélgica, Áustria.

Com efeito, foi no âmbito do Mosteiro Beneditino *Regina Pacis* de Schotenhof, ao norte da Bélgica, que ela conheceu a Regra de São Bento, a obra de Teilhard de Chardin, a necessidade do estudo relacional entre teologia e antropologia, o sentido da pobreza, do *Ora et labora*, da oração da Igreja na visão de Guardini, que era lido e relido, como autor de *best-sellers* pela juventude do velho continente.

Na biblioteca particular de Buyst, encontramos, recentemente, anotações, "chamadas de atenção", "sinais" significando o ponto alto da leitura nos livros e revistas de teologia, espiritualidade e liturgia. Dignas de nota são as anotações às margens de páginas do livro de Guardini O *espírito da liturgia* (1918).

Além disso, Guardini, com o seu ensaio "sobre o método sistemático na Ciência Litúrgica"[10], inspirou e norteou também o trabalho de Buyst em terras brasileiras. Quando ela aqui chegou, a Igreja do

---

9. Cf. DANHONE, S., Uma história de vida. Uma vida de muitas histórias, in: SIVINSKI, M.; SILVA, J. A. (orgs.), *Liturgia no coração da vida. Comemorando a vida e o ministério litúrgico de Ione Buyst*, São Paulo, Paulus, 2006, 10.

10. Na presente nota, sigo a tradução italiana de LALLI, M. T., R. Guardini. Il metodo sistematico nella scienza liturgica, *Rivista Liturgica* 3 (2018) 183-196; cf. também: TOMATIS, P., Romano Guardini e il metodo della scienza liturgica, 282-296.

Brasil estava dando os primeiros passos para a recepção das orientações da reforma litúrgica, desejada pelo Concílio Vaticano II[11].

Sem dúvida, Buyst, na sua atividade pastoral, inicialmente, em Ribeirão Preto, e em seguida, naquela acadêmica, inicialmente na cidade de São Paulo, depois em todo o país, e no exterior, privilegiará na sua ação educativo-integral uma metodologia unificante, sem rupturas entre o culto e a vida, entre a exterioridade e a interioridade, pessoa e comunidade, corpo e alma, na valorização de todas as formas sensíveis para colher a profundidade do mistério celebrado na ação ritual.

2. O método sistemático na Ciência Litúrgica (CL)

O objetivo da CL, assumido por Buyst, inscreve-se dentro do objetivo global da Igreja no continente latino-americano. O objetivo final é o Reino, a plena comunhão com Deus e com os irmãos. O objetivo específico deve ser elaborado em cada momento histórico, a partir da realidade.

A liturgia, portanto, tem um papel próprio, dentro da vida e missão da Igreja, que a CL deve esclarecer e aprofundar: é *cume e fonte*[12], nela o Senhor Jesus, por meio do Mistério Pascal, assume e liberta o Povo de Deus e, por ele, toda a humanidade, cuja história é convertida em história salvífica[13]. A participação plena, consciente e ativa na liturgia torna-se fonte primária e necessária do espírito verdadeiramente cristão.

Ora, se quisermos buscar a origem dessa sensibilidade teológico-litúrgico-espiritual de Buyst, podemos encontrar fortes indícios na

---

11. Cf. Medeiros, D., Resgate histórico da acolhida da "Sacrosanctum Concilium" no Brasil, in: Associação dos Liturgistas do Brasil (org.), *Atualização teológica 6*, São Paulo, Paulus 2023, 73-97.
12. *SC* 10.
13. Cf. Documento da III Conferência Episcopal Latino-Americana de Puebla, *A evangelização no presente e no futuro da América Latina*, Puebla, s.n., 1979, 918.

sua formação juvenil, construída por meio do conhecimento direto ou indireto das significativas obras guardinianas de caráter epistemológico-litúrgico[14], e que ela soube "inculturar" a partir do rosto da Igreja latino-americana, em sintonia com outros estudiosos, como Gregório Lutz[15], que considerava o estudo da teologia litúrgica no horizonte metodológico do círculo hermenêutico do ver-julgar-agir[16].

O ponto de partida de uma atividade intelectual é sempre uma pergunta a que se procura responder. Por isso, a formulação exata da pergunta inicial constitui o problema metodológico central de toda ciência[17]. Na atividade de pesquisadora, Buyst se interroga pastoralmente com questões fundamentais ao ML. Segundo Guardini, "o que o método delineado quer e deve fazer é simplesmente levantar

---

14. A saber: *O espírito da liturgia* (1918); *O método sistemático na Ciência Litúrgica* (1921); *Os sinais sagrados* (1922); *A formação litúrgica* (1923); o artigo "Sobre o mistério litúrgico" (1925); *A oposição polar. Ensaio para uma filosofia do concreto vivente* (1925); *Meditações sobre a missa* (1935); A carta ao bispo de Mainz de 1940 sobre "A questão litúrgica"; *Mundo e pessoa* (1950); *Os sentidos e o conhecimento religioso* (1950); O artigo sobre o "Ato histórico e o processo do cultual" (1964); A carta ao bispo de Mainz de 1964 sobre "O ato de culto e a tarefa atual da formação litúrgica".

15. Cf. Lutz, G., O estudo da liturgia na América Latina, *Revista de Liturgia* 81 (1987) 22-25.

16. "O ponto de partida para o estudo da situação é a *prática celebrativa* da Igreja no Brasil e na América Latina, daquela Igreja inserida na história e na cultura do povo, que procura a transformação da sociedade, com a participação de todos [...]. Para uma Igreja que optou pelos pobres [...], o julgar consiste essencialmente na reflexão sobre a realidade litúrgica. Confronta-se a realidade levantada, a saber; as nossas celebrações com a liturgia na Bíblia, lida dentro do contexto atual; com o passado histórico da liturgia e hoje; com os documentos do Vaticano II, de Medellín, de Puebla, da CNBB, das Igrejas locais. O estudo das celebrações da Igreja não pode parar na teologia da liturgia. Como o estudo parte da prática celebrativa, ele deve levar a uma prática melhor da celebração. Chegamos assim à Pastoral Litúrgica. Ela procura pistas de ação: para uma prática celebrativa na qual se reconhece o rosto da comunidade que tenta ser Igreja em cada situação aqui e agora, em sua organização da vida litúrgica nos seus diversos níveis e para a formação litúrgica do povo e dos agentes" (ibidem, 23-25).

17. Cf. Alszeghy, Z.; Flick, M., *Como se faz teologia*, São Paulo, s.n., 1971, 39.

a pergunta: que teor intelectual, estético e espiritual a pessoa que autenticamente lê, escuta e ora deve colher das estruturas litúrgicas? Que consciência de fé, que sensibilidade religiosa, que atitude espiritual a Igreja revela hoje nas palavras, nos usos e nas coisas litúrgicas individualmente e em seu conjunto?"[18].

Nesse sentido, também o "ML tentou responder à *questão litúrgica*, ou seja, ao esforço de o homem moderno compreender e assumir o rito como categoria teológica e momento central da vida de fé, voltando-se à celebração como *actus fidei* e não como uma simples manifestação, ou seja, *protestatio fidei*"[19].

O pensamento guardiniano, portanto, tem uma estrutura interna própria e que pode ser identificado na *questão litúrgica*, como uma pretensão em reivindicar a original dimensão teológica do agir ritual. É, ao mesmo tempo, um filtro por meio do qual Guardini realiza a reflexão crítico-litúrgica quanto à elaboração de suas propostas. Desse modo, esse enquadramento leva Guardini a apresentar a ideia de renovação a partir de um pensamento crítico da comparação entre liturgia e cultura, e reflete o impacto da modernidade na liturgia. Ora, tal reflexão foi a verdadeira pedra angular da reforma litúrgica do Vaticano II e marcou uma nova compreensão do rito cristão, ainda hoje reconhecida, graças à ousadia de homens e mulheres que, em diversas frentes, retiraram o véu que nos impedia de ver a riqueza teológica escondida e revelada na forma do rito[20].

Guardini, outrossim, considerava precipuamente que a modernidade dependia da racionalidade, mas tal situação ocorria também no ensino religioso, enquanto a forma ritual permanece um puro decoro cerimonial. A reflexão sobre tal realidade, Guardini realizou em

18. Lalli, M. T., R. Guardini, Il metodo sistematico nella scienza liturgica, 188.
19. Cf. Loris, D. P., *Rituum forma. A teologia dos sacramentos à luz da ação ritual*, São Paulo, Vozes, 2024, 79.
20. Ibidem, 81.

duas de suas obras: *Meditações sobre a Santa Missa* (1939)[21] e *Os sentidos e o conhecimento religioso* (1950)[22]. Em ambas, Guardini desenvolve uma crítica muito dura a essa fragmentação interna que consiste basicamente na incapacidade simbólica, para além do individualismo e do sentimentalismo, da racionalização do rito e de sua utilização para fins didáticos e moralistas. Essa posição crítica perpassa toda a extensão da reflexão guardiniana[23].

Em uma de suas últimas publicações, a *Carta sobre o ato de culto e a tarefa atual da formação litúrgica* (1964), Guardini observa:

> Se vejo bem, o homem típico do século XIX não era mais capaz desse ato, na verdade ele não tinha mais conhecimento dele. Para ele, o comportamento litúrgico era pura e simplesmente o do indivíduo, o que então assumia como "liturgia" o caráter de solenidade pública e oficial. De tal modo, perdeu-se o sentido da ação litúrgica, pois aquilo que o fiel realizava não era um ato propriamente litúrgico, mas um ato íntimo e privado cercado pelo cerimonial, muitas vezes acompanhado da sensação de ser perturbado por aquele cerimonial. A partir dessa situação, as aspirações de quem trabalhava para a liturgia tinham necessariamente que aparecer como uma situação estranha de estetas à qual faltava a seriedade cristã[24].

---

21. Cf. Guardini, R., *Besinnung von der Feier der heiligen Messe*, Maiz, Mathias-Grünewald-Verlag 1939 (tradução em italiano: *Il testamento di Gesù*, Milano, Vita e Pensiero 1993); cf. Loris, D. P., *Rituum forma. La teologia dei sacramenti alla prova della forma rituale*, 81-115.
22. Guardini, R., *El talante simbólico de la liturgia*, Barcelona, Centro de Pastoral Litúrgica, 2001 (Cuadernos *Phase*).
23. Idem, Carta de Romano Guardini a S. Exc. Mgr L'Eveque de Mayence, *La Maison-Dieu* 3 (1945) 7-24.
24. Idem, Carta sobre o ato culto e a tarefa atual da formação litúrgica, in: idem, *Formação litúrgica*, Curitiba, Carpintaria, 2023, 215.

Por sua vez, a proposta de Buyst tem como contextualização a práxis pastoral da Igreja latino-americana desses últimos cinquenta anos. Ela mesma se interroga: por que pensar numa CL própria para a América Latina? Por que não nos contentar com os objetivos e os métodos até agora desenvolvidos? O que a Igreja e a sua liturgia neste continente têm de tão peculiar, que é necessário pensar numa CL própria, com objetivos e métodos particulares, embora não autônomos ou autossuficientes?

A função da CL é, portanto, refletir teologicamente sobre a vida litúrgica da Igreja de maneira ordenada e crítica, na ótica do povo pobre e oprimido. A reflexão litúrgica pode ser desenvolvida em duas direções: podemos interpretar a vida litúrgica existente e podemos também elaborar critérios para uma liturgia renovada ou inculturada. A hermenêutica e a criteriologia não são opostas, mas complementares.

Na sua obra *Como estudar liturgia. Princípios de Ciência Litúrgica*, de fato, Buyst considera que Guardini, em seu ensaio sobre "o método sistemático na Ciência Litúrgica", rompe com o método histórico dominante no contexto cultural europeu (racionalista, positivista) e quer captar "o espírito da liturgia". Os estudos históricos olhavam a liturgia do passado, e Guardini estava preocupado com a liturgia viva, a que se celebrava na Igreja. Ele desejava analisar a expressão o real da vida nas comunidades celebrantes[25] em seu conjunto orgânico. Por isso ele usava o termo "método sistemático", embora não lhe parecesse adequado. Ora, tal CL é uma teologia e deve, pois, procurar o significado sobrenatural, porque a liturgia toma parte na infalibilidade da revelação. Por sua vez, a mistagoga litúrgica de Ribeirão Preto assume a tarefa guardiniana, acolhendo como objeto e método da CL a Igreja viva, oferente, orante, realizando os mistérios da graça, na sua ação cultual efetiva[26].

25. Cf. Lalli, M. T., R. Guardini, Il metodo sistematico nella scienza liturgica, 191.
26. Ibidem.

3. Uma teologia litúrgica latino-americana "guardiniana"?

Guardini, no seu método, é perspicaz e manifesta uma crescente tomada de consciência, seja a partir do mundo acadêmico, sobre a natureza teológica da disciplina teológica livre do sequestro rubrical e da redução historicista, seja da compreensão da natureza científica do estudo da liturgia, concebida como disciplina própria à procura de um método coerente. Desse modo, a Ciência Litúrgica tem a tarefa de investigar o sentido sobrenatural, estabelecer os fatos, os limites, as nuances de sua natureza vinculativa e, a partir daí, compreender o conteúdo das estruturas litúrgicas em todo o seu alcance. A Ciência Litúrgica pertence, por isso, à teologia[27]. Tal percepção da realidade litúrgica levará Guardini a aprofundar o sentido da "forma fundamental" (*Grundgestalt*) da ação ritual da Eucaristia, como ceia, refeição[28].

Sob o mesmo ponto de vista, Buyst acompanha de perto a proposta de Guardini, que considera ainda dois passos importantes. Primeiro, é preciso juntar o material para a pesquisa. Este se constitui de dois tipos: as fontes litúrgicas e a liturgia realizada concretamente no seu aspecto social e individual. Esta última pode ser apreendida por duas vias: a experiência externa e a observação pessoal interna. Num segundo momento, é preciso analisar todo este material coletado, de maneira orgânica, de modo a fazer aparecer uma unidade global[29].

---

27. Ibidem, 186.
28. Cf. Loris, D. P., *Rituum forma. A teologia dos sacramentos à luz da ação ritual*, 102-103.
29. Cf. Lalli, M. T., R. Guardini, Il metodo sistematico nella scienza liturgica, 191. Para Ione os princípios de uma CL na perspectiva da libertação, são apenas princípios, de fato, o método se fará e será corrigido na prática, a prática teórica da CL, levando em conta os vários ângulos; o sociocrítico, o antropológico-cultural, o histórico, o espiritual-mistagógico, o exegético, o teológico-sistemático, o pedagógico-pastoral, em um constante diálogo entre: a prática litúrgica e as fontes da Revelação: as Escrituras, a Tradição, o Magistério. Cf. I. BUYST, *Como estudar liturgia*, 141-142: "todos os enfoques deverão encontrar-se na preocupação com as questões relevantes surgidas na prática. Todas as vertentes deverão estar a serviço da prática litúrgica na

Portanto, Guardini pretende levantar o conteúdo de fé presente na totalidade da vida cultual da Igreja viva atual. Nesse sentido, ele reconhece a unidade e coerência fundamental dos dados, também nas variedades e nos possíveis contrastes. Quando isso acontecer, não se deve descartar um texto, uma afirmação ou um dado a favor do outro, mas, como cada organismo vivente, trata-se de saber ler e compor as oposições polares presentes na mesma liturgia no quadro de uma unidade mais profunda[30].

Indubitavelmente, o teólogo de Verona sentencia que todo o estudo da sistemática litúrgica deveria ter como ponto de partida os livros litúrgicos e documentos magisteriais e canônicos, que podem ser estudados também em relação a outras tradições religiosas e não somente cristãs; todavia, a coisa mais importante é considerar esses textos não como unidades literárias absolutas, mas como textos estritamente ligados à experiência litúrgica real e efetiva, comunitária e pessoal, pois o verdadeiro objeto da pesquisa sistemática é a Igreja viva que celebra[31]. Daí a palavra-chave da *participação*: entendida como ação viva e global de um corpo, exigindo a execução fiel e tranquila dos gestos, na convicção de que, nos gestos e ações, se realiza a resposta

---

perspectiva da libertação do povo pobre da América Latina, para que, com renovado vigor, este possa cantar o cântico novo do novo Êxodo, o cântico de Moisés e o cântico do Cordeiro (Ap 14,3; 15,3). É o cântico que brota da libertação que a mão de Deus opera no meio de nós quando passamos da morte para a vida, quando passamos de condições menos humanas para condições mais humanas. É o cântico da nova Páscoa realizada no Cristo Libertador e que o Espírito ensina à Igreja na América Latina".

30. Cf. LALLI, M. T., R. Guardini, Il metodo sistematico nella scienza liturgica, 191-192. Cf. TOMATIS, P., Romano Guardini e il metodo della scienza liturgica, 293. É necessário ter presente aqui, o pensamento das oposições polares, já estudado por Guardini nos anos precedentes e já aplicado no "Espírito da liturgia", e que encontrará sua elaboração em 1922, e que sem dúvida é determinante para pensar a complexidade e a riqueza do concreto vivente que é a liturgia. Cf. também: GUARDINI R. *L'opposizione polare. Saggio per uma filosofia del concreto vivente*. Brescia: Morcelliana 1997.

31. Cf. TOMATIS, P., Romano Guardini e il metodo della scienza liturgica, 291.

ao ser humano fiel e orante no mistério de Deus. Guardini, portanto, destaca uma mudança de paradigma essencial na compreensão da prática litúrgica, ou seja, a passagem téorico-prática do conceito de "assistência" para o de "participação"[32].

Nesse sentido, o raciocínio de Guardini parece cada vez mais voltado para derrubar algumas posições antirrituais e sustentar a complexidade e a completude da verdadeira participação que não pode acomodar-se minimamente no entendimento interior, mas pode e deve acontecer também pelos olhos, pelo coração e por todos os sentidos. Por exemplo, a sensibilidade é chamada em causa e se torna protagonista do evento da fé; não é mais interpretada como perturbação ou motivo de distração em relação ao ato de fé, mas um canal privilegiado para que a fé não seja apenas pensada, mas realmente atuada e vivida. O interno e o externo da pessoa, segundo Guardini, exigem coordenação e não dissociação. Isso também para evitar desvios emocionais[33].

Dessa forma, Guardini afirma que a CL é a pesquisa metódica da Igreja real em sua vida de oração; portanto, a CL é teológica porque a liturgia é o culto da Igreja[34].

Como já acenado, o contato com a eclesiologia amadurecida do continente latino-americano levou Buyst a ter como meta a participação do povo na preparação e celebração de uma liturgia popular, orante, e que seja expressão de uma fé engajada na transformação do continente latino-americano. Em âmbito acadêmico, ela busca uma pedagogia ativa, que envolva a participação dos alunos e uma metodologia

---

32. Cf. Loris, D. P., *Rituum forma. A teologia dos sacramentos à luz da ação ritual*, 110.
33. Cf. Loris, D. P., *Rituum forma. A teologia dos sacramentos à luz da ação ritual*, 87-88; Tomatis, P., *Accende lumen sensibus. La liturgia e i sensi del corpo*, Roma, Edizioni Liturgiche, 2010, 284-310.
34. Cf. Lalli, M. T., R. Guardini, Il metodo sistematico nella scienza liturgica, 196.

científica que parta da realidade litúrgica e articule teoria e prática, teologia e pastoral[35].

No pensamento de Buyst, não se pode deixar de mencionar outro elemento singular, o sujeito do agir celebrativo: Cristo e a Igreja Povo de Deus, corpo comunitário. Há variedade de dons, de carismas, de atuação, mas as relações entre os seus membros são mais fraternais do que patriarcais. Não há muitas distinções hierárquicas. Todos são convidados a participar ativamente; não há clientela. A estrutura básica desta Igreja é a comunhão vivida entre os membros de cada comunidade, entre os vários ministérios e também de cada comunidade que, juntos, formam o Povo de Deus[36].

Para Buyst, a CL é tarefa jamais acabada, pois reconhece que a liturgia é uma realidade teologal, e não apenas antropológica, social, histórica ou linguística. Portanto, o fazer CL é um fazer teológico, pois procura compreender, analisar, ordenar logicamente os dados da revelação, reinterpretá-los a partir de cada novo momento ou situação histórica, e de uma Ciência Litúrgica na perspectiva da libertação: "Vamos colocar as bases de uma CL (Ciência Litúrgica) que se situe dentro da Igreja dos pobres, buscando libertação. Será uma CL que assuma os princípios básicos da TdL (Teologia da Libertação):

a) o povo pobre e oprimido como ponto de partida, como interlocutor até mesmo como sujeito juntamente com o teólogo profissional;

35. Buyst, R., *Pesquisa em liturgia, relato e análise de uma experiência*, São Paulo, Paulus, 1994; idem, *Cristo ressuscitou. Meditação litúrgica com um hino pascal*, São Paulo, Paulus, 1995.

36. Cf. Guardini, R., *La realtà della Chiesa*, Brescia, Morcelliana, 1967. Esse volume contém dois ensaios eclesiológicos: *Il senso dela Chiesa* (1922) e *La Chiesa del Signore* (1965), que recolhem intuições eclesiológicas de Guardini, amadurecidas posteriormente com o Concílio Vaticano II, isto é, a busca por aquela vida e essência da Igreja que podem ser encontradas somente a partir da historicidade do homem e daquela relação que se estabelece entre a realidade humana e a experiência religiosa, entre o fiel livre e a Igreja.

b) o método dialético entre teologia e prática;
c) a prática libertadora como ponto de chegada"[37].

Em resumo, segundo Paulo Tomatis, Guardini "não objetivou desenvolver de modo sistemático o projeto apresentado no seu ensaio de uma Ciência Litúrgica sistemática; de fato, segundo a sua personalidade, ofereceu um ensaio de abordagem sistemática à realidade litúrgica, colhida a partir da sua essência prática, 'a liturgia é a Igreja que reza', na sua totalidade orgânica e na dinâmica das suas oposições polares"[38]. Por sua vez, a discípula Buyst avançou mais que o mestre, pois, além de ter o mesmo horizonte epistemológico e uma eclesiologia renovada pelo Vaticano II, avançou na ótica da ciência da mistagogia litúrgica.

Em ambos, porém, o filão condutor é a *formação litúrgica* e a "pergunta [...]: como voltar a ser capazes de símbolos? Como voltar a saber lê-los para vivê-los?". A leitura simbólica protagonizada por Buyst e Guardini não foi nunca "uma questão de conhecimento mental, de aquisição de conceitos, mas uma experiencial vital"[39].

---

37. Buyst, I., *Como estudar liturgia. Princípios de Ciência Litúrgica*, São Paulo, Paulus [5]2007, 95.
38. Tomatis, P., Romano Guardini e il metodo della scienza litúrgica, 295.
39. Francisco, *Desiderio Desideravi. Sobre a formação litúrgica do Povo de Deus*, São Paulo, Paulus, 2022, n. 45.

A corda de Raab: a mistagogia na teologia de Ione Buyst

Pe. Danilo César dos Santos Lima

(liturgista formado pelo Pontifício Instituto Litúrgico, Santo Anselmo (Roma). Doutor em teologia sistemática pela FAJE (Belo Horizonte). Pároco da Paróquia de Santana – Arquidiocese de Belo Horizonte – MG. Professor de Liturgia na PUC Minas; Coordenador da Pós-graduação em liturgia pelo IFITEG – Rede Celebra; Professor de Liturgia na Pós graduação da PUC Rio – Centro de Liturgia Dom Clemente Isnard. Articulista da Revista de Liturgia e Membro da Rede Celebra.)

A mistagogia tornou-se, nas últimas décadas, uma grande redescoberta para a Igreja, ao reabilitar a experiência celebrativa das comunidades como lugar fontal para a experiência da fé, explicitando o sentido teológico particular da liturgia e dos seus ritos. O valor da mistagogia ainda está longe de ser compreendido, pois comporta não apenas as definições e o conhecimento dessa forma de teologia, mas também a prática efetiva de fazer mistagogia, seja no âmbito das pesquisas e da produção teológica, seja na catequese, nas homilias, mas sobretudo nas celebrações, onde a mistagogia se realiza no seu ambiente próprio: a ação ritual. Além disso, a mistagogia requer – como de resto qualquer forma de teologia que se queira atualizada e pertinente para os tempos atuais – a capacidade de se adaptar segundo as categorias próprias de uma cultura e o contexto social e eclesial.

O presente artigo busca fazer uma abordagem da teologia mistagógica de Ione Buyst. Em sua produção teológico-litúrgica, esta liturgista belgo-brasileira associou a rica tradição da Igreja com a experiência litúrgica do Brasil, desbravando caminhos para uma teologia litúrgica culturalmente autônoma dos padrões teológicos europeus, com estatura e liberdade para o diálogo com a Tradição e com o arcabouço da teologia cristã. Sua contribuição se destaca ainda mais por adentrar em território outrora considerado como restrito ao clero, portanto, aos homens, e apequenado por uma compreensão cerimonialista e clericalista da liturgia. Ione Buyst abriu acesso para uma compreensão teológica da liturgia que lhe devolve o respiro eclesial, para sua orientação ao mistério e ao seu caráter encarnado nos corpos, nas culturas e na vida do Povo de Deus.

1. Uma compreensão própria de mistagogia

Entre 1988 e 1993, bem antes de intensificar no Brasil a discussão sobre a mistagogia e sua importância para a liturgia, para a catequese e para a teologia dos sacramentos[1], e de o tema despertar o interesse que se vê florescer atualmente[2], Ione Buyst iniciava a pesquisa e a formulação dos Laboratórios Litúrgicos (LL) junto ao Centro de Liturgia, em São Paulo, e seus membros[3]. Tendo em vista a marcante preocupação de Ione Buyst em relação ao aspecto iniciático da fé e, de

1. O tema "mistagogia" tem penetração lenta no horizonte pastoral da Igreja no Brasil, e conta com a publicação, em português, da primeira versão do Ritual de Iniciação Cristã de Adultos (1973). Cf. Regan, David, *Experiência cristã das comunidades de base. Mistagogia*, São Paulo, Paulinas, 1995, 15.

2. No campo da teologia, Karl Rahner (†1984) foi precursor em retomar o termo na teologia católica, mas de modo amplo, sem vínculo com a liturgia, e voltado para a evangelização dos homens e mulheres modernos em um mundo alheio à religião. Para a teologia litúrgica, muitas autores e obras colaboram para o estudo da mistagogia. Dentre eles, destaco Jean Daniélou, com sua obra *Bíblia e liturgia. A teologia bíblica dos sacramentos e das festas nos Padres da Igreja* (Paulinas, 2013) e Enrico Mazza, *A mistagogia. As catequeses litúrgicas do fim do IV século e seu método* (Loyola, 2021).

3. O processo pode ser conhecido pelos trabalhos em torno do tema e sobre o Centro de Liturgia. Cf. Baronto, Luiz Eduardo Pinheiro, *Laboratório Litúrgico. Pela inteireza do ser na vivência ritual*, São Paulo, Paulinas, 2006 (Celebrar e viver a fé, 1); Adão, José Alex, *História do Centro de Liturgia e suas contribuições para a Igreja no Brasil*, São Paulo, Paulus, 2008 (Cadernos de Liturgia, 14).

modo ainda mais atento, à iniciação à liturgia, o LL é um método mistagógico, uma vez que é possível identificar elementos compatíveis com a mistagogia como: centralidade do rito, leitura orgânica das Escrituras, dinamismo sacramental da experiência ritual. Para tanto, convém conhecer o pensamento de Ione Buyst sobre a mistagogia.

1.1. O mistério, o ser humano e o mundo

A compreensão da mistagogia para Ione Buyst nasce de sua condição como mulher de fé que vive a experiência da graça na fonte viva da sua relação com Deus e com o mundo ao seu redor. Na introdução ao primeiro capítulo de seu livro *Celebrar com símbolos*[4], ela relata que depois de um difícil diagnóstico médico, a caminho da farmácia para comprar os medicamentos prescritos, foi interrompida por uma experiência:

> Vi ao meu lado um arbusto com pequeninas flores brancas, estreladas, frágeis. Vi? O termo é desgastado demais para dizer o que se deu neste momento. É como se o sol de repente luzisse mais forte em torno do arbusto florido. Ou será que era do próprio arbusto que emanava uma luz diferente? Ou estava a luz em meus próprios olhos, em minha mente, em meu coração? Só sei que, em uma fração de segundo, vivi uma experiência fortíssima. Só havia no mundo eu e o arbusto em flor. A flor emanava vida e passou essa vida para dentro de mim. Eu comecei a viver por conta das florezinhas brancas, estreladas, frágeis do arbusto a meu lado. A respiração, que havia como que se estancado pelo impacto, voltou, profunda. Meu sangue correu mais forte nas veias, meu pensamento dizia: "Se, em toda a sua fragilidade, estas flores estão vivas e bonitas, por que isso não pode acontecer também com você? A vida é forte, é maior que você" [...].

4. Buyst, Ione, *Celebrar com símbolos*, São Paulo, Paulinas, 2001, 9-10.

A partir daquele momento, todo o meu ser se empenhou numa luta pela vida, minha vida, minha sobrevivência.

De imediato, o texto sugere a passagem bíblica a respeito dos cuidados de Deus com os lírios do campo (cf. Lc 12,27-28) e, *a fortiori*, com os seus discípulos: "Ora, se Deus veste assim a erva do campo, que existe hoje e amanhã será lançada no forno, quanto mais a vós, homens fracos na fé!". Ione Buyst descreve essa experiência como uma "identificação", em que se vê nas flores e em que vê em si mesma aquilo que encontra na fragilidade delas: a vida que resiste. O espelhamento das flores consigo mesma lhe permite reconhecer mimeticamente a mesma vida que pulsa na fragilidade da existência e sustenta luminosamente a esperança, a fé, a vontade de lutar. O que chama de "identificação" é, em parte, a experiência transcendental descrita por K. Rahner, como uma experiência subjetiva e atemática sobre Deus como aquele "que sempre se dirige silenciosamente ao homem, dirige-se a ele como ser absoluto e incompreensível [...], como mistério santo"[5]. Mas isso não diz tudo sobre a sua percepção de Deus. Mais que um movimento interno e uma busca subjetivista do mistério, Ione Buyst o vive como uma relação mediada por uma flor, por onde o mistério se lhe manifesta, se lhe comunica. As flores dilatam para ela os sinais subjetivos da graça, dandolhe consistência, realismo, aprofundando a sua percepção da grandeza de Deus e da sua própria pequenez. Em termos guardinianos, Ione Buyst simboliza, no sentido pleno da palavra, um evento existencial: "Precisamos aprender a expressar nosso interior no exterior e, a partir do exterior, ler o interior. Em outras palavras: precisamos nos tornar novamente simbólicos"[6]. Daqui se compreende como ela lê a teologia de Karl Rahner, situando sua perspectiva transcendental da experiência no horizonte da liturgia. De fato, Karl Rahner renuncia, ou diz renunciar, à

---

5. Rahner, Karl, *Curso fundamental da fé*, São Paulo, Paulus, ⁴2008, 34
6. Guardini, Romano, O ato de culto e a tarefa atual da formação litúrgica: uma carta, in: *Formação litúrgica*, Curitiba, Carpintaria, 2023, 85.

Liturgia em sua compreensão de mistagogia[7]. Contudo, sua teologia sobre a mistagogia não é ignorada por Ione Buyst, ao contrário, é associada ao seu pensamento a partir da teologia de Luis Maldonado[8]. Sua aproximação de Karl Rahner está na compreensão do mistério já presente na vida do povo, definido por ela como "uma realidade que sustenta tudo, que está presente em tudo, chamando nossa atenção, seduzindo nosso desejo, convidando ao deslumbramento, à convivência, à entrega, à comunhão"[9]. Na raiz da experiência humana está a indagação pelo sentido dos acontecimentos trágicos ou fascinantes:

> Por que vivo afinal? O que estou fazendo aqui neste mundo? Por que tanta doença e miséria, tanta desigualdade? Por que vou morrer? [...]. Qual o segredo de uma semente brotando, uma flor se abrindo, a neblina recobrindo a paisagem, o dia e a noite se revezando? Qual é o segredo da amizade, do amor, da solidariedade?[10]

Para ela, "o ponto de partida da mistagogia é o mistério presente na vida, revelado e celebrado na comunidade de fé"[11]. A vida e a existência não são realidades apartadas de Deus e de seu mistério. Ao contrário, estão prenhes da sua presença e da sua atuação que se dão a conhecer ao sujeito de maneira prévia à celebração: "As pessoas

7. Diz o teólogo: "Ao tratar deste tema, vou prescindir radicalmente da liturgia. Não porque neste setor mais preciso da vida religiosa não exista semelhante inquietude, nem porque a liturgia talvez continue sendo liturgia, ainda que se celebrasse de forma puramente 'objetivista', sem participação pessoal do indivíduo, senão sensivelmente porque o tema exigiria por si mesmo um tratamento mais amplo, que além de tudo deveria realizar um especialista" (Rahner, 1969, 14). A declaração indica uma perspectiva e não uma recusa à liturgia, pois o autor sempre volta à liturgia, como é de esperar.

8. Maldonado, Luis, *A ação litúrgica. Sacramento e celebração*, São Paulo, Paulus, 1998, 9-28). Ione recomenda a leitura de L. Maldonado, onde o autor faz sua análise da mistagogia de K. Rahner (Buyst, Ione, *O segredo dos ritos. Ritualidade e sacramentalidade da liturgia cristã*, São Paulo, Paulinas, 2011, 117).

9. Maldonado, *A ação litúrgica*, cit., 24.

10. Ibidem, 23.

11. Buyst, *O segredo dos ritos*, cit., 118.

que estão sendo iniciadas aprendem a perceber e interpretar a própria experiência do mistério em sua vida"[12]. Este mistério já presente na história humana se mostra plenamente na pessoa de Jesus: "Esta revelação, este desvelamento do seu mistério, teve seu ponto alto na morte de Jesus na cruz e em sua ressurreição"[13].

Tal percepção da mistagogia deriva da sua compreensão do mistério, cuja dependência da teologia dos Santos Padres, assim descritas: "Conseguiram criar uma pedagogia eficiente, uma ponte entre: (1) os ritos, (2) *o mistério escondido na realidade da vida* (*grifo meu*), revelado ao longo da História da Salvação e (3) a vida de acordo com aquilo que celebramos"[14]. Para Ione Buyst, a mistagogia não é, de modo algum, uma ação alheia à história humana. Ela assume a história humana e a entrelaça na História da Salvação e no modo como Deus conduz a história. Mistagogia tem que ver com a "nossa relação com o mistério de Deus e de seu Reino, que é mistério de nossa própria vida e da história, revelado em Jesus Cristo"[15]. É com esse olhar que reconhece os mesmos processos de fragilidade, de luta e de superação na vida do povo que se acerca das celebrações: "Gente humilde – como operários, lavradores, pequenos comerciantes, bancários – e também de gente desempregada, de muita gente oprimida e marginalizada que mora na zona rural, na mata, na periferia das cidades, nos cortiços e na rua, nos alagados"[16]. Essa sensibilidade é uma marca do seu pensamento – e de sua própria vida: o drama pascal que antecede o fato litúrgico, onde Deus, de modo misterioso, é experimentado por cada pessoa humana, pelas comunidades e pela humanidade inteira. Esse Deus e sua ação misteriosa no mundo

---

12. Maldonado, *A ação litúrgica*, cit., 18.
13. Ibidem, 24.
14. Buyst, O *segredo dos ritos*, cit., 113.
15. Ibidem, 116.
16. Idem, *Celebração do Domingo ao redor da Palavra de Deus*. São Paulo, Paulinas, 2002 (Celebrar, 2), p. 20.

estão sempre presentes e atuantes na caminhada do seu povo, como afirmado pela Conferência de Medellín:

> Assim, como outrora Israel, o antigo Povo sentia a presença salvífica de Deus quando o libertava da opressão do Egito, quando o fazia atravessar o mar e o conduzia à conquista da Terra Prometida, assim também nós, novo Povo de Deus, não podemos deixar de sentir seu passo que salva[17].

Ione Buyst assume a mistagogia como um processo que tem na liturgia o seu ápice, mas na vida a sua raiz pascal, sobretudo no sofrimento e na libertação dos pobres, das mulheres e de tantos outros grupos minoritários. É no chão da vida que se situa algo prévio e necessário à liturgia, pois o mistério de Jesus Cristo desde a sua encarnação está entrelaçado ao mistério da humanidade. Ione Buyst lida com o mistério de Deus manifestado em Jesus Cristo, mesmo antes de ser celebrado na liturgia.

1.2. Mistagogia e Laboratório Litúrgico

O LL é definido por Ione Buyst como "um meio pedagógico na formação litúrgica de responsáveis pelas práticas rituais das comunidades cristãs", que adota "a vivência da ação ritual 'na inteireza do ser', buscando a harmonia entre o gesto corporal, o sentido teológico-litúrgico e a atitude espiritual"[18]. Sua preocupação é notadamente guardiniana, pois toca o cerne da "questão litúrgica" (*liturgische Frage*), como sendo a grande tarefa da reforma conciliar, e, ao mesmo tempo, uma advertência para a Igreja, ao fato de que não basta reformar

17. Celam, *Conclusões da Conferência de Medellín – 1968. Texto Oficial: Trinta anos depois, Medellín é ainda atual?*, São Paulo, Paulinas, 2010, 39.
18. BUYST, *O segredo dos ritos*, cit., 152.

o rito. Reiniciar o cristão na linguagem ritual e simbólica da liturgia, na sua integralidade entre a forma celebrativa e os aspectos não sensíveis, outrora tratados sem conexão com o ato litúrgico, ou mesmo em detrimento dele. Andrea Grillo comenta que a reforma requer "maior consciência da necessidade de uma iniciação aos ritos, ou seja, do reconhecimento de que a linguagem ritual tem certa autonomia a respeito das teorias racionais e das práticas funcionais, capaz de estruturar originariamente o sujeito cristão"[19]. Tal convicção nasce de uma teologia litúrgica atenta às grandes intuições do Movimento Litúrgico e que se verifica no pensamento de Ione Buyst.

1.3. Os ensaios mistagógicos

Considerando o seu interesse pela tarefa da iniciação à liturgia, Ione Buyst adaptou o método mistagógico[20] ao contexto pastoral dos ensaios de canto litúrgico. Nessa adaptação, entram em diálogo o método mistagógico, a *Lectio Divina*, e elementos do LL[21]. Numa definição de mistagogia, ela introduz elementos da sua teologia sacramental:

> "Mistagogia" pode ser traduzido por "conduzir para dentro do mistério". O que se entende por isso? Para ser cristão ou cristã, não basta

---

19. Grillo, Andrea, *La nascita della liturgia nel XX secolo*, Assisi, Cittadella Editrice, 2003, 21.

20. Ione toma como base o método mistagógico dos santos Padres, estudado pelo liturgista italiano Pe. Enrico Mazza e trazido no Brasil pelo teólogo jesuíta Pe. Francisco Taborda. O método apresenta cinco passos: (1) apresentação simples do rito; (2) fundamentação nas Escrituras (AT-NT) da salvação celebrada no rito; (3) aprofundamento do evento salvífico; (4) volta ao rito com os elementos apresentados nos dois passos anteriores; (5) explicitação do dinamismo sacramental com o vocabulário sacramental da teologia da Igreja, por exemplo: tipo-antítipo, imagem-verdade, dentre outros termos do vocabulário sacramental.

21. Buyst, Ione; Fonseca, Joaquim, *Música ritual e mistagogia*, São Paulo, Paulus, 2008, 12.

> ter um conhecimento intelectual de Cristo e de sua proposta. Não basta assumir como regra de vida algumas propostas de conduta moral do cristianismo. Vida cristã é, antes de tudo, adesão à pessoa de Jesus Cristo, seguimento no caminho dele, identificação com ele em sua morte e ressurreição, em sua entrega total a serviço do reino, "até que Deus seja tudo em todos" (1Cor 15,28)[22].

A autora segue discorrendo sobre a participação na liturgia pela música ritual, quando declara que "a *participação existencial, vital, mística* passa pela *participação ritual*"[23]. A mistagogia não está destacada da vida, mas inclui os aspectos existenciais, da vida e da espiritualidade, isto é, aspectos anteriores ao próprio rito. A participação ritual assume o culto existencial, onde o mistério de Deus precedeu a liturgia: "A atitude básica do mistagogo terá de ser de muito respeito para com os iniciantes, prestando atenção à presença e atuação da graça de Deus que se revela neles, aos sinais da presença do mistério de Deus em suas vidas"[24]. Mas a liturgia dá expressão, contornos e concretude às experiências subjetivas e interiores dos fiéis. A mistagogia reconhece e explicita as feições cristãs de cada fato projetando a luz da fé, para trazer à tona o seu sentido pascal e reconhecer a atuação do mistério no tecido da vida: a participação "inclui e levará a um compromisso com a pessoa de Jesus Cristo e com o reino por ele inaugurado, que irá se estender a todas as áreas da vida pessoal e social"[25]. Ressoa a afirmação conciliar sobre a relação entre liturgia e vida (SC 9; 12), ciente de que o culto existencial e a liturgia estão associados de forma indissolúvel.

Levando em conta sua perspectiva mistagógica, Ione Buyst propõe o seguinte método: (1) descrever e fazer uma análise ritual do

---

22. Ibidem, 12.
23. Ibidem, 13.
24. Buyst, O *segredo dos ritos*, cit., 119.
25. Ibidem, 13.

canto; (2) recorrer às Escrituras, de modo a operar um aprofundamento do sentido teológico do acontecimento salvífico presente no canto; (3) focalizar e assumir a atitude espiritual a que o canto dispõe os participantes. Tais etapas de seu método estão intercaladas pelo cantar da peça escolhia. É importante notar que o método proposto por Ione absorve o princípio da liturgia como ação (*urgia*) e não como discurso teológico (*logia*). Nas tradicionais catequeses mistagógicas, os Padres partiam da ação ritual, do sinal sensível, para revelar o mistério a partir da experiência vivida na celebração. Ambrósio de Milão († 397) principiava suas catequeses pelo rito e pela experiência sensorial: "Em seguida, aproximaste-te mais. Viste a fonte e viste também o bispo junto da fonte [...]. Entraste, viste a água, viste o bispo, viste o levita"[26]. Do mesmo modo o faz Cirilo de Jerusalém († 387): "Entrastes primeiro no adro do batistério. Depois vos voltastes para o Ocidente e atentos escutastes. Recebestes então a ordem de estender a mão e renunciastes a satanás como se estivesse ali presente". E daí continua o bispo de Jerusalém: "É preciso que saibais que na história antiga há uma figura deste gesto"[27]. Ione Buyst insere um elemento novo, provindo do LL: o "recorte ritual", isto é, uma unidade ritual que se aprofunda na mistagogia. O rito em questão é executado, mais que recordado, como outrora nas mistagogias dos Santos Padres. Com isso, Ione Buyst alcança algo novo e oferece uma contribuição ímpar para a mistagogia, como teologia: a práxis ritual, acima do discurso sobre a práxis ritual, realiza a iniciação à liturgia e conduz ao conhecimento do mistério (cf. SC 48). Os "conduzidos" ao mistério, em seu método, são recolocados no posto de atores da liturgia.

---

26. Ambrósio de Milão, Os sacramentos, in: *Antologia Litúrgica. Textos litúrgicos, patrísticos e canônicos do Primeiro Milênio*, Fátima, Secretariado Nacional de Liturgia, [2]2015, 605.
27. Cirilo de Jerusalém, *Catequeses mistagógicas*, Petrópolis, Vozes, 2020, 32.

1.3.1. Primeiro passo: o contato com o rito

Para o primeiro passo, Ione Buyst chama a atenção para os sinais sensíveis que principiam a relação com o mistério que se manifesta no ato litúrgico, frisando a afirmação conciliar: "Com razão, a liturgia é tida como o exercício do múnus sacerdotal de Cristo, no qual, mediante sinais sensíveis, é significada e, de modo peculiar a cada sinal, realizada a santificação do homem" (SC 7). Para tanto, a liturgia conta com a *base sensorial*[28], os cinco sentidos (tato, olfato, paladar, visão, audição), que "funcionam" como filtro de todas as experiências humanas: "Todo o nosso conhecimento, por mais racional ou mais sofisticado ou mais espiritual que seja, passa pelo corpo. Todas as nossas relações, também nossa relação com Jesus Cristo ressuscitado e com o Pai, passam pelo corpo (cf. 1Jo 1,1-4)"[29]. Ela fundamenta sua teologia no próprio *depositum fidei*, passando pelas Escrituras, mas ressoando a norma dos Santos Padres, que valorizavam a experiência corporal na liturgia, a ponto de considerar a experiência humana sensorial – corpórea! – como essencial à salvação. Vejamos algo semelhante em Tertuliano († 220), presbítero de Cartago:

> Poderia bastar o fato de que nenhuma alma consegue obter a salvação, se não tiver crido enquanto estava na carne: a tal ponto, pois, a carne é o eixo da salvação (*caro salutis cardo*), que, quando a alma está ligada a Deus, é a carne que faz com que a alma possa ser escolhida por Deus. E ainda: a carne é lavada para que a alma seja purificada, a carne é ungida para que a alma seja consagrada, a carne é assinalada para que a alma seja defendida, a carne recebe a sombra da imposição das mãos, para que a alma seja iluminada pelo Espírito, a carne se alimenta do corpo e do sangue de Cristo, para que

28. Intuo que a expressão foi cunhada por ela mesma, em suas tratativas sobre o LL.
29. Buyst, O *segredo dos ritos*, cit., 86.

também a alma se sacie de Deus. Não se pode separar, pois, na recompensa, aquelas que foram unidas pelas obras[30].

Pela recordação da experiência celebrativa, os Padres evocavam a experiência do corpo no ato litúrgico: o espaço (adro, batistério, piscina batismal), os movimentos (entrar, estender a mão, voltar-se para o Ocidente), os sentidos (ver, escutar). Só então e a partir disso, indicavam o mistério ali presente: "É preciso que saibais" o que está escondido nesse gesto. Na proposta de Ione Buyst, considerando o contexto extrainiciático[31], o recorte ritual permite aos que são iniciados pela formação litúrgica (re)experimentarem o próprio rito e o atuarem.

1.3.2. Segundo passo: a raiz bíblica do rito

Neste momento, a mistagogia volta-se para o dado escriturístico. Ione entende que o propósito é explicitar "o acontecimento da salvação relatado nas Escrituras" e aprofundar "o sentido teológico desse acontecimento", mas incluindo nessa interpretação a realidade atual[32]. Tudo é relacionado ao texto da música ritual que, ao final do processo, será retomada no recorte ritual, desta vez executado com a inteligência da fé, isto é, considerando os elementos oferecidos no primeiro e no segundo passos. Falta, na sua descrição deste passo, a explicitação da tipologia como exegese própria da mistagogia, como ensina Enrico Mazza: "Devemos colocar em luz a sua componente fundamental: o uso da Escritura, sobretudo do Antigo Testamento.

---

30. Tertuliano, La resurrezione della carne, in: *Tertulliano. Opere dottrinali*, Roma, Città Nuova, 2010, 249-431.

31. Refiro-me aqui não à iniciação aos sacramentos batismo – confirmação – Eucaristia, formalmente falando, pois a autora reconhece que o caráter iniciático do rito extrapola o contexto estrito da iniciação à vida cristã.

32. Buyst; Fonseca, *Música ritual e mistagogia*, cit., 15.

O problema é este: como aplicar a Escritura ao mistério celebrado". Para Enrico Mazza, a tipologia é o instrumento exegético fundamental da mistagogia, pois tem a capacidade de revelar o sentido cristológico das Escrituras. Citando René Bornert, oferece o porquê da importância dessa exegese: "A tipologia bíblica e litúrgica explica a Escritura ou comenta os ritos em função das correspondências objetivas que existem entre as diferentes fases da História da Salvação"[33].

Contudo, faz bem desconfiar de qualquer precipitação na consideração de sua obra. Tributária da tradição beneditina, Ione Buyst tem enorme apreço pela leitura bíblica e pela prática da *Lectio Divina*. Observando com mais atenção a aplicação de seu método, Ione Buyst realiza a leitura tipológica dos textos. É o caso da análise do canto "O vosso coração de pedra se converterá", que oferece uma bela paráfrase de Ezequiel 36,24-28, versão e melodia de José Alves e composto para a CF 1970. No segundo passo, Ione Buyst aplica a exegese tipológico-profética reconhecendo o Cristo como cumprimento máximo da profecia de Ezequiel e reconhecendo na liturgia o prolongamento dessa realização[34]. Em seu comentário, ela valoriza os aspectos batismais como a purificação dos corações pela ação do Espírito realizada no Tempo Quaresmal[35].

Convém ainda acrescentar que, em sua abordagem, Ione Buyst sempre volta àquela "etapa prévia" da mistagogia mencionada no início. Ao explicar o sentido bíblico da expressão "novo coração", insinua um âmbito interior de encontro entre Deus e a pessoa humana:

---

33. Apud Mazza, Enrico, *La mistagogia. Le catechesi liturgiche della fine del quarto secolo e il loro método*, Roma, Centro Liturgico Vincenziano, ^{2}1996, 27.

34. Buyst; Fonseca, *Música ritual e mistagogia*, cit., 33-43.

35. Ione detecta uma lacuna no hino, solucionada pelo acréscimo feito por Reginaldo Veloso († 2022), e que tem importância fundamental em sua análise (Buyst; Fonseca, 2008, 37). Esse fato ajuda a reconhecer que, embora não tenha mencionado a tipologia em seu método, ela está atenta à sua importância, quando propõe completar o hino, ressaltando o elemento batismal: "Sobre vós derramarei / água pura, e sereis puros / de sujeiras e ilusões, / eu vos purificarei".

"O coração é a pessoa como um todo, vista a partir de seu 'interior', e não apenas de seus atos externos. É lugar da misteriosa presença e ação de Deus na pessoa"[36]. Em sua proposta de "ensaio mistagógico", Ione volta à atuação ritual, propondo entoar novamente o canto, com inteligência gerada pela mistagogia.

1.3.3. Terceiro passo: a experiência do rito

Para compreender o terceiro passo da mistagogia proposta por Ione Buyst, é necessário acercar-se da noção de "experiência", entendida como "fato de experiência", noção tomada de Xavier Basurko, que indica o cantar em si mesmo como ato fundamental, como ato religioso, psicológico, prazeroso e comunitário, mas sem as ulteriores considerações teológicas[37]. Por isso, o ponto de partida é o rito: "Voltamos de novo nossa atenção para a ação ritual"[38]. É o dado antropológico que valoriza e reabilita "o polo subjetivo, interior, livre, transcendental, individual, experiencial, simbólico, anônimo da tradição"[39]. Mas Ione Buyst já capta o que Andrea Grillo chama de "segunda virada antropológica", que inverte o movimento metafísico que do interior validava o exterior, para um movimento do exterior para o interior, em consideração às contribuições da antropologia, das ciências humanas e da fenomenologia[40]. Segundo Ione Buyst,

> este é o caminho próprio da liturgia: vai do rito ao mistério, da ação para a compreensão, da exterioridade para a interioridade, do visível

36. Ibidem, 40.
37. Basurko, Xabier, *O canto cristão na tradição primitiva*, São Paulo, Paulus, 2005, 23-24.
38. Ibidem, 15.
39. Grillo, Andrea, *Para além de Pio V. A reforma litúrgica após a Traditionis Custodes*, São Paulo, Paulus, 2022, 60-61.
40. Ibidem, 61.

ao invisível, dos sinais sensíveis para a realidade de fé invisível. É o caminho da mediação simbólica. As expressões litúrgicas são consideradas como *mysteria*, ação de Deus[41].

Nas análises oferecidas, Ione Buyst volta à experiência subjetiva gerada pela atuação ritual do recorte escolhido, neste caso, as músicas rituais, sugerindo situações concretas que possam gerar identificação dos conduzidos com o sinal em questão, o canto e outros sinais envolvidos na ritualidade. Em questão está o sinal mediador – fato de experiência – de uma relação com o mistério, da objetividade do rito ao interior do participante. A liturgia devolve o participante ao mistério que principiou tudo e alcançou plenitude em Cristo.

2. Conclusão: a corda escarlate de Raab

Uma mulher estrangeira permite que a cidade, cercada de muralhas, seja visitada por um povo que se acerca de Jericó, para viver na terra da promessa (cf. Js 2). Ela escutou as maravilhas que Deus realizara em favor do povo de Israel e confessa a sua fé nesse Deus (Js 2,10-11). Acolhe e protege os espiões que adentram a cidade, suplica, intercedendo pelos de sua casa (12-13) e realizando com eles um pacto de fidelidade. O sinal do pacto é uma corda vermelha pendente de sua janela, pois sua casa estava junto à muralha. O sinal evocava a salvação operada na Páscoa do Egito (cf. Ex 12), o sangue nos portais, que poupou os primogênitos dos hebreus. Por Raab os espiões adentram a cidade desconhecida e guardada por uma muralha impenetrável...

Com licença poética e alegórica, outra mulher dá acesso ao Povo de Deus que se acerca da liturgia para viver a vida plena que Cristo

41. Buyst, O *segredo dos ritos*, cit., 122.

garantiu a todos. Seu ministério e sua produção teológica pendem como corda escarlate, por sobre a muralha de impedimentos que distanciou da liturgia o povo. Esse povo que já vive do mistério que os acompanha em suas lutas e travessias, em suas quedas e em suas realizações. Raab reconhece neles o mistério em meio às suas dores e alegrias e não hesita estender a corda escarlate de sua teologia para fazê-los adentrar, onde somente entravam os "donos" da cidade. Sua vida tornou-se um pacto em favor dos de fora: pobres, mulheres, marginalizados de toda sorte que só têm a Deus por proteção e confessam sua fé e sua confiança em Deus. Ela faz todos adentrar no grande edifício espiritual da Igreja e atuar como sujeitos da liturgia que celebram.

A obra de Ione Buyst introduziu a liturgia no cenário teológico-pastoral da Igreja no Brasil, dada a sua sensibilidade e preocupação com a iniciação à liturgia e o empenho pessoal em favor da recepção da reforma litúrgica pós-conciliar. Mas sua contribuição não foi ingênua, antes, sua pesquisa e produção estavam atualizadas e atentas ao que era produzido fora do Brasil. Além disso, amparada por estudos e pesquisas de grandes teólogos como Romano Guardini e Karl Rahner, mas também atenta às ciências humanas, como a antropologia, a pedagogia, a dramaturgia, a psicologia, pôde oferecer um contributo inédito à Ciência Litúrgica, sobretudo quando o LL, a Observação Participante e as vivências rituais são levadas em consideração. A marca de seu trabalho foi sua constante preocupação de manter aberto o acesso de suas pesquisas e de seus escritos ao Povo de Deus, pois a erudição sozinha contradiria a função iniciática da liturgia. Nossa imensa gratidão à vida e ao ministério teológico de Ione Buyst.

3. Bibliografia

ADÃO, José Alex. *História do Centro de Liturgia e suas contribuições para a Igreja no Brasil*. São Paulo: Paulus, 2008. (Cadernos de Liturgia, 14).

AMBRÓSIO DE MILÃO. Os sacramentos. In: *Antologia Litúrgica. Textos litúrgicos, patrísticos e canônicos do Primeiro Milênio*. Fátima: Secretariado Nacional de Liturgia, ²2015, 604-613.

BARONTO, Luis Eduardo Pinheiro. *Laboratório Litúrgico. Pela inteireza do ser na vivência ritual*. São Paulo: Paulinas, 2006 (Celebrar e viver a fé, 1).

BASURKO, Xabier. O *canto cristão na tradição primitiva*. São Paulo: Paulus, 2005 (Liturgia e Música, 3).

BUYST, Ione. *Celebrar com símbolos*. São Paulo: Paulinas, 2001.

_____. O *segredo dos ritos. Ritualidade e sacramentalidade da liturgia cristã*. São Paulo: Paulinas, 2011.

BUYST, Ione; FONSECA, Joaquim. *Música ritual e mistagogia*. São Paulo: Paulus, 2008 (Liturgia e Música, 7).

CELAM. *Conclusões da Conferência de Medellín – 1968. Texto Oficial: Trinta anos depois, Medellín é ainda atual?* São Paulo: Paulinas, 2010.

CIRILO DE JERUSALÉM. *Catequeses mistagógicas*. Petrópolis: Vozes, 2020 (Clássicos da Iniciação Cristã, 5).

GRILLO, Andrea. *La nascita della liturgia nel XX secolo*. Assisi: Cittadella Editrice, 2003 (Leitourgia, 2).

_____. *Para além de Pio V. A reforma litúrgica após a Traditionis Custodes*. São Paulo: Paulus, 2022 (Academia Litúrgica, 2).

GUARDINI, Romano. O ato de culto e a tarefa atual da formação litúrgica: uma carta. In: *Formação litúrgica*. Curitiba: Carpintaria, 2023, 213-227.

MALDONADO, Luis. *A ação litúrgica. Sacramento e celebração*. São Paulo: Paulus, 1998 (Liturgia e Teologia, 14).

MAZZA, Enrico. *La mistagogia. Le catechesi liturgiche della fine del quarto secolo e il loro método*. Roma: Centro Liturgico Vincenziano, ²1996 (Bibliotheca "Ephemerides Liturgicae" – "Subsidia", 46).

RAHNER, Karl. *Curso fundamental da fé*. São Paulo: Paulus, ⁴2008.

_____. Espiritualidad antigua y actual. In: *Escritos de teologia*. Madrid: Taurus Ediciones, ⁴1969, v. 7, 13-35.

REAGAN, David. *Experiência cristã das Comunidades de Base. Mistagogia*. São Paulo: Paulinas, 1995 (Teologia atual, 3).

TERTULIANO. La resurrezione della carne. In: *Tertulliano. Opere dottrinali*. Roma: Città Nuova, 2010, 249-432 (Scrittori Cristiani, 3/2.b).

Formação segundo a liturgia: o Laboratório Litúrgico

Marlon Ramos Lopes
(presbítero da Diocese de Osório, membro da Rede Celebra e membro do Centro de Liturgia Dom Clemente Isnard. Mestre em Sacra Teologia com especialização litúrgico-pastoral e Doutorando pelo Istituto di Liturgia Pastorale da Abadia de Santa Justina em Pádua, com o tema "Il laboratorio liturgico: un metodo di formazione liturgica partecipativo, popolare e integrale, adoperato in Brasile")

O Laboratório Litúrgico é um método de formação *para* a liturgia que favorece a participação integral das pessoas na ação litúrgica, de modo que mente, corpo e coração realizem juntos gestos autênticos nos atos litúrgicos. Ele se organizou a partir de 1998, pelo trabalho conjunto de Ione Buyst, Domingos Ormonde e Dorothy Lenner[1], a partir de uma insatisfação seja com o modo de celebrar, seja com o modo de ensinar liturgia: por um lado, faltava o que agora se popularizou chamar *arte de celebrar*, recaindo em verbalismo e formalismo; por outro, as aulas não conseguiam modificar a maneira como os alunos celebravam[2]. Numa sessão de Laboratório Litúrgico, "todos os elementos de uma ação ritual entram em jogo: a fidelidade à tradição consignada nos livros litúrgicos e a necessária adaptação criativa à comunidade celebrante; a relação com Deus, com a assembleia e entre

1. Cf. Buyst, Ione, *Formação litúrgica*, 28.
2. Cf. Buyst, Ione, Apresentação, in: Baronto, Luiz Eduardo Pinheiro, *Laboratório Litúrgico. Pela inteireza do ser na vivência ritual*, São Paulo, Paulinas, 2006 (Celebrar e viver a fé), 11.

os vários ministérios; a palavra e os gestos, a música, o tom de voz, o tempo e o espaço; as atitudes e os movimentos do corpo, a atividade mental, o envolvimento afetivo [...]. O fator principal: a ação; não se trata de 'falar sobre', mas de fazer"[3]. Por isso dizemos que o laboratório não é somente uma formação *para* a liturgia, mas é também uma formação *segundo* a liturgia.

A sessão do laboratório realiza-se com uma ampla variedade de sujeitos: ministros ordenados e não ordenados, candidatos a esses ministérios, catequistas e os fiéis que compõem as assembleias. É um método aberto a todos, pois a todos convém se capacitar na *arte de celebrar*, condição da *participação ativa*, ou seja, capacitar-se em colocar em cena, harmonicamente, a multiplicidade de códigos verbais e não verbais que compõem a forma ritual restaurada pela reforma conciliar, na qual os sujeitos, tornados celebrantes, realizam juntos um único ato de culto. Esse método de formação é *segundo* a liturgia, com envolvimento *da pessoa inteira em ações verbais e corporais semelhantes àquelas da celebração litúrgica*, de modo participativo, ou seja, *com* e não *para* um grupo, em coerência com a finalidade, a ação litúrgica ativamente participada.

A sessão desenvolve-se com ações verbais e não verbais de todas as pessoas presentes, orientadas por uma equipe, segundo um itinerário ao mesmo tempo *intencional* e *aberto*. A *intenção geral* das sessões é o desenvolvimento das competências celebrativas, com ênfase no não verbal, para que os gestos sejam humanamente verdadeiros e autenticamente litúrgicos; a *intenção específica* é dada pela breve sequência ritual escolhida para cada encontro. A *abertura* que caracteriza o itinerário reside no envolvimento dos participantes por meio de dramatizações de ações e na partilha das intuições ocorridos na interpretação de papéis nessas cenas. O entrelaçamento de realização,

---

3. Cf. Buyst, Ione, *Formação litúrgica*, 28.

percepção e descrição – corpo, coração e mente, ou seja, a pessoa inteira – confere ao método a qualidade de integral.

O itinerário consiste em cinco etapas, nas quais predomina a criação de ambientes onde os participantes podem, em seus tempos e com seus processos pessoais, ter intuições que nascem durante a realização concreta de ações corporais envolventes. As etapas, como organizamos, são:

a) *Relaxamento e aquecimento*, com a ativação da sensibilidade corporal dos participantes.
b) *Sensibilização e improvisação*, com o uso de técnicas adequadas que permitem a dramatização de cenas da vida cotidiana, da religiosidade e piedade popular, da Bíblia e de sequências rituais, cenas essas em que se encontram elementos não verbais presentes também na sequência ritual tematizada, os quais são vividos de modo mais intencional para descobrir sua forma mais autêntica.
c) *Experimentação ritual*, em que as mesmas técnicas dramáticas são aplicadas a uma cena específica, ou seja, à representação da sequência ritual tematizada, como uma síntese atuada das intuições ocorridas nas etapas anteriores.
d) *Conversação dos três pontos*, como uma síntese verbal de todo o encontro sobre o tema em questão;
e) *Avaliação da sessão*, como síntese verbal da sessão enquanto método formativo.

Apesar das dificuldades de ter uma formação específica sobre o Laboratório Litúrgico – tanto porque quase não há publicações sobre o assunto, quanto porque as ocasiões de contato presencial com outras pessoas que o utilizam são raras devido às distâncias –, este método é utilizado e estudado há duas décadas em nossa Diocese de Osório, com aspectos interessantes para a equipe que o promove e para quem participa. Por exemplo, há um aumento do conhecimento teórico sobre o rito, derivado do estudo dos livros litúrgicos e dos comentários sobre eles, conhecimento necessário para a elaboração dos roteiros que preservam a memória do itinerário concreto de uma sessão e que é partilhado durante ela. Esse tipo de saber, o *saber-conhecer*, é externo ao laboratório e pode ser obtido de muitos modos, por exemplo, na leitura individual e na aula expositiva. Um conhecimento desse tipo é desejável, porém insuficiente para aquilo que é o interesse principal do método laboratorial: uma competência celebrativa, um *saber-ser-capaz-de-fazer*. Com a realização atenta e guiada das ações básicas do agir simbólico, com forte investimento nos *significantes* (palavras, objetos, elementos, gestos e posturas que significam, que carregam significado), o laboratório prepara seus participantes para *viver* as ações, não apenas executá-las servilmente, e, consequentemente, *celebrar* na própria forma ritual com seus múltiplos códigos. Formam-se os celebrantes de modo semelhante à própria ação celebrativa, forma-se *segundo* a liturgia.

O desejo de oferecer uma contribuição à fascinante causa da *formação litúrgica*, etapa atual da reforma litúrgica conciliar, nos levou a sistematizar as experiências feitas, conhecer melhor as fontes de inspiração que deram origem ao método e incluir em nosso modelo teórico outras contribuições preciosas que interagem, a nosso ver, com o laboratório, aprendidas no Instituto de Liturgia Pastoral da Abadia de Santa Justina, em Pádua.

Apresentamos aqui especialmente o trabalho preparatório da sessão de laboratório, apresentando o processo de elaboração do *roteiro* que será posto em prática no encontro real com os participantes, ou seja, descrevemos como, partindo apenas do código verbal escrito presente no livro litúrgico, pode-se chegar a um esquema que, quando realizado, é capaz de ativar a sensibilidade do corpo com seus múltiplos sentidos, as recordações e pensamentos da mente e os sentimentos e emoções do coração. Nesse processo criativo preliminar, desempenham um papel importante a) o conhecimento do livro litúrgico em si,

b) uma grade de leitura adequada para passar do único código presente no livro à multiplicidade de códigos e ações que os envolvem, c) a familiaridade com a vida concretamente vivida pelos participantes e, obviamente, com a d) estrutura da sessão de laboratório.

Nosso contato inicial com o Laboratório Litúrgico foi nas Semanas de Liturgia, promovidas pelo Centro de Liturgia Dom Clemente Isnard. Nesse encontro anual com pessoas de todo o país, é aprofundado pelo menos um elemento celebrativo por meio da versão abreviada do Laboratório Litúrgico, a chamada *vivência*. Em âmbito regional, no Rio Grande do Sul fazia-se um Seminário Regional de Liturgia que ecoasse o tema da Semana de Liturgia, e as *vivências*, em pequenos grupos, eram conduzidas pelos representantes diocesanos e por outros que já viveram a experiência. O fascínio da técnica e a necessidade de familiaridade com ela nos levaram a buscar material de aprofundamento. Nesse ponto, deparamo-nos com um problema: onde encontrar esse material de pesquisa? Sendo um processo formativo experiencial, mesmo entre as pessoas que haviam participado e composto roteiros, não se encontrava quem estivesse disposto a partilhar material.

Apostando que mesmo em nossa pequena diocese se poderia fazer bom uso da técnica, como Comissão Diocesana de Liturgia, aplicamo-nos para criar roteiros, realizar formações com grupos locais e entregar o material produzido. Aos coordenadores paroquiais de liturgia – geralmente leigos –, demos também a oportunidade de encontros para consolidar a metodologia em si, mais do que os conteúdos tematizados (recortes).

A assídua participação nos encontros nacionais, a tematização da técnica dentro da Diocese, o intercâmbio com quem no âmbito regional estava mais disponível para a partilha e a realização nos Seminários Regionais nos deram um conhecimento prático cada vez mais amplo sobre os laboratórios e as *vivências*. Porém, mesmo quando se conseguia encontrar algum roteiro pronto, não se encontrava um itinerário de sua composição. Por meio de diversas versões, ao longo dos anos, por indução, elaboramos nosso percurso de perguntas capazes de nos dar como resposta um rascunho para um encontro.

É a própria Ione Buyst a reconhecer que, na sequência da pesquisa já realizada por ela e outros, abre-se um campo imenso de trabalho para quem deseja oferecer uma contribuição à formação litúrgica popular: aprofundar a prática do laboratório, formar pedagogos litúrgicos no uso da técnica e estudar suas bases teóricas[4].

1. Oferecendo uma contribuição

O Laboratório Litúrgico, como já dissemos, é uma sequência intencional e aberta, baseada na estrutura do psicodrama pedagógico. A impossibilidade de prever todas as contribuições que os participantes trarão à experiência obriga a equipe de educadores a ter claro o *objetivo* do encontro, tanto para não perder o foco com intervenções não pertinentes quanto para não perder as novidades da vida vivida que podem enriquecer a autenticidade da ação ritual tematizada. A equipe que conduz a sessão prepara-se pelo estudo dessa ação ritual e de suas fontes – a natureza e o comportamento humano, postos a serviço do encontro com Cristo em seu Mistério Pascal (cf. *Desiderio Desideravi* 42). Nesse estudo prévio, encontram-se alguns exemplos de gestos simbólicos – nas relações sociais, nas outras religiões e na piedade popular, na Sagrada Escritura e em outros momentos litúrgicos – que podem ajudar os participantes da sessão de laboratório a descobrirem a maneira mais coerente de realizar a ação ritual tematizada. O trabalho preparatório dessa equipe resultará, textualmente, no roteiro para a sessão do laboratório.

4. Cf. Buyst, Ione, Apresentação, 12.

A fonte para esse roteiro-esquema não pode ser outra coisa senão a celebração em si, visto que a *práxis* é a referência da pesquisa e do ensino de liturgia[5]. Porém, como a celebração não pode ser objeto de estudo direto, pois, diretamente, a única possibilidade é celebrar[6], para a pesquisa, o evento fundador – celebração – é tomado a partir das memórias e do seu registro escrito e normativo, os livros rituais que contêm as indicações para a celebração[7].

A legitimidade dessa abordagem da ação litúrgica é dada tanto pelo objetivo do próprio laboratório – ou seja, a autenticidade na realização dos gestos rituais – quanto pela afinidade que este tem com o teatro por meio do psicodrama e pela história dos livros litúrgicos. A originária "celebração em ato" passou ao livro litúrgico como "celebração prescrita em sua forma", e a Ciência Litúrgica, como estudo desses livros, deve realizar o movimento inverso, interpretando o livro para que se possa ter a celebração *enquanto ação*, de modo semelhante à passagem do roteiro teatral à *cena* ou da partitura à *música*, valendo-se também dos métodos hermenêuticos desenvolvidos nesses campos[8].

Ir ao livro litúrgico não garante um modo de celebrar com as qualidades da *arte de celebrar*. Há um tipo de leitura, estudo e aprendizado da liturgia que não interfere no modo de celebrar e gera aquela insatisfação que levou à criação do Laboratório Litúrgico, conforme Ione[9]. O perfil de *evento celebrativo* da liturgia exige uma leitura

---

5. Cf. Maggiani, Silvano, Epistemologia liturgica: come studiare l'azione liturgica?, in: Carr, Ephrem (org.), *Liturgia opus Trinitatis. Epistemologia liturgica*, Roma, Centro Studi S. Anselmo, 2002 (Studia Anselmiana. Analecta liturgica, 24), 174.
6. Cf. ibidem, 159.
7. Cf. ibidem, 159-160.
8. Cf. Girardi, Luigi, L'ermeneutica dei libri liturgici e la comprensione del sacramento, in: Ubbiali, Sergio (org.), *La forma rituale del sacramento. Scienza liturgica e teologia sacramentaria in dialogo*, Roma, CLV – Ed. Liturgiche, 2011 (BEL. Subsidia. Studi di Liturgia. Nuova serie, 53), 215.
9. Cf. Buyst, Ione, Apresentação, 11.

interpretativa adequada a ele, um *horizonte hermenêutico* onde se reconhece que a celebração é uma *ação* e, portanto, substancialmente diferente da documentação escrita, que é apenas sua descrição normativa[10].

Existem interpretações do Modelo da prática, ou seja, do *Ordo* presente no livro litúrgico, que valorizam unicamente ou principalmente os textos a serem lidos e nos entregam ou reafirmam apenas conteúdos teológicos, negligenciando o modo de operar propriamente litúrgico, aquele dinamismo unitário do agir simbólico-ritual. Um horizonte de interpretação tão estreito mostra-se insuficiente para a leitura do livro litúrgico. Essa leitura deve rastrear a dinâmica ritual na articulação das ações verbais e não verbais e no envolvimento das pessoas (os ministros ordenados, outras ministerialidades, a assembleia inteira)[11]. Podemos reafirmar essa insuficiência lembrando que, para a revisão de cada parte da liturgia, o Concílio Vaticano II recomendou uma "acurada investigação teológica, histórica e pastoral" (*Sacrosanctum Concilium* 23), e, para isso, deve-se utilizar dinamicamente a mesma tripla abordagem na leitura e interpretação dos livros que reúnem os trabalhos da reforma litúrgica[12]: a pesquisa histórica busca a complexidade semântica do culto cristão; a pesquisa teológica coloca a verdade dos ritos, que têm a fé como condição e a sacramentalidade como estrutura; a instância pastoral ocupa-se da celebração em ato – do *como* se deve celebrar – e de sua relação com quem celebra e reza[13].

Demonstrar como o estudo do livro litúrgico é aproveitado na elaboração do roteiro para o encontro de Laboratório Litúrgico é nossa principal contribuição à equipe que se ocupa tanto de elaborar os roteiros das sessões de Laboratório Litúrgico quanto de colocá-los em prática com um grupo de participantes. Ela é nossa resposta à

10. Cf. Girardi, op. cit., 217.
11. Cf. ibidem, 223.
12. Cf. Maggiani, op. cit., 161.
13. Cf. ibidem, 166.

falta de um "roteiro para criar roteiros", uma carência que dificulta a difusão da técnica, apesar do fascínio que exerce sobre quem participa de uma sessão e dos benefícios que dela derivam para as comunidades em termos de *arte de celebrar* e *participação ativa*.

Entre os vários modos de ler intencionalmente essa obra, ou seja, o livro litúrgico, nossa escolha recaiu sobre a *leitura simbólico-funcional*[14], pois a consideramos a mais adequada para passar do único código presente no livro à multiplicidade de códigos e ações que compõem cada uma das sequências rituais da celebração. A grade interpretativa da leitura simbólico-funcional aplicada a uma sequência ritual é provocação e ocasião de aprofundamento teórico da equipe sobre ela, fazendo sublinhar sua estrutura celebrativa, as indicações de tempo e espaço, os atores, os códigos comunicativos não verbais e os atos de linguagem.

Essa análise das componentes da sequência ritual permite à equipe compreender a natureza limitada da apresentação escrita do livro ritual – ou seja, ter uma palavra após a outra, mesmo quando, durante a realização, as ações devem ser feitas simultaneamente – e abre, para muitos de seus elementos, a exploração de variantes no

---

14. Veja-se Lopes, Marlon Ramos, Pastoral Litúrgica como atenção ao humano concreto e à formação segundo a liturgia, para a liturgia e pela liturgia (II), *Revista de Liturgia* 302 (mar.-abr. 2004) 16-18. Desconheço bibliografia em língua portuguesa sobre a leitura simbólico-funcional. Eis a indicação de obras que a sistematizam ou aplicam o método a alguma sequência ritual. Lopes, Marlon Ramos, *Il laboratorio liturgico. Un metodo di formazione liturgica partecipativo, popolare e integrale, adoperato in Brasile*, Pádova, s.n., 2019, 69-84; Maggiani, Silvano, Epistemologia liturgica: come studiare l'azione liturgica?, in: Carr, Ephrem (org.), *Liturgia opus Trinitatis. Epistemologia liturgica*, Roma, Centro Studi S. Anselmo, 2002 (Studia Anselmiana. Analecta liturgica, 24), 153-186; Maggiani, Silvano, Interpretare il libro liturgico, in: *Il mistero celebrato. Per una metodologia dello studio della liturgia*, Roma, CLV – Ed. Liturgiche, 1989 (BEL. Subsidia. Studi di Liturgia. Nuova serie, 19), 157-192; Maggiani, Silvano, Il rito della presentazione dei doni e i riti di comunione, in: Giraudo, Cesare (org.), *Il Messale Romano. Tradizione, traduzione, adattamento*, Roma, CLV – Ed. Liturgiche, 2003 (BEL. Subsidia. Studi di Liturgia. Nuova serie, 44), 223-269.

eixo associativo. O primeiro passo diretamente voltado à elaboração do roteiro do laboratório – e também o primeiro talento a ser desenvolvido na busca da autenticidade dos gestos por meio dessa metodologia – é justamente estabelecer redes associativas que, partindo dos elementos rituais nomeados no Modelo da Prática, interceptam ou tangenciam a vida ordinária, a religiosidade popular, a piedade popular, os relatos bíblicos e outras sequências rituais.

O roteiro é, no fim, um novo texto a ser posto em prática. Em sua materialidade, frequentemente não ultrapassa uma única lauda de uma folha de papel, mas reúne horas de pesquisa, discussão e experimentação por parte da equipe. Como esquema sintético e resumido, com poucas linhas, permite à equipe que o preparou – ou a outra equipe com experiência em sessões de Laboratório Litúrgico – conduzir um grupo na realização, em local adequado, dos passos desse itinerário rumo à *arte de celebrar*.

Consideramos o Laboratório Litúrgico um instrumento válido para obter uma "iniciação à arte de celebrar, no sentido de começo, *initia*, tendo em vista uma globalidade ritual – dizíamos uma direção em três dimensões –: o espaço, o tempo e o corpo vivido"[15]. O laboratório prepara os participantes para o agir litúrgico ensinando-os a "ligar o mundo conhecido dos fenômenos perceptíveis sensorialmente ao mundo desconhecido suprassensível, invisível, mediante a ação, o movimento; uma cena que manifesta o inefável enquanto os corpos e as coisas se compõem com atos de linguagem particulares, papéis, estados ou modalidades de ser do indivíduo e do grupo"[16].

Para alcançar esse objetivo, porém, o roteiro deve ser posto em prática. Assim como acontece com a partitura musical, com os textos

15. Maggiani, Silvano, Corpo Spazio Tempo: celebrare a tre dimensioni, in: *L'arte del celebrare*, Roma, CLV – Ed. Liturgiche, 1999 (BEL. Subsidia. Studi di Liturgia. Nuova serie, 37), 64.
16. Ibidem.

teatrais e com os livros litúrgicos[17] que, sozinhos, não são nem música, nem espetáculo, nem celebração, mas apenas uma transcrição, um projeto ou um testemunho de/para uma práxis, o mesmo vale para o esquema do encontro laboratorial: a plenitude de seu valor manifesta-se quando um grupo se reúne para viver uma experiência.

Com pessoas formadas segundo a liturgia – isto é, com envolvimento da pessoa inteira (corpo, mente e coração) em ações verbais e corporais semelhantes àquelas da celebração litúrgica – para a participação nela, avança-se na direção da meta da reforma litúrgica conciliar, pois liturgia e vida encontram-se, então, não por uma artificial ou casual justaposição dos textos e dos tempos litúrgicos com os fatos recentes da crônica, mas encontram-se nas pessoas humanas concretas que participam, com tudo o que são, da mesma ação litúrgica. Liturgia e vida tem seu lugar de encontro, então, nas pessoas que vão sendo formadas pela própria liturgia que celebram. Seguramente, essa formação segundo a liturgia não teria se desenvolvido como método sem a pessoa de Ione Buyst, sua história, suas leituras, suas intuições.

17. Cf. Girardi, op. cit., 221.

O lugar de Ione na comissão litúrgica da CNBB

Dom Edmar Peron
(bispo emérito da Diocese de Paranaguá, Paraná)

Sinto-me feliz por estar entre as pessoas que puderam conhecer Ione Buyst ou, simplesmente, a Ione, como carinhosamente a chamamos. Participei muitas vezes de encontros com ela e sempre fiquei admirado com a sabedoria e a grande paixão com que ela falava de liturgia. Uma liturgia sempre ligada ao mistério, à valorização dos ritos e à vida concreta das pessoas, especialmente os pobres e marginalizados.

Sua voz foi sempre como a de João Batista, profética a partir do deserto, do essencial, e, como todos os profetas autênticos, ela incomodou, especialmente porque, para falar de liturgia, falava do Reino, isto é, do evangelho e do Vaticano II. A oposição ao Vaticano II e suas aberturas, na prática, tornava-se oposição a ela. Além disso, ela sempre tocava pontos limites, como a situação da mulher na Igreja e sua participação efetiva quanto às decisões e aos ministérios. Radical? Sim, aquela radicalidade dos discípulos missionários, fundamentada na tradição da Igreja, no Concílio Vaticano II e nos documentos das conferências latino-americanas, radicalidade que convocava a ir além do já alcançado, conseguido, compreendido, celebrado.

A respeito da temática – o lugar da Ione na Comissão Litúrgica da Conferência Nacional dos Bispos do Brasil, CNBB, e na Associação Brasileira de Liturgistas, Asli –, decidi refletir sobre o porquê (na minha opinião) de ela ter sido escolhida para integrar a Comissão da CNBB;

esses motivos, consequentemente, asseguram a importância de sua participação na Asli. Por isso, com grande respeito, ousei elencar e, brevemente, fundamentar algumas dessas características.

1. Pesquisadora apaixonada

A liturgia requer harmonia entre reflexão e prática. O Papa Francisco recentemente nos apresentou essa dupla perspectiva: estudar liturgia e deixar-se formar pela participação nela (DD 38-41)[1]. Uma liturgia sem fundamentos claros também forma, infelizmente, deformando. Para Ione, a participação na liturgia supõe a teoria, a reflexão sobre a celebração ou algum de seus ritos; nesse caso, a teoria precede a ação litúrgica. Porém, "do ponto de vista da prática, esta é anterior à teoria". Uma comunidade se reúne e celebra; somente depois, terminada a celebração, alguns dos irmãos podem sistematizar o que perceberam da celebração e, consequentemente, modificar o jeito de celebrar. "Uma boa prática necessita de uma boa teoria: só somos capazes de modificar a prática se entendermos o que estamos fazendo, se percebermos o sentido não só para nós, mas para todos os participantes daquilo que estamos celebrando, no contexto eclesial e social. Nesse sentido, teoria e prática são inseparáveis"[2]. Contudo, a prática celebrativa tem a primazia em relação à teologia litúrgica (SC 38)[3]. Sempre se preocupou com o sentido dos ritos e sua expressão humana, que envolve a pessoa e se expressa pelo seu corpo: a expressão facial, o olhar, as mãos, a postura do corpo… "Priorizo a ação,

1. Francisco, *Desiderio Desideravi. Carta apostólica sobre a formação litúrgica do Povo de Deus* (29 jun. 2022).
2. Buyst, I., Relatório deste primeiro momento, in: Centro de Liturgia, *Curso de especialização em Liturgia. Uma experiência universitária significativa*, São Paulo, Paulus, 1995 (Cadernos de Liturgia, 4), 20-21.
3. *Sacrosanctum Concilium. Constituição sobre a Sagrada Liturgia* (4 dez. 1963).

a ação simbólico-ritual, feita com o corpo. A realidade espiritual passa pelo corpo, pelos sentidos. Os sacramentos, assim como toda a liturgia, são feitos de sinais sensíveis (cf. SC 7)"[4].

2. Valorização dos diferentes ministérios

"As ações litúrgicas não são ações privadas, mas celebrações da Igreja, que é 'sacramento da unidade' [...]; pertencem a todo o Corpo da Igreja e o manifestam e afetam" (SC 26). Por força do batismo, todo o povo é celebrante, no Espírito, do Mistério Pascal de Jesus Cristo. Por isso, antes dos diferentes ministérios, a própria assembleia exerce um ministério litúrgico: por Cristo, com Cristo e em Cristo, dando graças, se oferece a si mesma ao Pai ao oferecer o sacrifício eucarístico, não somente pelas mãos do ministro ordenado que a preside, mas juntamente com ele (SC 48)[5].

Inspirada por essa teologia litúrgica da *Sacrosanctum Concilium* – o que certamente lhe garantiu um lugar na Comissão de Liturgia da CNBB –, Ione afirma que os ministérios litúrgicos estão sempre a serviço da assembleia reunida em nome do Senhor, que aclama feliz: "Bendito seja Deus, que nos reuniu no amor de Cristo". Desse modo, os que exercem ministérios são "irmãos servindo irmãos", pois somos um povo ministerial[6]. Quem exerce um ministério específico como o da presidência, da leitura da Palavra preside ou do canto litúrgico, todos são, antes de tudo, membros de uma assembleia celebrante,

4. Buyst, I., *A missa. Memória de Jesus no coração da vida*, Petrópolis, Vozes, 1997 (Equipe de Liturgia, 4). 11.
5. Buyst, I., "Ministérios litúrgicos leigos" na renovação litúrgica do Concílio Vaticano II, in: Centro de Liturgia, *Ministérios litúrgicos leigos nas comunidades. Avanços e problemática*, São Paulo, Paulus, 1999 (Cadernos de Liturgia, 5), 26-27.
6. Buyst, I., *Mística e liturgia. Beba da fonte*, São Paulo, Paulinas, 2006 (Rede Celebra, 8), 26.

"raça escolhida, sacerdócio régio, nação santa" (Prefácio dos Domingos do Tempo Comum I)[7], povo pertencente a Deus para anunciar por toda parte os seus grandes feitos (1Pd 2,9-10). Destaque-se o grande número de mulheres que forma nossas assembleias litúrgicas e exerce um ministério específico. "Na assembleia litúrgica, o trabalho dos ministérios litúrgicos em conjunto torna-se sinal e antecipação do Reino[8]."

3. Espírito contemplativo[9]

Sempre me chamou a atenção a maneira como a Ione participa da liturgia: serena, compenetrada, atenta, feliz; o silêncio era perceptível pelo modo "inteiro" de ela estar presente na ação litúrgica: "O nosso coração está em Deus"; uma "constante atenção orante". Essa atitude contemplativa não se improvisa, não surgiu de repente em sua vida, mas foi cultivada e alimentada ao longo dos anos. Isso ela expressou de diferentes maneiras: nas rodas de conversa; em conferências, como aquelas preciosas participações nas Semanas de Liturgia; nos Encontros da Rede Celebra; em cursos e, de modo sistemático, nos seus escritos.

"Espiritualidade diz respeito à vida espiritual." Àquela vida no Espírito de Jesus Cristo. É o Espírito que "acende em nós o amor, a paixão por Jesus Cristo e nos leva a pautar toda a nossa vida pela intimidade com ele". Isso requer conversão, isto é, mudança de vida sustentada por "opções bem concretas, escolhas e renúncias" a fim

---

7. *Missal Romano reformado por decreto do Concílio Ecumênico Vaticano II e promulgado por autoridade de S. S. o Papa Paulo VI e revisto por S. S. o Papa João Paulo II, tradução portuguesa da terceira edição típica realizada e publicada pela Conferência dos Bispos do Brasil com acréscimos aprovados pela Santa Sé*, Brasília, Edições CNBB, 2023.
8. Buyst, I., *Equipe de liturgia*, São Paulo, Paulinas, 2006, 91.
9. Citações da bibliografia citada acima, *Mística e liturgia. Beba da fonte.*

de que se manifeste em nós a vida no Espírito, como expressa o Apóstolo na sua carta aos Gálatas (5,19-23) (15-16). Essa espiritualidade é litúrgica e, por isso, essencialmente comunitária. "Com as 'antenas' do Espírito ligadas e com as Sagradas Escrituras como ponto de referência, a comunidade reconhece a presença escondida de Deus, a atuação do Ressuscitado e de seu Espírito transformador em nossa vida, em nosso mundo, em meio às contradições, em meio às idas e voltas da história" (21).

Creio que o grande "segredo" dessa atitude contemplativa da Ione tenha sido o amor ao silêncio: um *silêncio de atenção* (capaz de cessar nossa "agitação exterior" bem como nossa "tagarelice interior"); um *silêncio que permeia* a Palavra proclamada e a ação ritual sendo executada; um *silêncio de comunhão, de intimidade* que se segue à escuta da Palavra e a ação ritual (47-48). No dizer do Papa Francisco: "Entre os gestos rituais que pertencem a toda a assembleia, o silêncio ocupa um lugar de importância absoluta. Várias vezes é expressamente prescrito nas rubricas: toda a celebração eucarística é imersa no silêncio que precede o seu início e marca cada instante do seu desenvolvimento ritual [...]. O silêncio litúrgico é muito mais: é o símbolo da presença e da ação do Espírito Santo que anima toda a ação celebrativa" (DD 52).

4. Imbuída do espírito do Vaticano II: chegar ao mistério por meio dos ritos

A Tradição da Igreja, pela voz de São Leão Magno, ensina: "Tudo o que era visível na vida de nosso Redentor passou para os mistérios", isto é, a ação litúrgica de sua Igreja, os "sinais sensíveis" dos ritos sacramentais. Essa compreensão teológica foi reafirmada pelo Papa Francisco: "Iluminada pelo Espírito Santo, a Igreja entendeu desde o primeiro instante que aquilo que era visível de Jesus, aquilo que se podia ver com os olhos e tocar com as mãos, as suas palavras e os seus gestos, o caráter concreto do Verbo encarnado, tudo d'Ele tinha passado para a celebração dos sacramentos" (DD 9).

Imbuída dessa tradição assumida pelo Concílio Vaticano II, tendo escrito[10] muito a respeito da importância do simbólico para mergulhar no mistério divino, Ione explicou-a com uma linguagem clara e de maneira sintética: "Cada gesto, cada sinal deve ser percebido, acolhido, vivido com todo o nosso ser. E, por se tratar de *ritos* [...], temos de ver além daquilo que nossos olhos percebem, ouvir além daquilo que nossos ouvidos ouvem, sentir além daquilo que nossas mãos apalpam [...], descobrir, perceber [...] o segredo escondido na ação ritual, ou seja, o mistério que nela se comunica conosco e quer nos atingir, nos transformar"[11]. Dessa forma, conclui Ione, Deus nos torna participantes de sua própria vida pela nossa participação na ação ritual: pelos ritos e preces chegamos ao mistério (SC 48).

Portanto, por uma experiência – e não por uma compreensão intelectual, psicológica, sentimental –, "Deus nos atinge, nos toca, nos faz mergulhar em seu mistério, nos transforma [...] por meio da liturgia enquanto ação ritual" (53).

5. A questão da mulher: atenção constante

Um texto, citado por Ione, ajuda a compreender como estavam as coisas – oficialmente falando – em relação às mulheres, às portas do Concílio Vaticano II: "As mulheres, porém, jamais podem desempenhar o ofício de comentador; permite-se, unicamente, que, em caso de necessidade, uma mulher como que dirija o canto ou as orações

10. Sobre essa temática, pode-se recordar, por exemplo: *Celebrar com símbolos*, São Paulo, Paulinas, 2001; e *O segredo dos ritos. Ritualidade e sacramentalidade da liturgia cristã*, São Paulo, Paulinas, 2011.

11. Buyst, I. *Participar da liturgia*, São Paulo, Paulinas, 2012 (Rede Celebra, 10), 54.

dos fiéis" (96a)[12]. Tais textos ajudam a tomar consciência da realidade, sem disfarçar "a discriminação sexual pouco evangélica e, humanamente falando, pouco madura que expressam". Como era difícil admitir uma mulher no exercício de um ministério litúrgico!

"Graças a Deus – continua Ione –, o Espírito não se deixa intimidar pelas leis eclesiais e está levando as mulheres, e com elas toda a Igreja, a uma prática diferente, que depois acaba sendo reconhecida, embora tardiamente, nos textos oficiais"[13].

12. Sagrada Congregação dos Ritos, *Instrução sobre a música sacra e a sagrada liturgia*, Petrópolis, Vozes, 1958.
13. Buyst, I., "Ministérios litúrgicos leigos" na renovação litúrgica do Concílio Vaticano II, cit., 28.

Presença e ação de Ione no Centro de Liturgia Dom Clemente Isnard

Elza Helena de Abreu
(membro do Centro de Liturgia Dom Clemente Isnard)

"Demos graças ao Senhor, nosso Deus, por tudo aquilo que ele nos fez!"
(cf. Sl 135[136])

Em primeiro lugar, uno a minha voz com a de todos que conhecemos, convivemos e fomos alunos e alunas, formandos e formandas de Ione. Ela foi e continua a ser para nós mestra excepcional e testemunho de uma vida inteiramente consagrada à vivência, à pesquisa, ao ensino e às publicações a serviço da vida litúrgica da Igreja. Seu tempo não lhe pertencia. Dedicou-o integralmente à criação, organização e dinamização de instituições e grupos que, em meio a desafios, continuam a crescer e a caminhar juntos e em redes, sempre a serviço da Sagrada Liturgia e da sua contínua renovação e inculturação. Em fraterna comunhão com nossos irmãos e irmãs de caminhada, Ione, receba também minha profunda e perene gratidão!

Senti-me profundamente honrada e surpresa com o convite para dar um depoimento "sobre o lugar que a Ione ocupou no Centro de Liturgia". Para começar, devo dizer que o lugar da Ione Buyst no Centro de Liturgia Dom Clemente Isnard não é apenas um fato do passado. Razões não faltam para afirmar que ela foi e continua sendo uma presença inspiradora e uma referência permanente para nós, que herdamos especialmente dela, do Pe. Gregório Lutz e do Pe. Marcelino Sivinski a desafiadora e vital missão do Centro de Liturgia, um centro de formação, estudos e pesquisas a serviço da contínua renovação e inculturação da vida litúrgica da Igreja no Brasil.

De fato, a presença e a ação de Ione no Centro perduram porque ali, especialmente desde 1986, ela desenvolveu raízes profundas e férteis como competente e incansável pesquisadora e produtora de Ciência Litúrgica, e se tornou uma fecunda mestra em obras e palavras. Desde então, seu trabalho em prol da Liturgia e da Igreja no Brasil e na América Latina tem sido de inegável importância.

Para avaliar o alcance de tal afirmação, é importante ter presente o contexto originário do seu trabalho e missão. Ela esteve engajada na linha de frente da resposta a um problema eclesial de proporções preocupantes, constatados nos encontros anuais dos professores de liturgia do Brasil, iniciados em 1981, dos quais participou. Com efeito, naquela época, desenvolvia-se uma aguda percepção do déficit de formação litúrgica dos presbíteros e de outros agentes de Pastoral Litúrgica, e de que a condição imprescindível para a renovação da liturgia era a formação litúrgica. Uma formação teológico-litúrgica acadêmica bem fundamentada e atualizada, e estendida a todas as instâncias da vida da Igreja, no sentido e no espírito do Concílio Vaticano II e das Conferências do Episcopado Latino-Americano de Medellín e Puebla.

A partir dessa constatação, e imbuída de um profundo espírito litúrgico, Ione entregou-se com extraordinário empenho e zelo à formação litúrgica do povo brasileiro, participando da criação, organização e atividades do Centro de Liturgia, que influenciou e mudou o rosto da liturgia celebrada no Brasil. Fui sua aluna numa das primeiras turmas do Curso de Pós-Graduação (1989-1990) da Pontifícia Faculdade de Teologia Nossa Senhora da Assunção, juntamente com Ir. Penha Carpanedo (PDDM) e, entre outros colegas, o Pe. Fernando Panico (MSC), atualmente Bispo Emérito da Diocese de Crato (CE). Desde então, tornei-me também sua discípula, amiga, admiradora e, desde 2003 até sua partida, colega no Centro de Liturgia. Até hoje sinto que fui brindada com a graça de observar características de alto nível da Ione e de assimilar ensinamentos e experiências de imensurável valor.

Unindo mente e coração quc abraçavam toda a realidade circundante, bem como as distantes, o seu olhar estava sempre atento, interpretativo e propositivo. A sua pessoa como um todo, vivendo uma paixão lúcida e profunda pela Igreja encarnada na vida, especialmente a das comunidades mais pobres e desatendidas, e em colaboração com colegas e formandos, entregava-se de corpo e alma, com inovação e criatividade, ao compromisso da renovação litúrgica proposta pelo Concílio Vaticano II.

O seu engajamento eclesial-litúrgico e a sua permanente atividade como pesquisadora alimentavam nela a mestra talentosa e inovadora, impregnada de espiritualidade litúrgica, capaz de caminhar junto com os colegas e formandos, em permanente diálogo aberto, crítico e construtivo, comprometida com a atribuição específica do Centro de Liturgia: a *formação litúrgico-acadêmica a serviço da pastoral*. De fato, e indiscutivelmente, Ione foi e continua sendo uma referência original e fecunda no Centro de Liturgia, que no pensamento do Pe. Gregório Lutz e nas palavras do seu discípulo José Alex Adão, é o "centro da formação para a renovação e a inculturação litúrgica no Brasil".

Olhando mais de perto, entre as muitas recordações que me vêm à mente, e que podem ilustrar o seu estar a serviço no e por meio do Centro de Liturgia, destaco uma delas, que é a porta estratégica para entrar no que foi e sempre será sua atribuição: a formação litúrgica a serviço da pastoral. Como uma metódica e fiel pesquisadora, aderente ao chão da realidade das comunidades do nosso extenso país, – sempre diversas nos seus contextos, valores, necessidades e anseios –, e das instituições ali presentes, *seu caderno de anotações* a acompanhava nas suas andanças, nos encontros e nas atividades formativas e celebrativas.

Com o frescor das liturgias, dos encontros e das reflexões que brotavam do chão da vida das comunidades locais, com suas formas culturais autóctones, e dos grandes encontros regionais e nacionais, seu caderno acumulava observações, destaques, avaliações, descobertas, opções... Ele era seu primeiro e fiel confidente. Quem não se lembra da Ione com seu caderno de anotações durante as Semanas de Liturgia, uma das atividades de formação fundamentais do Centro? Ali ela registrava a sua "observação participante", que originava reflexões, aprofundamentos, pesquisas nas fontes do saber teológico-litúrgicos e dos estudos interdisciplinares contemporâneos, partilhas e debates, também conosco nas reuniões do Centro, a serviço da liturgia como expressão de uma Igreja a serviço do Reino de Deus na sociedade contemporânea. Uma liturgia cume e fonte de toda a vida da Igreja (cf. SC 10), epifania do "mundo que há de vir". Esse recurso pedagógico utilizado por ela, essa atividade metódica, humilde e trabalhosa, e sua atitude de serva fiel e vigilante, caracterizam muito bem um dos traços fundamentais da Ione, pesquisadora-formadora.

Este é também o momento oportuno para destacar o *leitmotiv*, a ideia-força capaz de gerar mudanças, que aparece constantemente na obra do Centro de Liturgia, e que encontrou na Ione, no Pe. Gregório e no Marcelino Sivinski suas principais expressões: "A chave para a renovação litúrgica está na *formação*". Na sua memorável publicação *Formação litúrgica. Memória pessoal. Centro de Liturgia, 1985-2006*, na página 18, Ione explicita bem a razão da ideia motriz dos fundadores, assumida pelos novos membros do Centro: "Para introduzir mudanças na liturgia, não bastam documentos; é preciso desencadear um processo pedagógico-pastoral, com metas, diretrizes, plano de ação e capacitação de agentes. Trata-se de integrar realidade, reflexão e ação; fé e vida; realidade e revelação (expressa nas Escrituras, na Tradição da Igreja, nos valores da fé cristã), técnica e espiritualidade".

Por sua excelência histórica, teórica e prática, sugiro aos leitores a retomada da leitura e da reflexão pessoal e em grupo da mencionada publicação. No entanto, considero essencial destacar dois espaços hermenêuticos mencionados por Ione, que se alimentam mutuamente no processo formativo e que ajudam a superar o fosso entre teoria e prática: de um lado, as questões levantadas a partir da prática pastoral alimentam a pesquisa e o aprofundamento teórico e, de outro lado, estes enriquecem e fazem avançar a prática pastoral[1].

Dentre os caminhos percorridos na elaboração e aplicação de uma metodologia e pedagogia adequadas ao objetivo proposto, Ione se destacou como uma pioneira criativa e seriamente comprometida, agregadora de competentes profissionais de diversas áreas do conhecimento, capazes de colaborar com os princípios da Ciência Litúrgica próprios para a América Latina, ciente de que uma boa teoria é capaz de gerar, acompanhar e avaliar práticas litúrgicas, ligando "liturgia e vida". No "processo" de formação litúrgica, foram múltiplas as descobertas e experiências bem-sucedidas com acento na *metodologia* e não tanto nos conteúdos, o que não dispensa a necessidade permanente de aprofundar os pressupostos teológicos do método de formação na ação.

Entre as modalidades metodológicas e técnicas desenvolvidas e aplicadas pelo Centro de Liturgia, não podemos deixar de mencionar com destaque a técnica de máximo valor pedagógico, a do Laboratório Litúrgico, criado em 1988, como recurso fundamental na formação litúrgica de responsáveis pelas práticas rituais das comunidades cristãs. Na base da criação dessa técnica estava a constatação da dificuldade para os professores do Curso de Atualização de levar a uma mudança na maneira dos alunos celebrarem. A insatisfação e inquietação geraram a busca, que levou à criação de um "Curso de Conscientização do Corpo na Liturgia", assumido por uma equipe interdisciplinar: por Ione, Dorothy Lenner e Domingos Ormonde. Desse curso, do qual

1. Cf. Buyst, Ione, *Formação litúrgica. Memória pessoal*, 19.

pude participar, como outros, com surpreendentes *insights*, profundidade, entrega e proveito, foi nascendo aos poucos a técnica por excelência da formação litúrgica: o Laboratório Litúrgico.

Na publicação já mencionada, Ione descreve o duplo objetivo a ser contemplado integralmente na sua aplicação:

> 1) vivenciar a unidade entre o gesto ritual, o sentido teológico-litúrgico, a atitude espiritual (que, na prática, fomos chamando de "os três pontos"), para encontrarmos o caminho de uma participação litúrgica que seja não somente ativa, mas ainda plena e frutuosa, profunda e unificada, exterior e interior ao mesmo tempo, pessoal e comunitária, autêntica; 2) exercitar a criatividade, buscando a melhor expressão possível, de cada rito ou subdivisão de um rito, dentro da cultura e do momento histórico de uma comunidade celebrante[2].

A falta de dirigentes adequadamente preparados levou à criação de outro recurso pedagógico mais acessível, as "vivências", que de forma simplificada derivam do Laboratório Litúrgico. A liturgia é essencialmente *ação ritual*. Também as vivências celebrativas são procedimentos restauradores da vivência integral do ser na ação litúrgica. Num clima de interioridade e concentração, seu objetivo "é a busca da inteireza do ser na execução do recorte (de um rito), na expressão do mistério celebrado e conhecimento mais profundo do mesmo, 'como se fosse' numa celebração de verdade"[3]. Atualmente, um desafio e compromisso fundamental dos membros do Centro de Liturgia é retomar o estudo e o trabalho com Laboratório Litúrgico e vivências, e capacitar agentes para o uso dos mesmos.

Por fim, concluo este sucinto depoimento expressando a nossa imensa gratidão a Ione por suas *numerosas publicações*, nas quais

2. Ibidem, 28.
3. Ibidem, 30.

comunica com generosa maestria e competência pedagógica a indispensável iniciação e aprofundamento teológico da liturgia, para que, mediante uma competente formação litúrgica, engajados(as) na vida e missão da Igreja, e levando em conta as sensibilidades e diversidades culturais, possamos contribuir para o avanço da renovação litúrgica conciliar na perspectiva da Igreja na América Latina.

O processo no qual todos se tornam sujeitos e agentes da ação litúrgico-formativa nunca acaba. Você, Ione, continua e sempre continuará ativamente presente no meio de nós, em terras brasileiras, latino-americanas e outras mais. Sua voz e seu testemunho lúcido e orante nos alcançam e ativam nossa missão por meio de seus numerosos livros, artigos de revista, impressos e também, por que não dizê-lo, por meio de outras publicações e rodas de estudo e de conversa de seus ex-alunos, formandos e companheiros de trabalho e de caminhada, amantes de uma liturgia mais afetiva e orante, simbólica e inculturada, sempre mistagógica e profética.

Grata por continuar conosco, Ione! Tendo presente o seu exemplo, trocando experiências, preocupações e sonhos, estudando e avançando na Ciência Litúrgica, o Centro de Liturgia e a Rede Celebra continuarão a ser espaços privilegiados de formação litúrgica. Entre nós, a sua memória e o seu compromisso, mesmo em meio a dificuldades, permanecerão vivos e fortes, ao serviço da transformação pascal de toda a realidade, por meio de um jeito latino e brasileiro de celebrar o mistério de Cristo.

A pertença de Ione à comunidade das Oblatas de São Bento

Maria Cristina Bove Roletti
(Fraternidade das Oblatas de São Bento)

Quando Ione completou 80 anos, não quis festa. Enquanto nos perguntávamos como celebrar, ela achou o caminho. Trouxe para nosso encontro o desenho da árvore de sua vida e nela foi inserindo suas lembranças, fotos, escritos, muitos retalhos de uma vida expressada no compromisso, com raízes profundas em Deus e no compromisso com os pobres. Lembro esse dia como uma manhã bonita, alegre e descontraída. Estava apenas o pequeno grupo da Fraternidade com quem partilhou sua vida durante quarenta anos. E foi essa árvore que ela utilizou depois como símbolo de sua autobiografia, quando descreve: "Tornar-se como uma árvore: copa bem ampla, com galhos, flores e frutas; ocupar na vida um espaço largo e vasto, salvífico; ter raízes profundas, tão amplas quanto a copa, em Deus; beber, alimentar-se, adquirir força e fecundidade".

Nós nos conhecemos em 1984. Creio que uma identificação monástica nos atraiu e fez criar laços fraternos, sólidos e duradouros. Conversamos a noite inteira. Ela havia conhecido nossa história a partir do livro que conta a história da Fraternidade das Oblatas de São Bento. Quis saber detalhes do início do grupo das jovens profissionais uruguaias que, com o desejo de viver em comunidade, entrelaçaram a espiritualidade proposta por São Bento com a inserção no mundo dos pobres. Comentamos sobre a imersão nos primeiros anos de vida na periferia de São Paulo, o trabalho nas fábricas e o espaço de convivência e oração com os vizinhos, vividos na horizontalidade e solidariedade; a descoberta do mundo dos que vivem à margem da sociedade: homens, mulheres e crianças sem teto, sem saúde, sem trabalho, sem comida, sem proteção, expostos a violência e à negligência do Estado.

Alguns anos depois, Ione passou a fazer parte das reuniões da Fraternidade. Nós nos encontrávamos pelo menos 4 a 5 vezes por ano, mas os telefonemas eram semanais. E, após a morte da Suely, amiga e companheira de trabalho e vida, em 2017, passei a acompanhar seu dia a dia pelo telefone.

A Fraternidade trazia na sua história o desenvolvimento do trabalho social e da liturgia, que se intensificou, ganhou conhecimento e abrangência com a presença da Ione. Participando da nossa vida interna, ela assumiu nosso jeito de viver e partilhar a vida, sendo presença ativa e solidária. Sua paixão pela liturgia fortaleceu a caminhada, seja pelas ricas preparações litúrgicas, seja pelo repasse de textos e/ou partilhas de seu conhecimento. Vivenciou conosco essa mística comunitária que foi se ampliando, não somente para o povo da rua e os catadores de material reciclável, como também para o grupo de agentes da Casa das Mangueiras e da Pastoral do Povo da Rua que criaram, juntos, os Amigos de São Bento. Essa caminhada criou raízes em cada um/a de nós e tornou-se poço insaciável que alimenta até hoje laços de amizade profunda e de espiritualidade engajada na luta pascal da vida e morte de um povo que sobrevive à exclusão imposta pela sociedade.

Penso na Ione, essa árvore frondosa, que semeou conhecimento e uma paixão profunda pela liturgia. Eu me lembro de uma lenda chinesa que diz que amizades verdadeiras são como árvores de raízes profundas que nenhuma tempestade consegue arrancar. E, de repente, resgato em mim as árvores que me acompanharam na vida. Montevidéu é rica em árvores, as veredas têm em geral árvores dos dois lados da rua. Florescem na primavera, secam no inverno. Tem até praça especial para proteger o umbu[1]. Na verdade, sempre gostei delas. Eu me sentia aconchegada, e me traziam desejo de escalada. Havia uma árvore em casa na qual eu gostava de subir, deitar e ficar por muito tempo.

Nestes quarenta anos, aprendi a conhecer Ione; descobri que a raiz que nos une tornou-se uma fonte permanente, que nos faz sermos eternos aprendizes, presença teimosa. Carrego você como um presente de Deus, não somente na minha vida, mas também na vida do povo que você soube amar.

Gratidão, Ione, querida!

1. Árvore que dá de beber.

Ione Buyst: parteira do mistério vivido e celebrado

Maria do Carmo de Oliveira
Rosânia Kênia Moreira
Rosely Aparecida Wanderley Araújo
(do núcleo da Celebra de Goiânia e da Associação Maria da Esperança)

Arte de se deixar tocar: "Jesus, tendo consciência da força que dele saíra, voltou-se para a multidão e disse: 'Quem tocou minhas vestes?'" (Marcos 5,30).

Jesus pôde tocar e ser tocado, viver a amizade, o sentimento da misericórdia e da compaixão, e nos revelar a proximidade e a ternura de Deus. Também nós, que conhecemos e convivemos com Ione Buyst, nossa matriarca mor, tivemos a oportunidade de conhecer outro lado da experiência litúrgica; aquela que se expressa no cotidiano, nas "santas ceias" diárias da amizade e da irmandade, nas rodas de conversas, sobre todos os assuntos vividos ou sonhados...

Nós, desta região central brasileira, de braços dados com Minas e Mato Grosso do Sul, tivemos a graça e a alegria de conviver com Ione como mulher do primeiro mundo, como missionária, como flautista, como monja beneditina, como doutora em Teologia Litúrgica, cofundadora da Rede de Animação Litúrgica – Celebra, mestra, amiga, irmã e companheira de inúmeras jornadas. Ione conseguiu, no toque suave da amizade, mostrar-nos que para Jesus, para as comunidades cristãs primitivas, a experiência essencial da nossa relação com Deus, da religião, da adoração verdadeira, acontece na vida, no dia a dia das pessoas. Serviço a Deus, passando necessária e prioritariamente pelo serviço ao nosso semelhante, pela solidariedade com os excluídos.

Aqui, em Goiás, onde residia Ione, no Mosteiro da Anunciação do Senhor, aconteceu a reunião inicial que deu origem à Celebra, Rede de Animação Litúrgica. Ione e Lourdes estavam presentes. Em uma ocasião, assim Ione se expressou: "Queridas Lourdes e Maria do Carmo, estamos juntas nesta empreitada de ajudar as pessoas a descobrir e saborear o segredo dos ritos!" (7 out. 2011). Esse "estamos juntos nesta empreitada" abrange toda a Rede Celebra que se desenvolveu nesta região.

Podemos dizer que conseguimos saborear do segredo dos ritos. "Parteira do mistério vivido e celebrado" é a expressão que buscamos e encontramos, no mais fundo do nosso coração, para traduzir, com maior fidelidade, o que a amada pioneira da Rede Celebra, Ione Buyst, é para nós do Núcleo de Goiás. A sua permanência, por muitos anos no Mosteiro da Anunciação, foi-nos bastante favorável, visto que nos proporcionou uma proximidade física e afetiva com essa grande e querida Matriarca da Rede Celebra.

Nestes quase trinta anos de Celebra, o Núcleo Goiano acolheu, como grande graça, esse pão semeado, partido e repartido entre nós. Ione sempre fez questão de estar conosco em nossos encontros regionais, assessorando-nos, acompanhando-nos, enfim, incentivando-nos a continuar tecendo esta bonita Rede, Brasil afora. Além dos regionais, Ione também foi presença constante nos cursos de Capacitação e Especialização em Liturgia, realizados em Goiânia, a partir de 1997, como assessora e orientadora de TCCs, liturgista, pedagoga, mistagoga e, sobretudo, como uma querida amiga por quem temos um enorme bem querer.

Podemos afirmar, com toda a convicção, que, como Jesus, Ione nos ensinou com autoridade: ensinou-nos com seu jeito de proceder, sobretudo nas pequenas atitudes, nos mínimos gestos, como no toque suave e doce de sua flauta, anunciando que deveríamos concluir as reflexões e trabalhos de grupo; bem como nos seus passos lentos e silenciosos, ao se dirigir à capela, para a reza do Ofício Divino. Ainda ressoa em nossas mentes e nos nossos corações o que ela nos dizia: "A preparação para o encontro com o Senhor está também na forma como fazemos o trajeto do nosso quarto até a capela".

Gratidão a você, Ione, "flor, nossa flor", que, com sua vida eucaristizada, fecundou até mesmo o solo árido do cerrado goiano.

Ione tem uma presença muito afetuosa com todas as pessoas de quem se aproxima. Quem lê um texto produzido por essa mulher tem a sensação de que ela é familiar, mesmo sem conhecê-la pessoalmente, isto é, tem a sensação de que ela está vendo e vivendo o que cada pessoa ou comunidade vive, porque sempre viveu e vive o que escreve. Isso é o que nos toca, pois ela consegue nos conduzir para liturgia da vida.

A Rede Celebra Centro-Oeste é afortunada por ter Ione como orientadora e assessora por tantos anos. A dedicação dela por este regional traduziu um zelo imensurável pela formação litúrgica do nosso povo, pois a Celebra Centro-Oeste era a "menina dos olhos" de Ione, como sempre nos dizia Maria de Lourdes Zavarez. Ione é a expressão do afago de Deus no coração do Brasil.

Ione Buyst e o *Vita et Pax*

Ir. Marina Domingues dos Santos, OSB
(olivetana, monja do Mosteiro Regina Pacis, da Fundação *Vita et Pax*.
Enfermeira que acompanha regularmente Ione desde março de 2020)

Conheci Ione por meio de suas publicações, antes mesmo de estar com ela pessoalmente. Durante minha formação monástica, no início da década de 1990, a saudosa Ir. Clara Hermans, responsável por nossa formação, utilizava com frequência, na disciplina de liturgia, as publicações de Ione. Assim, pude ter contato com ela, mesmo antes da convivência. Em contato com toda essa riqueza de material, desenvolvi um grande gosto pela liturgia.

Com o passar dos anos, os laços foram se estreitando.

Durante as reuniões e encontros da fraternidade das Oblatas de São Bento, realizados aqui em nosso Mosteiro *Regina Pacis*, em Ribeirão Preto, tinha um contato pessoal com ela. Sempre fui beneficiada com os roteiros de oração, e o tema de estudo proposto para esses encontros. Estive presente em sua profissão monástica, no Mosteiro da Anunciação do Senhor, na cidade de Goiás, em maio de 1994. Tive a oportunidade de participar de um dos nossos retiros anuais, o qual foi ministrado por Ione.

Como sou enfermeira, Ione sabia que podia contar comigo quando necessitava de cuidados com a saúde, por exemplo quando foi submetida a uma cirurgia, quando ia a consultas médicas, exames, fisioterapias etc. Para mim era uma oportunidade de me saciar de uma fonte de conhecimento, de amor a Deus e à liturgia. Enquanto aguardávamos o atendimento numa consulta médica, conversávamos a respeito de seu dia a dia; ela ouvia e dizia: "Não estou dando mais aulas, mas tenho que me manter atualizada. Eu estudo sempre!".

Com a redução gradativa da sua mobilidade, Ione passou a depender de cuidadora em sua casa no endereço da Rua Bartolomeu de Gusmão, 198. Em 2017, recebi uma cópia das chaves da casa, com as quais eu podia entrar e sair para levar o andador quando ela passou a depender dele e para eu atender a outras demandas dela.

Com a chegada da Pandemia, medidas preventivas foram tomadas. A cuidadora, obediente às proibições das medidas sanitárias, não pôde mais atendê-la. Sem cuidadora no domicílio, sugeri à Ione que viesse para o *Vita et Pax*. Aqui teria possibilidade de ter cuidados e companhia. Chegou ao nosso mosteiro dia 18 de março de 2020.

Aqui, rezamos juntas, fazemos nossas refeições juntas. Vou aprendendo a todo momento com ela. Descreverei momentos bastante significativos para mim nesta vivência.

Quando fomos retirar os livros da casa, estava eu lá. Que surpresa! Cada livro da biblioteca que eu pegava nas mãos tinha grifos de Ione ou anotações, sem exagero, quase página por página! No ano de 2024, estamos no mês de março, e Ione já leu pelo menos cinco publicações este ano. Entre elas *Meu amigo Alzheimer, O agir do Espírito Santo na vida de um Palhaço, Mana, vem cá* (deste já fez, pelo menos, três releituras). Vale lembrar que é impensável entregar-lhe um livro para leitura sem que este venha acompanhado de uma lapiseira, para os grifos. Um dos livros que leu este ano foi um presente que recebi da autora. No texto há imprecisão: em vez de sombra, sobra. Ione me explica: "Isto muda totalmente o sentido do texto, você tem o *dever* de comunicar à autora, uma vez que ela é sua amiga!".

Com o lançamento do novo Missal Romano, o ano passado, Ione me pediu para comprar-lhe um volume. Não providenciei de imediato a compra. Passados alguns dias, ela me perguntou a respeito do novo Missal. Respondi: "Ainda não adquiri". Ela fez-me uma severa repreensão: "Mas eu não lhe pedi? Eu estou precisando! Preciso me manter atualizada! Não posso ficar para trás!".

Ela sabe que tenho grupos de catequese durante a semana. Antes de cada encontro, ela quer saber o tema que será trabalhado, que dinâmica vou usar para apresentar o texto bíblico. Quando retorno para junto dela, novo questionamento: "Foi bom o encontro? Que bom que você trabalhou dessa forma!". Às vezes faz uma observação: "Poderia ter utilizado este ou aquele argumento a mais".

Quando recebe convites para *lives* de estudo, não só fica atenta ao horário para participar, mas também envia o convite para todos os seus contatos. Insiste para que eu também participe.

Aguarda ansiosa a chegada da *Revista de Liturgia*. Elogia um artigo, diz que outro texto deveria estar mais bem explicado, porque o povo que irá ler não entende de linguagem técnica etc. Sempre há uma observação a ser feita. A ideia que eu tenho é de que nada está pronto para ela! Sempre poderá ser melhorado ainda mais a partir de sua visão. Que tudo que for apresentado ou ensinado deverá ser *perfeito*!

Eu "meditava" com uma amiga o Salmo 1, para que D. Lourdes se familiarizasse com a maneira de fazer uma meditação. Ione acompanhava. Não perdeu a oportunidade de dar a sua contribuição à minha interlocutora: "Imagine-se estar vendo *esta árvore plantada à beira da torrente*, e você está ali a contemplá-la".

Ione acompanha diariamente as publicações da CNBB. Ficou feliz quando viu na publicação mensal da CNBB, para a liturgia diária *Igreja em oração*, a indicação para o canto na noite pascal: "Banhados em Cristo", de sua autoria. Embora tenha dito logo: "Só a letra é uma adaptação minha".

Durante a internação no hospital: "Hoje é o quinto domingo da Quaresma! Qual é o evangelho?". Após ouvir a leitura, medita em silêncio e continua: "E a primeira leitura?". Dessa forma, mesmo não participando fisicamente da celebração Litúrgica, mantém-se em sintonia com a Igreja, que ela ama e da qual se sente parte!

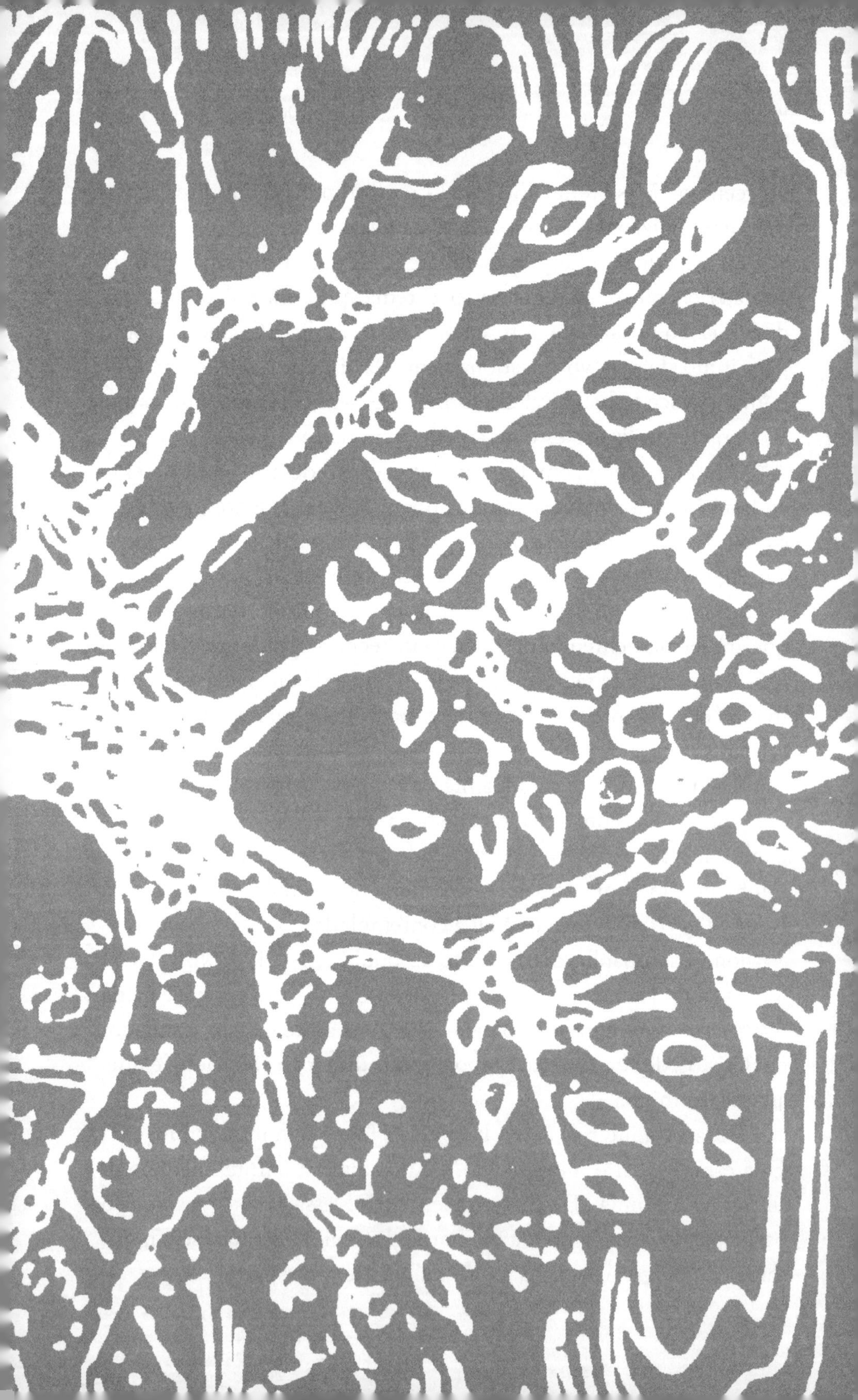

parte três

Artigos marcantes na obra teológico-litúrgica de Ione Buyst

O primeiro desta coletânea de artigos de Ione que compõem esta terceira parte do nosso livro é o emblemático "Alguém me tocou", sobre a sacramentalidade da liturgia na *Sacrosanctum Concilium*, originalmente publicado na *Revista de Liturgia*. Mas, antes disso, para abrir esta seção, inserimos uma reação a este, escrita por Márcio Pimentel, também publicado na *Revista de Liturgia*, em 2023, ano comemorativo dos cinquenta anos da revista. Márcio salienta que este artigo expressa no pensamento de Ione a novidade conceitual do Concílio Vaticano II em matéria de liturgia.

A celebração litúrgica como "tato": reações ao artigo "Alguém me tocou", sobre a sacramentalidade da Liturgia na SC[1]

1. Algumas notas sobre a autora

Finalizando nossas homenagens aos autores que fizeram a história da *Revista de Liturgia* em seus cinquenta anos de existência, cabe-nos recordar o ministério teológico-litúrgico de Ione Buyst. Sem desmerecer, absolutamente, todos aqueles e aquelas que ajudaram a pensar a liturgia renovada pelo Concílio Vaticano II em nosso país, Ione destaca-se grandemente. Do alto de seus 87 anos, Ione ilumina o orbe teológico com a precisão e profundidade de suas reflexões, revelando que se trata, de fato, de uma exímia liturgista. No Brasil, trata-se da autora que melhor soube dar voz ao Concílio e à sua reforma litúrgica.

Ione conjuga saber e sabor em seus escritos sobre a *práxis ritual*. No horizonte da Teologia da Libertação, parece-nos ter sido quem conseguiu salvaguardar o tesouro da espiritualidade cristã, que tem, na liturgia, sua fonte e cume. Com maestria, ocupou-se de articular a fidelidade à Tradição, sabendo traduzi-la ao contexto latino-americano, conservando sua substância e inserindo aquelas peculiaridades contingenciais que marcam as diferenças e que fazem o magistério teológico e, também, eclesiástico, enriquecer-se e progredir. Sua área de atuação alcança as camadas populares e mais periféricas da Igreja, pelas quais

1. Artigo de Márcio Pimentel, publicado originalmente em: *Revista de Liturgia*, n. 298 [mar.-abr. 2023], 16-19. (N. do E.)

tem preferência escancarada no estilo de escrita, mas enraíza-se numa perspectiva epistemológica, hoje denominada de "pensamento complexo", comum nos ambientes acadêmicos contemporâneos.

A Ciência Litúrgica de Ione Buyst não é redutiva. Bem longe disso, nossa autora revela-se uma pesquisadora nata, de amplo espectro. Sendo a liturgia uma disciplina não redutível a qualquer de seus aspectos (bíblico, patrístico, cristológico, eclesiológico, pastoral) ou de seus elementos (eucológico, escriturístico, gestual, linguístico etc.), Ione foi descobrindo a arte da conexão epistêmico-metodológica, aproveitando tudo quanto as ciências humanas podem fornecer para aprofundar o evento litúrgico e a *performance* ritual das comunidades. Nesse sentido, Ione situa-se na dianteira de uma nova impostação científica que, progressivamente, atinge, também, a teologia. Tudo isso "costurado" com o fio d'ouro do humanismo evangélico. Para dar-se conta disso, basta ler a introdução ao artigo sobre o qual ora tratamos de reagir, intitulada "Encontro".

2. Consciência sobre a virada epistemológica do Concílio Vaticano II

O artigo "Alguém me tocou" respira, todo ele, a guinada epistêmica que os Padres Conciliares referendaram com a Constituição Litúrgica. Ao centrar seu discurso litúrgico-sacramental sobre a dimensão "tátil" do Mistério Pascal, Ione Buyst penetra habilmente o núcleo teorético da *Sacrosanctum Concilium*. Noutras palavras, a autora "toca" a novidade conceitual que o Concílio nos apresenta em matéria litúrgica. É sabido que a SC não se ocupa de uma reflexão sistemática sobre a liturgia. No entanto, não lhe faltam clareza e objetividade quando se trata de determinar a natureza do culto divino, articulando cristologia, eclesiologia e sacramentologia – critérios epistêmicos internos explícitos – e dados oriundos do que hoje denomina-se "Estudos de performance", que enlaçam diferentes disciplinas ligadas às Ciências Humanas e ao mundo das artes – ou seja, critérios externos implícitos.

Nas frases lapidares de SC 7: "Para realizar tão grande obra, Cristo está sempre presente na sua Igreja, sobretudo nas celebrações litúrgicas" e: "A liturgia é o exercício do múnus sacerdotal de Cristo", é compendiada uma gama de pressupostos teológicos sinteticamente trabalhados nos números 5 e 6. Assim, nestes últimos números, o documento fala, respectivamente, em "humanidade do Verbo" que dá a conhecer Deus como salvação do gênero humano (cf. SC 5), cujo ministério vê-se continuado no corpo eclesial, especialmente quando celebra e, assim, age sacramentalmente (cf. SC 6). A conclusão, então, só pode ser a seguinte: a liturgia é *performance* da humanidade do Verbo, pela qual os fiéis tomam parte na missão de Cristo, enquanto atuam ritualmente.

É isso, exatamente, que está por trás da escolha do verbo escolhido pela autora para aludir à sacramentalidade do agir litúrgico na Igreja. Não se trata de uma metáfora para deixar o texto mais "poético". Ione apreende a virada epistêmica ao considerar que a Constituição Litúrgica condiciona o conhecimento do mistério à experiência de corpo que a Igreja faz ao celebrar. A virada consta de "desabstratificar" o conhecimento de Deus e torná-lo possível não às mentes que contemplam, mas às mãos que tocam. É exatamente isso que se dirá em SC 48, quando se lança, qual axioma, a frase: *Per ritus et preces id bene intellegentes*.

Dez anos mais tarde, na Itália, em comemoração aos cinquenta anos da SC, numa edição especial da *Rivista Liturgica*, Andrea Grillo aborda a mesma questão. Ao discutir a relação entre fé e cultura a partir da Encíclica *Fides et Ratio*, de São João Paulo II, publicada em 1998, baseando-se na afirmação de que a revelação possui um "horizonte sacramental" exigido pela condescendência do mistério à estrutura cognitiva humana, conclui que a dimensão tátil da fé está diretamente relacionada com o fundamento mesmo da revelação. Para o autor, a dimensão tátil evoca, na verdade, a forma sensível que configura o humano e, em termos teológico-litúrgicos, é ativada pelo ato de culto que é a celebração do mistério dando-se no corpo da Igreja, cuja forma ritual é mediação da graça que toca o mundo e o transforma[2].

Essa é exatamente, nas palavras de Ione, a nova maneira de pensar a liturgia instituída pelo Concílio, reconduzindo-a ao horizonte da sacramentalidade da revelação. Isso significa considerar a liturgia como momento da História da Salvação, conforme reflete Salvatore Marsili, e que tem seu cume na humanização do Verbo, que se vê prolongado na atuação litúrgico-sacramental da Igreja mediante a práxis ritual. Dirá Innos Biffi nos albores da reforma litúrgica, defendendo a identidade entre rito e sacramento na Constituição Litúrgica:

> Considerado em profundidade, o simbolismo da liturgia ou a sacramentalidade do rito, o caráter ritual dos gestos salvíficos de Cristo hoje não são mais que o prolongamento da humanidade do Salvador, também hoje fonte de salvação do seu estado glorioso [...]. Mediante o sinal da *Historia Salutis* se difunde no primado de Cristo [...] que transforma o rito em seu ato concreto, em gesto de graça mediado e determinado: Cristo como agente de presença na liturgia por meio do "corpo sacramental".
>
> [...] Mas, no fundo, a sacramentalidade da liturgia não é outra coisa que um caso e um momento do grande sinal da Igreja, nascida da Páscoa como "admirável sacramento". A Igreja inteira em si mesma torna sensível e visível a salvação, como sua expansão histórica. Na liturgia, a Igreja festeja a redenção exprimindo-se, em conformidade com a sacramentalidade que a constitui[3].

---

2. Cf. GRILLO, A., L'orizzonte sacramentale della rivelazione como "luogo" di incontro tra fede 3 cultura, *Rivista Liturgica* [Camaldoli], anno 100, v. 4 (2013) 809-824.
3. BIFFI, I., Rito e Sacramento, *Notitiae*, Città del Vaticano, n. 62 (1971) 96-101, aqui 98.

3. A revelação e sua estrutura sacramental

Aquilo que Andrea Grillo encontrou na Encíclica *Fides et Ratio* sobre o "horizonte sacramental da revelação", Ione reconheceu nos escritos de Vagaggini, onde se fala de estrutura sacramental na economia da salvação. Indo além da causalidade da graça de Cristo como consequente à sua presença na Igreja e suas ações, Buyst compreende, da contribuição de Vagaggini, que há uma indissolúvel conexão entre Cristo, a Igreja e a liturgia. O que há em comum entre Cristo, a cabeça, a Igreja, seu corpo, e a liturgia, seus gestos, é exatamente a sacramentalidade. Nossa autora resume assim: "Na pessoa de Jesus, Deus 'tocou' nossa humanidade para salvá-la, para realizar o encontro, a comunhão; hoje, o Cristo ressuscitado continua nos 'tocando' em seu corpo, que é a Igreja, e nos mistérios celebrados, nas ações simbólico-sacramentais realizadas nela, por ele"[4]. Para Ione, esse dinamismo coincide com a estrutura divino-humana da pessoa de Cristo e sua obra, estrutura da qual deriva a Igreja e sob a qual estão condicionadas suas ações como gestos sacramentais.

Um dado importante que ela ressalta é que se liberta a "sacramentalidade" da especificidade do setenário. Cristo é sacramento; a Igreja é sacramento; os ritos litúrgicos são sacramentais. Trata-se de uma estrutura ou, como dirá Rappaport sobre o rito em geral, de uma "forma" de articular elementos e conteúdos capaz de gerar significado no sujeito que celebra[5]. O que obtemos com a reflexão de Ione é uma dilatação do "conceito" de sacramentalidade, outrora reduzido progressivamente na tradição teológica a partir dos séculos XII-XIII, culminando com a fixidez do pós-Concílio Tridentino,

4. Buyst, Ione, Alguém me tocou: sacramentalidade da Liturgia na *Sacrosanctum Concilium*, Constituição Conciliar sobre a Sagrada Liturgia, *Revista de Liturgia* 176 (2003) 6.

5. Cf. Rappaport, R., *Rito e religione nella costruzione dell'umanità*, Padova, Edizioni Messagero Padova-Abbazia di Santa Giustina, 2022, 70.

conforme alude Dom Jerônimo em recente artigo no número anterior desta revista[6].

A Constituição Litúrgica põe as coisas no eixo novamente. A sacramentalidade não mais estará restrita aos sete sacramentos, e estes, como também as demais celebrações da Igreja, não serão tomados à revelia da ritualidade. Os sacramentos deixarão de ser "coisas" e serão recuperados como "relações". Conforme atesta Dom Jerônimo:

> O Concílio Vaticano usou o termo "sacramento" de modo abrangente. Antes de tudo o assinala como sinônimo do mistério de Cristo, sinônimo de sua vida e dos seus atos salvíficos [...]. Desses atos salvíficos de Cristo, plenificados no seu Mistério Pascal, nasce a Igreja, também ela, admirável sacramento [...].
>
> A liturgia na sua globalidade (sacramentos, sacramentais, Ofício Divino etc. e tudo que isso envolve [espaço e tempo]), enquanto celebração ritual do mistério de Cristo, é ela mesma mistério e, portanto, sacramento, isto é, é uma realidade sensível por meio da qual se comunicam, se manifestam, se tornam presentes tanto a realidade invisível da salvação do gênero humano (dimensão descendente) quanto a perfeita glorificação de Deus (dimensão ascendente)[7].

Nossa autora esteve atenta também ao aspecto semiótico da sacramentalidade, isto é, considerar os ritos como estruturas geradoras de significado. Ione resgata a compreensão mais antiga e tradicional do *símbolo*, termo que se mostrou paulatinamente desgastado e esvaziado de seu emprego original na tradição litúrgica e teológica da antiguidade cristã. Nem mesmo Trento renunciou a considerar os sacramentos, incluída a Eucaristia, como símbolos do mistério de Cristo. Ione Buyst, sem medo, toma a sério o estudo da liturgia em sua dimensão

6. Cf. Pereira, Jerônimo, A sacramentalidade da liturgia, *Revista de Liturgia* 297 (2023) 4-10, aqui 5-6.
7. Ibidem, 7.

simbólica ao discuti-la amplamente em seus escritos. No artigo "Alguém me tocou", alude a este tema evidenciando as três características dos sinais que "fazem" o ato litúrgico: são sensíveis, significativos e eficazes.

No âmbito da "sensibilidade" do sinal, Ione redescobre o lugar da corporeidade na experiência mistérica de Cristo. A liturgia não é pensamento, mas é ação de um corpo – a Igreja – que celebra. A atenção passa do significado ao significante, pelo que a autora aborda a liturgia a partir de uma perspectiva muito próxima da fenomenologia. No âmbito do significado, Ione põe em relevo o dado referencial de todo sinal litúrgico: estão "referidos" às "coisas divinas invisíveis", citando SC 33. Neste ponto, esclarece o conteúdo mais próprio de sua teoria do símbolo, pela que os sinais não apenas orientam a mente para um conteúdo semântico, livrando a práxis ritual de uma histórica redução a instrumento pedagógico, mas neles mesmos dá-se a expressividade do mistério. A este aspecto articula-se o terceiro: a eficácia, que permite à autora discorrer sobre o aspecto performático da liturgia: os sinais litúrgicos realizam o que significam; e o realizam no corpo de quem atua ritualmente, tocando, assim, a dimensão pragmática do evento semiótico.

4. Com ela, também concluímos...

O artigo se encerra com a autora apontando a relevância e os desafios do tema da sacramentalidade, tendo por contexto os quarenta anos da Constituição Litúrgica, que naquele então se celebrava. Os aspectos sobre os quais Ione discorre, de fato, são ainda hoje de grande importância, não só para a práxis e Ciência Litúrgica, mas para a teologia em geral.

O primeiro deles está conectado ao fato de os ritos cristãos com os quais a Igreja celebra configurarem-se limiares, portais para o ingresso na História da Salvação. Na perspectiva da autora, isso se refere tanto ao aspecto bíblico-litúrgico, quanto a uma noção mais ampliada de história. Os cristãos e cristãs compartilham com várias outras tradições religiosas e espirituais a mesma "mediação antropológica" – os rituais – para estabelecer o contato com o transcendente, o divino. Com essas relações, que são significativas para seus sujeitos, orientam sua existência, dão um oriente à vida, geram identidade e progridem no mundo realizando e aprimorando sua humanidade.

O segundo aspecto, muito próprio da sensibilidade latino-americana da autora, põe em evidência aquilo que comumente se chama "realidade", termo escolhido para referir-se aos âmbitos da vida religiosa que lhe ultrapassam, mas também lhe atravessam. Ione fala que a liturgia celebrada deve anunciar a salvação "dentro da situação real de 'perdição': fome, miséria, desigualdade social, violência, consumismo, dependência de drogas, discriminação e exclusão social, racial, sexista, religiosa, falta de busca do sentido profundo da vida"[8]. Some-se a esse aspecto a dimensão ecológica (quinto aspecto no artigo de Ione) como nova sensibilidade desenvolvida na sociedade contemporânea e assimilada pela autora. Aqui, ela enfatiza a relação do culto com a ética, da liturgia com a vida, um tema muito presente e até mesmo condicionante de sua epistemologia.

O quarto aspecto versa sobre a celebração litúrgica enquanto um dado "programático" da fé. Sendo "expressão do mistério da salvação, traz em seu bojo a proposta de uma nova sociedade", escreve. Neste ponto não estamos apenas diante das consequências éticas e políticas da celebração, mas toca-se outro dado que a autora não desenvolve no artigo de modo tão claro: o rito tem consigo uma dimensão "subjuntiva", é um "como se", no sentido de ser a experiência de um "outro mundo possível" em todos os aspectos que tocam a existência humana.

8. Buyst, op. cit., 8.

O sexto aspecto retoma a novidade do Concílio, que toca diretamente a sacramentalidade, a qual se volta para a redescoberta do "sinal", e não para a "neurose" com o "significado". Trata-se de uma preocupação com a fidelidade ao mistério da encarnação que, nas palavras do Papa Francisco, em *Desiderio Desideravi*, é o método que a Trindade escolheu para entrar em comunhão conosco, dar-se a conhecer[9].

Finalmente, termina o artigo com uma questão que fazemos nossa: diante de tudo isso, nós, há sessenta anos da SC e de sua proposta de liturgia e de Igreja, em que pontos estamos: "Onde a renovação litúrgica está estrangulada e por quê? Quais os maiores obstáculos? Estamos a fim de removê-los? Como?"

9. Cf. Francisco, *Carta Apostólica Desiderio Desideravi*, São Paulo, Paulinas, 2021, n. 10.

Alguém me tocou! Sacramentalidade da liturgia na *Sacrosanctum Concilium* (SC)[1]

1. Encontro

Sentada à mesa, eu estava lendo o jornal. De repente, o rapaz ao meu lado pousou suavemente sua mão sobre minha mão. Olhei para ele, tentando entender o gesto deste jovem levemente perturbado. Olhando-me nos olhos, sem pressa, retirou a mão e disse: "Queria tocar você".

Tocar! Podemos tocar uns aos outros com a mão, com o olhar, com nossa voz, com a aproximação de todo o corpo, ou também por meio de um instrumento ou objeto. O que é tocado em mim, quando alguém me toca? O que toco quando toco alguém? Quantas vezes por dia tocamos em coisas ou pessoas, sem perceber a profundidade e a repercussão de tal gesto! Medicina, antropologia, psicologia, psiquiatria, neurociências e tantos outros ramos do saber têm muito a nos ensinar sobre isso. E, embora nem todos compartilhem a mesma maneira de pensar o ser humano, mais e mais cresce a certeza de que se trata de uma realidade complexa, na qual as várias dimensões (física, psíquica, energética, espiritual...) são inseparáveis,

1. Publicado originalmente em: *Revista de Liturgia*, n. 176 [mar.-abr. 2003], 4-9. (N. do E.)

estão inter-relacionadas, formam uma unidade. Tocando a mão de alguém, tocamos a pessoa; ferindo a mão de alguém, ferimos a pessoa. Tocar cria relação, encontro, para o bem ou para o mal. Sem o toque, não há relação; sem o toque, o encontro não é possível.

2. Tocar Deus

Isso me faz lembrar aquela passagem do evangelho em que uma mulher – sofrendo de hemorragia havia muitos anos – toca a roupa de Jesus, na esperança de se curar. E, de fato, ela fica livre de sua doença. Jesus percebe a força que saíra dele e pergunta: "Quem me tocou?" (Mt 9,20-22; Mc 5,25-34; Lc 8,43-48). Podemos acrescentar outra pergunta: quem a mulher tocou quando tocou em Jesus? Para a tradição cristã, a força que habita Jesus não é apenas uma força psíquica; é a força do próprio Espírito de Deus. Jesus é reconhecido na fé como o Emanuel, o Deus Conosco, o Filho de Deus, o Verbo feito carne, Deus em carne e osso, vivendo nossa vida humana – divinamente, vivendo a vida divina humanamente. Por isso, no evangelho segundo João, Jesus diz: "Quem me viu, tem visto o Pai [...]. Não acreditas que eu estou no Pai e que o Pai está em mim?" (Jo 14,9-10), e a primeira carta de João explicita:

> O que era desde o princípio, o que ouvimos, o que vimos com os nossos olhos, o que contemplamos e o que as nossas mãos apalparam da Palavra da Vida – vida esta que se manifestou, que nós vimos e testemunhamos, vida eterna que a vós anunciamos, que estava junto do Pai e que se tornou visível para nós –, isso que vimos e ouvimos, nós vos anunciamos, para que estejais em comunhão conosco. E a nossa comunhão é com o Pai e com seu Filho, Jesus Cristo. Nós vos escrevemos estas coisas para que a nossa alegria seja completa (1Jo 1,1-4).

A Vida se manifestou, se deu a conhecer, ver, ouvir, apalpar. Ver Jesus, ouvir Jesus, tocá-lo... é ver, ouvir, tocar Deus! Para se comunicar com os humanos, para salvar a humanidade e propor e possibilitar uma vida de intimidade, de comunhão, Deus teve de se tornar audível, visível, palpável..., ao alcance de nossos ouvidos, de nossos olhos, de nossas mãos! Deus teve de nos tocar e se deixar tocar em Jesus, o Cristo.

3. Uma nova maneira de pensar a liturgia

Quero partir desta imagem do "toque" para falar da liturgia como é apresentada no documento do Concílio Vaticano II *Sacrosanctum Concilium*. Quero falar mais especificamente da sacramentalidade da liturgia. No mês de dezembro, estaremos lembrando mais um aniversário da promulgação deste primeiro documento emanado do Concílio, e, no entanto, a expressão "sacramentalidade da liturgia" ainda assusta a algumas pessoas e deixa indiferentes a outras. De fato, antes do Concílio, o termo "sacramento" era usado unicamente para se referir aos sete sacramentos (batismo, confirmação, Eucaristia, reconciliação, unção dos enfermos, ordem e matrimônio); e, quando se falava em liturgia, tinham-se em mente unicamente as exterioridades das celebrações, as "cerimônias". Muita gente pensa assim até hoje. No entanto, o Concílio Vaticano II mudou radicalmente esta maneira de ver. Fala da Igreja como sacramento ou como mistério e apresenta toda a liturgia, e não apenas os sete sacramentos, como uma ação sacramental, uma ação de Deus que vem salvar seu povo. Daí a expressão "sacramentalidade" da liturgia. O termo como tal não aparece no documento, mas o sentido é esse.

De onde os bispos reunidos em Concílio, ou a equipe que preparou o documento conciliar, tirou esta ideia? Criaram algo novo? Não! Apenas quiseram voltar "às fontes", como era a proposta do Papa

João XXIII, que convocou o Concílio. Valeram-se de estudos bíblicos, patrísticos, litúrgicos, históricos, realizados por pesquisadores de várias Igrejas cristãs do movimento bíblico, ecumênico e litúrgico, durante bem uns sessenta anos, para conhecer melhor a liturgia dos primeiros séculos do cristianismo, para chegar o mais perto possível da fonte de nossa fé e purificar a liturgia da Igreja Católica de possíveis falhas ou acréscimos indevidos e assim facilitar o diálogo ecumênico com as outras Igrejas cristãs. Interessaram-se não somente pela maneira de celebrar, mas também pela teologia e pela espiritualidade implícitas na celebração. E, assim, voltaram a falar da liturgia e da Igreja como "sacramento", como "mistério", como faziam os Santos Padres e os textos litúrgicos dos primeiros séculos do cristianismo.

4. Liturgia situada na História da Salvação

Ao lermos o primeiro capítulo da SC, principalmente os itens 2, 5, 6, 7 e 8, percebemos algo de muito importante: retomando o ensinamento dos Santos Padres, a liturgia, assim como a Igreja, é situada na longa História da Salvação, que tem seu ponto culminante, central, em Jesus Cristo. O tempo antes de Cristo é apresentado como preparação e o tempo depois dele é o tempo da Igreja, decorrente do mistério revelado em Cristo, rumo à plena realização do Reino de Deus.

Fala-se em "economia" universal da salvação. Esta palavra que junta dois termos gregos – *oikos* (casa) e *nomos* (regra) – sugere a organização, o planejamento, a administração de uma determinada casa. Ou seja, Deus, como um bom "ecônomo", dirige sua "casa" (isto é, a vida, o mundo, os seres humanos, a história...), para o bem de todos. E ele o faz não de um dia para outro, mas pedagogicamente, em etapas, respeitando a maneira de ser dos humanos. Poderíamos dizer também que Deus age como um bom pedagogo, respeitando nossa maneira de ser, nosso ritmo, nossos limites; procura conquistar nossa confiança, gradativamente.

A ideia teológica subjacente é a seguinte: Deus está misteriosamente presente em nosso mundo e faz com que seu "desígnio", seu "plano" para com a humanidade aconteça. Isso corresponde ao "mistério" (*mysterion*) de que fala a carta aos Efésios e a carta aos Colossenses. O "mistério" se refere à revelação da própria pessoa de Deus, a seu plano para com a humanidade, à comunhão de vida que oferece a todos os seres humanos, incluindo todas as realidades criadas. Num primeiro momento, tempo de preparação, o mistério de Deus, seu "desígnio", ficou em segredo; esta etapa corresponde principalmente ao tempo da primeira aliança, a aliança de Deus com o povo de Israel.

Depois deste período de preparação, veio o ponto alto, o momento decisivo: a "encarnação" de Deus como um ser humano em meio aos outros, convivendo conosco. Em Jesus, toda a realidade é "recapitulada", assumida, e, em sua pessoa, em sua maneira de viver, pensar, agir e principalmente em sua morte-ressurreição, o mistério é revelado, manifestado, dado a conhecer, mas ainda não plenamente realizado. Estamos vivendo agora o tempo intermediário entre a ressurreição e a parusia, quando finalmente o Reino de Deus será plenamente instaurado[2].

É importante notar a relação que existe entre as palavras "mistério" e "sacramento" nos primórdios do cristianismo. No texto latino-africano da Bíblia, a palavra grega *mysterion* vem habitualmente traduzida por *sacramentum*. A tradução da Vulgata prefere a palavra

---

2. Embora a SC não o cite explicitamente, a ideia da economia da salvação e a da recapitulação de tudo em Cristo são desenvolvidas principalmente por Irineu de Lyon, no século II. Documentos conciliares posteriores à SC, como a *Lumen Gentium*, sobre a Igreja, e a *Ad Gentes*, sobre a atividade missionária, trabalham com as mesmas ideias teológicas de Irineu e fazem explicitamente referência a ele. Cf. Andia, Ysabel de, L'actualité d'Irénée de Lyon depuis Vatican II, *Bulletin de Saint-Sulpice; L'enseignement de la patristique; The Teaching of Patristics*, v. 13 (1987) 107-120.

mysterium, uma forma latinizada da palavra grega. No entanto, as cartas aos Efésios e Colossenses usam indistintamente os dois termos[3]. Ou seja, o sentido originário da palavra "sacramento" é o mistério de Deus, revelado em Jesus Cristo. É este mistério que é celebrado na liturgia, por meio de sinais sagrados, sensíveis e eficazes, para dele podermos participar. Daí o uso das duas palavras, "mistério" e "sacramento", também para designar a liturgia[4], em seu conjunto e em seus detalhes, como o sal usado no batismo, as exéquias, a consagração das igrejas. Santo Agostinho chega a contar mais de trezentos mistérios ou sacramentos.

5. A estrutura sacramental na economia da salvação[5]

Vagaggini (que foi membro da comissão pré-conciliar e *expert* do Concílio) chama nossa atenção para "a íntima e indissolúvel conexão, na ordem atual da salvação, entre Cristo, Igreja e liturgia" nesse texto. Esta conexão íntima não é somente de causalidade (Cristo age na Igreja e por meio dela, e a Igreja age principalmente na liturgia e por meio dela), mas também de estrutura, estrutura de *sacramentum*, de *mysterium*: "Realidade visível e sensível que de algum modo contém e comunica, aos que estão bem dispostos, uma realidade invisível, sagrada, divina, da ordem da salvação [...], manifestada a quem tem fé e escondida a quem não a tem. Tal é a estrutura de Cristo, tal a estrutura

3. Cf. Nocent, A., Sacramentos, in: Di Bernardino (org.), *Dicionário de Patrística e de antiguidades cristãs*, Petrópolis/São Paulo, Vozes/Paulus, 2002, 1241-1244.
4. Nocent faz notar que isso aconteceu principalmente depois do século IV, quando já não havia o perigo de confusão com a religião dos mistérios, considerados "pagãos".
5. Para todo este tópico, cf. Vagaggini, C., Visão panorâmica sobre a Constituição Litúrgica, in: Baraúna, Guilherme, *A Sagrada Liturgia renovada pelo Concílio*, Petrópolis, Vozes, 1964, 133-135; vejam também Schmidt, Herman, Les signes sacrés, in: *La Constitution de la Sainte Liturgie. Texte – Genèse – Commentaire – Documents*, Bruxelles, Editions Lumen Vitae, 1966, 169-179.

da Igreja, tal a estrutura da liturgia" (134). Cristo é o sacramento primordial; a Igreja é o sacramento geral; a liturgia é o sacramento mais restrito (particularmente nos sete sacramentos, que é seu núcleo, e mais especificamente na Eucaristia, que é o sacramento por excelência). Relacionando isso com a imagem do toque evocado no início deste artigo, podemos dizer: na pessoa de Jesus, Deus "tocou" nossa humanidade para salvá-la, para realizar o encontro, a comunhão; hoje, o Cristo ressuscitado continua nos "tocando" em seu corpo, que é a Igreja, e nos mistérios celebrados, nas ações simbólico-sacramentais realizadas, nela, por ele.

Assim, a SC lembra a estrutura humano-divina da pessoa de Cristo e de sua obra: "Deus enviou seu Filho, Verbo feito carne, ungido pelo Espírito Santo [...], médico carnal e espiritual [...]. Sua humanidade, na unidade da pessoa do Verbo, foi o instrumento de nossa salvação". Depois apresenta a Igreja como sacramento nascido de Cristo: "Do lado do Cristo dormindo na cruz nasceu o admirável sacramento de toda a Igreja" (SC 5). Também ela é humana e divina, sendo que "o humano se ordena ao divino, o visível ao invisível, a ação à contemplação e o presente à cidade futura" (SC 2); é a ação invisível do Espírito, servindo-se de meios humanos e visíveis. Em seguida fala da liturgia: é um conjunto de sinais sensíveis por meio dos quais Cristo continua sua obra de salvação de toda a humanidade e de glorificação de Deus, unindo a si a sua Igreja para levar avante esta obra. "Disso se segue que toda a celebração litúrgica [...] é uma obra sagrada por excelência, cuja eficácia nenhuma outra ação da Igreja iguala" (SC 7). Notem como esses textos falam de toda a liturgia, e não somente dos sacramentos.

Vagaggini termina apontando os avanços na SC em relação à *Mediator Dei* (Pio XII, 1947) ao caracterizar a liturgia:

a) A liturgia volta a ser considerada como *sacramentum*, *mysterium*, e "a 'sacramentalidade' de toda a liturgia vem salientada com grande ênfase" (137).

b) É dado grande relevo aos sinais sensíveis por meio dos quais Cristo age na liturgia.
c) Este complexo de sinais não se refere somente ao culto prestado por nós a Deus (glorificação), mas também à santificação operada em nós por Deus, considerando, assim, o duplo movimento (ascendente e descendente) da liturgia.

6. Sinais sensíveis, significativos e eficazes no encontro do Ressuscitado com o seu povo

A respeito dos sinais com os quais se realiza a liturgia, SC 7 afirma três coisas: são sinais sensíveis, significativos e eficazes:

a) São *sinais sensíveis*, ou seja, atingem nossa sensibilidade, a partir da corporeidade. São coisas que podemos ver ou ouvir, apalpar, cheirar, degustar...: pão e vinho, água, óleo, incenso, velas acesas..., espaço para celebrar, altar, estante da Palavra..., mãos nos tocando, ungindo, pessoas reunidas, se cumprimentando, abraçando, cantando, atuando em conjunto. Daí a necessidade de cuidar da maneira de celebrar, de cultivar a *forma* das ações litúrgicas (cf. SC 47). Daí também a exigência da verdade destes sinais: pão de verdade, comunhão do pão consagrado naquela missa e não do pão de missa anterior, guardado no sacrário (SC 55), vinho para todos (SC 55), água para o batismo em abundância. A música é considerada parte integrante e necessária, intimamente ligada à ação litúrgica (SC 112-121). Da arte sacra, das vestes litúrgicas e dos objetos pertencentes ao culto divino se pede que sejam "dignos, decentes e belos, sinais e símbolos das coisas do alto" (SC 122).
b) Os sinais sensíveis foram escolhidos por Cristo e pela Igreja para *significar as coisas divinas invisíveis* (cf. SC 33). São sinais simbólicos, sacramentais: sinais sensíveis que remetem à realidade invisível, ao mistério de nossa fé, ao Mistério Pascal de Jesus Cristo.

São "sacramentos da fé"; não somente a supõe, mas também a alimentam, fortalecem e exprimem (SC 59). Para que possam ser reconhecidos como tais, requerem conhecimento das coisas da fé, aprofundados por meio de mais abundante leitura das Sagradas Escrituras, a restauração da homilia que anuncia o mistério de Cristo, catequese litúrgica (SC 24; 35; 51-52). De fato, os sinais devem alimentar a fé dos fiéis e despertar suas mentes para Deus (SC 33). É necessário que os participantes "acompanhem com a mente as palavras [...], participem com conhecimento de causa, ativa e frutuosamente" (SC 11). Daí ao menos três requisitos pastorais: a) as ações sagradas devem "resplandecer de nobre simplicidade, sejam transparentes por sua brevidade [...], acomodadas à compreensão dos fiéis e, em geral, não careçam de muitas explicações" (SC 34), para que sejam compreendidas facilmente (SC 59); b) o povo e o clero necessitam de boa e esmerada formação litúrgica (cf. SC 15-19); c) é preciso reformar a liturgia de tal modo que as ações litúrgicas "exprimam mais claramente as coisas santas que elas significam, e o povo cristão possa compreendê-las facilmente" (SC 21). Também as exigências da adaptação à cultura de cada povo celebrante entram nesta mesma perspectiva (SC 36 a 40; 54; 63).

c) Esses sinais sensíveis, escolhidos para significar as coisas da fé, são *eficazes*, i. é. *realizam o que significam*. "Assim, pelo batismo os homens [e mulheres] são inseridos no Mistério Pascal de Cristo; com ele mortos, com ele sepultados, com ele ressuscitados [...]. Da mesma forma, toda vez que comem a Ceia do Senhor, anunciam-lhe a morte até que venha" (SC 6).

A eficácia dos sinais sensíveis na liturgia vem do fato de se tratar de ações do Cristo com seu Espírito, presente, não somente no pão e no vinho eucarísticos, mas igualmente no ministro que preside, na palavra anunciada (é ele que fala), no batismo (é ele que batiza), na assembleia reunida que ora e canta (SC 7). Podemos lembrar aqui as palavras de Ambrósio: "Eu te encontro nos teus mistérios" e de Leão Magno: "Tudo o que na vida de nosso Redentor era visível passou para os mistérios"[6], ou seja, é nas ações litúrgicas que vemos, ouvimos, percebemos o Cristo Crucificado/Ressuscitado vindo ao nosso encontro, atuando, salvando, instaurando o Reino de Deus.

No entanto, não basta celebrar. Espera-se que aquilo que é vivido sacramentalmente, ritualmente, na celebração, tenha continuidade na vida diária, no testemunho no meio do mundo: "Saciados pelos sacramentos pascais, sejam concordes na piedade", "conservem em suas vidas o que receberam pela fé", sejam estimulados para a "caridade imperiosa de Cristo" (SC 10). Mais: "Devemos sempre trazer em nosso corpo a morte de Jesus para que também a sua vida se manifeste em nossa carne mortal" (SC 11). Ou seja, a memória da morte-ressurreição de Jesus celebrada na liturgia deve se "encarnar" em nossa vida; a oferta de nossa vida juntamente com a de Jesus na celebração eucarística se prolongue em nosso cotidiano a tal ponto que sejamos feitos "eterna dádiva sua" (SC 12). Celebração litúrgica, vida espiritual e comportamento ético não são coisas estanques.

7. Sinais-símbolos de uma realidade que extrapola a liturgia

Toda a liturgia é apresentada como um conjunto de sinais com os quais o Ressuscitado, com o seu Espírito, nos atinge quando estamos reunidos e celebramos sua memória. No entanto, o Ressuscitado atinge o universo inteiro, sua ação não conhece limites, nem geográficos, nem étnicos, nem sociais, nem filosóficos, nem religiosos. Ele está em contato com qualquer pessoa, em qualquer lugar do mundo,

6. Sermo 2 de Ascensione, 1-4; PL 54, 397-399; LH, Ofício de Leituras, 6ª feira da 6ª Semana do Tempo Pascal.

de qualquer etnia, classe social, convicção filosófica ou tradição religiosa. O que a liturgia poderá acrescentar a tudo isso? SC 2 usa dois termos significativos. "A liturgia [...] contribui para que os fiéis *exprimam* em suas vidas e aos outros *manifestem* o mistério de Cristo e a genuína natureza da verdadeira Igreja". A liturgia é um momento de expressão, de epifania, de manifestação deste mistério presente em toda a realidade, pessoal, social, universal[7]. É um "ato de linguagem". Como cristãos, que aceitamos a revelação do mistério em Cristo, reconhecemos sua presença em experiências cotidianas (de vida e morte, de encontros e desencontros, de força e fragilidade...), em sinais dos tempos, no desenrolar da história. E somos chamados a reconhecer, nomear, apontar, expressar, manifestar este mistério, celebrando a memória de Jesus. Dessa forma, os momentos litúrgicos, celebrativos, não podem mais ser entendidos como únicos momentos de salvação, mas como expressão de uma atuação de Deus que extrapola a celebração. O Documento de Medellín (1968) explicitará mais tarde que é preciso discernir a presença ativa e transformadora do Ressuscitado e os sinais do Reino nos processos de transformação sociais e políticos do continente e buscar a unidade vital entre fé, liturgia e compromisso social. E a Teologia da Libertação situa a realidade sacramental em relação com o Reino de Deus que é anunciado aos pobres e que vai crescendo no meio deles, a favor deles.

Por isso, depois do Concílio, a teologia litúrgica e sacramental substituiu a teoria da instrumentalidade pela teoria simbólica[8]. Não entendemos mais os sacramentos e toda a liturgia como os únicos

7. Cf. Maldonado, Luís, Interpretações sobre a constituição *Sacrosanctum Concilium*, in: *A ação litúrgica. Sacramento e celebração*, São Paulo, Paulus, 1998, 37-46. O autor relaciona os termos "expressar", "atualizar", "representar" e "celebrar". Propõe o termo "atualizar" como tradução do latim *exercere* usado em SC 2: a liturgia atualiza a ação de nossa redenção, possibilitando, assim, nossa participação nela.
8. Cf. Sante, Carmine di, Cultura e liturgia, in: Sartore, D.; Triacca, A. M. (orgs.), *Dicionário de liturgia*, São Paulo, Paulinas/Paulistas, 1992, 346-347.

momentos de encontro com o Crucificado/Ressuscitado, mas como momentos simbólicos que expressam e intensificam nossa imersão e participação no mistério de Cristo ao longo da vida, ao longo dos acontecimentos e dos encontros e desencontros humanos, nas experiências cotidianas, tanto pessoais como sociais e universais, no crescimento do Reino em nosso meio.

Assim superamos a compreensão estreita, individualista, quase que mecânica pela qual os sacramentos eram entendidos antes do Concílio, como "instrumentos" da salvação, sem relação com o Mistério Pascal e sem uma preocupação maior com a adesão pessoal de fé, consciente e consequente por parte de quem "recebia" o sacramento. "Batizou, salvou!"; esta maneira de pensar foi ultrapassada pelo Concílio.

8. Relevância atual do tema da sacramentalidade e desafios

Tantos anos já se passaram. E agora? A SC ainda tem alguma relevância para nossa maneira de celebrar e compreender a liturgia? Sem a preocupação de esgotar o assunto, pontuarei alguns aspectos da sacramentalidade da liturgia apresentada na SC e que me parecem significativos para os dias de hoje:

a) A colocação da liturgia dentro da história e da economia universal da salvação com ênfase na "recapitulação" de tudo em Cristo abre perspectivas para celebrações litúrgicas atentas aos acontecimentos atuais, a aspectos da revelação de Deus em outras tradições religiosas ou espirituais e na busca da verdade por meio do trabalho científico. A SC deve ser relida inclusive à luz de documentos conciliares posteriores, como *Gaudium et Spes* (sobre a Igreja no mundo), *Ad Gentes* (sobre a atividade missionária da Igreja), a fim de tirar as conclusões para as celebrações litúrgicas. Será que, ao participar de uma celebração litúrgica, seja Eucaristia ou um dos outros sacramentos, seja Ofício Divino ou celebração da Palavra de Deus..., vivenciamos e temos consciência de que, neste determinado momento (hoje), estamos imersos no mistério de Deus, que abrange toda a história, desde a criação até a parusia, e que a liturgia é chamada a expressar isso?

b) A salvação diz respeito à nossa realidade atual! De que necessitamos ser salvos? Onde estamos nos perdendo, em âmbito pessoal, comunitário, social, cósmico? Em cada comunidade local, a liturgia deverá anunciar a salvação dentro da situação real de "perdição": fome, miséria, desigualdade social, violência, consumismo, dependência de drogas, discriminação e exclusão social, racial, sexista, religiosa, falta de busca do sentido profundo da vida. Não podemos deixar de expressar nas celebrações litúrgicas as alegrias e esperanças, as tristezas e angústias da humanidade. Não podemos deixar de levar a um compromisso ético de solidariedade entre os seres humanos e de preservação e cuidado com os recursos naturais. A homilia deveria ser um dos momentos privilegiados para fazer uma leitura teológica dos acontecimentos, à luz da palavra proclamada e do mistério celebrado. Devemos perceber e celebrar o Mistério Pascal acontecendo na atualidade, como "Páscoa de Cristo na Páscoa da gente, Páscoa da gente na Páscoa de Cristo"[9]. Com palavras, símbolos e ações simbólicas, devemos expressar a atuação transformadora de Cristo e de seu Espírito em nossa realidade. Onde a vida está vencendo a morte? Onde a ressurreição está acontecendo entre nós? Onde Cristo vem ao nosso encontro, para resgatar a vida, para implementar a comunhão e participação? Quais são os sinais dos tempos que revelam sua presença atuante na história? Onde o Reino está aparecendo?

---

9. CNBB, *Animação da vida litúrgica no Brasil*, doc. n. 43, item 300.

c) O cuidado com a ecologia pode transparecer também na maneira simbólica, significativa, de usar a água, o óleo, o pão e do vinho, o incenso, as flores nas ações litúrgicas. Afinal, por força da encarnação de Deus e da recapitulação de todo o universo em Cristo, o cosmos foi por assim dizer recriado; fala-nos da ressurreição e da vida nova em Cristo. Podemos assim falar do mundo como "corpo de Deus"[10] que merece respeito, admiração, cuidado, e que nos leva à adoração, ao louvor...
d) A liturgia, como expressão do mistério da salvação, traz em seu bojo a proposta para uma nova sociedade, baseada na dignidade de cada ser humano e na vocação da humanidade para a comunhão e a participação (*koinonia*). Até que ponto temos conseguido expressar isso, ou melhor, operacionalizar isso, na maneira de formar, organizar, presidir a assembleia litúrgica? Saímos das celebrações litúrgicas com a certeza de uma experiência vivida: uma nova sociedade é possível?
e) Não é possível expressar a fé na liturgia sem levar a sério os "sinais sensíveis", sem levar a sério a ritualidade, sem uma consciência simbólica, sem aprender a vivenciar as ações litúrgicas com nosso ser por inteiro, de forma holística (corpo/mente/coração/espírito). Temos consciência de que, por meio dos sinais sensíveis da liturgia (coisas para ver, ouvir, sentir, cheirar, apalpar...), o Cristo ressuscitado, com seu corpo glorioso, nos "toca" com seu Espírito Divino e quer transformar, "pascalizar" a nós e a toda a realidade histórica e cósmica? Nossa realidade humana sofrida, difícil..., entra em contato com a vida divina, criadora, renovadora, restauradora, divinizante..., presente sacramentalmente na assembleia reunida, na Palavra proclamada e interpretada, no Pão e no Vinho partilhados em memória de Jesus, nos cantos e nos gestos

10. Cf. McFague, Sallie, O mundo como corpo de Deus, *Concilium*, Petrópolis, 295 (2002/2) 55-62.

de oração. Temos consciência de que estamos sendo "tocados" por Cristo, em sua realidade humano-divina? Por meio dos sinais sensíveis da liturgia, com nossa corporeidade, podemos ver o Cristo, ouvir o Cristo, tocá-lo e sermos tocados por ele..., e assim, podemos ver, ouvir, tocar Deus e ser tocados por ele. É Deus ao alcance de nossos ouvidos, de nossos olhos, de nossas mãos! Deus nos toca e se deixa tocar, em mistério, sacramentalmente, para realizar conosco, em nós e no mundo, a grande comunhão, até que Deus seja "tudo em todos" (1Cor 15,28). A cada celebração, estamos expressando nossa fé ritualmente, sacramentalmente, por sinais sensíveis que realizam o que significam, em mistério; a cada celebração, unidos cada vez mais estreitamente a Cristo, como Povo de Deus, assumimos o compromisso de viver nossa vida toda pascal, evangélica e lucidamente, num mundo que prega a guerra, o consumismo, o egocentrismo e o etnocentrismo...

e) Por fim, cabe uma indagação: por que até agora não vingou a proposta da SC no que diz respeito à sacramentalidade da liturgia? Onde a renovação litúrgica está estrangulada e por quê? Quais os maiores obstáculos? Estamos a fim de removê-los? Como?

Liturgia no coração do mundo de hoje: novo jeito de ser Igreja, novo jeito de celebrar a partir da *Gaudium et Spes*[1]

1. Prelúdio

"Anunciamos, Senhor, a vossa morte e proclamamos a vossa ressurreição. Vinde, Senhor Jesus!"

Anunciamos, Senhor, a vossa morte acontecendo na morte das vítimas da desigualdade social e das guerras provocadas para incrementar o lucro com a venda de armamentos; na morte dos moradores de rua assassinados, queimados, enterrados vivos; na morte de povos indígenas impedidos de recuperar suas terras ancestrais; na morte de milhares de usuários de drogas, de vidas abortadas antes do nascimento, na morte de vítimas da fome, da falta de saneamento básico, de um trânsito violento...

Proclamamos, Senhor, a vossa ressurreição naqueles que conseguem dar a volta por cima da pobreza, da falta de tudo na vida, da mágoa, da cobiça e da vontade de vingança, da inércia e da falta de vontade de viver e lutar; naqueles que promovem o direito e condições de vida digna, cidadania e paz entre povos e culturas; naqueles

---

1. Texto elaborado a partir de palestra realizada na 27ª Semana de Liturgia, 14-18 de outubro de 2013, em São Paulo, organizada pelo Centro de Liturgia Dom Clemente Isnard, em parceria com o Unisal (Pio XI) e Rede Celebra. [Originalmente publicado em: Abreu, Elza Helena de; Souza, Ney de (orgs.). *Concílio Vaticano II. Memória e esperança para os tempos atuais*. São Paulo: Paulinas/Unisal, 2014, 164-178. (N. do E.)]

que promovem e trabalham para instaurar estruturas de justiça e do bem viver, naqueles que trabalham para recuperar o equilíbrio ecológico de nossa Mãe Terra...

Vinde, Senhor Jesus! Não nos deixeis cair no indiferentismo, no individualismo, no egoísmo. Despertai em cada um e em cada uma de nós a bondade, o bem-querer, a solidariedade, o amor que acredita, sonha e trabalha por um mundo melhor para todos e todas, em igualdade, em fraternidade universal, na diversidade de povos, culturas, tradições religiosas...

Queremos, Senhor, celebrar nossas liturgias de modo a manter viva vossa "memória perigosa" no mundo, nas Igrejas, em cada um e cada uma de nós, para que venha e desabroche o vosso reino.
A Páscoa é possível, já está acontecendo.

2. Proposta

A Constituição sobre a Sagrada Liturgia, *Sacrosanctum Concilium* (SC), foi o primeiro documento promulgado pelo Concílio Vaticano II, em 4 de dezembro de 1963. Levando em conta o caráter unitário do magistério do deste Concílio[2], chamo a atenção para as exigências que se impõem no modo de celebrar e compreender a liturgia a partir da "Constituição Pastoral *Gaudium et Spes*, sobre a Igreja no mundo de hoje" (GS), promulgada dois anos mais tarde, na última sessão do Concílio, em 7 de dezembro de 1965. Num primeiro momento apresento o sumário da GS e destaco alguns artigos daquela constituição que me parecem fundamentais para o nosso tema. Num segundo momento, lembro sumariamente como a chamada "recepção criativa" do

2. Cf. Alberigo, Giuseppe, A Constituição *Gaudium et Spes* no quadro do Concílio Vaticano II, in: Baraúna, Guilherme (ed.), *A Sagrada Liturgia renovada pelo Concílio*, Petrópolis, Vozes, 1964, 170-196.

Concílio Vaticano II a partir de Medellín[3] influenciou a maneira de sermos Igreja e de celebrarmos e compreendermos a liturgia na América Latina e mais especificamente no Brasil – e da qual, infelizmente, a prática pastoral atual tem se afastado bastante. Seguem elementos teológico-litúrgicos e indicações práticas para uma liturgia que seja, de fato, cume e fonte da vida da Igreja, também em sua missão no mundo de hoje; uma liturgia que expresse e alimente o sacerdócio dos batizados, assumido na vida pessoal, familiar, profissional, social, política; uma liturgia dócil ao Espírito e atenta aos sinais dos tempos, ao Mistério Pascal acontecendo na história atual.

3. Constituição Pastoral *Gaudium et Spes*, sobre a Igreja no mundo de hoje

3.1. Sumário do documento

Trata-se de um texto bastante extenso (93 artigos), organizado da seguinte forma: no proêmio, aponta para a atitude fundamental de *solidariedade* da Igreja com a família humana universal, destinatária das palavras do Concílio e à qual a Igreja quer *servir*. Na introdução, traça a condição humana no mundo de hoje. Na primeira parte, trata da Igreja e da vocação humana: 1. A dignidade da pessoa humana; 2. A comunidade humana; 3. O sentido da atividade humana no mundo; 4. A função da Igreja no mundo de hoje. Na segunda parte, analisa, à luz do evangelho, alguns problemas mais urgentes daquele tempo apontando possíveis caminhos de solução: 1. A promoção da dignidade do matrimônio e da família; 2. A promoção da

3. II Conferência Geral do Episcopado para a América Latina realizada em Medellín, Colômbia, em 1968 e resultando no *Documento de Medellín*: CELAM, *A Igreja na atual transformação da América Latina à luz do Concílio Vaticano II. Conclusões de Medellín*, 1968.

cultura; 3. A vida econômico-social; 4. A vida da comunidade política; 5. A construção da paz e a promoção da comunidade dos povos. Conclui apontando para o dever de cada fiel e das Igrejas particulares; o diálogo entre todos os homens [e mulheres]; construir o mundo e levá-lo à sua finalidade.

Decididamente, o Concílio enxerga a Igreja não como um organismo afastado ou isolado do "mundo", mas imerso nele, imerso na sociedade, onde seus membros devem atuar como fermento na massa, como testemunhas e servidores, em diálogo[4] com todas as pessoas, tendo em vista a "fraternidade universal" (cf. GS 3 e 91).

3.2. Alguns trechos significativos da GS em perspectiva litúrgica

Ao participarmos da liturgia, como discípulos de Jesus Cristo, somos convidados a trazer, ecoando em nosso coração, a vida e as experiências das pessoas que encontramos naquele dia, naquela semana e das pessoas do mundo inteiro:

> GS 1 – As alegrias e as esperanças, as tristezas e as angústias dos homens [e mulheres] de hoje, sobretudo dos pobres e de todos aqueles que sofrem, são também as alegrias e as esperanças, as tristezas e as angústias dos discípulos [e discípulas] de Cristo; e não há realidade alguma verdadeiramente humana que não encontre eco no seu coração. Porque a sua comunidade é formada por homens [e mulheres] que, reunidos em Cristo, são guiados pelo Espírito Santo na sua peregrinação em demanda do reino do Pai, e receberam a mensagem da salvação para comunicá-la a todos. Por esse motivo, a Igreja sente-se real e intimamente ligada ao gênero humano e à sua história.

4. O termo ocorre dezessete vezes na GS.

O mistério celebrado na liturgia visa à salvação integral de cada pessoa e da humanidade como um todo, a partir do "germe divino" que foi depositado em nós:

> GS 3 – Trata-se, com efeito, de salvar a pessoa humana e de restaurar a sociedade humana. Por isso, o homem [ser humano] será o fulcro [eixo] de toda a nossa exposição: a pessoa humana na sua unidade e integridade: corpo e alma, coração e consciência, inteligência e vontade. Eis a razão por que este sagrado Concílio, proclamando a sublime vocação do homem [ser humano], e afirmando que nele está depositado um germe divino, oferece ao gênero humano a sincera cooperação da Igreja, a fim de instaurar a fraternidade universal que a esta vocação corresponde. Nenhuma ambição terrena move a Igreja, mas unicamente este objetivo: continuar, sob a direção do Espírito Consolador, a obra de Cristo, que veio ao mundo para dar testemunho da verdade, para salvar e não para julgar, para servir e não para ser servido.

Reunidos em assembleia litúrgica conduzida pelo Espírito de Deus, escutando a Palavra de Deus e celebrando o mistério de nossa fé, somos convidados a perceber os verdadeiros sinais da presença ou da vontade de Deus em nossa realidade:

> GS 11 – O Povo de Deus, movido pela fé com que acredita ser conduzido pelo Espírito do Senhor, o qual enche o universo, esforça-se por discernir nos acontecimentos, nas exigências e aspirações, em que participa juntamente com os homens [e mulheres] de hoje, quais são os verdadeiros sinais da presença ou da vontade de Deus. Porque a fé ilumina todas as coisas com uma luz nova e faz conhecer o desígnio divino acerca da vocação integral do homem e, dessa forma, orienta o espírito para soluções plenamente humanas.

Não somente os cristãos que participamos da liturgia, mas todas as pessoas de boa vontade de alguma forma estão associadas ao Mistério Pascal de Jesus Cristo, o "homem novo", que dá a todos a possibilidade de viver a lei nova do amor:

> GS 22 – O mistério do homem só no mistério do Verbo encarnado se esclarece verdadeiramente [...]; pela sua encarnação, Ele, o Filho de Deus, uniu-se de certo modo a cada homem [...]. O cristão, tornado conforme à imagem do Filho, que é o primogênito entre a multidão dos irmãos, recebe "as primícias do Espírito" (Rm 8,23), que o tornam capaz de cumprir a lei nova do amor [...]; associado ao Mistério Pascal e configurado à morte de Cristo, vai ao encontro da ressurreição, fortalecido pela esperança [...]. E o que fica dito vale não só dos cristãos, mas de todos os homens de boa vontade, em cujos corações a graça opera ocultamente. Com efeito, já que por todos morreu Cristo e a vocação última de todos os homens é realmente uma só, a saber, a divina, devemos manter que o Espírito Santo a todos dá a possibilidade de se associarem a este Mistério Pascal por um modo só de Deus conhecido.

É urgente acabar com o "divórcio" entre fé e vida, entre "igrejeiros" e "engajados". Os primeiros não perdem uma missa, mas não querem saber de política nem se interessam pelas ações sociais para humanizar a humanidade. Os "engajados", ao contrário, estão vivamente empenhados nas lutas por uma sociedade mais justa e fraterna, mas não costumam ser participantes assíduos da liturgia, talvez porque somente encontram liturgias alienadas da realidade social. Como acabar com esse "divórcio", considerado um dos mais graves erros de nosso tempo? Como fazer a síntese vital entre fé e vida, entre liturgia e engajamento social e político?

> GS 43 – O Concílio exorta os cristãos, cidadãos de ambas as cidades, a que procurem cumprir fielmente os seus deveres terrenos, guiados

pelo espírito do evangelho. Afastam-se da verdade os que, sabendo que não temos aqui na terra uma cidade permanente, mas que vamos em demanda da futura, pensam que podem por isso descuidar os seus deveres terrenos, sem atenderem a que a própria fé ainda os obriga mais a cumpri-los, segundo a vocação própria de cada um. Mas não menos erram os que, pelo contrário, opinam poder entregar-se às ocupações terrenas, como se estas fossem inteiramente alheias à vida religiosa, a qual pensam consistir apenas no cumprimento dos atos de culto e de certos deveres morais. Este divórcio entre a fé que professam e o comportamento cotidiano de muitos deve ser contado entre os mais graves erros do nosso tempo [...]. A exemplo de Cristo, que exerceu um mister de operário, alegrem-se antes os cristãos por poderem exercer todas as atividades terrenas, unindo numa síntese vital todos os seus esforços humanos, domésticos, profissionais, científicos ou técnicos com os valores religiosos, sob cuja elevada ordenação, tudo se coordena para glória de Deus.

3.3. A herança da GS na pastoral da Igreja no Brasil

A Constituição Pastoral GS não ficou como letra morta entre nós, aqui no Brasil. A partir da base e incentivadas pela CNBB e também pelo Celam, em âmbito de América Latina e do Caribe, foram surgindo e crescendo várias iniciativas no sentido de, a partir de nossa fé, contribuirmos para um mundo melhor, uma sociedade mais justa e mais fraterna, principalmente a partir dos pobres, injustiçados, excluídos. Lembremos – sem preocupação com a sequência – algumas dessas iniciativas que se espalharam pelo país inteiro e deram decididamente uma nova "cara" à Igreja no Brasil: Campanha da Fraternidade (de 1964 em diante); Comunidades Eclesiais de Base; Pastorais Sociais e organismos associados: Afro-Brasileira, Migrantes, Povo da Rua; Pessoa Idosa; Aids; Operária; Saúde; Pescadores, Carcerária;

Mulher Marginalizada; Cáritas; CBJP (Justiça e Paz); Ibrades; Ceris; CPT (Terra); Cimi (Indígenas); Pastoral da Criança; Pastoral do Menor; Pastoral da Sobriedade; Mutirão pela Superação da Miséria e da Fome; Apostolado do Mar; Pastoral Rodoviária; Pastorais das Migrações; Pastoral dos Refugiados, Nômades, Pescadores; Movimento Fé e Política; Peregrinações ao longo do Rio São Francisco; Grito dos Excluídos; Semana Social Brasileira etc.

Vale a pena lembrar ainda algumas pessoas-símbolo que marcaram esta época com seu jeito de atuar no mundo: Papa João XXIII, Mahatma Gandhi, Martin Luther King, Nelson Mandela, Madre Teresa de Calcutá, Dom Helder Câmara, Dom Paulo Evaristo Arns, Dom Pedro Casaldáliga, Dom Tomás Balduíno, Pe. Josimo Moraes Tavares, Santo Dias da Silva, Margarida Maria Alves, Dom Oscar Romero, Ir. Dorothy Stang e tantas outras[5].

3.4. Liturgias características da inserção da Igreja no mundo dos pobres na América Latina

Nesta mudança de atitude e atuação da Igreja no mundo de hoje, a liturgia não ficou esquecida. O já citado Documento de Medellín trata da liturgia no capítulo 9 e expressa claramente a necessária relação entre liturgia e compromisso de fé na realidade social no espírito da GS:

> O gesto litúrgico não é autêntico se não implica um compromisso de caridade, um esforço sempre renovado por ter os sentimentos de Cristo Jesus e por uma contínua conversão (n. 3).

5. Vejam outros nomes no *Ofício dos Mártires da Caminhada Latino-Americano*, São Paulo, Paulus, 2004.

> No momento atual da América Latina, como em todos os tempos, a celebração litúrgica comporta e coroa um compromisso com a realidade humana, com o desenvolvimento e com a promoção, precisamente porque toda a criação está envolvida pelo desígnio salvador que abrange a totalidade do homem (n. 4).
> Para que a liturgia possa proporcionar plenamente essas contribuições, é necessária: a) uma catequese prévia sobre o mistério cristão e sua expressão litúrgica [...]; e) conduzir a uma experiência vital da união entre a fé, a liturgia e a vida cotidiana, em virtude da qual chegue o cristão ao testemunho de Cristo (n. 7).

E assim foram se desenvolvendo liturgias "ligadas com a vida", principalmente nas CEBs: celebração dominical da Palavra de Deus; Ofício Divino das Comunidades; romarias da terra e das águas; celebrações por ocasião de ocupação de terra ou moradia; enterro e memória dos mártires e perseguidos políticos; vigílias em praça pública relacionadas com greves, jejuns, ocupações; vias-sacras, procissões, celebrações com a população de rua etc.

Algumas características dessas liturgias[6]: descentralização dos locais de celebração; participação ativa de todos e todas; informalidade; diversificação dos ministérios assumidos pelas comunidades; valorização da Palavra de Deus e nova maneira de interpretá-la; cultura popular.

Há traços de uma nova teologia litúrgica embutida nesta nova prática:

a) o povo pobre e oprimido, sujeito privilegiado da assembleia litúrgica, povo sacerdotal e primeiro destinatário da boa-nova anunciada na liturgia;
b) o grito e o lamento do povo expressos na oração dos fiéis;

6. Cf. Buyst, Ione, *Como estudar liturgia. Princípios de Ciência Litúrgica*, São Paulo, Paulus, [4]2003 (Col. Liturgia e Teologia), 67-86.

c) o Cristo presente na assembleia é o Cristo que se identifica com os pobres e manifesta sua compaixão por eles...

Textos bíblicos foram repetidos à exaustão para fundamentar e animar a relação entre liturgia e missão na sociedade: Êxodo 3; Isaías 1,10-20; Amós 5,21-25; Miqueias 6,6-8; Mateus 25,31-46; Lucas 10,29-37.

4. Elementos teológico-litúrgicos e indicações práticas: relação entre SC e GS, entre celebração litúrgica e missão dos cristãos na sociedade a serviço do Reino de Deus

1. A SC destacou a relação entre a liturgia e a história, sendo a liturgia *memorial* das ações salvadoras realizadas por Deus ao longo da história do Povo de Deus e atualizadas ritualmente na celebração litúrgica. A GS, no entanto, chama a atenção para a salvação realizada por Deus nos acontecimentos *atuais* da história pessoal, comunitária, mundial, cósmica.

2. A SC descreve a liturgia como sendo *celebração do Mistério Pascal* e fala da presença pascal transformadora de Cristo *nas ações litúrgicas*. A GS aponta para o Mistério Pascal como sendo um acontecimento cósmico e histórico, que *perpassa toda a realidade*. Portanto, a liturgia terá de levar em conta e *expressar* esta dimensão atual da salvação apontada pela GS; deverá chamar a atenção para os "sinais dos tempos" e explicitar a *passagem (Páscoa) salvadora* de Deus nestes acontecimentos atuais. Surge, então, o desafio: como sintonizar cada celebração litúrgica com a realidade de cada momento histórico, de cada grupo humano, e como *reconhecer* e *expressar* o Mistério Pascal presente e atuante nessas realidades?

3. Além disso, podemos dizer que a GS supõe a retomada da noção bíblica de *compromisso*, implícito na celebração memorial: a participação no memorial de Cristo, a celebração de seu Mistério Pascal,

nos reenvia sempre de novo à missão no meio do mundo, na história atual. Como garantir e otimizar esse compromisso na missão por parte dos participantes das celebrações litúrgicas?

4. A SC recuperou o conceito bíblico de "Povo de Deus", "povo sacerdotal", sujeito das celebrações litúrgicas (cf. SC 14 e 26), Corpo de Cristo Sacerdote, no Espírito Santo, oferecendo a Deus, na liturgia, o culto público e integral (cf. SC 7). No entanto, a GS faz uso do mesmo vocabulário cultual (sacerdócio e culto), referindo-se a *atividades não cúlticas*, ou seja, às atividades geralmente consideradas como "profanas". Os cristãos leigos e leigas participam do múnus (função) sacerdotal de Jesus Cristo e exercem este sacerdócio – chamado de sacerdócio dos batizados – antes de tudo pelo "culto espiritual", isto é, pela vida cotidiana, profissional, social, política vivida no Espírito. O sacerdócio vivido "no mundo" tem seu ponto culminante na ação sacerdotal do Povo de Deus na liturgia, principalmente na celebração eucarística, na qual tudo é oferecido ao Pai, juntamente com a oferta (oblação) do Corpo de Cristo: "Nós vos oferecemos, ó Pai, o pão da vida e o cálice da salvação". Assim, a vida vivida como culto espiritual, simbolizada no pão e no vinho, é a "matéria" de nossa oferta eucarística, inserida no memorial da oferta do próprio Cristo[7]. Por isso, podemos dizer que, como Povo de Deus sacerdotal, "consagramos a Deus o próprio mundo" (cf. LG 34 e GS 38). Quem vai à missa sem ter essa consciência e sem essa prática da vida cotidiana no Espírito acaba não participando de verdade da Eucaristia, sendo apenas um "estranho ou espectador mudo" de um rito, sem ter a consciência do mistério que este contém e que nele celebramos (cf. SC 48).

5. Portanto, a oferta do sacrifício de nossa vida, juntamente com a oferta de Jesus Cristo na celebração eucarística, assim como no Ofício Divino, supõe o sacrifício vivido no dia a dia em todas as realidades

7. Ensina-nos a SC 48: "Aprendam [os cristãos] a oferecer-se a si mesmos, ao oferecer juntamente com o sacerdote, não só pelas mãos dele, a hóstia imaculada".

e atividades da vida. Não se pode separar o sacerdócio na liturgia do sacerdócio no "mundo", nem separar o culto em sua expressão litúrgico-ritual da liturgia do culto existencial vivido ao longo do dia. Ou seja, há uma complementaridade entre o culto celebrado e o culto vivido no cotidiano, assim como entre nossa ação sacerdotal na liturgia e nossa ação como sacerdotes no mundo (e do mundo).

6. De nada adianta, então, multiplicar celebrações litúrgicas sem que haja uma contrapartida na "vida" a serviço do crescimento do Reino no mundo. O contrário também é verdadeiro: nenhuma pessoa cristã deveria atuar na missão, sem expressar e atualizar constantemente sua fé pela participação no mistério de Cristo celebrado na liturgia. A SC é bem clara ao afirmar que "a liturgia é o cume para o qual tende a ação da Igreja e, ao mesmo tempo, a fonte donde emana toda a sua força" (SC 10). E explicita o duplo movimento que vai dos "trabalhos apostólicos" à participação comunitária nas celebrações litúrgicas e, em seguida, da liturgia para a atuação na sociedade:

> A própria liturgia, por sua vez, impele os fiéis, que, "saciados dos sacramentos pascais, permaneçamos unidos no vosso amor"[8] [isto é, no amor de Deus]; reza que "conservem em suas vidas o que receberam pela fé"; a renovação da aliança do Senhor com a humanidade na Eucaristia solicita e estimula os fiéis para a caridade imperiosa de Cristo (SC 10)[9].

7. Vale a pena ressaltar a insistência de SC 14: "A liturgia é a primeira e necessária fonte, da qual os fiéis haurem o espírito verdadeiramente cristão". Na prática, no entanto, movimentos e pastorais oferecem uma multiplicidade de caminhos espirituais, a maioria das quais sem enraizamento no mistério celebrado na liturgia.

8. Oração pós-comunhão da Vigília Pascal, na tradução brasileira do Missal Romano.
9. Trad. Vozes, 1966.

8. A GS assumiu os valores da modernidade, entre as quais se destaca a autonomia do sujeito ético:

> Esse enaltecimento do sujeito ético, individual ou coletivo, vai de mãos dadas com a reivindicação da liberdade, do direito ou da prerrogativa de decidir. Esse relevo dado ao sujeito deveria levar ao primado da responsabilidade, o que nem sempre ou nunca acontece[10].

Daí a importância dada à ética na GS. Na liturgia, o espaço privilegiado da formação para a liberdade e a responsabilidade de decidir é certamente o catecumenato, restaurado pela renovação conciliar (SC 64), mas ainda ausente da maioria de nossas paróquias ou comunidades. Ao longo dos anos de formação vai-se aprendendo a passar do "homem velho" para o "homem novo", na expressão de São Paulo, até poder assumir nos sacramentos da iniciação a caminhada firme no seguimento de Jesus Cristo. Trata-se de um duplo combate: uma luta interior e um engajamento a serviço da fraternidade universal na sociedade.

9. Outro espaço para esta formação da autonomia e responsabilidade do sujeito ético de acordo com a proposta de Jesus é a liturgia da Palavra restaurada pela renovação conciliar. Ela oferece ao povo cristão a referência necessária para perceber o Mistério Pascal acontecendo hoje, isto é, para fazer uma leitura teológica dos acontecimentos, para desvendar os sinais do Reino de Deus na realidade pessoal, comunitária, social. Principalmente a homilia, partindo dos textos sagrados e interpretando-os a partir dos acontecimentos atuais, é formadora da consciência ética, provocadora de atitudes de acordo

---

10. Josaphat, Carlos, Uma reforma evangélica na plena fidelidade criativa ao Vaticano II, in: Passos, João Décio; Soares, Afonso M. L. (orgs.), *Francisco. Renasce a esperança*, São Paulo, Paulinas, 2013, 223-237, aqui 228. Vejam também: Melo, Amarildo José de, A Igreja em diálogo com a pós-modernidade, *Horizonte Teológico*, Belo Horizonte, v. 10, n. 20 (jul.-dez. 2011) 9-27.

com a proposta de Jesus, percebida na escuta atenta e cordial ao apelo que o Espírito suscita nos corações dos ouvintes. É apelo para que assumamos nossa responsabilidade, individual e comunitária, fazendo as escolhas certas. Como lemos em Deuteronômio 30,12: "Cito hoje o céu e a terra como testemunhas contra vós, de que vos propus a vida e a morte, a bênção e a maldição. Escolhe, pois, a vida, para que vivas, tu e teus descendentes".

10. Também a devolução da Liturgia das Horas (Ofício Divino) ao Povo de Deus, com o canto meditativo dos salmos e cânticos bíblicos, com as preces de louvor e intercessão pelas necessidades e urgências do mundo, principalmente dos pobres, é outra ponte que liga a liturgia com a realidade pessoal, social, universal. Durante a salmodia, o texto sagrado vai dialogando em nosso coração com nossas vivências e experiências.

11. Em todas as celebrações litúrgicas, momentos propícios para fazer referência à vida, à missão, aos acontecimentos são: recordação da vida, rito penitencial, homilia, oração dos fiéis, motivação ("monição") antes da liturgia eucarística (oferendas, oração eucarística, pai-nosso, livrai-nos..., abraço da paz, comunhão), avisos, bênção, despedida/envio em missão. Em momentos ou situações sociais ou políticas especiais, podemos organizar *liturgias ocasionais*, extraordinárias, relacionadas com os acontecimentos. Um belo exemplo nos deu o Papa Francisco com a celebração penitencial em Lampedusa, no dia 8 de julho de 2013, chamando a atenção do mundo inteiro para a dramática situação dos refugiados africanos que, fugindo da fome ou da perseguição política em seu continente, arriscam a vida para tentar chegar ao continente europeu[11].

11. Vejam a celebração na íntegra, disponível em: <http://www.youtube.com/watch?v=WdpL-SVklwo> (em inglês, 2:28:25). O texto da homilia em português: <http://www.vatican.va/holy_father/francesco/homilies/2013/documents/papa-francesco_20130708_omelia-lampedusa_po.html>. Acesso em 23 jul. 2025.

5. Considerações finais

Quais são as alegrias e esperanças, as tristezas e angústias, principalmente dos pobres, que *hoje* encontram eco em nosso coração (cf. GS 1) e como poderiam encontrar eco também em nossas liturgias? Como levar em conta em nossas celebrações a realidade dos mais pobres e explorados em nosso país, o adiamento da demarcação das terras ancestrais de povos indígenas, os conflitos no Oriente Médio, a fome na África, os desastres ecológicos no mundo inteiro...? Levar a sério e retomar as propostas do Concílio Vaticano II é uma questão de fidelidade ao Espírito que o inspirou e conduziu.

Liturgia, acontecimento teologal[1]

Tempos houve, não tão remotos, em que a "liturgia" era identificada com os "ritos" entendidos como realidade externa, concessão à corporeidade da pessoa humana – quase que um mal necessário – para possibilitar a "dispensação da graça de Deus". Essa, sim, era indispensável, invisível, inefável. Uma nova visão antropológica, não mais dualista, não mais admitindo separação entre corpo, alma e espírito, nos faz ver hoje a liturgia, com seus ritos e símbolos, com sua corporeidade, como sendo um acontecimento sacramental, teologal: no e pelos gestos humanos somos atingidos pelo próprio Cristo: é ele que fala, é ele que batiza, é ele que oferece seu corpo e sangue, é ele que reza e canta na comunidade reunida, é ele que nos faz passar da morte para a vida. A preocupação maior não é mais, como antigamente, com a correta execução dos gestos e fórmulas sacramentais principais, garantindo a "validade". Hoje a preocupação é com a comunicação, que permitirá uma maior e mais consciente participação de todos. Participação no mistério celebrado no e pelos ritos, no e pelos gestos e pelas palavras humanas, pelo acontecimento que é toda a celebração litúrgica. Mergulho no Mistério Pascal de Jesus Cristo que nos faz viver sua Páscoa no dia a dia de nossa história. Compromisso de aliança com o Deus da vida que nos faz reforçar no dia a dia os laços de solidariedade dos pequenos que se defendem das alianças dos grandes.

Desde o início do século, o Movimento Litúrgico lutou para recuperar a compreensão teológica da liturgia, contra o formalismo

1. Originalmente publicado em: *Revista de Liturgia*, n. 95 [set.-out. 1989], 138-148. (N. do E.)

ritualista, o juridicismo, o racionalismo e ainda contra a redução da sacramentalidade aos sete sacramentos. O documento conciliar *Sacrosanctum Concilium* foi o coroamento dessa luta. Porém, nem sempre a promulgação oficial dos documentos chega a influenciar de imediato a vivência de todo o Povo de Deus! Até hoje, muitos continuam no velho formalismo ritualista, no racionalismo, no dualismo corpo-alma e – nos estudos teológicos – continuamos na maioria dos institutos com o estudo dogmático dos sacramentos separado do aspecto "celebrativo", "litúrgico".

Na América Latina, dois documentos do Celam marcaram o período pós-conciliar da renovação litúrgica: o Documento de Medellín, com sua preocupação com o processo pascal da história, e o Documento de Puebla, com sua opção evangélica pela imensa maioria esmagada e empobrecida do continente. Até que ponto o documento n. 43 da CNBB, *Animação da vida litúrgica. Elementos de Pastoral Litúrgica*, incorpora a visão teológica da liturgia oficializada no Vaticano II?

Até que ponto assumiu as preocupações e opções de Medellín e Puebla? Qual a visão teológico-litúrgica do documento? Este é o objeto do presente artigo.

Num primeiro momento analisaremos o capítulo II, III e IV sob o enfoque destes três temas:

a) a liturgia como celebração do Mistério Pascal;
b) o sujeito da ação litúrgica;
c) a sacramentalidade da liturgia.

Num segundo momento, realçaremos outros aspectos teológicos esparramados pelo documento: a teologia do domingo, da assembleia, da Palavra e da oração.

1. Uma questão de vida e de morte: a liturgia como celebração do mistério de Jesus Cristo

O documento assume e quer aprofundar o aspecto profético e transformador da liturgia (2). Parte decididamente da realidade sofrida do povo (14), dos grupos marginalizados, das grandes massas empobrecidas e oprimidas, desejosas de sua libertação integral (15). Reconhece esta realidade como sendo o solo fértil para a germinação das sementes de uma nova expressão litúrgica ligada à vida (15). Reconhece que a nova reflexão cristológica e eclesiológica latino-americana inova nas maneiras de celebrar a fé, principalmente nas CEBs (16). Reconhece como positiva uma oração comprometida com a transformação do mundo (27). Acha que a celebração deve brotar do chão da vida, estar enraizada nele e ser ao mesmo tempo ponto de partida e de chegada da vida cristã (201 e 221); deve integrar a vida que a antecede e sucede (203 e 206). Por isso, ao preparar a celebração, é preciso situá-la na vida da comunidade e na história que nos atinge (221 e 223), confrontando os textos da Bíblia com a realidade (224-225). Também durante a celebração a vida deve ser expressa: nas palavras iniciais (237), na homilia (276), na oração dos fiéis (284), na preparação das oferendas (293), na oração eucarística (301), na oração após a comunhão (326) e nos ritos finais (327-329).

Mas, afinal, o que nos permite afirmar tudo isso? O que nos permite ligar tão intimamente liturgia e vida, sofrimento, lutas e vitórias do povo, liturgia e acontecimentos, liturgia e história (entendida como transformação da realidade sociopolítica)? Qual a visão teológico-litúrgica que fundamenta essas afirmações? Qual é a salvação que é celebrada na liturgia? Por que falamos em "mistério da salvação"? E por que é preciso celebrar a salvação na liturgia? Não bastaria vivê-la?

O documento trabalha quase todas essas questões, embora não sistematicamente. Vamos tentar ajuntar e ordenar.

2. "Páscoa-fato" e "Páscoa-rito"

Antes de tudo, é preciso ter bem presente a diferença entre aquilo que poderíamos chamar de "Páscoa-fato" e "Páscoa-rito". Em outras palavras: a palavra "Páscoa" refere-se antes de tudo a um fato histórico, um acontecimento na vida do povo, uma realidade vivida. Não a um fato ou acontecimento qualquer, mas um fato ou acontecimento no qual o Povo de Deus reconhece a "passagem" (Páscoa) do Senhor, uma ação de Deus para libertar o seu povo. O fato "fundante" (que alicerça) o povo de Israel como povo eleito é o êxodo: a saída e a libertação da escravidão do Egito, rumo à Terra Prometida; fato que se tornou ponto de referência durante toda a vida de Israel. O fato "fundante" do novo Povo de Deus, povo da nova aliança, é Jesus Cristo: sua vida, morte e ressurreição; fato este que é ponto de referência para a vida pascal dos cristãos, sua vida eclesial e ainda para a interpretação dos acontecimentos do mundo e da história. O fato "fundante" da Páscoa-fato é celebrado periodicamente por meio de ritos, não só para gravá-lo na memória do povo, mas ainda para permitir que todos os acontecimentos da vida sejam entendidos, lidos, interpretados e vividos à luz daquele fato. É a isto que chamamos de "Páscoa-rito": a festa da Páscoa dos judeus, a Última Ceia do Senhor e a liturgia cristã em todas as suas formas, que é sempre celebração (Páscoa-rito) da Páscoa (acontecimento) de Jesus.

Nem sempre aparece no documento essa distinção. O item 49, por exemplo, diz que o Espírito continua exortando-nos a que ofereçamos nossa vida e nosso compromisso como hóstias vivas, santas e agradáveis a Deus, mas não distingue os dois momentos complementares desse culto espiritual: o momento celebrativo e a vida vivida. O item 300, embora contendo elementos valiosíssimos, coloca lado a lado a renovação dos gestos de Jesus na ceia e a renovação dos gestos de Cristo na Páscoa de sua vida, morte e ressurreição, não se percebendo que a ceia (Páscoa-rito) já contém a Páscoa da vida, morte e ressurreição do Senhor (Páscoa-fato), exatamente por ser sinal profético e sinal memorial desta.

3. A Páscoa dos judeus e a Páscoa do Senhor

Convém agora esclarecer mais ainda o sentido de Páscoa! Houve durante a história dois enfoques ao tratar da Páscoa[2]. A Páscoa dos judeus algumas vezes foi entendida mais como passagem do Senhor: ele pulou (passou) por cima das casas dos hebreus, que estavam pintadas com o sangue do cordeiro, salvando-os do extermínio que atingiu os primogênitos do Egito (Ex 12,26-27). Outras vezes o acento foi colocado mais na ação do povo que saiu do Egito e passou o Mar Vermelho, deixando para trás a escravidão (Dt 16; Ex 13–15). Com a Páscoa cristã aconteceu algo semelhante: alguns traduziam "Páscoa" por *passio*, "paixão", "sofrimento", e entendiam a celebração da Páscoa como memória da paixão do Senhor Jesus. Outros traduziam "Páscoa" por *transitus*, "passagem", e referiam-se à nossa passagem da morte para a vida pela participação dos sacramentos do batismo e da Eucaristia principalmente. Santo Agostinho faz a síntese dos dois enfoques: a Páscoa cristã é a passagem (*transitus*) de Jesus deste mundo para o Pai (Jo 13,1), mas que se faz por meio do sofrimento (*passio*) a que Jesus foi submetido. "Paixão e ressurreição do Senhor: eis a verdadeira Páscoa", conclui Agostinho.

Jesus enfrentou o sofrimento e a morte, decorrentes de sua missão por amor ao Pai, por amor aos pobres. Tentou compreender e aderir à vontade do Pai (Mc 14,36). Acreditou no Pai; entregou-se na mão daquele que o podia salvar da morte. E o Pai, de fato, o salvou, ressuscitando-o dos mortos, exaltando-o acima de todos, colocando "lá

2. CANTALAMESSA, RAINIERO, *Il mistero pasquale. Meditazioni bibliche e patristiche*, Padova, Messagero di S. Antonio, 1981.

em cima" aquele que foi pisado, humilhado, crucificado. E assim ele se tornou motivo de esperança e vida para todos aqueles que sofrem, como ele, por causa da justiça, por causa do evangelho, por causa do Reino. E é por isso que falamos de "Mistério Pascal": na Páscoa de Jesus foi revelado e realizado o plano secreto (*mysterion*) do Pai, projeto de vida plena para todos, vida conquistada por longo e penoso trabalho realizado no amor, derrotando todas as forças da morte que acabam com a vida do povo. E é por isso que, no coração da liturgia, afirmamos num grito vitorioso: "Eis o mistério da fé". Anunciamos a morte do Senhor e proclamamos sua ressurreição, até a realização plena do Reino, até a Páscoa definitiva.

No item 47, faltou mostrar a ligação entre o agir de Jesus a favor dos marginalizados e a sua morte violenta na cruz. O documento dá a entender que a salvação se realizou pela união hipostática (união do humano e do divino); a rigor, nem precisava, então, da cruz. O item 48 fala que Deus tirou o pecado do mundo e nos abriu o caminho da libertação definitiva..., mas não diz como identificar este pecado e esta libertação hoje, em nossa história. Teria sido interessante começar o capítulo sobre a celebração do mistério da salvação, não falando logo do projeto de comunhão conosco (44), mas evocando primeiro a realidade atual, necessitada de salvação. Quem não percebe a vida e a história como não satisfatórias não quer ouvir falar num "projeto de salvação". Cristo veio nos salvar do que, afinal? Será preciso ler os itens 47 e 48 num fôlego só com os itens 49 e 50, que de algum modo os corrigem e completam.

4. A Páscoa da Igreja e a Páscoa da história atual

O mistério da Páscoa, o mistério da passagem das situações de morte para a vida plena, não se restringe à pessoa de Jesus. E, neste ponto, o documento não deixa dúvidas (vejam principalmente os itens

48-50, 65, 125 e 203-206). O mesmo Espírito que fez acontecer a Páscoa de Cristo faz acontecer também a Páscoa na vida de cada um de nós, na vida e missão da Igreja e também fora da Igreja, no processo de transformação da história. A vida de cada um de nós, a vida da Igreja, a caminhada do continente latino-americano são vividas e entendidas como processo pascal, caminhada pascal, vida pascal, no Espírito Santo. Por isso, podemos falar de nossa Páscoa, Páscoa da Igreja, Páscoa da história. A nossa Páscoa é fruto da Páscoa de Cristo. Nela Deus interveio definitivamente na história, derrotando as forças da morte e nos libertando juntamente com seu Filho, que se fez um de nós, solidário nas alegrias e nas tristezas, nas lutas e nas vitórias, no sofrimento e na morte. O seu Espírito nos impulsiona a continuar sua missão até que todas as dimensões de nossa vida humana estejam impregnadas da realidade do Reino.

A Páscoa acontece hoje quando participamos da paixão de Cristo pelo nosso serviço e nosso amor, pelo oferecimento de nossa vida, de nossos sofrimentos, pelo compromisso de servir aos irmãos na construção do Reino (48-49). A Páscoa acontece hoje "no esforço por crescente comunhão participativa, na consciência de nossa vocação missionária, no empenho pela acolhida e animação catequética da Palavra; no espírito de amplo diálogo ecumênico e na séria, corajosa e profética ação transformadora do mundo" (50). "Páscoa de Cristo na Páscoa da gente, Páscoa da gente na Páscoa de Cristo" (300).

Interessante notarmos o avanço em relação à teologia da Constituição *Sacrosanctum Concilium*, na qual sempre temos a impressão de que a liturgia é a única realidade existente entre a Páscoa de Cristo e a parusia. A nossa história concreta parece suspensa. Ela não é contemplada expressamente. Se este documento conciliar tivesse sido elaborado e votado depois da *Gaudium et Spes* (Constituição Conciliar sobre a Igreja no Mundo de Hoje), certamente outra teria sido sua teologia litúrgica.

O documento da CNBB reflete algumas vezes essa visão pré-*Gaudium et Spes*, pré-Medellín, no item 39, por exemplo, quando fala da salvação como algo estático, já pronto, realizado uma vez por todas e que deve ser apenas "perpetuado" na história por meio da liturgia. Não se menciona a práxis libertadora, não se situa a liturgia no contexto histórico, na caminhada pascal. Também no item 44 volta a mesma visão liturgocêntrica, a obra da salvação é tornada presente na Igreja apenas na liturgia; esquece de falar da *diakonia* (serviço), da *martyria* (testemunho), da *koinonia* (comunhão, inclusive de bens), nas quais também é realizada a obra da salvação. Ou não? (Aliás, no documento todo não aparece nenhuma referência à realidade do martírio, tão presente em nosso país.)

Em certos momentos, o documento parece restringir a presença da obra da salvação ao âmbito da Igreja. No item 50-52, por exemplo, fala muito acertadamente do caráter pascal das dimensões pastorais; fala da Páscoa da Igreja. Mas omite a Páscoa da história. Em nenhum momento identifica claramente salvação com libertação, como passagem (Páscoa) da morte para a vida, de condições menos humanas para condições mais humanas, como faz Medellín[3]. Faltou colocar mais claramente a salvação na realidade de morte, opressão, miséria, luta pela sobrevivência e pela participação política. Na América Latina hoje, Páscoa é vitória da vida sobre a morte. E libertação da dependência econômica, política, social e cultural. E resistência de milhares de sofredores, povo oprimido que luta com garra ou simplesmente sobrevive, confiando em alguém; esperando contra toda esperança..., por obra do mesmo Espírito Santo, que atuou em Cristo e que continua atuando na Igreja.

---

3. Buyst, Ione, Medellín da liturgia, *REB* 48 (1988), 860-875.

5. Celebrar a totalidade do Mistério Pascal

Se a liturgia cristã é a "Páscoa-rito" que celebra a "Páscoa-fato" e se a Páscoa-fato abrange a Páscoa de Jesus, assim como a Páscoa da Igreja e a Páscoa da história, as quais são decorrentes da primeira, então, "não é possível celebrar um ato litúrgico alheio ao contexto da vida real do povo, em sua situação pascal" (55). Por isso, os bispos acolhem o anseio do povo de poder celebrar os acontecimentos da vida no Mistério Pascal de Cristo, porque a liturgia deve celebrar a totalidade do mistério de Cristo, da Igreja (50) e da história (cf. 49: o Espírito envolve no Mistério Pascal a vida, as lutas e as esperanças de todas as pessoas; não só dos membros da Igreja, portanto).

Assim, a liturgia é memória da vida, paixão e morte de Cristo; mas é memória também, em Cristo, dos acontecimentos da vida do povo, nos quais se percebe uma torrente de graças transbordando na história (65). "De fato, milhares de homens e mulheres, individual e comunitariamente, sob a ação do Espírito Santo, encheram de vida, sentido e luz a sua história, revivendo nela o Mistério Pascal de Jesus Cristo" (65). (Talvez fosse melhor dizer "vivendo" e não "revivendo", porque o mistério continua presente na história atual). E memória daquilo que Deus fez ontem, mas também do que faz hoje e fará sempre (203).

É a partir da nossa realidade atual que é preciso vivenciar cada uma das dimensões da liturgia: o memorial, a glorificação da Trindade, a ação de graças, a súplica e intercessão, o pedido de perdão, o compromisso, a dimensão escatológica (n. 65-74): também na dimensão de oferta (oblação, sacrifício) que não é mencionada no capítulo IV, mas que é lembrada nos itens 276 (a homilia deve despertar a atitude de sacrifício...), 294 e 300 (os fiéis reunidos em assembleia oferecem ao Pai a hóstia imaculada e também a si próprios, na sua Páscoa). Daí a importância de várias sugestões práticas, principalmente na segunda parte, no sentido de expressar na liturgia o caráter pascal dos acontecimentos, da vida pessoal, comunitária e social. Pois só poderemos celebrá-los se forem trazidos dentro da celebração em forma de preces, testemunhos, símbolos, gestos etc.

6. O mistério da liturgia

O mistério da Páscoa ocorre nos fatos da vida diária e no processo histórico da vida do continente, na vida do mundo; chamamos isso de "Páscoa-fato". Mas o mistério acontece também no momento em que o povo reunido celebra esta Páscoa-fato. Ou seja, ele acontece também na "Páscoa-rito". Em outras palavras, a força viva e vivificante de Deus que levanta os mortos, faz os cegos enxergarem e os surdos ouvirem, o dinamismo do Espírito de Deus que trabalha na transformação da história, está presente também e atua fortemente no momento celebrativo, na liturgia (49). Ele atua sobre a comunidade (201), congregando-a na unidade, fazendo com que se torne Corpo de Cristo (299) para continuar sua missão no aqui e agora da história, fazendo com que ofereça ao Pai o sacrifício de Jesus Cristo, incluindo nele a oferta de sua própria vida (294 e 300).

É por isso que podemos falar do "mistério da liturgia", embora o documento não use este termo. Na e pela ação litúrgica somos mergulhados na vida nova que vem de Cristo e do Espírito. Na e pela ação litúrgica somos envolvidos comunitariamente no amor do Pai e do Filho e do Espírito Santo, que vem estreitar os laços da nova e eterna aliança com seu povo. Cada celebração litúrgica é momento único e irrepetível. É comunhão e participação. É renovação da aliança no aqui e agora de nossa história. É proposta de Deus que exige nossa resposta neste momento. É promessa da parte de Deus, que supõe nosso compromisso. É doação da parte do Senhor, que chama por nossa entrega incondicional aqui e agora. É santificação nossa que suscita a glorificação do Pai e vice-versa. É louvor, é bem querer, é gratuidade.

No meio da humanidade, muitas vezes distraída em tantos afazeres ou preocupada com interesses opostos ao Reino, o Pai constitui um povo sacerdotal, Povo de Deus, para reconhecer sua ação pascal na história e cantar os seus louvores.

7. O sujeito (agente) da ação litúrgica: os parceiros da aliança

7.1. Quem são os parceiros que celebram a nova aliança?

A mesma tradição judaica que nos legou a Páscoa como paradigma (modelo, imagem) para nossa caminhada pessoal, eclesial e histórica nos legou também outro conceito, inseparável da Páscoa: aliança (*berit*). A festa da Páscoa e a festa da aliança em Israel são ambas comemorações do êxodo. Êxodo e aliança são dois momentos/aspectos complementares das relações de solidariedade entre Deus e o povo dos hebreus, povo marginalizado à procura de sobrevivência, liberdade, identidade. Na Última Ceia, ceia da nova Páscoa, Jesus identificou o sangue do novo Cordeiro pascal com o sangue da aliança, como já era costume na tradição judaica da época[4]. A partir daí, a liturgia cristã é celebração da Páscoa e ao mesmo tempo celebração da nova aliança entre o Senhor e o seu povo, na qual os dois parceiros se comprometem mutuamente a viver a aliança no dia a dia. Daí que as muitas Páscoas de nossa vida e da história também são realizadas em "parceria" ("sinergia", dizem os orientais: ação conjunta, trabalho realizado em comum). Na liturgia expressamos e prometemos o que os parceiros da aliança realizaram ou irão realizar conjuntamente na história: a vitória da vida sobre todas as mortes, da qual a Páscoa de Jesus é fonte e garantia. Os agentes ou sujeitos da ação litúrgica são

4. Cf. Perez, Augustin del Agua, *El método midrásico y la exégesis del Nuevo Testamento*, Valencia, s.n., 1985, 211-216.

os mesmos que realizam a Páscoa no dia a dia da história: Deus e o povo, o Espírito e a Igreja, Jesus Cristo ressuscitado – Esposo – e a sua Esposa, parceiros da nova e eterna aliança. Teria sido interessante o documento partir da noção de aliança para falar do sujeito da ação litúrgica. Poderia assim ter perguntado: afinal, com quem o Deus da vida faz aliança hoje no contexto da sociedade conflitiva em que vivemos? Poderia ter relacionado com o Documento de Puebla, com sua opção pelos pobres e com o projeto de comunhão e participação que parte da Trindade e que deve ir influenciando todas as relações humanas, desde as raízes do amor até na sua dimensão econômica, social e política, graças à atividade pascal do Cristo glorioso que nos leva a transformar nosso trabalho e nossa história em gesto litúrgico (DP 211-219). Poderia ter perguntado: quem é que realmente está comprometido hoje com a libertação dos pobres? Quem é que procura cumprir os compromissos da aliança do Deus dos oprimidos com seu povo predileto e tem condições de celebrar esta aliança? Poderia ter explicitado a relação entre assembleia litúrgica e nova sociedade baseada na solidariedade. Poderia ter falado da relação entre participação na liturgia e participação política dos cristãos, entre compromisso assumido na liturgia e martírio. Teria lembrado, então, nesta perspectiva, as tantas assembleias litúrgicas hoje no continente, constituídas de pobres. Teria falado do compromisso que a celebração litúrgica encerra com a construção de uma sociedade justa e fraterna, de uma nova ordem econômica que garantisse a partilha dos bens e o fim da matança de milhares de seres humanos pela fome e pela repressão. Mas em vez disso o documento preferiu trabalhar com os conceitos de "sacerdócio" e "povo sacerdotal" (ver também item 64), sem em nenhum momento explicitar a relação destes com a nossa realidade. Os dois conceitos continuam válidos sem dúvida, mas talvez não sejam os mais relevantes, os mais adequados à realidade eclesial e histórica em que vivemos. À questão maior ao perguntarmos: "Quem celebra?", não gira hoje em torno de uma preocupação cultual, interna (o sacerdote como intermediário entre Deus e a humanidade), mas em torno da questão teológica que nasce da indignação com a realidade social: afinal, de que lado Deus está neste conflito entre classes oprimidas e classes opressoras? A quem ele se alia? Com quem celebra aliança? Com quem entra em comunhão-participação-solidariedade? Outra observação a ser feita: focalizando um dos parceiros da aliança (o Povo de Deus, povo sacerdotal) como agente litúrgico, o documento deixou na sombra o outro parceiro. Assim não é trabalhada neste capítulo a presença (pneumática) de Cristo na celebração e a chamada "linha descendente" da ação transformadora da graça e do Espírito na ação litúrgica. Assembleia litúrgica, expressão sacramental da Igreja, deixando de lado o que o documento não disse, vamos ao que, de fato, afirma, principalmente no capítulo II. Começamos com o próprio título deste capítulo: "O Povo de Deus celebra a salvação". Quem não reconhece nesta afirmação a conquista do Concílio Vaticano II: não é o padre que celebra, mas toda a comunidade reunida em assembleia? Olhando mais de perto, no entanto, perguntamos: quem faz parte deste Povo de Deus? Será que os pobres ocupam no documento o espaço que conquistaram na prática litúrgica das comunidades? Parece que não. No capítulo III, só há uma única referência, indireta, aos "grupos étnicos" e às "grandes massas empobrecidas" (55). Fora desse capítulo, merece destaque a expressão "homens e mulheres", que volta sistematicamente: as mulheres são consideradas. O termo "pobres" aparece, sim, porém mais como objeto de caridade do Povo de Deus (292, de alguma maneira corrigido no 293) ou como um grupo que o Povo de Deus leva em conta (15) ou com o qual convive (53). Se a assembleia litúrgica é "expressão sacramental da Igreja" (54), podemos perguntar: qual é o modelo de Igreja refletido no documento? A Igreja serva, a serviço do Reino no mundo, pouco aparece (53). Predomina a preocupação em apresentar uma Igreja hierárquica, piramidal, eclesiástica. Vejam a insistência na organização, na hierarquia bem delimitada e piramidal dos ministérios (56), o realce dado à presidência e aos ministérios ordenados, a redução do ministério dos leitores, comentaristas, recepcionistas, componentes do coral a "determinados serviços" (56) ou "serviços espontâneos", que "ajudam" o presidente e a assembleia (reparem que a *Sacrosanctum Concilium*, no artigo 29, fala em "verdadeiros ministérios litúrgicos" quando fala destes mesmos ajudantes, leitores, comentaristas e grupo de cantores). Há ainda o medo do "popular" (21) e a preocupação com o aspecto jurídico da liturgia: vejam, por exemplo, as seguintes expressões: "O descaso pelo aspecto jurídico" (10); "desprezo pelas rubricas" (20); "é errado [...] apresentar as oferendas, proclamar a oração eucarística, rezar o Cordeiro de Deus e dar a bênção própria dos ministros ordenados" (98) nas celebrações na ausência do presbítero. Positiva, no entanto, reforçando a imagem de Igreja toda ela ministerial e sacerdotal, é a expressão seguinte: "O povo não deve ser mero executor de funções, mas verdadeiro agente da ação litúrgica" (213). Assim como é positiva a preocupação pastoral com as equipes de liturgia, sejam elas "de celebração" ou de animação da vida litúrgica (215-218), e até com o envolvimento de toda a comunidade na preparação da celebração (214). Positivo também o fato de os leigos "assumirem legitimamente o serviço da presidência" nas celebrações da Palavra, na ausência do presbítero (100). Bem diferente é a posição do *Diretório das celebrações dominicais na ausência do presbítero*, que diferencia os termos: o diácono "preside a celebração", o leigo "orienta a reunião" (38-40). Pensando na sensibilidade religiosa do povo, o documento poderia ainda ter aproveitado a oportunidade de realçar neste capítulo sobre o sujeito da liturgia a participação dos anjos e santos e de todos os que nos precederam (encontramos uma alusão a isso no item 74, quando se fala da dimensão escatológica).

8. Assembleia litúrgica das CEBs: centro da vida comunitária

Preso à concepção hierárquica da Igreja, o documento esquece de falar daquilo que em outros textos é chamado de "novo modo de ser Igreja" e que constitui a esperança para a Igreja universal (*Evangelii Nuntiandi*, 58): as Comunidades Eclesiais de Base (CEBs). Ali, no entanto, a assembleia litúrgica é vivenciada, de fato, como ponto alto e como fonte, como centro e raiz tanto da vida interna da comunidade como da sua organização pastoral em vista da transformação da sociedade. É na celebração que o povo expressa seus problemas, esperanças e angústias; é lá que o povo é convocado a participar de várias ações dentro e fora da comunidade eclesial; é lá que é sustentado na sua fé que o faz enfrentar "as feras" na sua labuta diária e na tentativa de influir nos rumos da sociedade. É nas CEBs que a expressão "parceiros da aliança" com o Deus dos oprimidos não é palavra oca: é experimentada nas lutas por terra, pão, moradia, direito à organização. Principalmente em concentrações maiores de CEBs ou outros grupos envolvidos com os movimentos populares, como assembleias, romarias, celebrações dos mártires cabe olhar e interpretar a reunião litúrgica com (as imagens) do Apocalipse: é a grande multidão que está de pé diante do trono de Deus e do Cordeiro imolado, também ele de pé, vitorioso; têm vestes brancas, lavadas no sangue do Cordeiro, o sangue dos mártires, da perseguição; agitam palmas anunciando a vitória da vida sobre a morte, do Cordeiro sobre a Besta. Embora vivendo no sofrimento, eles se alegram, porque estão experimentando desde já a realização plena da Páscoa-aliança, a comunhão definitiva: "Eles serão o seu povo, e ele, Deus-com-eles, será o seu Deus" (cf. Jr 32,38 e 2Cor 6,16).

9. A sacramentalidade da liturgia

A liturgia é feita de "sinais sensíveis": palavras, silêncio, música, pessoas, atitudes do corpo, gestos, movimentos, dança, espaços, objetos, luz, cores. E todos esses sinais têm um sentido simbólico-sacramental. "Simbólico" porque evocam uma realidade, um sentido antropológico, como que escondido dentro do sinal visível, um sentido maior, mais profundo, do que à primeira vista aparece no sinal. "Sacramental" porque não são apenas expressão de um sentido antropológico, mas também realidade teologal: neles e por eles somos atingidos pela força transformadora do Espírito de Cristo ressuscitado, que nos arrasta no dinamismo do Mistério Pascal.

10. A visão sacramental da liturgia na Constituição Conciliar *Sacrosanctum Concilium*[5]

Essa visão sacramental de toda a liturgia e não só dos sete sacramentos – fruto do Movimento Litúrgico no início do século – foi assumida pelo Concílio Vaticano II. Na *Sacrosanctum Concilium*, toda a liturgia é apresentada como celebração do Mistério Pascal. No capítulo 1, trata da liturgia em geral e do capítulo 2 ao 7 vai apresentar os vários "momentos" ou "formas celebrativas" do mesmo e único Mistério Pascal: o sacrossanto mistério da Eucaristia (cap. 2), os demais sacramentos e sacramentais (cap. 3), o Ofício Divino (cap. 4), o ano litúrgico (cap. 5), a música sacra (cap. 6), a arte sacra e as sagradas alfaias (cap. 7). Quase não percebemos ali dentro o clássico "bloco" dos sete sacramentos. A Eucaristia é destacada como a celebração do mistério por excelência, os outros sacramentos são de certa forma "minimizados", porque colocados no mesmo capítulo com os sacramentais. A *Sacrosanctum Concilium* não realça os sete sacramentos, porque recupera o sentido e valor sacramental de toda a liturgia. Não realça a "essência" do sacramento, mas sua expressão ritual total. Toda liturgia é realização ritual do Mistério Pascal. Toda liturgia tem força sacramental.

5. Para a dimensão sacramental de toda a liturgia, vejam principalmente Marsili, S., Liturgia momento histórico da salvação, in: *A liturgia. Momento histórico da liturgia*, Paulinas, São Paulo, 1986, 39-190.

De onde lhe vem essa força? Da presença dinâmica, atuante, real[6] de Cristo em toda celebração litúrgica e não só nos sacramentos, não só na Eucaristia. O documento conciliar aponta basicamente quatro "maneiras" (formas?) de o Cristo estar presente na liturgia:

a) na missa (como aquele que oferece e também como aquele que é oferecido ao Pai);
b) nos outros sacramentos;
c) na Palavra;
d) na oração comunitária.

Toda a liturgia é, portanto, ação de Cristo: é ele que oferece, que batiza, que unge, que canta e louva, que pede e intercede. E a Igreja, associada a ele, feito corpo dele no Espírito, realiza a ação juntamente com ele. E assim, no e pela ação ritual, passa para a vida nova, em âmbito simbólico-sacramental. A realidade do Mistério Pascal vivida no dia a dia é aqui "representada" pela ação memorial simbólico-sacramental, na sua tríplice dimensão de evocação do mistério percebido num fato passado, atualização no hoje da celebração (que evoca ao mesmo tempo o mesmo mistério percebido no "hoje" de nossa história) e antecipação da realidade futura prometida por Deus.

Participando da ação litúrgica, entregando-nos e entrando no jogo simbólico-sacramental – andando, louvando, ouvindo, lendo, orando, cantando, dançando, comendo e bebendo – é que entramos no Mistério Pascal de Jesus Cristo e somos transformados por seu Espírito. Da qualidade do desempenho do rito depende, de alguma forma, a qualidade da participação no mistério.

O momento celebrativo revela, realça e confirma o sentido profundo, escondido, da vida do ser humano, da comunidade, da sociedade,

6. Paulo VI, *Mysterium Fidei*: "A presença de Cristo na Eucaristia diz-se 'real' não por exclusão como se as outras presenças não fossem 'reais', mas por excelência". Citado e comentado em Marsili, op. cit., 113-114.

da história, e o reconhece, em profunda gratidão/compromisso, louvando aquele que é fonte desta realidade.

11. Os sinais e símbolos no documento da CNBB

A teologia sistemática dos sacramentos tem dificuldade de estender a categoria de sacramento a toda a ação litúrgica[7], pois quer de alguma maneira resguardar o valor especial dos sete sacramentos. Os sacramentos seriam "decisivos" na vida do cristão e da comunidade, enquanto as demais ações litúrgicas seriam momentos "secundários" de graça, não tão vitais na construção da comunidade cristã. Talvez fosse melhor falarmos na "densidade" ou "intensidade" maior, da Eucaristia em primeiro lugar. Poderíamos pensar as outras celebrações litúrgicas em círculos concêntricos ao redor da celebração eucarística; no círculo mais perto da Eucaristia, os outros sacramentos; depois dos sacramentais, a Celebração da Palavra, a Liturgia das Horas, o ano litúrgico, a celebrações tipo via-sacra, Novena de Natal e outras expressões da religiosidade popular que têm ou adquiriram feições de celebrações litúrgicas; por fim, talvez até mesmo a oração individual, chamada por Jean Corbon de "liturgia do coração"[8].

Entre a visão da teologia litúrgica e a teologia sistemática, para que lado pende o texto da CNBB que estamos analisando? O documento trata dos símbolos e sinais na primeira parte do capítulo II, intitulado: "A celebração". A fundamentação é antes de tudo antropológica. O ser humano é "celebrante"; ele tem necessidade de realçar aspectos fundamentais de sua vida (36), de usufruir na festa dos resultados de seu trabalho (37), de lembrar a grandeza do seu ser, de completar

7. Esta questão foi tema de debate da 2ª Semana de Liturgia organizada pelo Centro de Liturgia da Faculdade de Teologia Nossa Senhora da Assunção, São Paulo, 1988. Vejam a respeito o artigo de Taborda, F., Sacramentos, práxis e festa, crítica e autocrítica, *Perspectiva Teológica*, 21 (1989), 85-99.
8. Corbon, Jean, *Liturgia de fonte*, São Paulo, Paulinas, 1981, 157-164.

com a fantasia o que a dura realidade impede em termos de plenitude e autorrealização (38). Depois, lembra que, na religião (supõe: portanto, também na "religião cristã"), a celebração é necessária porque coloca homens e mulheres em comunhão entre si e com Deus (39). O item 43 realça a exuberância dos sentimentos latino-americanos que deveriam ganhar espaços de expressão na liturgia.

A compreensão teológica do uso dos sinais e símbolos na liturgia fica resumida a uma única frase, escondida e perdida em meio aos argumentos antropológicos: "No cristianismo a celebração consiste na memória do acontecimento fundante do Povo de Deus, isto é, a morte e ressurreição do Senhor, que perpetua na história a salvação que o Cristo veio trazer a todos" (39).

Memória: eis a palavra-chave. Memória: algo que se faz com palavras e gestos, com sinais sensíveis. Ação memorial: "Façam isto para celebrar a minha memória", sendo que "isto" se refere à louvação (*berakah*, oração eucarística) e ao gesto de comer e beber. E é na e pela ação memorial que a salvação acontece aqui e agora, simbólico-sacramentalmente, revelando-realçando-antecipando as experiências pascais da nossa vida pascal, pessoal, comunitária e social.

Infelizmente, o documento não tratou da sacramentalidade da liturgia. Seria o caso de juntar todas as referências a sinais e símbolos espalhados pelo documento (por exemplo, 81-84: elementos visuais, acústicos, vestes, cores, beleza...; 144-148: objetos, como vasos, livros, vestes...; 86-92) e colocá-los na perspectiva teológica da sacramentalidade da liturgia esboçada acima. Poder-se-ia partir da encarnação do Verbo em São João (Jo 1,1-4.14), onde a salvação, a vida, passa pelo contato com a corporeidade do Verbo que se fez carne, da Palavra que se fez palpável, audível, visível. Aliás, o item 75 oferece elementos valiosos para isso: lembra a encarnação do Verbo e o envio do Espírito e diz que "a liturgia faz sua a linguagem humana e comunica e celebra os mistérios com os mesmos elementos com que as pessoas celebram a sua vida".

Nos itens 86 a 92, o documento trata dos sacramentos como formas de celebração. Em palavras sintéticas, resume o sentido teológico de cada um deles, basicamente na perspectiva do Mistério Pascal. São chamados de "momentos mais intensos" da comunhão com Deus e com os irmãos (32) e é lembrada a relação dos sacramentos com a vida (92).

No item 295, encontramos uma explicação ambígua, menos feliz, sobre a apresentação das oferendas, resquício da dicotomia sacramento-liturgia, da dicotomia entre a "essência" dos sacramentos (o real) e a expressão ritual "secundária" (o ritual). Diz que este rito é uma "antecipação" "em âmbito do simbólico", da oblação eucarística propriamente dita. Ora, toda celebração litúrgica, também a oração eucarística, é feita, em âmbito simbólico-ritual, como expressão sacramental do mistério que ocorre na "vida", na "história", na práxis libertadora. Talvez fosse melhor dizer que a procissão e a apresentação das oferendas são uma preparação à oblação: o movimento em direção ao altar e o recebimento por parte do presidente realçam o nosso entrar no Mistério Pascal de Jesus Cristo pela oferta ritual da anáfora. De qualquer forma, tanto o gesto de apresentação das oferendas, quanto a oração de louvor que o acompanha são uma duplicação do gesto e do sentido da oração eucarística.

Merece um destaque o valor sacramental dado no documento à Palavra e à assembleia litúrgica, como veremos a seguir.

12. Outros aspectos teológico-litúrgicos

Há outros aspectos teológico-litúrgicos espalhados no documento, dos quais destacaremos os seguintes: a teologia da Palavra, da assembleia e do domingo. Deixamos para outra oportunidade a teologia do espaço, da espiritualidade, da adaptação, da Eucaristia.

12.1. Teologia da Palavra

12.1.1. Palavra eficaz e atual do Senhor a seu povo reunido

A liturgia da Palavra – seja unida à celebração de um sacramento, seja como celebração autônoma – não é reunião para estudo da Bíblia. Como toda celebração litúrgica, ela é celebração do Mistério Pascal. É um acontecimento teologal. Tem valor e eficácia sacramental. É comunicação de Deus; é presença do mistério de Cristo agindo aqui e agora (78). É "Palavra eficaz do Deus libertador que cria vida nova" (264). Na escuta da Palavra, o Espírito implanta em nós a vida nova de seguidores de Cristo (158).

A liturgia da Palavra é diálogo da nova e eterna aliança: proposta divina que, no Espírito Santo, se faz resposta orante nos salmos, nas preces (79).

O item 77 destaca o fato de que Deus se revelou antes de tudo nos acontecimentos da vida de um povo. Implícito está que sempre devemos procurar no texto da Bíblia este contexto vital, histórico, no qual o povo percebeu a manifestação de Deus. Assim poderemos mais facilmente perceber o que Deus está falando hoje em nosso contexto vital, nos acontecimentos de nossa vida pessoal, comunitária e social, iluminando nosso caminho e alimentando nossa vida.

Falando assim, o documento está valorizando o jeito de as comunidades ligarem Bíblia e vida, num diálogo em que toda a comunidade participa (224, 275, 265). Mesmo para as assembleias maiores, onde fica mais difícil a comunicação em torno da Palavra de Deus, o documento insiste na dupla necessidade de ligar Bíblia e vida e de levar todas as pessoas presentes a uma participação ativa na homilia (279-280).

12.1.2. "Homilia" ou "partilha da Palavra"

O argumento usado para falar da diferença entre homilia e partilha da palavra não é convincente. Por ser "parte integrante da liturgia da Palavra", a homilia ficaria reservada ao sacerdote e ao diácono. Poderíamos defender a ideia de sempre reservar a homilia ao ministro ordenado quando feita na celebração da Eucaristia ou outro sacramento, por ser ele o presidente dessa celebração. Mas, quando a celebração é presidida por leigo ou equipe de leigos, a partilha da Palavra dirigida por eles deixaria de ser parte integrante da liturgia? Cristo e o Espírito Santo se retirariam, nesse momento, da assembleia reunida em seu nome? Deixariam de atuar eficazmente na Palavra lida e partilhada?

Será que não poderíamos, então, pleitear uma interpretação diferente do cânon 767 § 1 do Código de Direito Canônico ao qual se refere o documento? Neste cânon, trata-se da pregação da Palavra de Deus em geral, dentro e fora da liturgia. Fora da liturgia: pregação, feita por bispos, padres e diáconos e até por leigos; dentro da liturgia: homilia, feita só por ministro ordenado. O contexto (cânon 767 inteiro, assim como a insistência, no código todo, na liturgia sacramental) faz supor que se tinha em mente a liturgia da Palavra como primeira parte na celebração da Eucaristia ou de outro sacramento. O código nem sequer trata da celebração aos domingos na ausência do presbítero e também não menciona a possibilidade da Liturgia das Horas ser presidida por leigo ou leiga, como faz a Instrução Geral sobre a "Liturgia das Horas" (258). Assim, a restrição da homilia ao ministro ordenado poderá se referir apenas às celebrações sacramentais. Nesse caso, não haveria por que negar o termo "homilia" à pregação feita por leigos que legitimamente assumem o serviço da presidência na celebração da Palavra na ausência do presbítero.

12.1.3. "Homilia" ou "partilha da Palavra"?

A questão dos termos à parte, qual a diferença entre os dois? Ambos partem do texto da Bíblia, envolvem a comunidade na interpretação desse texto para a nossa realidade atual e suscitam uma resposta da comunidade à proposta de Deus, tanto na liturgia, como na vida. Ambos são Palavra eficaz, porque contam com a presença dinâmica do Senhor e de seu Espírito. O termo talvez seja menos importante. O que importa é afirmarmos com todas as letras que a celebração da Palavra presidida por leigos é um verdadeiro ato litúrgico, celebração eficaz do Mistério Pascal do Senhor Jesus Cristo. E é isso que o documento da CNBB faz.

No item 93-102, o texto volta a insistir na presença de Cristo e, portanto, na sacramentalidade da celebração da Palavra. Alega dois motivos para esta insistência:

a) "a Palavra é de per si, depois dos sacramentos, o modo mais importante de celebrar";
b) o rápido surgimento de inúmeras comunidades eclesiais levou o povo a reencontrar esse tipo de celebração no tesouro da tradição litúrgica da Igreja.

Essa insistência é tanto mais importante porque toma posição diante do *Diretório para celebrações dominicais na ausência do presbítero*. Ao assumir sua responsabilidade como Conferência Episcopal, lembrada no Diretório, ela inverte o sinal: elogia, incentiva, destaca o valor teológico, litúrgico e pastoral de tais celebrações da Palavra na ausência do presbítero, lá onde o Diretório da Santa Sé minimiza, freia e até está querendo negar que sejam considerados atos litúrgicos quando presididos por leigos.

12.2. Teologia da assembleia litúrgica

As assembleias litúrgicas, as reuniões dos cristãos convocados por Deus para celebrar a aliança, são um acontecimento teologal e têm valor sacramental, porque as pessoas estão reunidas na fé, em nome de Cristo, conduzidas pela ação misteriosa do Espírito que as transforma em sinais do Reino do Pai (76) e acolhem o Ressuscitado, que deseja nossa união fraterna (115). Portanto, são de uma ordem diferente das concentrações de pessoas em teatros, estádios, reuniões sindicais ou partidárias, ou demais reuniões de pessoas diante da televisão, como bem lembra o mesmo item 76[9]. O que dissemos acima sobre o valor teológico-litúrgico dado pela CNBB à Palavra nas celebrações na ausência do presbítero vale também para a assembleia litúrgica: lá onde o Diretório da Santa Sé se recusa a falar de "assembleia litúrgica" e de "presidência", quando estas "reuniões" são "orientadas" por leigos (vejam os artigos 38-40), a CNBB enfatiza o valor pastoral (vejam principalmente o item 102), reafirma a presença de Cristo nestas assembleias (96) e, portanto, seu peso teologal. Por isso, sugerindo um rodízio de missas nas comunidades, o documento afirma sem vacilar que é necessário reeducar as comunidades centrais "no sentido de se contentarem com a celebração da Palavra, quando a missa é celebrada nas outras".

12.3. Teologia do domingo

O Mistério Pascal de Jesus Cristo não é celebrado só na Eucaristia, nos sacramentos e na celebração da Palavra. O cristão o celebra também acompanhando certos ritmos da natureza (dia e noite, domingos

9. O documento pode estar se referindo também às reuniões das pessoas em frente ao aparelho de televisão para assistir à missa. Discretamente teríamos aqui talvez uma correção ao estudo n. 48 da CNBB, que leva o título *Assembleia eletrônica litúrgica* e que defendia o termo "assembleia" para essas reuniões ou até mesmo para as pessoas não reunidas fisicamente, mas eletronicamente, isto é, pelo simples fato de estarem assistindo a uma mesma missa televisionada. O recente *Diretório para celebrações dominicais na ausência do presbítero* (item 32), emanado da Santa Sé, cita a assistência a uma missa de televisão em último lugar, como uma ajuda para a oração, seja individual, seja em grupo. Portanto, é evidente que o *Diretório* nem sonha em chamar a missa televisionada de "liturgia", nem os telespectadores de "assembleia eletrônica litúrgica".

e dias de semana) e desdobrando a celebração do mistério de Cristo num ritmo anual (ciclo do Natal, ciclo da Páscoa e Tempo Comum).

Destaquemos no documento a teologia litúrgica do domingo. Parece-nos que há algo novo: a celebração do domingo é interpretada teologicamente dentro do contexto sociopolítico. O que significa para os cristãos, no Brasil, reunir-se aos domingos?

De um lado o documento apresenta a realidade nua e crua: o trabalho pervertido pela ganância, a competição e exploração (116), a deturpação do domingo imposta pelas injustiças e pelo consumismo, a luta de multidões pela sobrevivência, por causa do trabalho mal remunerado que desfigura o domingo feito dia de horas extras (117), o consumismo secularista (118).

De outro lado é lembrada a afirmação de nossa fé: o domingo é dia da ressurreição do Senhor e, por isso, também dia do homem que busca viver a liberdade (113); dia da reunião dos irmãos, acolhendo o Ressuscitado, fazendo memória dele (114-115): também, dia do descanso que proclama a liberdade dos filhos de Deus de todo mal, chamados a viver em harmonia com a natureza e usufruir de suas riquezas inesgotáveis (116)...

A celebração do domingo aparece assim como anúncio da morte, não só de Jesus, mas de tantos que, como ele, são vítimas das forças do anti-Reino, daqueles que procuram usufruir sozinhos dos frutos da natureza e do trabalho do homem e da mulher. Mas aparece também como proclamação da vitória sobre a morte, não só de Jesus, mas, por causa dele, de todos aqueles que anseiam pelo Reino de Deus.

Temos, assim, nestes itens 113-118 uma pequena amostra daquilo que poderá vir a ser no futuro uma teologia litúrgica da libertação. Partindo da realidade litúrgica no seu contexto eclesial e sociopolítico, confrontando com os dados da tradição, procura ver o sentido e o jeito melhor de fazer a liturgia, aqui e agora nas comunidades de gente ameaçada dia após dia pela miséria e pela opressão, muitos deles lutando corajosamente.

13. Concluindo...

Como todo documento eclesial, o documento sobre a animação litúrgica foi escrito por muitas mãos e muitas cabeças diferentes. Ele revela a necessária pluralidade dentro de uma procurada unidade. Isso faz com que apareça um pouco como colcha de retalhos, onde cabem opções teológicas de cores e tamanhos variados. Não há linearidade; não há uma opção clara e definida. O documento dá cá e toma lá; reforça uma determinada linha teológica, depois reforça outra. Mas é dentro dessa ambiguidade que o Espírito faz o seu trabalho e coloca a Igreja a serviço da missão no mundo.

Comparando o estilo do texto preparatório e a redação final do documento, percebemos neste último o sopro do Espírito: com alegre e entusiasta esperança, característica da Igreja dos pobres, consegue colocar na sombra resquícios de uma concepção a-histórica, eclesiocêntrica, formalista, jurisdicista da liturgia.

Um documento não é também uma palavra final, mas um patamar a partir do qual é preciso avançar para acompanhar a vida que nunca para e quer ser celebrada.

Liturgia no Documento de Medellín[1]

No capítulo 9, que trata da liturgia, o Documento de Medellín afirma:

> A celebração litúrgica coroa e comporta um compromisso com a realidade humana, com o desenvolvimento e com a promoção.
>
> A celebração litúrgica [...] traz [...] a exigência que leva a fé a comprometer-se com as realidades humanas.
>
> Para que a liturgia possa proporcionar plenamente essas contribuições, é necessário [...] manter-se numa situação dinâmica que acompanhe tudo o que houver de são no processo de evolução da humanidade; levar a uma experiência vital da união entre a fé, a liturgia e a vida cotidiana.

Para compreendermos o alcance dessas afirmações, é importante entender esse capítulo a partir do documento todo, principalmente a partir da sua "Introdução". Além disso, o Documento de Medellín é incompreensível sem a referência à Constituição Conciliar "A Igreja no mundo de hoje" (*Gaudium et Spes*) e sem a encíclica do Papa Paulo VI "O desenvolvimento dos povos" (*Populorum Progressio*).

Portanto, se quisermos compreender o que houve com a liturgia em e a partir de Medellín, teremos de lembrar, em grandes linhas, o que houve com a Igreja, principalmente a partir da *Gaudium et Spes*. Destacaremos seis características da maneira de ser e pensar da Igreja e a cada uma delas tentaremos mostrar as consequências para a liturgia.

1. Originalmente publicado em: *Revista de Liturgia*, n. 62 [mar.-abr. 1984], 2-6 e reeditado em *Revista de Liturgia*, n. 266 [mar.-abr. 2018], 4-7. (N. do E.)

1. Afirmação da unidade da pessoa humana

A pessoa não pode ser dividida em pedaços: corpo de um lado, alma de outro; o "material" de um lado, o "espiritual" de outro. A pessoa humana é uma unidade. Segue daí que, ouvindo o apelo de Deus, o ser humano dá sua resposta com todo o seu ser, com todas as dimensões de sua vida. A "religião" vai modificar a sua atitude em todos os aspectos de sua vida: aspecto cultural, social, econômico, político. Está excluído, portanto, todo dualismo que divide a vida da pessoa em compartimentos estanques, sem ligação de um com o outro.

Assim, fica claro por que o capítulo 9 do Documento de Medellín lembra que deve haver uma união vital entre a fé, a liturgia e a vida cotidiana. A liturgia não pode continuar sendo um parêntese "religioso" na vida do cristão. Deverá ser um momento forte, ponto de chegada e ponto de partida ao mesmo tempo, de todas as dimensões da vida humana.

2. Afirmação da unidade da história

Não existem duas histórias: uma história "profana" e outra da "salvação". A salvação acontece dentro da história "profana", a história da humanidade. A história será história da "salvação" ou história da "perdição" dependendo do rumo que o ser humano imprimir a essa história. Acreditamos que o Cristo veio "recapitular" todas as coisas, colocando a história no rumo de Deus, no rumo do desígnio divino. Seu mergulho na natureza humana e, mais ainda, sua ressurreição, pela qual arrasta atrás de si, para dentro da realidade divina, todo o cosmos, faz com que as realidades humanas sejam introduzidas na comunhão divina. O Espírito de Cristo glorificado completa essa obra atingindo todo o universo.

Se a Constituição Conciliar sobre a Sagrada Liturgia, *Sacrosanctum Concilium* (SC), recolocou a liturgia dentro da História da Salvação, e se essa salvação se realiza dentro da única história humana, então a liturgia não pode mais ficar alheia ao que acontece ao seu redor. Deverá ser colocada com os dois pés dentro da realidade histórica atual. Celebrar o mistério da nossa salvação é celebrar a presença ativa e salvífica de Deus dentro de nossa história atual, querendo guiá-la em direção à realização plena do plano de Deus.

3. A salvação é um processo

A salvação não se realiza de uma vez por todas. O Reino é uma semente: deverá crescer até a plenitude. Ele se realiza em parte nas realidades históricas, mas haverá de desabrochar plenamente na parusia. É importante, portanto, não limitarmos a salvação às libertações históricas, sociopolíticas.

De outro lado, essa semente do Reino foi jogada no chão da história. Portanto, a libertação "integral" se constrói a partir de libertações parciais, limitadas, mas indispensáveis no processo de crescimento do Reino.

Conseguir uma rede de água num bairro carente não é certamente alcançar a plenitude da salvação; mas é para aquela população um sinal da presença viva, amorosa e eficaz de Deus salvador no meio dela.

Se a liturgia é antecipação da libertação integral, da plenitude, ela não pode deixar de apontar os passos certos que estamos dando hoje em direção a essa plenitude, não pode deixar de agradecer pelas libertações da ação libertadora de Deus no meio de seu povo. E esse povo quer celebrar seu Deus a cada passo, a cada etapa da caminhada que leva à Terra Prometida, pois "a presença do mistério da salvação enquanto a humanidade peregrina até sua plena realização na parusia do Senhor culmina na celebração litúrgica eclesial". Por isso quem celebra a liturgia deve necessariamente "manter-se numa situação dinâmica" e "acompanhar tudo o que houver de são no processo de evolução da humanidade" (Medellín, cap. 9).

"Toda celebração litúrgica está essencialmente marcada pela tensão entre o que já é uma realidade e o que não se verifica ainda plenamente" (Medellín 9,2). Na liturgia temos a oportunidade de vivenciar, em atos simbólico-sacramentais, aquilo que aguardamos, aquilo que Deus prometeu: o amor e a partilha entre os irmãos, a igualdade e o respeito mútuo entre raças, sexos e nações (cf. Gálatas 3,26-28), a liberdade dos filhos de Deus, a plena comunhão com Deus. Porém, essa vivência momentânea, essa antecipação da glória celeste, não pode nos afastar das tarefas da construção do mundo; ao contrário, deve ser um estímulo para voltar ao trabalho da construção do Reino dentro da história.

4. Ler os sinais dos tempos à luz da Palavra de Deus

O Espírito do Cristo ressuscitado não atua só na Igreja, mas em todas as realidades. Portanto, a salvação não acontece só dentro da Igreja. Ela acontece também nas realidades chamadas "profanas". Cabe à Igreja, no entanto, desvendar, discernir, sentir essa presença e ação do Espírito de Deus dentro dos acontecimentos históricos atuais. Os fatos, as realidades, são vistos e analisados à luz da fé. Fatos importantes ou característicos são considerados "sinais dos tempos", sinais que chamam a atenção da Igreja e a interpelam: é preciso interpretá-los e discernir se são sinais de salvação ou de perdição...

Na "Introdução" ao documento, são destacados quatro traços característicos da época de Medellín e interpretados em seguida em relação com o desígnio de Deus:

a) "O gigantesco esforço por uma rápida transformação e desenvolvimento" é interpretado como um "evidente sinal do Espírito que conduz a história dos homens e dos povos";
b) "a vontade tenaz e apressada de transformação" é vista como "vestígio da imagem de Deus no homem";
c) o fato de a transformação na América Latina procurar atingir a totalidade do homem é visto como a "presença de Deus que quer salvar o homem todo, corpo e alma";
d) por fim, "a passagem de condições menos humanas para condições mais humanas" é considerada um "novo Êxodo, uma nova libertação da escravidão", uma "nova Páscoa graças ao passo de Deus que salva" e que acompanha ativamente o seu povo na sua caminhada histórica rumo à libertação.

Trata-se de iluminar a vida com a Bíblia, e a Bíblia, com a vida: um determinado acontecimento de repente desperta um novo sentido de um texto bíblico (ele próprio é interpretação de um acontecimento anterior), e o texto bíblico por sua vez faz perceber o sentido profundo daquele acontecimento no plano de Deus.

Cada celebração litúrgica, principalmente a liturgia da Palavra, deve fazer essa leitura dos acontecimentos à luz da Palavra de Deus. Não estamos ali somente para reconhecer e agradecer um Deus presente e atuante no passado! Precisamos perceber sua atuação salvadora no hoje da história. Ele "fala". Ele se revela de dentro dos acontecimentos. Por isso, nenhuma celebração litúrgica pode deixar de mencionar fatos importantes da história atual.

A SC realçou a leitura da Bíblia na liturgia: Medellín completa essa riqueza, ligando de novo Bíblia e realidade, o que é próprio da tradição judaico-cristã.

5. Assumir a transformação do continente

A *Gaudium et Spes* tirou a Igreja de seu narcisismo (deixou de olhar só para si mesma), para lançá-la como serva, a serviço do Reino no mundo, a serviço da pessoa situada historicamente, como ser social e político. Pedia que os discípulos de Cristo assumissem como suas "as alegrias e as esperanças, as tristezas e as angústias dos homens de hoje", e fossem uma força ativa na resolução dos problemas que afligem a humanidade.

A Encíclica *Populorum Progressio*, do Papa Paulo VI, dada ao público um ano antes da conferência de Medellín, havia reconhecido que o maior problema do momento histórico era "a universalidade da questão social", o abismo crescente entre os "povos da opulência" e "os povos da fome". Era preciso equilibrar a balança, fazer justiça aos povos do terceiro mundo, acabar com a fome e a miséria. Por isso, o Papa dirigia "um apelo solene a uma ação organizada para o desenvolvimento integral do homem e para o desenvolvimento solidário da humanidade".

Enquanto isso, na América Latina já se começava a desconfiar de que a teoria do desenvolvimento não iria levar a nada, ou melhor, que só serviria para enriquecer mais ainda os países ricos e deixar mais miseráveis ainda os países pobres.

Nasceu então a teoria da dependência: a situação de injustiça e desigualdade é causada pela situação de dependência sociopolítica-econômica-cultural do Terceiro Mundo. O único caminho eficaz para um mundo justo e equilibrado é o caminho da libertação desse jugo de dominação.

Os setores mais oprimidos dos povos latino-americanos procuravam agir com os meios a seu alcance: greves, luta armada, oposição aos regimes de força...

Dentro desse quadro, então, é que a Conferência de Medellín assumiu a bandeira da "transformação" da América Latina, no sentido da libertação da dependência e dominação, superando, assim, as duas noções de subdesenvolvimento comuns na época: o subdesenvolvimento como atraso técnico e o subdesenvolvimento que seria superado pela interdependência das nações. Conclamou todos os cristãos "obrigados por suas responsabilidades batismais e pela gravidade do momento" a colaborar ativamente, em todos os setores, para que se realizasse o quanto antes essa transformação libertadora (ou libertação transformadora).

E a liturgia em tudo isso? Sendo ela "centro e raiz" de toda a vida de uma comunidade cristã, "fonte e ponto alto" de toda a vida da Igreja e estando os cristãos engajados na libertação transformadora, "a celebração litúrgica coroa e comporta um compromisso com a realidade humana, com o desenvolvimento e com a promoção" (cap. 9).

Na prática, isso só é possível se essa realidade é explicitada dentro da celebração, se são comentados e assumidos, em preces, em ação de graças, as ações libertadoras, as vitórias e os fracassos, as dificuldades encontradas, as novas estratégias do inimigo. Não é assim que sempre rezaram os nossos antepassados judeus e cristãos? Não é assim que nos ensina a Bíblia?

Mais ainda: o texto da "Introdução" identifica o verdadeiro desenvolvimento (definido por Paulo VI como "a passagem de condições menos humanas para condições mais humanas") com o processo pascal. É o passo do Senhor que salva, como outrora passou pelo povo de Israel, libertando-o do opressor egípcio. Sendo a liturgia toda ela pascal, deverá expressar também esse aspecto da grande Páscoa de Jesus.

6. Não basta falar: é preciso agir

A "Introdução" ao documento lança um apelo importante: "Não basta refletir, obter maior clareza e falar. É preciso agir. Esta não deixou de ser a hora da Palavra, mas tornou-se com dramática urgência a hora da ação. É o momento de inventar com imaginação criadora a ação a ser realizada e, sobretudo, levá-la a término com a audácia do Espírito e o equilíbrio de Deus".

A *Gaudium et Spes* já havia afirmado a importância da atividade humana no plano salvífico. Deus conta com a colaboração humana. A salvação operada por Cristo é completada por obra do Espírito Santo, que impulsiona o agir humano. Portanto, o cristão não pode ficar aguardando a salvação de braços cruzados: deve agir, deve assumir o compromisso junto com os irmãos. Sempre lemos na carta de são Tiago que "a fé sem as obras é morta" (cf. Tg 2,14ss). Sempre os cristãos procuraram pôr em prática as palavras do evangelho. Porém, agora não se trata mais de qualquer tipo de prática: é preciso uma ação eficaz, libertadora, capaz de remover, pela força do amor, as gritantes injustiças e opressões, fruto do pecado. A fé exige de nós uma *práxis*. E a práxis se torna o critério de nossa fé, a motivação de nossa oração, o ponto de partida e de chegada de nossa catequese, evangelização e teologia...

O método ver-julgar-agir usado pela Ação Católica, assumido pela *Gaudium et Spes*, difundiu-se e foi ensinando aos poucos como relacionar fé e vida, liturgia e política, oração e ação, eterno e histórico, amor a Deus e amor aos irmãos...

A SC havia insistido na participação ativa, plena e consciente de todo o povo na liturgia. Medellín nos pede esta mesma participação na construção de um continente livre, justo e fraterno. A participação consciente e plena na liturgia exige a participação na ação libertadora. Sem a ação, a nossa fé é estéril, e a nossa celebração litúrgica puro ritualismo. É por isso que, na perspectiva de Medellín, a liturgia comporta um compromisso com a libertação dos povos latino-americanos: "Essa celebração, para ser sincera e plena, deve conduzir, tanto às diversas obras de caridade e ao auxílio mútuo, como à ação missionária e às várias formas de testemunho cristão" (cap. 9,3).

Fechemos o Documento de Medellín e percorramos as celebrações litúrgicas celebradas em nosso país. Quantos continuam celebrando "como antigamente", como se nunca houvesse acontecido nem Medellín, nem a *Gaudium et Spes*, nem o Concílio Vaticano II! As mudanças havidas são periféricas: altar voltado para o povo, o português no lugar do latim, o povo ativo nos cânticos, mas a liturgia continua separada da vida, principalmente da vida sociopolítica. Os "caros fiéis" são mantidos na ignorância: nunca tiveram a oportunidade de ouvir falar das grandes preocupações do Vaticano II, de Medellín, de Puebla, dos documentos da CNBB. Enquanto isso, os cristãos conscientes, formados talvez em algum grupo de jovem, ou antigamente na Ação Católica..., não encontram na celebração litúrgica o alimento que tanto procuram para a sua prática.

Felizmente, também podemos dizer: quantos podem celebrar agora, principalmente nas comunidades eclesiais de base, uma liturgia viva, entrosada na caminhada libertadora do povo! Quanta criatividade, quanta participação, quanta seriedade no compromisso, quanta conversão, quanta solidariedade vivida e celebrada.

Certamente, o que nos falta é um aprofundamento maior sobre como relacionar fé e vida na liturgia. É uma questão teórico-prática que aguarda a colaboração dos teólogos liturgistas na prática litúrgica do povo cristão.

A herança de Medellín na liturgia[1]

Em agosto de 2008, lembramos os quarenta anos da Conferência do Episcopado Latino-Americano (Celam), realizada em Medellín, na Colômbia. A data foi devidamente lembrada em reuniões, seminários, congressos e publicações. Anos atrás, o Pe. Comblin apontava para a novidade da Conferência em Medellín: "Com *Medellín* e Puebla surgia na Igreja universal um fato novo: ao lado das vozes da Igreja de Roma, outra voz se lançava, não oposta, mas distinta. Nunca, desde 1054, data da separação definitiva entre [a Igreja do] Oriente e Ocidente havia aparecido outro polo"[2]. De fato, foi em Medellín que a Igreja na América Latina assumiu sua responsabilidade evangélica diante da realidade histórica, social e política do continente e deu respostas corajosas, apoiando-se nas conclusões do Concílio Vaticano II e na Encíclica do Papa Paulo VI *Populorum Progressio*.

1. Três características da Igreja de Medellín

Podemos, assim, falar da "Igreja de Medellín" com três características muito fortes: é a "Igreja da libertação", a "Igreja dos pobres" e a "Igreja da ação".

1. Sob o título "A herança de Medellín na liturgia" estão reunidos dois artigos, originalmente publicados em: *Revista de Liturgia*, n. 211 [jan.-fev. 2009], 8-9; *Revista de Liturgia*, n. 212 [mar.-abr. 2009], 11-12. (N. do E.)
2. Comblin, José, Puebla, 20 años después. Cuadernos Movimiento También Somos Iglesia-Chile, Fuente: *Revista Reflexión y Liberación* (Chile) n. 44, s.d.

A "Igreja da libertação" nasce do seguimento de Jesus Cristo, Servo Sofredor, na inserção e convivência no mundo dos pobres, as classes sociais exploradas, o povo crucificado, injustiçado, vivendo em situações desumanas, procurando se livrar da situação de opressão. Trata-se de uma situação pensada e planejada, enraizada em séculos de estruturas injustas, discriminatórias, nas quais uma "elite" minoritária abastada domina e explora as camadas "inferiores" da população. Como seguidora de Jesus Cristo, a Igreja assume sua missão de ajudar o povo a se libertar dessa situação de opressão, por ser contrária à proposta evangélica do Reino de Deus.

A "Igreja dos pobres" é a Igreja das comunidades de base, onde o evangelho de Jesus Cristo se encarna na realidade dura das camadas sociais mais oprimidas. "Fé e vida" se tornam inseparáveis. A Palavra de Deus é lida e interpretada a partir da realidade e se torna assim, com a força do Espírito, uma alavanca para a organização do povo, desde "clube de mães" a associações e sindicatos. Lavradores, operários, mulheres, povos indígenas, povos da floresta, catadores de papel, cortadores de cana, quebradoras do coco de babaçu etc. encontram na "Igreja da libertação" uma forte aliada e, por sua vez, ajudam as Igrejas a se libertarem de sua histórica aliança com a classe dominadora.

A "Igreja da ação" constatou e concluiu que "não basta refletir, obter maior clareza e falar. É preciso agir. Esta não deixou de ser a hora da 'palavra', mas tornou-se com dramática urgência a hora da 'ação'"[3]. O método proposto e usado é ver-julgar-agir, então já bastante divulgado na pastoral, principalmente por meio de diversos organismos da Ação Católica. Cada um dos capítulos do documento consta de três partes: um olhar sobre a realidade, um julgamento desta mesma realidade com critérios evangélicos e uma proposta de ação transformadora da realidade.

---

3. Introdução às Conclusões de Medellín 3.

E a liturgia em tudo isso? O Documento de Medellín trata especificamente da liturgia no capítulo 9. Mas há outros elementos importantes, principalmente na Introdução.

2. Três elementos da herança de Medellín para a Liturgia

Retomando os três tópicos acima, vamos lembrar alguns elementos importantes da "herança" de Medellín na liturgia: é liturgia da libertação, liturgia dos pobres, liturgia do compromisso com a ação transformadora da realidade.

2.1. Liturgia da libertação

O Concílio Vaticano II redescobriu a liturgia como celebração do Mistério Pascal de Jesus Cristo, memorial de sua morte-ressurreição, na esperança ativa da vinda do Reino de Deus no mundo. A Igreja na América Latina colocou esta redescoberta em relação com a realidade política e social do continente: o Mistério Pascal está acontecendo na vida do povo. O Cristo, ressuscitado, se identifica ainda hoje com os famintos, os doentes, os injustiçados (cf. Mt 25,31-46 – "Era eu"). Ele quer que todos tenham vida em abundância (cf. Jo 10,10) e suscita pessoas animadas pelo Espírito para fazer acontecer a Páscoa-passagem de condições menos humanas, para condições mais humanas de vida[4]. É a Páscoa de Cristo acontecendo na Páscoa do povo e vice-versa[5]. Como Povo de Deus, devemos estar atentos/as para *perceber os sinais desta Páscoa* nos acontecimentos da vida pessoal, comunitária, social, nacional e internacional. Este diálogo entre fé e

4. Cf. Introdução ao Documento de Medellín 6.
5. Cf. CNBB, *Animação da vida litúrgica no Brasil,* doc. n. 43, item 300.

vida deve acontecer principalmente na liturgia da Palavra: o texto antigo da Sagrada Escritura se torna de repente atual pela relação com a realidade. E a realidade é compreendida e se torna transparente a partir da Palavra de Deus, com a ajuda do Espírito Santo. Tudo isso supõe que os fatos importantes da vida do povo sejam contados, seja na "recordação da vida", seja na homilia, com a participação de todos/as. Depois disso, só nos resta implorar a Deus sua ajuda (oração dos fiéis) e agradecer e louvar pelas maravilhas que ele já está realizando em nossas vidas (Ofício Divino, Eucaristia ...).

2.2. Liturgia dos pobres, liturgia do Povo de Deus

Nas CEBs, a liturgia é do Povo de Deus:

Não cabe clericalismo: todos os ministérios, inclusive os ministérios ordenados, estão marcados pela espiritualidade do lava-pés, do serviço aos irmãos e irmãs. O povo torna-se "sujeito" da liturgia: prepara as celebrações, assume os ministérios litúrgicos, respeitando a igualdade de homens e mulheres; espontaneamente traz para dentro da liturgia a referência à sua vida cotidiana, suas preocupações pela sobrevivência, suas lutas políticas. Realiza também naturalmente a simbiose entre liturgia e piedade popular. Celebra-se onde o povo se encontra: no alpendre de uma casa, na rua, numa garagem, debaixo de pontes, ao lado de um rio. O ambiente é de muita espontaneidade, simplicidade, informalidade, partilha, fervor religioso, com participação de todos/as. A comunidade toma consciência de que o grito do povo foi ouvido por Deus, que resolveu intervir para libertar (Ex 3)[6].

6. Cf. 59-60.

2.3. Liturgia do compromisso com a ação transformadora da realidade

A liturgia não pode ser vivida como um momento individual, intimista ou intraeclesial apenas; supõe interesse e tomada de posição em relação aos problemas sociais que afligem a população, principalmente os pobres. Supõe um compromisso com a libertação social, política, cultural, religiosa. Celebração e vida formam uma unidade, ambas são expressões inseparáveis do único culto espiritual (cf. Rm 12,1-3). Participar das celebrações litúrgicas sem ter um engajamento social no sentido apontado acima contradiz a própria liturgia[7].

O horizonte utópico da liturgia é o Reino de Deus prometido por Jesus. Faz-nos sonhar com o dia em que não haverá mais injustiça, desigualdade e discriminação social, guerras e perseguições. Por isso, a liturgia ganha ares festivos, de alegria, principalmente aos domingos. Mas não se trata de alegria fácil, barata. Sabemos que o confronto é difícil e o caminho longo e perigoso. Como Jesus, muitos podem sofrer até o martírio. Daí a autenticidade e veracidade das liturgias. A celebração litúrgica deve estar imbuída do dinamismo na urgência da vinda do Reino entre nós, "até que ele venha!"[8].

3. Liturgia-vida

Uma das características da liturgia na "Igreja de Medellín" é a relação com a "vida". Qual é o fundamento teológico-litúrgico dessa relação? Pela fé, reconhecemos a presença ativa do Cristo pascal com seu Espírito transformador na realidade da vida do povo, na organização do povo superando o paternalismo, nas tentativas de superação da miséria, da injustiça, da violência e da desigualdade social, nas tentativas de formação do espírito comunitário, no diálogo e no perdão, na eco-

7. Ibidem, 60.
8. Ibidem, 62.

nomia solidária e em outras formas de solidariedade, na restauração do equilíbrio ecológico. Medellín nos lembra que não podemos deixar de perceber esses fatos como sinais da passagem (Páscoa!) de Deus, que vem salvar seu povo. Na assembleia litúrgica, estes fatos são lembrados comunitariamente, interpretados e inseridos no *memorial* da vida-morte-ressurreição de Jesus. E este *memorial* – que envolve passado, presente e futuro – nos envia de volta para a "vida", comprometidos/as com a missão transformadora a partir do evangelho de Jesus. Há, portanto, um vaivém entre realidade e celebração, entre "Páscoa-fato" e "Páscoa-rito", entre "liturgia-vida" e "liturgia-celebração". Como fazer acontecer isso na prática de uma celebração litúrgica?

Pensemos na celebração dominical. Chegamos ao local da reunião carregados/as de vivências do dia a dia: trabalhos, relacionamentos, expectativas e preocupações, alegrias e tristezas, esperanças e desilusões. E não estamos sós; somos um povo, chamado a ser santo e sacerdotal, trazendo no coração e na mente a realidade do mundo inteiro. Celebramos, conscientes da presença do Cristo ressuscitado e do Espírito Santo na comunidade reunida. Vários momentos da celebração nos ajudam a perceber a interação do momento litúrgico com a realidade vivida. Nos ritos iniciais, temos a acolhida à porta da igreja, o canto comunitário, a saudação e, principalmente, a recordação dos acontecimentos mais importantes da semana, seja na comunidade, seja na cidade, seja na região, seja no mundo; tomamos consciência de que a celebração diz respeito ao mundo inteiro, não tem finalidade individualista, intimista. Na liturgia da Palavra, o momento central é o da homilia: aponta para as experiências pascais vividas por nós no dia a dia enquanto fazemos uma releitura das passagens bíblicas ouvidas, e assim faz brotar uma palavra do Senhor, nova, viva, vivificante, que nos anima na caminhada, nos alerta, corrige, consola e aponta para um compromisso renovado com a transformação da realidade...; com o "creio" expressamos nossa fé neste Deus que se fez um de nós e caminha conosco, rumo a um "outro mundo possível"; nas preces gememos junto com o Espírito nas dores de parto da nova humanidade, dos novos céus e da nova terra. Na liturgia eucarística, com o pão e o vinho – frutos das energias cósmicas e do trabalho e da cultura humana – expressamos pelo memorial de Jesus Cristo nossa participação e comunhão em sua Páscoa, em sua vida plena, humano-divina; comemos e bebemos, sendo assimilados a este Cristo "cósmico", que abrange o universo inteiro e que nos quer unidos/as a ele para recriar o mundo e todas as coisas.

Para que aconteça essa ligação liturgia-vida na celebração, há um trabalho pessoal a ser feito por cada pessoa que vem para participar: é preciso um mínimo de conhecimento bíblico, teológico e litúrgico para poder participar conscientemente, é preciso entrar no jogo ritual, estar plenamente "presente", de corpo-alma-mente-espírito, e deixar-se atingir e interpelar. Mas muito depende também de todos/as que exercem um ministério na celebração: bispo, padre, diácono, ministros/as da Palavra, acólitos/as, cantores/as, instrumentistas. É preciso que vivam profundamente esta necessária ligação entre celebração e realidade vivida, que ajudem a comunidade a fazer esta ligação com a vida nos momentos previstos da celebração e que realizem seu ministério de tal forma que esta relação liturgia-vida venha naturalmente fecundar o crescimento da fé de cada participante. Os fatos importantes que marcaram a semana não podem ser ignorados na celebração dominical; deverão ser contemplados na fé, lembrados na recordação da vida, na homilia, nas preces e na liturgia eucarística. Será que as enchentes que recentemente assolaram várias regiões do país (Santa Catarina, Minas Gerais, Espírito Santo...), a guerra entre israelitas e palestinos na Faixa de Gaza e outros acontecimentos do conhecimento de todos são lembrados em nossas liturgias dominicais? Ou fazemos de conta que tudo isso não diz respeito à nossa fé? E que não temos responsabilidade nenhuma ou condições para mudar a realidade, esquecendo que, a partir da celebração do Mistério Pascal, somos enviados em missão?

O que estamos dizendo a respeito da celebração eucarística é válido igualmente para as outras celebrações: celebração da Palavra, batismo, confirmação, matrimônio, sacramento da ordem, profissão religiosa, reconciliação, unção dos enfermos, velório e exéquias, bênçãos, Ofício Divino, os tempos do ano litúrgico com seus ritos próprios, imbuídos de sua espiritualidade própria. A celebração litúrgica é o momento propício e obrigatório para recordar, revelar e nomear, com palavras e símbolos, as experiências pascais vividas pelos participantes e suscitar assim a fé, a gratidão, o compromisso. Como acolher novos membros na comunidade sem lembrar o trabalho que Deus neles realizou para que chegassem neste momento do batismo? Como celebrar o casamento sem evocar o mistério do amor que fez com que este homem e esta mulher descobrissem um ao outro e decidissem se comprometer numa vida matrimonial? Como celebrar o tempo do Advento sem nos referir às esperanças que vivem latentes na sociedade como sinais do Reino? Como celebrar o Ofício Divino, a Liturgia das Horas, sem lembrar a passagem do Senhor nas "horas" marcantes de nosso dia, de nossa vida?...

Além das celebrações costumeiras da vida litúrgica da comunidade, devemos estar atentos aos acontecimentos sociais e programar celebrações extras em torno de problemas relacionados com a justiça social. Romarias da terra e das águas, romarias com moradores de rua, celebrações por ocasião de ocupações de terras, fábricas ou moradias, vigílias pela paz em momentos de conflito expressam e alimentam nossa fé no Deus da história, aguçam nossa consciência para perceber e avaliar os sinais dos tempos e sinalizam nossa maneira de pensar e agir perante a sociedade e nos mobilizam para a ação transformadora na sociedade.

Assim, liturgia e "vida" se completam, fecundando-se mutuamente. No final deste apanhado, fica, então, a pergunta para todos/as nós: como anda a herança de Medellín na liturgia de nossas comunidades, paróquias, dioceses?

Teologia e liturgia na perspectiva da América Latina: avanços e desafios[1]

1. Introdução

A preparação da V Conferência do Celam (Conselho Episcopal Latino-Americano) e sua realização em maio 2007, em Aparecida (SP, Brasil), reaqueceu os debates sobre antigos temas centrais que estavam de alguma maneira esquecidos ou estrategicamente silenciados: a Teologia da Libertação com sua opção pelos pobres e suas comunidades eclesiais de base, com sua cristologia e eclesiologia com características próprias, com sua relação com a práxis libertadora e seu método ver-julgar-agir. Seguiriam a Conferência e o documento final de Aparecida a tradição original do magistério latino-americano iniciada em Medellín, agora num contexto profundamente modificado do ponto de vista político, social, econômico, cultural e também eclesial? Teria clima para isso no mundo "globalizado", dominado pela lógica do mercado e caracterizado pelo pluralismo cultural e religioso? Teria a Igreja latino-americana – diminuída drasticamente em número de fiéis e visibilidade social, controlada pela cúpula da Igreja Católica Romana mais que nunca centralizadora – força para dizer uma palavra nova, significativa? Contrariando as expectativas, o Documento de Aparecida (DA) insiste em retomar o método ver-julgar-agir, reafirma claramente a opção evangélica pelos pobres

1. Originalmente publicado em: Favretto, Clair; Rampon, Ivanir Antonio (orgs.). *Eu sou aquele que sou. Uma homenagem aos 25 anos do Instituto de Teologia e Pastoral [Ipepa]*. Passo Fundo: Berthier, 2008, 38-76. (N. do E.)

excluídos do sistema, reforçando seu fundamento cristológico; acentua o valor insubstituível das CEBs (Comunidades Eclesiais de Base) e até o termo "libertação" reapareceu, embora timidamente e com vários adjetivos (cristã, autêntica, integral...)[2]. O eixo do Documento de Aparecida é a *missão* a serviço da *vida* no contexto atual, levada avante pelos *discípulos/as missionários/as*, marcados/as por uma *experiência profunda de encontro com Jesus Cristo.*

Precisaremos certamente de muito tempo para aprofundar o lugar que a liturgia poderia ou deveria ocupar no rumo apontado por "Aparecida"[3]. É um trabalho a ser levado avante em "mutirão". Mas cabe aqui ao menos provocar uma reflexão sobre a liturgia na Igreja pós-conciliar latino-americana, principalmente a partir de Medellín. Trata-se de um esboço incompleto, um pequeno ensaio que tenta mapear princípios norteadores para uma possível avaliação da liturgia. Num primeiro momento, situo a "liturgia" como celebração, como realidade teologal e espiritual, e como disciplina teológica no conjunto das outras disciplinas. Num segundo momento, vem um esboço da teologia da liturgia segundo o Concílio Vaticano II (SC, *Sacrosanctum Concilium*) e, em seguida, na perspectiva da teologia latino-americana. Num terceiro momento, enfoco o desafio da formação litúrgica, enfatizando procedimentos metodológicos e pedagógicos.

---

2. Não entro no mérito das modificações introduzidas no texto depois de sua votação no plenário. O assunto foi bastante divulgado, e a comparação entre as duas redações pode ser encontrada em várias publicações.

3. Quer me parecer que, infelizmente, a liturgia não é contemplada como deveria. Não se aproveitou muito da contribuição enviada pela Comissão Episcopal Pastoral para a Liturgia (CEPL) da CNBB, juntamente com a Asli (Associação dos Liturgistas do Brasil), com o título *Liturgia, fonte e ápice da vida dos discípulos e missionários de Jesus Cristo.* Nem mesmo encontramos o verbete "liturgia" no índice do documento.

2. O que entendemos por "liturgia"?

2.1. Liturgia como "celebração", como ação ritual

O termo "liturgia" diz respeito antes de tudo ao *conjunto das celebrações* do povo cristão: a celebração eucarística, a celebração dos outros sacramentos e sacramentais, o ano litúrgico, o Ofício Divino, as exéquias; diz respeito também à música litúrgica e ao espaço litúrgico.

Do ponto de vista antropológico, podemos dizer que as celebrações litúrgicas são *ações rituais*. Nenhuma pessoa, nenhum povo ou grupo social vive sem ritos. Precisamos de ritos e mitos assim como precisamos de ar, alimentação, convivência. É a linguagem com a qual expressamos nossa identidade, nossas convicções profundas, o sentido da vida. E hoje sabemos muito bem que, sem a linguagem, não há consciência. Cada povo, cada grupo cultural tem sua maneira de ritualizar o sentido da existência. Seus símbolos, mitos e ritos, suas festas são expressão de sua identidade e permitem a integração dos membros no grupo e criam o sentido de pertença. Como cristãos, temos nossas festas, nossos símbolos, "mitos" e ritos para expressar nossa identidade pessoal e eclesial, baseada em nossa relação com Deus, Pai de nosso Senhor Jesus Cristo, no Espírito Santo. Na Igreja Católica Romana, encontramos, ao lado das liturgias promulgadas oficialmente, inúmeras expressões rituais de fé na chamada "piedade popular" e na "Igreja da caminhada": folias, procissões, romarias, vias-sacras, ofícios, vigílias, celebrações da Palavra. Também novos movimentos que foram aparecendo nas últimas décadas criaram ritos diferenciados que os caracterizam.

É preciso fazer uma distinção entre a *proposta ritual* e sua *execução*. A proposta ritual encontra-se nos livros litúrgicos, com o roteiro das ações rituais, com os textos das orações, leituras e cantos, com a indicação de gestos e movimentos e, também, com uma introdução que aponta, entre outras, para o sentido teológico daquela determinada celebração. Mas a liturgia prevista nos livros ou nos roteiros só se torna "liturgia", de fato, ao ser "executada", "realizada", "celebrada" por assembleias litúrgicas, reunidas no "aqui e agora" da história, expressando-se em sua própria "linguagem" cultural. Nessas assembleias é que acontece o encontro entre Deus e o seu povo. A qualidade desse encontro dependerá da qualidade teológica do rito proposto, da densidade espiritual com a qual a celebração é preparada e coordenada pelos ministros e ministras e da participação consciente, atual, exterior e interior de toda a assembleia litúrgica. Sem isso, não se pode a rigor falar de "liturgia". Dependerá, pois, da redescoberta da "ritualidade", capaz de nos devolver o prazer de celebrar, superando o ritualismo que "congela" o rito e leva a um estéril formalismo.

2.2. Liturgia como realidade teologal e espiritual

Ao falar da liturgia como encontro entre Deus e o seu povo, estamos considerando a liturgia como uma *realidade teologal,* como o fez a *Mediator Dei* (Pio XII, 1947) e como confirmou e completou o Concílio Vaticano II, principalmente na SC (1963), assumindo as teses centrais do Movimento Litúrgico, a partir de estudos bíblicos, patrísticos, históricos, teológicos. Não se trata de uma inovação, mas de uma "volta às fontes". A partir daí, a liturgia não pode mais ser considerada como a parte "externa" e "sensível" do "culto", um conjunto de ritos e cerimônias bonitas, decorativas. Não pode mais ser reduzida a uma expressão da "virtude da religião" ou da devoção, por iniciativa do ser humano diante do Criador. Também não podemos restringir a liturgia a seus aspectos jurídicos e a suas rubricas, como se a eficácia e o valor da liturgia dependessem de uma minuciosa obediência às prescrições ritualísticas. A liturgia é um encontro do Deus vivo com o seu povo, aqui e agora, para fazê-lo participante de sua vida, para viver em comunhão com ele, para que o projeto de Deus se realize. É participação no próprio mistério de Deus. O Cristo ressuscitado, com seu Espírito, está presente na assembleia eclesial reunida para fazê-la passar, junto com ele, da morte para a vida e se tornar assim, no meio do mundo, uma semente do Reino de Deus, o início do mundo novo que brota da ressurreição de Jesus, o Cristo.

A presença do Senhor Ressuscitado não deve ser entendida como uma presença psicológica, sentida subjetivamente, emocionalmente; trata-se de uma presença objetiva, espiritual, sacramental, isto é, por meio dos "sinais sensíveis" da ação ritual: a assembleia das irmãs e dos irmãos reunidos, a atuação da presidência e outros ministérios, a proclamação e interpretação da Palavra, as preces e orações, os gestos sacramentais (banho batismal, unção crismal, partilha do pão e do vinho eucaristizados...), a música ritual, o espaço litúrgico. É participando da ação ritual que entramos comunitariamente em comunhão com Deus. A participação comunitária supõe o envolvimento pessoal de cada participante nesta ação. É importante sublinhar que nossa subjetividade deve abrir-se à realidade objetiva da ação ritual, na qual o Cristo ressuscitado vem ao nosso encontro.

Liturgia é uma rua de "duas mãos": é antes de tudo ação pascal de Deus que vem santificar seu povo; é glorificação de Deus por parte do povo, que acolhe a vida divina e responde à ação salvadora de Deus louvando, agradecendo, vivendo a vida nova que vem do Cristo e se comprometendo com o crescimento do Reino de Deus no mundo, até que se complete a História da Salvação, até que se realize plenamente o Reino de Deus. Assim, não basta "ir à missa" e "assistir"; é preciso *participar* ativamente, com conhecimento de causa, com empenho espiritual e fazer com que aquilo que celebramos transforme nossa vida pessoal, comunitária, social e nos torne testemunhas e missionários/as.

Partindo destas afirmações, é fácil entender que a liturgia é "a primeira e necessária fonte, da qual os fiéis deverão haurir [tirar, beber] o espírito genuinamente cristão"[4]. É nela que recebemos sacramentalmente o Espírito Santo, que nos torna capazes para o sacerdócio do povo santo e para a profecia, tanto nas ações litúrgicas quanto na vida cotidiana e na missão. A característica da experiência de Deus na liturgia é de ser uma *experiência ritual*, que leva a sério e passa necessariamente pela corporeidade. A liturgia – e a espiritualidade na qual está banhada – supõe uma antropologia na qual corpo, alma, mente e espírito formam uma unidade. Requerem uma teologia que leve a sério a liturgia enquanto ação ritual. Costumo falar da "dobradinha" inseparável: "corporal e espiritual": a espiritualidade litúrgica está "casada" com a ritualidade. Trata-se de entrar no mistério, de "conhecer" Deus, por meio da participação na ação ritual. Um texto pouco conhecido da SC (e mal traduzido) nos ajuda a perceber esta união. Falando da participação do povo na liturgia eucarística, diz: "Para que os fiéis não assistam a este mistério de fé como estranhos ou espectadores mudos, mas que, compreendendo-o bem [o mistério] em seus ritos e preces, participem da sagrada ação consciente, piedosa e ativamente" (SC 48)[5]. Conhecemos o mistério, *pelos* ritos e preces e somente dessa forma poderemos participar de verdade na ação sagrada. Não basta conhecer bem "os ritos e as preces" em seu lado "externo"; é preciso penetrar em seu sentido teológico, espiritual, mistérico. E aqui é bom lembrar que o silêncio e a interioridade são parte essencial da ritualidade.

4. Cf. SC 14.

5. A tradução da "Paulus" reza: "Para que os fiéis [...] participem da ação sagrada, consciente, piedosa e ativamente, por meio de uma boa *compreensão dos ritos e orações*" (*Documentos do Concílio Ecumênico Vaticano II*, 2001, Col. Clássicos de Bolso, 53 – grifo meu). O texto original não fala de compreender os ritos e preces, mas de *compreender o mistério*, por meio dos ritos e preces. São duas coisas muito diferentes.

2.3. "Liturgia" como disciplina teológica

O termo "liturgia" é usado também para designar uma disciplina que consta no currículo dos institutos de teologia. Dependendo do instituto, essa disciplina encontra-se entre as disciplinas teológicas ou na disciplina "pastoral"; em alguns institutos, "liturgia" abrange também o estudo dos sacramentos, em outras há uma disciplina chamada "teologia dos sacramentos", independente da "liturgia". Por de trás dessa diferença e das opções feitas está o conceito que se tem de liturgia e de sacramentos.

Em primeiro lugar, os sacramentos são celebrações litúrgicas e deveriam ser tratados como tais. O sentido teológico de cada sacramento não é independente da ação ritual, mas está como que "embutido" nela; não está limitado à "fórmula" e ao gesto sacramental central, mas inclui todos os elementos e todo o desenrolar da celebração, desde os ritos iniciais até os finais. Por isso, o certo seria centrar o estudo de cada sacramento na ação ritual, desvendando e compreendendo qual é a ação de Deus nela realizada, qual o mistério nela celebrado. Essa é a proposta coerente com a renovação litúrgica do Concílio Vaticano II. Daí a necessidade de passar do método de especulação da teologia escolástica para o método mistagógico, que parte da ação de Deus expressa na ação ritual. O primeiro analisa os sacramentos aplicando conceitos filosóficos (existência, essência, efeitos...), sem levar em conta a celebração desse sacramento. O segundo método parte da própria ação ritual, da celebração, e procura, por meio de uma compreensão orante, introduzir no mistério celebrado[6].

6. Vejam a comparação entre os dois métodos e a aplicação do método mistagógico ao estudo da celebração eucarística em: GIRAUDO, CESARE, *Num só corpo. Tratado mistagógico sobre a Eucaristia*, São Paulo, Loyola, 2003, 1-13. Vejam ainda: TABORDA, FRANCISCO, *Nas fontes da vida cristã. Uma teologia do batismo-crisma*, São Paulo, Loyola, 2001 (Col. Theologica, 4); TABORDA, FRANCISCO, *Da celebração à teologia; por uma abordagem mistagógica da teologia dos sacramentos*, *REB* 64, fasc. 255 (2004) 588-615.

Quanto à liturgia, como vimos acima, toda ela é "sacramental", realidade teologal: é palavra e efetiva ação de Deus Pai, Filho e Espírito Santo na comunidade eclesial reunida, por meio dos "sinais sensíveis" da ação ritual, gerando em nós uma experiência de Deus, uma compreensão de seu mistério, uma participação em sua vida. Sendo a liturgia uma realidade *teologal*, o estudo da liturgia terá necessariamente uma dimensão *teo-lógica*[7]: deverá procurar compreender a experiência teologal oferecida pela celebração litúrgica e elaborar uma reflexão racional, sistemática, sobre a mesma. Por isso, é indispensável que, nos institutos de teologia, a "teologia da liturgia" conste entre as disciplinas teológicas, ao lado do estudo da cristologia, da eclesiologia, da pneumatologia, da escatologia etc., com a devida carga-horária e professores/as especializados/as.

Evidentemente, a liturgia supõe também a arte da celebração e a vivência espiritual, para que a realidade teologal aconteça de fato. Daí a necessidade de formação na prática celebrativa e na prática de organização pastoral, assim como na espiritualidade e na mistagogia. Por isso, estudar liturgia inclui necessariamente também essa dimensão pastoral, sem ficar a ela reduzida.

Assim o expressam os documentos do magistério:

> A sagrada liturgia deve ser tida, nos seminários e casas religiosas de estudos, por uma das disciplinas necessárias e mais importantes, nas faculdades de teologia como disciplina principal, e seja ensinada tanto sob o aspecto teológico e histórico, quanto espiritual, pastoral e jurídico[8].

---

7. "Teologal" é da ordem da experiência, que ultrapassa a razão; "teológica" é da ordem da reflexão sistemática e da formulação racional, que procura compreender e explicitar a experiência vivida. Cf. De Clerck, Paul, Une théologie de la liturgie pour la gloire de Dieu et le salut du monde, *La Maison-Dieu*, Paris, 221 (2001/1) 7-30, citação da página 13.
8. *Sacrosanctum Concilium* 16.

A importância da correta formação litúrgica dos futuros padres assume uma especial importância devido à união íntima da liturgia com a doutrina da fé, união que deve ser sublinhada no ensino desta disciplina. É na prática da sua oração que a Igreja exprime principalmente a sua fé, de modo que "a regra da oração fixou a regra da fé". Por isso é preciso conservar fielmente a *lex orandi* (a regra da oração) para evitar que seja posta em perigo a *lex credendi* (a regra da fé), mas vice-versa os teólogos devem interrogar com cuidado a tradição litúrgica, principalmente quando estudam a natureza da Igreja ou a doutrina e a disciplina dos sacramentos[9].

2.4. Teologia da liturgia no conjunto das disciplinas teológicas

Qual é o lugar destinado à "liturgia" no conjunto das disciplinas teológicas? Está sendo difícil recuperar a unidade perdida entre Bíblia, patrística, liturgia, espiritualidade, teologia sistemática, pastoral. O ponto comum, o ponto que deveria ser de convergência, é o dado da fé. Teologia é reflexão crítica sobre o dado da fé, num determinado contexto (social, político, cultural...). Mas onde encontramos o dado da fé? Nas Sagradas Escrituras e na liturgia, as duas fontes da teologia. Geralmente, a primeira é levada a sério nos estudos teológicos; mas será que poderemos dizer o mesmo da segunda, da liturgia como fonte da teologia? Qual o instituto de liturgia, quais os manuais de teologia que levam isso em conta? No entanto, ao celebrar, *vivenciamos sacramentalmente* a realidade humano-divina sobre a qual a teologia se debruça para compreendê-la racionalmente, até onde for possível: Deus, Jesus Cristo, o Espírito Santo, a História da Salvação, o Mistério Pascal, o Reino, a Igreja, a salvação, a graça, a missão, o

9. Sagrada Congregação para a educação católica, *Instrução sobre a formação litúrgica nos seminários*, Roma, 1979, n. 44.

escaton. Por isso, é necessário que as várias disciplinas teológicas estejam atentas a essa inter-relação, de modo que, no estudo do tratado de Deus, na cristologia, na pneumatologia, na eclesiologia, na escatologia, na missiologia, na ética etc. seja levada em conta a realidade sacramental vivida na ação litúrgica. Como falar de Jesus Cristo sem considerar sua presença viva, atual, sacramental, nas celebrações litúrgicas (cf. SC 7)? Como discorrer teologicamente sobre o Mistério Pascal sem falar sobre nossa participação nesse mistério pela celebração litúrgica, expressa de forma nuclear na liturgia batismal ("Fomos sepultados com Cristo na sua morte pelo batismo, para que, como Cristo ressurgiu dos mortos pela glória do Pai, assim também nós vivamos uma vida nova...") e na aclamação eucarística, que se encontra no coração da celebração eucarística ("Eis o mistério da fé! Anunciamos, Senhor, a vossa morte e proclamamos a vossa ressurreição. Vinde, Senhor Jesus!")? Como estudar o mistério, a vida e a missão da Igreja, sem falar da experiência como membros atuantes da assembleia litúrgica, realidade teologal, corpo de Cristo reunido no Espírito Santo, congregada e enviada em missão? Como elaborar uma pneumatologia sem se referir à ação do Espírito Santo expressa nas epicleses, introduzidas durante a renovação litúrgica conciliar? Como falar de Deus e da História da Salvação sem fazer referência a tantos gestos e textos litúrgicos nos quais fazemos continuamente memória dessa história, como por exemplo: na liturgia da Palavra, no Ofício Divino, nas celebrações do ano litúrgico, nas orações de ordenação de bispos, presbíteros, diáconos, na oração de consagração de mulheres, na profissão religiosa, na bênção da água batismal...? Como elaborar uma teologia mística e espiritual sem levar em conta a participação na vida divina pela participação na vida litúrgica? Como falar da ética cristã sem fazer referência ao compromisso de viver a vida nova em Cristo e no Espírito expresso em cada um dos sacramentos?

O inverso também é verdade: como estudar liturgia sem fazer a relação com os outros tratados da teologia e sem levar a uma vivência espiritual e um compromisso de vida cristã? *Lex orandi* e *lex credendi* se implicam mutuamente. Hoje em dia é comum acrescentar um terceiro elemento: *lex agendi* ou *lex vivendi*: aquilo que cremos e celebramos na liturgia deve se tornar também a "lei" do nosso viver, da nossa ação no mundo, da nossa ética[10]. Em última análise, nosso modo de viver seguindo os valores que adotamos é a "pedra de toque" tanto da teologia, quanto da celebração litúrgica. É sobre ele que versará o julgamento final de nosso existir (cf. Mt 25,31-46).

Qual é o lugar que a liturgia, de fato, ocupa nos institutos de teologia, principalmente na formação dos futuros ministros ordenados? Parece-me que a observação crítica feita sobre a formação litúrgica do clero por um liturgista italiano quinze anos atrás, infelizmente, é válida também para o Brasil e ainda continua atual:

> Esse [o estudo da liturgia] continua sendo um ponto frágil da reforma. O programa de estudos nos seminários e nas universidades eclesiásticas geralmente não dá à liturgia entre as matérias principais e indispensáveis o lugar que a SC lhe designa, de modo que seja tratada nos seus vários aspectos teológicos, histórico, espiritual, pastoral, jurídico. Também não foi feita a coordenação das várias matérias – especialmente teologia, eclesiologia, sacramentária, Sagrada Escritura – com a liturgia, para dar à formação dos seminaristas caráter unitário (SC 16). Essa unidade deve realizar-se não só no campo doutrinal, mas também na ligação entre estudo e vida. A liturgia conhecida, vivida e celebrada com a intensidade, a variedade, a integralidade e abrangência propostas pela reforma é o eixo da formação seminarística[11].

---

10. Cf. Taborda, Francisco, "Lex orandi – lex credendi", origem, sentido e implicações de um axioma teológico, *Perspectiva Teológica*, Belo Horizonte, 35 (2003) 71-86.
11. Pasqualetti, G., Reforma litúrgica, in: Sartore, D.; Triacca, A. M. (orgs.), *Dicionário de liturgia*, São Paulo, Paulinas/Paulistas, 1992, 986-1001, citação da página 997.

Por fim, teologia da liturgia não é algo para ser reservado aos institutos de teologia. Um povo que vem às celebrações sem uma consciência da realidade teologal na qual está envolvido não está "participando" realmente e, portanto, não poderá a partir daí alimentar espiritualmente sua vida cristã, não estará apto para assumir sua vocação missionária, nem mesmo gerar vocações maduras para os ministérios. Qual é a compreensão teológica que o povo cristão recebe na catequese, nos encontros de formação e nas próprias celebrações, principalmente nas homilias? Isso depende muito de cada comunidade e de cada diocese. Há uma relação circular entre a formação litúrgica do povo e a formação nos seminários, casas de formação e institutos de teologia. Não se deve apostar tudo na formação dos futuros ministros ordenados. É preciso dar a mesma atenção à formação teológico-litúrgica de todo o Povo de Deus, porque ali são colocados os alicerces, inclusive para a formação dos futuros ministros.

3. Teologia da liturgia

A *liturgia* enquanto celebração é expressão ritual, simbólico-sacramental de nossa fé. A *teologia* é reflexão crítica sobre o dado da fé, num determinado contexto (social, político, cultural...); a *teologia da liturgia* procura aprofundar o sentido daquilo que celebramos para dar "razão de nossa esperança" em consonância com as outras disciplinas teológicas. Normalmente, portanto, deve haver uma inter-relação entre estas duas expressões de nossa fé: mudanças na celebração litúrgica estão relacionadas com mudanças teológicas, assim como mudanças na compreensão teológica de nossa fé e da liturgia deveriam normalmente acarretar mudanças na expressão ritual.

Vejamos em grandes linhas esta inter-relação, enfocando a teologia da liturgia: 1) de acordo com o Concílio Vaticano II; 2) na perspectiva da América Latina.

3.1. A teologia da liturgia segundo o Concílio Vaticano II

O Concílio Vaticano II foi um momento forte e fecundo de renovação de toda a Igreja Católica Romana, ajudada pela participação das outras Igrejas convidadas. Devemos entender a renovação litúrgica conciliar no conjunto da renovação eclesial e teológica: a reviravolta na compreensão da Igreja como povo sacerdotal e de sua missão profética na sociedade a serviço do Reino de Deus; a devolução da Bíblia na mão do povo e a insistência na escuta meditativa da Palavra de Deus na comunidade reunida para "ouvir o que o Espírito diz às Igrejas", como palavra viva e atual no hoje da vida do povo; a redescoberta da ressurreição e da centralidade do Mistério Pascal; a tomada de consciência da ação do Espírito Santo na Igreja e no mundo; a superação da noção causal de "sacramento" e a volta à compreensão simbólica, a partir de uma abordagem antropológica; a imperiosa necessidade do ecumenismo e do diálogo inter-religioso...

Dentro dessa perspectiva, lembremos de forma sucinta algumas das grandes linhas da teologia da liturgia recuperada pela renovação conciliar e as exigências que delas decorrem[12]:

12. Textos consultados, em ordem cronológica de sua publicação: SCHMIDT, H., *Constitution de la sainte liturgie. Texte, genèse, commentaire, documents*, Bruxelles, Editions Lumen Vitae, 1966; MARSILI, S., Teologia Litúrgica, in: SARTORE, D.; TRIACCA, A. M. (orgs.), *Dicionário de liturgia*, São Paulo, Paulinas/Paulistas, 1992, 1174-1187; IRWIN, KEVIN, Pour une théologie liturgique oecuménique, *La Maison-Dieu*, 221 (2000/1), 73-99; LAMBERTS, JOZEF, Liturgical Studies: a "marginal phenomenon"?, *Questions Liturgiques*, Leuven, 81 (2000) 139-150; DE CLERCK, PAUL, Une théologie de la liturgie pour la gloire de Dieu et le salut du monde, *La Maison-Dieu*, Paris, 221 (2001/1) 7-30; BARNARD, MARCEL; POST, PAUL, *Het ritueel bestek. Antropologische kernwoorden van de liturgie*, Zoetermeer (Ndl), Meinema, 2001; BONACCORSO, GIORGIO, I principali orientamenti dello studio della liturgia, in: CARR, EPHREM (a cura di), *Liturgia, opus Trinitatis. Epistemologia liturgica. Atti del VI Congresso Internazionale di Liturgia. Roma, Pontificio Istituto Liturgico, 31 ottobre – 3 novembre 2001*, Roma, Pontificio Ateneo S. Anselmo, 2002 (Studia Anselmiana, 133; Analecta Liturgica, 24), 95-121; GIRAUDO, CESARE, *Num só corpo. Tratado mistagógico sobre a Eucaristia*, São Paulo, Loyola, 2003; GRILLO, ANDREA, *Il rinnovamento*

a) A liturgia é ação transformadora do Cristo pascal na ação ritual *memorial* realizada pela comunidade eclesial na força do Espírito Santo, a serviço da humanidade inteira. É ao mesmo tempo ação do Deus-Trindade (santificação, pascalização) e ação da Igreja (glorificação de Deus).

b) A liturgia é *atualização* do *Mistério Pascal* de Cristo, no qual é revelado o mistério de Deus, do ser humano e da própria história da humanidade.

c) Não há liturgia sem que a comunidade celebrante invoque ao Pai pedindo o envio e a atuação do Espírito Santo. Celebramos no Espírito. Daí a importância das *epicleses*.

d) É toda a comunidade eclesial, todo o povo santo e sacerdotal, que celebra a liturgia, e não somente a hierarquia. Os ministérios estão – como o próprio termo indica – a "serviço": do Espírito Santo e do povo celebrante.

e) A liturgia é ação constitutiva da Igreja; é celebrando os mistérios que nos tornamos sempre mais "corpo de Cristo" no Espírito Santo. É ação da Igreja (na diversidade de tempos e culturas), celebrada pela Igreja (assembleia litúrgica), e a bem da Igreja (a liturgia faz a Igreja ser e crescer).

f) A assembleia litúrgica é sacramento, epifania (manifestação) da Igreja.

g) A única Igreja de Cristo está presente na multiplicidade de igrejas locais. Cada Igreja local é sacramento da Igreja universal, e sua liturgia não pode deixar de manifestar essa realidade. Aqui surge o desafio para o ecumenismo. A unidade querida por Cristo é

---

liturgico tra prima e seconda svolta antropologica. Il presupposto rituale nell'epoca del postmoderno. Pontificia Facoltà Teologica Dell'Italia Meridionale, Molfetta, Quaderni della Rivista do Scienze religiosi (n. 2), Roma, Edizioni Vivere In, 2004; Flores, Juan Javier, *Introdução à teologia litúrgica*, São Paulo, Paulinas, 2006 (Col. Liturgia fundamental); Aune, Michael, Liturgy and Theology. Rethinking the Relationship, *Worship* (jan. 2007) 46ss.; *Worship* (march 2007) 141ss.

um dado e um imperativo, e o batismo faz de todos os membros das Igrejas cristãs um só corpo num só Espírito.

h) Toda a liturgia é *sacramental*: ação do Pai, do Filho e do Espírito Santo por meio dos "sinais sensíveis" da ação ritual na comunidade reunida. Participando dos "mistérios" (os sacramentos, as celebrações litúrgicas), expressamos e participamos da comunhão trinitária, da vida divina.

i) Entre os sinais sensíveis, simbólico-sacramentais, destacam-se: a assembleia litúrgica com seus ministérios, a proclamação e interpretação da Palavra, as ações simbólicas, gestos e movimentos do corpo, as preces e orações, a música, a organização dos elementos que compõem o espaço litúrgico, a decoração do ambiente...

j) Os "sinais sensíveis" são tomados da realidade humana, determinada culturalmente. Daí a necessidade de adaptação e inculturação. Por ser universal, a liturgia deve expressar o mistério cristão na linguagem cultural da comunidade local.

k) Quando são proclamadas e interpretadas as leituras bíblicas na assembleia litúrgica, é o próprio Cristo que dirige sua palavra viva, salvadora, curadora, crítica, instigante, provocadora, animadora, transformadora da comunidade reunida. É Palavra sempre nova, adequada às circunstâncias mutantes de nossa vida pessoal, eclesial, social. Palavra que leva a uma constante renovação de vida, a um compromisso com a missão, com o Reino, com a transformação da sociedade. O salmo responsorial, a homilia e as preces dos fiéis restaurados pela renovação conciliar realçam o caráter dialogal da liturgia da Palavra e sua encarnação em cada realidade.

l) A Eucaristia reencontra sua teologia pascal: memorial da morte e ressurreição do Senhor, comunhão de todos num só Corpo e num só Espírito, antecipação do "banquete" do Reino de Deus, quando Deus será tudo em todos/as.

m) A música ritual é parte integrante da liturgia e, como tal, deve expressar o mistério celebrado naquele dia, naquele tipo de celebração e naquele momento ritual.

n) O espaço litúrgico não pode ser apenas funcional, mas também mistagógico, nos conduzindo para dentro do mistério.

o) Liturgia é celebração sacramental da História da Salvação, momento atual que faz presente o fato salvífico passado e sua realização plena no futuro. Passado e presente encontram-se no "hoje" litúrgico. Daí a importância da santificação do tempo (diário, semanal, anual) pela celebração do Ofício Divino e do ano litúrgico.

p) A liturgia tem uma forte dimensão escatológica. É anúncio e antecipação sacramental do Reino de Deus, sinal da renovação de todas as coisas em Cristo. Como tal, nos faz atentos/as aos sinais do Reino acontecendo na realidade pessoal e social e também aos sinais do anti-Reino, do mundo "caduco", que merece ser denunciado.

q) Liturgia é expressão de uma Igreja a serviço da renovação pascal de todas as coisas em Cristo. Como tal, inclui o compromisso da ética evangélica. Celebrar a Páscoa leva a viver a Páscoa e a fazer com que aconteça na sociedade, no mundo todo, inclusive na conservação e restauração das reservas naturais do planeta.

r) A mística (espiritualidade) cristã tem a liturgia como sua primeira e necessária fonte (SC 14). É nela que fazemos juntos/as experiência de Deus, do Mistério Pascal, da ação transformadora do Espírito, da comunidade renovada pela Páscoa de Cristo. Ela constitui a referência para as outras formas de piedade e devoção.

s) A participação ativa, consciente, externa e interna, plena, frutuosa requer a devida *formação* de todo o Povo de Deus e a *organização* da Pastoral Litúrgica, desde a equipe litúrgica nas comunidades e paróquias até as comissões ou serviços diocesanos, regionais e nacionais.

3.2. A teologia da liturgia na América Latina[13]

No ambiente do pós-Concílio, foi surgindo na Igreja na América Latina e no Caribe uma reflexão teológica original a partir da realidade

---

13. Textos consultados, em ordem alfabética dos autores: ADAM, JÚLIO CEZAR, *Romaria da Terra. Brasiliens Landkämpfer auf der Suche nach Lebensräumen. Eine empirisch-liturgiewissenschaftliche Untersuchung*, Stuttgart, W. Kohlhammer, 2005; ALTEMEYER, FERNANDO JR., *Vida e morte da Teologia da Libertação*, disponível em: <https://cebsdobrasil.com.br/vida-e-morte-da-teologia-da-libertacao-fernando-altemeyer-junior/>, acesso em: 23 jul. 2025; BALBINOT, EGÍDIO, *Liturgia e política. A dimensão política da liturgia nas Romarias da Terra em Santa Catarina*, Chapecó, Grifos, 1998; BALBINOT, EGÍDIO, Onde e como a política pode "entrar" na liturgia, *Caminhando com o Itepa*, Passo Fundo, RS, (23) 87 (dez. 2007) 26-40; BARROS, MARCELO, O reencontro do primeiro amor; a recepção da reforma litúrgica do Concílio na América Latina, *Medellín*, Bogotá, 86 (1996) 139-165; BRIGHENTI, AGENOR, Critérios para a leitura do Documento de Aparecida (I), *Revista Convergência*, 404 (jul./ago. 2007) 335-353. Disponível em: <https://crbnacional.org.br/wp-content/uploads/2007/08/CONVERGENCIA_-404.pdf>, acesso em: 23 jul. 2025; BUYST, IONE, *Como estudar liturgia. Princípios de Ciência Litúrgica*, São Paulo, Paulus, [5]2007 (Col. Liturgia e Teologia), 67-142; BUYST, IONE, Medellín na liturgia, *REB (Revista Eclesiástica Brasileira)* vol. 48, fasc. 192 (dez. 1988) 860-875; BUYST, IONE, Liturgia no Documento de Medellín, *Revista de Liturgia* 62 (1984); BUYST, IONE, Liturgia na América Latina, celebração da Páscoa do Povo?, *Revista de Liturgia* 81 (1987); BUYST, IONE, Liturgia e compromisso libertador, *Revista de Liturgia* 88 (1988); BUYST, IONE, Liturgia, acontecimento teologal, *Revista de Liturgia* 95 (1989); BUYST, IONE, A liturgia no Brasil depois do oitavo, *Revista de Liturgia* 114 (1992); BUYST, IONE, Recordação da vida – um novo elemento ritual para uma liturgia "ligada à vida", in: GOOSSENS, ANITA et alii, *A esperança dos pobres vive. Coletânea em homenagem aos 80 anos de José Comblin*, São Paulo, Paulus, 2003, 377-387; CEPL (Comissão Episcopal para a Liturgia) & ASLI (Associação dos Liturgistas do Brasil), *Liturgia, fonte e ápice da vida dos discípulos e missionários de Jesus Cristo – uma contribuição para a V Conferência de Aparecida, Opúsculo*, Brasília/São Paulo, s.n., 2007; COMBLIN, JOSÉ, *Desafíos sociales y eclesiales en América Latina de hoy (Encuentro en la Universidad Arcis de Valparaíso-Chile, el 6 de Noviembre de 2007), Cuadernos Movimiento Tambien Somos Iglesia-Chile*; Comblin, José, O papel histórico de Aparecida, *Revista Eclesiástica Brasileira (REB)* (ago. 2007); COMBLIN, José, Puebla, 20 años después, Cuadernos Movimiento Tambien Somos Iglesia-Chile, Fuente: *Revista Reflexión y Liberación* (Chile) n. 44, s.d.; GONÇALVES, ALFREDO J., *Gênese, crise e desafios da Teologia da Libertação*, disponível em: <https://espacoacademico.wordpress.com/2023/08/01/genese-crise-e-novos-desafios-da-teologia-da-libertacao/>, acesso em: 23 jul. 2025; GUTIERREZ, GUSTAVO, *Bento XVI e a opção pelos pobres*; SANTOS, CARLOS C., *A Conferência de Aparecida. Chaves de leitura (I e II)*;

de opressão e miséria dos pobres no continente: a Teologia da Libertação. De que forma a liturgia acompanhou e incorporou esse pensamento teológico original latino-americano? Seria necessário realizar pesquisas para responder a essa questão. Na falta delas, podemos ao menos apontar para algumas características da teologia litúrgica latino-americana. E é de se perguntar: no contexto atual terão chances de vingar?

3.2.1. Uma teologia original latino-americana

Graças à existência do Celam (Conselho Episcopal Latino-Americano)[14], a renovação conciliar no continente latino-americano foi pensada por todas as Igrejas particulares católico-romanas *em conjunto*, a partir da Conferência de Medellín (1968). Ali, a Igreja na América Latina começou a tomar consciência de sua personalidade e responsabilidade específica e se fez ouvir de uma forma nova, própria e decidida no contexto da situação histórica, socioeconômica e política do continente[15], suscitando inclusive uma nova vertente teológica: a Teologia da Libertação, abraçada por uns, odiada por

Taborda, Francisco, *Sacramentos, práxis e festa. Para uma teologia latino-americana dos sacramentos*, Petrópolis, Vozes, 1987; Valentini Neto, Antonio, A liturgia no Documento de Aparecida, *Caminhando com o Itepa*, Passo Fundo, RS, (23) 87 (dez. 2007) 19-25; Velasco, Rufino, La Iglesia de los pobres: eclesiologia en la teologia de la liberación, in: *La Iglesia de Jesús*; Vigil, José Maria (org.), *Bajar de la cruz a los pobres. Cristologia de la liberación*, ASETT (Asociación Ecumênica de Teólogos/as Del Tercer Mundo), 2. ed.; *Aparecida, renacer de una esperanza*, Fundación Ameríndia, nov. 2007. Disponível em: <https://www.amerindiaenlared.org/uploads/adjuntos/206_AmerindiaAparecidaLibroVirtual.pdf>, acesso em 23 jul. 2025.

14. Criado em 1955.

15. Comblin chama a atenção para a novidade e importância deste fato: "Com Medellín e Puebla surgia na Igreja universal um fato novo: ao lado das vozes da Igreja de Roma, outra voz se lançava, não oposta, mas distinta. Nunca, desde 1054, data da separação definitiva entre [a Igreja do] Oriente e Ocidente havia aparecido outro polo" (*Puebla, 20 años despues*...). Infelizmente, tentou-se de todas as maneiras possíveis calar esta voz.

outros. O que caracteriza a Teologia da Libertação? Apontemos aqui três elementos:

a) Antes de tudo, o fato de fazer teologia e de viver a fé a partir do seguimento de Jesus Cristo Libertador, Servo Sofredor, na inserção e convivência no mundo dos pobres, das classes sociais exploradas, em sua situação real, social, política, cultural, de "povo crucificado", injustiçado, vivendo em situações desumanas, procurando se livrar da situação de exclusão. Toma-se consciência de que essa situação é planejada deliberadamente pelos responsáveis da "ordem mundial" e de que se caracteriza teologicamente falando como "pecado estrutural"; é o "pecado do mundo", o pecado da injustiça e da morte generalizada dos pobres, perpetuado nas estruturas sociais, políticas, econômicas e culturais da sociedade. As pessoas que fazem essa experiência começam a ver o mundo, a Igreja e o próprio Deus "a partir de baixo" e entendem que a salvação querida por Deus não se situa numa esfera "espiritual" à parte, fora dessa realidade.
b) Assim nasce a "Igreja dos pobres", isto é, a Igreja incorporada no mundo dos pobres, principalmente por meio das comunidades eclesiais de base, tornando-se "sacramento histórico" da salvação. "A Igreja que nasce dos pobres pelo Espírito de Deus" não é uma Igreja fechada sobre si mesma, preocupada somente com sua própria salvação: assume sua missão profética na transformação da sociedade. Acredita que "outro mundo é possível". Vive em função dessa missão, como fez Jesus. De fato, não somente os próprios pobres, mas a sociedade como um todo deve ser salva, colocada no rumo do Reino de Deus, o que poderá ocorrer somente com a mudança simultânea dos indivíduos e das estruturas da sociedade.
c) Um instrumento valioso nessa missão transformadora é o "método ver-julgar-agir", que conjuga olhar científico e evangélico sobre a realidade, conjuga conhecimento e ação (*práxis*), porque o objetivo final do fazer teológico é a libertação efetiva, progressiva (política, social, cultural, religiosa...) do povo pobre e injustiçado e

a superação das estruturas injustas da sociedade, como sinal da chegada do Reino. Esse método supõe várias "mediações" entre a fé e a realidade. Para ler a realidade à luz da fé, é preciso recorrer ao estudo exegético e hermenêutico das Sagradas Escrituras (e não se contentar com uma leitura fundamentalista), mas também às ciências históricas, sociais, antropológicas, políticas, econômicas, ecológicas, psicológicas, pedagógicas...[16]. Sem a ajuda destas últimas não estaremos em condições de compreender a sociedade e de atuar nela de maneira eficiente.

3.2.2. Inter-relação entre Teologia da Libertação e liturgia: necessidade de pesquisas

Mudanças na teologia deveriam normalmente provocar mudanças na liturgia. O Documento de Medellín deu orientações precisas e preciosas a respeito disso, quando fez uma releitura dos princípios da SC do Concílio Vaticano II, na perspectiva eclesial e pastoral da Constituição Pastoral *Gaudium et Spes* e da Encíclica *Populorum Progressio* do Papa Paulo VI, e dentro da realidade do continente latino-americano. No capítulo 9 diz que

> a celebração litúrgica coroa e comporta um compromisso com a realidade humana, com o desenvolvimento e com a promoção. A celebração litúrgica [...] traz a exigência que leva a fé a comprometer-se com as realidades humanas. Para que a liturgia possa proporcionar plenamente essas contribuições, é necessário [...] manter-se numa situação dinâmica que acompanhe tudo o que houver de sadio no processo de evolução da humanidade; levar a uma experiência vital de união entre a fé, a liturgia e a vida cotidiana, em virtude da qual chegue o cristão ao testemunho de Cristo.

16. E não somente a mediação filosófica, como acontece na teologia clássica.

Na Introdução, afirma:

> Cristo, ativamente presente em nossa história, antecipa seu gesto escatológico [...] naquelas conquistas que, como sinais indicadores do futuro, o ser humano vai fazendo por meio de uma atividade realizada no amor. E lembra que, como fez o povo de Israel outrora na saída do Egito, devemos saber reconhecer nestes sinais "seu passo que salva, quando se dá [...] a passagem de condições menos humanas a condições mais humanas".

"Passagem" é Páscoa! Se Deus está passando em nossa história, tornando mais humana a vida de seu povo, então é preciso que isso seja proclamado e celebrado na liturgia, como Páscoa de Cristo acontecendo em nossa Páscoa[17].

Até que ponto esta inter-relação entre fé, teologia, liturgia e vida cotidiana preconizada por Medellín se concretiza na liturgia do continente? Em outras palavras: de que forma a Teologia da Libertação (*lex credendi*) repercute, a partir das décadas de 1970 e 1980, na celebração, na formação litúrgica, na espiritualidade, na teologia da liturgia (*lex orandi*) e na Pastoral Litúrgica no continente latino-americano? Para responder a essa pergunta fundamental, seriam necessárias inúmeras pesquisas em todos os recantos do continente, abrangendo diversas áreas:

a) A vida litúrgica das comunidades, paróquias, dioceses, regiões, as diversas pastorais, os movimentos..., incluindo a música ritual e a organização do espaço litúrgico.
b) A adaptação dos *rituais* realizada pelas Conferências Episcopais no continente. A título de exemplo: no Brasil, a oração eucarística n. 5 e os novos rituais do batismo, do matrimônio e das exéquias incorporaram as características da teologia latino-americana? Como?

---

17. Cf. Páscoa de Cristo na Páscoa da gente, Páscoa da gente na Páscoa de Cristo, in: CNBB, *Animação da vida litúrgica no Brasil*, 1989, doc. 43, n. 300.

c) O *Ofício Divino das Comunidades*, criado em 1988, que incorporou a perspectiva teológica latino-americana na recordação da vida, nos hinos, na introdução e na linguagem dos salmos, cânticos bíblicos e orações.

d) As chamadas *liturgias emergentes*, expressões litúrgicas que foram surgindo, informalmente, nas bases da Igreja no continente: novenas de natal, vias-sacras, romarias da terra e da água, vigílias de oração e protesto político; celebrações por ocasião de ocupação de terras ou moradias. Cabe aqui uma referência à Campanha da Fraternidade, organizada anualmente pela CNBB como vivência comunitária da Quaresma, a partir de um determinado problema crucial sentido em âmbito nacional. Talvez seja uma das poucas iniciativas assumidas por todas as dioceses (com raríssimas e deploráveis omissões), ligando fé e vida, com o uso do método ver-julgar-agir e levando a compromissos duráveis, como o surgimento de pastorais específicas a partir dos temas e realidades trabalhadas.

e) As orientações de Pastoral Litúrgica nos documentos e estudos das Conferências Episcopais.

f) Os encontros de formação e Pastoral Litúrgica em âmbito continental, nacional, regional, diocesana.

g) A caminhada da *Rede Celebra*, espalhada em inúmeros núcleos em diversos Estados do Brasil, promovendo o florescimento e capacitação dos ministérios, principalmente nas comunidades de base, com uma metodologia que liga reflexão e experiência celebrativa, com o uso do Laboratório Litúrgico, na busca da inteireza do ser na vivência ritual[18].

h) O ensino da liturgia nos institutos de teologia e cursos afins.

---

18. Cf. Baronto, Luís Eduardo Pinheiro. *Laboratório Litúrgico. Pela inteireza do ser na vivência ritual*, São Paulo, Editora Salesiana, 2000 (nova edição: São Paulo, Paulinas, 2007).

i) O ensino da liturgia nos cursos de atualização e especialização em liturgia, assim como as monografias, as dissertações de mestrado e as teses de doutorado.

j) Os manuais e outros livros de estudo da liturgia, incluindo a sacramentologia; um olhar empírico observa que são poucos os autores que assumiram as teses da teologia latino-americana. Uma análise crítica especial mereceria o *Manual de Liturgia*, de quatro volumes, publicado pelo Celam; cabe a pergunta: por que os vários autores não incorporaram (excetuando em três ou quatro capítulos) a linha teológica latino-americana dos próprios documentos do Celam, por exemplo, ao tratar da celebração do Mistério Pascal e da assembleia litúrgica do Povo de Deus?

k) Outras *publicações* relativas à liturgia, como a *Revista de Liturgia*, subsídios para homilias, folhetos litúrgicos (prestando atenção especialmente às introduções, aos cantos, às preces);

l) Publicações, centros de estudo, cursos, encontros e outras realizações motivadas pela Teologia da Libertação (Cebi, Cesep, Soter, CRB, Movimento Fé e Política, CPT, Pastorais Sociais...): em que medida levam em conta a liturgia como elemento essencial de nossa vida de fé?

m) Os manuais, revistas e outras orientações para a catequese.

n) As lembranças ("santinhos") da chamada "primeira comunhão" e os convites para a celebração de ordenação diaconal e presbiteral.

3.2.3. Traços característicos da teologia litúrgica latino-americana

Não dispondo de todo este material de pesquisa, e, mesmo sabendo que muitas vezes "na prática a teoria é outra", aponto sucintamente alguns traços dessa liturgia com características "latino-americanas" e a teologia litúrgica de alguma forma embutida nela, encontrada principalmente nas Comunidades Eclesiais de Base e movimentos pastorais afins, nas quais se procura viver esse "novo jeito de ser Igreja", comunidade fraterna e profética, aliando fé e compromisso social e político:

a) *Dimensão eclesial* – A liturgia assume a *opção pelos pobres*, comprometendo-se com suas lutas por melhores condições de vida. A assembleia litúrgica dos pobres é semente do Reino. O Cristo que está ali presente (SC 7) é o Cristo que se identifica com os pobres; é o Servo Sofredor; ele tem compaixão, está atento à vida dos pobres. E é também o Cristo glorificado que associa a si todas as pessoas que, como ele e com ele, dão sua vida por amor aos irmãos e irmãs. Aos não pobres, a liturgia lembra que encontrarão o rosto de Jesus nos pobres e que são chamados a solidarizar-se com eles e a contribuir para que a sociedade se torne justa, fraterna, igualitária, como requer o evangelho de Jesus. Ao fazer memória de Jesus na ceia eucarística, *associamos à sua morte e ressurreição a vida e a morte de todo o Povo de Deus*, crucificado pelas condições de vida, chamado a se organizar, a se levantar da situação de "morte" e a encontrar caminhos de vida plena. *Maria, mãe de Jesus*, ganha "cara de povo", como lutadora ao lado de seu povo sofrido. Seu cântico é redescoberto e relido como profecia a partir da realidade atual: *Deus age com braço forte para dispersar os orgulhosos e derrubar do trono os poderosos, para elevar os pequenos e humildes; ele dá pão aos famintos, despede os ricos sem nada.* Na Igreja dos pobres, não cabe clericalismo: todos os ministérios, inclusive os ministérios ordenados, estão marcados pela espiritualidade do lava-pés, do serviço aos irmãos e irmãs. O povo torna-se "sujeito" da liturgia: prepara as celebrações, assume os ministérios litúrgicos, respeitando a igualdade de homens e mulheres; espontaneamente traz para dentro da liturgia a referência à sua vida cotidiana, suas preocupações com a sobrevivência, suas lutas políticas. Realiza também naturalmente a simbiose entre liturgia e piedade popular. Celebra-se onde o povo se encontra: no alpendre de uma casa, na rua, numa garagem, debaixo de pontes, ao lado de um rio. O ambiente é de muita espontaneidade, simplicidade, informalidade, partilha, fervor religioso, com a participação de todos/as. A comunidade toma consciência de que o grito do povo foi ouvido por Deus, que resolveu intervir para libertar (Ex 3).

b) *Dimensão crística e missionária* – A liturgia é *entendida e vivida no contexto* social, político, econômico, cultural. Nenhuma celebração litúrgica é "neutra" politicamente falando: sempre traz em seu bojo uma proposta para a vida em sociedade e, numa sociedade rachada entre ricos e pobres, sempre fará opção por apoiar um dos lados. Por isso, a liturgia não pode ser vivida como um momento individual, intimista ou intereclesial apenas; supõe interesse e tomada de posição em relação aos problemas sociais que afligem a população, principalmente os pobres. Supõe um compromisso com a libertação social, política, cultural, religiosa. Celebração e vida formam uma unidade, ambas são expressões inseparáveis do único culto espiritual (cf. Rm 12,1-3). O fundamento teológico desta ligação "liturgia/vida" está na *compreensão dinâmica e atual do Mistério Pascal de Jesus Cristo*. O Ressuscitado, juntamente com seu Espírito transformador, está ativamente presente na *história* do continente latino-americano para fazer o povo passar da "morte" para a "vida", de condições menos humanas para condições mais humanas. Cabe à comunidade cristã perceber os sinais desta presença transformadora, louvar e agradecer de coração por esta "Páscoa de Cristo acontecendo na Páscoa do povo", e assumir o compromisso de ajudar nessa transformação, como discípulos/as-missionários/as. Abrem-se espaços na celebração para expressar a realidade: na recordação da vida, no rito penitencial, na homilia, nas preces dos fiéis, na preparação das oferendas, nas motivações antes da oração eucarística, no embolismo do pai-nosso (*Livrai-nos, ó Pai...*), nas bênçãos, na partilha de alimentos na celebração dominical da Palavra de Deus ou depois da celebração eucarística. A "missa", assim como qualquer outra celebração litúrgica, supõe o compromisso com a "missão". Participar das celebrações litúrgicas sem ter um engajamento social no sentido apontado acima contradiz a própria liturgia. A relação liturgia/vida aparece forte nas celebrações por ocasião da morte e na comemoração dos inúmeros *mártires* de nosso continente que deram sua vida na defesa dos excluídos do sistema social. Reconhecemos em sua atitude de doação da vida em solidariedade e na luta com o povo oprimido e excluído a atitude do próprio Jesus: "Prova de amor maior não há, que doar a vida pelo irmão".

c) *Dimensão pneumática, espiritual, mística* – Pouco a pouco redescobrimos na liturgia a ação transformadora do Espírito Santo. O Espírito faz de nós um só corpo e um só espírito, em Cristo ressuscitado. Sua ação permeia toda a celebração: o encontro e os abraços dos irmãos e irmãs, o canto, a proclamação e interpretação da Sagrada Escritura, as orações, os gestos simbólico-sacramentais, o espaço litúrgico. Começamos a perceber a importância das epicleses e do silêncio. É o Espírito que nos orienta na escuta e interpretação da Sagrada Escritura e na "leitura" interpretativa da realidade, feita por toda a comunidade. A Palavra de Deus acolhida na meditação, na oração e na contemplação nos leva ao compromisso com a causa dos pobres. A redescoberta do método da "leitura orante" se tornou um poderoso aliado. Começamos a nos dar conta de que a presidência e outros ministérios devem atuar conscientemente no Sopro do Espírito Santo e de que a todos/as participantes convém uma atitude de profunda conexão com o mistério (atitude de reverência, escuta, admiração, alegria, gratidão, compaixão, contemplação). A liturgia nos leva à *experiência espiritual* fundamental, "fontal", de toda e qualquer forma de espiritualidade ou mística cristã. Somente a partir dessa consciência e com essa atitude espiritual seremos capazes de superar a onda de "liturgias" vividas como entretenimento, como devoção, carregadas de emocionalismo ou de frio racionalismo e formalismo.

d) *Dimensão escatológica, doxológica e de intercessão* – O *horizonte utópico da liturgia é o Reino de Deus* prometido por Jesus. Faz-nos sonhar com o dia em que não haverá mais injustiça, desigualdade e discriminação social, guerras e perseguições. Por isso, a liturgia ganha ares festivos, de alegria, principalmente aos domingos. Mas não se trata de alegria fácil, barata. Sabemos que o confronto é difícil e o caminho longo e perigoso. Como Jesus, muitos podem sofrer até o martírio. Daí a autenticidade e veracidade das liturgias. A celebração litúrgica deve estar imbuída do dinamismo na urgência da vinda do Reino entre nós, "até que ele venha!". Parte da realidade da vida da comunidade, dos acontecimentos marcantes da realidade local, nacional, mundial. Na partilha da Palavra (homilia dialogada), debruça-se sobre a situação do "mundo" visto a partir dos pobres e leva à participação na ação de graças, à intercessão e ao compromisso missionário. Como povo sacerdotal que somos – em comunhão com as outras Igrejas cristãs e em sintonia também com outras tradições religiosas e filosóficas –, celebramos, em louvores e ação de graças, a presença de Deus e de seu Reino no mundo, o Mistério Pascal acontecendo entre nós. E pedimos, suplicamos, intercedemos, por todas as necessidades do mundo, unindo-nos à intercessão de Jesus, o Cristo (cf. Hb 7,25). É bom lembrar que *os salmos* sempre foram considerados a melhor escola de oração, "colados" à vida. Daí a importância de redescoberta do valor do salmo responsorial e do Ofício Divino.

e) *Dimensão simbólico-sacramental* – Símbolos litúrgicos tradicionais são reinterpretados a partir da experiência de fé na vida dos pobres e na solidariedade com eles: a cruz deixa de ser símbolo de resignação e se torna apelo ao compromisso libertador; o pão e o vinho da Eucaristia ganham densidade nova, seja como frutos da exploração dos trabalhadores/as, seja como frutos da partilha fraterna no trabalho cooperativo. Muitos novos símbolos e ações simbólicas são introduzidos, assim como expressões corporais, próprios da piedade e da cultura popular (acendimento de velas, incensações, procissões, danças, beijo de bandeiras e imagens de santos, abraço da paz, gestos orantes...). Começamos a valorizar a linguagem corporal, simbólica, ritual, superando o racionalismo, o verbalismo (a verborragia!), assim como a "teatralização" da liturgia. Começamos a prestar mais atenção à unidade "corpo-mente-coração" do ser humano celebrante e à unidade entre ritualidade, teologia e espiritualidade litúrgica. Começamos a descobrir o valor da beleza, da estética: dos gestos e movimentos, do caráter poético na proclamação dos textos bíblicos e litúrgicos, do canto e da música, das vestes, do espaço e da ornamentação. Ainda é tímida a compreensão dos sacramentos (principalmente a Eucaristia) como "ações simbólicas": "sinais sensíveis" que remetem a uma "realidade invisível" que ultrapassa o sinal; fazem-nos mergulhar no mistério de Deus revelado em Jesus Cristo. Somente a partir dessa experiência, seremos capazes de eliminar qualquer indício de *show*, espetáculo, divertimento. Isso vale principalmente na questão da música. Não é qualquer tipo de música que vale na liturgia. Daí a importância da escolha de música: que seja música ritual, em linguagem poética e musical da comunidade, de qualidade estética e teológica. Daí também a importância da maneira espiritual de cantar e tocar os instrumentos, da atitude dos ministros (participantes a serviço do canto da assembleia e não artistas diante de uma plateia) e da maneira de usar o microfone (sem abafar a voz do povo).

f) *Dimensão de inculturação* – Celebrações tradicionais são adaptadas à realidade das comunidades: celebração dominical da Palavra de Deus, Ofício Divino (das comunidades, dos mártires, dos jovens, dos adolescentes e crianças...). Práticas da piedade popular são recriadas, ligando com a realidade do povo: vias-sacras, novenas, romarias. Novas liturgias surgem da situação conflituosa em que o povo se encontra e são ao mesmo tempo liturgia e protesto político: romarias da terra e da água, vigílias de oração em frente à porta de prisões e distritos policiais, em despejos ou ocupações de terras ou moradias. Há várias iniciativas de inculturação "afro" na liturgia das comunidades cristãs católicas de afrodescendentes e há uma reflexão continuada e troca de experiências. No entanto, considerando que a porcentagem da população negra no Brasil é de aproximadamente 50%, podemos dizer que ainda é tímido o que se conseguiu até agora. Fora dos grupos específicos, os avanços ficam principalmente na área da música (uso de atabaque e outros instrumentos, influência no ritmo das músicas, introdução de danças nas procissões de entrada e das oferendas...). Também há avanços na reflexão e uma rica troca de experiências a respeito da inculturação nas comunidades indígenas cristãs.

3.3. Novo contexto

Com o tempo, fomos percebendo outras necessidades na realidade social e foram surgindo organizações de grupos específicos buscando sua libertação, não somente política, mas também social e cultural. Limitando-nos à realidade brasileira, podemos lembrar: as mulheres, os afrodescendentes, os povos indígenas, a população de rua, os catadores de materiais recicláveis, os sem-terra, sem casa, sem trabalho, os atingidos pela seca, pela construção de barragens; as crianças, os adolescentes e os jovens "em situação de risco"; os migrantes, os toxicodependentes etc. Muitas desses grupos contam também com uma proposta de espiritualidade e uma boa reflexão teológica. (Por exemplo, teologia das mulheres, teologia índia, teologia afro...). Ultimamente, antes de ser agendada a V Conferência do Celam, pouco se falava da Teologia da Libertação; no entanto, a *prática* da libertação (ou o "cristianismo de libertação"[19]) difundiu-se em incontáveis grupos e situações, com ou sem esse nome.

Muitas mudanças ocorreram no contexto político, social, cultural e eclesial nas últimas duas décadas: crescente globalização econômica, crescimento incontrolado do aquecimento global, frustração e desalento com a política nacional, cultura fortemente marcada pelo individualismo e pelo secularismo crescente, oferta de muitas novas propostas religiosas ou filosóficas, volta do centralismo e do clericalismo na Igreja Católica Romana, aposta na igreja eletrônica e de *marketing* para atrair adeptos, crescimento dos "novos movimentos" e sua influência principalmente pela presença constante de alguns deles na televisão, onde a "liturgia" virou *show* eletrônico com direito a muita emoção e muita "cura". Mas também, em contrapartida: a movimentação mundial de "outro mundo possível" nos fóruns sociais; abertura maior à pluralidade cultural, religiosa e teológica e ao diálogo inter-religioso; crescimento de movimentos como "Fé e política", "Nós também somos Igreja" e outros; o trabalho nas pastorais sociais, experiências de economia solidária, construção de cisternas pelo próprio povo do semiárido; consciência crescente em relação ao esgotamento das reservas naturais não renováveis, atitudes proféticas como a de Dom Luiz Cappio alertando com seu jejum prolongado contra a transposição do Rio São Francisco por ser mais uma maneira de enganar e prejudicar as populações do semiárido e favorecer os grandes proprietários...

Fala-se em "novo paradigma", em "mudança de época", em "cultura global". Cabe perguntar: neste novo contexto, quais são os *desafios* para a liturgia se quisermos continuar no caminho iniciado em Medellín e responder ao apelo de Aparecida? Destaco apenas um deles: a *formação litúrgica* em todos os níveis, desde a base até a formação de especialistas, dentro dos parâmetros apontados.

19. Conceito mais amplo sugerido por Jung Mo Sung.

4. Teologia e formação litúrgica

Na perspectiva da América Latina, a teologia litúrgica deve partir da observação e análise crítica da vida litúrgica das comunidades. Enquanto reflexão sistemática sobre esta realidade, não pode ficar confinada em teorias e em salas de aula para especialistas. Toda a vida litúrgica – a celebração, a espiritualidade, a formação em todos os níveis, a organização da Pastoral Litúrgica – deve beneficiar-se constantemente do aprofundamento teológico. Deve haver, portanto, um contínuo vaivém, uma interação entre estas várias áreas. De que forma podemos garantir esta interação? *É principalmente uma questão de método e pedagogia na formação litúrgica*. Baseado em minha própria experiência (como agente de Pastoral Litúrgica e como liturgista, professora e escritora) e na experiência de muitas equipes das quais participei ou com as quais tive contato, lembro alguns princípios metodológicos e algumas ferramentas pedagógicas que se mostraram valiosas[20]. É necessário que sejam adaptados a cada realidade, a cada grupo de formandos/as.

4.1. Formação para as equipes de liturgia nas comunidades e paróquias

Formação permanente na reunião semanal (incluindo o grupo de cantores e músicos), com momento de oração, avaliação da celebração anterior e da atuação dos ministérios, recordação da vida (o que anda acontecendo na comunidade, no bairro, na cidade, no país, no mundo...?), estudo do sentido do tempo litúrgico ou de outro rito

20. Para uma descrição mais detalhada, vejam: Buyst, Ione, *Equipe de liturgia*, São Paulo, Paulinas, 2006 (Col. Celebrar); Buyst, Ione, *Formação litúrgica. Memória pessoal. Centro de Liturgia, 1985-2006*, edição própria, São Paulo, setembro de 2006/ Ribeirão Preto, setembro de 2007.

menos conhecido, aprofundamento dos textos bíblicos e litúrgicos, dicas para a homilia e para as preces dos fiéis, escolha dos cantos e eventuais ações simbólicos complementares, elaboração do roteiro da próxima celebração, repartição das tarefas, ensaios e "vivências" de alguma parte da celebração. Destacamos:

a) a importância do clima de colaboração, amizade, serviço;
b) a participação de todas as pessoas que irão assumir algum ministério na celebração, incluindo os ministros extraordinários da comunhão eucarística, o diácono, o presbítero[21];
c) a necessidade de um/a coordenador/a, para agilizar e garantir a participação de todos/as;
d) a importância de um planejamento anual da vida litúrgica da comunidade: prever as festas, repartir as responsabilidades, formar novas equipes onde se fazem necessárias: para as várias celebrações dominicais, para batismo, crisma, reconciliação, liturgia com os doentes e idosos, matrimônio, Ofício Divino, velórios e exéquias...; um retiro anual...

4.2. Formação para todo o povo da comunidade ou paróquia

A participação na própria liturgia, bem celebrada, domingo após domingo, anos após ano, seguindo os tempos litúrgicos, a celebração dos sacramentos e sacramentais acaba sendo uma verdadeira "escola de fé". Ao prestar atenção e participando ativa e conscientemente de cada ação ritual (os cantos, as leituras bíblicas, a homilia, as orações, os movimentos, os gestos simbólico-sacramentais...), vamos assimi-

21. Caso este último não puder comparecer devido a sua extensa tarefa pastoral, que seja colocado a par das decisões tomadas na reunião e receba o roteiro preparado pela equipe.

lando o sentido de cada celebração, de cada tempo litúrgico, e nos deixamos moldar pelo mistério celebrado ao longo de toda a nossa vida. Outras atividades podem vir a completar: uma "semana de liturgia" anual, pequenos artigos no boletim paroquial...

4.3. Formação para os catequizandos e catecúmenos; preparação litúrgica para catequetas (especialistas em catequese)

O método catecumenal – ainda pouco conhecido e adotado, apesar de sua indicação no diretório geral e nacional da catequese – sugere a interação de momentos de ensino (catequese bíblica, doutrinal, moral e mistagógica) com a liturgia catecumenal e com a inserção gradativa na vida e na missão da comunidade, além do acompanhamento pessoal dos catecúmenos. O Rito de Iniciação Cristã de Adultos (Rica) prevê ritos próprios: rito de instituição dos catecúmenos, celebrações da Palavra, exorcismos e escrutínios, unção com o óleo dos catecúmenos, eleição ou inscrição do nome, entrega e recitação do creio e do pai-nosso, rito do *effeta* e, por fim, os sacramentos da iniciação cristã (batismo, confirmação e Eucaristia), seguidos de um tempo de mistagogia. Todos esses ritos são organizados pedagogicamente ao longo das várias etapas do catecumenato, marcando inclusive a passagem de uma fase a outra, levando em conta o ano litúrgico. O método catecumenal leva a sério a liturgia como fonte da catequese e como necessário caminho para o encontro com Jesus Cristo na experiência gradativa de seu Mistério Pascal. Mas quem ajudará as/os catequistas a descobrir e discutir a melhor maneira de fazer isso? Quem lhes dará a formação catequético-litúrgica? Quem orientará os autores e editores dos inúmeros subsídios e revistas de catequese que encontramos no mercado? Aqui surge a necessidade de incluir uma boa formação litúrgica nos cursos de formação específica, especializada, dos catequetas.

4.4. Formação básica para os ministérios leigos específicos

Equipe de acolhida, leitores e leitoras, salmistas, cantores e cantoras, instrumentistas, acólitos/as, presidentes/as da celebração dominical da Palavra de Deus, ministros/as extraordinários/as do batismo e da distribuição da comunhão eucarística, testemunhas qualificadas do matrimônio. Podemos distinguir dois momentos diferentes: a formação inicial e a formação continuada.

a) *A formação inicial* tem por objetivo capacitar as pessoas para assumirem o ministério com conhecimento de causa, com segurança e com alegria. Necessitam de uma introdução básica: em que consiste o trabalho, qual sua finalidade e como deve ser realizado. É importante partir dos conhecimentos dos participantes e, em seguida, estudar a ação ritual a ser realizada com seu sentido teológico e sua espiritualidade, lembrar algum documento do magistério da Igreja ou entrar em contato com outros textos de estudo. Não deve faltar um Laboratório Litúrgico ou vivências para que os formandos assimilem "no corpo, na mente e no coração".
b) De tempos em tempos, é necessário cuidar de um momento de *formação continuada, acompanhando a ação*. Podemos partir dos relatos e das experiências do grupo dos ministros/as: o que têm feito, o que tem dado certo, quais as dificuldades encontradas. Numa conversa comunitária, com "leitura orante" de textos bíblicos e litúrgicos, com o estudo de outros textos, procuram-se soluções dos problemas e um aprofundamento maior, em função do ministério e do crescimento pessoal na fé. No final, são decididas as possíveis mudanças para melhorar a prática. Cuide-se de um clima de fraternidade e confiança mútua.

4.5. Formação litúrgica para outras pastorais específicas

Formação para a catequese, juventude, pastoral social, pastoral da saúde, pastoral familiar, comunicação etc. e para os movimentos.

Cada um destes setores costuma organizar celebrações litúrgicas com alguma regularidade. Portanto, seria bom oferecer uma formação básica e função desta tarefa e também para que seus membros possam chegar a uma participação consciente na liturgia, como fonte de sua vida espiritual e missionária. Em vez de promover algum encontro esporádico, é bom pensar em "escolas" de liturgia, prevendo vários encontros, garantindo, assim, um mínimo de continuidade. Possíveis assuntos a serem aprofundados, conjugando sempre estudo do rito, com sua teologia e espiritualidade: celebração eucarística, liturgia da Palavra, Ofício Divino, canto e música na liturgia, cada um dos tempos do ano litúrgico, o espaço litúrgico, batismo, confirmação, sacramento da reconciliação, sacramento da unção dos enfermos, sacramento do matrimônio, sacramento da ordem, bênçãos, romarias, liturgia como fonte de espiritualidade. As/os *catequistas* merecem um estudo aprofundado do Rica em função do catecumenato e até mesmo para ir modificando a metodologia da catequese "comum": introdução de etapas marcadas com celebrações, reuniões catequéticas com momentos litúrgicos, como celebração da entrada na catequese, celebração da Palavra, bênçãos e uma iniciação à vida litúrgica (aprender a celebrar, ouvir a Palavra, responder com o salmo, fazer preces espontâneas a partir da leitura bíblica proclamada, orar com velas e outros símbolos, adquirir uma sensibilidade simbólica, trazer a vida para dentro da liturgia e levar a liturgia para dentro da vida...).

4.6. Formação litúrgica nas casas de formação

Compreendendo seminários, congregações religiosas, institutos de leigas consagradas etc. Mesmo para os candidatos ao ministério ordenado e à vida religiosa ou consagrada que terão estudo sistemático de liturgia no instituto de teologia, é indispensável a vida litúrgica diária (Ofício Divino ou Liturgia das Horas, celebração da Palavra, celebração eucarística, bênção da mesa...) como caminho de aprofundamento da vida cristã no seguimento de Jesus Cristo. Muitos/as destes/as candidatos/as são batizados/as e crismados/as, porém não foram devidamente *iniciados*. Os anos de formação poderão se tornar um momento precioso para o mergulho no mistério de Jesus Cristo e uma adesão consciente no Espírito. O método catecumenal poderá ser uma referência: caminhada progressiva, acompanhada de ritos específicos, cuidando da interligação entre catequese, celebrações litúrgicas, participação na vida comunitária, acompanhamento pessoal espiritual. Um cuidado especial deve ser dado à iniciação *progressiva* na Liturgia das Horas (Ofício Divino): aprender a valorizar e saborear a passagem noite/dia/noite, símbolo do Cristo-Luz em sua morte e ressurreição; aprender a valorizar estes momentos diários com o canto dos hinos próprios da manhã e da tarde; aprender a saborear e rezar com os salmos e cânticos bíblicos, principalmente os três cânticos evangélicos; adquirir o hábito da intercessão, "cruzando" os acontecimentos do dia com os salmos e as leituras bíblicas. Em preparação ao domingo, nossa Páscoa semanal: "leitura orante" com os textos bíblicos e litúrgicos (principalmente o evangelho, a coleta, o prefácio...) e, no domingo à noite ou na segunda-feira, partilha das experiências de fé vividas no domingo. Nas grandes festas litúrgicas, poder-se-ia pensar num "ágape" no momento do jantar: a refeição envolta em hinos, cantos, leituras bíblicas e patrísticas, preces, poesias..., quem sabe, à luz de velas...

4.7. Formação litúrgica sistemática para agentes de Pastoral Litúrgica (padres, diáconos, leigos/as, religiosos/as)

Geralmente o tempo (e o dinheiro) para essas formações é bastante curto. Procura-se dar o máximo de conteúdo no pouco tempo previsto. No entanto, é melhor aprofundar bem os elementos essenciais, "casando" o estudo da ação ritual com o aprofundamento teológico e espiritual e o confronto com nossa prática pastoral. A experiência mostrou que é preferível privilegiar a "liturgia específica" e, ligados a esta, os temas da "liturgia geral" (incluindo a sacramentologia). Por exemplo, caso comecemos com o estudo da missa, poderemos associar a isso a teologia litúrgica do Mistério Pascal, a liturgia como "memorial", como ação transformadora do Espírito Santo, a assembleia litúrgica com seus vários ministérios como sujeito da ação litúrgica etc., sempre partindo dos ritos e textos do livro litúrgico, no caso, o Missal e sua Introdução Geral. Temas que não deveriam faltar na programação (além do estudo de cada um dos sacramentos, sacramentais e outros tipos de celebração): embasamento antropológico (por que celebramos? necessidade de símbolos, ritos e mitos...) e o imperativo da inculturação; as características da liturgia cristã com seu embasamento bíblico; panorama histórico da liturgia com sua teologia e espiritualidade (incluindo a América Latina); a liturgia como memorial da Páscoa de Cristo; o povo sacerdotal com sua diversidade de ministérios como sujeito da ação litúrgica em sinergia com o Espírito Santo; a sacramentalidade da liturgia; a teologia litúrgica da Palavra de Deus; a eucologia, a música e o canto, o silêncio; o tempo e o espaço litúrgicos...[22]. Também a piedade popular e as novas liturgias emergentes merecem nossa atenção, possivelmente ligadas ao ano litúrgico. Quanto ao método: análise ritual, "leitura orante" com textos bíblicos e litúrgicos, observação participante da prática litúrgica de uma comunidade, método "ver-julgar-agir", Laboratório Litúrgico e vivências, preparação e avaliação das celebrações realizadas no próprio curso ou escola, planejamento da Pastoral Litúrgica. Deve-se

22. Cf. Buyst, Ione; Silva, José Ariovaldo, O *mistério celebrado. Memória a compromisso I*, Siquém Ediciones/Paulinas, Valencia (Espanha)/São Paulo, 2004 (Col. Livros Básicos de Teologia, 9); Buyst, Ione; Francisco, Manoel João, O *mistério celebrado. Memória e compromisso II*, Ediciones/Paulinas, Valencia (Espanha)/São Paulo, 2004 (Col. Livros Básicos de Teologia,10).

cuidar igualmente da *atualização litúrgica permanente* para bispos, padres, diáconos e ministros/as leigos/as em atividade pastoral.

4.8. Formação especializada, específica, para a música na liturgia e para o espaço litúrgico nos vários níveis

Canto e música são elementos integrantes da liturgia; não podem ficar a critério de qualquer um que não tenha a competência mínima em termos de liturgia e de música. Cada vez mais sentimos a necessidade de pessoas formadas nas duas áreas, para compor músicas adequadas, orientar as equipes de liturgia, formar e dirigir os grupos de canto e instrumentistas, ajudar na formação de um repertório de cantos próprios para cada ocasião, dirigir o canto da assembleia litúrgica. São poucas as paróquias e dioceses que investem nesta área. A mesma coisa pode-se dizer dos profissionais necessários para construir, organizar, reformar, embelezar o espaço litúrgico: arquitetos, engenheiros, artistas plásticos. Não adianta chamar um excelente engenheiro, mas que não tem conhecimentos específicos do espaço litúrgico. Menos ainda podemos deixar que o padre, sem conhecimentos técnicos, se aventure em levar avante essa obra! Daí a necessidade de cursos de especialização nesta área, com o duplo enfoque técnico-estético e litúrgico-pastoral[23].

4.9. Formação litúrgica nos institutos de teologia

O resultado insatisfatório do ensino da liturgia nos institutos de teologia, principalmente para o caso dos ministros ordenados, nos leva à necessidade de procurar as causas e remediá-las. De modo geral, as

23. Cf. Curso de Especialização em Arte Sacra, PUCRS, Porto Alegre.

queixas são: separação de "liturgia" e "sacramentos"; falta de preparação específica dos professores nas duas áreas (que deveriam ser uma só); carga horária insuficiente para preparar os futuros ministros ordenados em sua função de presidentes, de formadores litúrgicos de suas comunidades, de coordenadores da Pastoral Litúrgica nas paróquias e dioceses; aulas teóricas sem ligação com a prática pastoral; desconhecimento dos livros litúrgicos. Alguns "remédios" já encontrados e testados: uso do método mistagógico no ensino da liturgia (incluindo os sacramentos): do rito à teologia e à espiritualidade; pedagogia ativa, envolvendo ao máximo o estudante com pesquisas bibliográficas e levantamento da realidade; "produção do conhecimento em mutirão"; interligação entre teologia e pastoral com a aplicação do método "ver-julgar-agir" e o uso da técnica de "observação participante"; educação para a ritualidade com a técnica do Laboratório Litúrgico e vivências, propiciando a experiência unitária "corpo, mente/espírito, coração".

4.10. Formação de especialistas em liturgia, mestres e doutores (clero, leigos/as, religiosos/as)

Pela lógica, deveríamos apostar numa formação de especialistas *coerente* com a teologia litúrgica na perspectiva da América Latina, para que possam sustentar o ensino nos institutos de liturgia, a formação litúrgica em todos os níveis e a condução (coordenação) da Pastoral Litúrgica nas Igrejas locais juntamente com o bispo. É uma questão de conteúdos programáticos e de metodologia. Já foram elaborados princípios de uma Ciência Litúrgica nesse sentido, baseados no método "ver-julgar-agir". Trata-se de "ver" uma determinada prática ritual dentro do contexto social, cultural, eclesial; "julgá-la" a partir dos dados da fé nas Sagradas Escrituras, na teologia, na história da liturgia (rito e teologia), nos documentos do magistério...; apontar pistas para o "agir", provocando mudanças na prática. Trata-se ainda de conjugar antropologia (principalmente antropologia ritual), sociologia e outras ciências do humano com a teologia litúrgica (interdisciplinaridade)[24]. Já encontramos e experimentamos caminhos pedagógicos interessantes que provaram sua eficiência em todo este processo: produção do conhecimento em mutirão, observação participante aplicada à Ciência Litúrgica, "leitura orante" com textos litúrgicos, Laboratório Litúrgico na aprendizagem da ritualidade...[25].

4.11. Em todas as modalidades de formação

Além das muitas indicações metodológicas e pedagógicas nos itens acima, é necessário insistir em dois elementos que deveriam estar presentes em todas as modalidades de formação e tornar-se um ponto essencial em sua avaliação:

a) Andréa Grillo situa o método mistagógico na perspectiva da redescoberta e reintrodução do "pressuposto ritual da fé"[26]. Séculos de um "progressivo intelectualismo e racionalismo [que] havia perdido o rito como pressuposto eficaz de qualquer experiência da revelação e da fé e, portanto, de qualquer teologia séria do sacramento e da liturgia cristã"[27]. No entanto, a liturgia como doxologia ou culto ritual é anterior ou ao menos "cooriginário" ao culto espiritual; e como tal é fonte da teologia. Além disso, na cultura

24. Cf. Buyst, Ione, *Como estudar liturgia. Princípios de Ciência Litúrgica*, São Paulo, Paulus, [5]2007 (Col. Liturgia e Teologia).
25. Cf. Buyst, Ione, *Formação litúrgica. Memória pessoal. Centro de Liturgia, 1985-2006*, edição própria, São Paulo, setembro de 2006 / Ribeirão Preto, setembro de 2007.
26. Cf. Grillo, Andrea, *Il rinnovamento liturgico tra prima e seconda svolta antropologica. Il presupposto rituale nell'epoca del postmoderno. Pontificia Facoltà Teologica Dell'Italia Meridionale, Molfetta, Quaderni della Rivista do Scienze religiosi (n. 2)*, Roma, Edizioni Vivere In, 2004, 51.
27. Ibidem.

"pós-moderna" atual, o que interessa é a *experiência* ritual. Daí a necessidade de uma "refontização" antropológica da liturgia e a recolocação da liturgia no seu papel de *fonte*, principalmente da teologia dos sacramentos. Francisco Taborda expressa a importância do caráter simbólico-ritual da liturgia da seguinte maneira: "A liturgia é um dos lugares teológicos primeiros, porque a experiência cristã começa a fazer parte da vida humana quando se expressa em símbolos [...]; no símbolo o ser humano atualiza sua verdade mais nuclear com todas as suas faculdades [...]. A liturgia expressa a fé de modo evocativo, poético, simbólico, existencial e assim nos põe em contato com o evento fundador"[28]. Daí a necessidade de usar o método mistagógico que parte do estudo do rito para então, com o devido recurso epistemológico, extrair sua teologia e espiritualidade, em diálogo com o contexto social e cultural[29]. Acontece que para muitas pessoas "rito" tem a conotação de um odioso ritualismo formalista que não tem nada a ver com o mandamento de Jesus que disse: "Façam isto em memória de mim". É preciso, pois, resgatar a graça de celebrar, de entrar no "jogo" espiritual de "brincar" com água, luz, óleo, incenso, flores..., de sentir o prazer de cantar, dançar, nos reunir, ouvir a Palavra, sentir o gosto do pão e do vinho partilhados. É preciso resgatar nossa capacidade de ver o invisível por meio do visível, de tocar o mistério por meio da participação na ação ritual e deixar-se tocar pelo Outro, o Transcendente, mediante os gestos rituais. Portanto, é urgente a sensibilização simbólico-ritual, a formação para a ritualidade, trabalhando a unidade

28. *Lex orandi – lex credendi*: origem, sentido e implicações de um axioma teológico, *Perspectiva Teológica*, Belo Horizonte, 35 (2003) 81-82.

29. Cf. TABORDA, FRANCISCO, *Da celebração à teologia; por uma abordagem mistagógica da teologia dos sacramentos*, *REB* 64, fasc. 255 (2004) 588-615; e de Ione Buyst: "O rito como fonte de teologia litúrgica em geral, revisitando caminhos percorridos", Apostilado para o encontro anual da Asli, Associação dos Liturgistas do Brasil, Ilhéus, 2005.

"corpo-mente-coração", por meio de laboratórios litúrgicos e vivências. Podemos e devemos aprender ainda com a rica tradição da cultura indígena, afro e da piedade popular, na qual se celebra com pés e mãos, com movimentos e símbolos..., que inscrevem em nosso corpo e em nossa alma os mais profundos conhecimentos e nos fazem mergulhar e viver a comunhão com o mistério da vida.

b) Além dos laboratórios e vivências, é necessário incluir o *processo de juntos/as preparar-celebrar-avaliar* a liturgia, como parte integrante dos programas de formação. Necessitamos urgentemente destes "criadouros" de uma nova liturgia: mistagógica, inculturada, compromissada com a libertação.

c) Poderíamos acrescentar um terceiro elemento – óbvio, mas nem sempre levado a sério: facilitar a todos/as o acesso a publicações e outros subsídios, como manuais, livros de estudo, *Revista de Liturgia*[30], *Liturgia em mutirão*[31], *Dicionário de liturgia*[32], *Antologia litúrgica*[33], CD's e DVD's.

5. Conclusão

A referência última de todo o nosso fazer e saber litúrgicos é a Última Ceia de Jesus. Se ele a celebrasse hoje na América Latina, como a faria e que significado teria? Qual é o compromisso que implicaria para seus discípulos/as-missionários/as o mandamento do memorial? Imaginemos por um instante Jesus vivendo hoje e realizando sua missão na América Latina. Onde e com quem andaria?

---

30. Disponível em: <www.revistadeliturgia.com.br>. Acesso em: 07 jul. 2025.
31. Disponível em: <www.cnbb.org.br/liturgia>. Acesso em: 07 jul. 2025.
32. SARTORE, D.; TRIACCA, A. M. (org.), *Dicionário de liturgia*, São Paulo, Paulinas/Paulistas, 1992.
33. *Antologia Litúrgica. textos litúrgicos, patrísticos e canônicos do primeiro milênio*, Fátima (Portugal), Secretariado Nacional de Liturgia, 2003.

O que pregaria? O que faria? Quem concordaria e aderiria à sua proposta? Quem se oporia à sua ação e pregação? Quem o levaria a julgamento e à pena de morte? A quem apareceria e com quem se reuniria o Ressuscitado? Para fazer o quê? Implícito, temos aí a resposta do que significa celebrar hoje a liturgia como memorial de Jesus Cristo. Somos chamados/as pela graça de Deus, marcados/as com o Espírito do Ressuscitado para continuar sua missão messiânica e samaritana. Cada celebração litúrgica é um momento de reunião para "permanecer" com o Senhor e sermos marcados/as mais profundamente com sua Palavra e com seu Espírito. Porém, é apenas um momento; não nos é permitido "ficar" o tempo todo: ele nos envia de volta ao "mundo" para anunciar a boa-nova aos pobres e, solidariamente, provocar sua libertação[34]. Da mesma forma, o estudo da liturgia, o aprofundamento da teologia e da espiritualidade litúrgicas somente terão validade se nos levarem a avaliar e aprofundar o sentido da liturgia em sua relação com a missão, em cada contexto vital, social, político, cultural.

34. Cf. Marcos 3,14.

A originalidade do rito na liturgia cristã[1]

No centro da liturgia cristã está a ordem de Jesus referente ao rito central da fé cristã, a Eucaristia, ou Ceia do Senhor, de acordo com a tradição paulino-lucana: "Façam isto em memória de mim"[2]. A primeira parte da afirmação refere-se à ação de Jesus na Última Ceia: "Tomou o pão, deu graças, e deu a seus discípulos, dizendo. Depois tomou o cálice em suas mãos, deu graças novamente e o deu a seus discípulos dizendo". A segunda parte – "em memória de mim" – aponta para a atualização daquela ação, realizada hoje na comunidade de fé, pela invocação do Espírito: nós nos tornamos misticamente participantes de sua morte e ressurreição prenunciadas nos gestos da Última Ceia ("meu corpo que será entregue por vós..., meu sangue, sangue da nova aliança, derramado por todos"). Passamos com ele da morte para a vida, assumimos o compromisso de pautar a nossa vida e nossa atuação na sociedade segundo a proposta do Reino inaugurado por Jesus.

Os gestos rituais realizados na ceia, assim como no batismo cristão, são – na expressão de Santo Agostinho – *visibile verbum*, "palavra visível". A mesma Palavra de Deus anunciada na liturgia da Palavra em forma de proclamação e pregação (palavra interpretativa) nos atinge na liturgia sacramental em forma "visível", como ação corporal, passando por todos os sentidos, ultrapassando nossa compreensão racional, como na Última Ceia. Assim, liturgia da Palavra e liturgia sacramental

1. Originalmente publicado em: *Revista Tear Online*, São Leopoldo, v. 2, n. 1 [jan.-jun. 2013] 10-18. (N. do E.)
2. 1 Coríntios 11,23-26; Lucas 22,19.

se completam mutuamente; é a mesma Palavra de Deus anunciada, crida, assimilada. É Deus mesmo que vem ao nosso encontro, nos toca e nos transforma e nos impele ao testemunho de vida e ao compromisso a favor da vinda de seu Reino no mundo.

Os quatro textos a seguir – independentes, mas complementares – concentram-se no imperativo de levar a sério a liturgia cristã enquanto expressão ritual de nossa fé (superando todo ritualismo e mera religiosidade): Palavra de Deus em linguagem corporal, gestos proféticos atingindo-nos na inteireza de nosso ser.

1. Rito e acontecimento de salvação no sacramento do batismo[3]

Ouçamos uma passagem de São Paulo lida na Vigília Pascal, que consta também do lecionário da celebração do batismo (Rm 6,3-11):

> Acaso ignorais que todos nós, batizados no Cristo Jesus, é na sua morte que fomos batizados? Pelo batismo fomos sepultados com ele na morte, para que, como Cristo foi ressuscitado dos mortos pela ação gloriosa do Pai, assim também nós vivamos uma vida nova. Pois, se fomos, de certo modo, identificados a ele por uma morte semelhante à sua, seremos semelhantes a ele também pela ressurreição[4].

Primeiro, reparem que São Paulo fala da "semelhança" do batismo com a morte. Esta semelhança aparece principalmente no batismo de imersão, quando o batizando desce na piscina batismal, o ministro por três vezes o mergulha na água e por três vezes o retira, invocando a Santíssima Trindade. O momento do mergulho é, de certa forma, dramático: tem semelhança com um afogamento, uma morte! Mas

3. Cf. Buyst, Ione, O *segredo dos ritos. Ritualidade e sacramentalidade da liturgia cristã*, São Paulo, Paulinas, 2011 (Col. Celebrar), 38-41.
4. Romanos 6,3-5.

logo o batizando é retirado das águas, significando seu salvamento para uma nova vida.

Ora, o batismo cristão não é semelhança com uma morte qualquer, mas com a morte de Cristo. Os evangelhos nos dizem que ele próprio comparou sua morte com um batismo[5]. E nisso entra o sentido profundo, teológico, espiritual, "mistérico" do rito do batismo, seu "segredo". Não é "um simples rito de purificação, mas o sacramento da união com Cristo"[6]. O gesto de ser salvo ao passar pelas águas se refere simbolicamente à morte-ressurreição de Jesus Cristo, acontecimento histórico no qual reconhecemos uma intervenção salvadora de Deus. Pelo batismo, morremos e ressuscitamos misticamente, sacramentalmente, com ele, nele, por força do Espírito dele, para vivermos uma vida de "morte ao pecado" (isto é, a tudo que desvia de Deus e de seu projeto, de seu Reino) e "vida no Espírito", vida no seguimento de Jesus Cristo na realidade atual, nas circunstâncias da vida de cada um e de cada uma de nós[7].

Será que temos o direito de continuar pensando o batismo como uma ação "automática", "mágica" que se reduza ao gesto central da ablução ou imersão na água acompanhada da fórmula: "Eu te batizo em nome do Pai e do Filho e do Espírito Santo"? De forma alguma. A pessoa que está sendo batizada deve ter feito todo um caminho de escuta da Palavra, de aproximação e conhecimento de Jesus Cristo, um caminho de fé, de adesão; teve oportunidade de aprender a reconhecer e seguir o Espírito e a se relacionar com Deus-Pai; participou das reuniões, atividades e liturgias do grupo catecumenal, participou de algumas atividades da comunidade eclesial na qual será inserida pelos sacramentos da iniciação cristã e a partir da qual deverá dar testemunho de Jesus Cristo na sociedade. Na própria celebração do

---

5. Cf. Marcos 10,35-40.
6. Rica (Ritual de Iniciação Cristã de Adultos), final do n. 32.
7. Cf. 2 Coríntios 5,14-17.

batismo, foi acolhida pela comunidade reunida em assembleia, escutou a Palavra de Deus que foi proclamada e comentada, presenciou a bênção sobre a água, fez sua renúncia e sua profissão de fé. Ou seja, o sentido mistérico-sacramental do batismo foi aparecendo e nos atingindo ao longo de toda a celebração, não em forma de explicação, mas em forma de ações simbólicas, rituais.

Não basta a fórmula pronunciada no momento do gesto de batizar; importa a ação ritual como um todo, com seu "antes" (a evangelização, o catecumenato) e "depois" (a vida nova em Cristo e na Igreja com o consequente testemunho na sociedade). Também não basta seguir formalmente, mecanicamente, todas as minúcias e rubricas prescritas no livro ritual. É preciso, sim, uma nova maneira de entender, realizar e experienciar o rito: não mais como gesto mecânico, mas como ação simbólica, carregado do mistério da salvação que nela pede para ser celebrado[8].

Tomemos como exemplo a oração sobre a água (também chamada de "bênção" da água ou "consagração"[9]) que o ministro proclama solenemente sobre a fonte batismal, com todo o povo ao seu redor, antes do rito da imersão ou ablução. Num primeiro momento ele lembra fatos da História da Salvação relacionados com o sacramento do batismo: a criação do mundo quando o Espírito de Deus pairava sobre as águas; o dilúvio no qual foram sepultados os vícios e foi prefigurado o nascimento de uma nova humanidade; a passagem pelo Mar Vermelho, rumo à liberdade, deixando para trás a escravidão; o batismo de Jesus nas águas do Jordão e sua unção pelo Espírito como Messias; a água e o sangue que jorraram do lado aberto de Jesus

8. Vejam a preferência dada ao batismo de *imersão*, porque "demonstra mais claramente a participação na morte e ressurreição de Cristo": Rica (Rito de Iniciação Cristã de Adultos), Observações preliminares gerais, n. 22. Vejam ainda a Introdução do Rica, nn. 28-33, explicitando a sequência e o significado dos ritos do sacramento do batismo.

9. Cf. Rica, Observações preliminares gerais, n. 21.

morrendo na cruz; o envio dos apóstolos para fazerem discípulos e batizar em nome do Pai e do Filho e do Espírito Santo. Em seguida, vem o momento culminante desta bênção, a "epiclese" (invocação) quando o ministro pede ao Pai que envie o Espírito sobre esta água para que se torne "água do batismo". Vejam o momento central desta invocação, que consiste num pedido acompanhado de um gesto altamente sugestivo, simbólico. O círio pascal, símbolo do Cristo ressuscitado, é mergulhado na água, enquanto o ministro invoca: "Nós vos pedimos, ó Pai, que por vosso Filho desça sobre esta água a força do Espírito Santo". Em seguida, mantendo o mesmo gesto, aponta para os efeitos desta água: "E todos os que, pelo batismo, forem sepultados na morte de Cristo, ressuscitem com ele para a vida".

Devemos aprender a realizar e acompanhar este rito de tal forma que nos deixemos tocar por sua carga dramática. Somos participantes desta história evocada, de muitos séculos de caminhada. Somos parte deste povo a caminho, que morre e ressuscita em Cristo. As rubricas não dizem, mas quer me parecer que a expressividade do rito pede um momento certo para baixar e retirar o círio na água. De fato, na invocação, há dois verbos que conotam e indicam um movimento de descida e subida, respectivamente: "desça" e "ressuscitem". Para que gesto e palavra se reforcem mutuamente, mergulho o círio ao dizer: "Por vosso Filho *desça* sobre esta água o Espírito Santo" e retiro o círio ao pedir "que todos os que forem sepultados com Cristo pelo batismo *ressuscitem* para a vida". Qualquer ator de teatro ou qualquer comunicador agiria dessa forma, porque aprendeu a levar a sério a palavra e o gesto como veículo de comunicação, de ideias, sentimentos, afetos. Aliás, a definição clássica do sacramento – *sinais sensíveis que realizam aquilo que significam* – sugere isso. A sacramentalidade depende da compreensão do significado do rito realizado; depende, por isso, da qualidade de nossa comunicação pelo rito, pelos "sinais sensíveis". O mistério nos atinge (ou não!) dependendo da expressividade na realização do rito. A comunicação do mistério passa por gestos e palavras sugestivas, expressivas, isto é, por meio de uma linguagem que toca nosso ser por inteiro.

Essa é a maneira de Deus se comunicar com seu povo. São Leão Magno dizia: "Tudo o que na vida de nosso Redentor era visível passou para os mistérios", isto é, para as ações litúrgicas, para os ritos sacramentais[10]. Com São João podemos dizer:

> O que era desde o princípio, o que ouvimos, o que vimos com os nossos olhos, o que contemplamos e o que as nossas mãos apalparam da Palavra da Vida – vida esta que se manifestou, que nós vimos e testemunhamos, vida eterna que a vós anunciamos, que estava junto do Pai e que se tornou visível para nós –, isso que vimos e ouvimos, nós vos anunciamos, para que estejais em comunhão conosco. E a nossa comunhão é com o Pai e com seu Filho, Jesus Cristo (1Jo 1,1-3).

Na liturgia, o "Verbo da Vida" se manifesta à comunidade reunida em seu nome por meio de sinais "visíveis", "sensíveis", sinais que atingem nossa capacidade sensitiva (visão, audição, tato, olfato, paladar) e que provocam uma "experiência ritual", uma experiência de Deus por meio da ação litúrgica.

2. O segredo da liturgia: mística "no" corpo[11]

Quando se fala em "mística", muita gente imagina algo bem "espiritual", etéreo, celestial, algo "fora do corpo", que não tem nada a ver com nossa sensibilidade. São Paulo, para se referir a um encontro místico dele com Deus, diz que não sabe se isso aconteceu "no corpo"

---

10. Sermo 2 de Ascensione, 1-4; PL 54, 397-399; Liturgia das Horas, Ofício de Leituras 6ª feira da 6ª Semana do Tempo Pascal.
11. Cf. Buyst, Ione, O *segredo dos ritos. Ritualidade e sacramentalidade da liturgia cristã*, São Paulo, Paulinas, 2011 (Col. Celebrar), 123-124.

ou "fora do corpo" (2Cor 12,2). Hoje, as neurociências nos ensinam que toda a percepção humana, todas as nossas experiências, todo o nosso conhecimento – do mais elementar ao mais sofisticado, do mais sensorial ao mais racional, dos relacionamentos afetivos às pesquisas científicas – passam necessariamente pelo corpo. Aliás, não há mais como considerar separado nosso "corpo físico" de nossa vida psíquica e espiritual. Citando como exemplo a ação do bailarino e de um jogador de futebol, um autor diz a respeito do corpo:

> Muito mais que um agregado de matéria, ele é um foco de energias poderosas e ágeis, uma maravilha de equilíbrio sempre rompido e sempre restaurado, uma unidade que se exprime, se comunica e age. Esse aglomerado de células vivas sustenta e nutre funções que, por sua vez, desenvolvem uma vida psíquica pela qual nossa energia viva atinge as regiões da afetividade superior, da inteligência e da vontade, onde desabrocham nossos atos livres; assim se vão aos poucos tecendo nossa vida pessoal e nossa história social[12].

Curiosamente, Frei Betto, com o mesmo exemplo do balé, parece dizer o oposto:

> Outra expressão da mística é a arte. Só há verdadeira arte quando se consegue estar "fora do corpo". No balé os movimentos do corpo são uma forma alada de expressar algo intangível, cujo desenho é pincelado pela música e transcende a sequência dos gestos da bailarina. Não se dança com a cabeça nem com os membros. Dança-se com a alma, numa entrega de si ao ritmo e à melodia que só vibra com densidade artística quando se está "fora do corpo"[13].

12. POUSSET, EDUARD, Corpo e espírito, superar o dualismo, *Grande Sinal*, Petrópolis 56 (jul.-ago. 2000/4) 480-490, aqui 484.
13. Disponível em: <https://www.correiocidadania.com.br/antigo/ed527/betto.htm>. Acesso em: 23 jul. 2025. Título do artigo: "Fora do corpo".

Há certamente uma maneira de dançar, comer, cantar, celebrar que reduz o "corpo" à sua dimensão de "materialidade", como se fosse uma máquina de andar, comer, relacionar-se, e é a isso que alude certamente Frei Betto. Porém, sendo seres humanos, somos chamados a vivenciar nosso corpo e todo o nosso ser em sua dimensão espiritual. Somos chamados a dançar, escrever, comer e beber, orar e celebrar, não "fora do corpo", mas "no" corpo, deixando que as energias psíquicas e espirituais (a alma!), brotando do corpo, nos levem a expressar e experienciar o intangível, o invisível, o inominável, a presença escondida, o mistério. "Fora do corpo" deixamos de ser gente e arriscamos nos desencontrar d'Aquele que se fez "corpo", se fez "carne", se fez "história" para se encontrar conosco e nos fazer entrar no mistério da comunhão[14].

É nesta lógica da encarnação que se situa o segredo da liturgia, o mistério dos ritos. Na comunidade reunida para celebrar seu memorial, o Cristo vem ao nosso encontro e nos "toca", nos atinge, nos mergulha nas águas, nos unge com o Espírito, nos fala, nos oferece o pão e o vinho, nos transforma. Pela mediação simbólica do corpo (templo do Espírito!) nos leva à comunhão mística, que haverá de marcar todas as dimensões de nossa vida (relacionamentos, profissão, atuação na sociedade...).

Duas coisas chamam nossa atenção e são absolutamente necessárias para podermos falar de um sacramento cristão: primeiro, a ação ritual, ou seja, o "sinal sensível"; segundo, o mistério (invisível) que habita o rito. Quem percebe apenas o sinal sensível, o lado "de fora", digamos assim, não vive o sacramento, não tem acesso ao mistério. Também não vive o sacramento quem não presta atenção ao sinal sensível, quem não vive profundamente, na fé, a ação ritual, que nos dá acesso ao mistério. E, é claro, há um terceiro item que vem completar estes dois: a vida compreendida e vivida conscientemente de

---

14. Cf. João 1,14-18; 1 João 1,1-4.

acordo com aquilo que cremos e celebramos. Portanto, o acesso ao mistério de nossa fé e a experiência deste mistério passam necessariamente pela experiência ritual na qual espiritualidade e corporeidade são inseparáveis.

3. Rito e teologia[15]

O "rito" do qual estamos falando aqui não é o *script* (roteiro, textos...) que se encontra nos livros litúrgicos; mas a *ação ritual*, celebrada por uma determinada comunidade enquanto "sujeito" (agente) deste rito, a partir da descrição encontrada no livro litúrgico e a partir da tradição litúrgica daquela comunidade, dentro de sua realidade, com seus traços culturais, dentro de sua busca de interpretação da vida, da realidade; esta celebração supõe uma determinada *compreensão* (teologia) da ação realizada e uma *atitude espiritual* implícita que levará a um *compromisso*, a uma atitude de vida. O rito só existe enquanto executado, enquanto *participado* de forma ativa, consciente, interior, plena, frutuosa..., enquanto *experiência ritual*.

À perspectiva teológica devemos acrescentar, portanto, a dimensão antropológica do rito, que cresce em importância no momento atual marcado pelo pluralismo religioso. Estudos recentes sobre rito e ritualidade insistem na compreensão do rito como *urgia*, ação, "performance" que carrega e assegura um determinado sentido da existência[16]. A liturgia é um conjunto de ações rituais que expressam a fé cristã comunitariamente e – por assim dizer – "corporalmente",

---

15. Buyst, Ione, *O segredo dos ritos. Ritualidade e sacramentalidade da liturgia cristã*, São Paulo, Paulinas, 2011 (Col. Celebrar), 145-149.
16. Vejam por exemplo: Terrin, A. N., *O rito. Antropologia e fenomenologia da ritualidade*, São Paulo, Paulus, 2004 (Col. Estudos Antropológicos); Barnard, Marcel; Post, Paul, *Het ritueel bestek. Antropologische kernwoorden van de liturgie*, Zoetermeer (Ndl), Meinema, 2001.

possibilitando que cada participante da ação ritual fique "imbuído" do sentido da vida em perspectiva cristã. De fato, "nosso modo de conhecer e perceber o mundo se realiza antes de tudo e prioritariamente por meio do corpo [...]. Aliás, o corpo parece ser o *medium* da mensagem e a própria mensagem [...]. O significado é criado por meio do corpo e do seu movimento no espaço"[17]. Além disso, em nossa cultura fragmentária, o rito poderá assegurar a totalidade do sentido, porque "todo rito tenta reconstruir a totalidade [...], os ritos 'elaboram' o sentido religioso, como experiência originária da totalidade"[18].

Pensando o rito dessa forma, a *teologia litúrgica* já está presente, como "embrião", como "teologia em ato", como "teologia primeira"[19] na própria execução e experiência da ação ritual. É um elemento constitutivo do rito. É por isso que podemos dizer que a liturgia é "um lugar teológico, um espaço privilegiado da revelação e da experiência de Deus"[20]. Partindo dessa "teologia primeira", devemos elaborar uma "teologia segunda", sistemática, racional, que procura "investigar como o mistério de Cristo vai atuando no plano histórico-cultural, e traduzir em linguagem cultural adequada a cada tempo aquilo que a liturgia exprime em linguagem simbólica"[21]. Portanto, a teologia litúrgica não é algo que se realiza de fora para dentro da liturgia, mas de dentro para fora. Brota de dentro dela como de uma *fonte*. Vejo, portanto, como indissociáveis os vários aspectos da ação litúrgica: sua dimensão de performance (desempenho, atuação, realização, "gesto" ritual...), seu sentido teológico-litúrgico, sua raiz espiritual, sua incidência ética na vida cristã.

---

17. Terrin, op. cit., 418-419.
18. Ibidem, 420-421.
19. Cf. Marsili, S., Teologia litúrgica, in: Sartore, D.; Triacca, A. M. (orgs.), *Dicionário de liturgia*, São Paulo, Paulinas/Paulistas, 1992, 1174-1187.
20. Asli (Associação dos Liturgistas do Brasil), *Boletim Informativo*, ano 2, n. 7 (set. 2004), 2-3.
21. Marsili, op. cit., 1186.

A teologia da liturgia parte necessariamente da própria liturgia: de seus textos, de seus gestos, da ação ritual como um todo. E requer, para além da experiência teologal, uma explicitação racional, sistemática, teo-lógica, que levará em conta os dados da revelação nas Sagradas Escrituras, na patrística, no magistério.

A Igreja da América Latina, principalmente a partir do "Documento de Medellín"[22], tomou consciência de que o Cristo ressuscitado está ativa e dinamicamente presente, com seu Espírito transformador, na realidade do continente, no processo histórico. E esta presença *culmina* na celebração litúrgica e merece ser expresso e explicitado nela. Portanto, uma teologia litúrgica na América Latina deverá fazer uma leitura do Mistério Pascal celebrado, levando em conta os sinais dessa presença do Mistério Pascal acontecendo na realidade (pessoal e social) vivida pelo povo, como "morte" e "ressurreição" principalmente na vida dos pobres. Ou como o diz a bem conhecida frase lapidar: "Páscoa de Cristo na Páscoa da gente, Páscoa da gente na Páscoa de Cristo"[23].

Levando em conta os dois itens anteriores e a realidade de nossas comunidades, como pensar a *formação litúrgica*? Não vale tentar "depositar" conteúdos teológico-litúrgicos, vindos de fora, a serem assimilados pelos formandos[24]. Não basta explicar como se deve executar "direitinho" um determinado rito, levando em conta apenas os gestos a serem feitos e as palavras a serem pronunciadas "validamente". Não vale tampouco criar uma atitude "piedosa", "espiritual", "devota", *independente* da ação ritual realizada. Muito menos ainda, deve-se deixar a pessoa fazer as coisas como achar melhor, inventar, "criar" à vontade,

---

22. CELAM, *A Igreja na atual transformação da América Latina à luz do Concílio. Conclusões de Medellín*, Petrópolis, Vozes, 1969.
23. CNBB (Conferência Nacional dos Bispos do Brasil), *Animação da vida litúrgica no Brasil. Elementos de Pastoral Litúrgica*, São Paulo, Paulinas, 1989 (Documentos, 43), n. 300.
24. Cf. o conceito de "educação bancária" em Paulo Freire.

dar a explicação que quiser...[25]; afinal, a liturgia não nos pertence: é uma herança que nos foi confiada; somos responsáveis por sua transmissão ("tradição" no sentido original da palavra)[26]. O único caminho eficiente e responsável é o da *mistagogia*, conduzindo a pessoa para dentro do mistério, partindo da própria ação ritual; levar a pessoa, gradativamente, a *participar* de forma ativa, consciente, interior, plena, frutuosa da ação ritual em toda a sua complexidade, atingindo o ser humano em todas as suas dimensões; ensinar a *colher* a teologia primeira, a compreensão teologal embutida na própria ação ritual, para – a partir dela – chegar à teologia segunda, a uma explicitação racional, a um aprofundamento sistemático do mistério celebrado na liturgia. Sem a *experiência* litúrgica ("teologal"), todo pensar teológico será algo "postiço", superficial, artificial, inócuo e incapaz de sustentar uma vida inteira no seguimento de Jesus Cristo. Necessitamos, portanto, de uma formação litúrgica "integral", "holística", que conjugue os vários aspectos da liturgia, da formação e do ser humano.

4. Insistência na aprendizagem pela ação ritual[27]

"Aprendizagem pela ação ritual" é o título de um artigo publicado na Revista *Grande Sinal*[28], retomado na edição atualizada de *Liturgia,*

---

25. Hanna Arendt, falando da crise na educação em *Entre passado e futuro* (São Paulo, Perspectiva, ⁷2011), defende a dimensão necessariamente conservadora do ato educativo. As novas gerações devem aprender a valorizar e preservar o suporte e o acervo cultural acumulados, para que não o destruam inadvertidamente.
26. Cf. 1 Coríntios 11,23: "Eu (Paulo) recebi do Senhor o que também vos transmiti".
27. Buyst, Ione, O *segredo dos ritos. Ritualidade e sacramentalidade da liturgia cristã*, São Paulo, Paulinas, 2011 (Col. Celebrar), 159-160.
28. Buyst, Ione, *Grande Sinal*, Petrópolis, ano 47 (nov.- dez. 1993) 701-706. [Também publicado aqui, com o título "Liturgia: aprendizagem pela ação ritual", na Parte III. (N. do E.)]

de coração[29]. Nesta e em outras publicações, assim como no trabalho formativo de modo geral, há uma insistência nesta verdade:

> A própria liturgia é formadora. Formadora de quê? De nossa fé, de nosso seguimento de Jesus Cristo, de nossa espiritualidade e – por que não? – também de nossa personalidade. Mas há uma condição. A liturgia não atua automaticamente; depende de uma atitude fundamental de nossa parte. Geralmente, fazemos da liturgia um momento didático ou moralizante, onde os ministros e ministras litúrgicos (muitas vezes com ajuda de folhetos e "jornaizinhos"), ensinam, procuram passar formação e informação, trabalham "temas", convidam, incentivam ao compromisso. Tudo isso não deixa de ter alguma validade, quando bem dosado. Mas esta não é a maneira própria, genuína de a liturgia ser formadora. Qual é então sua maneira característica? A liturgia leva a uma aprendizagem à medida que as pessoas *participam da própria ação litúrgica*, ativa e consciente, exterior e interiormente, de forma plena e frutuosa; à medida que entram de cheio na proposta ritual. Mas isso, por sua vez, só é possível quando não substituímos esta proposta ritual, esta *ação litúrgica*, por outras coisas. Por isso, os ministros são os primeiros a terem de assumir a proposta ritual[30].

Para que isso aconteça, duas coisas são fundamentais:

A primeira, principalmente da parte das pessoas que assumem um ministério na liturgia, a redescoberta da liturgia enquanto *ação* e não apenas como recitação de textos. Olhando a celebração eucarística, podemos perceber quatro grandes ações fundamentais: acolher (ritos iniciais), dialogar (liturgia da Palavra), comer e beber juntos em ação de graças e súplica (liturgia eucarística), enviar (ritos finais).

---

29. Buyst, Ione, *Liturgia, de coração. Espiritualidade da celebração*, São Paulo, Paulus, [2]2007 (Col. Celebrar a Fé e a Vida), 122-136.
30. Ibidem, 88.

Isso requer uma atitude e atuação mistagógicas principalmente de quem preside e eventualmente de quem "anima". Quem preside deve garantir a "linha vertical" de nosso relacionamento com Deus: na interpretação da Palavra (homilia) e nas orações. Uma "linha horizontal" de orientações práticas, de motivações, de pequenas chamadas de atenção ou informações para a assembleia, é às vezes necessária; não são de ordem presidencial, mas diaconal. Podem ser realizadas pelo ministério do "animador" ou "animadora". O termo não é muito apropriado, mas em todo caso é mais adequado do que "comentarista". Os "comentários" (desde o "comentário inicial"!), que a toda hora anunciam, comentam ou explicam as ações que estão sendo realizadas, são de fato um estorvo, um impedimento, um obstáculo para a verdadeira participação. Interrompem nossa relação, nosso diálogo com Deus. Criam uma barreira entre nós e os "atores". Transformam-nos em espectadores, em assistentes de uma ação realizada por outros. A compreensão do mistério celebrado não deve vir de comentários, mas pela participação consciente, piedosa e ativa "nos ritos e nas preces" segundo a expressão da SC 48[31]. A liturgia, enquanto ação ritual, não deve ser interrompida, assim como não se interrompe um teatro ou outra apresentação artística com comentários ou informações. Somente breves convites em estilo orante, conduzindo-nos a um envolvimento pessoal e espiritual serão bem-vindos.

A segunda coisa: para que haja uma verdadeira participação, cada um/a de nós, como membro da assembleia, precisamos "subjetivar" as ações objetivas da liturgia, ou seja, assumir subjetivamente, com todo o nosso ser, aquilo que a liturgia nos propõe. Devemos entrar com toda a nossa pessoa, com toda a nossa história, todos os nossos projetos e desejos, como atores e atrizes do rito, como agentes, e não como plateia, não como espectadores ou espectadoras. Só assim seremos capazes de adentrar, com todo o nosso ser, o mistério celebrada na liturgia.

31. *Sacrosanctum Concilium*, Constituição do Concílio Vaticano II sobre a Sagrada Liturgia, dez. 1963.

A Santíssima Trindade e a liturgia[1]

1. Em nome do Pai e do Filho e do Espírito Santo

Ao iniciarmos a celebração, o ministro diz: *Em nome do Pai e do Filho e do Espírito Santo.* A comunidade confirma com um *amém*, e todos se persignam, traçando uma grande cruz que vai da testa à cintura e de um ombro a outro, como que marcando todo o nosso corpo. Já tivemos oportunidade de tomar consciência desse gesto litúrgico que repetimos várias vezes ao longo do dia?

As palavras são as mesmas proclamadas em nosso batismo: *Eu te batizo em nome do Pai e do Filho e do Espírito Santo.* Recordam, portanto, a realidade fundamental de nossa existência cristã: vivemos mergulhados no nome da Santíssima Trindade, o Pai e o Filho e o Espírito Santo. Nossa vida está imersa na realidade divina, embora muitas vezes nos esqueçamos disso. Ninguém vive isolado/a, mesmo que viva só e abandonado/a. Deus está presente e nos envolve em seu amor trinitário com o qual envolve todas as pessoas e todas as coisas. Nossa relação, nossa comunhão é com o Pai, por meio de Jesus Cristo, na unidade do Espírito Santo. E isso nos dá uma alegria muito grande.

O *gesto de traçar a cruz* sobre nós mesmos/as ao dizer essas palavras não pode ser apenas um sinal de devoção, pedindo a proteção de Deus. É antes de tudo uma proclamação de nossa fé. Cremos que o mistério da Santíssima Trindade e de sua atuação em nossa história

---

1. Sob o título "A Santíssima Trindade e a Liturgia" estão reunidos três artigos, originalmente publicados em: *Revista de Liturgia*, n. 157 [jan.-fev. 2000], 9; *Revista de Liturgia*, n. 158 [mar.-abr. 2000;], 9; *Revista de Liturgia*, n. 159 [mai./jun. 2000], 27-29. (N. do E.)

nos foi revelado por Jesus. O nosso Deus não é um Deus qualquer; é o Pai de nosso Senhor Jesus Cristo, como nos ensinam as Sagradas Escrituras. Cremos que o Pai enviou seu Filho como um de nós, marcando nossa história humana com sua fidelidade ao projeto do Pai até a morte e morte de cruz, na força do Espírito Santo. E assim se tornou fonte espiritual de vida nova no Espírito de Deus, para todos os povos e culturas, para toda a realidade cósmica.

Na liturgia fazemos memória dessa história de salvação. Pela celebração, pela ação simbólico-sacramental da liturgia, evocamos o Mistério Pascal. Renova-se entre nós a ação do Pai e do Filho e do Espírito Santo, revela-se o mistério da Santíssima Trindade atuando em nossa história. Ainda hoje, o Pai envia seu Filho nas situações de desumanidade, para salvar, para resgatar, para recriar o que foi desvirtuado no mundo criado por ele. O Filho, na força do Espírito Santo, identifica-se com as pessoas prejudicadas, lesadas em sua dignidade de filhos/as de Deus, excluídas do banquete da vida, perdidas pelos caminhos da droga, da exploração sexual, do poder que oprime. O Espírito Santo suscita profetas, pessoas cheias da força e da misericórdia de Deus para atuar em seu nome, para transformar a realidade de opressão em liberdade, de solidão em solidariedade.

Traçando sobre nossos corpos, no início da celebração, a cruz de Jesus, tornamos presente a cruz daqueles com os quais Cristo se identifica: a cruz daqueles que passam fome, perseguição, tortura; daqueles que vivem em morrem na solidão do abandono familiar, social e político; daqueles que morrem precocemente por falta de assistência na saúde ou pela violência. Tornamos presente o compromisso daqueles que dedicam toda a sua vida para tentar reverter o quadro de injustiça institucionalizada, de desigualdades sociais, de guerra... em que vivemos. Tornamos presente a cruz daqueles que sofrem perseguição por causa do Reino de Deus, daqueles que são assassinados porque lutam por um pedaço de terra para plantar, por condições dignas de vida e trabalho, por distribuição justa dos bens desta terra, por cidadania e participação nos destinos do país e do mundo...

A cruz é para nós um sinal de bênção, *de compromisso* e de esperança: vale a pena gastar a vida procurando resgatar a dignidade de todos/as. Vale a pena, no meio de realidades onde parece reinar a maldição, viver a bênção da cruz de Jesus. Vale a pena proclamar a força de Deus na fraqueza do crucificado.

2. Servir a Deus e ser servidos/as por Deus

Em todos os povos, em todas as épocas, em todas as culturas encontramos pessoas que dedicam a vida inteira, ou parte dela, para cultuar a um Ser Divino. Querem servir a Deus. Querem consagrar-se a ele ou pelo menos, querem consagrar uma parte de seu tempo, em momentos de culto, de reza, de encontros com o sagrado. Mesmo hoje em dia, quando muitos perderam o contato com Deus, continuam cultuando (acender velas, pagar promessa...), mesmo sem saber bem a quem...

Na tradição cristã, a palavra "liturgia" é composta de dois elementos: *lit* e *urgia*; o primeiro diz respeito a "povo", o segundo pode ser traduzido por "ação", "trabalho", "serviço". Liturgia é um serviço do povo ou um serviço a favor do povo, um serviço público. Se aceitamos essa definição, devemos nos perguntar: quem serve a quem na liturgia? Quem cultua quem? Quem se dedica ou consagra a quem?

As Sagradas Escrituras apresentam Jesus como o Servo de Deus. Ele trabalha para Deus. Consagrou toda a sua vida a Deus, para fazer a sua vontade, para realizar o seu projeto a favor de seu povo. Portanto, para Jesus, servir a Deus, dedicar seu amor e sua vida a ele, significa ao mesmo tempo amar e servir ao povo, por causa de Deus: reunir o povo, ensinar, anunciar as promessas de Deus, denunciar os abusos do poder, curar, perdoar, motivar para a partilha e a ajuda mútua. Jesus não trabalha sozinho. As Sagradas Escrituras nos dizem que ele é ungido pelo Espírito Santo, o Espírito de Deus; por isso, está tão ligado a Deus, que podemos dizer que é Deus e que o Espírito Santo de Deus trabalha nele, atua por meio dele. Impossível separar o trabalho de Jesus da atuação do Pai e do Espírito Santo. Cada uma das pessoas da Santíssima Trindade faz o seu serviço: o Pai toma a iniciativa, o Filho realiza a vontade do Pai, o Espírito Santo é o próprio dinamismo que possibilita a ação.

Da mesma forma, podemos dizer que Jesus se irmanou de tal modo com o povo, com a humanidade, que é impossível separar os dois; na oração de Jesus ao Pai, em sua oferta, em sua intercessão, em sua adoração, leva consigo todos os seus irmãos e irmãs, homens e mulheres do mundo inteiro, de todas as culturas e religiões; derrama sobre eles e elas o Espírito Santo de Deus.

A liturgia expressa este dinamismo, este duplo serviço que Jesus presta a Deus e ao povo, envolvendo as três pessoas da Santíssima Trindade. Em Cristo, somos servidos/as por Deus e servimos a Deus. Há uma frase que sintetiza todo o pensamento dos Pais e Mães da Igreja a respeito desse intercâmbio que tem como centro, como eixo, como mediador a pessoa de Jesus, o Cristo: "Todo dom salvífico de Deus vem do Pai, por meio do Filho Jesus Cristo, na presença do Espírito Santo e na Igreja. E no Espírito Santo – 'comunhão da Igreja' – por meio de nosso Senhor Jesus Cristo retorna ao Pai".

Trata-se, portanto, de um serviço com duplo movimento: descendente e ascendente; desce de Deus em direção a nós; e sobe de nós para Deus.

Por Cristo, é o Pai que nos serve: nos reúne, nos dá sua palavra, nos batiza, confirma, unge, reparte o pão e o vinho..., nos consola, orienta, perdoa, cura, convoca para o compromisso, para o amor fraterno, para a solidariedade e a ajuda mútua, estreita os laços de amizade e amor na comunhão do Espírito Santo.

E é por Cristo também que nós, seu povo reunido, temos acesso ao Pai no Espírito Santo e o servimos: respondemos à convocação para a reunião, ouvimos sua palavra, fazemos a memória de Jesus em gestos e palavras, oramos, pedimos e suplicamos, invocamos, ofertamos, adoramos, louvamos, agradecemos, contemplamos, entramos na comunhão divina, aceitamos o compromisso de servir a Deus em todos os momentos e circunstâncias de nossa vida, para que venha o seu Reino.

Nem sempre é possível distinguir os dois movimentos; estão misturados, unidos num único dinamismo humano-divino. A liturgia é, assim, um momento de intercâmbio, de cooperação, de troca maravilhosa, de inter-relação, de comunhão. É uma ação, um serviço mútuo, um trabalho realizado em conjunto pela Santíssima Trindade e pela comunidade reunida.

3. "Triságio" – três vezes santo na liturgia eucarística

Ao longo da vida, provavelmente você já cantou muitas vezes o "Santo, santo, santo". Mas, pergunto, você já teve a oportunidade de aprofundar seu sentido, conhecer sua história? Como relacioná-lo com a Santíssima Trindade? Partilho com vocês um pouco de minhas descobertas com este cântico.

3.1. Como Isaías se torna profeta ao encontrar-se com o Santo de Israel

O profeta Isaías entra no templo do Senhor, no ano da morte do rei Ozias[2], e tem uma experiência forte de Deus que o marca para o resto de sua vida[3]. Como poderia expressar o que viu? Palavra nenhuma é

2. Provavelmente no ano 739 antes de Cristo, cf. SCHÖKEL, L. A.; DIAZ, J. L. S., *Profetas. V. 1, Isaías, Jeremias*, São Paulo, Paulinas, 1988.
3. Para o texto bíblico, vejam: Isaías 6,1-13; para o comentário sobre este texto bíblico, vejam: SCHÖKEL; DIAZ, op. cit., 140-144.

suficiente para "dizer" Deus e expressar o que ele significa para nós, seres humanos. No entanto, Isaías capta a palavra dos serafins[4], que clamam em coros alternados, uns para os outros: "Santo, santo, santo, o Senhor dos exércitos[5], a terra está cheia de sua glória!".

Ele ouve estas palavras, enquanto vê o Senhor sentado sobre um trono alto e elevado, e a barra de seu manto enche o templo. Os gonzos das portas do templo tremem ao clamor da voz dos serafins, e o templo se enche de fumaça, sinal da presença de Deus, mas que ao mesmo tempo como que impede de vê-lo distintamente. O Senhor se manifesta a Isaías como "santo", muito acima de nossa pequenez, de nossos problemas, de nossas capacidades; ele é o totalmente Diferente, o Absoluto, o Outro, o Autêntico, o Íntegro. Porém, não está fora de nosso alcance, longe de nós: "A terra está cheia de sua glória!". De alguma forma, não só o templo, mas toda a nossa realidade é atingida e envolvida pelo esplendor de seu ser.

Como Isaías se comporta neste encontro com o Santo? Como reage? Toma consciência de sua pequenez. É como se, tomado pela santidade de Deus, também ele tremesse, juntamente com as portas do templo. A luz do Senhor coloca em evidência suas falhas, sua insuficiência, sua pobreza moral e a de seu povo: "Ai de mim, estou perdido! Eu, homem de lábios impuros que habita no meio de um povo de lábios impuros, vi com os meus olhos o Rei e Senhor dos exércitos". Mas um dos serafins vem até ele e toca os lábios do profeta com uma brasa tirada do altar. A partir dessa intervenção purificadora da parte de Deus, Isaías se torna outra pessoa; uma pessoa tocada por Deus, abrasada pelo fogo divino. E, assim, depois de se ter

4. Seres com forma humana (nota na Bíblia de Jerusalém) ou um tipo de dragões, mas com várias asas. A palavra tem a ver com "arder", "fogo", "queimar"; queima e purifica.
5. "Exércitos" se refere ao conjunto de forças celestes e terrestres que estão a serviço de Yahweh, e que lutam por ele: cf. Imschoot, P. V., Ejércitos, in: De Ausejo, S. (edición castellana preparada por), *Diccionario de la Biblia*, Barcelona, Herder, 1967, col. 531-533. Compare com a tradução do texto litúrgico atual: "Deus do universo".

defrontado com Deus, depois de ter sido tocado e transformado por ele, Isaías se prontifica imediatamente, incondicionalmente, para assumir a missão que o Senhor, o Santo de Israel, lhe confia: "Ouvi a voz do Senhor que dizia: 'Quem hei de enviar? Quem irá por nós?', ao que respondi: 'Eis-me aqui, envia-me a mim'".

E o Senhor o envia em missão, difícil e arriscada, como profeta na complicada situação política de seu país...

3.2. Como o povo judeu glorifica o nome do Senhor, várias vezes ao dia, com as palavras que Isaías ouviu no templo

O povo judeu recita até hoje a *qedushah*, que "corresponde ao tríplice *Sanctus* do qual fala Isaías e que é recitado várias vezes ao dia, durante a *tefillah*, ou oração das Dezoito Bênçãos"[6]. Podemos dizer, então, que essa aclamação de certa maneira molda o coração do judeu de todos os tempos, impregna sua vida, dá sentido a suas ações, orienta seu modo de pensar e viver. Jesus era judeu, Maria era judia, os discípulos e discípulas, os apóstolos e os participantes das primeiras comunidades eram judeus. Herdamos, portanto, do povo escolhido a prática de santificar o Nome e a atitude que lhe corresponde.

Em que consiste essa atitude?

> Confessar que Deus é *qaddosh* [santo], unindo-se ao coro dos anjos, significa reconhecer seu poder soberano e dominador: não porque é patrão, mas porque é fonte de vida. A *quedushat ha-shem* [glorificação do Nome] é, sim, afirmação da santidade de Deus, não em si mesma, mas enquanto fundamento e garantia da felicidade do ser

6. Di Sante, Carmine, *Israel em oração. As origens da liturgia cristã*, São Paulo, Paulinas, 1989, 190. Vejam também no mesmo livro, nas páginas 252-253, as belíssimas considerações sobre o sentido da santificação do nome do Senhor, para judeus e cristãos.

humano [...]. Sua missão é levar o mundo, desfigurado pelo pecado, à sua beleza original; é atrair ao centro da terra a "glória de Deus", a fim de que ela ali permaneça; é despedaçar as cadeias da injustiça e da violência que causam o afastamento da *Shekinah* [habitação, morada de Deus][7].

Portanto, a atitude assumida na prece se prolonga no dia a dia, na missão na sociedade, onde Deus nos envia como mensageiros, como profetas. Santificamos o nome do Senhor procurando realizar a vontade dele, e não a nossa, até a entrega da própria vida pelo martírio, se for preciso. Com a sua entrega até o fim, até a morte de cruz, Jesus viveu a prece que nos ensinou: "Santificado seja o vosso nome!". Assim também, milhares de judeus entraram nas câmaras de gás, santificando o nome do Senhor, pela prece e pela vida[8].

3.3. Jesus Cristo, Cordeiro pascal, é o Senhor, o Redentor, o três vezes santo

O livro do Apocalipse nos conta que João teve uma visão, num domingo, na Ilha de Patmos onde estava exilado por causa da Palavra de Deus. Contrastando com as perseguições experimentadas penosamente pelas comunidades, ele vê uma liturgia celeste e ouve os quatro seres vivos proclamar, dia e noite, sem parar, diante de trono de Deus, o mesmo cântico que Isaías ouviu no templo e que o povo judeu assumiu em sua oração das Dezoito Bênçãos. Porém, há um acréscimo:

Santo, santo, santo, Senhor Deus Todo-Poderoso,
Aquele que era, Aquele que é, Aquele que vem (Ap 4,8).

---

7. Ibidem, 252-253.
8. Cf. ibidem, 32-33.

O canto se dirige a Deus, mas a referência Àquele que vem faz dele "um memorial do Senhor Jesus Cristo na glória". Podemos entender melhor os capítulos 4 e 5 do livro da Revelação (Apocalipse) se os compararmos com o esquema do ofício da manhã da liturgia sinagogal. "A celebração do Deus Criador se abre à proclamação do Messias e à obra da redenção." No lugar da bênção da Torá e do *Shemá* ("Escuta, Israel"...) que se segue ao louvor do Criador, o capítulo 5 do Apocalipse nos faz ver o Cordeiro imolado, de pé, avançando em direção ao trono; toma o Livro da mão de Deus e se torna seu intérprete. Em seguida, é apresentado como o redentor, aquele que resgata para Deus gente de toda tribo, língua, povo e nação, fazendo deles uma realeza e sacerdotes; associa a si e à sua vitória a multidão de testemunhas que lavaram suas vestes no sangue do Cordeiro, pelo martírio (cap. 7). Por isso, à bênção pelo redentor na liturgia sinagogal (após a bênção da Torá), corresponde o cântico novo cantado ao Cordeiro pascal. Este é seguido por uma aclamação de todas as criaturas, no céu, na terra, no mar..., dirigido simultaneamente a Deus e ao Cordeiro: a criação e a redenção encontram seu ponto alto, sua realização no Cordeiro. Por isso, os quatro seres vivos podem dizer: "Amém!", e os anciãos se prostram e adoram, como numa liturgia eucarística pascal[9].

Em vários textos litúrgicos dos primeiros séculos, encontramos acréscimos ao "Santo, santo, santo", que acabam fazendo deste cântico uma aclamação a Jesus Cristo[10]. Até mesmo no evangelho segundo João encontramos uma passagem que interpreta Isaías 6 em relação a Jesus: "Isaías [...] contemplou a sua glória e falou a respeito dele" (Jo 12,41). Notem bem: a "sua" glória, a glória de Jesus. Não insiste

9. Para todo este tópico, cf. Bianchi, Enzo, *Apocalisse de S. Giovanni. Commento esegetico-spirituale*, Bose, Ed. Qiqajon, ²1990, 88-92. Também: Prigent, Pierre, *Apocalypse et liturgie*, Neuchatel (Suisse), Éditions Delachaux et Niestlé, 1964 (Cahiers Théologiques).

10. Cf. Lukken, Gerard; Brinkhoff, Sanctus, L. et alii, *Liturgisch Woordenboek. V. 2*, Roermond, Romen en Zonen, 1965-1968, kol. 2506-2512.

João também em seu prólogo: "O Verbo se fez carne e habitou entre nós, e nós *vimos a sua glória, glória que ele tem junto ao Pai como Filho único*" (Jo 1,14)? A glória de Deus Altíssimo se revelou a nós na pessoa de Jesus, o Cristo, o Santo de Deus.

Nos "impropérios", repreensões, de Jesus a seu povo cantados na Sexta-Feira Santa durante a adoração da cruz, ainda temos como resposta do povo o triságio, a tríplice invocação dirigido a Jesus: "Deus santo, Deus santo e forte, Deus santo e imortal, piedade de nós!". Também no hino "Glória a Deus nas alturas" cantamos: "Só vós sois o Santo, só vós o Senhor, só vós o Altíssimo, Jesus Cristo". Comparem com esta oração bem antiga, que o povo rezava na apresentação da sagrada comunhão eucarística: "Um só Santo, um só Senhor, um só Jesus Cristo, para a glória de Deus Pai, bendito pelos séculos. Amém. Glória a Deus no mais alto dos céus, paz na terra e benevolência para com os humanos. Hosana ao filho de Davi. Bendito o que vem em nome do Senhor. O Senhor é Deus, ele se manifestou a nós. Hosana ao mais Alto dos céus!" (Constituição Apostólica, 8,13). É fácil reconhecer a segunda parte do atual "Santo" cantado na liturgia eucarística: "Bendito o que vem em nome do Senhor! Hosana nas alturas!". Aqui também é muito clara a referência a Jesus Cristo, a quem as multidões aclamaram como Messias, por ocasião de sua entrada em Jerusalém (cf. Sl 118,25-6; Mt 21,9; Mc 11,9; Jo 12,12).

3.4. Santo é o Pai, santo é o Filho, santo é o Espírito Santo...

Além da referência a Jesus Cristo, encontramos ainda, ao longo da história, interpretações trinitárias ou seja, o "Santo" como sendo dirigido ao Pai, ao Filho e ao Espírito Santo, principalmente a partir das brigas com os arianos, no início do século III[11]. Não vamos aprofundar

11. Ibidem.

aqui essa questão, porque penso que, ao cantar o "Santo, santo, santo", não se trata de glorificar cada uma das três pessoas da Santíssima Trindade, mas de entrar no movimento e no dinamismo da oração eucarística, que faz memória da atuação do Pai, pelo Filho, no Espírito Santo ao longo da História da Salvação. Por isso, tentemos situar o "Santo" no contexto da oração eucarística e perceber a *atuação* da Santíssima Trindade na assembleia reunida e *o que acontece conosco*, que temos o privilégio de poder unir nossas vozes às vozes dos anjos e santos.

3.5. O triságio na liturgia eucarística...

Como assembleia litúrgica, estamos no templo/Templo: templo-construção que se transforma para nós em Templo-Corpo de Cristo, que abrange céus e terra; a glória do Senhor enche o santuário. Estamos diante do trono e do Cordeiro, somos a multidão dos perseguidos ou excluídos pelo "sistema" iníquo e que foram resgatados pelo Cordeiro; muitos dos quais lavaram suas vestes no sangue dele, pelo martírio. O presidente nos convida à ação de graças ao Pai: "Demos graças ao Senhor, nosso Deus!". Evoca, louvando, as coisas grandiosas que o Senhor realizou para com seu povo, por Cristo, nosso Senhor. Como é bom, nesse momento, poder inserir fatos da realidade atual: a comunidade dizendo como viu e experimentou o Senhor estando do lado dos pobres, acolhendo os excluídos, dando alívio aos doentes, consolando quem passou por momentos de tristeza, de desânimo, de desespero; não abandonando os que estão aflitos e passam fome, os que estão à procura de um pedaço de terra ou de uma casa para morar, de um salário digno para viver, de cidadania, de solidariedade...[12]. Vimos a glória do Senhor, que habita em meio a seu povo.

12. Cf. CNBB, *Animação da vida litúrgica no Brasil. Elementos de Pastoral Litúrgica*, São Paulo, Paulinas, 1989 (Doc. 43), n. 301.

O presidente proclama: "Por essa razão, com todos os anjos e santos, nós vos louvamos e bendizemos, e proclamamos o hino de vossa glória, cantando a uma só voz"[13]. Tomados de temor como Isaías, associamos nossa voz à dos anjos e santos: "Santo, santo, santo é o Senhor, Deus do universo! Céus e terra estão cheios de vossa glória!"[14]. Com os quatro seres vivos do Apocalipse, proclamamos, gratos e cheios de admiração, a santidade do Senhor e a vinda gloriosa de Jesus, o Messias, o bendito que veio e que vem incessantemente: "Bendito o que vem em nome do Senhor! Hosana nas alturas!"

Como na visão de Isaías, somos tocados e transformados pelo três vezes santo; santificando o nome do Senhor, somos por ele santificados/as. O presidente invoca a vinda do Espírito Santo transformador sobre as oferendas e sobre a comunidade reunida: "Santifica nossa oferenda derramando o Espírito Santo, alimentando-nos com o Corpo e Sangue do vosso Filho, sejamos repletos do Espírito Santo e nos tornemos em Cristo um sacrifício vivo para o louvor de vossa glória"[15]. Sim, o Espírito Santo faz de nós uma oferenda viva. O reconhecimento da santidade de Deus, a aclamação de Jesus Cristo como Messias, como Cordeiro pascal, já inclui a prontidão para a difícil missão na sociedade atual, excludente, violenta, assassina, doente, egoísta..., mas em busca de paz, de salvação, de humanidade, de alegria: "Eis-me aqui! Envia-me...!". Por isso, a glorificação do Nome do Senhor desemboca na atitude de oferta-oblação, quando

---

13. Oração eucarística para diversas circunstâncias, VI-D.
14. É uma pena que na tradução em português esta última frase tenha ficado com um sentido muito diferente: "Céus e terra *proclamam* a vossa glória". Quanto à referência aos "céus", que não constam no texto de Isaías, Jungmann observa que encontramos esta complementação em todas as liturgias cristãs e somente nelas; de acordo com o mesmo autor, fica mais bem expressa assim a universalidade da glorificação de Deus (*El sacrificio de la misa. Tratado histórico-litúrgico*, Madrid, BAC, 1953, 787).
15. Vejam o texto de várias orações eucarísticas.

santificamos o nome do Senhor oferecendo nossa vida e a vida do mundo inteiro, com suas alegrias e tristezas, suas esperanças e frustrações, suas conquistas e derrotas..., "por Cristo, com Cristo e em Cristo", na unidade do Espírito Santo, para a glória de Deus Pai, numa entrega incondicional.

Assim, enquanto cantamos o "Santo, santo, santo é o Senhor" e participamos ativa e conscientemente da ação eucarística, a Trindade Santa nos faz mergulhar sempre mais profundamente em seu mistério.

O Espírito Santo e nós: "parceria" na liturgia[1]

Estamos nos aproximando da festa de Pentecostes, que encerra o Tempo Pascal. É tempo propício para enfocar a ação do Espírito Santo. Especificamente na liturgia, o que faz o Espírito Santo? Temos consciência de sua atuação enquanto estamos reunidos para celebrar? Sabemos como assumir nossa parte na "parceria" do Espírito com a Igreja? Afinal, o Concílio Vaticano II, com sua Constituição *Sacrosanctum Concilium*, sobre a sagrada liturgia (SC), veio remexer águas paradas com o Sopro do Espírito. Os bispos das Igrejas Orientais que participavam do Concílio alertaram sobre a ausência de referências ao Espírito Santo no texto preparatório do texto conciliar. A eles devemos os acréscimos na SC 2, 5, 6, 43 e, indiretamente, mais tarde – na revisão dos rituais – a introdução das epicleses[2] nas celebrações sacramentais, fato importantíssimo do ponto de vista da teologia litúrgica e do ecumenismo.

Proponho que, neste artigo, concentremos nossa atenção no trabalho conjunto entre o Espírito Santo e a Igreja na liturgia. Partindo do Catecismo da Igreja Católica e de uma referência à teologia oriental, vamos enfocar, a título de exemplo, a *nossa parte* nessa "parceria".

1. Originalmente publicado em: *Revista de Liturgia*, n. 231 [mai.-jun. 2012], 4-8. (N. do E.)

2. Epicleses são invocações, súplicas insistentes, que a Igreja faz em cada liturgia sacramental para que o Pai envie o Espírito Santo: sobre a água do batismo, sobre o óleo do crisma, sobre o pão e o vinho da Eucaristia etc.

1. O Espírito, inseparável de Cristo e da Igreja

Contam os evangelhos que Jesus foi concebido pelo poder do Espírito Santo; ao ser batizado por João no rio Jordão, o Espírito pairou sobre ele e depois foi levado pelo Espírito ao deserto. Ao iniciar sua missão, Jesus declarou: "O Espírito do Senhor está sobre mim". Morrendo na cruz, entregou o Espírito e, ressuscitado, soprou sobre os discípulos dizendo: "Recebam o Espírito Santo". Em uma palavra: impossível pensar a pessoa e a missão de Jesus sem o Espírito Santo. O mesmo acontece com a Igreja nascente descrita no Novo Testamento: ela nasce em Pentecostes numa manifestação do Espírito de Deus num vendaval e em "línguas como de fogo". As pessoas e comunidades animadas por ele foram se espalhando pelo mundo, provocando, desinstalando, inovando, transformando, expandindo, unindo..., na força e na alegria deste mesmo Espírito de Jesus. E nós hoje estamos nesta mesma caminhada, animados e animadas pelo Espírito em nossa vida pessoal, social e eclesial.

2. O Espírito Santo na liturgia

Evidentemente, a Igreja Católica Romana nunca deixou de lembrar o Espírito Santo em suas celebrações. É mencionado no sinal da cruz, no *Glória*, no *Creio*, no final das orações coletas, na doxologia final da oração eucarística, nas "fórmulas" sacramentais, e a cada ano celebramos a festa de Pentecostes. Da piedade popular herdamos o canto "A nós descei, divina luz" e, em várias regiões do país, é forte a tradição da Folia do Divino, com sua bandeira, suas andanças, comidas, rezas e cantorias. No entanto, na teologia, na catequese e na consciência do povo católico em geral, o Espírito Santo fica um tanto na sombra do Pai e do Filho. Movimentos carismáticos, sim, o promoveram de tal modo que às vezes até parece mais importante que as outras duas pessoas da Santíssima Trindade; além disso, divulgam práticas estranhas, como falar em línguas, repouso no Espírito Santo, e outras mais, que não fazem parte da grande Tradição da Igreja[3]. Convém perguntar, então: qual é o lugar que o Espírito Santo deveria ocupar, de fato, em nossa teologia, consciência e prática litúrgicas? Não é a liturgia cume e fonte da vida cristã? Não é unicamente pelo Espírito Santo que temos condições de celebrar o memorial de Jesus Cristo e de pautar toda a nossa vida no seguimento dele? Não invocamos o Espírito em cada celebração eucarística para que nos tornemos nele um só corpo e um só espírito e para sermos enviados para ajudar a renovar a sociedade como promotores de vida, de paz, de justiça, de solidariedade, principalmente a partir dos pobres e excluídos?

3. A atuação do Espírito Santo na liturgia, de acordo com o Catecismo da Igreja Católica (1992)

A segunda parte do Catecismo da Igreja Católica (CIC) trata da *Celebração do mistério cristão* e é subdividida em duas seções: 1) a economia sacramental; 2) os sete sacramentos da Igreja. A primeira seção, que nos interessa aqui, consta de dois capítulos: 1) o Mistério Pascal e o tempo da Igreja; 2) a celebração sacramental do Mistério Pascal. Olhemos mais de perto o primeiro capítulo: consta de dois "artigos", sendo o primeiro "A liturgia – obra da Santíssima Trindade". Este, por sua vez, é subdividido em três partes: 1) O Pai, fonte e fim da liturgia; 2) A obra de Cristo na liturgia; 3) o Espírito Santo e a Igreja na liturgia. Pronto, chegamos ao texto que nos interessa aqui hoje. Corresponde aos nn. 1091-1109.

3. Quanto ao falar em línguas, vejam as restrições de Paulo em 1 Coríntios 14.

A princípio, três coisas chamam nossa atenção. Primeiro, o fato de esta terceira parte ser bem mais extensa que as outras duas que falam respectivamente do Pai e do Filho. Segundo, o fato de o Espírito Santo não ser mencionado sozinho, mas com a Igreja: "O Espírito Santo e a Igreja na liturgia". Terceiro, a linguagem teológica mística, poética..., muito diferente da linguagem da segunda seção sobre os sete sacramentos, mais calcada no linguajar teológico escolástico, que lembra o estilo do antigo catecismo da doutrina cristã publicado por Pio V, após o Concílio de Trento.

Sabemos que textos eclesiásticos geralmente são produzidos por vários autores. Neste caso, o que aconteceu? Quem foi o autor do texto em questão? Um artigo do liturgista Cassian Folsom (monge beneditino da Abadia de St. Meinrad, nos Estados Unidos, e professor no Pontifício Instituto de Liturgia de Santo Anselmo em Roma)[4], aponta para a semelhança entre o texto "O Espírito Santo e a Igreja na Liturgia" do atual Catecismo (1992) com o capítulo 8 do livro *Liturgia de fonte*, publicado em 1981, da autoria de Jean Corbon[5]. Ele mostra como os nn. 1099-1109 trazem a inconfundível marca de Jean Corbon, não somente no título, mas principalmente na teologia litúrgica, praticamente idêntica à de *Liturgia de fonte*, com sua insistência na liturgia como um momento da "economia" da salvação, na liturgia como ação da Trindade, na *sinergia* ("cooperação", diz o Catecismo) entre o Espírito Santo e a Igreja.

---

4. Artigo publicado na revista *Homiletic and Pastoral Review*, abril de 1996, com o título "The Holy Spirit and the Church in the Liturgy" (O Espírito Santo e a Igreja na liturgia).
5. Título original: *Liturgie de source*, Paris, Éditions du Cerf, 1980. Nova edição em 2007. Traduções para o português: *Liturgia de fonte*, São Paulo, Paulinas, 1981 (Col. Teologia e Liturgia, 2). Mais recentemente, com outro título: *A fonte da liturgia*, Lisboa, Filhas de São Paulo, 1999.

4. Sinergia entre o Espírito e a Igreja na liturgia (cooperação, parceria, colaboração)

O que é *sinergia*? É um termo clássico da teologia patrística; significa literalmente "energias conjuntas" e procura expressar a absoluta novidade da união de Deus e da humanidade em Cristo: "Da energia do Espírito que embebe interiormente a energia do homem [ser humano] e o identifica com Cristo. Todo o realismo da liturgia e da divinização está nesta sinergia"[6]. Portanto, duas energias, duas forças conjugadas, trabalhando de forma coordenada para juntas conseguir um objetivo:

> A "sinergia" do Espírito Santo e da Igreja é uma noção-chave para entrar no mistério da liturgia. Seu fundamento é o próprio Cristo, verdadeiro Deus e verdadeiro homem. Jesus possui duas vontades (contra a heresia monotelita) e duas operações ou energias (contra os compromissos do monoenergismo) unidas de fato, mas livremente e sem se confundirem. Assim, toda a santidade cristã consiste na deificação de nossa natureza em Cristo e na "sinergia" do batizado e do Espírito Santo em todo ato vital[7].

Essa sinergia atua principalmente na liturgia: "O Espírito e a Igreja formam um só todo, numa extraordinário 'sinergia': a liturgia"[8]. O Catecismo usa o termo "cooperação", em vez de "sinergia"; penso que poderemos falar ainda em "parceria" ou "colaboração" (no sentido de trabalho em comum, e não simplesmente como ajuda ou auxílio).

Nessa sinergia (cooperação, parceria, colaboração), o Espírito nos *prepara* para que tenhamos condições de participar do mistério (CIC 1093-1098), *recorda e manifesta* o mistério de Cristo presente

---

6. Corbon, Jean, *Liturgia de fonte*, São Paulo, Paulinas, 1981, 11.
7. Ibidem, 74, nota 1.
8. Ibidem, 74.

no "hoje" da liturgia (CIC 1099-1103), nos *transforma*, nos *transfigura*, fazendo acontecer em nós a Páscoa de Cristo (CIC 1104-1107), e, por fim, nos *une* numa comunhão (comum-união) como um só corpo em Cristo (CIC 1108-1109).

5. Nossa parte nesta sinergia

Qual é a parte que nos cabe nesta sinergia como membros da Igreja? De fato, o Espírito não pode atuar sem nossa abertura e acolhimento, nossa resposta de fé, nosso *consentimento e compromisso*, numa atitude de entrega, de despojamento, de adesão, de abandono, sem ambição de poder. Assim como precisou do livre "sim" de Maria para que se realizasse a encarnação do Verbo (Palavra) de Deus, assim precisa do consentimento de cada um e cada uma de nós como membros da Igreja para que a liturgia possa ser celebrada e vivida[9].

São Paulo nos adverte muitas vezes sobre a luta que existe em nós entre a "carne" e o Espírito, entre o "homem velho" e o "homem novo". Trata-se de uma escolha a ser feita, deixando-nos guiar pelo Espírito Santo; de pautar nossa conduta pelo Espírito, de não o entristecer, afastando-nos dele (vejam, por exemplo, Rm 7,14ss.; Rm 8,12-16; Gl 5,25; Ef 4,30-31). O próprio Jesus foi posto à prova e teve de travar essa luta entre a "vontade humana" e a "vontade de Deus", entre "o que eu quero" e "o que Tu queres". Vejamos principalmente os dois momentos fortes apontados pelos evangelhos: a tentação no deserto (Mt 4,1-11; Mc 1,12-13; Lc 4,1-13) e a luta interior no Getsêmani ou no Monte das Oliveiras[10] (Mt 26,36-48; Mc 14,32-42; Lc 22,39-46; Cf. Jo 12,27-28). Meditando sobre esses

9. Para todo este tópico, cf. CORBON, JEAN, *Liturgia de fonte*, 83.
10. Mateus e Marcos situam a agonia de Jesus no Getsêmani; Lucas, no Monte das Oliveiras.

momentos na vida de Jesus, podemos avaliar a seriedade de nossas próprias opções: para que aconteça a sinergia entre o Espírito e a Igreja, é indispensável a adesão consciente de cada um e de cada uma de nós nas celebrações litúrgicas e em todos os momentos de nossa vida. Não se trata de pedir ao Espírito Santo que realize as nossas vontades, mas que, com nosso consentimento, nos ajude a pedir e aderir, como Jesus, à vontade do Pai para o bem de toda a humanidade.

6. Exemplificando

A sinergia do Espírito e da Igreja supõe de nossa parte *o consentimento, a disponibilidade, a adesão, a participação ativa, consciente* em toda a ação litúrgica. A título de exemplo – e baseado na renovação litúrgica conciliar –, vejamos como o Espírito espera nossa participação: como membros da assembleia, na liturgia da Palavra, nas epicleses, na salmodia.

6.1. Como membros da assembleia litúrgica

a) Liturgia não é reza individual, mas celebração comunitária, sinergia entre o Espírito e o corpo eclesial reunido em assembleia. Quem celebra somos "nós", Corpo de Cristo, animado pelo Espírito. Daí a importância da acolhida mútua, do canto comunitário ("cantando a uma só voz", como pede o final do prefácio), das posturas e gestos realizados em comum, do abraço fraterno pelo qual reconhecemos em cada pessoa os traços de Jesus Cristo, do comer e beber juntos do Pão e do Vinho repartidos entre todos. Até que ponto eu, nós, estamos dispostos a nos deixar integrar mais perfeitamente na comunidade eclesial pelo Espírito de Jesus Cristo, que atua por meio desses ritos?

b) Quem preside a assembleia faz parte da mesma; não está acima dela, como quem domina ou comanda; mas está ali como servidor, como ministro do Espírito, que está presente e atuante em todo o Povo de Deus reunido. Não deve dizer seu próprio discurso (nem cantar seus próprios cantos!), mas desvendar e revelar o que o Espírito diz àquela assembleia, levando em conta o momento histórico, a realidade na qual se encontra e na qual é chamada a ser um sinal do Reino de Deus. Até que ponto os ministros estão, de fato, atentos e submissos ao comando do Espírito?

c) Reunidos num só corpo no Espírito, somos chamados a ser sinal profético da reunião de todos os povos, de todas as culturas no Reino de Deus e da preferência de Deus pelos mais pobres e excluídos da sociedade. Até que ponto trago comigo nas celebrações "as alegrias e as esperanças, as tristezas e as angústias, sobretudo dos pobres e de todos aqueles que sofrem", como sugere o Concílio Vaticano II, no n. 1 da Constituição Pastoral *Gaudium et Spes*, sobre a Igreja no mundo de hoje?

d) A assembleia litúrgica é momento de concentração que, para ser autêntica, requer em seguida uma "dispersão" e uma atuação significativa dos membros da Igreja no meio da sociedade, para torná-la inclusiva, pacífica, igualitária, universal, acolhedora das diferenças culturais e religiosas, atenta aos necessitados, cuidadora do planeta. Até que ponto esses desafios e essas preocupações estão presentes em minha vida pessoal, social, profissional?

6.2. Na liturgia da Palavra

a) No encontro de Cristo ressuscitado com os discípulos de Emaús, a Palavra do Senhor surge do confronto entre os acontecimentos "quentes", recentes, e os textos da Sagrada Escritura. Supõe, de nossa parte, atenção aos fatos da vida (pessoal, social...) e conhecimento das escrituras, tanto do antigo quanto do novo testamento, assim como a prática da leitura orante para reconhecermos, no texto bíblico, a voz do Espírito, que revela a novidade da Palavra viva do Senhor para nós, hoje.

b) A Palavra não existe sem o silêncio que a acolhe, medita, faz ressoar e germinar no coração, para que dê fruto na vida. Escutar supõe uma entrega de corpo e alma, uma disponibilidade para a mudança, a conversão, a missão (cf. Lc 4,16-21: O *Espírito do Senhor está sobre mim para...*). A Introdução ao Lecionário propõe que nos esforcemos para "aderir intimamente à Palavra de Deus em pessoa, Cristo encarnado", e, assim, procurar que o que fizermos em nossa vida se reflita na liturgia (cf. IELM 6). Temos participado da liturgia da Palavra com essa disposição?

c) O anúncio da Palavra desemboca na intercessão, na oração dos fiéis, oração universal: *Venha a nós o vosso Reino*. Será que podemos nos contentar em fazer uma leitura mais ou menos consciente de preces de certa forma "pré-fabricadas"? Não teríamos de estar atentos e atentas aos gemidos do Espírito, sempre atuais, para expressá-los na comunidade reunida? (cf. Rm 8,26-27).

6.3. Nas epicleses, por exemplo, na oração sobre a água do batismo

a) Enquanto mergulha o círio pascal na pia batismal, o ministro ordenado invoca, em nome de toda a assembleia, o envio do Espírito sobre a água: "Nós vos pedimos, ó Pai, que por vosso Filho desça sobre esta água a força do Espírito Santo. E todos os que, pelo batismo, forem sepultados na morte de Cristo ressuscitem com ele para a vida". Estou apenas ouvindo o que o ministro diz ou estou, de fato, deixando as palavras penetrar e ressoar em minha mente e em meu coração, a elas aderindo com profundo desejo?

b) Meus olhos e meu desejo acompanham também o gesto do mergulho do círio pascal na água do batismo? Estou consciente de que minha vida é marcada por esse gesto desde o meu batismo: morro e ressuscito em Cristo a cada dia (cf. Rm 6,3-11)?
c) A passagem da morte para a vida não acontece sem minha adesão, sem revisão de vida e sem o esforço cotidiano para viver segundo o Espírito. Como tenho realizado isso?

6.4. Na salmodia

Quatro "dicas" tiradas da Instrução Geral sobre a Liturgia das Horas (IGLH) para quem quer, de fato, recitar ou cantar os salmos no Ofício Divino, em sinergia com o Espírito:

a) "Quem salmodia sabiamente irá percorrendo versículo por versículo, meditando um após o outro, sempre disposto em seu coração a responder como exige o Espírito, que inspirou o salmista e assistirá igualmente as pessoas devotas, dispostas a receber a sua graça" (IGLH 104). Salmodiar está sendo para mim um ofício, um *trabalho*, que requer aplicação e atenção cuidadosa ao trabalho do Espírito em mim?
b) "Por isso [...], a salmodia deve desenvolver-se com júbilo espiritual e com a doçura de caridade, tal como corresponde à poesia sagrada e ao canto divino e, mais ainda, à liberdade dos filhos de Deus" (IGLH 104).
c) "Consideremos de que modo convém estar na presença de Deus e de seus anjos e, ao salmodiarmos, que nos mantenhamos em tal atitude que nossa mente concorde com nossa voz" (IGLH 105, lembrando as palavras de São Bento no capítulo 19 de sua Regra).
d) "Para facilitar a plena ressonância da voz do Espírito Santo nos corações e unir mais estreitamente a oração pessoal com a Palavra

de Deus e com a voz pública da Igreja, pode-se intercalar uma pausa de silêncio, após cada salmo" (IGLH 202). Tenho aproveitado essas valiosas sugestões?

Finalizando: a verdadeira espiritualidade cristã consiste nesta "parceria" constante com o Espírito Santo de Jesus Cristo para vivermos "segundo o Espírito" em todos os momentos de nossa vida, tendo como cume e fonte a liturgia, expressão da máxima sinergia do Espírito Santo e da Igreja, Povo de Deus. Aproveitando os cinquenta anos da SC, como podemos adequar melhor nossa vida e nossa prática litúrgica à ação do Espírito Santo? Vamos conversar, trocar ideias, mudar nossa maneira de viver e celebrar!

Benzer ou bendizer?[1]

1. Benzer "resolve"?

"Padre, quando é que o senhor pode dar um pulo lá na nossa nova casa? Estamos só esperando o senhor benzer para começar a mudança."

"Maria, você que tem amizade com os padres, pede para um deles vir dar uma bênção na minha fábrica, porque os negócios não estão indo lá muito bem, não. As vendas caíram demais neste mês! Não dá para aguentar! Só Deus para dar um jeito nisso!"

"Viu, Sr. Joaquim, estava dizendo para sua patroa que seria bom vocês levarem o menino para benzer. Vocês estão gastando tanto com médicos, sem conseguir resolver o problema dele. Se quiser, eu empresto a condução."

"Motorista como o Sr. Antônio eu nunca vi: com mais de trinta anos de profissão, nunca deu uma trombada, nunca teve um arranhão no seu carro. Mas também! Todo ano ele é o primeiro para a bênção dos carros no dia de São Cristóvão!"

Falas como essas são bastante comuns. Muita gente acredita fielmente no poder das bênçãos e tem toda confiança no seu resultado. Aguardam uma solução automática de seus problemas, uma intervenção quase mágica da parte de Deus. Por outro lado, muitas pessoas, principalmente jovens, já não acreditam que benzer possa resolver algum problema ou acrescentar algo às coisas existentes. Acreditam, sim, nas leis da natureza, no trabalho do homem, na ciência e na

1. Originalmente publicado em: *Revista de Liturgia*, n. 24 [nov.-dez. 1977], 2-7. (N. do E.)

técnica ou na bondade natural das coisas: "Essa gente simples fica correndo atrás de bênção em vez de procurar o médico... Veja que atraso!". "Meu filho, pede a bênção a teu pai!", "Hiii, Mãe! Bênção já era!". "Por que é preciso benzer a água para batizar, se ela foi feita por Deus?"

Nos casos citados acima, as pessoas têm uma visão *materialista* da bênção, pois acham que ela "resolve" ou "não resolve". Mas quem disse que bênção foi feita para "resolver" os problemas?

2. Um gesto de amor e amizade

Talvez fosse mais certo compararmos a bênção com o carinho que a criança espera de seus pais; com sua necessidade de segurança, amor e proteção por alguém mais velho e mais forte. A presença de uma pessoa querida não é o remédio contra a dor de dente, mas acalma, dá confiança, tira a solidão. Assim, também, é a bênção que pedimos a Deus: ela exprime *a nossa fé na sua presença carinhosa e a nossa confiança no poder da ressurreição de Jesus.* Acreditamos que Deus é Pai e que acompanha com interesse e amor a vida de seus filhos. Acreditamos que, pela ressurreição de Nosso Senhor Jesus Cristo, o Espírito de Deus venha transformar o coração do homem e, por meio dele, todas as realidades deste mundo. Se estivermos unidos a Deus, agindo por meio de nós, Ele poderá realizar seu plano. Quem pede uma bênção deve, pois, querer viver na presença de Deus, em maior união com Ele, sendo mais amado por Ele. Deve colocar-se à Sua disposição pronto para ajudá-lo a realizar tudo o que está pedindo e usar todas as coisas unicamente na realização do Reino de Deus.

3. Louvar e agradecer a Deus

A bênção tem, ainda, outro sentido: é um louvor e um agradecimento a Deus. A palavra "bênção" vem de *bendizer*, ou seja, *bem-dizer*, que significa, "dizer bem", "falar bem". Nesse caso, falar bem de Deus é dizer o quanto Ele é bom para nós e exprimir nossa satisfação, nossa alegria e nossa admiração por tudo o que Ele nos dá e faz por nós!

Esse também é o sentido das bênçãos que encontramos na Bíblia, tanto no Antigo como no Novo Testamento e, também, na tradição mais antiga da Igreja. Infelizmente, ao longo da história e, principalmente, a partir do século VI, esse tipo de bênção foi sendo substituído por um pedido mais ou menos negativo (exorcismo), pedindo que Deus abençoe as coisas, tirando-as do poder do mal. Ainda hoje, as pessoas pedem a bênção para a cura de uma doença; contra o mau-olhado ou até mesmo para protegerem-se contra acidentes com o carro. Desse modo, Deus passa ao segundo plano! Estamos interessados em conseguir certos benefícios para nós. Quem está no centro de nossa atenção somos nós mesmos. Deus só é lembrado porque precisamos Dele!

O Concílio Vaticano II ensina, no entanto, que a liturgia tem *duas* dimensões, duas metas: *a santificação do homem* e *o louvor a Deus*. Se quisermos que as nossas bênçãos sejam completas e reencontrem a tradição bíblica, será preciso aprendermos de novo a *bendizer a Deus enquanto pedimos sua bênção*. Será preciso *benzer bendizendo!* O importante não são as coisas e os acontecimentos em si, mas, sim, o nosso relacionamento com Deus, por meio das coisas e dos acontecimentos. Por exemplo, o importante na bênção de uma casa não é a casa em si, mas seus moradores, que deverão fazer dela um lugar de encontro com Deus! Será, pois, preciso, bendizer a Deus pela casa, pela oportunidade que os membros desta família desfrutam de se abrigarem; de nela se amarem e se ajudarem uns aos outros; de nela receberem hóspedes e visitas, como se estes fossem o próprio Cristo. E depois pedir que a bênção e a graça Dele estejam sempre presentes.

Vejam ainda este duplo movimento de santificação do homem e de louvor a Deus na seguinte bênção para uma mulher que está esperando um filho:

Nos vos louvamos, Senhor,
Porque sois o Criador de toda nova vida.
Nós vos louvamos pela vossa sabedoria previdente
Que prepara no colo da mãe
Uma primeira morada para o novo ser.
Nós vos louvamos, Senhor,
Com o ritmo das batidas do novo coração,
Com a pulsação da nova vida que nasceu.
E agora, Senhor, abençoai esta mãe.
Que a sua gravidez decorra tranquila e serena.
Em nome do Pai e do Filho e do Espírito Santo. Amém.[2]

4. Benzer o quê?

A bênção é um sacramental, isto é, um rito da Igreja que vem santificar nossa vida pela graça que Deus concede aos homens por meio de seu Filho Jesus Cristo, Nosso Senhor.

Com a sua graça, Deus quer transformar as coisas, santificando-as pelo poder do Espírito Santo para que um dia "Deus seja tudo em todos", como disse São Paulo. Se usarmos o mundo de acordo com a lei de Deus e de acordo com o evangelho, *todos as coisas e todos os acontecimentos da vida podem ser motivos de bênção*: a natureza, o mar, o campo, as sementes..., tudo o que o homem constrói e produz: a colheita, as máquinas, um veículo, os alimentos; um nascimento, uma festa, um noivado, uma viagem, uma refeição, um doente...

Conforme os artigos 60-61 da Constituição Conciliar sobre a Sagrada Liturgia

2. CNBB. *Bênçãos – sugestões Pastorais.* São Paulo: Paulinas, 1976, 16.

a Santa Mãe Igreja instituiu os sacramentais. São sinais sagrados pelos quais, à imitação dos sacramentos, são significativos de efeitos principalmente espirituais obtidos pela oração da Igreja [...]. Por isso, a liturgia dos sacramentos e sacramentais consegue para os fiéis bem-dispostos que quase todo o acontecimento da vida seja santificado pela graça divina que flui do Mistério Pascal da Paixão, Morte e Ressurreição de Cristo, do qual todos os sacramentos e sacramentais adquirem sua eficácia. E quase não há uso honesto de coisas materiais que não possa ser dirigido à finalidade de santificar o homem e glorificar a Deus.

O artigo 79 prevê que possam ser acrescentados novos sacramentais, segundo as exigências dos nossos tempos.

O texto conciliar deixou bem clara a *condição* de que, para receber uma bênção, a pessoa deve estar disposta a usar as coisas de modo honesto para o bem do homem e para a glória de Deus. É um evidente contrassenso pedir a bênção a Deus sobre uma empresa, uma fábrica ou um estabelecimento comercial onde se praticam injustiças; onde a pessoa humana é vista e tratada como "máquina"; onde reina a exploração do mais fraco pelo mais forte. É um contrassenso benzer uma casa luxuosa onde a empregada recebe um "salário de fome" e é tratada como um ser inferior. É um contrassenso pedir para benzer o carro e em seguida guiar "feito louco", colocando em perigo sua própria vida e a dos outros. É um contrassenso benzer uma arma que irá servir para matar ou machucar alguém, seja amigo ou inimigo...

5. Quem pode dar uma bênção?

Existem as chamadas "bênçãos de consagração" e "bênçãos constitutivas", que exprimem a separação de pessoas, objetos e lugares para o uso do culto, como a bênção do santo crisma, de um cálice, das cinzas, de imagem e medalhas, de igreja, altares etc. algumas dessas bênçãos são reservadas ao bispo, outras são dadas pelos padres.

Para as bênçãos simples, no entanto, o artigo 79 da Constituição Conciliar prevê que algumas delas possam ser dadas também por leigos: "As bênçãos reservadas sejam poucas e o sejam só em favor dos Bispos e Ordinários. Providencie-se no sentido de que alguns sacramentais possam ser administrados por leigos dotados de suficientes qualidades". Embora o texto conciliar seja ainda um tanto restrito, espera-se que o novo ritual seja menos acanhado e abra maiores possibilidades para os leigos. Já não existe entre nós o belo costume de os pais darem a bênção a seus filhos? Não seria significativo uma dona de casa, uma mão de família, fazer a bênção do fogão? O pai de família fazendo uma bênção inaugurando o veículo que usará para ir ao trabalho? O pintor fazer uma oração pedindo a bênção de Deus e oferecendo o seu trabalho quando começa um novo serviço? O motorista de táxi benzer o seu novo 1300[3]?

Essa maior abertura para os leigos, como ministros de certas bênçãos, possibilitaria também que fossem criadas muitas outras bênçãos relacionadas com a vida cotidiana e familiar. E assim podermos exprimir melhor a presença de Deus no nosso dia a dia, lembrando que tudo deve ser feito e usado de tal modo que Deus seja glorificado em tudo e por tudo.

6. Como fazer uma bênção?

Bênção nenhuma pode ser dada – como se fazia antigamente – murmurando uma "fórmula", jogando água benta e pronto! A bênção é uma celebração litúrgica. Exige tempo. Exige participação ativa,

3. Referência à cilindrada dos motores de determinada marca de carros muito popular no Brasil. Aqui, mesma coisa que "carro". (N. do E.)

fácil e sobretudo consciente dos participantes. Deve-se, pois, facilitar essa participação:

a) *Distribuindo as "tarefas"*: alguém prepara o local, outro faz a leitura, outro uma prece, outro ainda escolhe e inicia os cânticos.
b) *Conversando* com os presentes sobre o porquê daquela bênção ou daquele acontecimento, criando um relacionamento entre os participantes e entre eles e Deus.
c) Realizando a bênção de maneira bem pessoal, *evitando rotina e formalismo.*
d) Lendo um *texto bíblico* e, mediante *reflexões*, levando os presentes a expressarem-se sobre quais as formas de bem utilizar os objetos, a casa etc.
e) Dando importância aos *gestos* e não somente às *palavras*: pôr-se a fazer conscientemente o sinal da cruz; estender as mãos sobre os noivos; colocar a mão sobre a cabeça do doente; dar as mãos enquanto se reza o pai-nosso; levantar as mãos em atitude orante durante as preces; beijar o livro do evangelho, a Bíblia ou a cruz, acender uma vela, simbolizando a nossa fé na ressurreição.
f) Convidando os participantes para as *preces espontâneas*, fazendo com que cada qual faça seu pedido ou agradecimento.
g) Dando menos importância às *coisas* as quais se benze e mais às *pessoas* das quais depende o bom uso delas para o serviço da comunidade e o louvor a Deus. Por exemplo: não é o carro em si que vai louvar ou servir a Deus, mas sim o motorista. E, se o motorista guiar de modo imprudente, não há bênção que possa impedir um desastre!

Em grupos pequenos, a celebração será mais simples e informal, a participação se fará por meio de diálogos e preces espontâneas. Grandes assembleias requerem uma celebração com a participação de todos por meio de cantos, aclamações e gestos em comum.

Se a bênção for inserida dentro de uma celebração eucarística, ela poderá ser dada no final da liturgia da Palavra, antes da oração dos fiéis. Jamais deverá faltar a leitura de um texto bíblico, por menor que seja, bem como a reflexão sobre o sentido daquela bênção e o compromisso dos participantes.

7. Benzer e evangelizar

As pessoas que procuram uma bênção ou pedem para benzer algo vêm, em geral, com uma mentalidade "mágica". Muitos só procuram o padre nessa hora, não são praticantes.

Como reagir a esses pedidos?

Há padres que simplesmente se recusam: "Não sou mágico!". "Não sou palhaço!". "Bênção não resolve o seu problema, minha filha. O que você está precisando é de tratamento médico. Por que você não vai ao ambulatório?", "Vocês só me procuram para dar bênção, mas nunca os vejo na missa!".

Outros benzem sem se fazerem de rogados. Porém será que se preocupam em conversar com a pessoa para que ela cresça na fé?

Precisamos criar uma nova mentalidade e uma nova pedagogia. Não se trata de dar ou não a bênção. Trata-se de encaminhar a pessoa que vem pedir a bênção, levando-a a uma maior união com Deus, a uma vida cada vez mais de acordo com o evangelho, a uma identificação com a pessoa de Jesus Cristo para que faça de toda a sua vida um culto a Deus. Afinal, não é esse o objetivo de toda a pastoral?

Recordação da vida: um novo elemento ritual para uma liturgia "ligada à vida"[1]

Vão e contem o que vocês estão vendo e ouvindo: os cegos recuperam a vista, os coxos andam, os leprosos são purificados e os surdos ouvem, os mortos ressuscitam e os pobres são evangelizados (Mt 11,4-5).

1. Recordação da vida, o que é? Como e quando se costuma fazer?

É quase um imperativo nas celebrações das comunidades de base e grupos ligados a pastorais sociais "ligar liturgia e vida", como se costuma dizer. Um dos meios para realizar essa ligação é abrir um espaço em que se convidam os participantes a "trazer fatos da vida". A fala pode ser provocada por uma pergunta como essa: "O que aconteceu de importante?", ou: "Quais os fatos da vida que os irmãos e irmãs trouxeram para essa celebração?". Normalmente, algumas pessoas lembram fatos acontecidos no bairro, ou notícias ouvidas no rádio ou na televisão. Algumas vezes são lembrados também fatos da vida pessoal e familiar: doenças, mortes, aniversários, casamentos e outras festas, emprego/desemprego, acidentes...

Quando o grupo é relativamente pequeno e veio preparado para uma celebração mais longa, esse momento costuma-se transformar numa conversa, com troca de informações e de ideias em torno dos fatos citados. Numa celebração costumeira, como a celebração do

1. Originalmente publicado em: *A esperança dos pobres vive. Coletânea em homenagem aos 80 anos de José Comblin*. São Paulo: Paulus, 2003, 377-387. (N. do E.)

domingo, por exemplo, esse momento se restringe normalmente a citar os fatos, sem maiores comentários. Um painel na entrada do local de celebração poderá trazer fotos ou recortes de jornal ou algum cartaz relacionado com os fatos. Numa celebração de massa ou com assembleia grande é impossível a fala espontânea para que todos ouçam; então, a equipe que lidera a celebração se encarrega de lembrar os fatos. Em alguns casos provoca-se uma conversa de dois a dois (cochicho) ou em pequenos grupos de 3 a 5 pessoas. Em alguma celebração especial como romarias ou jubileus, a recordação da vida é às vezes apresentada em forma de dramatização ou jogral. Na celebração dos mártires, sua vida e suas lutas são expressas por meio de testemunhos e outras falas, faixas, símbolos, cantos...

Os fatos da vida costumam ser trazidos como parte dos ritos iniciais ou no início da liturgia da Palavra, antes da proclamação dos textos bíblicos, ou ainda na homilia, relacionados com as leituras do dia.

No *Ofício Divino das Comunidades*[2], esse momento de trazer os fatos da vida está previsto no início, após a abertura e antes do hino. Nas reuniões da equipe que pensou e redigiu o *Ofício*, sentimos a necessidade de encontrar um nome para esse momento. Foi aí que surgiu o termo "recordação da vida". Recordar significa fazer vir à memória, lembrar; sugere um trazer de volta ao coração, em espírito de meditação. Lembra a atitude de Maria referida duas vezes por Lucas: depois da visita dos pastores e depois de ter reencontrado Jesus no templo, no meio dos doutores, "Maria [...] conservava cui-

2. *Ofício Divino das Comunidades*, São Paulo, Paulus, [12]2002 (a primeira edição data de 1988). Trata-se de uma Liturgia das Horas inculturada, adaptada às comunidades de base. Há ofícios para a manhã, para a tarde ou noite e para as vigílias de domingo, realizadas aos sábados à noite. Os ofícios acompanham os tempos e festas do ano litúrgico. Há ainda ofícios para várias circunstâncias como falecimento, visita a pessoa doente, encontros pastorais, romarias, colheitas, mutirões, lutas, súplica, ação de graças, bênção de uma casa, romaria. Para o sentido da recordação da vida no Ofício Divino, vejam, na introdução, 11; também: VELOSO, REGINALDO, *Ofício da mãe do Senhor*, São Paulo, Paulus, 2001, 15-16.

dadosamente todos esses acontecimentos e os meditava em seu coração" (Lc 2,19; cf. Lc 2,51).

Está previsto que no ofício da noite a "recordação da vida" pode ser substituída por uma "revisão do dia", em clima penitencial, levando a uma reconciliação com o Senhor e uns com os outros, com invocação do perdão de Deus e – conforme o caso – com um abraço da paz.

Algumas vezes, a recordação da vida ou a revisão do dia são realizadas em silêncio, cada um por si, a partir de uma discreta motivação de quem coordena a celebração.

2. Recordação da vida e memória bíblica

Mas por que contamos fatos da vida numa celebração litúrgica?

A liturgia cristã, como a liturgia judaica na qual encontra suas raízes, parte de acontecimentos, gira em torno de fatos. Não cultua um Deus fora ou acima da história. Não situa a salvação fora da realidade humana. Ao contrário, lembra as intervenções libertadoras do Deus da aliança na vida do povo, na realidade pessoal e social. Assim, a Páscoa judaica tem como referência principal a libertação do povo da escravidão do Egito. A Páscoa cristã faz memória da vida, morte e ressurreição de Jesus, o Cristo. Não se trata de uma simples lembrança do passado, mas de uma memória profética, que deixa espaço para inserir perspectivas atuais na narrativa. Lembramos a experiência do Povo de Deus no passado e nela reconhecemos nossa própria experiência. Lembramos a pessoa, a vida, a morte e a glorificação de Jesus, o Cristo, e sabemos, pela fé, que sua história continua em nossa própria história. O passado é relido a partir do presente, e vice-versa, numa perspectiva de futuro. As experiências de vida atuais nos fazem compreender de uma maneira nova as experiências do Povo de Deus no passado, condensadas (codificadas) em textos bíblicos e ritos litúrgicos. O coração da memória profética é a fé no Deus Libertador, que chama seu povo para uma vida melhor, para uma convivência com ele na paz e na alegria. Ele acompanha seu povo em todas as circunstâncias, dolorosas e felizes, como companheiro de estrada, rumo à plena realização do Reino de Deus.

A Constituição Conciliar *Dei Verbum*, sobre a revelação divina, no item 2, explicita a relação entre texto bíblico e acontecimento: Deus se revela "por meio de acontecimentos e palavras intimamente conexas entre si, de forma que as obras realizadas por Deus na História da Salvação manifestam e corroboram os ensinamentos e as realidades significadas pelas palavras. Estas, por sua vez, proclamam as obras e elucidam o mistério nelas contido". Assim, de memória em memória, o Povo de Deus vai se orientando na história, realizando sua caminhada na fé, apegando-se à fidelidade do Deus da aliança, confiando em sua promessa, agasalhando e alegrando-se em sua ternura.

Não é isso que Jesus fez na Última Ceia? Celebrando o rito pascal, fazendo memória do êxodo, encontrou no ritual o sentido de sua própria experiência pascal e a força necessária para enfrentar seu próprio êxodo; e assim o expressou aos discípulos reunidos. "Desejei ardentemente comer esta Páscoa convosco antes de sofrer; pois eu vos digo que já não a comerei até que ela se cumpra no Reino de Deus" (Lc 22,14b-16).

Nas Sagradas Escrituras, podemos encontrar inúmeros exemplos dessa relação interpretativa ("círculo hermenêutico", dizem os biblistas) entre fatos passados e presentes, a partir da fé no Deus Libertador. Destaquemos apenas dois:

Lucas 24,13-35 – Depois da condenação e morte de Jesus na cruz, dois discípulos voltam para casa. Fazem o caminho de volta de Jerusalém para Emaús, tristes, decepcionados. Alguém se junta a eles na estrada. Indaga pela causa da tristeza deles e insiste que contem os fatos causadores de tanta desolação. Depois, a partir das Escrituras, o Ressuscitado interpreta os fatos narrados, explicita o sentido, anuncia o mistério oculto nos acontecimentos. E, assim, aquece o coração dos discípulos e os prepara para reconhecê-lo na fração do pão.

Atos 4,23-31 – Pedro e João foram presos porque curaram um paralítico na porta do templo, em nome de Jesus. Interrogados pelo sinédrio e soltos em seguida, foram para a casa onde a comunidade estava reunida. No texto apontado acima, podemos perceber vários passos:

a) Pedro e João contam o que aconteceu com eles;
b) ouvindo o relato, a comunidade estabelece paralelos com o Salmo 2 e encontra nele uma Palavra de Deus para a situação atual;
c) partindo do salmo, a comunidade ora a Deus, pedindo que dê coragem para anunciar a palavra e que acompanhe com curas e sinais;
d) a casa treme, acontece um novo Pentecostes: todos ficam cheios do Espírito e encontram forças para continuar, sem medo, sua missão.

Prestemos atenção à narrativa dos fatos da atualidade nessas duas passagens bíblicas. Não poderíamos reconhecer nessa narrativa uma antecessora de nossa "recordação da vida"?

3. Desvendar e celebrar a presença dinâmica de Cristo ressuscitado na transformação do continente latino-americano

Entre muitas outras coisas importantes, o Concílio Vaticano II nos fez aprofundar duas verdades de nossa fé que nos interessam no assunto que estamos trabalhando: 1) a centralidade da Páscoa de Cristo (como uma realidade permanente que atinge a história e toda a realidade criada); 2) consequentemente, a missão dos cristãos no mundo de hoje, não tanto para "levar" a salvação, mas para "desvendar" a ação pascal que Deus, Pai e Filho e Espírito Santo, está operando na atualidade. Não podemos mais imaginar a salvação como pertencendo a um "outro" mundo, um suposto mundo espiritual, mundo da alma, mundo do sagrado separado do mundo considerado "profano". A criação, a redenção em Cristo, o envio do Espírito vivificador dizem respeito a *este* mundo, à história dos humanos. Na história da humanidade ocorre uma "liturgia do mundo", como dizia Rahner, ou – na expressão de Schillebeeckx – uma "liturgia secular"; é essa "liturgia", este Mistério Pascal acontecendo na história, que está na base da "liturgia da Igreja". Como povo sacerdotal e profético, somos chamados a perceber e expressar em palavras e sinais essa realidade profunda que está ocorrendo no coração da realidade[3]. O ponto de referência para interpretar os fatos, para avaliar a história, é o mistério da morte-ressurreição de Jesus, o Cristo.

A Igreja latino-americana, levando a sério a renovação da Igreja oficializada no Concílio Vaticano II, tentou desvendar as "Páscoas" operadas por Deus por meio da atividade humana, na realidade do continente, principalmente na vida dos pobres. O Documento de Medellín (1968) o expressa da seguinte forma:

> Assim como Israel, o antigo Povo sentia a presença salvífica de Deus quando da libertação do Egito, da passagem pelo Mar Vermelho e da conquista da Terra Prometida, assim também nós, o novo Povo, não podemos deixar de sentir seu passo que salva quando se dá o verdadeiro desenvolvimento, que é, para todos e cada um, a passagem de condições menos humanas a condições de vida mais humanas (Medellín, Introdução às conclusões).

O Documento de Puebla (1979) arremata:

> "Deus está presente e vivo, por Jesus Cristo Libertador, no coração da América Latina" (Puebla, Mensagem dos bispos aos povos latino-

3. Cf. MALDONADO, LUÍS, *A ação litúrgica. Sacramento e celebração*, São Paulo, Paulus, 1998.

americanos). "Cristo hoje, sobretudo por sua atividade pascal, nos leva a participar do mistério de Deus. Por sua solidariedade conosco, nos torna capazes de vivificar pelo amor nossa atividade e de transformar nosso trabalho e nossa história em gesto litúrgico, isto é, de sermos protagonistas com Ele na construção da convivência e das dinâmicas humanas que refletem o mistério de Deus e constituem sua glória que vive" (Puebla, 213).

Quais são as consequências para a liturgia dessa maneira "teo-lógica" de ver a realidade?

Se a liturgia é celebração da Páscoa de Cristo e se Cristo se identifica com os pobres e se associa à sua caminhada de libertação, então a liturgia celebra a "Páscoa de Cristo na Páscoa da gente, a Páscoa da gente na Páscoa de Cristo"[4]. Devemos anunciar a morte do Senhor, que continua acontecendo na paixão e na morte dos pobres. Somos chamados a proclamar a ressurreição do Senhor que acontece na resistência e na organização dos pobres por melhores condições de vida, por participação e cidadania, por uma civilização do amor, por uma sociedade onde não haja mais miséria nem opressão, mas igualdade de condições para todos. Aguardamos a vinda escatológica do Reino que chega mais perto a cada conquista de vida mais digna para os pobres. Nossa ação de graças, súplica e compromisso pascal dizem respeito a essas realidades operadas por Deus na história. Se a Páscoa está acontecendo na atualidade, é preciso que seja proclamada, celebrada. E o primeiro passo é que os fatos sejam trazidos para a assembleia litúrgica em forma de relatos, testemunhos, dramatizações, fotografias, recortes de jornal, símbolos...

4. Cf. CNBB, *Animação da vida litúrgica no Brasil*, item 300.

4. Na memória litúrgica, quatro momentos: contar; interpretar; agradecer, suplicar, pedir perdão; comprometer-se

É indispensável contar os fatos da realidade na celebração. Porém, contá-las será suficiente? Não podemos simplesmente, na liturgia cristã, "celebrar a vida". Não podemos identificar a salvação simplesmente com os processos vitais ou com os avanços sociais ou a libertação política. Primeiro, porque o Reino de Deus ultrapassa tudo o que o coração humano possa imaginar. Segundo, porque os valores evangélicos nem sempre coincidem com os valores difundidos nas culturas vigentes. O que a sociedade chama de "felicidade" nem sempre combina com as bem-aventuranças evangélicas e vice-versa.

Por isso, é preciso que os fatos sejam avaliados. A comunidade precisa discernir, desvendar, tentar ver o que há de presença divina, evangélica, pascal, nos acontecimentos vividos e apresentados dentro de determinado contexto social e cultural. Nos sinais dos tempos, isto é, nas tendências características que marcam a sociedade e a cultura de determinada época, a comunidade reunida deve discernir quais são os sinais de Deus, quais são os sinais do Reino que está crescendo dentro desta realidade, até sua plena realização, por graça de Deus. Como Deus se revela nesses acontecimentos? Qual é o rosto de Cristo que emerge? Qual a palavra de salvação que nos dirige? Onde podemos apontar verdadeiras experiências pascais? Ou, ao contrário, onde é que a morte continua reinando, impedindo a vida? Qual o apelo de conversão ou de missão que o Senhor nos dirige em cada situação?...

Esse discernimento da comunidade é uma atividade espiritual; é realizado com a ajuda do Espírito Santo. Aliás, para quem crê, a própria vida se torna uma experiência espiritual, e falar daquilo que se viu, viveu e vivenciou também é um acontecimento espiritual. O Espírito permanece com a comunidade. Ele ensina tudo; recorda as palavras de Jesus (cf. Jo 14,16-17.26). Oferece os critérios para avaliar o "mundo" e julgar o "príncipe deste mundo"; ele conduz à plena verdade e anuncia as coisas futuras. Faz a comunidade participar da vida, da glória, do conhecimento do Pai e do Filho e, a partir disso, a faz perceber o mistério de Deus presente e atuante nos acontecimentos (cf. Jo 16,8-15).

É baseado nesse discernimento, realizado no Espírito, que se agradece, se suplica, se pede perdão ao Senhor e se compromete com o seu reino. Agradecemos pelas maravilhas realizadas, pela salvação operada, assim como Jesus, ao ouvir o relato dos discípulos que voltaram da missão, exultou no Espírito Santo, bendizendo a Deus: "Eu te louvo, ó Pai, Senhor do céu e da terra, porque escondeste estas coisas aos sábios e entendidos e as revelaste aos pequeninos. Sim, ó Pai, porque assim foi do teu agrado" (Lc 10,21; cf. Mt 11,25). Suplicamos com insistência para que venha o Reino de Deus àquelas realidades em que reina a morte, a desigualdade social, a violência, o desrespeito para com o ser humano, o descaso com a vida, o desamor, a desesperança. Arrependemo-nos e pedimos perdão por nossa participação e responsabilidade – muitas vezes por omissão – nessas realidades consideradas contrárias ao Reino. Renovamos nosso compromisso com a missão evangélica na vida pessoal e social.

Portanto, contar os fatos é apenas a primeira de uma série de momentos dentro da celebração litúrgica.

5. A recordação da vida na dinâmica de uma celebração

Quando fazemos a recordação da vida no início da celebração, é preciso levar em conta os momentos que virão mais adiante e com os quais a recordação da vida tem "tudo a ver". Devemos evitar que esse importante elemento ritual seja "inflado" (por exemplo, acrescentando cantos ou gestos...) ou pareça como um momento isolado, bastando a si mesmo.

No caso de uma celebração eucarística, é na liturgia da Palavra, principalmente na homilia, que se revela a presença ativa de Deus na história, estabelecendo o "círculo hermenêutico" entre os textos bíblicos e a "vida", entre a revelação de Deus nos fatos passados e nos fatos da atualidade. Portanto, parece melhor não "julgar" os fatos da vida no início da celebração, mas na liturgia da Palavra, relacionados com os textos bíblicos, mais especificamente na homilia. Pequenos fatos, às vezes aparentemente insignificantes, podem ser lidos e interpretados, à luz da fé, com a ajuda do Espírito, dentro de um quadro de referência maior do Reino de Deus, acompanhando a reflexão que toda a Igreja faz em sua caminhada pastoral em âmbito local, regional, nacional, universal...

É tarefa da homilia também suscitar os "gemidos inefáveis" do Espírito (cf. Rm 8,26) no coração de cada participante e a necessidade de pedir e suplicar, o desejo imperioso de agradecer, a generosidade que se transforma em compromisso com o Reino de Deus na realidade pessoal e social. Na oração universal (preces dos fiéis) suplicamos ao Pai, tendo como referência nossa realidade e a Palavra anunciada no contexto da mesma. Na ação de graças, ou seja, na oração eucarística, a comunidade reunida no Espírito faz subir ao Pai, por Cristo, com Cristo e em Cristo, toda a honra e toda a glória pela salvação realizada, ontem e hoje. Na comunhão eucarística, comendo o pão e bebendo o vinho, nos deixamos incorporar no Corpo de Cristo e assumimos o compromisso de, por ele, com ele e nele, continuar sua missão messiânica nas realidades da vida pessoal e social.

No Ofício Divino, é preciso deixar que os fatos relacionados na recordação da vida "dialoguem" com o hino, com a leitura bíblica e principalmente com os salmos e cânticos bíblicos; que se mesclem com a súplica e o louvor dos textos sagrados, dos responsos e das preces. E nos preparem, assim, para ler e viver todos os momentos e acontecimentos de nossa dia a dia em perspectiva pascal.

Na celebração da Palavra, realizada principalmente no domingo, dia do Senhor, os fatos significativos da semana relatados na recordação merecem ser levados em conta na homilia, nas preces, na ação de graças...

Também na celebração dos sacramentos e sacramentais e nas exéquias a recordação da vida é um elemento ritual precioso, para podermos celebrar a presença amorosa e transformadora do Deus de Jesus Cristo no desenrolar de nossa existência. No batismo de uma criança, podemos recordar a gravidez e o nascimento. No batismo de um jovem ou adulto, recordamos sua caminhada catecumenal. No matrimônio, podemos perguntar aos noivos se gostariam de lembrar à comunidade reunida os momentos significativos que os levaram a se comprometer um com o outro por toda a vida. Em uma profissão religiosa, ordenação ou envio de missionários/as meditamos agradecidos o caminho vocacional percorrido.

No velório, no enterro ou na missa de exéquias ou de sétimo dia, podemos partilhar uns com os outros a palavra viva de Deus que pudemos ler na vida da pessoa falecida. Ao celebrar a bênção de uma casa ou de um assentamento de lavradores que conquistaram um pedaço de chão, não pode faltar a recordação do caminho percorrido para chegar àquele momento. E essa recordação realizada no início da celebração formará uma das bases para a homilia, as preces, a oração sobre a água, as promessas batismais, o consentimento dos noivos, a oração eucarística, a bênção...

Por isso, é melhor que a recordação da vida não seja feita em forma de prece, nem de ação de graças, nem de compromisso, nem de "intenção" por alguma pessoa ou situação. Pois constitui apenas um primeiro momento que terá seus desdobramentos ao longo da celebração.

6. A vida venceu a morte

Que tipo de fatos convém relatar na recordação da vida? Em princípio, qualquer fato que alguém julgue "importante". Importante de que ponto de vista? Aqui entram em jogo três critérios. Em primeiro lugar, "importante" para o Reino é o que está relacionado com a vida e a caminhada pascal dos pobres. Em segundo lugar, nem todos os fatos tem uma importância igual do ponto de vista do Reino. A participação na comunidade vai nos ensinando o que é relevante e o que não. Certamente, o coordenador da comunidade, exercendo seu papel pedagógico-litúrgico, deverá orientar os participantes nesse sentido durante a homilia. Terceiro: queremos dar voz e vez àqueles que a sociedade impede ou proíbe de falar ou cuja palavra é julgada como sendo insignificante. Como pessoas com plena cidadania na comunidade eclesial, devem ser consideradas e ouvidas e ter sua dignidade e seu valor reconhecidos.

Há ainda outro aspecto a ser considerado: apresentamos fatos negativos ou positivos? Problemas ou soluções? Tragédias ou utopias ("sonhos")? Fatos tristes ou alegres? Em princípio, qualquer um deles. Convém lembrar aqui o que diz a Constituição Conciliar *Gaudium et Spes*, sobre a Igreja no mundo de hoje, no item 1: "As alegrias e as esperanças, as tristezas e as angústias dos homens [e mulheres] de hoje, sobretudo dos pobres e de todos os que sofrem, são também as alegrias e as esperanças, as tristezas e as angústias dos discípulos de Cristo. Não se encontra nada verdadeiramente humano que não lhes ressoe no coração". Portanto, todos os aspectos da vida humana, principalmente da vida dos pobres e de outros sofredores, merecem ser expressos e contemplados na liturgia, como possível lugar de encontro com o Senhor, lugar de sua revelação.

No entanto, parece bom levar em conta dois aspectos da questão. Antes de tudo, vai uma observação de cunho psicológico. De um lado, "desabafar" e poder expressar as experiências negativas nos alivia, nos ajuda a tomar consciência de nossos pensamentos e sentimentos, que muitas vezes tumultuam o lado inconsciente de nossa mente. De outro lado, "despejar" isso na mente das outras pessoas pode prejudicar. Já vivemos tantas coisas negativas, violentas. Repeti-las e enfatizá-las pode fazer com que venham a sobrecarregar a mente e nos deixar mais tristes e depressivos. Não seria um dos motivos pelos quais muita gente foge de celebrações onde "só se fala de problemas"? Necessitam equilibrar sua vida com "boas-novas", com coisas positivas, que "levantem o astral", que deem ânimo para continuar na luta e labuta de cada dia. Isso não deve ser entendido como um convite para ignorar, esconder ou fugir dos problemas! Apenas não devemos sobrecarregar o momento comunitário celebrativo com problemas, principalmente com os problemas pessoais. Talvez devamos criar na comunidade espaços terapêuticos, individuais ou grupais, para quem precisa desabafar e necessita de ajuda em momentos críticos.

Acrescentemos uma observação de ponto de vista teológico-litúrgico. A recordação da vida se situa entre dois polos: de um lado, insatisfação com a realidade atual; de outro lado, esperança de que o mundo pode ser diferente, de que as coisas podem mudar. Liturgia é celebração da Páscoa, passagem da morte para a vida. Carrega em seu bojo, portanto, tanto as realidades de "cruz" e de "morte" como as de "ressurreição" e de "ascensão". No entanto, na Páscoa de Jesus a vida venceu a morte; por isso, não devemos nos fixar na lamentação, nos acontecimentos trágicos e negativos e, sim, sempre buscar o lado do "evangelho", que é "boa-nova": liberta, aponta saídas, levanta o ânimo, mobiliza para a ação, traz consolo e compaixão, reencanta o nosso olhar. Faz-nos ver a paixão à luz da "transfiguração" que nos enche de luz, de energia, de ânimo para enfrentar os problemas da vida. Quantos salmos iniciam com choro, lágrimas e queixas por causa de doença e perseguição e terminam quase sempre em louvor e ação de graças?! Não nos esqueçamos de que mesmo na Sexta-Feira Santa a liturgia celebra a vitória de Deus sobre toda morte.

7. Desafios

A recordação da vida nascida na Igreja dos pobres é um novo elemento ritual indispensável nas liturgias de comunidades cristãs atentas à ação de Deus no mundo, atentas à presença dinâmica de Cristo ressuscitado e de seu Espírito no coração da vida, rumo à plena realização do Reino.

Por isso, a título de desafio e de avaliação, as comunidades interessadas poderiam se perguntar:

a) A comunidade tem consciência de que é chamada a discernir e a celebrar a ação pascal de Deus em nossa realidade atual, em nossa vida pessoal e social, em nossa história?
b) As celebrações da comunidade incorporaram esse novo elemento ritual chamado "recordação da vida"? Em que momento da celebração? Todas as pessoas se sentem com o direito de se expressar? Sabem do valor dessa parte da celebração?
c) A recordação da vida aparece como um elemento estanque, isolado? Ou costuma repercutir em outros momentos da celebração como, por exemplo, na meditação dos salmos, na introdução às leituras, na homilia, nas preces, na ação de graças, na comunhão...?
d) Principalmente na homilia, procura-se discernir, com a ajuda do Espírito Santo e dialogando com as Escrituras Sagradas, o sentido pascal dos acontecimentos?
e) A celebração a partir da vida leva a um reencantamento de nossa maneira de ver a realidade (pessoal e social)? Leva a comunidade a encarar a vida com esperança e a assumir com alegria sua parte de responsabilidade na transformação pascal da realidade?

Espiritualidade litúrgica[1]

Muitos autores já ressaltaram o fato: a *participação* de todo o Povo de Deus é como que um "refrão" que se repete ao longo da SC e é certamente a preocupação básica de toda a renovação litúrgica conciliar. Pouco mais de um mês após a promulgação do documento conciliar, o Papa Paulo VI, apressando os bispos e padres a colocar em prática as orientações do Concílio, caracterizou essa participação como sendo "corporal e espiritual"[2].

Com esses dois termos conjugados, como que numa "dobradinha" inseparável, estamos no âmago da questão que queremos tratar aqui: a espiritualidade litúrgica está "casada" com a ritualidade. A característica da experiência de Deus e do Mistério Pascal na liturgia é de ser uma *experiência ritual*, que leva a sério e passa necessariamente pela corporeidade. A liturgia e a espiritualidade na qual está banhada supõem uma antropologia na qual corpo, alma, mente e espírito formam uma unidade. Requerem uma teologia que leve a sério a liturgia enquanto ação ritual.

1. Parto do conceito de *espiritualidade cristã* como "vida no Espírito de Jesus Cristo". É vida de seguimento de Jesus, na força do Espírito; vida de comunhão com o Pai por meio de Jesus Cristo, sob a ação do Espírito Santo. É a vida cotidiana, familiar, profissional, social, política vivida não mais seguindo a "carne", mas seguindo o Espírito Santo, que foi derramado sobre nós. (Vale notar: nos escritos

---

1. Originalmente publicado em: *Revista de Cultura Teológica*, PUC-SP [jul.-set. 2003], 31-40. (N. do E.)
2. *Motu Proprio* de 25 de janeiro de 1964, in: *Documentos do Concílio Ecumênico Vaticano II (1962-1965)*, São Paulo, Paulus, ²2002, 83.

paulinos – por exemplo Rm 8,1-17, 1Cor 15,35-44, Gl 5,13-26 – a "vida no Espírito" vem descrita em oposição à "vida na carne", não em oposição a corpo, matéria, história..., como uma leitura dualista induziu durante séculos). É preciso "pautar nossa conduta" pelo Espírito (cf. Gl 5,25), como fez Jesus, o Ungido pelo Espírito. Portanto, vida espiritual ou espiritualidade não podem ser entendidas como compartimentos estanques, desligadas das outras atividades da vida humana; é uma maneira de vivê-las todas; muito bem o entende assim a Igreja latino-americana que, nos últimos decênios, exercendo sua missão espiritual, se tem declarado e posicionado em diversas situações sociais e políticas. No entanto, podemos, e devemos, sim, ter *momentos específicos para alimentar a vida espiritual*. O momento mais forte e indispensável é a liturgia. Diz o documento conciliar: A liturgia "é a primeira e necessária fonte, da qual os fiéis podem haurir o espírito genuinamente cristão" (SC 14).

2. *Afinal, onde nos é dado o Espírito de Jesus Cristo que nos permite viver no seguimento de Jesus Cristo?* O Espírito sopra aonde quer (Jo 4). No entanto, a quem deseja fazer parte da comunidade cristã, é oferecida uma pedagogia que nos leva progressivamente a nos deixar possuir pelo Espírito. Há um momento de evangelização e catecumenato, seguidos dos sacramentos da iniciação cristã. "Fomos todos batizados em um só Espírito, para ser um só corpo" (1Cor 12,12). O batismo significa e realiza nossa inserção no corpo de Cristo e nossa comunhão com o Pai, por Cristo, no Espírito Santo. Na confirmação (sacramento da crisma) nos é dito: "Recebe, por este sinal, o Espírito Santo, o dom de Deus". Em cada celebração eucarística, invocamos o Espírito sobre os dons do pão e do vinho, para que se tornem para nós corpo e sangue de Cristo e para que, comendo e bebendo desse pão e vinho, nos tornemos um só Corpo em Cristo. E assim, identificados com ele, feitos participantes de seu Mistério Pascal, somos levados a viver da maneira como afirma o apóstolo Paulo: "Já não sou

eu que vivo, mas é Cristo que vive em mim. Minha vida presente na carne eu a vivo pela fé no Filho de Deus, que me amou e se entregou a si mesmo por mim" (Gl 2,20). E, também, procuramos "trazer sempre no nosso corpo os sofrimentos da morte de Jesus, para que sua vida se revele em nossa carne mortal"[3]. Ao longo do ano litúrgico e em cada um dos sacramentos e sacramentais, nas celebrações da Palavra e no Ofício Divino (Liturgia das Horas), é realizada e aperfeiçoada essa participação no Mistério Pascal de Cristo, naqueles que participam da ação litúrgica com as disposições necessárias. Portanto, para os cristãos, *a vida espiritual está ancorada na participação na liturgia*. Os "exercícios espirituais" consistem na participação nas ações litúrgicas!

3. *Em que se fundamenta esta "dobradinha" ritualidade/espiritualidade ou ação ritual / ação do Espírito Santo?* Em primeiro lugar, *na natureza do ser humano*, criada por Deus como una e integral: "corpo e alma, coração e consciência, inteligência e vontade" (GS 3). O corpo é mais que ossos, músculos e nervos numa relação mecânica. Talvez seja melhor falar em "corporeidade". Somos uma realidade complexa com dimensões biológicas, psíquicas, mentais, espirituais, profundamente unidas entre si. Há muito tempo, vários ramos das ciências exatas (por exemplo, a física quântica) e humanas (por exemplo, a neuropsicologia, a neurolinguística...) aprofundam a unidade entre cérebro e mente, matéria e espírito, e vêm, assim, corroborar a sabedoria de tradições espirituais, para as quais espírito e matéria formam como que duas dimensões de uma única realidade. Assim o expressa Aldo Natale Terrin:

> Está acontecendo em nossos dias um encontro, estranho mas sintomático, entre as ciências físicas, que abandonaram a arrogância, e as ciências psicológicas e do espírito. Com o advento da ciência quântica

3. SC 12, cf. 2 Coríntios 4,10-11.

sobre a matéria, tudo volta a ser discutido. Todos concordam que é preciso falar de probabilidade, de ondas de probabilidades e *do espírito que parece aninhar-se dentro da matéria* (grifo meu), do qual não se consegue descobrir a natureza[4].

Leonardo Boff, falando sobre teologia cósmica, sintetiza:

> A matéria não é "material", mas um campo altamente sutil de inter-retro-relações [...]. O espírito é a capacidade de interatividade de tudo com tudo. Ele penetra o cosmos [...]; o universo é autoconsciente e perpassado de espírito. Bem dizia o mestre inesquecível Karl Rahner: o corpo é a expressão espaço-temporal do espírito que está no cosmos e em Deus[5].

Em segundo lugar, a relação inseparável ritualidade/espiritualidade se baseia ainda na afirmação de nossa fé, de que Deus, o Eterno, se fez homem em Jesus de Nazaré. Colocou-se ao alcance de nossas mãos, de nossos ouvidos, de nossos olhos..., para que pudéssemos – olhando, ouvindo e tocando – viver em comunhão com ele (cf. 1Jo 1,1-4). Depois de sua morte-ressurreição, o contato com ele se faz na comunidade (Igreja), principalmente nas ações litúrgicas (cf. SC 7). Ambrósio dizia: "Eu te encontro nos teus mistérios" e Leão Magno: "O que era visível em nosso Redentor passou para os mistérios", i. é, a Eucaristia, os outros sacramentos, os sacramentais e a liturgia de modo geral. Trata-se da estrutura sacramental de nossa fé[6].

---

4. Terrin, Aldo Natale, A doença? Síndrome de desarmonia do espírito; tratado sobre religiões antigas e novas, in: *Liturgia e terapia. A sacramentalidade a serviço do homem na sua totalidade*, São Paulo, Paulinas, 1998, 230.
5. Boff, Leonardo, Teologia sob o signo da transformação, 239, in: Susin, Luiz Carlos (org.), O *mar se abriu. Trinta anos de teologia na América Latina*, Porto Alegre/São Paulo, Soter, Loyola, 2000, 233-240.
6. Cf. Buyst, Ione, Alguém me tocou! Sacramentalidade da liturgia na *Sacrosanctum Concilium* (SC), Constituição conciliar sobre a Sagrada Liturgia. *Revista de Liturgia*

Por experiência, sabemos que, tocando o corpo, tocamos a pessoa com sua sensibilidade, sua capacidade de pensar, se relacionar, amar e odiar. Assim também, comendo e bebendo o pão e o vinho da ação de graças (Eucaristia), tocamos o mistério de Cristo e nos tornamos uma só coisa com ele e, por ele, com o Pai, na unidade do Espírito Santo.

4. *Porém, a participação corporal/espiritual não é algo que se realiza automaticamente.* Não basta estar presente ou "sofrer" a ação ritual para termos parte na vida do Espírito que nos é oferecida. Antes de tudo, é preciso uma atitude de fé, de ir em busca e abrir-se à ação de Cristo, o qual nos oferece participação em sua vida pascal, e a liturgia não somente supõe a fé, mas também a alimenta, fortalece e exprime (cf. SC 59). A fé vem da escuta da Palavra, seja nas etapas da evangelização e da catequese, seja na liturgia da Palavra para os já iniciados. Depois, "é necessário que os fiéis se acerquem da sagrada liturgia com disposições de reta intenção, adaptem a mente às palavras e cooperem com a graça divina para não recebê-la em vão [...], participem com conhecimento de causa, ativa e frutuosamente" (SC 11). Só assim, o amor de Cristo poderá purificar e animar nosso coração, nosso corpo e nossa mente, e fazer com que a atitude espiritual adquirida e aperfeiçoada nas ações litúrgicas se prolongue na vida cotidiana, na ética, no testemunho na sociedade. Ou seja, a memória da morte-ressurreição de Jesus, celebrada na liturgia, é "encarnada" em nosso ser a tal ponto que nos faz "sempre trazer em nosso corpo a morte de Jesus para que também a sua vida se manifeste em nossa carne mortal" (SC 11), pela atuação do Espírito do Senhor. Comparemos com a seguinte definição de T. Goffi: "Homem espiritual é aquele que percebe a força do Espírito como um componente de si mesmo [e não como algo exterior a si]; é quem vive o devir pascal em Cristo como

(mar.-abr. 2003). [Artigo reproduzido também aqui, na Parte III deste volume. (N. do E.)]

uma experiência interior própria; é quem vive o dom da caridade como amadurecimento íntimo"[7]. Tudo isso supõe participação na vida e missão eclesial, para que a Páscoa aconteça, para que se estabeleça o Reino de Deus no mundo.

5. *Para compreender melhor a atual dicotomia entre ritualidade e espiritualidade, recorramos à história*[8]. No início do cristianismo, e na época patrística, não havia separação entre vida espiritual (devoção) e liturgia. Por exemplo, no monaquismo, imitar Cristo e viver a celebração litúrgica são na realidade a mesma coisa. A partir dos séculos III-IV, começa o divórcio entre liturgia e devoção; dos séculos X-XI em diante, com a teologia escolástica, surge o divórcio também entre teologia e liturgia. Nascem várias "escolas" de espiritualidade sem ligação com a liturgia: São Francisco se concentra no presépio e na cruz; Inácio de Loyola aceita qualquer tipo de piedade de seu tempo e mostra repulsa à oração comunitária; com Teresa de Ávila, os termos teológicos e cristológicos da tradição adquirem sentido psicológico (cf. A. Stolz); Francisco de Sales supera o individualismo, porém, não chega à espiritualidade propriamente litúrgica. Mais tarde surgem no horizonte cultural o iluminismo, o racionalismo..., com sua desconfiança dos símbolos, ritos, devoções (mais acentuado nas Igrejas protestantes que na católica). No final do século XIX e início do século XX, surgem tentativas significativas de reunir liturgia e devoção (piedade, mística), liturgia e teologia: Prosper Guéranger (*L'année liturgique...*), Pio X (*Tra le Sollecitudini*: o verdadeiro espírito cristão deve brotar da participação ativa na liturgia), Lambert Beauduin (*La piété de*

7. Goffi, T., Homem espiritual, in: Fiores, S. de; Goffi, T. (orgs.), *Dicionário de espiritualidade*, São Paulo, Paulinas/Paulistas, 1989, 513.
8. Para todo este tópico, cf. Augé, M., *Liturgia. História, celebração, teologia, espiritualidade*, São Paulo, Ave Maria Editora, 1996, 343-346; Neunheuser, B., Espiritualidade litúrgica, in: Sartore, D.; Triacca, A. M. (orgs.), *Dicionário de liturgia*, São Paulo, Paulinas/Paulistas, 1992, 370-388.

l'Église e todo o Movimento Litúrgico), Pio XII (*Mediator Dei*: a liturgia é de natureza teológica, não é só exterioridade) e o Concílio Vaticano II (SC). Na América Latina, a prática das CEBs recupera a relação entre liturgia e vida, entre liturgia e piedade popular; os documentos de Medellín e Puebla confirmam e estimulam essa relação.

6. *Na prática, como unir espiritualidade e ritualidade?* Como crescer espiritualmente pela participação na liturgia? Como estabelecer a ponte entre liturgia, oração pessoal, devoção, trabalho, missão, compromisso com a transformação da sociedade? Como passar do *conhecimento racional* da inseparável relação entre espiritualidade e ritualidade para o *conhecimento experiencial* da mesma? Como vivenciar essa relação? O termo que cabe aqui é: experiência litúrgica[9]. Entendo a experiência litúrgica como sendo uma experiência espiritual (de comunhão com Deus em Cristo, no Espírito, de configuração com o Cristo em sua morte-ressurreição), mediante a participação (corporal/espiritual) na ação ritual, ou seja, mediante uma experiência ritual, que nos levará a uma participação cada vez mais comprometida na missão dos discípulos e discípulas de Cristo na sociedade atual. Podemos falar também de liturgia como iniciação e como mistagogia: "Assimilação experiencial do mistério por parte da pessoa, em pensamento, sentimento e praxe"[10]. O assunto é vasto[11]. Traço apenas

---

9. Cf. Buyst, Ione, Experiência litúrgica, in: Buyst, Ione, *Pesquisa em liturgia. Relato e análise de uma experiência*, São Paulo, Paulus, 1994, cap. 1; idem, Barro e brisa, convite à experiência religiosa ritual, in: Anjos, Márcio Fabri dos (org.), *Teologia em mosaico*, Aparecida, Santuário, 1999, 235-247.
10. Salvador, F. Ruiz, Mediações, in: Fiores, Stefano de; Goffi, Tullo (orgs.), *Dicionário de espiritualidade*, São Paulo, Paulinas/Paulistas, 1989, 304.
11. Leiam mais em: Buyst, Ione, *Cristo ressuscitou. Meditação litúrgica com um hino pascal*, São Paulo, Paulus, 1995 (Col. Liturgia e Teologia); Centro de Liturgia da Pontifícia Faculdade de Teologia N. Sra. da Assunção, *Espiritualidade litúrgica*, São Paulo, Paulus, (no prelo) (Col. Cadernos de Liturgia). [O livro foi publicado no mesmo ano do presente artigo, em 2003. (N. do E.)]

algumas pistas[12]. Antes de tudo, trata-se de procurar uma nova relação com nosso corpo e, a partir daí, uma nova maneira de viver a relação com a palavra (de Deus e da Igreja), com as ações simbólicas, as pessoas, o espaço, a música; quero destacar ainda a importância do ano litúrgico na espiritualidade.

7. *Nova relação com o corpo.* Não basta um conhecimento racional da antropologia apontada acima. É preciso desenvolver a *percepção, a consciência da unidade (inteireza) de nosso ser*, com suas várias dimensões: corporal, mental, afetiva e espiritual, sendo que a dimensão espiritual comanda as demais. Isso exige treino, ascese, pedagogia. No Centro de Liturgia criamos, há quase quinze anos, uma técnica pedagógica que denominamos Laboratório Litúrgico[13] para nos ajudar nesse trabalho de unificação. No cerne dessa técnica está a vivência da unidade entre gesto corporal, sentido teológico-litúrgico, afetividade e atitude espiritual. De fato, cada ação simbólica é uma palavra feita gesto e precisa ser vivida como tal. O gesto revela a pessoa e cria relação. Há gestos de Cristo que vem ao nosso encontro, e há gestos da comunidade, respondendo aos gestos de Cristo; ambos existem para expressar e alimentar as relações de aliança entre Deus e a comunidade de fé. É que, para nós, cristãos, a mística do corpo está no fato de ser ele templo do Espírito Santo. Por isso, aprendemos a realizar cada ação ritual com o máximo de atenção, de presença, de consciência do corpo em sua relação com a mente, o afeto, o espírito e o Espírito, com o mistério que habita cada ação ritual. O importante é *fazer*, aprender fazendo, buscando atingir a realidade espiritual do

---

12. Vejam exemplos práticos em: Buyst, Ione, *Liturgia, de coração. Espiritualidade da celebração*, edição atualizada, São Paulo, Paulus, 2003.
13. Vejam: Ormonde, Domingos, Laboratório Litúrgico, in: Centro de Liturgia da Faculdade de Teologia N. Sra. da Assunção, *Formação litúrgica. Como fazer?*, São Paulo, Paulus, 1994 (Caderno de Liturgia/3), 36-41; Baronto, Luiz Eduardo, *Laboratório Litúrgico. Pela inteireza do ser na vivência ritual*, São Paulo, Editora Salesiana, 2000.

gesto litúrgico. Trabalhamos sempre com "recortes", pequenas unidades de uma determinada celebração ou ação ritual. Procuramos ajuda de profissionais de outras áreas, como teatro, psicodrama, dança, terapia corporal.

8. *Essa relação espiritual com o corpo desdobra-se na maneira de nos relacionar com a Palavra de Deus na liturgia.* O recente reencontro com a *Lectio Divina* (leitura orante), seu incentivo por documentos eclesiais (por exemplo, DV 25) e sua recuperação em alguns ambientes (vida religiosa; leitura popular da Bíblia nas comunidades de base) nos ajudam a redescobrir o caráter espiritual da liturgia da Palavra. As leituras bíblicas são proclamadas e interpretadas, não para passar informações sobre Deus ou levar a um conhecimento racional, mas para possibilitar a experiência comunitária do encontro com a Palavra Viva de Deus, Jesus Cristo e, assim, dar sentido e direção à nossa vida pessoal e social. Não cabe o formalismo frio e vazio de leituras feitas "em carreira", de "homilias" inconsistentes e cansativas ou reduzidas a informações arqueológicas e exegéticas! Como os discípulos de Emaús, somos chamados a renovar nossa fé e nossa vida no encontro com o Ressuscitado e dizer com eles: "Não ardia o nosso coração quando ele nos falava pelo caminho, quando nos explicava as escrituras?" (Lc 24,32).

9. *À palavra ouvida, devemos responder com nossas orações e nossos cânticos*. É a eucologia, a palavra da Igreja no diálogo da aliança. Mas devemos responder à altura: deixar "ecoar" a própria Palavra de Deus. Não temos o direito de desviar do assunto, despejando sentimentos religiosos a gosto de alguns animadores, compositores e cantores desrespeitosos ou desconhecedores da tradição de nossa fé[14]. Aqui,

14. Vejam o artigo de José Fernandes de Oliveira (Pe. Zezinho) na Revista *Família cristã*, janeiro 2003, com o título "Invadiram a missa".

de novo, podemos aprender com o método da *Lectio Divina*: é a Palavra de Deus meditada, saboreado, que faz nascer em nós, pela ação do Espírito Santo, a oração e a contemplação, o louvor e a ação de graças, a súplica e a intercessão, de acordo com o coração de Deus[15]. Há espaço para orações que nascem espontaneamente, há orações e cantos que já vêm codificados por gerações anteriores. Qualquer que seja a origem, o importante é que sejam vividos espiritualmente, acompanhando com nossa mente e nosso coração aquilo que nossa boca proclama. Até mesmo no silêncio deveremos estar atentos aos gemidos inefáveis do Espírito (cf. Rm 8,26).

10. O *espaço litúrgico expressa o mistério* "materializado" em pedra, madeira, formas, cores. Devemos aprender a nos relacionar, portanto, com esse espaço, reconhecendo o mistério que ele representa simbolicamente. Passar pela soleira da porta é buscar a face do Deus vivo, que se manifesta na comunidade reunida, na Palavra, no pão e no vinho. Inclinar-se diante do altar e beijá-lo é expressar as relações de aliança entre a comunidade (esposa) e o Cristo (esposo). Subir até a estante e proclamar uma leitura significa deixar-se "engravidar" pelo Espírito, para poder "dar à luz" a Palavra de Deus...

11. *Participar da assembleia litúrgica com seus ministérios* requer que nos exercitemos na vivência do novo mandamento de Jesus: "Amai-vos uns aos outros, como eu vos amei. Não chameis ninguém de pai, mestre e senhor. Estou entre vós como aquele que serve". Devemos atuar como membros de um só corpo comunitário, em sinergia com o Espírito do Ressuscitado: cantar, dialogar, orar juntos/as;

---

15. Sobre a meditação litúrgica com textos litúrgicos, vejam: Buyst, Ione, *Cristo ressuscitou. Meditação litúrgica com um hino pascal*, São Paulo, Paulus, 1995 (Col. Liturgia e Teologia); sobre a espiritualidade da música ritual litúrgica, vejam: Buyst, Ione, *Pesquisa em Liturgia. Relato e análise de uma experiência*, São Paulo, Paulus, 1994, 34-37.

reconhecer e adorar o Cristo uns nos outros. Quem exerce a presidência ou qualquer outro ministério deve, em sua atitude e maneira de agir, passar uma imagem de Cristo Servidor. Levar tudo isso a sério requer muita atenção e ascese!

12. *Por fim, cabe uma palavra sobre a importância do ano litúrgico* na espiritualidade. Os tempos e as festas que voltam a cada ano, com as mesmas leituras, os mesmos cantos, nos permitem avançar no processo pascal de nossa identificação com Cristo, até atingirmos "o pleno conhecimento do Filho de Deus, o estado de ser humano perfeito, a 'estatura' da plenitude de Cristo" (Ef 4,13). Cada celebração se inscreve nesse processo e existe em função disso: trata-se da recriação de nosso eu segundo o Espírito de Deus[16].

13. *Sintetizando, podemos ficar com as seguintes definições de "espiritualidade litúrgica"*: é a vida cristã que se nutre, amadurece, se aperfeiçoa e chega à maturidade (santidade) por meio da participação na liturgia[17]. É uma "atitude permanente ou um estilo de vida cristão baseado na assimilação ou identificação com Cristo, produzidos pelo batismo e pela confirmação e a seguir nutridos pela plena participação na Eucaristia, nos sacramentos em geral e na oração da Igreja [Ofício Divino, Liturgia das Horas]; tudo isso no âmbito fundamental do ano litúrgico e seguindo o ritmo cíclico que lhe é próprio"[18]. Portanto, a espiritualidade não fica restrita ao momento celebrativo (perigo de "liturgismo"), mas tem na participação na ação litúrgica

---

16. Cf. GOFFI, T., Homem espiritual, in: FIORES, S. DE; GOFFI, T. (orgs.), *Dicionário de espiritualidade*, São Paulo, Paulinas/Paulistas, 1989.
17. Cf. CERVERA, JESUS C., *Liturgia y vida espiritual. Curso de espiritualidad liturgica fundamental*, Madrid, Instituto de Espiritualidad a Distancia, Adscrito al Teresianum de Roma, 1984.
18. AUGÉ, M. *Liturgia. História, celebração, teologia, espiritualidade*, São Paulo, Ave-Maria, 1996, 339.

sua indispensável fonte, a partir da qual é irrigada toda a nossa vida cristã, pessoal e comunitária.

14. *Para celebrarmos com dignidade o 40º aniversário da SC, termino com uma sugestão desafiadora*: que assumamos, individualmente e como Igreja, o compromisso de pautar nossa vida espiritual na participação na liturgia; que os chamados "exercícios espirituais" (retiro, direção espiritual, revisão de vida...) se façam sempre tendo como referência principal essa mesma participação corporal/espiritual na liturgia.

O que liturgia tem que ver com ecologia?[1]

1. Ecologia numa Semana de Liturgia

Na *Revista de Liturgia*, n. 209, de setembro-outubro de 2008, saiu um artigo meu com o título *Ecologia e liturgia*. De alguma forma aquele artigo motivou a proposta feita pelos participantes da 22ª Semana de Liturgia em outubro de 2008 para a Semana no ano seguinte: muitos sugeriram o tema "ecologia". A equipe do Centro de Liturgia aceitou a proposta, colocou como tema da 23ª Semana "Liturgia e ecologia" e convidou três assessores para tratar do assunto: Roberto Malvezzi – a partir de sua experiência com as Romarias da Terra e das Águas e a questão do Rio São Francisco –, Frei Luiz Carlos Susin[2] – renomado teólogo, para nos situar na "ecoteologia", ou seja, como a teologia (principalmente o tratado "Deus Criador") leva em conta a ecologia – e eu, para aprofundar a relação entre liturgia e ecologia, tanto do ponto de vista teológico-litúrgico, quanto do prático-celebrativo. Meu tema ficou assim definido: "Elementos para uma ecoteologia e espiritualidade litúrgica" (Apontamentos em busca de -). Baseado no texto apresentado na Semana de Liturgia, serão publicados, nesta revista, vários artigos ao longo de 2010. Pode ser uma forma de nos preparar melhor para a CF 2011, que terá como tema "Fraternidade e a vida no planeta" e o lema "A criação geme em dores de parto".

---

1. Originalmente publicado em: *Revista de Liturgia*, n. 217 [jan.-fev. 2010], 4-6. (N. do E.)
2. Cf. SUSIN, LUIZ CARLOS, *A Criação de Deus*, Valencia (Espanha)/São Paulo, Siquém/Paulinas, 2003 (Col. Livros Básicos de teologia, 5, + DVD com o mesmo título).

2. A dupla face da ecologia

Mas, afinal, o que justificava a escolha do tema "ecologia" para uma Semana de Liturgia? O folder que convidava para a Semana já havia aludido a essa relação:

> Dois fatos provocam nossa maneira de celebrar e nossa reflexão teológico-litúrgica: a crise ecológica e a nova visão científica do cosmos. A crise ecológica está na pauta do dia – nos noticiários, em congressos e fóruns, em agendas sociais, políticas e científicas. A nova cosmologia aponta para a inter-relação e interdependência de todas as coisas. Nós, os humanos, somos parte de um todo, parte indissociável do cosmos. Como podemos celebrar em nossas liturgias o mistério da salvação, o mistério da Páscoa e da comunhão com Deus sem levar em conta essa dupla realidade? Como, a partir da pedagogia litúrgica, poderíamos contribuir para uma sensibilidade, consciência e compromisso ecológicos? Certamente, não basta cuidar um pouco mais dos elementos cósmicos e culturais que permeiam a liturgia, como água, vento e sopro, fogo e luz, óleo, pão e vinho. É preciso repensar os dados de nossa fé no Deus Criador/Salvador/Vivificador. É preciso reelaborar a teologia litúrgica incluindo a dimensão cósmica, ecológica. É preciso sintonizar a espiritualidade litúrgica com a "ecologia profunda", interior, espiritual.

Durante a Semana, várias vezes nos foi mostrada a imagem da terra no espaço, no universo. Lembramos que somos a primeira geração a ver a terra de fora dela, do espaço. Por meio de fotografias tiradas pelo telescópio Hubble, tomamos consciência da insignificância de nossa "casa comum" (*oikos*), como que perdida na imensidão do universo, e ao mesmo tempo nos demos conta da beleza e da incrível complexidade da criação, da maravilha que é nossa história cósmica e a vida na terra, em todos os seus detalhes, que vem sendo descoberta dia a dia em novas pesquisas científicas. Mas lembramos também a terrível e ameaçadora crise ecológica na qual nos encontramos, devido à destruição, devastação, exploração desmedida realizada pelo ser humano, principalmente de "cultura" ocidental, gerando aquecimento global, furacões, tsunamis, inundações, tornados...

Diante desta realidade, somos levados a duas atitudes complementares: de um lado, a admirar, contemplar, cuidar, usufruir, sentir-nos parte desta realidade maravilhosa da criação...; de outro lado, a tomar consciência, fazer a conversão, mudar nosso estilo de vida, assumir nossa responsabilidade diante da tragédia que cresce a cada dia. Passagens evangélicas sobre o "fim do mundo" que antes ouvíamos com um ouvido talvez distraído, de repente chamam nossa atenção pela sua atualidade: "Nos dias antes do dilúvio, todos comiam e bebiam, casavam-se e se davam em casamento, até o dia em que Noé entrou na arca. E eles nada perceberam até que veio o dilúvio e arrastou a todos" (Mt 24,38-39) – "As nações ficarão angustiadas, com pavor do barulho do mar e das ondas. Os homens vão desmaiar de medo só em pensar no que vai acontecer ao mundo, porque as forças do céu serão abaladas" (Lc 21,25-26). Nas Sagradas Escrituras, no entanto, esses alertas terminam em uma boa notícia: o mundo caduco dará lugar a algo novo, "novo céu e nova terra", diz o Apocalipse. Por isso, nos convidam à vigilância e à conversão, porém, sem desespero.

3. Ecoteologia

As tradições religiosas e espirituais influenciam – para não dizer "criam" e sustentam – a imagem que temos de nós mesmos/as, a imagem de Deus, do mundo e de nosso lugar no cosmos. Até que ponto essas imagens combinam com a nova visão científica? Até que ponto nos ajudam ou atrapalham em assumir nossa responsabilidade na realidade atual? O paradigma ecológico exige um repensar de toda a nossa teologia: teologia da criação, da redenção, da escatologia, da atuação do Espírito, da noção de "ser humano", da corporeidade, da salvação, da atuação do ser humano em relação ao cosmos, em relação à história da humanidade, do papel das tradições religiosas, da Igreja, da liturgia. Nós, cristãos, e as outras tradições espirituais podemos colaborar com o movimento ecológico, na medida em que reconhecemos a sacralidade da criação. Ela traz as marcas das mãos de Deus, de um Deus amoroso, que cria por um bem-querer, gratuitamente, nos dizia Frei Susin, lembrando a teologia de Duns Scotus[3]. Esse bem-querer, esse amor sem limites, manifestou-se plenamente em Jesus. A mensagem cristã da ressurreição, da profecia do "novo céu e nova terra", do Reino de Deus é a base de nossa esperança, confiança e luta.

4. O poder do rito

Gostei que Frei Susin falou do "poder do ritual", pois na teologia em geral ignora-se a liturgia. Baseado no antropólogo Victor Turner, falou do poder invocacional, poder de cura e de cuidado, o poder de antecipação e o poder pedagógico do ritual. A liturgia é a fé cristã expressa em ação ritual, em corpo e espírito, em "barro e brisa" e, na força do Espírito, é capaz de nos transformar. Descobrimos nesta Semana "o potencial ecológico da liturgia", no sentido de que "tudo está aí", como exclamou alguém no plenário. E vimos como podemos e devemos fazer uma releitura ecoteológico-litúrgica dos textos e ritos da tradição litúrgica e viver todas as ações litúrgicas a partir de uma atitude ecológica profunda, sentindo-nos parte integrante do cosmos, com tudo o que existe.

3. John *Duns Scotus* (1265-1308), filósofo escocês.

Retomando o termo significativo usado por Dom Adair[4] em sua homilia na celebração eucarística, diria: temos de descobrir e *garimpar* essa dimensão ecológica dos ritos litúrgicos. E penso que devemos fazê-lo em duas áreas. Primeiro, na experiência ritual de cada um/a de nós nas celebrações litúrgicas. Vamos prestar atenção e experienciar a liturgia na sua potencialidade ecológica; vamos participar espiritualmente na liturgia e deixar-nos converter pelo Espírito (cf. Rm 9,1-5): uma conversão ecológica de nós mesmos pela participação atenta na liturgia. Segundo, os liturgistas procurem garimpar essa dimensão ecológica também no âmbito de Ciência Litúrgica e divulgá-la, publicando suas descobertas e influenciando na formação litúrgica em todos os níveis, nesta perspectiva ecológica.

Por fim, quero retomar também a expressão usada por Pe. Gregório: devemos deixar aflorar em nós o "potencial litúrgico do cosmos". Não disse Santo Agostinho que o ser humano é a "boca do universo"? O cosmos se expressa em nós. Os pássaros, a água, as estrelas, todos os elementos da natureza nos convidam a dar voz humana a seu canto, a seu louvor (cf. Sl 150). Mas é preciso prestar atenção e expressar também os seus gemidos, como nos alerta São Paulo em sua carta aos Romanos, capítulo 8.

Somente com a liturgia não evitaremos o desastre ecológico. No entanto, um provérbio africano citado por Dom Moacyr Grecchi, arcebispo de Porto Velho (RO), no 12° Intereclesial de CEBs em julho passado, pode nos inspirar: "Gente simples, fazendo coisas pequenas, em lugares não importantes, conquistando mudanças extraordinárias". Embarquemos nessa esperança, tecendo nos próximos artigos considerações gerais para a liturgia em perspectiva ecológica, para os momentos de celebração, formação e organização.

---

4. Dom Adair Guimarães, bispo de Rubiataba-Mozarlândia (GO), participante da semana, presidiu a celebração eucarística de encerramento.

5. Eucaristia, ecologia e economia

A apresentação das oferendas na liturgia eucarística vem acompanhada de uma bênção significativa: "Bendito sejais, Senhor, Deus do universo, pelo pão (pelo vinho) que recebemos de vossa bondade, fruto da terra (fruto da videira) e do trabalho humano, que agora vos apresentamos e para nós se vai tornar pão da vida (vinho da salvação)". Bendizemos ao Deus do universo pelo dom do pão e do vinho, os quais simbolizam as forças do cosmos e todas as iniciativas e esforços dos seres humanos, possibilitando nossa sobrevivência.

E qual é o *destino* destes alimentos na liturgia eucarística? São assumidos "naquele sacramento da fé, no qual os elementos da natureza, cultivados pelo ser humano, se convertem no Corpo e Sangue de Cristo glorioso, na ceia da comunhão fraterna"[5]. Ceia de comunhão fraterna! Ou seja, o pão e o vinho eucarísticos, sinais memoriais do Corpo e Sangue de Cristo, de sua doação total que o levou à morte de cruz e à glorificação no amor, são partidos e repartidos entre nós, para que nos tornemos em Cristo e no Espírito um só Corpo. E os Atos dos Apóstolos nos apresentam a primeira consequência disso: "Os cristãos tinham tudo em comum, dividiam seus bens com alegria" – "E todos repartiam o pão, e não havia necessitados entre eles"[6]. O corpo eclesial, nascido e alimentado no memorial eucarístico, preocupa-se com o corpo social: que haja igualdade e que ninguém passe necessidade. Mas é preciso preocupar-se também com a vida do planeta, sem a qual não haverá nem pão, nem vinho, nem vida humana. E é assim que eco-nomia e eco-logia se encontram na Eucaristia. O crescimento econômico não pode colocar em perigo a sobrevivência da Mãe Terra nem continuar gerando "ricos cada vez mais ricos e pobres cada vez mais miseráveis". "Ninguém pode servir a Deus e ao dinheiro!" (CF 2010).

---

5. Cf. *Gaudium et Spes* 38, A atividade humana elevada à perfeição do Mistério Pascal, parágrafo final, Compêndio n. 317.
6. Cantos da Campanha da Fraternidade de 1974; cf. Atos 2,42-47; 4,32-34.

Páscoa de Cristo, Páscoa do universo: o Mistério Pascal, um mistério cósmico[1]

O Concílio Vaticano II definiu a liturgia como sendo celebração do Mistério Pascal, memorial (anamnese) da vida, morte/ressurreição do Senhor e de sua "volta" no final dos tempos. Que relação poderá haver entre a Páscoa de Cristo e a ecologia?

Na Encíclica *Dies Domini* (DD), sobre o domingo, dia do Senhor, o Papa João Paulo II insiste na relação intrínseca entre o mistério da redenção e o mistério da *criação*. No domingo, "Páscoa da semana", celebramos ao mesmo tempo "a vitória de Cristo sobre o pecado e a morte, o cumprimento nele da primeira criação e o início da nova criação" (DD 1). Relaciona, portanto, criação, redenção e escatologia num único movimento. Nossa fé coloca a ressurreição de Jesus não somente inserida na história da humanidade, mas "no centro do mistério do tempo", revelando seu sentido profundo (DD 2). O primeiro capítulo da encíclica trabalha essa relação entre a primeira e a nova criação, apontando o domingo, dia do Senhor, como "celebração da obra do Criador", levada avante pela "missão cósmica" de Cristo, "origem e fim do universo" (DD 8). E nós somos chamados/as a levar avante esta missão cósmica: admirando e usufruindo a obra maravilhosa da criação (que vamos conhecendo melhor por meio do "extraordinário progresso da ciência, da técnica e da cultura"); continuando o trabalho da criação, da construção do mundo, cultivando e desenvolvendo suas potencialidades, como "colaboradores" de Deus (DD

1. Originalmente publicado em: *Revista de Liturgia*, n. 218 [mar.-abr. 2010], 4-7. (N. do E.)

9-10). Mas o domingo antecipa principalmente o alvo de nossa caminhada: é o "oitavo dia", que "orienta o cristão para a meta da vida eterna" (DD 26), para o "domingo sem fim" na Jerusalém celeste (DD 37). A relação entre ordem da criação, salvação e escatologia já se encontra no mandamento do *shabbat*, que indica a espiritualidade com a qual devemos viver o domingo: é dia de repouso para contemplar a realidade criada e viver em profundidade nossa relação com o Senhor, mas é também memória agradecida da libertação da escravidão no Egito (DD 11-17) e espera da redenção definitiva.

Criação, redenção e escatologia fazem parte, portanto, de um único movimento, que – para nós, cristãos – tem seu ponto alto na morte-ressurreição de Cristo. Todas as forças de morte que impedem o pleno desabrochar da criação foram vencidas pelas forças de vida e de amor que culminam na pessoa de Jesus de Nazaré. O Mistério Pascal inclui o cosmos; podemos falar da "Páscoa do universo": é o mistério que acontece dinamicamente na história evolutiva do cosmos (e da humanidade), rumo à sua plena realização ("pleroma", "Reino de Deus").

Lembremos alguns ritos litúrgicos, fazendo uma releitura a partir desse enfoque da relação intrínseca entre criação, redenção e escatologia:

a) Parece-me urgente redescobrirmos o sentido do *Domingo, dia do Senhor*, Páscoa semanal, a partir do *shabbat* judaico[2]: descanso semanal, não vivido como proibição de trabalhar, mas como privilégio de poder parar de trabalhar, de gozar da liberdade de não mais ser escravo/a do trabalho, da produção, do consumismo, do divertimento como distração daquilo que somos em profundidade.

2. *Shabbat* (substantivo feminino em hebraico) é considerado a esposa do povo de Israel; daí a dimensão nupcial da celebração de *shabbat*. Cf. o famoso cântico *Lechá dodi*... ("Vem, amado...").

Dia para tomar tempo e distância para admirar a obra realizada, admirar a beleza da criação de Deus e nossa ("E Deus viu que era muito bom!"). Dia do Senhor, dia *para* o Senhor, Deus da criação, no louvor, na escuta de sua Palavra, na convivência, na espera da vinda do Messias e da plena realização do Reino. Dia para o Senhor, como um tempo para aquietar-nos, respirar, inspirar-nos: abrir-nos ao Espírito Criador e Vivificador que nos é dado e que nos torna criativos/as: "Enviai vosso Espírito, Senhor, e tudo será criado, e renovareis a face da terra!"[3]. A partir do Domingo, abre-se, então, uma nova semana vivida na obediência à Palavra do Senhor e ao Espírito, na colaboração à vinda do Reino. Dia para vivermos a dimensão esponsal de nossa fé.

b) Na celebração eucarística, a *aclamação memorial* ganha contornos cósmicos: *Anunciamos, Senhor, a vossa morte*...: também a morte do planeta pela ação destrutiva do ser humano. *Proclamamos a vossa ressurreição*...: também os esforços de recuperação e restauro dos prejuízos causados e as descobertas científicas que beneficiam a vida no planeta. *Vinde, Senhor Jesus*: é a escatologia, incluindo "o novo céu e a nova terra" anunciados no Apocalipse 21, quando "Deus será tudo em todos" (1Cor 15,28).

c) O *pão e o vinho na celebração eucarística* representam, conforme *Gaudium et Spes* 38, "a atividade humana elevada à perfeição do Mistério Pascal"[4].

d) A retomada da "bênção da mesa" antes das refeições não seria uma oportunidade de valorizar os alimentos como dom de Deus, "fruto da terra e do trabalho humano"? Talvez isso nos ajude a cuidar melhor da escolha de alimentos saudáveis, não transgênicos, sem agrotóxicos e outros elementos prejudiciais à saúde...

---

3. Cf. DD 28, o domingo como dia do dom do Espírito, dia do "fogo", Pentecostes semanal.

4. Vejam artigo anterior em RL 217, a respeito da bênção sobre o pão e o vinho na preparação das oferendas da liturgia eucarística.

e) Pela celebração da *Liturgia das Horas* (Ofício Divino), inscrevemos o louvor e a prece em memória ao Cristo morto e ressuscitado no dinamismo cósmico da alternância do dia e da noite, com o simbolismo do sol nascente e poente. Vejam os hinos de manhã e de tarde, p. ex. "Luz radiante", "Clarão da glória do Pai", "Ó Cristo, luz que vem do alto", "Cai a tarde, o sol se esconde".

f) Muitos *salmos* do Ofício Divino nos abrem ao louvor cósmico, por exemplo: Salmos 8; 19[18],1-7; 29[28]; 33[32]; 67[66]; 93[92]; 95[94]; 98[97]; 104[103]; 148; 150.

g) Três hinos cristológicos, *cânticos bíblicos da Liturgia das Horas*, exaltam Jesus, o Cristo, como Senhor do universo, "primogênito de toda criatura", "recapitulador da criação": Filipenses 2,6-11, Colossenses 1,12-20 e Efésios 1,3-10[5] (versão do *Ofício Divino das Comunidades*, 255-256, 257-258 e 253-254).

h) A *liturgia do Advento*, principalmente em sua primeira fase, até 17 de dezembro, mantém vivo nosso desejo de plenitude, de plena realização do Reino de Deus entre nós, quando a justiça de Deus será estabelecida sobre a terra e seremos inundados de alegria no encontro sem fim na casa de Deus, na festa do casamento da noiva e do Cordeiro. (Vejam vários textos bíblico-litúrgicos, como, por exemplo, Isaías 11,1-10, primeira leitura no segundo domingo do Advento do ano A do lecionário com o salmo responsorial 71[72], *Nos seus dias a justiça florescerá…*)[6].

i) Na *liturgia do Natal*, como fazer a releitura do "mistério do Natal", memória da encarnação? De que modo Jesus, o Senhor, entrou no mundo, integrou-se no cosmos, "encarnou-se" e "assumiu" a natureza humana? Seria possível que ele viesse inserido artificialmente, como que de cima para baixo, de fora para dentro? Ou

5. Comentário em: Susin, Luiz Carlos, *A criação de Deus*, Valencia (Espanha)/ São Paulo, Siquém/Paulinas, 2003, 156-159.
6. Ibidem, 34-36.

devemos pensar antes numa inserção na "cosmogênese" desde o princípio, na lenta maturação do cosmos e da humanidade, como aconteceu com cada um/a de nós? Afinal, "Hoje sabemos que todos os seres provêm dos elementos físico-químicos que se forjaram no coração das grandes estrelas vermelhas que depois explodiram. Todos estávamos um dia juntos naquele coração incandescente. Guardamos uma memória cósmica dessa nossa ancestralidade. Depois, sabemos também que possuímos o mesmo código genético de base presente em todos os demais seres vivos. Viemos de uma bactéria primordial surgida há 3,8 bilhões de anos. Formamos a única e sagrada comunidade de vida"[7]. Recentemente, num noticiário televisivo, ouvi uma cientista dizer que, ao observar uma célula-tronco no laboratório, ela se emocionou, pensando: "Eu comecei assim!". Não é maravilhoso lembrar que cada célula traz em si uma "pré-história" cósmica? E que Jesus, assim como nós, pode ser considerado fruto de milhares de anos de trabalho cósmico? Alguns textos bíblico-litúrgicos no tempo do Natal nos ajudam a assumir essa imagem. Vejamos:

- Na vigília do Natal, ouvimos a genealogia de Jesus segundo Mateus 1,1-17, iniciando com Abraão e seguindo toda a descendência de Davi. Embora não conste do lecionário natalino oficial, é bom lembrar que a genealogia de Jesus em Lucas 3,22-38 inverte a lista na ordem do tempo, iniciando com "filho de José", e indo em "marcha a ré" até o começo da criação, até o "pai" [e a mãe!] da humanidade: filho de Adão [filho de Eva], filho de Deus.
- A liturgia do Natal nos faz reconhecer na criança indefesa no presépio na gruta de Belém o Verbo que era desde o princípio e

7. Boff, Leonardo, *Zenbudismo na vida e no trabalho*, disponível em: <https://tribunadonorte.com.br/colunas/artigos/zen-budismo-na-vida-e-no-trabalho/>, acesso em: 23 jul. 2025.

pelo qual foram feitas todas as coisas: "No princípio era o Verbo. Tudo foi feito por ele, e sem ela nada se fez de tudo que foi feito. Nele estava a vida, e a vida era a luz dos homens" (Jo 1,1-18).

j) *A unção dos enfermos* e a liturgia por *ocasião do falecimento* (velório, exéquias): de um lado, a aceitação tranquila de que somos frágeis, finitos – cf. Quarta-Feira de Cinzas: "Lembra-te de que és pó e ao pó hás de voltar"; de outro lado, a convicção de fé de que a vida não termina com a morte: "Ó Pai, para os que creem em vós, a vida não é tirada, mas transformada, e, desfeita a nossa habitação terrena, nos é dada, nos céus, uma eterna mansão" (Missal Romano, Prefácio dos mortos, 1).

k) *Vigília Pascal, noite de luz*. Dizem os cientistas que o cosmos começou com uma explosão de luz. E a primeira Palavra de Deus no relato de Gênesis proclamada na Vigília Pascal é: "Faça-se a luz!". No escuro da noite que envolve os povos do mundo inteiro, que envolve muitas vezes nossa própria mente e coração – acendemos o fogo novo, o Círio Pascal e nossas pequeninas velas, e ouvimos esta palavra que é como que uma nova explosão de luz, apontando uma nova criação: "Cristo, ontem e hoje, Princípio e Fim, Alfa e Ômega. A ele o tempo e a eternidade, a glória e o poder, pelos séculos sem fim". Palavras fortes que sintetizam o ensinamento de Paulo e do Apocalipse a respeito do poder universal de Jesus Cristo, sua atuação sobre o cosmos inteiro, renovando, recriando (cf. Ap 1,8; Ap 21,5; Cl 1,15-20; Ef 1,3-10).

Mas, afinal, de onde lhe vem este poder e esta força?! Encontramos a resposta no gesto que acompanha as palavras rituais: "O celebrante faz uma cruz na cera para configurar o círio pascal a Jesus Cristo". Não há círio pascal sem cruz. O mistério da vida passa pela entrega total no amor sem reservas. "Ele morreu por todos, para que os vivos não vivam mais para si mesmos, mas para aquele que morreu e ressuscitou por eles." Agindo dessa forma, viveremos como gente renovada, novas criaturas (cf. 2Cor 5,15.17). É por isso que, cantando, desejamos: "A luz de Cristo que ressuscita resplandecente dissipe as trevas do coração e de nossa mente".

A soluçao de todos os graves problemas da atualidade – desde os relacionamentos interpessoais até as decisões político-econômicas necessárias para superar a fome (que mata 24 mil pessoas a cada dia!), e para reverter o aquecimento global e a crise ecológica – dependem disto: de que todos/todas renunciemos ao egoísmo e aprendamos a não mais viver em função de nós mesmos/as, mas no seguimento daquele que viveu por amor.

Celebrando a aliança cósmica[1]

Para nós, cristãos, o cosmos é habitado; abriga uma presença com a qual mantemos um diálogo: *Senhor, Deus do universo. Criador do céu e da terra.* No meio de uma civilização que tende a excluir a crença e as referências a um Ser "sobrenatural", nós, cristãos, assim como muitas outras tradições espirituais – entre as quais as indígenas e as afrodescendentes –, insistimos em nomear o mistério da vida. Jesus nos revelou o Pai e nos deu seu Espírito. Por ele, somos envolvidos na nova e eterna aliança, que inclui toda a realidade cósmica, passada, presente e futura. É aliança com um Deus-comunidade, um Deus-Amor, visando a um projeto de amor, de comunidade cósmica.

Toda a liturgia é expressão – e está a serviço – dessa aliança. Está construída como um diálogo em quatro momentos: convocação da assembleia e proposta de constante renovação da aliança por parte de Deus, resposta da parte da comunidade de fé, realização ritual da aliança e envio em missão. O mesmo Espírito que pairava sobre as águas primordiais e que ungiu Jesus para sua missão messiânica nos é dado em cada celebração litúrgica para que levemos adiante a criação de Deus, como salvação, como realização plena. Isso implica uma constante escolha: entre a vida e a morte, entre a bênção e a maldição. Imperfeitos e dotados de liberdade, podemos aderir à proposta ou rejeitá-la, levando à aniquilação não somente da vida humana, mas inclusive da vida do nosso planeta Terra, nosso hábitat. Mas é possível retomar o caminho, fazer a conversão.

1. Originalmente publicado em: *Revista de Liturgia*, n. 219 [mai.-jun. 2010], 4-7. (N. do E.)

Destaquemos alguns ritos e expressões litúrgicas em releitura ecoteológica:

1. *Assembleia litúrgica* – "Bendito seja Deus que nos reuniu no amor de Cristo" expressa o processo de atração, amorização, inscrito nas forças cósmicas e que vem sendo assumido e conduzido conscientemente desde o "multipliquem-se" (Gn 1) até os 144 mil assinalados ao redor do trono e do Cordeiro (Ap 7) – Viemos da terra, formados pela lenta maturação das forças do universo. Somos barro e brisa, matéria e espírito. Em nós está presente o universo inteiro, a história inteira do cosmos e da humanidade em consciência reflexiva (cf. Teilhard de Chardin). Somos indivíduos e somos comunidade[2]. Nosso modelo e nossa fonte: a Santa Trindade, Pai e Filho e Espírito Santo, "a melhor comunidade". Em cada reunião litúrgica, dela recebemos o influxo para a vida em comunidade, em "sinergia" (colaboração, ação conjunta), na "pericorese"[3]. Cada assembleia termina com o envio na "diáspora" (dispersão), em vista da missão: reunir o Povo de Deus disperso, ajudar na "amorização", "para que todos sejam um" (Jo 17), "até que Deus seja tudo em todos" (1Cor 15,28). A liturgia, como

2. "A vida supõe a teia de interdependência em todo o universo e revela, objetivamente, a religação dos seres vivos com os inertes, da biosfera com a hidrosfera, a atmosfera e a geosfera. Da biosfera surgiu a noosfera, a esfera especificamente humana, caracterizada pela consciência reflexa, pelo espírito responsável e pela co-pilotagem do processo evolucionário. Daí resulta um novo sentido do que significa o ser humano e sua função no universo. Tudo é sinérgico. Tudo é ecológico, expressão desta completa sinergia e pericorese. Finalmente, o ser humano está descobrindo seu caminho de volta rumo à grande comunidade dos viventes sob o arco-íris da fraternidade/sororidade cósmica" (Boff, Leonardo, *Dignitas terrae*, 1995, 122).

3. Cf. Susin, Luiz Carlos, Isto é meu corpo doado por vós, in: Soter (org.), *Corporeidade e teologia*, São Paulo, Paulinas, 2005, 249: "Assim, dizemos, por meio da pericorese, que cada pessoa recebe seu ser desde outra pessoa, junto a outra pessoa, diante e ao redor de outra pessoa, para outra pessoa" (cf. brincadeira de roda das crianças, em João de Damasco). "Trata-se de uma metáfora de crianças para a Trindade e para um dos conceitos mais ricos de pessoa enquanto relação e centro de relações [...]. A pericorese é a melhor figura da pessoa em sociedade".

expressão do mistério da salvação, traz em seu bojo a proposta para uma nova sociedade, baseada na dignidade de cada ser humano e na vocação da humanidade para a comunhão e a participação (*koinonia*). Até que ponto temos conseguido expressar isso, ou melhor, operacionalizar isso, na maneira de formar, organizar, presidir a assembleia litúrgica? Saímos das celebrações litúrgicas com a certeza de uma experiência vivida: uma nova sociedade é possível? Sentimo-nos parte da grande comunidade cósmica, responsáveis por seu destino?

2. *Liturgia da Palavra* – Ao longo do ano litúrgico, lemos e interpretamos os textos sagrados da Bíblia, vendo-nos como participantes da evolução cósmica e da grande caravana humana ao longo da história. Recordamos quem somos, de onde viemos e para onde vamos. No princípio, a criação do céu, da terra e de tudo o que existe no universo; no fim, a morada de Deus com o seu povo, em eterna aliança, em festa de casamento do Cordeiro e sua Noiva, em "novo céu e nova terra". No meio, ao longo dos séculos, a caminhada, passo a passo, lenta, às vezes tateante, difícil e dolorosa. A cada dia, recordamos o convite e as cláusulas da aliança e lembramos e confirmamos o compromisso assumido. Salmos, cânticos bíblicos e outros cantos facilitam a escuta e a resposta no diálogo amoroso entre os parceiros da aliança.
3. Como seres humanos, dotados de linguagem, *somos a voz do universo.* Como povo sacerdotal enraizado no cosmos, somos chamados/as a expressar em linguagem humana a admiração, o louvor, a gratidão e o gemido de todas as forças cósmicas, de todos os seres vivos, por meio de salmos e cânticos, prefácios e hinos, ação de graças e súplica. Somos "a boca do universo" (cf. S. Agostinho). Não seria o caso de buscar inspiração nas *berakoth* ("bênçãos") com os quais o povo judeu bendiz o Senhor ao longo do dia, pelas maravilhas que ele nos proporciona? "Bendito sejas, Senhor, pelo sol nascente, pela chuva, pelas verduras no quintal, pela solidariedade, pelo trabalho realizado".

4. Nós vos louvamos, nós vos bendizemos, nós vos adoramos, nós vos glorificamos, nós vos damos graças, por vossa imensa glória, Senhor, Deus do universo. *A quem falamos, quando falamos com "Deus"?* Como o imaginamos? Ou seja, qual é a "imagem" que temos dele? Um venerável ancião, de barba, sentado em seu trono, olhando o vaivém das criaturas, anotando tudo em seu livro...? Ou...? Onde "Deus" se encontra: "no céu", fora e acima do mundo, ou dentro dele? Deus como espírito, e nós como matéria? "E, se espírito e matéria forem intrinsecamente relacionados, em vez de diametralmente opostos?"[4] Poderíamos imaginar o cosmos como "corpo" de Deus, que merece respeito, admiração, cuidado e que nos leva à adoração, ao louvor...?[5]
5. E com quem fica a responsabilidade pelo cosmos, pela ecologia, pela história? *Tudo depende de Deus? Tudo depende de nós?* Ou haveria um tipo de "parceria" em corresponsabilidade? Por exemplo: quem é o "cuidador" do universo? Quem é responsável pela crise ecológica e quem poderá solucioná-la? O *compromisso* com a justiça do Reino, justiça social e ecológica, é inerente a toda e qualquer ação litúrgica. Prometemos viver na prática aquilo que expressamos e experimentamos na celebração. Talvez seja o caso de explicitar isso mais claramente em determinadas ações rituais. Na preparação e celebração do sacramento do batismo, poderíamos incluir uma renúncia/promessa relacionada com a preservação da natureza, contra a devastação e o desperdício da água. No sacramento da confirmação, somos ungidos, feitos "cristos" para continuar a ação messiânica em corresponsabilidade, coparticipação na criação/redenção/escatologia, no cuidado com a natureza e com as outras pessoas. Ao longo do ano, nos ritos

---

4. McFague, Sallie, Imaging God and "another World", *Concilium*, 2004/5.
5. McFague, Sallie, O mundo como corpo de Deus, *Concilium*, Petrópolis, n. 295 (2002/2) 55-62.

penitenciais e no sacramento da reconciliação temos a oportunidade de tomar consciência de nossas falhas e omissões, de nossa falta de responsabilidade e ética. Há possibilidade de conversão, mudança de atitude, retomando o caminho da aliança. Não seria o caso de falar em "pecado ecológico", assim como falamos em "pecado social"? Inclusive em relação à saúde: muitas doenças são causadas pela ação antiecológica do ser humano (má alimentação, consumo de refrigerantes e produtos transgênicos; excesso de atividades gerando estresse...).

6. Considerando a visão cósmica científica e nossa responsabilidade pela preservação e pelo bem-estar de nossa "casa comum" (*oikos*), será que faz sentido *pedir, suplicar* a ajuda de Deus? Adianta pedir milagres: que pare de chover, de haver inundações, tufões, tsunamis...? Deus pode impedir esses desastres? Lembremos que a oração de petição é experiência e dado antropológico universal, presente em todas as tradições religiosas. Ao fazer a oração de pedido, fazemos a experiência de nos reconhecer como seres fundamentalmente necessitados e, ao mesmo tempo, a oração nos coloca numa atitude dinâmica, positiva: projeta-nos para o futuro, coloca-nos em movimento para aquilo que ainda não é, para a realização, para a plenitude, e nos torna capazes de entrar em comunhão. Além disso, a atividade de intensa oração de milhões de pessoas pode criar um ambiente carregado de energia espiritual. A realidade cósmica é como uma enorme "www": tudo influencia em tudo. Daí a importância da oração universal na celebração eucarística; contanto que não fique no formalismo, mas ative e expresse nosso desejo de salvação, de plenitude, de comunhão. Isso nos abre ao rio de energia que vem de Deus e que pode gerar bem-estar, curas etc. (cf. Mt 7,7; Lc 11,9)[6].

---

6. Para todo este tópico, cf. Roger Lenaers, Vraaggebed, voorspraak en verhoring, in: *Uittocht uit oudchristelijke mythen*. Geloven na "De droom van Nebukadnezar", TGL (Tijdschrift voor Geestelijk Leven, Leuven), 2003, extra-nummer.

7. Nesse sentido, também a prática da *meditação* pode ter forte relação com a ecologia profunda. Assim ensina John Main:

> A experiência da prece é a experiência de alcançar a completa união com a energia que criou o universo. A afirmação que o cristianismo tem a oferecer ao mundo é a de que essa energia é o amor, que é fonte inesgotável a partir da qual flui toda a criação [...]. Meditar significa viver a partir do centro de nosso ser, esse centro profundo que encontramos quando nos determinamos a não ser superficiais, a não nos contentar em repousar na superfície, mas a viver a partir das profundezas de nosso ser[7].

8. As *epicleses*, invocações pedindo a vinda do Espírito, expressam o dinamismo que nos move e que move todo o cosmos em direção à plenitude: o Espírito Santo. Afinal, "no princípio, o espírito pairava sobre as águas" (Gn 1) e no princípio da nova criação, na manhã da Páscoa, o Senhor soprou sobre os seus, dizendo: "Recebam o Espírito Santo" (Jo 20,22). Costumamos imaginar o Espírito Santo como vento, como sopro dinâmico. Não poderíamos pensar o Espírito Santo também como um "seio", como um útero materno, um lugar para abrigar outra pessoa?

> A melhor metáfora da presença do Espírito é a maternidade. O seio materno é, ao mesmo tempo, uma onipresença envolvente e uma renúncia de si, um "vazio" para que outro ocupe o lugar e se torne um ser [...]; é o seio de Deus sem distância, é o abraço e o regaço envolventes, o seio pelo qual estamos dentro de Deus, o sopro pelo qual Deus está dentro de nós, as suas criaturas. O Espírito nos gera, conformando-nos com o Filho para sermos dados ao Pai[8].

---

7. Main, John, *O momento de Cristo*, São Paulo, Paulus, 1992.
8. Susin, Luiz Carlos, *A criação de Deus*, Valencia (Espanha)/São Paulo, Siquém/Paulinas, 2003, 164-165.

Por isso, invocamos o Espírito cantando "Ó vem, divino Criador" e o professamos no creio como "Senhor que dá a vida". O Espírito é a "difusa comunhão entre todos os seres" rumo à comunhão planetária[9].

9. *"Corpo entregue por vós" – Epiclese de comunhão, fração do pão, comunhão eucarística.* Na celebração eucarística, o corpo sacramental de Cristo nos é dado em vista do corpo eclesial, corpo místico, que por sua vez é enviado para formar o corpo social e cuidar do corpo cósmico. O único "método" possível: amar sem medida, doação total, partilha, na contracorrente do "mundo": "Cordeiro de Deus (imolado, mas de pé) que tira o pecado (da violência, do poder, da ganância, da autossuficiência...) do mundo" – Comunhão é assimilação, comer e beber: "Já não sou mais eu que vivo, é Cristo que vive em mim" (Gl 2,20).

10. O *sacramento do matrimônio*, a vida matrimonial (assim como a vida religiosa vivida na espiritualidade esponsal) é expressão e experiência da dimensão nupcial da existência humana em relação a Deus. Casamento é aliança, "amorização", união de corpos/mentes/corações/vidas. Não se poderia dizer o mesmo da vida ministerial? (episcopal, presbiteral, diaconal...): é serviço, entrega, vida doada.

---

9. Cf. Costa Jr., Josias da, O *Espírito criador. A ecologia na teologia trinitária de Jürgen Moltmann*. Tese de doutorado. Rio de Janeiro: PUC-Rio, 2008. Disponível em: <https://www.maxwell.vrac.puc-rio.br/colecao.php?strSecao=resultado&nrSeq=13163&idi=1>. Acesso em: 23 jul. 2025.

Sacramentalidade da liturgia em perspectiva cosmológica[1]

1. Sinais sensíveis, sacramentos, gestos de Cristo

Não há batismo sem água, não há crisma sem unção com óleo perfumado, não há Eucaristia sem pão e vinho, não há celebração litúrgica sem a luz de uma vela. A liturgia cristã serve-se de elementos naturais, cósmicos, para expressar e comunicar a vida nova no Espírito de Jesus Cristo. São os chamados "sinais sensíveis" dos quais fala a SC 7[2]. "Sensíveis" porque nos atingem antes de tudo pelos sentidos: visão, audição, paladar, tato, olfato. Trata-se de coisas para ver, ouvir, degustar, apalpar, cheirar. Porém, são "sinais"; apontam para um significado maior, para outra realidade: a vida nova em Cristo. São chamados de "sacramentos" ou "sacramentais" porque são sinais sensíveis que realizam aquilo que expressam, ou seja, nossa identificação com Jesus Cristo, graças ao Espírito que nos é dado. A renovação litúrgica do Concílio Vaticano II nos ajudou a vivenciar esses sinais não mais como "coisas" sagradas capazes de "causar" e aumentar em nós a graça de Deus, mas como *ações simbólicas realizadas por Cristo*, num encontro interpessoal com a comunidade como um todo e com cada participante, levando-nos a uma transformação pascal. Aprendemos, assim, a ver os sacramentos como gestos do Cristo, que

1. Originalmente publicado em: *Revista de Liturgia*, n. 220 [jul.-ago. 2010], 4-8. (N. do E.)
2. SC, *Sacrosanctum Concilium*, Constituição sobre a Sagrada Liturgia, Concílio Vaticano II, dez. 2003.

é "sacramento" do Pai ("Quem me vê, vê o Pai", Jo 14,9), realizados na Igreja-Comunidade, que é "sacramento" do Cristo. Dessa forma, abriram-se os horizontes da teologia sacramental, a qual, antes do Concílio, se concentrava demasiado em cada um dos sete sacramentos enquanto ações pontuais, quase que automáticas, sem muita insistência em nossa *relação* com o Cristo e com a Igreja. "Batizou, salvou", era a expressão corrente antes do Concílio. E, infelizmente, nem todas as comunidades, nem todos os ministros superaram esta fase e continuam realizando os gestos sacramentais mecanicamente, automaticamente.

2. O cosmos, base antropológica do sacramento cristão

Hoje, torna-se necessário dar mais um passo. Na proposta de vários teólogos, é preciso considerar *o cosmos* como base antropológica do sacramento cristão, como "sacramento primordial", primeiro[3].

Por que isso? Antes de tudo, para adequar a teologia à nova visão científica que temos do cosmos, na qual tudo está inter-relacionado com tudo, como num corpo humano. Assim como não posso imaginar qualquer parte de meu corpo agindo individualmente, da mesma forma "qualquer ação humana deve ser considerada primeiramente como uma ação do universo e em segundo plano como uma ação do indivíduo. Nesse sentido, fica claro que o universo como tal constitui a primeira realidade religiosa, a primeira comunidade sagrada, a primeira revelação do divino, a primeira unidade de redenção"[4].

---

3. O texto a seguir sintetiza em grandes linhas o artigo da teóloga norte-americana McDougall, Dorothy, The Cosmos as Primary Sacrament; an Ecological Perspective for Sacramental Theology, *Questions Liturgiques*, Leuven (Belgium), 81 (2000): The Presence of God in a Postmodern Context: the Sacramental Contours of a God Incarnate, 293-301. A tradução das citações é minha, assim como as considerações entre colchetes.

4. Ibidem, 295, citação de Lonergan, Anne; Richards, Carolyn, *Thomas Berry and the New Cosmology*, Mystic, CT, 1991, 38.

A necessidade surge também por causa da crise ecológica, que exige uma tomada de atitude da sociedade como um todo, na qual a participação das várias tradições religiosas e espirituais, em conjunto, será de grande importância. Estamos buscando uma base *comum* em vista da cooperação nas possíveis soluções para a crise ecológica e nas posições éticas a serem tomadas, acompanhando o avanço das ciências. A *sacralidade do cosmos* poderá ser um elemento importante nessa base comum, superando o antropocentrismo e o secularismo da cultura ocidental.

3. Consequências para nossa maneira de entender e de fazer liturgia

Se levarmos a sério o que foi dito acima, muitas coisas deverão mudar em nossa maneira de celebrar, em nossa maneira de compreender a liturgia e em nossa metodologia de formação litúrgica. Por exemplo:

a) Antes de mais nada, ao celebrar, é preciso tomar consciência de que *somos parte do cosmos*, não existimos sem ele, nem acima dele para poder dominá-lo. Um meio simples, eficiente e universal para vivenciar isso é a respiração profunda e consciente, também durante a liturgia.

b) Devemos ressaltar, valorizar e tomar consciência do *embasamento cósmico dos símbolos sacramentais* (água, ar, fogo, luz, fumaça, óleo, pão e vinho, terra, pedra, cinzas, corpo humano, tempo e espaço, flores...[5]), e sua sacralidade como criaturas de Deus, antes mesmo de se tornarem símbolos da redenção realizada em Cristo.

c) Daí a *atitude de reverência, cuidado, admiração, contemplação, identificação...*: ao acender uma vela; queimar e cheirar o incenso; passar

5. Cf. BUYST, IONE, *Símbolos na liturgia*, São Paulo, Paulinas, [4]2004 (Col. Celebrar).

e sentir o óleo na pele; trazer, partir e comer o pão e beber o vinho; pisar a terra e perceber o espaço[6]; passar cinza na testa; olhar e sentir o nascer e o pôr do sol; perceber e sintonizar com as estações do ano, com o vento, a água, as árvores, as flores. É uma espiritualidade que podemos aprender com os povos indígenas e que deverá perpassar a vida cotidiana[7]. É uma incoerência valorizar a água no sacramento do batismo e não valorizar a água para beber, tomar banho, irrigar a plantação e não se preocupar com o desperdício da água e com a poluição dos rios. É uma incoerência valorizar o pão e o vinho na celebração eucarística e não saborear os alimentos que ingerimos várias vezes por dia ou não fazer nada para acabar com a fome no Brasil e no mundo. É uma incoerência cuidar do espaço ritual e não desfrutar da própria moradia ou não se preocupar com os sem casa, sem-terra...[8].

d) Vale a pena também retomar a leitura do historiador das religiões Mircea Eliade, O *sagrado e o profano*[9], principalmente o capítulo 3: "A sacramentalidade da natureza e a religião cósmica". Vejamos algumas passagens:

> É preciso não esquecer que, para o homem religioso, o "sobrenatural" está indissoluvelmente ligado ao "natural"; que *a natureza sempre exprime algo que a transcende*. Como já dissemos, uma

6. Cf. Gênesis 28,10-19: sonho de Jacó em Bet-El, Casa de Deus; Êxodo 3,1-7ss.: Moisés diante da sarça ardente – "Tire as sandálias, porque este chão é sagrado"; 1 Reis 19,9-15ss.: Elias na montanha Horeb, onde o Senhor passou no murmúrio de uma brisa suave; Lucas 1,26-28ss.: Maria viu o Anjo entrar "onde ela estava [...]. Eis que conceberás e darás à luz um filho"; Apocalipse 21,1-7: a nova Jerusalém – "Eis que faço novas todas as coisas".

7. A Regra de São Bento, no capítulo 31, dá uma orientação maravilhosa neste sentido: que consideremos todos os objetos do mosteiro como se fossem vasos sagrados do altar.

8. Cf. Irwin, Kevin, Liturgical Action: Sacramentality, Eschatology and Ecology, *Questions Liturgiques*, Leuven (Belgium), 81 (2000): The Presence of God in a Postmodern Context: the Sacramental Contours of a God Incarnate, 181.

9. Eliade, Micea, O *Sagrado e o Profano. A essência das religiões*, col. Biblioteca do Pensamento Moderno, São Paulo, Martins Fontes, 2010. (N. do E.)

> pedra sagrada é venerada porque é sagrada e não porque é pedra; é a sacralidade manifestada pelo modo de ser da pedra que revela sua verdadeira essência. É por essa razão que não se pode falar de "naturismo" ou de "religião natural", no sentido atribuído a essas palavras no século XIX; pois é a "sobrenatura" que se deixa manifestar ao homem religioso por meio dos aspectos "naturais" do mundo (59).
>
> A simples contemplação da abóbada celeste é suficiente para desencadear uma experiência religiosa. O céu revela-se infinito, transcendente [...]. Não se trata de uma operação lógica, racional. A categoria transcendental da "altura", do supraterrestre, do infinito revela-se ao homem como um todo, tanto à sua inteligência como à sua alma. É uma tomada de consciência total (60) [...]. A revelação trazida pela fé não destruiu os significados pré-cristãos dos símbolos: apenas adicionou-lhes um valor novo (68).

E podemos nos perguntar: até que ponto cultivamos o sagrado da natureza? Até que ponto educamos as novas gerações para essa dimensão do sagrado, para esse "algo mais" que transcende a natureza? Sabemos olhar e nos alegrar com uma flor que desabrocha, com uma estrela que brilha no firmamento, com o voo de um beija-flor, com uma graminha qualquer que brota numa fenda do asfalto...?

e) Se levarmos em conta a nova cosmologia que considera o universo como uma realidade viva, única, fecunda, em constante desenvolvimento, deveremos considerar *o cosmos* não apenas como revelador da presença divina *no* cosmos, mas ainda como *participante ativo* na realização da vontade divina *para* o cosmos[10].

f) Deixemos aflorar em nós a consciência autorreflexiva do próprio cosmos, "associando nossas liturgias com a suprema liturgia do

10. Cf. McDougall, op. cit., 294.

próprio universo"[11] por conta da ação criadora e salvífica de Deus no cosmos e "entrando nas dimensões espirituais da história do universo"[12], superando a atitude antropocêntrica de domínio sobre o cosmos. Deixemos o cosmos respirar, pensar, agradecer, cantar, chorar, alegrar-se em nós, também enquanto celebramos. Estejamos atentos/as à "vida universal que palpita e canta" em cada parcela do universo, como o expressa o jornalista e poeta Olavo Bilac em sua poesia "A Vida":

Na água do rio que procura o mar;
no mar sem fim; na luz que nos encanta;
na montanha que aos ares se levanta;
no céu sem raias que deslumbra o olhar;

no astro maior, na mais humilde planta;
na voz do vento, no clarão solar;
no inseto vil, no tronco secular,
– a vida universal palpita e canta!

Vive até, no seu sono, a pedra bruta...
Tudo vive! E, alta noite, na mudez
de tudo, – essa harmonia que se escuta

correndo os ares, na amplidão perdida,
essa música doce, é a voz, talvez,
da alma de tudo, celebrando a Vida!

g) Surge uma pergunta crucial: neste paradigma ecológico, *como fica o lugar central de Jesus na salvação?* Embora de qualidade

11. Ibidem, 296, citando Lonergan and Richards.
12. Ibidem, 297, citando Lonergan and Richards.

superior por causa de sua consciência como ser humano e pela livre escolha de sua resposta à proposta divina, Jesus é "um produto do processo cósmico, a resposta de Jesus é em parte a resposta do próprio cosmos"[13]. Outras tradições espirituais apontam para outras figuras e histórias paradigmáticas como revelação do divino. Nessa perspectiva pluralista, teremos de aprender a conhecer e conviver respeitosamente em diálogo inter-religioso. Isso não diminui em nada nossa responsabilidade de celebrar e testemunhar nossa fé em Jesus Cristo, como expressão particular do Deus Criador na história humana. Nossa relação respeitosa com os elementos cósmicos agora é dobrada, porque, por força da recapitulação de todo o universo em Cristo, o cosmos foi por assim dizer recriado. Luz, água, óleo, pão e vinho falam-nos simbolicamente do mistério da morte-ressurreição e da vida nova em Cristo e se tornaram símbolos epifânicos do Reino de Deus, do "mundo que há de vir"[14].

h) Uma atenção especial merece o *espaço litúrgico* (arquitetura, iconografia, ornamentação...). Devemos usar materiais ecologicamente corretos e que sejam capazes de expressar a sacralidade do cosmos, que é "casa" ou "corpo" de Deus. É importante o uso de água, plantas, luz e ventilação naturais (sem ar-condicionado...)[15].

i) Não posso deixar de ao menos mencionar a *música* como elemento ritual que propicia a consciência holística. Cito dois autores: (a) "Por que a música é tão próxima da religião e do ritual? Talvez porque ambos sejam orientados intrinsecamente, por sua

13. Ibidem, 295.

14. Kevin Irwin destaca a significativa mudança na maneira de compreender a dimensão escatológica da liturgia a partir do Vaticano II enquanto antecipação da realização do Reino: Liturgical action: sacramentality, eschatology and ecology, *Questions Liturgiques*, Leuven (Belgium), 81 (2000): The Presence of God in a Postmodern Context: the Sacramental Contours of a God Incarnate, 178-180 (Eschatology).

15. Vejam, entre outras, publicações da arquiteta Regina Machado – artigos na *Revista de Liturgia*.

própria natureza, a criar essa 'simpatia' universal com o mundo [...] que permite captar o mundo como uma unidade e, ao mesmo tempo, recolhe o sentido do mundo num contexto onde transcendência e imanência formam um 'solo' estupendo e impensável, impossível de ser traduzido pela linguagem ordinária"[16]. (b) Hans-Joachim Koellreutter estudou o papel da música para a criação de uma consciência universal, uma só consciência mundial, capaz de levar a uma superação das contradições que existem em nosso mundo[17].

j) Essa nova perspectiva da sacramentalidade é um "prato cheio" para a formação litúrgica em todos os níveis, desde a catequese até a pós-graduação.

---

16. Terrin, A. N., O *rito. Antropologia e fenomenologia da ritualidade*, São Paulo, Paulus, 2004 (Col. Estudos Antropológicos), 310-311; vale a pena ler o capítulo 7 inteiro: "Rito e música", 268-313.

17. Cf. Porto, Regina, Koellreutter e a "estética do impreciso paradoxal"; o compositor e professor alemão fala sobre as relações entre a música, as artes e a ciência. *Folha de São Paulo* (20 set. 1987) 5° caderno, A-49.

Potencial eco pedagógico da liturgia?[1]

Ao longo do ano, procuramos aprofundar a relação entre liturgia e ecologia. Depois de um artigo introdutório, enfocamos três aspectos ecoteológico-litúrgicos: a liturgia como celebração da Páscoa do cosmos, a liturgia como celebração de uma aliança cósmica e, por fim, aprofundamos a sacramentalidade da liturgia em perspectiva cosmológica. Chegamos à conclusão de que há, portanto, uma estreita ligação entre liturgia e ecologia em perspectiva teológica. Agora perguntamos: pode a liturgia contribuir para criar em seus participantes uma sensibilidade e uma consciência ecológicas e uma maior responsabilidade e compromisso com a salvação do cosmos, do planeta, da vida humana? De que forma?

Antes de mais nada, é preciso lembrar que estamos falando aqui em termos ideais: da capacidade que teoricamente a liturgia tem de influenciar numa mentalidade e sensibilidade ecológicas. A capacidade real, no entanto, depende da maneira *como* determinada comunidade celebra, *como* compreende teologicamente a liturgia e *como* se dispõe a deixar-se moldar pelo mistério celebrado. Teoricamente podemos dizer: a liturgia "funciona" como uma "grafia" no corpo e na mente; depende da participação e compreensão espiritual do rito; é urgente superar o abismo entre teoria e prática; há características gerais da atual cultura ecológica a serem levadas em conta na liturgia; é preciso trilhar o caminho da mistagogia e da interpretação das liturgias existentes; mas é preciso também prestar atenção ao "novo". Vejamos cada um desses itens.

---

1. Originalmente publicado em: *Revista de Liturgia*, n. 221 [set.-out. 2010], 4-6. (N. do E.)

1. Liturgia como "grafia" no corpo e na mente

Liturgia é rito, é a fé em ação simbólico-ritual. O que é mesmo um rito e como "funciona" a liturgia enquanto ação ritual? Não temos condições de abordar nem mesmo de sintetizar aqui as várias teorias em torno dessa intrincada questão[2]. Lembremos apenas alguns aspectos que nos parecem pertinentes para o nosso tema: o rito estrutura a vida, condensa a visão de mundo de um determinado grupo cultural, carrega e transmite valores, inspira uma espiritualidade, trabalha nossa imaginação, move nossa vontade, inculca atitudes éticas – não por meio de um discurso, mas por meio do *corpo* em ação: movimentos, gestos, leituras, falas, preces, cantos, música, dança, ocupação do espaço e o tempo. Sua origem e seu embasamento parecem mesmo ser biológicos; fala-se de uma ritualização presente já no mundo animal[3].

Leda Martins, da Universidade de São Paulo, baseada em pesquisas sobre rituais dos afrodescendentes no Brasil[4], diz que o rito "grava" a memória dos antepassados no corpo e, a partir daí, recria dinamicamente a sociedade:

> A hipótese é de que o gesto performático [dos rituais] não seja simplesmente uma forma repetitiva, que traduz um hábito, mas uma ação que em si mesma registra, cria, institui e transmite conhecimentos.

---

2. Sugestão de leitura: Terrin, A. N., O *rito. Antropologia e fenomenologia da ritualidade*, São Paulo, Paulus, 2004 (Col. Estudos Antropológicos). Irwin, Kevin, Liturgical action: sacramentality, eschatology and ecology, *Questions Liturgiques*, Leuven (Belgium), 81 (2000): The Presence of God in a Postmodern Context: the Sacramental Contours of a God Incarnate, 171-183.

3. Terrin, op. cit., capítulo 3: Perspectiva etológica e ecológica da ritualização e do rito, 104-145.

4. Martins, Leda, Corpo, lugar de memória, *Revista da Biblioteca Mário de Andrade* (Literatura e diversidade cultural), São Paulo, v. 59 (2001) 121-127.

> O corpo em performance restaura, expressa, transmite, modifica e simultaneamente produz conhecimento.
>
> Nas danças rituais brasileiras [...], a performance ritual é [...] um ato de inscrição [...]; o corpo não apenas repete um hábito, mas também institui, interpreta e revisa o ato reencenado [...]; o conteúdo imbrica-se na forma; a memória grafa-se no corpo, que a registra, transmite e modifica dinamicamente.
>
> Os ritos restauram terapeuticamente o indivíduo e sua comunidade e tornam-se instrumentos por meio dos quais a cultura fermenta o contexto social com o qual interage.

Também a palavra pronunciada, cantada, dançada "ecoa na reminiscência performática do corpo" e, como tal, opera sobre uma situação existencial. A autora criou o termo "oralitura" para falar da inscrição de saberes, valores, conceitos, visões de mundo e estilos na "grafia" de um corpo em movimento e na vocalidade.

2. Participação e compreensão espiritual do rito

Na liturgia cristã, o rito é considerado "memorial": revivendo por meio de ações simbólico-rituais o ato fundante de nossa fé – a morte-ressurreição de Jesus Cristo –, *participamos* e somos imersos nessa realidade, identificados com ela, marcados em nosso ser e, assim, voltamos ao ritmo cotidiano renovados, regenerados, com os olhos voltados para o futuro prometido e almejado. A liturgia não funciona por uma pretensa força "mágica" do tipo "batizou, salvou", nem por meio de doutrinação. Como em toda ação ritual, sua força transformadora é inerente à própria "ação" (*urgia*) corporal, simbólico-ritual, por meio da qual atua o Espírito vivificador. Daí a importância da *maneira* como a ação é realizada em todos os elementos que compõem o ato litúrgico: de forma expressiva, autêntica, convincente, "sacral", despertando a interioridade e o mistério em cada participante, levando a uma *experiência* do sagrado, da fonte divina da vida...

Essa experiência ritual supõe iniciação e formação permanente, nas quais adquirimos a "compreensão" espiritual do rito, a partir das Escrituras lidas em diálogo com a "vida" e ainda por meio da inserção numa comunidade de fé consciente de sua missão no mundo. Aqui vale o conhecido adágio *lex orandi, lex credendi, lex vivendi*: deve haver uma congruência entre aquilo que celebramos, aquilo que cremos e aquilo que vivemos.

3. Abismo entre teoria e prática

O grande problema é o enorme abismo entre a teoria e a prática na liturgia: quantas celebrações mereceriam realmente o nome de "liturgia"? Não é verdade que, muitas vezes, a *experiência* ritual simplesmente não acontece justamente porque a "celebração" fica em âmbito formalista, ritualista, racionalista, ou devocional? Não expressa com força simbólica, performativa, a proposta de Jesus, não suscita uma adesão espiritual nem leva a uma adequação de nossa maneira de agir com essa proposta. Por exemplo, a experiência ritual da oferta eucarística e da comunhão deveriam nos levar normalmente a superar nosso egoísmo, nossa visão individualista da vida e dos bens da criação; deveriam nos levar a uma ética e prática de partilha, de comunhão de bens, de luta por formas institucionais e políticas que garantam a participação efetiva de todos os cidadãos e cidadãs em igualdade. Onde isso está acontecendo de fato? Será que a quantidade de missas celebradas nos desobriga de vivê-las com qualidade e de colocar em prática aquilo que celebramos? Nesses casos, não se pode esperar nenhum efeito transformador do rito celebrado, e qualquer tentativa de celebração ou de "formação" litúrgica poderá resultar em pura perda de tempo.

No entanto, um provérbio africano citado por Dom Moacyr Grecchi no 12° Intereclesial de CEBs[5] deu um novo ânimo a muitas pessoas: "Gente simples, fazendo coisas pequenas, em lugares não importantes, conquistando mudanças extraordinárias". Então, embarcando nessa esperança, coloco algumas considerações para os momentos de celebração, formação e organização, em perspectiva ecopedagógica.

4. Algumas características gerais da atual cultura ecológica a serem levadas em conta na liturgia

Tudo está em constante movimento e evolução (células, estrelas, terra, sol e lua...), enquanto nossas liturgias são estáticas, paradas; daí a necessidade de valorizar o movimento, p. ex. dança, movimentação durante as celebrações, procissões, romarias, gestos litúrgicos (sem cair na aberração das "ginásticas aeróbicas" que se veem por aí...).

Paradoxalmente, estamos procurando um eixo, um ponto ao redor do qual tudo gira; é preciso procurar em profundidade, em movimento descendente, como uma sonda que penetra no "âmago" do universo, como um microscópio que penetra no coração das células. Assim, na liturgia, talvez devamos superar a tagarelice, o verbalismo, o racionalismo, os comentários, o barulho..., para dar espaço à nudez do pensamento, a um silêncio perscrutador e interrogador em direção à fonte, em direção ao "coração" do universo.

Vivemos num mundo sem fronteiras, mas nossas liturgias e nossa visão de Deus continuam na maioria das vezes acanhadas, provincianas, "bairristas", centradas na própria Igreja (católica romana etc.) e em seus participantes. É necessário um *aggiornamento*: abrir nossas janelas para o mundo, para o cosmos, para perceber e celebrar o mistério acontecendo por toda parte, em todos os povos e culturas.

5. Porto Velho, RO, julho 2009.

5. O caminho da mistagogia e da interpretação

Sendo a liturgia expressão do mistério de nossa fé em ação simbólico-ritual, a compreensão teológica e a espiritualidade passam necessariamente pela *experiência ritual*. Daí a necessidade de optar pela mistagogia (*mist-agogein*: "guiar para dentro do mistério"), partindo da análise e da experiência espiritual.

Ambos – ritos e mistérios neles celebrados – são *dados pela tradição*, e, neste ponto, são considerados imutáveis (cf. 1Cor 11,23: "Eu vos transmiti o que eu mesmo recebi do Senhor..."). Mas trata-se de uma *tradição viva*: é relida, interpretada a cada momento, a partir da realidade e com a ajuda do Espírito Santo (por exemplo: Lc 24,13-35: no caminho de Emaús, Jesus *interpreta* Moisés, a partir nos novos acontecimentos de sua condenação, prisão, morte e ressurreição. Assim também todo o Novo Testamento é releitura do primeiro, o "antigo", a partir de Jesus Cristo...). Em suma, não se trata simplesmente de "criar liturgias ecológicas", mas de interpretar, compreender, viver toda a vida litúrgica desvendando nela o mistério celebrado, em perspectiva ecológica e ecoteológica[6].

Daí a necessidade de:

a) Aprofundar e reinterpretar os ritos existentes a partir de uma compreensão ecológica do mistério (ecoteologia litúrgica, ou teologia litúrgica ecológica). Descobrir os "ganchos" nos textos bíblicos (principalmente nos salmos e cânticos) e nos textos eucológicos. Aproveitar inclusive a visão dos Pais e Mães da Igreja e autores atuais como Teilhard de Chardin, cientista e místico[7].

---

6. Comparem com o trabalho feito nos anos 1960, 1970, 1980 para interpretar a liturgia a partir da prática e da Teologia da Libertação, com sua opção pelos pobres, na realidade de opressão social e política.
7. Vejam principalmente os seguintes escritos: O *meio divino* e *A missa sobre o mundo*.

b) Celebrar e vivenciar todas as ações e dimensões litúrgicas a partir de uma espiritualidade ecológica "profunda", pela qual não nos vemos mais como separados, superiores, "acima" do "mundo", do universo, mas como *parte* de tudo o que existe, numa interconexão com todos os seres, animados e inanimados. Trata-se, portanto, acima de tudo, de uma questão de *consciência* e *atitude* ecoteológico-litúrgicas. Devemos nos dar conta de que, ao celebrarmos, é o universo inteiro que celebra em nós.

6. Mas, também, prestar atenção ao "novo"

Acontecimentos ou situações importantes relacionadas com a ecologia na sociedade merecem da parte dos cristãos uma atenção especial. Podem requerer liturgias especiais, novas, proféticas, criadas em função desses fatos ou situações, chamando a atenção da opinião pública ou reforçando a atuação positiva de determinados grupos ou comunidades em relação à ecologia. A título de exemplo, segundo relato de Ir. Flora Ana Roman, coordenadora e animadora de uma paróquia sem padre com dezoito comunidades no sertão, em Conceição do Tocantins, Tocantins, a comunidade de Irmãs de Jesus Bom Pastor (mais conhecidas como "Pastorinhas") começou o trabalho na Paróquia Nossa Senhora da Conceição em 1997. Partindo da cultura religiosa do povo e com criatividade pedagógico-pastoral, organizaram a "Festa da bênção da semente" e o projeto Casa do Pão, envolvendo toda a comunidade e até gente de fora, começando com as crianças da catequese. A pequena "semente" deu muito fruto para a vida e para a organização do povo.

Cada domingo a caminho de Emaús[1]

Em cada missa, acontece conosco o que ocorreu com os dois discípulos (um casal, talvez...?), no caminho de Jerusalém para Emaús, e que consta do evangelho narrado por Lucas (24,13-35). Usando um pouco a nossa imaginação, podemos ver a cena. Podemos reconhecer os quatro grandes momentos da missa atual neste encontro dos discípulos com o Ressuscitado: os ritos iniciais, a liturgia da Palavra, a liturgia eucarística, os ritos de despedida.

1. Ele está no meio de nós...

Ontem, os dois vinham caminhando tristes. Machucados pelo sofrimento. Cansados. Tentavam compreender o que havia acontecido naqueles últimos dias. Palavras e imagens pulavam na cabeça deles, soltas, sem que conseguissem ver o nexo:

> "Quem tiver sede, venha a mim e beba", dizia Jesus. "Crucifica-o! Crucifica-o!", gritava e berrava a multidão, fora de si. Pilatos lavava as mãos e dizia: "Não vejo culpa nenhuma neste homem; sou inocente desse sangue". As crianças, chorando, fugiam das patas dos cavalos: os soldados não estavam ali para brincar; vinham para cumprir ordens. Ele, o Mestre, arrastava-se debaixo do peso do madeiro no qual seria crucificado. Exausto. Só, no meio da multidão. E eles,

1. Originalmente publicado em: *Revista de Liturgia*, n. 84 [nov.-dez. 1987], 9-10 e 27-30. (N. do E.)

por tanto tempo discípulos dele, o que fizeram? O que podiam ter feito? Verônica enxugou o rosto dele. Simão, o cirineu, ajudou a carregar a cruz. As mulheres choravam. Às três horas da tarde, morreu. Os sonhos de dias melhores se espatifaram. Jesus havia prometido: "Os cegos vão enxergar, os coxos andar, os presos serão libertados. O reino será dos pobres". Palavras límpidas, verdadeiras, como nunca ninguém havia falado antes. Mas agora tudo terminou. O sonho acabou. O jeito era voltar à vidinha de sempre. "Pobres sempre haverá." Bobagem pensar que um dia possa ser diferente. O poder não dorme no ponto: qualquer um que pretende mudar a situação é liquidado. Outro companheiro juntou-se a eles e puxou conversa. Era o primeiro dia da semana.

Hoje acontece a mesma coisa conosco. Saímos de nossas casas e vamos para a reunião da comunidade. Chegamos carregados das vivências, das alegrias e tristezas, das esperanças e das angústias nascidas nos acontecimentos de uma semana inteira. E conversamos uns com os outros. Comentamos os fatos, as notícias do bairro, da cidade, do país, do mundo. A violência na cidade grande, o acampamento de famílias sem-terra ou sem casa, a questão do salário, o desemprego, o medo da AIDS, a morte de mais uma criança por falta de atendimento médico. E ele, o Cristo ressuscitado, caminha conosco e está presente em nossas conversas e em nossa reunião. Ele está no meio de nós. Está presente em cada irmão e irmã que vem para celebrar. É ele que nos acolhe quando nos acolhemos uns aos outros. Na pessoa do presidente da assembleia, nos saúda e nos lembra que por meio dele estamos em comunhão com o Pai, na unidade do Espírito Santo. Encabeçando o povo redimido por ele, dirige-se ao Pai e diz que chegamos, que ouvimos seu chamado, atendemos sua convocação para a reunião. Canta e reza conosco, canta e ora em cada um, em cada uma de nós. E nós, conscientes de nossas falhas no compromisso da aliança, pedimos perdão, pedimos que nos renove em sua grande misericórdia. E alegres cantamos seus louvores.

Não nos reunimos para cada um/a rezar por si. Somos chamados a formar em Cristo, no Espírito Santo, um só corpo. E esse corpo cresce e fica visível à medida que estamos abertos para acolher uns aos outros, para saber das preocupações, alegrias e realizações que vivem em cada coração. Abertos também a tudo o que acontece neste imenso mundo de Deus, interessados em que venha o quanto antes o Reino que Jesus prometeu.

1.1. Como fazer?

O que pode ser feito para que a celebração se transforme num verdadeiro encontro entre irmãos? Antes de tudo, intensificar a vida comunitária fora da celebração: as reuniões, o trabalho nas várias pastorais. Depois, no momento da celebração, podemos incentivar conversas informais antes do início da celebração, um bate-papo com quem está chegando ou até mesmo um "cochicho", um abraço da paz ou outro cumprimento logo após a saudação inicial do presidente. Também o canto de entrada, conhecido por todos, cantado a uma só voz, é capaz de unir os corações.

De que modo os acontecimentos importantes da semana poderão estar presentes nos ritos iniciais? Poderemos fazer cartazes, levar recortes de jornal ou fazer uma comunicação logo no início após a saudação, onde todos os participantes são convidados a lembrar fatos e contar notícias, um tipo de "recordação da vida", como se tem feito no *Ofício Divino das Comunidades*.

O que poderá manter viva a consciência da presença de Jesus, o Ressuscitado, no meio de nós? Antes de tudo, a fé vivida vinte e quatro horas por dia, quando nos empenhamos em continuar a missão que Jesus nos deixou. Nos ritos iniciais, essa fé aparece na maneira de os cantores entoarem o canto de entrada, na maneira de o presidente entrar em processão com toda a equipe de celebração, na maneira de o presidente fazer a saudação, o convite ao rito penitencial, à oração. E sobretudo na vibração de todo o povo reunido.

2. É Jesus que fala conosco

Ontem, caminhando com os dois discípulos de Emaús, Jesus puxou conversa e perguntou: "Por que os companheiros estão tristes desse tanto?". Os dois ficaram admirados que o outro, que não haviam reconhecido, não compartilhasse a tristeza deles. Seria possível que ele não estivesse a par do que tinha acontecido? Responderam então: "Crucificaram Jesus de Nazaré!". O outro não se abalou. Começou a tirar da memória textos e mais textos das Escrituras, mostrando que o Messias tinha de passar por tudo isso, para depois dar a volta por cima e realizar o que havia prometido. Os dois escutavam atentos. Parecia o próprio Jesus falando: com tanta convicção, com tanta segurança, com tanta serenidade. Mais tarde lembrariam: "Não ardia o nosso coração quando nos falava pelo caminho, quando nos interpretava as Escrituras?".

Hoje, em cada liturgia da Palavra, Jesus interpreta para nós as Escrituras partindo dos acontecimentos atuais e faz arder o nosso coração de esperança. Ouvimos uma, duas, três leituras da Bíblia, e elas são introduzidas, comentadas, interpretadas. Comentadas e interpretadas em que sentido? Não basta explicar as leituras em si, em seu sentido histórico de quando foram escritas. Trata-se de mostrar *a relação de tudo isso com a pessoa de Jesus*, com nossa vida e com a liturgia que estamos celebrando.

2.1. Ler toda a Bíblia, tendo Jesus como referência

Pois foi assim que Jesus fez com os dois no caminho: "Começando por Moisés e por todos os profetas, interpretou em todas as Escrituras o que *a ele* dizia respeito". Para nós, Jesus é a chave da história. Sua morte-ressurreição é o fato decisivo que dá sentido à nossa vida pessoal, comunitária e social. Deus interveio definitivamente para salvar o seu povo, na pessoa de Jesus. De fato, Jesus identificou-se com os pobres e excluídos da sociedade, até na perseguição, na condenação injusta, no despojamento total da morte de cruz, por amor aos irmãos mais relegados, por fidelidade à missão que o Pai lhe havia confiado. A esse amor radical, o Pai responde com outro gesto de amor: salva seu Filho ressuscitando-o dos mortos. Repara a injustiça feita contra seu Filho. Desfaz a sentença do julgamento de Pilatos, fazendo de Jesus o juiz de todos e o Senhor da história. E, no Filho, salva todos os filhos, todos os "irmãos" de Jesus, todos aqueles que o seguem, consciente ou inconscientemente, na doação total aos irmãos, principalmente aos mais marginalizados, oprimidos, rejeitados, excluídos, injustiçados..., por amor a Jesus, por amor ao Pai, por amor aos irmãos.

A liturgia da Palavra é o momento em que é anunciada, cada vez a partir de um ângulo diferente, essa realidade central e fundamental de nossa fé. Sem referência a esse ponto central, as leituras se transformam em belas histórias edificantes, moralizantes, mas deixam de ser anúncio da Palavra que se fez "carne", para usar uma expressão de São João: a Palavra de Deus se fez homem, gente com a gente, para resgatar a gente, para dar vida aos que estão morrendo, aos que estão sendo esmagados, aos que estão sem perspectiva de vida.

2.2. Bíblia e vida

Não basta, no entanto, explicar as leituras em relação a Jesus Cristo. É preciso ainda *relacioná-las com a nossa história atual*. No encontro com os dois discípulos, Jesus partiu da conversa sobre os últimos acontecimentos, que eram decisivos para a vida daqueles dois, para a sua comunidade, para o seu povo: "Nós esperávamos que fosse ele quem iria redimir Israel". A redenção, a salvação que Deus prometeu, passa por fatos concretos, limitados historicamente, fatos de nossa vida pessoal, comunitária e social, nacional e internacional. Precisamos, com os olhos da fé, iluminados pelo Espírito Santo, desvendar os sinais positivos, sinais de vida, sinais de salvação nesses acontecimentos, e louvar a Deus, que tornou possível esta vida, esta salvação. E precisamos também reconhecer os sinais negativos, sinais de morte, de perdição, de desgraça nesses acontecimentos e pedir perdão, e implorar que Deus mude essa situação. Devemos ainda nos comprometer com o Deus da aliança para fazer florescer a vida e remover os obstáculos à vinda do Reino entre nós.

2.3. Bíblia, vida, celebração

Assim já estamos dizendo que a homilia, a partilha da palavra, nos liga não só com a morte-ressurreição de Jesus Cristo e com a nossa história atual, mas *também com a liturgia que estamos celebrando neste momento*: com a oração dos fiéis, na qual colocamos diante do Pai os problemas e necessidades do mundo inteiro; com a oração eucarística e a comunhão, nas quais deixamos que a nossa vida, unida à vida de Jesus Cristo, se torne entrega total ao Pai, para o bem dos irmãos. A homilia nos ajuda a viver intensa, consciente, autêntica e profundamente os vários momentos celebrativos, para que Deus possa transformar nosso coração, nos modelar, e para que, assim, possamos dar frutos em nosso dia a dia.

A liturgia da Palavra é, pois, feita um diálogo entre Jesus e a comunidade que ele reuniu, uma conversa sobre como o mundo, a nossa sociedade, a comunidade, cada um/a de nós, pode ser salvo/a e escapar da morte, seguindo o caminho aberto por Jesus. É um diálogo feito com leituras, com o canto do salmo e da aclamação ao evangelho, com a homilia. É um diálogo que leva à intercessão nas preces dos fiéis (oração universal), à ação de graças, ao compromisso e à união com Deus e com os irmãos na liturgia eucarística e nos compromissos do dia a dia.

3. Demos graças ao Senhor, nosso Deus!

Ontem, já começava a escurecer. Ainda bem que estavam pertinho de casa. Emaús ficava bem ali. O companheiro de viagem fez como quem ia mais adiante. Mas onde iria jantar e achar pouso? Os dois convidaram: "Fique conosco, porque cai a tarde e o dia já está chegando ao fim". Ele aceitou o convite. Foi hospedar-se na casa deles.

3.1. O costume do povo judeu

Na hora do jantar, toda a família estava reunida em torno da mesa. Convidaram o hóspede para fazer a oração da bênção. Assim era costume entre os judeus; nunca iniciavam a refeição sem que o pai da família ou um convidado tomasse o pão nas mãos, o levantasse um pouco acima da mesa e pronunciasse uma bendição a Deus, uma louvação, agradecendo pelo alimento que sustenta a vida. Todos diziam: "Amém!" e recebiam um pedaço daquele pão sobre o qual havia sido dita a oração da bênção. E, desse modo, comendo desse pão, cada pessoa expressava exteriormente sua atitude interior de louvor; por meio do gesto de comer o pão, participava do louvor comunitário expresso na oração da bênção. Comer daquele pão era como que fazer de toda a vida um só louvor a Deus.

3.2. Eles o reconheceram ao partir o pão

Naquela noite, portanto, depois da caminhada de Jerusalém a Emaús, Jesus tomou o pão, deu graças, partiu-o e distribuiu-o. Foi nesse momento que os dois discípulos reconheceram Jesus. Por que o reconheceram? Como? O que Jesus fez de tão diferente de outros hóspedes ou pais de família para que fosse reconhecido? Talvez sua maneira especial, carinhosa e respeitosa de se dirigir ao Pai: "Abba!

Paizinho! Papai!"? Ou talvez tenha feito alusão à sua morte como ação salvadora: a morte do justo que carrega os pecados do mundo, como havia anunciado o profeta Isaías?...

Antes que pudessem falar qualquer coisa, perguntar, abraçá-lo..., sumiu da vista deles.

3.3. Em que momento da missa a gente agradece?

Hoje, façam o teste: perguntem em que momento da missa as pessoas costumam agradecer. Provavelmente, muitas dirão: após a comunhão. Perguntem pelo motivo dessa ação de graças. Muitas apresentarão motivos de ordem pessoal ou familiar: porque, graças a Deus, o filho sarou, porque a colheita foi boa, porque o pai achou emprego, porque uma graça foi alcançada. Poucas pessoas se dão conta de que a grande ação de graças da missa é a oração eucarística. Poucos se dão conta de que o motivo principal pelo qual agradecemos a Deus na missa é a salvação alcançada na morte-ressurreição de Jesus. "Façam isto para celebrar a minha memória", disse Jesus. Façam a oração eucarística e a comunhão atualizando a graça da salvação, tornando presente a minha vitória sobre a morte, e assim vocês estarão participando desta graça, desta vitória. Vocês também estarão fazendo a Páscoa de vocês, a passagem de vocês da morte para a vida.

3.4. Façam isso...

Jesus tomou o pão, deu graças, partiu-o e deu-o para seus discípulos comerem. Depois fez a mesma coisa com o cálice com vinho: tomou o cálice, deu graças, deu para seus discípulos beberem. Seguindo a ordem do Senhor, devemos fazer o mesmo: pegar o pão, *dar graças*, repartir o pão e o vinho e tomá-los. Cada um desses verbos corresponde a uma parte da liturgia eucarística:

a) na preparação e apresentação das oferendas *pegamos* o pão e o vinho e os trazemos até a mesa;
b) na oração eucarística *damos* graças a Deus;
c) na fração do pão *partimos* o pão, enquanto cantamos "Cordeiro de Deus, que tirais o pecado do mundo";
d) na comunhão *comemos* do pão e *bebemos* do cálice com vinho.

3.5. Trazer o pão e o vinho para dar graças e oferecer

O pão e o vinho que trazemos ao altar são símbolo de nossa vida, "fruto da terra e do trabalho humano". Pela ação do Espírito Santo invocado na oração eucarística, tornam-se sinais sacramentais do corpo e sangue de Jesus Cristo na sua doação total ao Pai a favor da salvação do mundo: "Isto é o meu corpo, que será entregue por vós. Este é o cálice do meu sangue, que será derramado por vós". Sinais de doação total não só de Jesus, o Cristo, mas também da Igreja, que é seu corpo; sinais de doação de cada um e de cada uma de nós que fazemos parte desse corpo. É por isso que pedimos na oração eucarística III que o Espírito Santo "faça de nós uma perfeita oferenda". São também sinais da doação total do próprio Deus, que em seu Filho nos oferece a plena comunhão com ele. E é por isso que damos graças e louvamos e bendizemos ao Pai, junto com todos os anjos e santos.

3.6. Fazer de toda a nossa vida uma oferta, um culto espiritual

Essa atitude de entrega e de gratidão não pode ficar restrita ao momento celebrativo. Expressa o culto espiritual vivido no cotidiano: na vida pessoal, familiar, comunitária, social, política. A liturgia-celebração só tem sentido se for fonte e ponto alto de uma liturgia-vida, assim como a Última Ceia de Jesus só foi possível por causa de sua vida inteira dedicada à missão, ao projeto do Pai. Portanto, celebrar a

Eucaristia supõe convivência e comunhão com Deus no dia a dia. Supõe nosso compromisso na construção de uma sociedade justa e fraterna, na luta por melhores condições de vida, na solidariedade dos pobres, no combate às injustiças, na defesa do meio ambiente, na promoção da cidadania. E isso "até que ele venha", até que o Reino seja instaurado na plena paz, justiça, participação e comunhão com Deus e com os irmãos.

Em cada celebração antecipamos sacramentalmente e apressamos esse momento da realização final. O Espírito do Cristo ressuscitado nos transforma dia a dia em seguidores de Jesus Cristo, em adoradores do Pai em espírito e verdade, em irmãos uns dos outros, em Corpo do Senhor.

3.7. Quem faz a oração eucarística?

Quem faz a oração eucarística é o presidente da assembleia eucarística, em nome de todos os presentes. Todos acompanham atentos, fazendo suas interiormente as palavras proclamadas. Todos intervêm com respostas e aclamações, como se costuma fazer quando alguém faz um brinde numa festa: "O nosso coração está em Deus", "Santo é o Senhor", "Anunciamos, Senhor, a vossa morte", "Caminhamos na estrada de Jesus". A aclamação principal é o "amém" como conclusão do "por Cristo, com Cristo e em Cristo". Junto com o gesto da elevação do pão e do cálice, o "amém" resume toda a nossa atitude de louvor e de entrega, a nossa aceitação da salvação realizada na morte-ressurreição de Jesus, o nosso compromisso na nova e eterna aliança.

3.8. Comungar, uma atitude ativa

Assim como na ceia dos judeus, também na Eucaristia cristã, no momento da comunhão não se trata de receber o pão e o vinho passivamente. Trata-se de assumir, pessoalmente, aquela mesma atitude de Jesus expressa pelo presidente na oração eucarística: "Isto é o meu corpo que será entregue, meu sangue derramado". Isto é minha vida vivida a serviço do Reino, em constante louvor ao Pai. Trata-se de entrar ativamente no Mistério Pascal de Jesus Cristo, confiando que o Pai fará brotar dessa doação vida e ressurreição.

A procissão na qual entramos para comungar, o "amém" que dizemos, assim como o fato de comer o Pão e beber o Vinho, exprimem bem essa atitude ativa de nossa parte. Aceitamos receber e assimilar o Corpo de Cristo, para sermos assimilados por ele, para nos tornar um só com ele, assim na vida como na morte. No silêncio após a comunhão, mergulhamos nesse mistério profundo que envolve toda a nossa vida, toda a história do mundo.

3.9. Partir o pão

Antes de podermos comungar, o Pão deve ser rompido, partido. Isso se faz no momento da fração do pão (e não durante a chamada consagração, como às vezes acontece). Essa fração do pão pode significar duas coisas. Primeiro, a unidade dos cristãos em Cristo: "O pão que partimos, não é comunhão com o Corpo de Cristo? Já que há um único pão, nós, embora muitos, somos um só corpo, visto que participamos deste único pão" (1Cor 10,16-17). Depois, pode significar também a paixão do Senhor, o fato de ele ter sido "quebrado", "partido" pelo sofrimento e a morte. Este último sentido combina melhor com o canto que acompanha a fração: "Cordeiro de Deus que tirais o pecado do mundo, tende piedade de nós!". Cordeiro imolado para nos dar a vida. Para que esse gesto tão significativo possa ser vivenciado por nós, será necessário usar, sempre que possível, pão em vez de hóstias, que possa ser de fato rompido antes da comunhão (comparem: IGMR n. 283). Graças a Deus, algumas comunidades já redescobriram o valor deste costume e cada semana uma família se encarrega de preparar o pão para a Eucaristia da comunidade.

4. O Senhor nos acompanhe

Ontem: quando os discípulos de Emaús se deram conta de que Jesus estava vivo, imediatamente se levantaram e voltaram a Jerusalém. Não podiam guardar para si esta grande notícia: o Senhor ressurgiu! Em Jerusalém, a capital, no centro que abrigava todas as instâncias do poder político e religioso que haviam condenado Jesus à morte, eles – vindo da "periferia", vindo do lugar do "Zé-povão" – foram anunciar que a condenação de Jesus havia sido anulada por Deus, ressuscitando Jesus dos mortos. Voltou a esperança de tempos melhores. Voltou a fé: Deus é maior que todos os poderes deste mundo. Poucas horas antes, a tristeza deles os impedia de ver o sol brilhando; agora, em plena noite, a alegria da ressurreição ilumina a caminhada deles.

Hoje: a missa não é um fim. Os irmãos dispersam-se por ora, cada um voltando para casa. Mas, durante a semana, estaremos todos empenhados em continuar a missão de Jesus, com a força do Espírito Santo: em casa, no trabalho, na escola, na fábrica, na roça, no sindicato, nos movimentos populares, em mil grupos e associações, em contato com amigos e inimigos, em prisões, hospitais, na rua. Muitos grupos estarão reunidos para preparar, planejar, avaliar a ação da comunidade no mundo, na sociedade, feito fermento na massa, feito candeeiro para clarear, feito sal para temperar, feito cidade iluminada, sinal de ânimo e esperança, lugar de reunião para todos aqueles que, por causa da fé em Jesus, sinceramente procuram fazer um mundo melhor. Daí a importância dos avisos, da bênção e da despedida no final da celebração. Trata-se de um envio em missão: "Glorifiquem o Senhor com a vida de vocês. Vão em paz, e que o Senhor os acompanhe!".

Façam isto... Sobre a compreensão do sacramento da Eucaristia, sua transmissão na catequese e na formação teológica[1]

1. Uma teologia eucarística "casada" com a ação ritual eucarística

Os sacramentos são antes de tudo ações rituais; porém, enquanto tais, vêm acompanhados de sua interpretação, sua compreensão, sua teologia. Assim, os relatos da Última Ceia de Jesus no Novo Testamento não só descrevem a ação ritual realizada por ele, mas trazem também "embutidos" elementos teológicos: cada evangelista interpreta aquela ação ritual do modo como sua comunidade compreendeu e transmitiu o sentido daquilo que Jesus fez. Ação ritual e sua compreensão teológica formam uma unidade; uma não existe sem a outra. Na Idade Média, no entanto, foi elaborada uma teologia da Eucaristia com o método racionalista da escolástica, em torno de três eixos temáticos:

a) *sacramento*: em torno da temática da presença real;
b) *sacrifício*: tratando da relação entre a Eucaristia e a morte de Jesus na cruz; e
c) *comunhão*: numa linha mais espiritual que teológica.

---

1. Originalmente publicado em: *Revista de Liturgia*, n. 181 [jan.-fev. 2004], 4-10. (N. do E.)

Essa teologia não partiu de uma análise objetiva da ação ritual eucarística deixada pela tradição *fundante*, fundamental, de nossa fé. Criou-se, assim, uma ruptura entre teologia e celebração da Eucaristia. O que deveria constituir um todo inseparável acabou fragmentado, e essa fragmentação passou para a catequese, para nossa vivência e espiritualidade da Eucaristia, para a formação dos futuros ministros, acabando por influenciar inclusive a maneira de celebrar a missa.

O Concílio Vaticano II iniciou uma volta à unidade perdida entre teologia e ação ritual. Assumiu o resultado dos estudos bíblicos e patrísticos sobre a Eucaristia, e das pesquisas históricas e linguísticas das fontes litúrgicas realizadas principalmente desde o início do século XX no bojo do Movimento Litúrgico. Traçou, de forma conjugada, uma nova teologia e uma nova prática da Eucaristia[2]. Para sermos fiéis à tradição de nossa fé e corrigirmos nossos desvios, devemos voltar aos relatos da Última Ceia de Jesus e das refeições do Cristo ressuscitado com os seus, assim como a outros textos bíblicos relacionados.

2. O que Jesus fez na Última Ceia e por quê?

Não sabemos exatamente o que Jesus disse e fez na Última Ceia. Os textos bíblicos que nos falam desse acontecimento não são relatos jornalísticos nem uniformes. Cada texto (de Paulo, Marcos, Mateus, Lucas, João...) já é o resultado da interpretação feita por uma comunidade. No entanto, sem entrar nos detalhes das diferenças, podemos apontar o essencial que aparece de alguma maneira no conjunto dos textos:

Jesus reuniu os discípulos para uma ceia, conversou longamente com eles sobre o Reino de Deus; seguiu o ritual da ceia pascal judaica,

2. Vejam: BUYST, IONE, Eucaristia: uma nova prática e uma nova teologia, *Revista de Liturgia* 172 (jul.-ago. 2002). O assunto é retomado aqui de forma sucinta, com ênfase na metodologia da teologia sacramental.

que recorda a libertação do Povo de Deus da escravidão do Egito e anuncia a libertação plena no futuro: tomou o pão, deu graças, partiu e deu a seus discípulos..., no fim da ceia tomou o cálice com vinho em suas mãos, deu graças e o deu a seus discípulos. As palavras que acompanharam esses gestos simbólicos de Jesus é que traziam a novidade em relação à ceia judaica: "Tomem e comam; isto é meu corpo, que será entregue por vocês. Tomem e bebam todos vocês; isto é o cálice do meu sangue, o sangue da nova e eterna aliança, que será derramado por vocês. Façam isto para celebrar a minha memória".

Como entender essas palavras no contexto da Última Ceia? Vivendo a experiência de confronto com as autoridades, de perseguição, condenação e morte iminente, "Jesus se viu e leu seu destino de profeta-messias na misteriosa figura do servo do Senhor que sofre e dá a sua vida pela salvação dos irmãos (cf. especialmente Is 53)"[3]. Deu graças ao Pai, pela iminência do Reino, no ardente desejo de vê-lo realizado. No gesto simbólico de partir e repartir o pão e de entregar o cálice com vinho, antecipou ritualmente sua morte na cruz, dando-lhe o sentido de entrega voluntária, de *doação*, que caracterizou toda a sua vida e que deverá caracterizar a vida de seus seguidores: corpo doado, sangue derramado, símbolos da vida entregue, garantia da nova e eterna aliança de amor e de comunhão indissolúvel entre Deus e a humanidade. O amor incondicional ao Pai e ao povo, seu trabalho incansável e destemido para libertar os pobres de seus males e da opressão imposta pelos líderes políticos e religiosos, ele o viverá até o fim, até a morte de cruz. Realizando a profecia do cordeiro pascal, será morto, mas sua morte beneficiará seus irmãos. E ele mesmo vencerá a morte, passando por ela: será glorificado pelo Pai e receberá o nome que está acima de todo nome: *Kyrios*! Senhor! O amor é mais forte que a morte. (O livro do Apocalipse apresenta o Cordeiro pascal como imolado, sim, mas de pé, isto é, vivo e vencedor.)

3. VISENTIN, Eucaristia, in: SARTORE, D.; TRIACCA, A. M. (ed.), *Dicionário de liturgia*, São Paulo, Paulus, 1992, 396.

3. O que Jesus nos mandou fazer e por quê?

Jesus confiou à comunidade dos discípulos o mandamento da ceia: "Façam sempre isto em minha memória". Confiou não somente as ações a serem realizadas ("Façam isto..."), como também seu sentido, sua compreensão teológica fundamental ("em minha memória").

3.1. Quais são essas ações?

Para sermos fiéis ao mandamento do Senhor, devemos fazer o que Jesus fez (e não outras coisas!). Os vários momentos elencados a seguir formam uma única "ação eucarística", na qual cada momento está interligado com os demais:

Reunir a comunidade, ouvir e interpretar as leituras bíblicas, dirigir a Deus súplicas para que venha seu Reino anunciado nas leituras.

Reunidos ao redor da mesa do Senhor, trazer o pão e o vinho, que simbolizam toda a nossa vida e a vida do mundo (com suas alegrias e esperanças, tristezas e angústias, acertos e desacertos, avanços e retrocessos) que entregaremos nas mãos do Pai, juntamente com a vida de Cristo, durante a oração eucarística.

Proclamar a oração eucarística: por Cristo, com Cristo e em Cristo, oferecer ao Pai, com os sinais do pão e do vinho, o *sacrifício de louvor*, dando graças pela salvação que ele realizou na morte-ressurreição do Senhor (anunciada na Última Ceia pelo próprio Jesus), e invocar o Espírito Santo, para que o mistério da Páscoa de Jesus se realize hoje entre nós, na celebração e na vida.

Partir o pão e dar um pedaço a todos os participantes; passar também o cálice para que todos bebam (ou molhem o pão no vinho). Comendo desse pão, bebendo desse vinho, somos associados ao Mistério Pascal de Cristo, incorporados nele, de modo que toda a nossa vida possa ser vivida como uma grande transformação pascal, um caminho de seguimento de Jesus, rumo à plena comunhão com o Pai.

Voltar às nossas atividades no "mundo", como testemunhas do Ressuscitado, profetas do Reino de Deus.

3.2. Qual é o sentido teológico fundamental da ação eucarística?

A aclamação memorial, introduzida durante a renovação conciliar, não deixa dúvidas: "Eis o mistério da fé! Anunciamos, Senhor, a vossa morte e proclamamos a vossa ressurreição. Vinde, Senhor Jesus!". A Eucaristia é uma ação ritual, simbólico-sacramental, ação de Cristo ressuscitado na força do Espírito Santo, atualização de sua entrega e de sua glorificação, fazendo-nos participantes de seu Mistério Pascal e de sua comunhão com o Pai, na expectativa da plena realização do Reino de Deus. É uma ação profética que aponta o rumo por onde o mundo encontrará a paz, a felicidade, a unidade. Implica nosso compromisso na construção de uma sociedade sem fome, sem guerras, sem discriminações, buscando caminhos de solidariedade, respeito e compreensão mútua, partilha de bens.

O ato de comer e beber o pão e o vinho não é uma ação individualista e, sim, comunitária, eclesial: todos bebem do único cálice de salvação, cálice de bênção; um único pão é partido e repartido entre todos para que formem um só corpo em Cristo, pelo poder do Espírito Santo, que faz com que se amem uns aos outros, como Jesus os amou. Assim, a Igreja, a comunidade eclesial, nasce e cresce na Ceia do Senhor, sacramento pascal, sacramento da unidade, anúncio profético da comunhão universal, quando Deus será tudo em todos (1Cor 15,28).

4. Confronto com nossa prática

Se formos sinceros e críticos o suficiente, deveremos reconhecer que, em muitas de nossas missas, já não reconhecemos esses gestos básicos e o sentido teológico deixados por Jesus. A maioria das pessoas não relaciona a comunhão nem com a oração eucarística nem com a Palavra ouvida nem com o compromisso de testemunhar a ressurreição no dia a dia. Desconhece a importância da oração eucarística como um todo, desconhece o gesto da fração do pão (mesmo porque na maioria das vezes continuamos usando hóstias em vez de pão). Fica "ligada" unicamente no momento da narrativa da Última Ceia e à comunhão. Cultiva uma devoção ao "Santíssimo Sacramento" entendido como presença real de Jesus na hóstia consagrada e vive a "comunhão" como um "consumo" individual das hóstias consagradas. Há certo "entulho" de elementos medievais, introduzidos em uma época em que o povo já não tinha acesso à mesa eucarística e que a Igreja havia perdido o sentido pascal da Eucaristia: elevação e adoração do Santíssimo no momento da chamada "consagração", oração devocional diante do sacrário logo depois da comunhão, o sacrário tratado como mais importante do que o altar, bênção com o Santíssimo depois da missa...

Jesus não mandou fazer nada disso! Nada disso encontramos nas Sagradas Escrituras. Fica, então, o desafio de remover os "entulhos" litúrgicos e teológicos e recolocar nossa maneira de celebrar a Eucaristia, nossa catequese e nossa formação teológica no trilho da grande Tradição, reencontrada pelo Concílio Vaticano II.

Eucaristia: uma nova prática e uma nova teologia[1]

Quase quarenta anos atrás, no dia 4 de dez. 1963 foi promulgada a Constituição Conciliar *Sacrosanctum Concilium* (SC), sobre a sagrada Liturgia, primeiro documento a ser aprovado na aula conciliar. Passaram-se quarenta anos. O que a SC e a renovação litúrgica conciliar nascida dela trouxeram de novo no que diz respeito à Eucaristia? Primeiro, há uma série de mudanças "externas", bem perceptíveis, na maneira de celebrar a missa e que foram sendo introduzidas pouco a pouco. Os mais antigos entre nós certamente se lembram disso. Mas é importante perceber que, nos alicerces da nova maneira de celebrar, se esconde uma nova maneira de compreender a Eucaristia: os princípios teológico-litúrgicos nos quais se apoiam essas novas práticas litúrgicas. Por isso, neste artigo vamos começar com os alicerces e depois perceber o resto do edifício. Ou seja, vamos lembrar as mudanças mais significativas na teologia da Eucaristia:

a) o sujeito da ação eucarística é a comunidade eclesial, povo sacerdotal;
b) a ação eucarística consiste em comer e beber juntos em ação de graças;
c) a Eucaristia é celebração do Mistério Pascal, memorial da morte e ressurreição do Senhor Jesus;
d) a liturgia da Palavra e a liturgia eucarística formam um só ato de culto.

1. Originalmente publicado em: *Revista de Liturgia*, n. 172 [jul.-ago. 2002], 4-8. (N. do E.)

Ao abordar cada um desses aspectos teológicos, serão apontadas mudanças na maneira de celebrar que delas decorrem. Antes disso, convém perguntar: qual foi a motivação fundamental e onde o Concílio encontrou embasamento para fazer mudanças tão profundas na Eucaristia, que é o sacramento central da fé cristã? O Papa João XXIII, que inesperadamente convocou o Concílio, queria renovar a Igreja Católica, preparando um caminho para a unidade de todas as Igrejas cristãs. Por isso, chamou o Concílio de "ecumênico" e convocou observadores das outras Igrejas, que deram contribuições muito valiosas. A melhor maneira que se encontrou para buscar a unidade era a "volta às fontes". No que diz respeito à liturgia, mais de sessenta anos de movimento litúrgico, bíblico e ecumênico, com sérias pesquisas históricas, bíblicas, patrísticas e estudos teológico-litúrgicos estavam possibilitando essa reflexão comum sobre a Tradição litúrgica (com T maiúsculo) comum a todas as Igrejas. A preocupação era com a fidelidade ao mandamento de Jesus Cristo.

1. O sujeito da ação eucarística é a comunidade eclesial, povo sacerdotal

1.1. Quem celebra a Eucaristia?

As ações litúrgicas não são ações privadas, mas celebrações da Igreja, que é o "sacramento da unidade", isto é, o povo santo, unido e ordenado sob a direção dos bispos. Por isso, as celebrações pertencem a todo o corpo da Igreja e o manifestam e afetam (SC 26).

Deseja ardentemente a mãe Igreja que todos os fiéis sejam levados àquela plena, cônscia e ativa participação que a própria natureza da liturgia exige e à qual, por força do batismo, o povo cristão, "geração escolhida, sacerdócio real, gente santa, povo de conquista" (1Pd 2,9; cf. 2,4-5), tem direito e obrigação (SC 14).

Portanto, quem celebra a Eucaristia é a comunidade eclesial, o Povo de Deus reunido em assembleia local. A base teológica está na participação no sacerdócio de Cristo pelo sacramento do batismo. Nele somos um povo sacerdotal. Usando uma imagem cara a São Paulo, a comunidade eclesial é o Corpo de Cristo, indissoluvelmente unida a ele, que é a Cabeça desse "corpo", na unidade do Espírito Santo. Outra imagem que expressa a estreita relação entre Cristo e sua Igreja é a imagem da relação entre esposo e esposa; trata-se de uma relação mística, mais que institucional. E é celebrando a Eucaristia, "sacramento da unidade" (termo retomado da patrística e que volta com insistência na reforma eucarística conciliar), que se expressa e se aperfeiçoa o ser da Igreja. É famosa a afirmação: a Igreja realiza a Eucaristia, e a Eucaristia realiza a Igreja.

Isso implica diretamente uma mudança da relação povo/clero na celebração da Eucaristia. Até o Concílio, o padre (o "sacerdote") *celebrava* a missa *para* o povo; o povo assistia, mudo, recolhido em suas devoções particulares, cada um/a por si. Na perspectiva do Concílio, o padre *serve* a um povo, todo ele sacerdotal; *preside* uma assembleia celebrante. Seu sacerdócio, ministerial, não está acima do sacerdócio da comunidade, mas a serviço do mesmo. O sacerdócio dos batizados não se origina do sacerdócio ministerial; ambos derivam do mesmo e único sacerdócio de Jesus Cristo.

Por isso, todo o povo sacerdotal, unido a Cristo, no Espírito Santo, realiza o memorial, alimentando-se da Palavra de Deus, orando em comunidade, dando graças, oferecendo o sacrifício de louvor, comungando da mesa do Senhor. A SC 48 insiste: "Aprendam a oferecer-se a si próprios oferecendo a hóstia imaculado [o próprio Cristo], não só pelas mãos do sacerdote, mas juntamente com ele". Eis uma grande novidade.

No entanto, a assembleia não deixa de ser hierarquicamente constituída, organizada: além dos ministros ordenados que presidem a Eucaristia, há os leitores, os cantores, os instrumentistas, os acólitos, os "comentaristas", todos agora considerados verdadeiros ministérios litúrgicos a serviço da assembleia (cf. SC 29). Cada qual assume sua função específica, como as várias partes num corpo humano (cf. SC 28).

A palavra-chave que volta bem umas cinquenta vezes ao longo da SC é "participação" de todo o povo na liturgia. Entendido em sentido teológico, participação é comunhão em Cristo, participação em sua missão messiânica, em sua morte e ressurreição, em sua relação com o Pai, no Espírito Santo, e isso, pela participação nos sinais sensíveis, pela participação nas ações rituais. Para que seja um ato verdadeiramente humano, essa participação há que ser também "consciente". Daí a necessidade de formação litúrgica de todo o Povo de Deus *para que não assistam como estranhos ou espectadores mudos* (cf. SC 47), mas que participem como agentes, sujeitos da ação eucarística.

Quanto às mudanças que decorrem dessas afirmações teológicas para a prática atual, apontemos as mais significativas, realizadas ao longo da reforma litúrgica conciliar:

a) O altar é afastado da parede, e o padre passa a celebrar de frente para o povo.
b) O banco de comunhão que separava o povo do presbitério e do altar é tirado.
c) Além do presidente, a assembleia eucarística conta com o ministério de leitores, acólitos, cantores, instrumentistas, equipe de acolhimento...
d) Os ritos iniciais são reformulados em vista de sua nova função: constituir a assembleia litúrgica, formar o "corpo comunitário" celebrante; o rito penitencial deixa seu caráter devocional e se torna um rito comunitário.
e) O latim é substituído pela língua de cada povo; fala-se na necessidade de usar uma linguagem (verbal, gestual, musical...) na cultura da comunidade celebrante.

f) O povo todo se encarrega das respostas no diálogo com o presidente, que antes eram ditas só pelos coroinhas.
g) A maioria dos cantos são cantados por todos (não mais só pelo coral) na língua do povo; nascem novos repertórios.
h) O padre não repete ou lê individualmente os cantos cantadas pelo coro e pelo povo; canta junto com a assembleia.
i) As oferendas (pão, vinho, coleta de dinheiro...) são trazidas pelo povo ou por alguns membros dele.
j) A oração eucarística é dita pelo presidente em voz alta para o povo poder participar, enquanto antes cada qual acompanhava essa oração em silêncio, numa atitude de devoção e reverência ao Santíssimo Sacramento, cada um por si. O povo intervém com as respostas e aclamações. O "amém" final da oração eucarística ganha um destaque, como ratificação, pela assembleia, da oração presidencial.
k) Na oração eucarística, há uma "epiclese de comunhão", invocando a vinda do Espírito Santo sobre a comunidade reunida, para que se torne sempre mais corpo de Cristo, ao participar da mesa do Senhor. Principalmente na epiclese da oração eucarística n. 2 aparece claramente a ligação estreita entre a comunhão sacramental, o Espírito Santo e o dom da unidade: "E nós vos suplicamos que, participando do Corpo e Sangue de Cristo, sejamos reunidos pelo Espírito Santo num só corpo".
l) É reintroduzido o abraço da paz e a fração do pão, expressando a relação que existe entre o Corpo de Cristo que se recebe no pão e no vinho e o Corpo de Cristo que é a comunidade eclesial. Em 1 Coríntios 10,16-17, Paulo estabelece a relação entre o comer juntos o pão partido e a unidade da comunidade como corpo de Cristo; inclui nessa relação também o cálice de bênção: "O cálice de bênção que abençoamos não é comunhão com o sangue de Cristo? O pão que partimos não é comunhão com o corpo de Cristo? Já que há um único pão, nós, embora muitos, somos um só corpo, visto que todos participamos desse único pão".

m) A comunhão não é uma ação intimista, devocional, cada um rezando individualmente, com o rosto entre as mãos; é uma ação comunitária: todos caminham em procissão, cantando juntos, expressando sua comum-união em Cristo; continuam cantando, inclusive depois de ter recebido o pão e o vinho consagrados.
n) Podemos apontar ainda a reintrodução da concelebração eucarística: vários padres celebram juntos a mesma Eucaristia, em vez de cada um celebrar individualmente, na mesma igreja, em altares diferentes, como era o costume antes do Concílio. Na tradição das Igrejas do oriente, a concelebração expressa a unidade da Igreja; é o bispo que preside, e todos os padres presentes concelebram. Na tradição das Igrejas do ocidente, a concelebração tem o intuito de expressar a unidade do sacerdócio.

2. A ação eucarística consiste em comer e beber juntos em ação de graças

Na renovação conciliar, redescobrimos a Eucaristia como *ação*. Em que consiste a ação eucarística? É preciso voltar ao mandamento do Senhor, referido por Paulo e Lucas: "Façam isto para celebrar a minha memória!". Nessa frase vêm indicados tanto o sentido da ação (para celebrar a memória de Jesus), como a própria ação (façam isto). É preciso fazer o que Jesus fez na Última Ceia: tomou o pão, depois tomou também o vinho, deu graças, partiu e deu a seus discípulos, dizendo. Dessa forma, encontramos a estrutura básica da liturgia eucarística: preparação das oferendas (preparar a mesa, trazer o pão e o vinho que são símbolos de nossas vidas); oração eucarística (que é ao mesmo tempo ação de graças e oferta – em outras palavras: sacrifício de louvor); fração do pão e comunhão (que é participação naquilo que foi proclamado na ação de graças, ou seja, participação na morte-ressurreição do Senhor, participação em seu Mistério Pascal).

Quais as mudanças que decorrem dessas afirmações teológicas para a maneira de celebrar a Eucaristia? Apontemos as mais significativas, realizadas ao longo da reforma litúrgica conciliar:

a) É preciso distinguir: *apresentação* das oferendas (trazendo pão e vinho) e a oferta de fato na oração eucarística ("nós vos oferecemos, ó Pai, o pão da vida e o cálice da salvação"). A primeira é simples preparação para a oferta que vem depois.
b) A Igreja sempre teve uma preocupação com a fidelidade à fala de Jesus na Última Ceia. Jesus deu graças; pronunciou a bênção da mesa sobre o pão e o vinho. Por isso, é toda a prece eucarística – a grande ação de graças – que deve ser considerada, e não somente a narrativa da Última Ceia.
c) O gesto da "fração do pão" é um gesto constitutivo da Eucaristia, deixado por Jesus; por si só, o nome "fração do pão" designava a Eucaristia nas comunidades primitivas (cf. At 2,46; 20,7). O gesto exige que se use pão que possa ser partido e repartido entre todos.
d) O ato de comungar é parte integral da celebração. Todos participam da Eucaristia, comendo do pão e bebendo do vinho "eucaristizados", sobre os quais foi pronunciada a bênção eucarística, segundo a tradição que nos vem do Senhor.
e) A comunhão é real; trata-se de comer (e beber) e não pode ser mais reduzida à "comunhão espiritual".
f) O povo – e não somente o padre – comunga durante a missa, e não antes ou depois, como era costume antes do Concílio.
g) Progressivamente é reintroduzida a comunhão "nas duas espécies" para todo o povo, isto é, no pão e também no vinho (bebendo do cálice ou molhando o pão no cálice com vinho).
h) A atitude para receber a comunhão: não mais de joelhos (no "banco de comunhão" que separava o presbitério e a nave da igreja), mas de pé (em atitude de ressurreição, de caminhada, de compro-

misso). Todo mundo responde: "Amém!" ao receber o pão e o vinho consagrados.

i) A comunhão pode ser recebida na mão e não necessariamente na boca.

3. A Eucaristia é celebração do Mistério Pascal, memorial da morte e ressurreição do Senhor

A aclamação memorial indica o sentido central da ação eucarística: "Eis o mistério de nossa fé! Anunciamos, Senhor, a vossa morte e proclamamos a vossa ressurreição. Vinde, Senhor Jesus!". Pela ação de graças pronunciada sobre o pão e sobre o cálice com vinho (que depois serão repartidos entre todos), atualizamos ritualmente, tornamos presente simbólico-sacramentalmente, a vitória e o triunfo da morte de Jesus, até que ele venha. Aquilo que aconteceu uma vez por todas na Última Ceia e na morte de Jesus na cruz acontece hoje para nós, em mistério, no sacramento, toda vez que realizamos, como corpo eclesial, a ação eucarística, pela força do Espírito Santo que invocamos sobre o pão e o vinho, assim como sobre a comunidade reunida.

Participando, somos associados à morte-ressurreição de Jesus. Por ele, com ele e nele, nossas vidas e a vida do mundo são entregues juntamente com a entrega confiante que Jesus faz de sua vida (até a morte) nas mãos do Pai, para termos parte em sua ressurreição. Em Cristo, todas as nossas "mortes" são chamadas à transformação pascal. Por isso, "a Igreja nunca deixou de reunir-se para celebrar o Mistério Pascal" (SC 6). Pela ação memorial, a Eucaristia é ação do próprio Cristo glorificado, presente e atuante com seu Espírito na comunidade reunida, fazendo nos passar da morte à vida.

No entanto, é importante notar a dimensão escatológica. Na Eucaristia, Cristo está presente, mas ao mesmo tempo continuamos aguardando "até que Ele venha", até que a morte seja vencida pela vida, até que o Reino de Deus seja plenamente estabelecido sobre toda a realidade. Assim, a Eucaristia é também sacramento do Reino de Deus.

Na época, foi uma grande novidade usar o termo "Mistério Pascal" como conceito fundamental para a Eucaristia. Lembra-nos Vagaggini que muitos padres conciliares estranharam isso, porque somente a paixão e morte de Jesus eram considerados "meritórios" da graça da salvação. E, se formos perguntar à maioria dos "participantes" de nossas assembleias eucarísticas a que se referem as palavras: "Eis o mistério de nossa fé!", muitos irão responder que se trata da transformação do pão e do vinho no corpo e sangue de Cristo. Não associam Eucaristia com o mistério da Páscoa.

Quais são as mudanças que estas afirmações teológicas trazem para a maneira de celebrar a Eucaristia? Apontemos as mais significativas, realizadas ao longo da reforma litúrgica conciliar:

a) A celebração eucarística mais importante é a missa dominical. É a celebração do Mistério Pascal, mistério de nossa fé, no dia da ressurreição do Senhor. É expressão culminante de toda a vida cristã, no gozo da alegria pascal e no desejo ardente de ver o Reino realizado. Por isso, deve receber um destaque em relação à celebração de outras missas em outras ocasiões.
b) No centro da oração eucarística, foi introduzida a aclamação memorial: "Eis o mistério da fé! Anunciamos Senhor" (ou outra semelhante).
c) Na oração eucarística, temos agora uma invocação (epiclese) implorando a atuação transformadora do Espírito Santo sobre o pão e o vinho: "Santificai, pois, estas oferendas, derramando sobre elas o vosso Espírito Santo, a fim de que se tornem para nós o Corpo e o Sangue de nosso Senhor Jesus Cristo".
d) Foi eliminada a elevação da hóstia e do cálice no momento da narrativa da Última Ceia (a chamada "consagração"), até então

considerado um dos pontos altos para a devoção do povo. Também não há mais elevação na preparação das oferendas (porque não se trata de uma oferta). A única elevação é agora no final da oração eucarística, quando se proclama "Por Cristo, com Cristo e em Cristo. Amém". Nesse gesto culmina toda a oração eucarística, como oferta de louvor.

e) Há uma relação estreita entre a oração eucarística, a fração do pão e a distribuição da sagrada comunhão; por isso, devemos comungar do pão (e do vinho) consagradas naquela missa e não com hóstias tiradas do sacrário (a não ser em casos excepcionais): "Vivamente recomenda-se aquela participação mais perfeita na missa, pela qual os fiéis [...] comungam do Corpo do Senhor do mesmo sacrifício" (SC 55) – "É muito recomendável que os fiéis recebam o Corpo do Senhor com pão consagrado na mesma missa e, nos casos previstos, participem do cálice, para que assim também por meio dos sinais a comunhão melhor apareça como participação do sacrifício que se está efetivamente celebrando" (Instrução Geral sobre o Novo Missal Romano, 1969, n. 56h).

f) Não se deve celebrar a Eucaristia "com o Santíssimo exposto", como se fazia antes do Concílio. Também não tem sentido dar a bênção com o Santíssimo Sacramento no final da missa; a maior "bênção" é a própria celebração da Eucaristia, com a comunhão eucarística. Bênção com o Santíssimo é considerado "culto eucarístico fora da missa", assim como hora santa de adoração.

4. Liturgia da Palavra e liturgia eucarística formam um só ato de culto

A renovação conciliar recolocou a Sagrada Escritura no seu devido lugar nas celebrações litúrgicas. No número 24 lembra sua "máxima importância"; direta ou indiretamente está presente nas leituras, na homilia, nos salmos, nas preces, orações e hinos, nos gestos e ações simbólicas. O número 35 pede uma ampliação das partes da Sagrada Escritura lidas principalmente nas liturgias dominicais.

O Concílio acentua principalmente o nexo entre palavra e sacramento, dando, dessa forma, um enorme passo em direção às Igrejas da Reforma Protestante. Todos os sacramentos são "sacramentos da fé" (SC 59); a fé supõe escuta da Palavra. Mais especificamente da missa, diz-se que "a liturgia da Palavra e a liturgia eucarística estão tão estreitamente unidas que formam um único ato de culto" (SC 56). Devemos entender isso na perspectiva da celebração da aliança: a liturgia da Palavra é o momento do diálogo, do contrato da aliança, que será selado a seguir na liturgia eucarística, que é o rito da nova aliança.

A liturgia da Palavra deixa de ser uma preparação catequética para assumir característica sacramental: Cristo está presente pela sua palavra, "pois é ele mesmo que fala quando se leem as Sagradas Escrituras na igreja" (SC 7). Por isso, fala-se da "mesa da Palavra de Deus", ricamente preparada para alimentar o Povo de Deus (SC 51), assim como se alimenta da mesa eucarística.

Quais são as mudanças que essas afirmações teológicas trazem para a maneira de celebrar a Eucaristia? Apontemos as mais significativas, realizadas ao longo da reforma litúrgica conciliar:

a) Devemos participar de toda a missa (SC 56). Lembremos que, antes do Concílio, bastava chegar antes do "ofertório" para cumprir o preceito dominical.
b) Ouvimos três leituras bíblicas em vez de duas nas missas dominicais e temos um lecionário com um ciclo de três anos em vez de um ano só. Portanto,
   - Volta o salmo responsorial.
   - Volta a homilia, obrigatória aos domingos e dias de festa (no lugar do sermão).
   - Voltam também as preces dos fiéis.

c) A homilia faz o gancho entre leituras bíblicas e a vida, mas também entre as leituras e a liturgia eucarística, na qual se celebra o mistério de Cristo ao longo de todo o ano litúrgico.
d) Reaparece o ambão, ou estante da Palavra, de onde é anunciada a Palavra de Deus nas leituras, no salmo, na homilia, e de onde se fazem também as preces e o "Exulte" da Vigília Pascal.
e) Redescobre-se a relação do prefácio e do canto de comunhão com o evangelho do dia[2].

5. Confrontando com nossa prática

De nada adianta conhecer a teologia da Eucaristia e as exigências celebrativas que dela decorrem, se isso não nos leva a uma nova prática. Por isso, vai aqui a sugestão: confrontem o que foi dito neste artigo com a prática de sua comunidade: em que pé estamos? O que já assimilamos da teologia e da prática do Concílio e o que não? Que providências vamos tomar para adiantar o passo?

6. Bibliografia

ALDAZÁBAL, José. A Eucaristia. In: BOROBIO, Dionísio (dir.). *A celebração na Igreja. V. 2: Sacramentos*. São Paulo: Loyola, 1988, 145-357.

CONGAR, Yves. L'"Ecclesia", ou communauté chrétienne, sujet intégral de l'action liturgique. In: JOSSUA, J.-P.; CONGAR, Y. *La liturgie après Vatican II. Bilan, études, prospective*. Paris: Éd. du Cerf, 1967, 241-282 (Coll. "Unam sanctam, 66).

2. Cf. MALDONADO, LUÍS, *A homilia. Pregação, liturgia, comunidade*, São Paulo, Paulus, 1997 (Col. Liturgia e Teologia), 101-137.

DE CLERCK, Paul. Adoration eucharistique et vigilance théologique. *LMD*, Paris, 225 (2001/1) 65-79.

MAZZA, Enrico. *L'Action Eucharistique. Origine, développement, interprétation*. Paris: Cerf, 1999. (Título original: *L'Eucaristia nella storia. Genese del rito e sviluppo dell'interpretatione*, 1996).

POWER, David. *The Eucharistic Mystery. Revitalizing the Tradition*. Dublin: Gill and Macmillan, 1992.

VISENTIN, P. (Eucaristia:) Mistero unico e totale: sacrificio – comunione – presenza. In: *Culmen et Fons. Raccolta di studi di liturgia e spiritualità. V. 1: Mysterium Christi ab ecclesia celebratum*. Padova: Edizioni Messagero Padova, 1987, 126-141 (Caro Salutis Cardo, Studi, 3).

VAGAGGINI, C. Vista panorâmica sobre a Constituição Litúrgica. In: BARAÚNA, G. (ed.). *A Sagrada Liturgia renovada pelo Concílio. Estudos e comentários em torno da Constituição Litúrgica do Concílio Vaticano II*. Petrópolis: Vozes, 1964, 127-131.

Participação do povo na liturgia eucarística[1]

"Liturgia eucarística": para muitas pessoas, mesmo das que vão regularmente à missa, essas palavras não dizem grande coisa nem despertam grandes emoções. E, no entanto, ali se desenrola – na concepção cristã que temos do mundo e da liturgia –, a cada vez que a celebramos, o drama da humanidade, o drama da vida de cada um e cada uma de nós. Fazemos memória da vida, missão, paixão, morte-ressurreição, glorificação do Senhor Jesus e do derramamento do Espírito. Como Servo do Senhor, como Messias, como ungido pelo Espírito Santo do Senhor, Jesus assumiu sua missão e suas dolorosas consequências (a não aceitação, a perseguição, a condenação, a morte na cruz). E o Pai, movido pelo senso de justiça e pelo amor por seu Filho, levado por suas "entranhas de misericórdia" e compaixão, ressuscita Jesus da morte, promove-o, fazendo-o sentar-se à sua direita. A plenitude luminosa da vida de Deus passa na humanidade glorificada de Jesus e atinge assim todo o tecido humano, atinge de alguma maneira todas as coisas existentes, toda a matéria, todo o cosmos, pelo dinamismo transformador do Espírito do Ressuscitado. Cada um/a de nós somos convidados/as a reconhecer e a acelerar esse movimento de transformação, essa progressiva divinização, até que Deus seja tudo em todos.

No texto que se segue, pretendemos enfocar a participação do povo, a ação realizada pela assembleia. Na maioria das celebrações, infelizmente, temos a impressão de que a liturgia eucarística, e de

1. Originalmente publicado em: *Revista de Liturgia*, n. 153 [mai.-jun. 1999], 27-32. (N. do E.)

modo especial a oração eucarística, é toda ela feita pelo padre e somente por ele. Isso é totalmente contrário ao sentido profundo da liturgia renovada pelo Concílio Vaticano II, na sua tentativa de voltar às fontes da fé: as Sagradas Escrituras e a Tradição das primeiras comunidades. Quem é chamado a celebrar a Eucaristia é todo o povo cristão, reunido em assembleia. Vamos trabalhar este assunto analisando a própria ação litúrgica que se realiza na Eucaristia e recordando alguns textos bíblicos e conciliares.

1. O que é "participar"?

"Participação" e "comunhão" são, nos Atos dos Apóstolos e nas cartas de Paulo, praticamente sinônimos[2]. Tentam traduzir a palavra grega *koinonia* e significam tomar parte: na fé, no Espírito, na morte e ressurreição de Cristo, nos bens da salvação anunciados pelo evangelho, no corpo e sangue de Cristo. Significam ainda partilhar, repartir, ter as coisas em comum. João usa outro termo equivalente: pertencer.

Um texto-chave para entendermos o sentido da "participação" na liturgia é Romanos 6,3-11, no qual Paulo diz que seremos corressuscitados com Cristo, porque somos cossepultados com ele na morte: temos parte na sua morte-ressurreição.

Outro texto de Paulo, 1 Coríntios 10,16-18, relaciona nossa participação-comunhão no pão e no vinho da Eucaristia com a participação-comunhão na comunidade, considerada como um só corpo[3].

Significativo ainda é um parágrafo do Documento de Puebla, com o título "Comunhão e participação" (211-219). Primeiro, afirma que as últimas raízes de nossa comunhão e participação estão na vida

2. Ausejo, Serafín de, Participación, in: *Diccionario de la Biblia*, Barcelona, Herder, 1967, col. 1448-50.
3. Cf. Léon-Dufour, Xavier, O *partir do pão eucarístico segundo o Novo Testamento*, São Paulo, Loyola, 1984, 242ss.

divina que é perfeita intercomunhão entre o Pai e o Filho e o Espírito Santo. Em seguida, lembra que toda a humanidade, pela mediação de Cristo, participa dessa comunhão de amor entre as pessoas divinas. Mais: Cristo, por sua atividade pascal e por sua solidariedade (participação-comunhão) conosco, nos ajuda a transformar os inúmeros relacionamentos humanos em relacionamentos de participação, comunhão, solidariedade. Portanto, essa participação-comunhão está acontecendo na história, por obra de Cristo e de seu Espírito, independente da atuação das Igrejas.

Nós que conscientemente aderimos a Cristo, e nos deixamos nos incorporar na comunidade eclesial, somos chamados a fazer memória, a *expressar* na celebração litúrgica, esse mistério de participação-comunhão acontecendo na realidade pessoal, social e cósmica, Mistério Pascal que nos faz passar de condições de vida menos humanas para condições de vida mais humanas[4], até atingirmos a plenitude, em Deus.

Portanto, participar na liturgia, significa aceitar, reconhecer, expressar e louvar a Deus por isso. Significa aderir conscientemente, comprometer-se pessoal e comunitariamente, deixar-se transformar amorosamente pela atuação pascal, misteriosa, do Pai, do Filho, do Espírito Santo. Significa mergulhar no mistério, estreitar os laços humano-divinos, aceitando o caminho trilhado por Jesus, na compaixão, no amor incondicional, na acolhida generosa do Reino de Deus que vai crescendo entre nós.

2. Quem participa?

Perguntar pelos participantes, é perguntar pelos sujeitos, pelos que realizam a ação litúrgica. A Constituição Conciliar *Sacrosanctum Concilium* (SC), sobre a Sagrada Liturgia, é clara e não deixa dúvidas:

4. Cf. Documento de Medellín, Introdução às conclusões, 1968.

"As ações litúrgicas não são ações privadas, mas celebrações da Igreja, que é o 'sacramento da unidade', isto é, o povo santo, unido e ordenado sob a direção dos bispos. Por isso, essas celebrações pertencem a todo o Corpo da Igreja e o manifestam e afetam" (SC 26).

Os próprios textos proclamados na Eucaristia também não deixam dúvidas. Estão todos no plural e se referem ao povo santo reunido para fazer memória de Jesus, no Espírito Santo: "Demos graças ao Senhor nosso Deus", "É nosso dever dar-vos graças", "Proclamamos a vossa glória", "Anunciamos a vossa morte, proclamamos a vossa ressurreição", "Nós vos oferecemos", "Sejamos reunidos", "nós vos pedimos"...

Isso não quer dizer que todos devam dizer e fazer tudo juntos. A assembleia atua como um corpo; quando andamos ou falamos ou comemos e bebemos..., é nosso corpo como um todo que atua, porém, cada parte do corpo participa de acordo com sua função. Podemos fazer ainda outra comparação: numa fanfarra, ou orquestra, ou qualquer outro conjunto de música, é o conjunto como um todo que toca, mas cada músico na sua função, com seu instrumento específico, e na hora prevista. Isso também encontramos na SC, na sequência do texto citado acima: "[Estas celebrações] atingem a cada um dos membros de modo diferente, conforme a diversidade de ordens, ofícios e da participação atual" (SC 26). Caberia aqui lembrar outro termo importante da renovação conciliar: o sacerdócio comum dos batizados[5]. Somos, em Cristo, um povo sacerdotal, para juntos realizar a sagrada liturgia, proclamando os louvores de Deus e invocando a santificação do mundo inteiro. As pessoas que recebem a ordenação para o sacerdócio ministerial, não detêm um monopólio; não estão acima da comunidade, mas atuam como membros participantes dela e estão a serviço dela[6]. Celebram "com" toda a comunidade, e não "diante" dela[7].

5. Cf. 1 Pedro 2,4-10; Apocalipse 1,6; SC 14.

6. Vejam entre outros: Sesboüé, Bernard, *Não tenham medo. Os ministérios na Igreja de hoje*, São Paulo, Paulus, 1998.

7. Cf. CNBB, *Pastoral dos sacramentos da iniciação cristã*, 55.

É todo o povo que realiza a ação litúrgica, mas com funções diversificadas. A tradição litúrgica indica quem atuará, de que forma, em que momento. Uma é a atuação do presidente da assembleia, outra a do diácono, outra a dos acólitos, outra a dos músicos, outra a dos outros membros da assembleia. Mas, quando um membro atua, todos devem estar participando, de forma ativa, externa e interna, consciente, plena, frutuosa.

É claro que a Igreja só pode atuar, só pode realizar a ação litúrgica, porque é Deus quem atua nela, por Cristo, no Espírito Santo. Trata-se de uma *interação*. Assim, em cada celebração litúrgica, de alguma forma estarão participando as pessoas divinas, a assembleia litúrgica, unida aos anjos e santos e aos participantes da comunidade que já faleceram.

3. Participação em quatro dimensões

A liturgia, como ação simbólico-sacramental, trabalha em vários níveis, de acordo com a complexidade do ser humano, com suas dimensões biológica, psíquica, noética (conhecimento) e espiritual. Há *gestos rituais* (andar, comer, abraçar, cantar...) que requerem e ativam uma *atitude afetiva* e carregam um *sentido teológico-litúrgico* (os já conhecidos "três pontos" para quem está trabalhando com o Laboratório Litúrgico). Ao mesmo tempo, como que emergindo destas três dimensões e arrebatando-as para um nível superior, temos a *realidade espiritual*, que é a participação na própria vida divina.

Há dois extremos a serem evitados:

a) De um lado, valorizar o envolvimento do corpo, da mente e da afetividade a ponto de perder de vista a dimensão espiritual, a realidade da fé; ou seja, preocupar-se somente com a movimentação, com os gestos rituais bem feitos, com a explicação de tudo aquilo que acontece; ou ainda, trabalhar somente com as emoções[8].

b) De outro lado, achar que a fé poderia atuar sem envolver o ser humano na sua totalidade, na sua unidade bio-psico-mental-espiritual e, portanto, negligenciar as atitudes do corpo, a compreensão e a afetividade.

Ao analisarmos, a seguir, a participação do povo na liturgia eucarística, tentaremos levar em conta as quatro dimensões citadas acima[9].

4. Os três momentos da liturgia eucarística

A atual liturgia eucarística na Igreja Católica romana (assim como na liturgia eucarística ecumênica de Lima) segue o seguinte esquema: preparação e apresentação das oferendas; oração eucarística (ação de graças, bênção da mesa, anáfora); ritos de comunhão. Em termos dinâmicos, trata-se de trazer, preparar; dar graças; repartir, comer e beber juntos.

4.1. Trazer, preparar

Pão e vinho são levados à mesa eucarística, apresentados pelo povo ou por algumas pessoas que o representam. Simbolizam o trabalho da terra e de todas as forças cósmicas e a vida dos humanos, com

8. "Tanto o conhecimento noético quanto o 'sentimento' ou 'gosto' poderiam faltar e, apesar disso, haver participação autêntica". É uma questão de fé. Portanto, não podemos reduzir participação a nocionismo nem a "saborear" o que se celebra. Triacca, A., Participação, in: Sartore, D.; Triacca, A. M. (orgs.), *Dicionário de liturgia*, São Paulo, Paulinas/Paulistas, 1992, 901.

9. Para uma análise de toda a celebração eucarística, vejam: Buyst, Ione, *A missa. Memória de Jesus no coração da vida*, Petrópolis, Vozes, 1998.

suas alegrias e seus sofrimentos, suas esperanças e angústias. Simbolizam nosso esforço de, como cristãos, viver toda a nossa vida como um culto espiritual (cf. Rm 12,1-2), oferecendo sacrifícios espirituais aceitáveis a Deus por Jesus Cristo (cf. 1Pd 2,5). Pode-se levar ainda dinheiro ou outros donativos para os mais pobres ou para a igreja, que expressam nossa solidariedade e o destino comunitário e social de todos os bens da terra e dos bens produzidos pela sociedade.

A procissão indica a direção de nossas vidas, a meta de nosso caminhar histórico: a mesa do Senhor, o banquete do Reino, onde tudo será partilhado. É o momento de acompanhar interiormente cada um dos passos da procissão, os dons que estão sendo colocados sobre a mesa, o canto e a oração que acompanham esse momento, em atitude de gratidão por tudo que vivi e recebi; em atitude de desprendimento e disponibilidade, pois tudo a Deus pertence; em atitude de expectativa, expressando nosso desejo de que todo o nosso viver seja assumido e transformado por Cristo, na sua paixão-morte-ressurreição. Estaremos, assim, preparando nosso coração para o momento seguinte: a ação de graças.

A fórmula do convite prevista pela primeira edição do Missal Romano para a oração sobre as oferendas ("Orai, irmãos e irmãs") e a resposta do povo a esse convite ("Receba o Senhor") facilmente geram mal-entendidos. A expressão "este nosso sacrifício" parece se referir às coisas que estamos trazendo na procissão. Na verdade, estamos ainda simplesmente preparando o momento seguinte. Encontramos nessa fórmula um resquício da mentalidade medieval, em que a missa era considerada um sacrifício oferecido, pelo sacerdote, a favor do povo. Antes de iniciar tão importante missão, ele pedia que o povo rezasse por ele: "Orai, irmãos", e o povo rezava em silêncio ou respondia com versos do Salmo 20[10].

10. Cf. JUNGMANN, J. A., *El sacrificio de la misa. Tratado histórico-litúrgico*, Madrid, Editorial Herder/Editorial Católica, 1953, 726ss.

Hoje, na concepção teológica do Concílio Vaticano II, é todo o povo que oferece, presidido pelo padre. Não oferecemos somente pelas mãos do padre, como infelizmente nos manda dizer o atual texto do Missal, mas "juntamente com ele" como insiste a Introdução geral sobre o Missal Romano 62, repetindo a Constituição Conciliar, SC 48. E o sacrifício que ofertamos não é pão, vinho e outras coisas quaisquer, mas sim a memória do único sacrifício de nossa salvação: a oferta de Jesus Cristo, ao qual somos convidados a juntar a oferta de nossas próprias vidas. Não, porém, no momento da preparação das oferendas, mas no momento seguinte, ou seja, na oração eucarística, como veremos a seguir. Não pode haver dois ofertórios, um do Cristo e outro do povo. Por isso, é importante deixar claro que a apresentação das oferendas é uma *preparação* para a oração eucarística.

Voltemos um instante ao "Orai, irmãos e irmãs": creio que pouca gente notou, na segunda edição do Missal (que data de 1990), as três variantes para esse convite. Infelizmente, em todas elas ficou a ênfase no sacrifício, sem uma ligação mais clara com o único sacrifício de Jesus Cristo.

4.2. Dar graças

Parece-me que a oração eucarística é a parte da missa menos conhecida, a menos compreendida e, portanto, a menos participada. No entanto, ela é a peça central. Geralmente, só prestamos atenção à narrativa da instituição, ou narrativa da Última Ceia (a chamada "consagração"), mas esta é apenas uma pequena parte de um conjunto bem maior, complexo, no qual podemos destacar as seguintes dimensões:

4.2.1. Ação de graças e louvor

No diálogo inicial, o padre convida a todos para acompanhá-lo na oração eucarística que irá pronunciar em nome de todos: "Corações ao alto!" – "Demos graças ao Senhor nosso Deus". As palavras "Demos graças a Deus" indicam a ação básica de toda a oração eucarística. Afinal, "Eucaristia" quer dizer "ação de graças". Podemos comparar esse momento a um brinde que alguém faz em nome de todos os presentes numa festa: um fala em nome de todos, homenageando os festejados. A resposta que damos ao convite do padre já diz claramente a atitude que se espera de nós: "Nossos corações estão em Deus". – "É nosso dever e nossa salvação" dar graças a Deus. É um prazer, é uma satisfação! Essa atitude perpassará toda a ação eucarística, tendo algumas expressões mais significativas, como no "Santo, santo, santo é o Senhor", onde o louvor e a ação de graças se fundem em adoração a Deus e ao Cordeiro (cf. Ap 4 e 5).

No final da oração eucarística, levantam-se o pão e o copo com vinho, como que sintetizando todo o louvor e a ação de graças em homenagem a Deus Pai: "Por Cristo, com Cristo e em Cristo, a vós, Deus Pai todo-poderoso, na unidade do Espírito Santo, toda a honra e toda a glória, agora e para sempre. Amém!". Aqui, a nossa atitude de entrega, de doação total em louvor a Deus, chega ao auge. O "amém" final, cantado, deve nos arrebatar na alegria da gratidão de quem tudo recebe e tudo dá. As mãos levantadas em sinal de oblação podem vir a reforçar o gesto do padre que eleva o pão e o cálice com vinho (o brinde!), ou as mãos batendo palmas no ritmo do canto podem reforçar nossa alegria.

4.2.2. Memória pascal

Qual é afinal o motivo fundamental de nosso louvor e ação de graças? É Jesus Cristo. É o mistério de sua encarnação, vida, paixão, morte, ressurreição, glorificação, derramamento do Espírito Santo, vinda gloriosa no fim dos tempos. Em Cristo, Deus nos revelou o sentido profundo de nossa própria vida, a direção secreta da história da humanidade, o objetivo último de todas as coisas: dar a vida, doar-se, amar profundamente, tendo como fonte e referência última o amor do próprio Deus: "Isto é meu corpo, que será doado por vocês; isto é o cálice do meu sangue, que será derramado por vocês e por todos". E, por isso, pela memória ritual, tornamos presente entre nós esse mistério da Páscoa de Jesus: "Na noite em que ia ser entregue". E, por isso, jubilosos, cantamos: "Anunciamos, Senhor, a vossa morte e proclamamos a vossa ressurreição. Vinde, Senhor Jesus!". Ou com as palavras de Paulo: "Todas as vezes que comemos deste pão e bebemos deste cálice, anunciamos, Senhor, a vossa morte enquanto esperamos vossa vinda!" (cf. 1Cor 11). Anunciamos a morte salvadora de Jesus e a morte de todas as pessoas que de alguma forma morreram "em Cristo". Proclamamos a ressurreição de Jesus e a ressurreição de todas as pessoas associadas a Jesus na sua morte. A vida vence a morte, pela força do Espírito Santo de Deus!

4.2.3. Sacrifício de louvor

Fazendo memória, tornamos presente no "hoje" de nossa celebração tanto o fato passado da morte-ressurreição de Jesus, como sua frutificação plena no futuro. Fazendo memória, tornamos presente o gesto salvador de Jesus e nos associamos a ele, fazendo de nossas próprias vidas uma oblação, uma oferenda perfeita, em ação de graças: "Nós vos oferecemos, ó Pai, o pão da vida e o cálice da salvação". Esse é o verdadeiro ofertório, o sacrifício real, espiritual, que Deus espera de nós: a doação, como resposta amorosa a seu amor.

Toda a nossa vida, toda a história da humanidade e toda a realidade cósmica representada no pão e no vinho que trouxemos no momento da preparação das oferendas sobem agora ao Pai, assumidas por Cristo, transformadas no mistério de sua Páscoa. Nossa atitude é de entrega, de despojamento, na gratidão, no compromisso, na confiança de que o amor (vivido em meio a tantas dificuldades e sofrimentos) compensa, nos fará felizes, nos fará viver em plenitude. ("Recebei, ó Senhor, a nossa oferta" – "Fazei de nós uma perfeita oferenda").

Devido à insistência no sentido sacrificial na Igreja Católica, principalmente na tradição anterior ao Concílio Vaticano II, como já lembramos acima, muita gente continua entendendo a missa como um sacrifício que o padre oferece. Por isso, vale a pena insistir: a missa não é um "novo" sacrifício, mas memória do único sacrifício de nossa salvação, que é a oferta que Jesus fez de si mesmo ao Pai, para o bem de toda a humanidade. E quem oferece na celebração eucarística é todo o povo sacerdotal, unido a Cristo, no Espírito Santo. Por duas vezes a Instrução Geral sobre o Missal Romano insiste nisso: "Na celebração da missa, os fiéis constituem o povo santo, o povo adquirido e o sacerdócio régio, para dar graças a Deus e oferecer o sacrifício perfeito, não apenas pelas mãos do sacerdote, mas também juntamente com ele" – "Formam um único corpo [...], sobretudo na oblação comum do sacrifício e na comum participação da mesa do Senhor" (n. 62).

4.2.4. Formando um só corpo

Esta última frase nos leva a falar de outra dimensão da oração eucarística: a dimensão comunitária, eclesial. É como "corpo comunitário" que celebramos a Eucaristia, formando um só corpo no Espírito, o corpo de Cristo. Devemos afastar qualquer sentimento ou atitude egoístas, unindo-nos a toda a comunidade, cantando e aclamando a uma só voz, sentindo pulsar um único coração, vibrando em uníssono, como sendo uma só alma ("Fazei de nós um só corpo e um só espírito").

Mais: a comunidade que celebra aqui e agora sabe que está ligada por laços de comunhão com as outras comunidades da mesma Igreja local, com seu bispo, presbíteros e outros ministérios. Está ligada com as comunidades espalhadas no mundo inteiro ("Lembrai-vos, ó

Pai, da vossa Igreja que se faz presente pelo mundo inteiro"). Respirando fundo, abramos nossa mente e nosso coração, estiquemos "as cordas de nossa tenda", como propõe o profeta (cf. Is 60), para que nos tornemos habitados/as por todas as pessoas do mundo inteiro, por todas as realidades...

Lamentamos a divisão e a falta de intercomunhão entre as várias Igrejas cristãs; constitui um contrassinal desse mistério da comunhão que celebramos na liturgia, e de modo especial na liturgia eucarística. Urge dar passos para avançar na direção ecumênica. Quem sabe, poderemos ao menos lembrar as outras Igrejas cristãs, principalmente as que estão presentes em nossa cidade ou região ("Lembrai-vos, ó Pai, de todas as outras Igrejas cristãs, principalmente...").

Estamos em comunhão também com todas as pessoas e realidades que se encontram misteriosamente presente "em Deus", participantes de sua vida, envolvidas por seu amor: os anjos e os santos, as pessoas vivas e falecidas, todas as pessoas de todos os povos, independente de raça, religião ou cultura, toda a realidade cósmica...: "Lembrai-vos, ó Pai, dos nossos irmãos que morreram na esperança da ressurreição" – "Dai-nos participar da vida eterna, com a Virgem Maria, mãe de Deus, com os santos apóstolos e de todos os que neste mundo vos serviram" – "Com todas as criaturas, libertas da corrupção do pecado e da morte".

Encontramos aqui um tema bíblico-litúrgico fundamental: a aliança. Na Eucaristia celebramos a nova e eterna aliança de Deus com a humanidade, realizada em Jesus Cristo. A cada celebração eucarística, nós nos tornamos testemunhas, enviados para viver e anunciar essa realidade ao mundo.

Na celebração eucarística, essa aliança, essa comunhão, chegará à sua expressão simbólico-sacramental máxima, no repartir e comer e beber juntos o pão e o vinho.

4.2.5. Pela invocação do Espírito Santo

Só é possível falar em Igreja-comunidade se lembrarmos outra verdade fundamental para a liturgia eucarística: quem realiza a Eucaristia é o Espírito Santo. Daí a importância da invocação do Espírito Santo (epiclese): "Santificai estas oferendas, derramando sobre elas o vosso Espírito" – "E nós vos suplicamos que, participando do Corpo e Sangue de Cristo, sejamos reunidos pelo Espírito Santo num só corpo" – "Mandai vosso Espírito Santo!".

Se levarmos a sério as palavras que a nossa boca proclama, deveremos neste momento nos sentir necessitados da força do alto, insuficientes por nossas próprias forças, com sede da plenitude que só pode vir da luz do alto. É com humildade que pedimos, é com desejo ardente, é com alegria de quem sabe antecipadamente que Deus realizará sua promessa.

Sintetizando: qual é a participação do povo na oração eucarística? Nós louvamos e agradecemos; invocamos a força do Espírito Santo; fazendo memória tornamos presente a Páscoa de Jesus e oferecemos, juntamente com ele, o sacrifício de nossa salvação; também suplicamos pela Igreja (os vivos e os falecidos). O padre fala em nome de toda a comunidade reunida, e nós o acompanhamos atentos/as. Dialogamos com ele antes do prefácio; ele canta junto conosco o "Santo, santo, santo". Cantamos a aclamação anamnética (aclamação da memória, após o "Eis o mistério da fé!"); cantamos o "amém" final. Reforçamos as palavras do padre, intervindo com nossas aclamações (de preferência cantadas): "Mandai, vosso Espírito Santo!" – "Recebei, ó Senhor, a nossa oferta!" e outras[11].

---

11. Vai aqui um convite para analisarmos os textos de todas as catorze orações eucarísticas que estão oficialmente a nosso dispor no Brasil. Há muita riqueza ali, desconhecida...

4.3. Repartir, comer e beber juntos

O pão e o vinho que levamos ao altar, símbolos de nossa vida (apresentação das oferendas), foram assumidos na memória da entrega de Jesus Cristo (oração eucarística); agora, como sinais sacramentais de sua morte-ressurreição, voltam para nossas mãos, repartidos e oferecidos em comunhão. Tudo aquilo que afirmamos e proclamamos na oração eucarística é agora assimilado por nós, corporal e espiritualmente, fazendo parte de nós mesmos, fazendo parte de nossa vida, transformando, pascalizando a nossa realidade.

Entre os vários ritos de comunhão, devemos destacar dois: a fração do pão e a partilha do pão e do vinho. Todos os outros ritos (pai-nosso, abraço da paz, silêncio e oração depois da comunhão) giram em torno desses dois.

Para que possamos viver o sentido profundo da fração do pão, torna-se necessário que, de fato, haja pão e que seja visivelmente repartido[12]. O fato de repartirmos um único pão expressa nossa comum união em Cristo: "Nós somos muitos, mas formamos um só corpo, que é o corpo do Senhor, a sua Igreja, pois todos nós participamos do mesmo pão da unidade, que é o corpo do Senhor, a comunhão" (cf. 1Cor 10,16-18).

Qual é a ação do povo no momento da comunhão? Avançar juntos em procissão. Ouvir atentos/as e agradecidos/as as palavras do ministro que nos oferece o pão e o vinho: "Corpo e Sangue de Cristo"; responder "amém" (sim, sei que, em Cristo, somos um só corpo; sei que sou chamado/a a viver sempre mais essa realidade profunda...). Comer e beber, unindo-nos ao Senhor, ao Cristo pascal. ("Já não sou mais eu que vivo, é Cristo que vive em mim", Gl 2,20). Cantar com toda a comunidade, na alegria da ressurreição. Saborear a comunhão

12. Cf. IGMR 281ss.; Buyst, Ione, *A missa. Memória de Jesus no coração da vida*, Petrópolis, Vozes, 1998, 100-107.

com Deus e entre nós e mergulhar no silêncio e no mistério indizível de nossa comum-união em Deus, por Cristo, no Espírito Santo. Deixar que se consolide em nós o compromisso sugerido na homilia, compromisso de solidariedade, de justiça, de amor fraterno, de missão...

Em tempos de crise financeira, de economia excludente, de desemprego..., a comunhão no corpo e sangue de Cristo se torna ainda mais comprometedora: quem não reconhece que as outras pessoas, principalmente as mais necessitadas, são membros do corpo de Cristo, quem não pauta sua vida de acordo com essa realidade, poderá estar comendo sua própria condenação (cf. 1Cor 11). Entrando na fila de comunhão, recebendo o corpo e sangue de Cristo, assumimos o compromisso de viver como membros ativos da comunidade eclesial, a serviço do Reino de Deus. Assumimos o compromisso de lutar por uma economia solidária, pela reforma agrária, por criação de postos de trabalho para todos (Campanha da Fraternidade 1999), de viver a partilha para que ninguém passe necessidades (cf. At 2,42-47; 4,32-37), de cuidar da sobrevivência ecológica da terra. Só assim se realizará o desejo do coração de Jesus: "Que todos sejam um, como tu, Pai, estás em mim e eu em ti" (Jo 17,21).

5. Concluindo

A participação do povo na liturgia eucarística não pode ficar reduzida a gesticular, falar, cantar, aclamar, movimentar braços e pernas, abanar folhetos, entrar na fila e receber o pão consagrado! Nem pode ficar limitada a uma adoração ou a um sentimento devoto e piedoso ou ainda a um compromisso ético, por mais sério que seja. Pode ser tudo isso e mais alguma coisa: participação no mistério da Páscoa do Senhor. Há uma dimensão física (estar presente, mexer-se, atuar cantando, aclamando, abraçando, comendo e bebendo...), que vem acompanhado de uma dimensão de sentido ou compreensão (entender, acompanhar com a mente...) e de um sentido psicológico (envolver-se afetivamente). E há uma dimensão espiritual, pneumática, mistérica, perpassando e direcionando essas outras dimensões.

Deixamos para outro momento o aprofundamento da ligação da liturgia eucarística com a liturgia da Palavra (leituras bíblicas, salmo, homilia...), principalmente no prefácio e no canto de comunhão[13], assim como da ligação entre participação e cultura da comunidade participante.

13. Buyst, Ione, *A missa. Memória de Jesus no coração da vida*, Petrópolis, Vozes, 1998, 59-60.

Como participar da Vigília Pascal[1]

1. Luzes

Noite, escuridão, trevas. Quantas vezes, este ano, passei momentos de escuridão, momentos de angústia, momentos de desânimo, momentos de não compreender o sentido da vida, o sentido do meu trabalho, da convivência. Quantos acontecimentos nos deixaram perplexos: inundações; tsunamis; terremotos; acidentes de trânsito; violência; desentendimentos na família, entre amigos, no trabalho. Quantas pessoas em dificuldade. Quanta desigualdade. Quanta indiferença com a miséria das outras pessoas...

Mas nesta noite, no meio da escuridão, acenderemos uma luz, a luz do círio pascal, e pediremos: "A luz de Cristo que ressuscita resplandecente dissipe as trevas do coração e de nossa mente!". E caminharemos seguindo esta luz e acenderemos nossas velas neste círio e cantaremos: "Luz de Cristo! Graças a Deus!". E a esperança irá crescendo em nosso coração enquanto entraremos em procissão no local da celebração e enquanto ouviremos o "Exulte de alegria" e juntaremos nossas vozes no canto do refrão "Bendito seja o Cristo Senhor, que é do Pai imortal esplendor!". E sonharemos com um mundo renovado, iluminado.

2. Contando uma longa história: um povo a caminho

Não estamos sozinhos. Fazemos parte de um povo a caminho e que vem de muito longe, do princípio do mundo, quando Deus criou

1. Originalmente publicado em: *Revista de Liturgia*, n. 229 [jan.-fev. 2012], 12-14. (N. do E.)

o céu e a terra e todos os seres que a povoam, inclusive nós, os seres humanos, de todos os povos e culturas. Escutamos reverentes o relato bíblico da criação, do livro do *Gênesis*. E reconhecemos agradecidos: "Quando tu, Senhor, teu Espírito envias, todo mundo renasce, é grande alegria!". E entendemos que, na ressurreição de Cristo, o mundo foi recriado na esperança.

Somos um povo abraâmico, que vive pela fé em meio às tendas no deserto, sempre pronto para retomar o caminho, procurando novas chances de viver. Fomos parar no Egito; conhecemos a acolhida de um povo estranho e, depois, a dura escravidão. E ouvimos o chamado de "Eu Sou" que falou com Moisés na sarça ardente e mandou seu povo eleito caminhar, deserto adentro, em busca de libertação. Ele abriu o Mar Vermelho que ameaçava nos engolir quando fugíamos das tropas do exército opressor. E fomos salvos, passando no meio do mar, a pé enxuto, como conta o livro do Êxodo. E entendemos que Jesus, em sua morte de cruz, passou pelas águas da angústia e do sentimento de abandono por parte de Deus, mas foi salvo pelo Pai e nos leva consigo, em sua ressurreição. E Paulo insiste, na carta aos Romanos, que nas águas do batismo seguimos o mesmo caminho: somos sepultados com Cristo em sua morte, para ressuscitar com ele para uma vida nova.

E, quando ouvimos e cantamos o solene *Aleluia* e nos é proclamado o evangelho da ressurreição de Jesus, na madrugada do primeiro dia da semana, sabemos que o Cristo nos precede nas "Galileias" da vida e que lá o encontramos, no meio dos irmãos e irmãs, unindo os corações, cuidando feridas, saciando fomes e sedes, lutando por igualdade social, ensinando o caminho da vida, cantando salmos, realizando o lava-pés, partilhando pão e vinho...

3. Travessia: passando pelas águas

Reunidos ao redor da fonte batismal, acolhemos novos irmãos e irmãs na fé, que, devidamente preparados num caminho catecumenal, irão passar pelas águas do batismo, serão confirmados com o santo crisma e participarão pela primeira vez conosco na Ceia do Senhor. Dessa forma, serão "in-corpo-rados" no Povo de Deus, na comunidade dos discípulos e discípulas de Cristo. Esse fato me afeta pessoalmente, profundamente: somos membros uns dos outros, como partes de um mesmo corpo. Estamos unidos pelo mesmo Espírito do Cristo, para nos amar como ele nos amou. Somos enviados juntos em missão para renovar a vida em sociedade.

Vejo a água da fonte batismal. Ouço, atentamente e agradecida, as palavras da bênção, evocando o sentido dessa fonte: recordando as águas da criação, as águas do dilúvio, as águas do Mar Vermelho, a água do Jordão no batismo de Jesus e a água que saiu do lado dele quando estava morrendo na cruz, assim como as palavras do Ressuscitado enviando os apóstolos para fazerem discípulos e batizarem todos os povos...

Junto-me interiormente aos gestos e às palavras do presbítero: mergulha o círio pascal na água e, em nosso nome, pede insistentemente ao Pai que, por seu Filho Jesus, desça sobre essa água a força do Espírito Santo e ressuscite as pessoas que aceitam e arriscam fazer a travessia, deixando-se batizar para iniciar uma vida nova, pautada no evangelho de Jesus. Mas, antes de entrar nas águas do batismo, é preciso renunciar à maneira antiga de viver e, em seguida, proclamar a fé em Deus, Pai e Filho e Espírito Santo. Saindo das águas, começa uma vida nova, na comunidade dos seguidores de Jesus Cristo.

Também nós, que fomos batizados há muitos anos, renovamos nessa noite santa nossa renúncia e nossa profissão de fé e somos aspergidos novamente com a água batismal, sinal de nossa participação na morte e ressurreição de Jesus. "Banhados em Cristo, somos uma nova criatura; as coisas antigas já se passaram: somos nascidos de novo. Aleluia, aleluia, aleluia!". E a alegria toma conta de nossos corpos e corações. E, então, só nos resta pedir encarecidamente, como povo sacerdotal, por nós, pela Igreja e pelo mundo inteiro, unindo-nos à prece de Jesus, que sempre intercede por todos nós junto do Pai.

"Venha o vosso reino, Senhor! Reino de paz e de justiça, reino de vida e verdade para o mundo inteiro".

4. Ao redor da mesa do pão e do vinho, formamos um só corpo, em Cristo

Pão e vinho partilhados como ele fez naquela ceia derradeira, entre ação de graças e súplica, deixando claro o sentido de sua entrega, de seu martírio, de sua morte decidida judicialmente: fidelidade ao projeto do Pai, solidariedade total com os irmãos e irmãs. Vida entregue, por amor. "Prova de amor maior não há que doar a vida pelo irmão." Doação fecunda que deve se prolongar na vida de cada pessoa que participa dessa ceia: "Tomem, comam e bebam...; tornem-se um só comigo – eu em vocês, e vocês em mim – para continuarmos, juntos, sendo um só Corpo e um só Espírito, o trabalho por um mundo melhor, a serviço do Reino que há de vir". – "Não tenham medo! Eu estarei com vocês. Aleluia!". E com a bênção de Deus aceitamos o desafio. É Páscoa: passagem, transformação, travessia.

5. Para bem participar da vigília

Participar da Vigília Pascal supõe:

a) Preparar-se para essa grande festa durante os quarenta dias da Quaresma, participando intensamente das liturgias, intensificando a leitura da Sagrada Escritura, a oração, o jejum, a solidariedade, a Campanha da Fraternidade, a mudança de vida: "Mudai de vida, mudai, convertei-vos de coração...".
b) Aprofundar de antemão (alguns) textos bíblicos e litúrgicos da vigília, com leitura orante, sozinho ou em pequeno grupo. Se pos-

sível, participar de uma reunião de preparação ou ler algum texto sobre o sentido dessa celebração, que é a mais importante do ano litúrgico.

c) Participar dos ensaios dos cantos, perscrutando sua mensagem profunda.

d) Envolver-se na preparação prática da celebração, como por exemplo: limpar e a organizar o local da celebração; preparar todo o necessário para a fogueira, o círio pascal e as velas para a celebração da luz; preparar todo o necessário para as incensações; encarregar-se das flores; preparar a estante da Palavra e a fonte (ou pia) batismal; fazer pães ázimos para a Eucaristia...

e) Se for o caso, assumir algum ministério e preparar-se para tal: acolhida, leitura, salmo, canto..., acendimento da fogueira, organização das procissões, distribuição da comunhão...

f) Aguardar, com profundo desejo do coração, o dia e o momento da santa Páscoa, intensificando-o no Sábado Santo, até o início da vigília. Preparar o coração e uma roupa de festa!

g) Juntar-se a todo o povo reunido, sentir-se parte integrante, consciente de que estamos ali por convocação do próprio Deus. Agir, cantar e orar a uma só voz, de um só coração, de uma só alma.

h) Acompanhar com cada fibra de nosso ser (corpo, mente, coração, espírito) a liturgia da luz, da Palavra, do batismo, da Eucaristia. Ver as pessoas, os gestos, cada ação simbólica..., como se fosse pela primeira vez. Ouvir cada canto, cada passagem bíblica, cada oração..., com o ouvido do coração. Cheirar o incenso e as flores como que para inebriar a alma. Entregar-se à ação de Deus; deixar o Cristo ressuscitado agir em nós; deixar-nos tocar por seu Espírito, por meio das ações rituais, renovando, transformando, fazendo passar da morte para a vida, do desânimo para a coragem, da indiferença para a disponibilidade do amor, do individualismo para uma relação profunda entre as pessoas...

i) Guardar o coração em festa durante todo o Tempo Pascal, até a festa de Pentecostes...

A Novena de Natal: considerações teológico-litúrgico-pastorais[1]

1. Nossas novenas de Natal

Todos os anos, comunidades, paróquias e dioceses organizam e realizam sua Novena de Natal. Durante nove noites, as pessoas reúnem-se nas casas, acolhem-se, conversam, oram, cantam, ouvem e comentam um texto bíblico, relacionam-no com a vida com seus inúmeros problemas. A dona de casa oferece uma água, um suco, uma bolachinha. Às vezes, leva-se a imagem do Menino Jesus de casa em casa ou vai-se montando o presépio ao longo da novena. O final da novena costuma ser festivo, reunindo às vezes vários grupos de uma mesma região.

Meses antes, equipes se reúnem para redigir o folheto ou livrinho que será usado nos nove dias de preparação ao Natal. Outros compram os livretos em editoras que a cada ano preparam seu produto com bastante antecedência e o oferecem com muito *marketing*[2].

---

1. Originalmente publicado em: *Revista de Liturgia*, n. 197 [set.-out. 2006], 4-10. (N. do E.)

2. Navegando na internet, descobri até uma Novena de Natal veiculada a um canal de televisão e que, além dos possíveis frutos espirituais, visa arrecadar recursos financeiros para a associação, responsável pelo canal. Na página eletrônica, o coordenador agradece as contribuições recebidas para a Campanha "Vinde Adoremos!". Esta tem até boleto para pagar a "doação extra" com prazo determinado, e há sorteio entre as famílias participantes. Já que os resultados financeiros foram muito positivos, é anunciada a continuação da novena nos próximos anos. Triste exemplo de comercialização do sagrado e de abuso e deseducação do sentimento religioso.

Cabem aqui algumas perguntas básicas:

a) Por que organizamos todos os anos uma Novena de Natal? O que pretendemos alcançar? Queremos simplesmente nos reunir porque faz bem e porque o povo gosta? Ou procuramos reunir muita gente para mostrar que a Igreja está viva? Ou interessa-nos propor a discussão de um tema importante para a pastoral ou para a vida do povo ou da nação, aproveitando o clima de Natal e a vontade de o povo se reunir? Ou queremos preparar-nos melhor para que a festa do Natal não seja apenas um acontecimento passageiro, mas que nos leve a um amadurecimento de nossa fé, a uma transformação pascal?
b) Quais são as estratégias que usamos para alcançar nosso objetivo?
c) Que tipo de pessoas tentamos atingir com a novena? Por quê? Atingir em que sentido? Levamos em conta seus anseios, sua realidade, sua cultura religiosa?
d) Quem são os agentes ou coordenadoras ou coordenadores da novena? Têm participação na elaboração do texto da novena? Participam de reuniões de preparação? Em que consiste essa preparação? Onde queremos chegar com isso?
e) Quais são os "conteúdos" trabalhados na novena? De que forma são trabalhados (fatos da vida, leitura da Sagrada Escritura, outras leituras, conversas, rezas...)?
f) Temos feito avaliação das novenas realizadas? Com que critérios? Quais têm sido os resultados obtidos?

Pensando na natureza de uma Novena de Natal, podemos perguntar ainda:

a) A Novena de Natal é para nós uma celebração litúrgica? Ou uma reza da piedade popular? Ou um encontro de evangelização e catequese? Ou uma reunião de conscientização a respeito de determinado tema ou realidade?

b) Seria possível harmonizar esses vários aspectos? Caso seja possível, como fazê-lo?

Somente cada grupo, comunidade, paróquia ou diocese é capaz de responder a essas perguntas, com séria observação, consulta no meio do povo, reflexão a partir de critérios teológicos e pastorais. O que se segue são apenas algumas indicações para encaminhar ou facilitar a reflexão.

2. A Novena de Natal e a piedade popular

As novenas são consideradas uma prática de piedade popular e é por isso que estão sendo aproveitadas na pastoral em preparação ao Natal.

Frei Francisco van der Poel (conhecido como "Frei Chico"), antropólogo e há muitos anos estudioso da piedade popular, considera que as únicas expressões de piedade popular no tempo do Natal feitas pelas comunidades pobres populares segundo suas tradições são as folias de reis e as pastorinhas ou lapinhas. De acordo com ele, as novenas organizadas pela Igreja oficial, pelo clero e pelos agentes de pastoral nas paróquias e dioceses, com livrinhos, cadernos e folhetos geralmente não partem da fé do povo e costumam não valorizar as legítimas expressões da experiência religiosa dos pobres. Não conseguem valorizar a riqueza da religiosidade popular nos dias de Natal. Esse povo muitas vezes nem é lembrado e nem sempre está presente[3].

De fato, há uma grande diferença entre as duas expressões. Nas rezas da piedade genuinamente popular, predomina a ação (cantar, rezar, dançar, acender e pular a fogueira, carregar e beijar a bandeira...). Não há textos escritos. De um ano para outro, a ação ritual é a mes-

3. Cf. correspondência particular com Frei Chico, jan.-fev. 2006, a respeito de possíveis verbetes referentes à Novena de Natal em seu *Abecedário da religiosidade popular*, ainda não publicado. [O livro foi publicado em 2013: *Dicionário da religiosidade popular*, Curitiba, Nossa Cultura, 2013. (N. do E.)]

ma; não muda ou muda muito pouco; por isso, é sentida por todos como algo conhecido, familiar. Os cantores cantam de cor ou improvisam; os demais acompanham ouvindo ou cantando algumas partes. O importante é unir-se, festejar, honrar o santo, entrar em contato com Deus. A experiência é comunitária. A linguagem é poética, simbólica, sem preocupação em "passar conteúdos". De outro lado, nas novenas organizadas nas paróquias e dioceses prevalecem as palavras, as leituras, a reflexão. Tudo vem escrito, tudo deve ser lido, até mesmo as palavras de acolhida que a dona (ou o dono) da casa deve fazer. Os "símbolos" são explicados e, assim, deixam de atuar como símbolos. Até mesmo a oração e as preces vêm impressas no livrinho ou folheto. A cada ano, muda o "tema", o fato a ser analisado, o assunto a ser discutido, os cantos, os "símbolos". Sente-se claramente que alguém está "dirigindo" o grupo; o povo segue, "vai atrás", não domina a sequência, nem a linguagem. A preocupação parece ser com a doutrinação ou, em outros casos, com a politização. Quando a novena recebe influência do movimento de renovação carismática, predominam a reza, as curas, falar em línguas, receber os dons do Espírito Santo; mas também nesse caso, a cultura vem "de fora".

Porém, não devemos descartar o valor das novenas, e sim fazer com que sejam aperfeiçoadas, levando em conta tanto a tradição do catolicismo popular quanto a tradição litúrgica. O apelo à piedade popular não pode ser oportunista, como que aproveitando da fé do povo para arrebanhá-lo de acordo com nossos interesses, motivados por uma suposta atitude pastoral. Tampouco podemos negar a esse mesmo povo batizado, povo sacerdotal, o direito de acesso à riqueza da tradição litúrgica. De fato, a liturgia é um direito do povo; é uma herança que lhe foi tirada e que é preciso devolver-lhe.

Nesse sentido, é bom olharmos o recente e interessante *Diretório sobre piedade popular e liturgia*[4]. Ele lembra, no número 32, que as

4. Congregação para o Culto Divino e a Disciplina dos Sacramentos, *Diretório sobre piedade popular e liturgia. Princípios e orientações*, São Paulo, Paulinas, 2002.

novenas surgiram na Idade Média, como "núcleos de 'tempos sagrados' com fundo popular, que se colocam à margem do ano litúrgico". O *Diretório* destaca o grande valor das práticas de piedade popular e aponta também para suas lacunas; por isso, insiste na harmonização da piedade popular com a liturgia, como acontecia nos primeiros séculos do cristianismo, antes da centralização clerical. No número 94, lembra a máxima importância do *ano litúrgico* como celebração de todo o mistério de Cristo. Insiste em dizer que a prioridade da celebração do ano litúrgico sobre qualquer outra expressão e prática de devoção é um elemento fundamental e imprescindível[5].

No número 103, citando explicitamente a Novena de Natal, lembra que ela nasceu para comunicar ao povo a riqueza de uma liturgia à qual não tinha fácil acesso e que ela desempenhou e continua desempenhando uma função valiosa. Pondera, porém, que a renovação litúrgica facilitou a participação do povo agora na própria liturgia e que, por isso, seria desejável que nos dias 17 a 23 de dezembro se celebre solenemente o Ofício Divino da tarde com as "antífonas maiores". Sugere que sejam inseridos alguns elementos da piedade popular no ofício da tarde ou que aconteçam antes ou depois do ofício. Dessa forma, teríamos, na opinião do *Diretório*, uma excelente "Novena de Natal", plenamente litúrgica e atenta às exigências da piedade popular.

Para aprofundarmos essa questão, lembremos a importância que têm, na liturgia do Advento, os dias 17 a 24 de dezembro e suas "antífonas maiores", também chamadas de "antífonas do Ó" e como a Novena de Natal do *Ofício Divino das Comunidades* colocou ao alcance do povo a riqueza teológico-espiritual da liturgia do Advento numa linguagem poética e musical inculturada, levando em conta as práticas de piedade popular. Elas variam de região para região. Cabe a cada comunidade realizar a harmonização da piedade popular local com a liturgia, sempre

5. Vejam também IGMR (Instrução Geral do Missal Romano), n. 394: "Igualmente se cuide que o ano litúrgico renovado por decreto do Concílio Vaticano II não seja obscurecido por elementos secundários".

tendo como finalidade nossa conformidade com a pessoa de Jesus Cristo, celebrando o mistério de seu Advento e Natal.

3. A novena e a "Semana Santa" do Natal

Na tradição católico-romana atual, a liturgia do Advento, período de preparação litúrgico-espiritual à festa do Natal, tem nitidamente dupla característica: "Sendo um tempo de preparação para as solenidades do Natal, em que se comemora a primeira vinda do Filho de Deus entre os homens, é também um tempo em que, por meio dessa lembrança, voltam-se os corações para a expectativa da segunda vinda do Cristo no fim dos tempos"[6]. Mais perto do Natal, "os dias de semana dos dias 17 a 24 de dezembro visam de modo mais direto à preparação do Natal do Senhor"[7]. Esses dias têm sido chamados de "Semana Santa do Natal". No Missal, encontramos até uma missa própria para cada um desses dias. Na celebração da Liturgia das Horas, essa semana é caracterizada principalmente pelas "Antífonas do Ó" (também chamadas de "Antífonas Maiores"), que a cada dia acompanham solenemente o Cântico de Maria. Essas antífonas "não são apenas uma síntese do mais puro messianismo do Antigo Testamento: por meio das antigas imagens da Bíblia, enumeram os títulos divinos do Verbo Encarnado, e o seu *Veni* [Vem!] é portador de toda a atual esperança da Igreja. A liturgia do Advento atinge neles sua plenitude"[8]. De fato, essas antífonas são dirigidas a Cristo e a cada dia enfocam um título messiânico e a História da Salvação completada na pessoa dele: Sabedoria, Adonai (Senhor), Raiz de Jessé, Chave de Davi, Sol do

6. NALC (Normas Universais do Ano Litúrgico e Calendário Romano Geral), 39.
7. NALC, 42.
8. Jounel, P., O tempo de Natal, in: Martimort, A. G. (org.), *A Igreja em oração. Introdução à liturgia*, s.l., Mosteiro de Singeverga / Desclée & Cie, 1965, (Edições Ora et Labora) 836-848.

Oriente, Rei das Nações, Emanuel. A cada dia, terminam com uma fervorosa prece (Vem!), invocando a vinda salvadora do Senhor em nossa história atual. Ajudam-nos a conhecer mais profundamente o Cristo e a aderir a ele. Colocam-nos na atitude espiritual, de fé, condizente com a preparação da memória da encarnação do Deus Altíssimo em nossa humanidade na pessoa de Jesus, o Messias, o Filho de Deus.

O *Ofício Divino das Comunidades*, versão inculturada da Liturgia das Horas, colocou a riqueza dessas veneráveis antífonas de novo ao alcance de todo o povo sacerdotal[9], no espírito da *Sacrosanctum Concilium* (cap. 4), que restabeleceu a Liturgia das Horas como "a voz da Igreja, a voz de todo o corpo místico a louvar a Deus publicamente" (SC 99), "oração pública de toda a Igreja, fonte de espiritualidade e alimento da oração pessoal" (SC 90). Traduziu em linguagem poética e musical brasileira toda a riqueza bíblico-teológica das sete antífonas da liturgia romana. A título de exemplo, vejamos esta[10]:

Ó Senhor, ó Adonai!
De Israel, do teu povo és o guia,
Nu'a fogueira a Moisés te revelaste,
No Sinai a teus servos entregaste
Uma lei cheia de sabedoria,
Vem trazer a teu povo alforria,
Libertar com teu braço os que amaste, ó, ó...
Vem, ó Filho de Maria,
Do teu povo és o guia,
Quanta sede, quanta espera.
Quando chega, quando chega aquele dia?...

9. São Paulo, Paulus, [13]2005, 499-503. Vejam também o livro de partituras (Paulus) e os CD's (Apostolado Litúrgico).
10. A melodia, de autoria de Reginaldo Veloso, inspirada em temas de música folclórica, é de grande beleza; expressa maravilhosamente bem a espiritualidade bíblico-litúrgica do Advento e com sua sensibilidade espiritual atinge e molda nossas mentes e corações.

Para corresponder ao uso pastoral das "Novenas de Natal", foram acrescentadas duas outras antífonas no mesmo estilo poético e bíblico-teológico das demais, expressando nelas a espiritualidade da libertação da recente tradição eclesial latino-americano (Medellín, Puebla): Ó Mistério..., ó Libertação...

Ó, ó libertação:
Pelo Espírito Santo consagrado
Boa-nova trouxeste aos oprimidos,
confortaste os corações sofridos,
Os cativos por ti serão livrados,
Vem, liberta este povo acorrentado,
E o tempo da dor seja esquecido, ó, ó.
Vem, ó Filho de Maria,
Já se acende a Estrela Guia,
Quanta sede, quanta espera.
Quando chega, quando chega aquele dia?... (bis)

Ó, ó Mistério:
Escondido há séculos nos céus,
Aos fiéis foste um dia revelado
E dos cegos os olhos recobrados,
Já se firmam do coxo os passos seus,
Faz o pobre escutar a voz de Deus.
Vem, levanta do chão os humilhados, ó.
Vem, ó Filho de Maria,
O amanhã já se anuncia.
Quanta sede, quanta espera.
Quando chega, quando chega aquele dia?...(bis)

Dessa forma, o *Ofício Divino das Comunidades* oferece ao povo cristão uma Novena de Natal que dá a possibilidade de superar uma vivência do Advento com expressões puramente psicológicas ou de devoção religiosa sem referência ao Deus revelado; oferece um alimento sólido para o crescimento numa fé teologal centrada na pessoa de Jesus Cristo, ligada à realidade da vida do povo e com a dimensão social da fé cristã. Com o *Ofício Divino das Comunidades*, a Novena de Natal readquire o caráter litúrgico da Semana Santa do Natal. O básico dessa novena não muda; é a mesma de um ano para outro. Além de evitar gastos (de tempo e dinheiro) com uma "nova" novena a ser criada ou comprada a cada ano, possibilita que o povo vá se familiarizando com ela, apoderando-se de seu estilo e conteúdo. A estabilidade do rito permite nossa real participação, a assimilação lenta e gradativa dos conteúdos bíblicos e teológicos e sua penetração na espiritualidade, na vida. O que muda é a recordação da vida, a partilha da palavra (homilia, conversa ligando textos bíblicos e litúrgicos com a vida), o diálogo constante de nossa realidade pessoal e social ao longo da celebração da novena, as preces...

Quem procura um texto mais elaborado a partir da proposta do *Ofício Divino das Comunidades* poderá encontrar um livreto, acompanhado de CD, cujo roteiro valoriza de modo especial a antífona do Ó[11]. Para cada encontro da novena, há uma bênção para o acendimento da vela, a indicação de uma leitura bíblica e uma meditação, relacionada com a "antífona Ó" daquele dia. Na introdução do livreto, os autores apontam para a importância dessas antífonas para a evangelização e para a oração:

> Elas exprimem a admiração comovida da Igreja na contemplação do mistério da vinda de Cristo, invocando com títulos tomados de imagens bíblicas [...]. É uma súplica de desejo dirigida ao próprio Cristo [...]. As antífonas educam nosso desejo; libertam nosso desejo dos

11. CARPANEDO, PENHA; GUIMARÃES, MARCELO, *Ofício da Novena de Natal*, São Paulo, Paulinas/Apostolado Litúrgico, 2002.

> seus sentimentos egoístas [...]; as antífonas evangelizam nossas imagens de Cristo. Muitas vezes construímos imagens não bíblicas, não cristãs, do próprio Senhor [...]. As antífonas nos ajudam a desenhar o rosto do Senhor [...] e a viver com toda a intensidade, sem superficialidades e antecipações, o compasso de espera dos nove dias que preparam a festa do Natal do Senhor[12].

No final do livreto, encontra-se uma grande variedade de refrães meditativos, hinos, salmos e responsos e uma oração de bênção da casa.

4. Novena de Natal e a preocupação com a "conscientização" e a mobilização sociopolítica

Nas décadas de 1970 e 1980, era bastante comum na pastoral aproveitar, para a chamada "conscientização", toda e qualquer ocasião em que o povo se reunia. Celebrações litúrgicas, principalmente as missas dominicais, assim como as rezas da piedade popular não escapavam. Muitas vezes eram ridicularizadas ou criticadas pelos mais "radicais" como sendo "alienantes", perda do precioso tempo que poderia ser mais aproveitado para formar sindicatos e outras associações de cunho social e político. Sempre que possível, eram transformadas em ocasiões para passar, de forma racional, conteúdos de cunho bíblico, teológico, social e político. Naquela época, muitos não percebiam que as duas coisas são complementares e ambas necessárias, tendo cada uma seu espaço próprio na vida do povo. Somente lá pelo final dos anos 1980, antropólogos/as começaram a alertar para a falta de respeito e o estrago que este procedimento estava causando na cultura popular; por fim, percebeu-se ainda a ineficiência desse apelo à racionalidade para a mobilização do povo, sem a devida relação com os elementos afetivos e religiosos da cultura popular.

12. Op. cit., 9-10.

Do ponto de vista da liturgia, como pensar a chamada conscientização e mobilização? Para ser fiel a Jesus Cristo, cuja memória celebramos, a liturgia não pode deixar de levar em conta a realidade e suscitar um compromisso com a transformação pessoal e o testemunho na vida social. Porém, não devemos mutilar sua natureza de ação ritual. Cabe aqui uma observação a respeito da maneira como a liturgia trabalha nossa consciência e nosso crescimento na fé. Não usa um método racional de "passar conteúdos" sistematicamente, linearmente. Não comporta "temas"! Propõe uma leitura bíblica e procura discernir qual é a Palavra que Deus nos fala, hoje, com essa leitura, dentro da realidade em que vivemos. Assim como a cultura bíblica, a liturgia trabalha atitudes e conteúdos de forma cíclica, retomando ora um, ora outro aspecto[13]. Usa uma linguagem total, transracional, narrativa, gestual, musical, simbólica. Não se contenta com nem privilegia uma compreensão racional; quer atingir nossa pessoa como um todo e colocá-la em movimento pascal, no seguimento de Jesus Cristo. Liturgia não rima com doutrinação. Racionalizações, explicações, reflexões durante as ações rituais fazem mal à liturgia, interrompem o mergulho no sagrado. Quanto a isso, devemos reaprender com a piedade popular: durante a reza, que eu saiba, ninguém fica explicando o sentido dos cantos, dos símbolos, dos gestos e dos movimentos, nem a origem e o histórico de cada ação ritual. Seria simplesmente "matar" a reza.

5. O método "ver-julgar-agir" aplicado em novenas de Natal

Muitos subsídios para a Novena de Natal seguem um roteiro no qual constam as três palavras-chaves do método "ver-julgar-agir". Partem quase sempre de um "fato da vida" ou de uma "leitura da vida" (seria o "ver"). Transcrevem um texto bíblico e uma "reflexão",

13. Cf. Nocent, Adrien, *Contempler sa gloire. Avent – noël – épiphanie*, Paris, Editions Universitaires, 1960, 67-76.

ligando o fato da vida à passagem bíblica; às vezes a "reflexão" é provocada por perguntas para desencadear a conversa no grupo de novena (seria o "julgar"). Por fim, propõem uma ação (uma visita a doentes, a um presídio; uma coleta de dinheiro ou alimentos para pessoas ou comunidades necessitadas; um levantamento de uma realidade social do bairro ou do município ou uma intervenção nela...). Será que essa maneira de proceder está sendo fiel à proposta original do método? E será que é possível aplicar esse valioso método dentro de uma novena?

O método "ver-julgar-agir"[14] tem sua origem na JOC (Juventude Operária Católica) pensada e criada, na década de 1920, por Jozef Cardijn (1882-1967), padre belga de origem operária, mais tarde feito cardeal (1965). Exercia sua pastoral em Laken, um subúrbio de Bruxelas. No ambiente da Revolução Industrial, na luta entre capitalistas e operários (na qual a Igreja apoiava os primeiros e ignorava os últimos), Cardijn pensou a JOC como um movimento de conscientização da classe operária e de transformação da vida deles em vida humana. É em seu ambiente de trabalho e em sua família que cada operária/o é chamado a desenvolver todas as suas capacidades intelectuais e afetivas como filha e filho de Deus e também sua bela vocação, sua grande missão como cristã/o, como colaborador/a do Criador e Redentor. É chamada/o a viver a vida cotidiana, em todos os seus aspectos, em todos os seus momentos, como uma oferta a Deus e, desse modo, crescer em santidade. Cardijn investiu forte na organização e na formação cristã das lideranças operárias, para que, assumindo sua missão de cristã/o/s leigas/os, fossem, como membros *militantes* da Igreja, as/os protagonistas na conquista das massas operárias descris-

14. Para todas as informações sobre o método, Cf. VV.AA., *Ga mijn volk bevrijden. Het denken van Cardijn*, Zele/Gent, S.V. Reinaert uitgaven/ N.V. Het Volk; GIOC Nazionale, *Il pensiero di Joseph Cardijn*, s.l., ago. 1992 (opúsculo); Lucie PICHÉ, La jeunesse ouvrière catholique féminine: un lieu de formation sociale et d'action communautaire 1931-1966, também In: *Revue d'histoire de l'Amérique française*, vol. 52,4 (printemps 1999), 481-506; Leen Alaerts, De geschiedenis van kajotters en kajotsters; Jozef Cardijn, Kardinaal van de arbeiders.

tianizadas que viviam e trabalhavam em condições desumanas, em contradição com o projeto de Deus. Pensava, assim, oferecer uma alternativa cristã para a ideia socialista de libertação.

Foi nesse contexto que nasceu o método ver-julgar-agir. Era preciso conhecer profundamente a realidade operária, não somente na fábrica, mas também na vida individual, familiar, profissional, social, pública, econômica..., para nela poder atuar. Cardijn quis um método *realista, indutivo e ativo* por meio do qual os próprios operários se apoderassem do conhecimento da realidade pela observação dela, por meio de conversas e entrevistas, levantamento de vários aspectos da vida operária, pesquisa em jornais, livros, leis, registros. O pivô do método são os "círculos de estudo", nos quais um grupo de "jocistas" coloca em comum suas descobertas, troca ideias, discute, confronta os dados, julga a realidade à luz do evangelho e vai amadurecendo e tomando decisões sobre como resolver os problemas, como atuar na vida pessoal e social, provocando a mudança. Está aí a síntese do método "ver-julgar-agir", método educativo, apostólico, missionário, atraente e exigente ao mesmo tempo, conjugando engajamento e responsabilidade pessoal e trabalho grupal, aquisição de conhecimentos e ação transformadora, fé e vida. Abria, assim, à classe operária, normalmente impedida de estudar, outra escola: a "universidade da vida", como diziam os "jocistas". Os "círculos de estudo" eram alimentados pelo boletim mensal vindo de um comitê nacional (incluindo o capelão), que apontava realidades a serem pesquisadas e questões a serem discutidas. Cada participante era acompanhado pessoalmente por "membros do núcleo" ou lideranças das equipes (*kernleden, chefs d'équipe*), que recebiam formação mais aprimorada. Esse trabalho dos círculos de estudo podia durar às vezes um ano inteiro, cada "jocista" fazendo sua parte (em seu lugar de trabalho e de moradia, entre os seus colegas, amigos, familiares) e os círculos promovendo a discussão. No final, tudo isso desembocava geralmente numa semana de atividades públicas, como congressos ou marchas.

A partir da JOC, o método espalhou-se depois em outros movimentos de Ação Católica, inclusive no Brasil. Dom Helder Câmara, convicto assistente da Ação Católica, levou o método para dentro da CNBB, fundado por ele em 1952[15]. Mais tarde, "a Assembleia Geral da Conferência realizada em Roma em 1964 assumiu o Planejamento Pastoral como instrumento de renovação da Igreja no Brasil. O processo de planejamento pastoral guarda as intuições da herança metodológica da Ação Católica e torna-se o principal instrumento de aplicação dos princípios renovadores do Concílio Vaticano II", afirma Pe. Virgílio Leite Uchôa. A partir daí, o método se espalha, bem ou mal, no Brasil inteiro, atingindo a ação pastoral nos regionais, nas dioceses, nas paróquias, nas comunidades[16].

Caberia esse método altamente valioso, eficiente, evangelizador, mobilizador, ligando fé e vida numa Novena de Natal? Se levarmos o método a sério, do jeito que foi pensado inicialmente, a resposta é: não cabe. Requer que todos os participantes façam investigação, pesquisa, levantamento de um determinado aspecto da realidade. Supõe círculos de estudo onde esses dados são comparados, analisados,

---

15. Cf. Pe. Virgílio Leite Uchoa, A caminhada da CNBB, reflexões históricas, abril 2001; e de Maria Clara Bingemer, *Dom Helder Câmara, pioneiro de uma Igreja nova no Brasil*, disponível em: <http://nucleodememoria.vrac.puc-rio.br/primeiro_site/dhc/textos/2002domheldermariaclarabingemer.pdf>, acesso em 23 jul. 2025.

16. Para reencontrar toda a força do método do jeito que foi pensado e vivido originalmente, seriam necessárias duas mudanças, a meu ver. 1) O "ver" não pode se restringir à leitura de resultado de pesquisas ou descrição da realidade *feitas por outras pessoas, por especialistas* (como fazemos, por exemplo, na Campanha da Fraternidade). É necessário que *os próprios participantes* do grupo façam o levantamento da realidade de seu bairro, cidade ou região, com a ajuda de roteiros, questionários. 2) As ações de intervenção na realidade devem surgir da análise e da reflexão *do próprio grupo* e precisam ser *planejadas e avaliadas em conjunto*, e não podem se restringir à execução de ações sugeridos por outras pessoas. Não se pode dissociar o ver, o julgar e o agir. Uma interessante orientação da ação local de um determinado grupo encontramos no recente texto da CNBB, *Eleições 2006, orientações da CNBB*, nas Orientações para a ação, 22, que na verdade são orientações para o "ver-julgar-agir" do grupo em sua própria realidade, com a ajuda do texto da CNBB.

julgados. Desemboca no planejamento de determinadas ações para mudar a realidade social; supõe avaliação e continuação da ação até que se tenha conseguido alcançar o que se planejou. Não basta lembrar um ou outro fato da vida, isolado, e sem ter tempo para analisar. Não adianta sugerir a cada dia uma nova ação, como por exemplo: "Vamos nos comprometer em conhecer a realidade da saúde pública em nossa cidade e descobrir meios de participação na solução dos principais problemas". Ou esta outra: "Vamos fazer uma horta comunitária, uma lavoura, construir juntos uma casa". É preciso *planejar* cada ação: quem vai fazer, por que, como, em benefício de quem, para quem, com que dinheiro, com a ajuda técnica de quem? E ainda é preciso avaliar a ação realizada e reprogramar, se for preciso. Tudo isso não se faz em nove dias e muito menos em um único dia! Pode levar meses, um ano inteiro ou mais. Além disso, a novena é de outra ordem, como já lembramos acima: é reza, é celebração, é ação ritual, é liturgia[17].

Podemos e devemos, sim, lembrar que a liturgia – assim como todos os aspectos da vida cristã – tem relação com a vida, com a história, com nosso compromisso de transformação pascal da realidade pessoal, eclesial, social. Por isso, nenhuma liturgia pode ser celebrada sem levar em conta a realidade e provocar sempre a "união vital entre fé, liturgia e vida", como o expressa o Documento de Medellín. Liturgias que não expressam e não têm ligação com a vida do povo não podem ser consideradas liturgias cristãs! O mesmo vale para as Novenas de Natal. É preciso que nos ajudem a nos unir sempre mais a Jesus Cristo para assumirmos, no dia a dia, na realidade pessoal e social, as atitudes e ações inspiradas pelo evangelho. A relação com a vida se fará principalmente com a recordação da vida, na "meditação" ligando leitura bíblica e fatos da vida, suscitando nosso compromisso, e também nas preces, como já comentamos acima.

17. É bom lembrar que o processo de planejamento pastoral, baseado no método "ver-julgar-agir", cabe, sim, na organização da Pastoral Litúrgica.

6. Sugestões para uma Novena de Natal litúrgica, popular, ligando fé e vida

Sem querer substituir o trabalho de análise e planejamento a ser realizado por cada instância pastoral que organiza as Novenas de Natal, seguem-se algumas sugestões para o aperfeiçoamento desse valioso instrumento pastoral, complementando as questões levantadas no início:

a) Associar claramente a novena ao *Advento*, levando-nos a um crescimento na fé e na espiritualidade, na vigilância e na alegre expectativa do Reino de Deus entre nós. Usar as leituras bíblicas e os cantos próprios deste tempo litúrgico.

b) Que não haja tema! O "tema" é o próprio Advento, a vinda do Reino de Deus entre nós, nossa preparação para a festa da encarnação do Deus Eterno em nossa realidade (pessoal e social) humana, precária..., simples.

c) Manter o caráter orante, de vigilância, de *preparação* ao Natal. Não antecipar o Natal, cantando "Noite feliz", "Glória a Deus nas alturas" e outros. Ainda não é festa do Natal, nem mesmo no último dia da novena. É muito significativo, sim, que vários grupos de novena celebrem juntos a festa do Natal, com a celebração eucarística, se possível, ou com a celebração da Palavra de Deus, na noite ou no dia do Natal, e não antes.

d) Na medida do possível, restaurar a "Semana Santa do Natal", cantando o Ofício Divino com as antífonas do Ó.

e) Não mutilar o *Ofício Divino das Comunidades* usando apenas os versos de abertura, sem os outros elementos (recordação da vida, hino, salmos, leitura bíblica, meditação, preces, pai-nosso, oração, bênção...) e sem o espírito de louvor e invocação para a vinda do Senhor e de seu Reino.

f) No lugar do *Ofício Divino das Comunidades*, poder-se-á usar o roteiro de uma *celebração da Palavra de Deus*: ritos iniciais, leituras bíblicas, salmo, meditação ou homilia, preces, pai-nosso, bênção, despedida...
g) Tanto no Ofício Divino como na celebração da Palavra de Deus, incorporar elementos da *piedade popular* (acolhida, nove velas, imagem do Menino Jesus, presépio, bênção da casa...), tudo de acordo com os costumes locais.
h) Valorizar os *salmos próprios do Advento*: 85(84), 80(79), 25(24), 147(146).
i) *Cantar* sempre em atitude de meditação, em clima de oração, de diálogo com o Senhor, e não como "divertimento" ou distração ("cantar por cantar"). Onde houver instrumentos musicais, que sejam tocados de tal forma que não abafem as vozes de quem canta.
j) Os salmos e outros cantos podem ser excelente ponto de partida para uma meditação em preparação ao Natal: por exemplo, observando e descobrindo juntos o sentido do texto e a atitude espiritual que propõem e incentivam.
k) Combinar com antecedência quem irá *proclamar o texto bíblico*, para que a pessoa possa se preparar. Se possível, ler o texto da própria Bíblia.
l) *Leitura bíblica e "leitura da vida"* (ou fato da vida) estejam *relacionadas* uma com a outra. Se possível, deixar que o próprio grupo traga os fatos de sua realidade.
m) Coordenar a meditação ou partilha da Palavra de Deus ou homilia de tal forma *que todas as pessoas possam dar sua palavra*, se quiserem. Não deixar que ninguém monopolize a fala.
n) Se houver a proposta de uma *ação*, que seja feita no final da meditação da Palavra de Deus (antes das preces); este é o momento mais indicado.
o) Não propor a cada dia uma ação impossível de ser realizada até o próximo encontro. Cada pessoa poderia externar o que a me-

ditação comunitária da Palavra de Deus lhe sugere. Ou combinar uma única ação, a ser realizada por todo o grupo, antes do final da novena.

p) As *preces* sejam, de preferência, espontâneas (sem pressa de acabar), e a resposta seja cantada.

q) Será que é necessário elaborar um texto de novena a cada ano? Tempo e dinheiro poderiam ser mais bem empregados na *preparação dos agentes*, das/dos coordenadoras/es dos grupos de novena. Afinal, quanto mais bem preparadas/os, mais eficiente será sua atuação evangelizadora, mais condições terão de conduzir uma meditação profunda e proveitosa, adequada à realidade de cada grupo. Não podem ser consideradas/os simplesmente como "ajuntadores" do povo ou como "leitores" de textos preparados por outros.

r) *Não infantilizar as pessoas*, pedindo que *leiam* as palavras de boas-vindas, as preces, a bênção da casa etc. Deixar que o façam com suas próprias palavras.

s) Cuidar da participação das crianças e adolescentes. Se for o caso, pensar atividades ou responsabilidades próprias para elas/eles.

t) *Avaliar* a novena com os coordenadores: o que ela trouxe de proveito para o crescimento na fé das pessoas e para a vida comunitária? Que avanços houve em relação ao ano anterior? O que deverá melhorar no próximo ano?

O hino "Cristo ressuscitou": relato e análise de uma experiência litúrgica como contribuição para a metodologia da Ciência Litúrgica[1]

O hino "Cristo Ressuscitou" consta no Ofício Divino das Comunidades (livro e áudio), como um dos possíveis hinos para o Tempo Pascal. O autor da letra é Reginaldo Veloso, bastante conhecido entre nós, tanto por sua atuação nas comunidades de base, como também como poeta e compositor de músicas para as celebrações litúrgicas. A música é uma das muitas versões de um hino pascal medieval germânico, espalhado por toda a Europa, hino muito popular, do qual a partitura mais antiga de que temos conhecimento data de 1160 e é originária de Salzburgo, na atual Áustria. Reginaldo Veloso conheceu a música na Itália anos atrás e expressou na letra a fé pascal da Igreja latino-americana, Igreja dos pobres, lutando por libertação:

Cristo ressuscitou,
o sertão se abriu em flor,
da pedra água saiu,
era noite, e o sol surgiu,
glória ao Senhor.

1. Originalmente publicado em: *Revista de Cultura Teológica*, PUC-SP, 6 [jan.-mar. 1994], 19-30. (N. do E.)

1. Vocês que tristes estão,
   que gemem sob a dor,
   na dor de sua paixão,
   Deus se irmanou.

2. Vocês que pobres são,
   que temem o opressor,
   por sua ressurreição,
   Deus nos livrou.

1. O que fiz e fizemos com este hino e o que o hino fez conosco?

No Tempo Pascal, durante três anos seguidos, cantei esse hino no Ofício Divino (Liturgia da Horas), manhã, tarde e noite, observando e registrando o que ia acontecendo "dentro de mim", em relação ao hino em si, assim como na relação do hino com o contexto litúrgico e com a realidade pessoal, comunitária e social. Observei e registrei também como o hino (ou partes do mesmo) entrava em diálogo com a realidade ao longo do dia, e alimentava uma atitude de oração e contemplação que pretendia ser permanente. Durante dois anos, várias pessoas participantes de comunidades eclesiais de Novo Osasco fizeram trabalho semelhante com o mesmo hino, também no Tempo Pascal.

Explicando melhor: seguimos durante o canto do ofício um método parecido com a *Lectio Divina* ou leitura orante (já mais conhecida entre nós nestes últimos anos, pela publicação da coleção "Tua palavra é vida"). Concretamente, obedecemos aos quatro passos (ou dimensões) do tradicional método da leitura bíblica, sistematizado por Guigo, o cartuxo (1083-1136):

a) *Lectio* (leitura): cantamos o hino, levando a sério sua forma, prestando atenção a cada palavra, aos símbolos, à melodia, ao ritmo, à cadencia das frases, procurando aprender suas imagens em toda a sua amplitude cósmico-bíblico-litúrgica, aprendendo não só com a razão, mas com todo o nosso ser, nossa mente, nosso corpo, nosso coração. Cantamos o hino, fazendo dele um "gesto sonoro", assumindo sua função litúrgica e nos deixamos atingir pela força poética, musical e sacramental do hino. Fora do momento especificamente litúrgico, pesquisamos a origem e a evolução do hino, fizemos uma análise literária da música; aprofundamos as imagens bíblico-litúrgicas (água que sai da pedra; sol que surge de noite; Deus se irmanando na dor de sua paixão, dor de parto de um mundo novo; o sertão se abrindo em flor).

b) *Meditatio* (meditação): cantando, procuramos seu sentido profundo, escondido. Entendemos que o Senhor está falando conosco hoje por meio do hino. O que o hino enuncia objetivamente acontece hoje conosco no momento da celebração e na vida. Descobrimos a importância da repetição, consciente e sensível, como linguagem do amor. Descobrimos a vantagem da memorização. Entramos no processo de atualização, identificação, associação e apropriação, pelo qual estabelecemos a relação entre o hino e nossa realidade atual, pessoal, comunitária e social, fazendo com que o hino se torne, palavra viva e penetrante. Exercitamos a vigilância interior, a atenção a nós mesmos, a concentração atenta (a *népsis*, diziam os pais do monaquismo oriental). Dessa forma, o hino "cresceu" conosco ao longo da experiência, porque deixamos que acolhesse e iluminasse nossas vidas e vice-versa. Da interligação hino-realidade atual, destacamos os seguintes aspectos: o impossível se torna possível; nossas vidas se parecem com uma ladainha de dor; a irmandade na dor vem acompanhada da irmandade da ressurreição; vivemos uma Páscoa da cruz; sentimos a impotência diante do opressor; porém, invade-nos a teimosia pascal; ficamos atentos aos sinais de vida e os celebramos.

c) *Oratio* (oração): cantando e meditando o hino, ele se transformou em oração, desde a primeira até a última palavra, no seu conteúdo como na sua melodia e seu ritmo, nas associações que fizemos com a realidade ou com outros textos bíblicos. Detectei cinco grupos de expressões orantes, que foram trabalhadas uma a uma na análise da experiência: louvor, admiração, ação de graças, alegria, interrogação, indignação, interpelação, protesto, clamor, pedido e súplica, intercessão, consolo, confiança entrega e, por fim, as lágrimas. Percebemos a oração como uma ação conjunta entre nós, povo sacerdotal, e o Espírito.
d) *Contemplatio* (contemplação): na América Latina aprendemos a ver o rosto de Deus no rosto dos pobres, na sua realidade dura e sofrida de miséria e opressão, assim como na sua luta e resistência. Assim, contemplação é para nós espera ativa e vigilante do Reino, dentro desta realidade. Na liturgia, esse conhecimento de Deus nos é dado ao fazermos memória comunitária das revelações e intervenções de Deus na história do povo eleito, tendo como ponto de referência a vida, morte-ressurreição-glorificação de Jesus Cristo. Graças à índole simbólico-sacramental da liturgia, as realidades significadas são sabidas/saboreadas em nós pela ação dinâmica do Ressuscitado e de seu Espírito e operam a transformação que anunciam. Nenhuma mudança comunitária e social pode prescindir dessa transformação na raiz espiritual (radical) das pessoas envolvidas. Mas, para que esta ocorra, é preciso ultrapassar a superficialidade de uma execução ritualista e as impressões subjetivas, para se entregar à profundidade do mistério celebrado em comunidade.

Concretamente, qual foi a transformação pascal operada em nós pelo hino "Cristo ressuscitou"? Cantando, meditando e orando o hino, o medo sumiu ou diminuiu, e criamos coragem, assumimos o compromisso; a esperança cresceu. A realidade dura da vida e o sofrimento causado por tanta injustiça não foram tirados, mas vistos à luz de Deus, vividos na certeza de sua presença. Enxergamos de modo diferente a vida, as pessoas, o próprio Deus. E brotou mais forte a alegria.

2. Experiência litúrgica

Ao conjunto deste "trabalho" (incluindo o que fizemos com o hino e o que o hino fez conosco), chamamos de "experiência litúrgica". Essa foi a categoria básica de teologia litúrgica com a qual trabalhamos. Não a encontramos pronta; tivemos de forjá-la. Para tal, recorremos a estudos sobre experiências de Deus, experiência do divino, experiência de Deus na liturgia, e principalmente à categoria de "experiência ritual" usada por Oliviéro e Orel num artigo publicado em 1990[2]. Os autores definem a experiência litúrgica como sendo a interação entre o "ator" e os outros elementos do rito; o referente, o sinal e os efeitos. De que maneira acontece essa interação? Que tipo de relação o ator estabelece com esses elementos? O ator subjetiva as objetivações do rito; os personagens, papéis, valores. Aceita o rito como um caminho, uma via, uma pedagogia de crescimento e conhecimento (no sentido amplo, isto é, não somente no sentido racional, mas também afetivo). No encontro entre a proposta do rito e a minha busca de sentido, nasce a experiência. Melhor: entrando pessoalmente dentro da proposta do rito, assumindo-a como sendo minha, experimento o rito com todos os seus elementos.

No caso da experiência litúrgica com o hino "Cristo ressuscitou", como atores do rito interagimos com o referente, Jesus Cristo e o mistério de sua Páscoa atualizada na Páscoa do povo brasileiro. Interagimos com os sinais que expressam o referente no âmbito do rito: a

---

2. Oliviéro, Philippe; Orel, Tufan, L'expérience rituelle, *Recherche de Science Religieuse*, Paris, 78 (3) (1990) 329-372.

letra, a música, a situação litúrgica do hino no Ofício Divino do Tempo Pascal. Interagimos com os seus pretendidos efeitos, deixando-nos atingir pelo Senhor, por meio da força simbólico-sacramental do hino cantado e meditado.

Apontamos algumas das características teológico-litúrgicas da experiência litúrgica enquanto experiência ritual: é uma experiência pascal, comunitária, mistérica, memorial (subjetivada por cada participante): é uma experiência sacramental, escatológica, marcada pelo momento histórico e pelo lugar cultural, onde a celebração expressa essa vivência atual de nossa fé na cultura da comunidade celebrante. Lembramos ainda as características próprias de uma experiência litúrgico-musical.

Chegamos, assim, a definir o que entendemos por "experiência litúrgica":

A experiência litúrgica é uma ação ritual da ação pascalizante do Cristo ressuscitado no Espírito, pela qual os participantes da ação litúrgica se deixam atingir e transformar gradativamente – trata-se se de um processo – naquilo que o rito significa. Isso se torna possível à medida que "entram" no jogo simbólico-sacramental da liturgia, interagindo com seu significado (o "referente") e seus significantes (os "sinais"), ou seja, estabelecendo uma relação transformadora de escuta, aceitação, compromisso e comunhão com o Deus de nosso Senhor Jesus Cristo, no Espírito Santo, na comunidade reunida, convocada em determinado lugar e contexto histórico. Essa relação haverá de perdurar fora do momento ritual, dando "sentido" (no duplo sentido de "significado" e "direção") à vida desses participantes e, assim, tendo possivelmente uma repercussão transformadora, libertadora, na vida social.

O *objetivo primeiro* da experiência litúrgica com o hino "Cristo ressuscitou" foi o aprofundamento do potencial celebrativo e espiritual-litúrgico da música na liturgia, indicando para tal pistas metodológicas e pedagógicas. Dito de outra forma, queria saber o que fazer com os cantos e com a música de modo geral na liturgia, para que liberem em nós toda a sua força. Qual a *relevância* disso, principalmente para a Pastoral Litúrgica, mais especificamente para a pastoral da música na liturgia? A música, sendo parte integrante da liturgia, merece ser levada a sério quanto à sua força simbólico-sacramental. Na cultura religiosa deste continente, a música é um elemento altamente significativo na participação e na vivência celebrativas. Na Pastoral Litúrgica, no entanto, nem sempre recebe a devida atenção do ponto de vista teológico e pedagógico-espiritual.

No final do trabalho destacamos algumas *conclusões* para a pastoral litúrgico-musical. A primeira conclusão diz respeito à qualidade teológico-espiritual e estética (poético-musical) e à adequação ritual dos cantos destinados a assumir uma função na liturgia. Isto é, necessitamos de cantos com a necessária densidade teologal, com referência bíblica e com capacidade mistagógica, cânticos espirituais. (Cantos com conteúdos psicologizantes ou expressando sentimentos religiosos apenas, sem expressar os conteúdos da revelação, não têm como alimentar nossa fé.) Necessitamos de cantos com força evocativa e simbólica, que deixam espaço para o mistério, para o silêncio meditativo, para o "voo" contemplativo. (Cantos com linguagem descritiva, explicativa, catequética, não expressam – e, por isso, não realizam – a relação de aliança entre Deus e seu povo.) Necessitamos de cantos que sejam capazes de se tornar gestos rituais, possibilitando a participação no momento ritual, no tempo litúrgico e na festa do dia, adequados ao tipo de celebração.

Tudo isso supõe compositores com formação e sensibilidade não somente musicais, mas também litúrgicas. Supõe preparo e responsabilidade dos que editam subsídios para as celebrações. Supõe um mínimo de formação litúrgico-musical das equipes de liturgia, que são os responsáveis diretos pela escolha criteriosa e pela execução dos cantos na sua comunidade ou paróquia. Sugere também, a longo prazo, a formação da sensibilidade litúrgico-musical de todo o povo celebrante.

O segundo trabalho a ser feito situa-se na área da pedagogia litúrgico-musical. Distingo dois momentos diferentes, cada um com seus caminhos próprios. O primeiro momento e a própria ação celebrativa. Trata-se de aprender a vivenciar cada música como gesto ritual, como mistagogia. Trata-se de trilhar o caminho que a liturgia propõe. É algo que se pode aprender. Trata-se de cantar, vivenciando o sinal litúrgico em toda a sua amplitude poético-musical e tecnológico-espiritual: cantar sabendo/saboreando. Precisamos ouvir Cristo e o espírito cantar em nós. Além disso, sendo a liturgia uma ação comunitária, temos de aprender a cantar a uma só voz, a um só coração, a uma só alma, expressando/realizando nossa comunhão, nosso ser/comunidade, em Jesus Cristo.

Faz parte do ministério dos ministros e das ministras do canto (dos compositores, instrumentistas, salmistas e outros solistas, e principalmente dos animadores e animadoras do canto da assembleia) fazer um trabalho pedagógico com a comunidade celebrante para que chegue à vivência espiritual da música na liturgia.

Os meios que estão à nossa disposição para isso são a atenção orante e amorosa que leva à consciência e à repetição. Precisamos aprender a prestar atenção à letra e à música, a nos entregar a elas, entrando em sua proposta ritual, deixando que dialoguem com todo o nosso ser, com toda a nossa realidade. A repetição, do refrão principalmente, mas também a repetição do mesmo canto no mesmo tempo litúrgico e de um ano para o outro, emitirá sua penetração mais profunda, fazendo com que volte espontaneamente à nossa memória ao longo do dia, fazendo-nos cantar no coração, ajudando, assim, a estabelecer a oração permanente, no diálogo constante da aliança com o Senhor.

O segundo momento deverá ser criado fora do momento propriamente celebrativo. Trata-se de analisar (destrinchar) o texto, a música, parte por parte e, também, analisar como um todo, enquanto gesto ritual, como meio para nos levar à oração e contemplação.

Quando seria feito esse trabalho? Antes de tudo, no ensaio do grupo de cantores. Depois de maneira mais rápida, nos ensaios com todo o povo celebrante, cinco minutos antes do início da celebração. Isso supõe que se supere a dimensão puramente técnico-musical dos ensaios: como posso aprender e cantar bem um canto litúrgico se não for de forma orante? Mesmo que não possamos fazer comunitariamente um aprofundamento de todos os cantos, fazendo esse trabalho com alguns deles estaremos criando um hábito que cada pessoa de alguma maneira tenderá a tornar sua também com outros cânticos.

No início de cada tempo litúrgico, ou antes das grandes festas, ou uma ou duas vezes ao longo do Tempo Comum, ou antes da festa do padroeiro ou da padroeira, poder-se-ia organizar um "encontro de canto", um tipo de "retiro litúrgico-musical", incluindo ensaio e aprofundamento teológico-espiritual, em clima de oração e descanso ao mesmo tempo, como um lazer espiritual. Na vida corrida que levamos, esse tipo de encontro pode até contribuir para diminuir nossas tensões e, assim, favorecer nossa saúde.

Outra sugestão é que se faça de vez em quando uma catequese mistagógica sobre cantos da celebração durante a homilia; ou que se comente nela um dos cantos (principalmente o salmo), como se comentam as leituras bíblicas. Muitas homilias de Santo Agostinho podem nos servir de exemplo para isso.

Quais são os instrumentos básicos nesse segundo momento pedagógico-litúrgico-musical? São a pergunta e o diálogo que se estabelece com parte dela entre as pessoas do grupo, eventualmente coordenados pelo animador ou agente de pastoral litúrgico. A título de exemplo, elaborei, no final das conclusões, um possível roteiro de perguntas para análise meditativa de cantos na liturgia, inspirado no método da leitura orante.

3. Contribuição para a metodologia da Ciência Litúrgica

A pesquisa com o hino "Cristo ressuscitou" está inscrito num *objetivo maior, no âmbito da Ciência Litúrgica*: o de encontrar e analisar uma metodologia de pesquisa litúrgica que partisse da realidade litúrgica, principalmente das comunidades populares que trabalhassem a teoria (de teologia, espiritualidade e Pastoral Litúrgica) a partir dessa prática celebrativa, no seu contexto sociopolítico e cultural. Se possível, queria ainda envolver pessoas das comunidades no processo de pesquisa.

A pesquisa empírica ainda é pouco usada no estudo da liturgia; não temos uma metodologia elaborada. Também nos falta uma hermenêutica litúrgica para esse tipo de pesquisa. (A hermenêutica elaborada até agora diz respeito principalmente à análise de textos litúrgicos e não de celebrações ao vivo.)

No caso da pesquisa com o hino "Cristo ressuscitou", tratava-se de estudar especificamente a experiência litúrgica feita com esse hino. Estudar a experiência significa trabalhar um enfoque antropológico: voltar-se para o sujeito celebrante, no aqui e agora, compreender, interpretar a ação litúrgica da qual é coautor. Nesse caso, a fonte principal para o estudo é a própria experiência. Como chegar a essa experiência? Como abordá-la? Como interpretá-la?

O presente trabalho *buscou um caminho*, uma metodologia (em sentido amplo) para trabalhar litúrgico-cientificamente com essa fonte. Sem caminho traçado previamente, fui dando os passos que me pareciam levar ao objetivo. Olhando retrospectivamente o caminho percorrido, distingui sete momentos:

a) a experiência litúrgica pessoal com o hino "Cristo ressuscitou" e seu registro em diário,
b) a observação partilhada com o grupo de Osasco,
c) a redescoberta do método da *Lectio Divina*,
d) a sistematização de método de "meditação" litúrgica com o hino,
e) a análise interpretativa dos dados obtidos na pesquisa e redação dos resultados devidamente sistematizados aos participantes do trabalho com o hino
f) a coleta de dados complementares e, por fim,
g) a análise da metodologia da pesquisa.

Aprendendo com a antropologia e outras áreas do saber, experimentei, como um possível instrumento de pesquisa empírica, *um tipo de observação participante*. Esta permite, de fato, uma aproximação maior entre o objeto pesquisado e o sujeito pesquisador, necessária para captar uma celebração litúrgica ao vivo e "por dentro". Como na liturgia participar significa ser liturgo, o liturgista que usa como instrumento de pesquisa a observação participante é ao mesmo tempo sujeito e objeto da pesquisa que realiza. A observação participante permitiu, ainda, conseguir a pretendida participação de pessoas das comunidades celebrantes.

A pesquisa empírica veio acompanhada de larga *pesquisa bibliográfica*, tanto de fontes não publicadas como de obras consultadas que versam sobre o hino "Cristo ressuscitou" (várias versões do texto e da música, assim como comentários e estudos); sobre a função do hino no Ofício Divino; sobre a *Lectio Divina*; sobre a experiência de Deus na liturgia e a música e experiência de Deus; sobre a Ciência Litúrgica; sobre o método antropológico, a observação participante e a metodologia de pesquisa em outras áreas.

Assim, no momento da interpretação, estabelecemos um *círculo hermenêutico* entre os dados da experiência litúrgica com hino e os dados das Escrituras, da tradição litúrgica, da teologia. Olhando retrospectivamente, percebo três enfoques interpretativos: o teológico-litúrgico, o celebrativo-ritual e o antropológico. No enfoque teológico-litúrgico, desponta como referência principal a teologia litúrgica do Mistério Pascal, em leitura latino-americana; ao lado desta, há referências à pneumatologia, à eclesiologia, à dimensão cosmológica da salvação, às dimensões básicas da eucologia na tradição judaica e cristã e à sacramentalidade de toda a liturgia. No enfoque celebrativo-ritual, destacamos a ação ritual como gesto simbólico, o envolvimento pessoal, a participação ativa e consciente como elementos constitutivos da ação litúrgica. O enfoque interpretativo antropológico principal, presente na interpretação do hino, é o da importância da experiência, como envolvimento da pessoa como um todo, com sua inteligência, vontade, afetividade; com sua dimensão consciente e inconsciente; dentro do seu contexto sociopolítico e cultural.

As *conclusões* no tocante à experiência de pesquisa, dizem respeito principalmente à abordagem da realidade litúrgica, mais especificamente ao uso da *observação participante*. Esta é um instrumento indicado sempre que se quer partir da celebração real, ao vivo. É indicada principalmente quando se pesquisa a visão, a consciência que os participantes têm da liturgia de que participam.

Permite analisar não somente o aspecto ritual-celebrativo, mas ainda a *teologia primeira*, o sentido teológico fundamental presente na celebração, na interpretação dos participantes. A partir dessa teologia primeira é que se estabelece o círculo hermenêutico, o diálogo com a Tradição. Evitamos, assim, que a teologia litúrgica venha como um elemento estranho, de fora da comunidade, não levando em conta a riqueza espiritual presente na vivência do povo celebrante.

Pelo método da observação participante do jeito que propomos aqui, a própria comunidade pesquisada é envolvida nesse diálogo, de modo a se apropriar de um conhecimento teológico-litúrgico crescente, partindo de sua própria vivência.

O método é fecundo também na dimensão espiritual da liturgia. Pelo fato de as pessoas observarem sua própria experiência, aumenta a qualidade de sua participação e ajuda a transformar a liturgia num acontecimento espiritual.

Pensando no processo de renovação pela qual passa constantemente qualquer liturgia viva, a observação participante com envolvimento do povo celebrante é um instrumento indispensável para quem não quiser impor mudanças "de cima para baixo". De fato, possibilita trabalhar a *consciência* do povo celebrante, levando em conta o que sente, pensa, observa, espera.

A valorização da experiência pessoal dos participantes da pesquisa vai ao encontro da necessidade que as pessoas têm de serem ouvidas, consideradas e valorizadas principalmente nas grandes cidades, onde massificação e a despersonalização andam crescendo.

4. Considerações finais

O *esquema geral* do trabalho procura dar conta da complexidade da dupla experiência: a experiência litúrgica com o hino "Cristo ressuscitou" e a experiência da pesquisa. Depois da introdução, o primeiro capítulo trabalha a categoria fundamental "experiência litúrgica". O capítulo 2 faz o histórico da dupla experiência, situa os sujeitos da mesma e introduz o método da leitura orante (*Lectio Divina*) do jeito que foi usado na experiência litúrgica com o hino. Os capítulos 3, 4, 5 e 6 relatam e analisam a experiência litúrgica com o hino. O capítulo 7 analisa a experiência da pesquisa feita com a experiência litúrgica. No final do capítulo 7, foram trabalhadas duas considerações complementares: a Ciência Litúrgica feita por uma mulher e a dimensão pedagógico-pastoral presente no trabalho. As conclusões, já mencionadas acima, acompanham a dupla temática da pastoral (mais especificamente a espiritualidade) litúrgico-musical e da metodologia da Ciência Litúrgica, principalmente no que diz respeito à abordagem da realidade litúrgica.

Há uma *insistência na vivência subjetiva, intuitiva e místico-afetiva* (considerada "feminina") *da liturgia*, para corrigir a tendência verbalista e racionalista (considerada "masculina"), tão contrária ao jeito cultural das expressões religiosas do povo brasileiro e latino-americano, nas quais o "fervor" religioso é uma forte característica. A dimensão subjetiva é, além disso, uma característica da cultura atual de nossa sociedade, que tende, no entanto, ao subjetivismo e ao individualismo. O trabalho busca o equilíbrio entre o polo da objetividade e o da subjetividade, "o casamento" entre "liturgia objetiva" e "liturgia subjetiva", entre razão e afetividade.

O *trabalho interessará às pessoas* que trabalham com a música na liturgia, como compositores, responsáveis pela divulgação de subsídios litúrgicos, formadores e animadores da música na liturgia, corais e equipes de canto e aos agentes de pastoral e das comunidades de modo geral. Interessará igualmente às pessoas que se interessam pelo método da leitura orante e àquelas que desejam e procuram uma vivência espiritual profunda nas celebrações, capaz de alimentar a fé nos tempos áridos em que estamos vivendo. Será útil aos formadores, pregadores e organizadores de retiros, que podem contribuir para redescobrirmos o veio da espiritualidade litúrgica. Interessará, finalmente, aos estudiosos da liturgia que procuram uma aproximação maior entre a teoria e a prática, principalmente tendo como ponto de referência as comunidades populares, que estão buscando uma liturgia que seja expressão celebrativa das feições latino-americanos da fé cristã.

Jesus Cristo, a arte e o povo: arte na liturgia: considerações pastorais[1]

Ser artista é lutar pela expressão da vida escondida
(R. Guardini)[2].

31 de dezembro. Véspera de ano-novo. Celebramos a Eucaristia na capela de uma fazenda[3]. É noite. As muitas lâmpadas penduradas em várias alturas por cima da assembleia espalham tranquilidade, iluminam serenamente o rosto das pessoas: concentram-se em cima do celebrante, perto da estante da Palavra e em cima do altar. Deixam no esquecimento, por hora, as paredes e o teto. Os móveis escuros parecem recolher os sons e as luzes para que não se percam no espaço, mas com suavidade penetrem nas pessoas aqui reunidas. O pequeno espaço vazio no centro é quadrado; à direita de quem entra estão a mesa da Palavra e a cadeira do celebrante, em pequena elevação; da mesma maneira, do lado oposto, a mesa da Eucaristia; em volta, nos bancos dispostos em leve declive, as cerca de noventas pessoas. Tudo aqui é "concentrador": ajuda para unir as pessoas, criar sentido de comunhão e concentrar os sentimentos e o pensamento em torno da Palavra e da Eucaristia.

---

1. Originalmente publicado em: *Revista de Liturgia*, n. 39 [mai.-jun. 1980], 1-7. (N. do E.)
2. Guardini, Romano, O *espírito da liturgia*, Rio de Janeiro, Lumen Christi, 1942 (Col. Litúrgica n. 7), 84.
3. Trata-se da antiga adega do Mosteiro de São Bento em Vinhedo, transformada pelos monges na Capela da Ressurreição para os moradores da Bela Vista.

Depois da celebração, enquanto se desfaz a pequena "concentração" de fiéis, vejo as paredes: atrás de mim o Cristo glorificado, leve e forte ao mesmo tempo, humano e divino. Do outro lado, o Espírito Santo derramado sobre os fiéis, que renascem na água do batismo. Embaixo da pintura, a pia batismal e a vela. Atrás do altar, várias fendas devem trazer, durante o dia, a luz indireta do sol por meio de vidros coloridos, escondidos na parede.

"Por que tanta sofisticação?", dirão alguns. "Que bobagem!", descartarão outros. "Já pensou o quanto isso deve ter custado?", lembrar-se-á o tesoureiro. "Hoje em dia, não se tem mais tempo para essas coisas, não! Levante aí quatro paredes, compre uma mesa de fórmica e cadeiras de plásticos, e pronto. Já se pode celebrar. Não é bem mais prático assim?". Afinal, por que dar tanta importância às coisas externas?

Tudo na liturgia é *sinal*. Sinal do Mistério Pascal de Jesus Cristo. Tudo na liturgia refere-se ao Cristo glorificado e à presença e atuação indizível, inexprimível, do Espírito Santo do Senhor. Cristo, com sua Páscoa – passagem – ao Pai, rompeu o espaço-tempo, os limites da vida humana, e fez neles irromper a vida e a eternidade, a graça, a imortalidade e o infinito, de que o homem precisa para não morrer à míngua. Como transmitir essa realidade imensa, como exprimir o mistério de Deus que se comunica? Só há o caminho da corporeidade, o caminho da encarnação, a linguagem da sensibilidade: "Isto é o meu corpo. Tomai, comei" – "O que era desde o princípio, o que ouvimos, o que vimos com nossos olhos o que contemplamos e nossas mãos apalparam da Palavra da vida, a vós anunciamos para que estejais também em comunhão conosco. E a nossa comunhão é com o Pai e com o seu Filho Jesus Cristo" (1Jo 1,1-4). Não só os sete sacramentos, mas toda a liturgia – desde o recinto das celebrações até as atitudes corporais dos presentes – participam dessa sacramentalidade.

1. O que a arte tem que ver com isso?

Por que há na Constituição Conciliar um capítulo inteiro sobre arte sacra? Os nossos conceitos, a teologia e a catequese tentam delimitar, em linguagem racional, vários aspectos do Mistério Pascal, para melhor compreensão. Mas o mistério não se deixa apreender só pela razão. Pois o mistério é transmissão da vida, é relacionamento, é aliança. Posso dissecar uma planta, contar as pétalas, estudar o pólen sob o microscópio; posso apalpar a planta, posso até vender. Mas só pressente a sua realidade mais profunda quem a olha com olhar de poeta. A arte revela a face escondida da realidade, insinua o "lado de dentro", aponta para o mistério, sem, no entanto, invadir o seu segredo. Por isso, a liturgia precisa da arte sacra, que, desde a arquitetura do recinto sagrado até a maneira de proferir as leituras, nos atinge com a linguagem dos sentidos. Por meio da palavra, da forma, do ritmo, do som, da luz e das cores, chama todo o nosso ser para a comunhão no Cristo glorificado.

A mesa, o pão, o vinho, a música, as pedras são os sinais sensíveis de que a liturgia necessita, seguindo a lei da encarnação: a nossa vida cotidiana é assumida pelo Cristo. Mas não basta que os sinais sejam sensíveis, como não basta a encarnação. É preciso ainda que revelem e apontem a transfiguração, a ressurreição, a glorificação, a parusia, a plenitude, sem a qual a encarnação não teria sentido. A mesa da Eucaristia pode nos fazer lembrar a mesa nas nossas casas, em torno da qual a família se reúne e se alimenta; mas deve ao mesmo tempo aludir à profundidade do convívio na mesa do Senhor. Não basta que haja uma construção qualquer para reunir o Povo de Deus; é importante que nos faça ouvir como a Moisés no deserto: "Tire as sandálias, pois este lugar é sagrado". – "É a casa de Deus com os homens". Não basta uma música qualquer que permita a todos se exprimirem juntos; é preciso que abra os nossos corações e os nossos ouvidos para percebermos como os anjos e santos e todo universo cantam, em uníssono com o povo, os louvores de Deus.

A arte sacra nos ajuda a viver a dialética entre tempo e eternidade, terra e céu, vida e imortalidade. A arte sacra deve nos fazer intuir e perceber que dentro do histórico irrompe o super-histórico, dentro do cotidiano emerge o sobrenatural, dentro do esforço e da luta de cada dia a gratuidade da graça de Deus. A arte transcende e espiritualiza a matéria dentro do sensorial, ela faz eclodir o espiritual. É por isso que Romano Guardini dizia: "Ser artista é lutar pela expressão da vida escondida"[2]. Assim como Maria Madalena de repente reconheceu Cristo, onde antes via apenas o jardineiro, a arte sacra deve nos ajudar a reconhecer na liturgia a presença do Cristo ressuscitado, para podermos exclamar como Maria: "Rabbúni! Mestre!" (Jo 20,11-18).

2. Três equívocos

Quando se fala em arte, muitas pessoas logo pensam em museus e coisas bem antigas, coisas longe da vida cotidiana, fora de uso. Certamente não é isso que a renovação conciliar está propondo. Devemos conservar as expressões legítimas da fé cristã de tempos passados nas igrejas antigas, é claro. Mas, para as igrejas novas, devemos recorrer aos artistas de nosso tempo, de nossa cidade. Não devemos pedir que imitem formas e estilos da arte passada (neogótico, estilo colonial etc.) ou da Europa. Devemos dar oportunidade para que exprimam o mistério da fé em linguagem e em formas, de acordo com a sensibilidade de nosso tempo e deste continente. Arte não é só para "gente fina", com recursos econômicos e um requintado gosto estético. Existe também a genuína arte popular, sentida e vivida pelo povo. Por fim, nem tudo o que é caro é bonito! Não adianta comprar os mais caros materiais ou confundir arte com luxo ou suntuosidade. O que importa é a alma que o artista põe dentro do material.

De maneira geral, o que se pede é que os materiais sejam autênticos, verdadeiros (madeira, pedra vidro...) e não de imitação (fórmica imitando mármore ou madeira, flor de plástico imitando flor natural). A mentira não combina com o evangelho. Outra qualidade da verdadeira arte é a pureza e a simplicidade. Uma parede caiada de branco ou de pedra natural pode, às vezes, satisfazer melhor do que uma parede cheia de figuras e desenhos. Um jato de luz de um simples *spot* pode condizer mais com o espírito litúrgico do que um lustre de cristal. Portanto, tudo o que falamos até agora vale tanta para a catedral de uma metrópole, como para a mais simples capela rural ou de bairro, de periferia ou de casa religiosa.

3. Três âmbitos para a arte na liturgia

3.1. A construção e ornamentação

a) A construção tem uma função interna: reunir o Povo de Deus para as celebrações litúrgicas; e uma função externa: ela é, dentro da cidade ou localidade, um sinal da presença de Deus e de seu povo. Por isso, acredito que não tenhamos o direito de construir Igrejas de pura "materialidade", sem arte nenhuma, sem espiritualidade, sem alma, sem perspectiva de infinito.

b) Ainda está predominando a forma retangular, estreita e comprida: no entanto a teologia renovada do Vaticano II exigiria uma forma mais aberta, semicircular, por exemplo, expressando a possibilitando a participação do povo sacerdotal.

c) As três peças principais são: o altar, a estante da Palavra, e a cadeira do celebrante. Infelizmente, parece que ainda não se tomou consciência dessa mudança, porque em muitas Igrejas novas só se previu o altar – em geral grande demais –, que não deixa lugar para a estante da Palavra e a cadeira do celebrante.

d) Devemos prever ainda, dentro do conjunto arquitetônico, a pia batismal, o confessionário, o lugar dos cantores e instrumentistas, o tabernáculo ou a capela do Santíssimo, a via-sacra, o crucifixo, as imagens e pinturas.

e) Em vez de comprar um daqueles tabernáculos fabricados em série, não seria melhor pedir o serviço de artistas e artesões residentes na comunidade? O mesmo se diga a respeito do crucifixo, da via-sacra e das imagens dos santos: uma escultura em pedra ou madeira, ou uma pintura na parede, não estaria mais de acordo do que aquelas imagens de Santa Teresinha ou de Nossa Senhora de Lourdes ou do Sagrado Coração de Maria feitas em gesso e de um gosto bastante duvidoso?

f) Toalhas, tapetes, velas, lâmpadas, tudo deve estar em harmonia com o todo. Cuidado com excesso de cartazes ou indicações práticas como: "sacristia" ou "secretaria", anúncio de cursos etc. Melhor seria afixar isso num painel à entrada da igreja.

g) Em geral, pode-se combinar muito bem a beleza artística com a beleza natural: pedras, plantas, água dentro ou fora do recinto.

A construção de uma igreja, por pequena que seja, merece, portanto, muita atenção, estudo, diálogo. Felizmente já temos agora o livro do Mons. Guilherme Schubert: *Arte para a fé*[4], que, sem dúvida alguma, facilitará a tarefa dos padres, arquitetos, engenheiros e demais pessoas encarregadas da construção.

3.2. O material para a celebração: as vestes do celebrante e os objetos do culto

Também as vestes litúrgicas tem um valor simbólico. Significam a função sacerdotal daquele que representa o Cristo. A cor branca é a mais importante, pois é a cor da ressurreição, da transfiguração; é

4. Cf. SCHUBERT, Guilherme. *Arte para a fé*. Petrópolis, Vozes, 1979. (N. do E.)

por isso que a multidão que no Apocalipse canta os louvores de Deus e do Cordeiro está vestida de branco. A cor vermelha lembra o fogo do Espírito Santo, o sangue de Cristo na sua paixão e o sangue dos mártires. As outras cores não têm significado bíblico; talvez seja esse o motivo pelo qual a Introdução do Missal Romano prevê, no número 308, que as Conferências Episcopais podem propor "adaptações às necessidades e ao caráter de cada povo".

Os *vasos sagrados*, isto é, o cálice, a patena, o cibório etc., devem ser feitos de material sólido e considerado nobre na região; de preferência, materiais que não se quebrem nem se alterem facilmente. Quanto à forma, o artista tem plena liberdade, contanto que se observem os costume da região e o uso litúrgico a que estão destinados (Introdução do Missal Romano 289-296).

3.3. O desenrolar da celebração

O desenrolar da celebração é todo um ritmo, um jogo, uma arte cênica a ser aprendida para exprimir melhor o mistério de Cristo. Podemos destacar: o canto e os instrumentos; a arte de presidir e de fazer leituras; o serviço dos ministros.

3.3.1. O canto e os instrumentos

Certamente ainda estamos numa época de transição e de experimentação. No passado, havia a atuação dos corais, com repertório em latim e nem sempre condizentes com a liturgia. Agora, há uma grande efervescência de músicas de todos os gostos (e às vezes, sem gosto nenhum), muitas das quais numa tentativa séria de fazer música bíblico-litúrgica, outras ainda com a simples pretensão de fazer música religiosa. O povo começa a cantar e participar. Faltam animadores preparados pedagógica, litúrgica e musicalmente que possam contribuir para que não haja apenas música nas celebrações, mas para que haja música bonita, arte musical, capaz de impregnar todo o nosso ser. Parece-me que devemos dar mais atenção ao ordinário da missa, inclusive a oração eucarística, que, pelo menos nas grandes festas, bem poderia ser cantada.

3.3.2. A arte de presidir e de fazer leituras

Hoje, o celebrante não é mais, apenas, um fiel executor de rubricas. Ele tem mais liberdade e, portanto, maior responsabilidade. Deve adaptar a celebração à comunidade ali reunida, partir o pão da Palavra, como o da Eucaristia. Em todos os momentos da celebração, ele deve sugerir à assembleia uma viva imagem da presença de Cristo; o Cristo solícito com todos, principalmente com os pequenos; o Cristo em estreita ligação com o Pai no Espírito Santo; o Cristo, Pastor sensível aos problemas de seu rebanho, valente na hora de enfrentar "os inimigos" e "ladrões". O Cristo que revela o Pai; o Cristo que reúne os seus como a galinha reúne os seus pintainhos; o Cristo que exorta, que chama; o Cristo que intercede por todos, sem preconceitos, que acolhe e perdoa; o Cristo que se doa, até a morte; o Cristo feliz, glorioso, revestido com a glória que recebe do Pai; que lava os pés dos seus apóstolos, porque veio para servir e não para ser servido. A pessoa do celebrante, de certo modo, fica em segundo plano, para que apareça a figura do Cristo. As orações, principalmente a oração eucarística, não podem ser lidas de maneira rotineira, mecânica, impessoal. Os gestos de acolhimento, de adoração, de louvor, de partir o pão e a comunhão devem ser gestos do Cristo.

A arte de fazer leituras. "Quando se leem as Sagradas Escrituras na Igreja, é Cristo mesmo que lê", diz a Constituição Conciliar (SC 7). Portanto, também o leitor, na sua função, deve dar oportunidade para o Cristo comunicar a sua mensagem, exortar, dar ânimo, repreender. Deve aprender a falar de maneira clara, agradável, audível, sensível. Deve comunicar-se constantemente com a assembleia e ver se todos estão podendo ouvir.

3.3.3. O serviço dos ministros

O serviço dos ministros e de toda a equipe de celebração (equipe de acolhimento, acólito, animador etc.) deve entrar nessa dinâmica que é a celebração litúrgica. Todos devem estar concentrados na ação do Cristo e colaborar, cada um em sua função, para que a celebração seja percebida como um real encontro do Cristo com o seu povo.

4. Começar hoje

Numa época utilitarista, que só dá valor ao dinheiro, ao progresso, à funcionalidade e à superficialidade, é difícil suscitar uma sensibilidade estética, mas podemos começar pelas coisas simples. Vamos nos sensibilizar pelo lado simbólico das coisas: uma vela, a luz, a pedra, a água, um cumprimento. Vamos tirando, aos poucos, de nossas Igrejas tudo o que é artificial; vamos criar o gosto pelo verdadeiro. Vamos olhar a nossa Igreja ou capela de modo crítico: até que ponto ajuda ou impede a percepção do mistério de Cristo? Até que ponto ajuda ou atrapalha a celebração dos louvores de Deus? Até que ponto ajuda ou dificulta a união dos irmãos? O que podemos fazer para melhorar?

5. Bibliografia

ALMEN, J. J. von. O *culto cristão. Teologia e prática*. São Paulo: Aste, 1968, cap. 4: O problema das formas.

BARBOSA, D. Marcos. A arte sacra. In: BARAÚNA, G. (ed.). *A Sagrada Liturgia renovada pelo Concílio*. Petrópolis: Vozes 1964, 658-680.

GUARDINI, Romano. *Vom Geist der Liturgie*. Herder: Freiburg, 1957.

JOUNEL, Pierre. Art et Liturgie. *La Maison-Dieu*, 136 (1978), 93-106.

RÉGAMEY, Pie-Raymond. *Arte sacra contemporânea*. São Paulo: Herder, 1965.

Cátedras e outras cadeiras[1]

Cada diocese tem a sua "catedral" (do latim *ecclesia cathedralis*), na qual se encontra a "cátedra", a *cadeira* do bispo. Também a palavra de "sé" ("catedral da sé"), vem de "sede", "cadeira". A cátedra ou sede do bispo é "sinal do magistério e do poder do pastor da Igreja particular, bem como sinal de unidade dos crentes naquela fé que o bispo anuncia como pastor do rebanho"[2]. Por isso, normalmente é ocupada somente por ele[3] e é dessa cadeira que, normalmente, ele fala ao Povo de Deus durante as celebrações litúrgicas[4].

Os padres (presbíteros) são colaboradores dos bispos, mas não tem cátedra! Nem se sentam na cátedra do bispo, mesmo quando presidem uma celebração na catedral[5]. Quando presidem em outro local, ocupam a cadeira da presidência, rodeados pelos outros ministérios, mas essa cadeira não é uma cátedra.

Em nossa prática pastoral, a maioria das comunidades não tem padre para celebrar a Eucaristia todos os domingos. Reúnem-se na igreja da paróquia ou na capela ou em outro espaço (uma casa, um galpão, uma praia, debaixo de uma árvore...) para celebrar o dia do Senhor ao redor da Palavra de Deus. Quem preside essas celebrações dominicais? Diáconos ou ministros leigos e leigas. E aí surge a pergunta: o diácono e o ministro leigo ou leiga que presidem a celebração dominical da Palavra de Deus podem sentar-se na cadeira da presi-

1. Originalmente publicado em: *Revista de Liturgia*, n. 224 [mar.-abr. 2011], 26-27. (N. do E.)
2. *Ceremonial dos Bispos (Ceremonial da Igreja)*, 42.
3. Ibidem, 47.
4. Ibidem, 51.
5. Ibidem, 47 e 50.

dência durante a celebração da Palavra de sua comunidade? Ou essa cadeira é reservada aos padres, como a cátedra é reservada ao bispo?

É bom lembrar como a CNBB se pronuncia a respeito da presidência das celebrações dominicais na ausência do presbítero, nos documentos estudados e aprovados nas assembleias dos bispos, expressando, portanto, a colegialidade episcopal e garantindo, assim, um mínimo de unidade pastoral em todas as dioceses no Brasil. No Documento 43, embora não fale explicitamente a respeito da cadeira da presidência, lemos:

> A coordenação desses elementos (da celebração) exige um serviço de presidência [...]. Quando não houver diácono ou ministro instituído, todo o cristão leigo, homem ou mulher, por força de seu batismo e confirmação, assume legitimamente esse serviço. Recomenda-se que os encarregados dessa atividade sejam apresentados à comunidade em celebração especial para tornar mais evidente a comunhão eclesial. Seja feita essa designação por um período determinado de tempo[6].

O Documento 52, que trata exclusivamente das celebrações da Palavra de Deus, insiste na dimensão teológico-litúrgica e comunitário-eclesial dessas celebrações (n. 5-25) e apenas cita a presidência na lista de todos os serviços necessários na "equipe de celebração" da Palavra, sem mencionar o lugar de onde deve ser exercida essa presidência (n. 42-43)[7]. Há, sim, no número 46, uma referência à centralidade da mesa da Palavra, dizendo que "aí aquele que preside dirige-se à assembleia e profere as orações". Como fazer isso na prática? É impossível que o ministro fique em pé durante toda a celebração atrás da mesa da Palavra. Uma cadeira atrás dessa mesa também não seria viável, pois impossibilitaria que a comunidade visse o ministro, o que con-

---

6. CNBB, *Animação da vida litúrgica no Brasil. Elementos de Pastoral Litúrgica*, São Paulo, Paulinas, 1989 (Documentos, 43), n. 100.
7. CNBB, *Orientações para a celebração da Palavra de Deus*, São Paulo, Paulinas, 1994 (Documentos, 52).

tradiz a exigência expressa no final do número 45: "Que os ministros possam facilmente ser vistos e ouvidos pela assembleia". Além disso, o presidente não é o único ministro a ocupar a mesa da Palavra: em determinados momentos deverá ceder esse lugar aos leitores e ao salmista. Colocar uma cadeira à frente do altar? Seria contradizer frontalmente a centralidade do altar como mesa do Senhor.

É importante destacar o termo usado nos dois documentos: "presidir". Significa literalmente "sentar à frente" (*prae-sedere*), ou seja, ocupar a cadeira da presidência. Então, a pergunta fundamental é: o que é mais importante: a cadeira ou o ministério confiado pela Igreja? A cadeira expressa simbolicamente a função ministerial. Afinal, o que se quer evidenciar é a presença de Cristo como cabeça da assembleia reunida. Em toda ação litúrgica, é o Cristo que está presente e atua com seu santo Espírito:

> Está presente no sacrifício da missa, quer na pessoa do ministro [...], quer, e sobretudo, sob as espécies eucarísticas. Está presente com o seu dinamismo nos sacramentos, de modo que, quando alguém batiza, é o próprio Cristo que batiza. Está presente na sua Palavra, pois é Ele que fala ao ser lida na Igreja a Sagrada Escritura. Está presente, enfim, quando a Igreja reza e canta (SC 7).

Portanto, quem faz as vezes de Cristo não é somente o presbítero, mas também o leitor, o salmista, o cantor e, antes de tudo, a reunião dos irmãos e irmãs; pois, "onde dois ou três estiverem reunidos em meu nome, Eu estarei no meio deles" (Mt 18,20). Quando a comunidade se reúne aos domingos para celebrar o dia do Senhor, é Cristo que nos dirige a Palavra, canta e ora conosco; é Ele que preside na pessoa do diácono, do ministro ou ministra, e nos envia em missão. O centro da celebração não é o ministro, mas o Cristo. A cadeira da presidência é o lugar de onde Cristo reúne e conduz a comunidade; dá visibilidade a quem está presidindo em nome de Cristo.

Lembremos ainda o que diz o Documento 62 ao referir-se aos ministérios leigos em geral. Há ministérios "reconhecidos": pela comunidade, pelo padre e indiretamente também pelo bispo, sem que haja por isso necessidade de algum rito ou designação oficial. Outros ministérios são "confiados" por algum gesto litúrgico ou alguma forma canônica; dependem de "iniciativa prévia" da autoridade da Igreja (às vezes o próprio pároco, às vezes o bispo ou algum delegado por ele). Costuma-se falar de "ministérios de suplência" quando leigos/as assumem funções que historicamente são consideradas próprias e típicas do ministério ordenado[8]. Porque esses ministros e ministras, assim como os diáconos, não haveriam de ocupar o lugar próprio dessa função?

Parece-me que não devemos "brigar" ou nos preocupar demais com a cadeira da presidência. Afinal, Jesus não tinha cátedra nem cadeira! Era pregador ambulante. Sentava-se no monte, na praça, no barco, em qualquer lugar onde o povo podia ficar ao redor dele para ver e ouvir. E muitas comunidades se reúnem em espaços apertados, às vezes numa simples roda de bancos. Não é a cadeira a mais importante, mas o fato de alguém, ministro da Igreja, nos falar em nome de Jesus. Além disso, é bom lembrar a advertência de Jesus:

> Os escribas e fariseus estão sentados na cátedra de Moisés [...]. Praticam todas as suas ações a fim de serem vistos [...]. Gostam do lugar de honra nos banquetes, dos primeiros assentos nas sinagogas, de receber as saudações nas praças públicas e que os chamem de "Rabi, Mestre". Mas, vocês, não permitam que os chamem de Rabi, porque um só é o Mestre de vocês, e vocês são todos irmãos (Mt 23,1-12).

Portanto, se a preocupação pela cadeira da presidência for motivada pelo poder, pelo medo de perder o poder ou o prestígio, estaremos por fora do espírito do evangelho.

---

8. Cf. CNBB, *Orientações para a celebração da Palavra de Deus*, São Paulo, Paulinas, 1994 (Documento 52), n. 87-93, citação do n. 89.

Seguindo Míriam ao som do pandeiro: dançar a liturgia[1]

Em agosto de 1999, a Paulus Livraria de Goiânia promoveu uma iniciativa interdisciplinar com o título "Danças sagradas e o mistério na liturgia cristã". Num primeiro momento, Maria Cristina Bonetti[2] falou da proposta das chamadas "danças sagradas" ou "danças circulares". Em seguida, abordei aspectos teológico-litúrgicos relacionadas com o uso da dança (em geral) na liturgia.

Por se tratar de um assunto pouco divulgado, ofereço os dois textos produzidos por mim na época, ainda que em estado embrionário e um tanto esquemático: o texto-convite para o evento e minha reflexão sobre a dança na liturgia.

1. As danças sagradas e o mistério na liturgia cristã: início de um diálogo interdisciplinar

"Danças sagradas", "danças circulares": algo novo que está surgindo e se espalhando em todos os continentes, gerando entusiasmo em alguns e desconfianças em outros. O que são? De onde vêm (histórico)? Quem as pratica? Onde? Como? O que se pretende alcançar?

---

1. Originalmente publicado em: Silva, José Ariovaldo; Sivinski, Marcelino (orgs.). *Liturgia, um direito do povo*. Petrópolis: Vozes, 2001, 229-238. (N. do E.)
2. Licenciada em Educação Física, com Especialização em Cênicas do Esporte/Esefego; professora de Folclore, Práticas Comunitárias e Dança Educação na Esefego; coautora do livro *Danças circulares sagradas, proposta de educação e cura*, São Paulo, Triom, 1998.

O que é o "sagrado" nas danças sagradas? Qual a diferença com outros tipos de danças?

A liturgia cristã é expressão ritual, simbólico-sacramental do "mistério" cristão, o mistério de Deus revelado na pessoa, na vida e sobretudo na morte-ressurreição (Páscoa) de Jesus, o Cristo, por obra do Espírito Santo de Deus; por isso, esse mistério é chamado também de Mistério Pascal. A ferramenta básica da expressão ritual do mistério na liturgia é o corpo, entendido como "corporeidade animada", como "corpo-mente-coração-pneuma". Para expressar o mistério, dispomos de vários elementos rituais: a assembleia, a palavra, os gestos e ações simbólicas, a música, o silêncio. E poderá haver também dança.

Em algumas famílias litúrgicas, antigas ou atuais (como na liturgia etíope e na liturgia do Zaire na África), a dança é um elemento ritual indispensável. Entre nós, com a preocupação de inculturar a liturgia como pede a renovação conciliar, começam a aparecer em algumas celebrações litúrgicas danças, coreografias ou movimentos rítmicos. O Documento de Santo Domingo (item 248) manda levar em conta as tradições indígenas e afro-americanas, ricas em dança e movimentos. O Documento 43 da CNBB[3], nos itens 83, 207 e 241, fala explicitamente da dança em alguns momentos da celebração eucarística.

Entre as muitas modalidades de dança, escolhemos hoje, para início de um diálogo interdisciplinar, a "dança sagrada". Queremos analisar a possibilidade de uma aprendizagem com essa forma de dança para expressar o mistério na liturgia. Onde estaria o possível "gancho" entre as danças sagradas e a liturgia, respeitando a natureza de ambas (sem fazer uma "colagem", justapondo ou sobrepondo uma à outra)? Em que momentos da celebração caberiam danças semelhantes? Com que objetivo? Quem seriam os executantes? Seria necessária uma formação prévia? Como coaduná-las com a cultura dos participantes de nossas assembleias litúrgicas?...

---

3. CNBB, *Animação da vida litúrgica no Brasil. Elementos de Pastoral Litúrgica*, São Paulo, Paulinas, 1989.

2. Dançar a liturgia: expressar o mistério e dele participar

2.1. Partimos dos fatos

a) Em algumas famílias litúrgicas, antigas ou atuais (como por exemplo, na liturgia etíope e na liturgia do Zaire na África), a dança é um elemento ritual indispensável.
b) Entre nós, com a preocupação de inculturar a liturgia como pede a renovação conciliar, começam a aparecer em algumas celebrações litúrgicas, danças, coreografias ou movimentos rítmicos.
c) O Documento de Santo Domingo (item 248) manda levar em conta as tradições indígenas e afro-americanas, ricas em dança e movimentos. Sem nos esquecer das danças nas expressões do catolicismo popular (congada, folias...).
d) O Documento 43 da CNBB[4], nos itens 83, 207 e 241, fala explicitamente da dança em alguns momentos da celebração eucarística.
e) As chamadas "danças sagradas" ou "danças circulares" começam a aparecer também na liturgia de algumas comunidades.

2.2. Busca de fundamentos e significado antropoteológico-litúrgicos para o uso da dança como elemento ritual na liturgia cristã

a) Deveremos situar a dança na gestualidade litúrgica, que, juntamente com a assembleia, a Palavra de Deus, o silêncio, a música, o tempo e o espaço, é considerada "elemento ritual" essencial da liturgia cristã.
b) Por que usar ritos na liturgia? O uso de elementos rituais, a ritualização por meio de gestos corporais, tem fundamentos antropo-

4. CNBB, *Animação da vida litúrgica no Brasil. Elementos de Pastoral Litúrgica*, São Paulo, Paulinas, 1989.

lógicos e teológicos: o ser humano é "corporeidade animada", corpo-alma-mente-espírito[5]; Jesus Cristo é considerado o Verbo de Deus que se fez "carne", natureza humana; portanto, assumiu nossa realidade humana como corpo-alma-mente-espírito; entrar em contato com sua pessoa, com seu ser – e por meio dele com Deus – só é possível pela mediação do corpo (cf. Jo 1,14; 14,7-10; 1Jo 1,1-4). A partir da ressurreição de Jesus e nossa ligação com ele, nossos corpos se tornaram "templos do Espírito Santo". Toda a nossa realidade humana, incluindo a corporeidade, é chamada a participar da ressurreição gloriosa. ("Creio na ressurreição da carne".) Na Igreja latino-americana, a fé na ressurreição nos faz trabalhar para que todos alcancem "condições de vida mais humanas"[6].

c) Os elementos rituais compõem como que um todo, um organismo, uma realidade global; não são independentes. Seu sentido é dado pelo sentido fundamental da própria liturgia. Qual é esse sentido? A liturgia cristã é memória de Jesus Cristo, celebração do chamado "Mistério Pascal", pelo qual Deus, o Eterno, o Mistério, revela seu ser e seu "projeto" de libertação, de salvação, de comunhão para com a humanidade, na pessoa de Jesus Cristo, mais especificamente na sua morte-ressurreição, a partir do qual é derramado o Espírito Santo sobre toda a criação.

d) Qual é, portanto, o sentido fundamental da gestualidade? Ela permite expressar e tornar-nos participantes do mistério, em nossa

5. Para a "antropologia quaternal", vejam: LELOUP, JEAN-YVES; BOFF, LEONARDO, *Terapeutas do deserto. de Fílon de Alexandria e Francisco de Assis a Graf Dürckheim*, Petrópolis, Vozes, 1997, 50-57; HENNEZEL, MARIE DE; LELOUP, JEAN-YVES, *A arte de morrer. Tradições religiosas e espiritualidade humanista diante da morte na atualidade*, Petrópolis, Vozes, 1999, 30-32.

6. Cf. Introdução ao Documento de Medellín, com a citação da Encíclica "Desenvolvimento dos povos", de Paulo VI. Vejam ainda o Documento 43 da CNBB, *Animação da vida litúrgica no Brasil*, item 300: Páscoa de Cristo na Páscoa da gente, Páscoa da gente na Páscoa de Cristo.

totalidade de seres humanos, constituídos como corpo-alma-mente-espírito. Pelos elementos rituais, pelos sinais sensíveis, pela ritualidade, temos acesso ao mistério de Deus, revelado em Jesus Cristo; somos envolvidos nele, mergulhamos nele, crescemos nele. Por isso, podemos falar do "mistério da liturgia" ("sacramento", "sacramentalidade"). Num artigo intitulado "Gestos", de Carlos Cibien, discorrendo sobre os fundamentos cristológicos da gestualidade litúrgica, ele diz:

> Cristo, que assume a dimensão da corporeidade humana [...], é o núcleo primordial do qual decorrem todos os outros gestos litúrgicos, pois a nossa gestualidade litúrgica é modelada e modulada pela gestualidade de Cristo (cf. Tertuliano: rezamos o pai-nosso de braços abertos, como Cristo na cruz: imitando a paixão, façamos a nossa profissão de fé em Cristo. – Referência também a Rm 6: mergulhar na água do batismo significa ser sepultado com Cristo; sair das águas significa ressuscitar com Cristo). E é, de fato, pela experiência pascal, começada no batismo (Rm 6,3-5; Cl 2,12), que tem origem e fundamento a gestualidade litúrgica[7].

E, ao se referir ao componente "simbólico" da gestualidade litúrgica, afirma (recorrendo às categorias bíblico-litúrgicos da História da Salvação):

> Na História da Salvação, o evento máximo de simbolização inaugurou-se com a encarnação do Filho e continua mediante o sopro vivificante do Espírito de Deus [...] à espera de sua completa realização em Deus [...]. Constantemente relacionado com a economia trinitária, o símbolo sacramental adquire a sua verdadeira força [...]. O sacramento se transforma assim no lugar e no

7. Cibien, C., Gestos, in: Sartore, D.; Triacca, A. M. (orgs.), *Dicionário de liturgia*, São Paulo, Paulinas/Paulistas, 1992, 505.

tempo privilegiado do encontro eficaz entre a corporeidade do homem e Deus, no culto a ele oferecido em-por-com Cristo no Espírito Santo [...]. Todos os gestos que fazemos entram nessa dinâmica simbólica, pela qual o simples trocar um sinal de paz, por exemplo, deve ser visto – e "lido" –, não só no seu componente cultural (o normal aperto de mão, o beijo ou o abraço entre parentes), mas ainda como sacramento da reconciliação ocorrida e realizada em Cristo [...]; supera o simples nível de sinal já que realiza o que significa[8].

e) Portanto, todos os elementos rituais, inclusive a gestualidade, na qual se situa a dança, têm como único objetivo expressar o mistério e nos possibilitar participar dele e ser transformados por ele; entrar em comunhão com Jesus Cristo morto e ressuscitado e, por meio dele, com o Eterno. Nenhum elemento ritual pode ser admitido como "enfeite" ou ser reduzido a "acessório" ou servir apenas para um deleite espiritual qualquer. Um exemplo: as procissões na liturgia expressam o avançar juntos nos passos de Jesus Cristo, em direção à plenitude, em direção ao Reino, como peregrinos do Absoluto, à procura da cidade definitiva (cf. Hb 11); estão em continuidade com o êxodo do povo de Israel (cf. Ex 40,36-38) e com sua volta do exílio (cf. Is 40,3). O que a SC (112) diz sobre a música poderá sem dúvida ser aplicado também à dança: "A música sacra será tanto mais santa quanto mais intimamente estiver ligada à ação litúrgica". Assim, a dança, para que não venha como um elemento estranho, sobreposto, "intrometido" na liturgia, deverá ser expressão do mistério cristão. Em termos práticos, podemos recorrer a uma expressão muito usada em relação à música na liturgia: não devemos cantar na liturgia, mas cantar a liturgia. Assim também podemos dizer: não devemos dançar "na" liturgia, mas dançar "a" liturgia, dançar o próprio Mistério Pascal.

8. Ibidem, 506.

f) A ritualidade é "objetiva", enquanto expressão comunitária, eclesial, do mistério. Necessita ser "subjetivada" por cada participante. Portanto, a liturgia não é espaço para expressão de sentimentos ou realidades subjetivas, mas antes, oficina, escola, espaço onde aprendemos a assumir os mesmos sentimentos e atitudes de Jesus Cristo (cf. Fl 2,5) e assim ter acesso à plenitude de vida, à comunhão com Deus, que ele prometeu.

g) Voltando nossa atenção mais especificamente à dança, como um dos elementos rituais, lembremos que têm um papel importante nas festas judaicas. Os Salmos nos convidam à dança para louvar o Senhor (cf. Sl 30,12; 68,4; 149,3; 150,4).

h) Entre todos os elementos rituais, qual poderia ser a especificidade da dança? É caracterizada pelo movimento, pelo dinamismo; não poderíamos dizer que, enquanto tal, simboliza o Espírito que ninguém segura, que é *dýnamis* e, como o vento, sopra onde quer? Mas, para que isso aconteça de fato, não basta dançar; é preciso que esta dança nos leve à experiência do mistério celebrado. É preciso "dançar no Espírito". Podemos lembrar aqui a unidade dos "três pontos" trabalhados por nós nos laboratórios litúrgicos[9]: é preciso unir o gesto ritual com o sentido teológico e a atitude interior, e deixar que o Espírito "informe" e unifique a totalidade de nosso ser[10].

i) O "sagrado" da liturgia diz respeito à revelação da pessoa de Jesus Cristo como o Santo de Deus. Não pode ser reduzido à dimensão antropológica ou filosófica, embora possamos considerá-lo como resposta à busca do sagrado por parte do ser humano, com um "nomear" a experiência da transcendência imanente no ser humano. De outro lado, a insistência na experiência do sagrado na cultura

---

9. Ver ORMONDE, DOMINGOS, Laboratório Litúrgico: O que é, como se faz, por quê? *Revista de Liturgia*. n. 122, mar./abr. 34.
10. Ver a antropologia proposta por LELOUP, JEAN-YVES & BOFF, LEONARDO, *Terapeutas do deserto: de Fílon de Alexandria e Francisco de Assis a Graf Dürckheim*, Petrópolis, Vozes, [16]2021.

atual pode ser considerada uma reação sadia, equilibrante a um cristianismo (e a uma liturgia) dessacralizada, secularizada:

> Assim, lentamente, a teologia voltou a acreditar que a experiência do sagrado é propedêutica da experiência de fé [...]. A teologia se dá conta de que são imprescindíveis as condições antropológicas em que vive a experiência do sagrado [...]. Existe uma correlação estreitíssima entre experiência do sagrado e ritualidade, no sentido de que uma dimensão é promotora e garante a outra, ao passo que, em segundo momento, podemos destacar que o ritual, e em geral o culto, é o elemento de canalização e de orientação da experiência do sagrado[11].

2.3. Dançar o mistério: algumas indicações para a prática

a) Dançar o mistério ao longo do tempo litúrgico: Advento, Natal, Epifania; Quaresma, Tríduo Pascal, Tempo Pascal (incluindo Ascensão e Pentecostes); domingos do Tempo Comum; santoral...
b) Dançar o mistério nos momentos fortes do dia litúrgico: manhã, tarde, noite (simbolismo da luz; cântico de Zacarias, de Maria, de Simeão).
c) Dançar o mistério, combinando com os outros elementos rituais:
   - Com a assembleia: unir, estreitar as relações, formar o corpo de Cristo, expressar o mistério de comunhão.
   - Com a palavra que dá o sentido teológico-litúrgico aos símbolos e ações simbólicas, tirando-os de sua possível ambiguidade – daí a importância do canto para acompanhar a dança; procissões com o livro (cf. dança dos rabinos com os livros da Lei na festa das Tendas...).

11. Para todo este tópico, vejam: Sartore, D., Sagrado/sacro. In: *Dicionário de Liturgia*. São Paulo, Paulus, 1992, p. 1083.

- Com as ações simbólicas (A própria dança também é uma ação simbólica). Reforçar, por exemplo, procissões com velas, de entrada, de oferendas...
- Com a música (canto, instrumentos), pois sem ela não há dança; a dança pode acompanhar alguns cantos: o "santo", alguns salmos e cânticos bíblicos, por exemplo, o cântico de Moisés e Miriam (Ex 15).
- Com o silêncio, pois a dança vai nos levando ao silêncio!
- Com o espaço nas várias maneiras de ocupá-lo e de dar-lhe sentido: roda, semicírculo, "serpentina", cruz, dois grupos frente a frente...
- Com o tempo: compassos, ritmos...

d) Três funções complementares da dança na liturgia:

- Função comunitária/eclesial: dançando nos tornamos mais Igreja...
- Função social/escatológica – representar a sociedade: dançando, criamos um mundo novo...
- Função psicopedagógica/mística: transformação do indivíduo – conversão – trabalho interior – via subjetivação da objetividade da liturgia...

Quem é chamado a dançar na liturgia?

a) Em princípio, toda a assembleia celebrante, que é o "sujeito integral" (Congar) da ação litúrgica.
b) E um pequeno grupo que presta um serviço à assembleia – como faz o grupo de cantores ou o coral.

2.4. O que a dança (e mais especificamente a dança sagrada ou a dança circular) pode acrescentar à liturgia?

a) Maior encarnação na cultura (afro, indígena, catolicismo popular, cultura moderna...).

b) Maior unificação corpo/alma/mente/espírito.

c) Reforço do sentido comunitário, da experiência do mistério de comunhão entre os participantes que juntos/as formam o corpo eclesial celebrante (o círculo, o dar as mãos, o seguir os mesmos passos, os mesmos ritmos, as mesmos evoluções; a energia que flui entre os dançantes; a unanimidade sem uniformidade, já que cada pessoa vive a dança de maneira distinta, própria).

d) Descoberta de uma nova dimensão do tempo e do espaço.

e) Vivência da dimensão e direção espiritual da matéria.

f) Ultrapassagem da barreira do racionalismo e utilitarismo para poder entregar-se ao mistério, fazer a experiência do sagrado, aceitar a doação de Deus, deixar-se tomar pelo Espírito de Deus (daí alegria, liberdade, unificação, serenidade, paz...) – participação holística (união mística com todos os seres, com toda a realidade cósmica). Para Gerard Lukken,

> a dança sagrada faz parte da fase mítica da evolução (ao lado da fase folclórica e da fase do espetáculo): participação ativa de todos – não há um grupo executante e outro que observa. Não se trata de uma exibição, mas de um acontecimento, uma ação coletiva (como a liturgia), e faz com que o indivíduo se integre no grupo[12].

Jean Yves Leloup, falando das pontes que o ser humano estabelece com o mundo incriado diz que,

> no corpo, outra ponte que será proposta é a da dança ou da prática dos gestos lentos. Vocês sentem a ligação da dança com o mundo vegetal quando olham uma árvore ou um arbusto ao sabor do vento.

---

12. Cf. LUKKEN, G. Wat heeft liturgie met theater te maken? Een verheldering vanuit de semiotiek van de verschillen, overeenkomsten en raakvlakken, in: LUKKEN, G.; MAAS, J., *Luisteren tussen de regels. Een semiotische bijdrage aan de praktische theologie*, Baarn, Gooi en Sticht, 1996, 163.

Nos gestos lentos entramos em contato conosco mesmos, com uma qualidade de sopro, uma qualidade de consciência que pode nos transformar e restabelecer a ligação entre o mundo material e o mundo espiritual[13].

2.5. Riscos, perigos a evitar

a) Êxtase sem consciência: flutuar num oceano de sentimentos, emoções, sensações... indeterminados.
b) Sensualidade, ou melhor, "sensualismo", hedonismo: o prazer pelo prazer – sem as exigências do seguimento, da cruz, da ascese, do compromisso...
c) "Cinetismo": movimento pelo movimento, sem a vivência do sentido teológico e sem a atitude espiritual correspondente.
d) ...[14]

2.6. Questões a respeito do eventual uso de "danças sagradas" na liturgia

a) O sagrado da liturgia é o mesmo que o sagrado das danças sagradas?
b) Onde estariam os possíveis "ganchos" entre as "danças sagradas" e a liturgia, respeitando a natureza de ambas (sem fazer uma "colagem", justapondo ou sobrepondo uma à outra)?
c) Em que momentos da liturgia caberiam danças semelhantes? Com que objetivo? Quem seriam os executantes? É necessária uma preparação ou formação prévia?
d) Como coadunar as "danças sagradas" com a cultura dos participantes de nossas assembleias litúrgicas?

13. Cf. LELOUP, *Terapeutas do deserto*, 63.
14. Conforme o original. (N. do E.)

Música litúrgica: critérios para análise e escolha[1]

Quando é que podemos dizer que uma música é litúrgica? O que se exige de uma música na liturgia?

Em que critérios deverão se basear os responsáveis pela música litúrgica nas dioceses, paróquias e comunidades, para escolher o canto certo num repertório tão vasto de músicas de cunho "religioso"? E os compositores? A que exigências deverão obedecer a suas criações, se quiserem prestar um serviço ao povo cristão reunido para o culto?

Da Constituição Conciliar "sobre a liturgia" e dos demais documentos oficiais da Igreja após o Concílio, destacamos seis exigências:

a) o canto da liturgia deve nascer da *Palavra* de Deus;
b) deve ser cantado pelo *povo*;
c) deve ser cantado numa *linguagem musical própria a cada comunidade*;
d) deve ser *união* na comunidade;
e) deve ser uma forma de verdadeira *arte*; e, por fim,
f) deve ser um *sinal* litúrgico.

1. O canto na liturgia deve nascer da Palavra de Deus

Os "os textos sejam tirados, principalmente, da Sagrada Escritura e das fontes litúrgicas" (SC 121). Quer dizer que os poetas e compositores deverão deixar-se conquistar e converter-se pela Palavra de

1. Originalmente publicado em: *Revista de Liturgia*, n. 17 [set.-out. 1976], 1-8. (N. do E.)

Deus, sentir o "suave e vivo afeto pela Sagrada Escritura" (SC 24), e viver a vida litúrgica para poderem oferecer ao povo cristão cantos apropriados ao seu culto.

Quer dizer também que, para poder cantar e viver o Mistério Pascal, o povo deve receber o anúncio da Salvação, de maneira sempre renovada. "Como invocarão Aquele em quem não creram?" (Rm 10,14; SC 9). Toda e qualquer pastoral de música litúrgica deve se inserir no esforço de *Evangelização* constante de toda a Igreja, pois, "antes que os homens possam achegar-se à liturgia, é necessário que sejam chamados à fé e à conversão" (SC 9). E isso é possível somente numa vivência comunitária, numa experiência comum do mistério da Trindade, que se comunica a nós na comunhão eclesial e na vida fraterna de uma comunidade concreta.

2. O povo canta

Trata-se de uma consequência lógica da redescoberta do *sacerdócio dos batizados* e da função da *assembleia litúrgica*: quem celebra é o "corpo místico de Cristo, cabeça e membros", e "Cristo Sacerdote e seu corpo, que é a Igreja" (SC 7). A própria natureza da liturgia exige, pois, a participação plena, consciente e ativa de todo povo cristão, que pelo batismo se tornou geração escolhida, sacerdócio real, povo santo conquistado por Deus (SC 14). E é dever dos bispos e dos outros pastores "cuidar para que *toda a comunidade* dos fiéis possa participar conveniente e ativamente de todas as celebrações realizadas com canto" (SC 114). Acabou-se, pois, o monopólio dos corais. É o povo que deve cantar. O povo se torna ator e cantor, deixando de ser apenas ouvinte e espectador.

Os corais podem e devem continuar existindo, porém, *muda a sua função*: devem promover a participação ativa de todo o povo. A sua preocupação não deve ser meramente cantar bonito e ter um repertório artístico, mas sim pastoral: cuidar da participação de todo o povo, escolher músicas que sejam *sinais* litúrgicos, como será explicado no item 6. O coral deixa de ser um grupo à parte: deve estar inserido na assembleia como um membro no corpo. E não podemos mais imaginar um grupo que participa da Igreja somente no canto: os membros do coral devem ser membros plenos e ativos da Igreja-comunidade. Não devem ser artistas ou profissionais que, de fora, veem embelezar o culto. Também o seu lugar no espaço na Igreja deve manifestar essa unidade. Não deve estar longe do povo, no coro, por exemplo, mas unido ao povo; não deve participar somente nos momentos do canto, mas em toda a celebração! "Os corais sejam bem integrados na vida da comunidade, tanto na liturgia como na vida paroquial" (CNBB doc. 7,3.4). O mesmo vale para o organista e para os outros instrumentistas.

O salmista ou o cantor, ou mesmo o coral, podem em certos momentos da celebração *alternar* com o canto do povo, porém nunca substituí-lo. Podem cantar os versos ou algumas partes mais difíceis, deixando para o povo o canto do refrão. Porém, nunca poderão cantar sozinhos aqueles cantos que são próprios de todo o povo: "O santo, o salmo responsorial, as respostas e aclamações, o canto de entrada e de comunhão, o Senhor tende piedade, o glória, o cordeiro de Deus, o credo, o pai-nosso. Essas partes são a liturgia cantada pelo povo" (doc. CNBB n. 2 – Pastoral da Eucaristia, item 5.2.1).

E o povo canta mesmo! Basta dar-lhe oportunidade e oferecer música que caia no ouvido, que lhe ressoa na alma, num ritmo capaz de arrastar seus sentimentos e tocar o seu coração. É o que diz o próximo tópico.

3. A linguagem musical da comunidade

Para uma comunidade celebrar o Mistério Pascal cantando, é preciso que possa se expressar numa linguagem musical própria àquela comunidade. O Concílio reconheceu esse imperativo abrindo as portas para a necessidade *inculturação* e a *pluriformidade.*

Não se trata mais de um repertório universal aplicado a todos os povos e a todas as culturas; não se trata de dar nome litúrgico para um ou outro instrumento. É preciso que cada povo possa exprimir o mistério cristão dentro de cultura que lhe é própria e com os elementos dessa cultura. Ou, como lembra o documento do Papa Paulo VI, Evangelização no mundo contemporâneo: "A edificação do Reino não pode deixar de servir-se dos elementos da cultura e das culturas" (20).

E vale a pena lembrar o artigo 119 da SC: "Deve-se levar em conta a estimação da música dos povos com tradição musical própria e *adaptar o culto à sua mentalidade*", de acordo com o artigo 39 e o 40 (que trata da adaptação da liturgia à índole e cultura de cada povo).

É preciso, pois, criar uma música litúrgica genuinamente brasileira, porque, só assim, a participação do povo poderá ser autêntica e atingir a pessoa toda: corpo, alma e sentimento...

Basta aqui lembrar o princípio. Há muitas obras de especialistas analisando esse assunto. Por exemplo: *Folcmúsica e liturgia*, do Pe. José Geraldo de Souza; *Música brasileira na liturgia*, de vários autores[2].

Os artigos 117 e 19 da SC lembram ainda outra experiência para a música na liturgia: a pluralidade, analisada pelo Pe. Haddad no artigo que segue[3]. O estilo da música deve ser conforme cada comunidade ou assembleia concreta. É preciso promover a participação interna e externa dos fiéis, levando *em conta "a idade, condição, tipo de vida e grau de cultura religiosa"*, e providenciando uma música mais simples para uso de Igrejas menores.

---

2. Souza, José Geraldo de, *Folcmúsica e liturgia*, Petrópolis, Vozes, 1966; Albuquerque, Amaro C. et al., *Música brasileira na liturgia*, São Paulo, Paulus, 2005. (N. do E.)
3. Haddad, Antonio, Função do canto na celebração. In: *Revista de Liturgia*, n. 17, set./out. de 1976, 9.

Cada comunidade deverá escolher (e, quem sabe, também criar) sua música dentro das possibilidades e dos recursos daquela comunidade: há um violonista na comunidade? Cante-se com violão. Há sanfona ou bandolim ou cavaquinho ou berimbau? Toque-se ao som da sanfona, do bandolim, do cavaquinho ou do berimbau. O povo costuma "tocar" caixa de fósforo ou bater palmas? Que se exprima também assim na liturgia! Há uma dupla sertaneja na comunidade? Vamos dar a oportunidade de colocar sua a arte a serviço da assembleia litúrgica. Gostam de cantar em vozes? Pois que cantem. Se em outra Igreja há órgão e organista, use-se o órgão..., se com isso aquela comunidade puder cantar e se exprimir melhor...

O importante é que aquele modo de se exprimir seja *autêntico* para aquela comunidade. Não se trata, pois, apenas de "gostos" individuais, de seguir a "moda" musical: para ser autêntico, o canto deverá estar enraizado nas bases folclóricas, como exposto no artigo do Pe. Geraldo de Souza.

"O instrumento por si mesmo, como prolongamento da voz humana, não é nem sacro nem profano. Quando integrado na liturgia, torna-se sacro participando da sacralidade da mesma" (Doc. 7,2.2.4).

4. A música litúrgica deve ser "verdadeira arte" (SC 112)

Sem querer dar aqui uma definição do que seja "arte" (o que ninguém consegue), devemos lembrar daquilo com que todos estão de acordo: não podemos restringir a "arte" à composição erudita ou à arte clássica apreciada (até que ponto?) por uma pequena elite com maiores recursos culturais e econômicos, mas fechada à maioria da população brasileira. Há também uma *arte popular*! E, felizmente, já se iniciou um movimento de revalorização dessa arte popular e folclórica, também aqui no Brasil, tanto no campo da música, como no da poesia ou do artesanato...

O que faz com que uma poesia ou melodia seja "arte" e outra não? Impossível dizê-lo. Mas toda pessoa que tem um pouco de sensibilidade logo a reconhecerá e ficará encantada com ela. Talvez porque a arte, a verdadeira – e só ela –, seja capaz de exprimir nas entrelinhas toda a intensidade de vida de um povo, sentida, vivida a partir do interior...

Não explica; insinua, deixa adivinhar. Não explica; faz apenas alusão.

Por que as músicas e o canto na liturgia devem ser verdadeira arte? Exatamente porque o mistério da nossa união com Deus é tão grande, tão imenso e tão maravilhoso, que somente a arte é capaz de exprimir. Não podemos entendê-lo de todo: apenas adivinhar e intuir; não somos capazes de explicar, apenas de sentir e viver...

O mistério escapa às explicações gramaticais, matemáticas exatas. Ele é maior e ultrapassa.

E é por esse mesmo motivo certamente que, para explicar o Reino dos Céus, Jesus Cristo não dava aulas de filosofia, mas falava em parábolas!...

5. A música deve criar união na comunidade

A *Sacrosanctum Concilium*, em seu artigo 112, defende que a música deve favorecer a unanimidade. A união das vozes cantando num mesmo ritmo, numa mesma melodia, numa mesma intensidade, de fato, exprime e fortalece o sentido do grupo ou da comunidade.

Não só com a comunidade concreta ali reunida, mas, também, com toda a comunhão dos santos do céu e da terra, unindo-nos aos coros dos anjos (SC 8) e ao próprio Filho de Deus, "que veio trazer à terra aquele hino que é cantado por todo o sempre nas habitações celestes" (Instrução "Liturgia das Horas" 3).

O canto deve abrir-nos para a realidade maior que nos envolve e que ultrapassa o tempo e o espaço.

A música deve ajudar-nos a elevar os "corações ao alto", numa participação antecipada, mas real, da liturgia celeste, diante do trono do Cordeiro descrito no Apocalipse (SC 8) e que continuaremos celebrando numa festa sem fim, quando Deus será tudo em todos e Cristo terá entregado o Reino nas mãos do Pai (Introdução à Liturgia das Horas, 16).

Será que nossas músicas não são um pouco acanhadas e restritas demais para serem capazes de levantar os ânimos e abrir os horizontes dos nossos corações e inteligências? "Os instrumentos podem ser de grande utilidade na liturgia, na medida em que prestam serviço à Palavra cantada ao rito e à comunidade em oração" (Doc. 7,2.2.4). "Constata-se que, onde os pastores apoiam e incentivam a pastoral do canto, há uma grande participação do povo nas celebrações" (Doc. 7,1.1.5).

6. A música como sinal litúrgico

Há uma frase no artigo 122 da Constituição Conciliar que é fundamental para a compreensão do novo papel da música na liturgia: "A música sacra será tanto mais santa *quanto mais intimamente estiver ligado à ação litúrgica*".

a) A partir deste momento, pois, o termo "música sacra" não deve ser mais entendido como um determinado estilo de música: música "religiosa", capaz de suscitar emoções ou uma espécie de sensação mística; ou então música de órgão ou harmônio; o próprio termo "música sacra" (nascido do protestantismo alemão do século XVII) está, aos poucos, dando lugar ao termo mais exato de "música litúrgica", música ritual.

b) Não excluindo de todo a expressão musical sem palavras, o termo música litúrgica se refere principalmente ao *canto*, "baseado em palavras" (SC 112). O canto é o meio de o povo cristão exprimir sua fé, gritar seu desespero, chorar suas mágoas, declarar seu amor a Deus, implorar o perdão, proclamar a ressurreição, cantar sua gratidão e seu louvor, aclamar seu Senhor, unir-se a Ele em comunhão. É um meio de comunicação do povo com seu Deus, ou, como dizia Paulo VI, "é linguagem da comunidade em oração". Ele é *ação* litúrgica; mesmo quando acompanha um rito – como no caso das procissões –, ele não é enfeite, mas parte integrante daquele rito.

Não é um monólogo, uma reflexão em voz alta, uma meditação; é diálogo, conversa, resposta: dirige-se a alguém. Alguém que está presente no meio de nós e que está presente de uma maneira *ativa*: falando, interpelando, perdoando, unindo, entregando seu Corpo e Sangue. Por isso, é importante o estilo *direto*. Não falar sobre Jesus Cristo, mas dirigindo-se a Ele: "Senhor, tende piedade!", "Vem, Senhor!", "Recebe, Senhor!", não dar indireta ao povo, mas dirigir-se a ele: "Ressuscitei, Aleluia!", "Louvai ao Senhor!". Como as outras respostas e aclamações, o canto cria a comunicação orante da Igreja-Esposa com o seu Esposo, o Cristo. Nisso, o canto litúrgico difere do canto "de mensagem" ou do canto de cunho didático ou catequético: não se trata de ensinar, de inculcar ideias, de transmitir mensagens. Trata-se de dar ao povo reunido um meio de expressão e de diálogo.

c) A liturgia não é aula. É ação. O canto na liturgia é, pois, um meio de *viver* o mistério que está sendo celebrado: o Mistério Pascal de Jesus Cristo, a aliança de Deus com seu povo, a salvação trazida por Jesus Cristo, *hoje*. Não uma salvação fora do tempo e do espaço, e sim encarnada nas realidades vividas no dia a dia. Como bem o lembra o Documento de Medellín (Celam), a liturgia, e, portanto, também a música na liturgia, coroa e comporta um compromisso com a realidade humana, com o desenvolvimento e com a promoção, precisamente porque abrange a totalidade do homem. Ela deve "levar a uma experiência vital da união entre a fé, a liturgia e a vida cotidiana!". Não é verdade que a maioria dos nossos cantos ainda se restringe ao plano pessoal e de relações interpessoais, onde o "eu" está no centro das atenções (eu quero, eu gosto, eu sinto...)? Há poucas músicas que cantam a preocupação com a salvação do *mundo*, com a conversão frequente aos valores a que se apega a sociedade e que estão levando a humanidade à perdição: o lucro, a violência, o poder. Não estão se pedindo, com isso, músicas de protesto; apenas, como em toda a tradição bíblica, o canto do Povo de Deus deve nascer da solidariedade e da preocupação com o destino de todos. Bem o lembrou Dietrich Bonhoeffer, o teólogo protestante, na última guerra mundial, quando os judeus estavam sendo exterminados pelos nazistas e o próprio Bonhoeffer estava preso: "Somente quem grita em favor dos judeus é que tem o direito de cantar o gregoriano". Pois, senão, Deus mesmo nos dirá: "Aborreço-me com suas festas; são um desgosto para mim! Fiquem longe de mim com o barulho de seus cânticos; não quero mais ouvir a música dos instrumentos de vocês!" (Am 5,21-24).

Para poder compor textos e músicas que exprimam a morte e ressurreição de Jesus Cristo e dos membros do seu Corpo, é preciso que os poetas e compositores, como membros desse Corpo, "chorem com os que choram e se alegrem com os que estão alegres". Para podermos cantar de maneira autêntica esse mesmo mistério, é preciso que todos nós sejamos solidários e levemos a sério o sofrimento e a luta dos nossos irmãos, para podermos também sentir a esperança e a vida que vem da fé em Jesus Cristo.

d) Estando inserido na ação litúrgica, o canto deverá *exprimir o sentido da festa do dia ou do tempo litúrgico* (Advento, Natal, Páscoa, Tempo Comum etc.), *a função* de cada canto (entrada, salmo de resposta, comunhão, aclamação eucarística etc.) e o *tipo de celebração*: batismo, casamento, Eucaristia, oração da comunidade etc.

Celebrando a Páscoa de Jesus Cristo, não apenas lembramos o acontecimento passado, mas tomamos parte nessa mesma ressurreição em virtude da sacramentalidade da liturgia. Com Cristo podemos dizer e cantar: "Ressuscitei, aleluia!". No Natal não lembramos apenas o nascimento de Cristo dois mil anos atrás, na gruta de Belém: é o

Verbo que nasce em nós e na nossa comunidade: "Nasceu-*nos hoje* um Salvador".

Será que levamos a sério essa dimensão sacramental da celebração litúrgica? Será que acreditamos mesmo nesse *hoje* da liturgia? Será que estamos sabendo que o "*Cristo está presente* quando a Igreja reza e salmodia"? Que é *Cristo* quem *fala* quando se lê a Bíblia na Igreja? E que, quando alguém batiza, é Cristo que batiza? (SC 7). E essa presença nos deixa indiferentes?

O canto deve exprimir a ação de Cristo na comunidade e a resposta dos participantes que aceitam alegres esses dons da salvação. Como podemos, pois, num casamento cantar outra coisa que não seja a aliança e a comunhão de Deus com seu povo, que se realiza e se torna visível no compromisso de fidelidade e no amor mútuo dos noivos? Como podemos, pois, no batismo cantar outra coisa que não seja a inserção de um novo membro no Corpo de Cristo e a nossa participação na vida divina? Como cantar no dia de Pentecostes outra coisa que não seja a vinda do Espírito Santo na nossa comunidade cristã, *hoje*, para que sejamos testemunhas da ressurreição e fermento de unidade?

Na hora da comunhão do Corpo e Sangue de Cristo não basta "estar pensando em Deus" ou estar ouvindo "a chuva no telhado", que para mim "é cantiga de ninar", mas que deixa o pobre irmão na lama e no desespero. Isso vem depois (e num dia de chuva de preferência...).

Mas na hora da comunhão é preciso exprimir de maneira clara e jubilosa que "o Senhor é nossa comunhão", que "não anda sozinho quem vive em comunhão", e "quem come deste pão viverá eternamente" – É preciso ouvir o Senhor nos falar nesse momento: "Eu quis comer esta ceia agora...!".

É preciso confirmar nossa adesão à Palavra que ouvimos naquela celebração, pois o Cristo que nos dá seu Corpo e Sangue é o mesmo que falou para nós no evangelho.

Aliás, é por isso que muitas antífonas da comunhão retomam versos do evangelho ou fazem alusão às leituras do dia: "Põe a mão nas minhas chagas" (segundo domingo de Páscoa); "Cheios do Espírito Santo, proclamavam as maravilhas de Deus!" (Pentecostes); "Feliz aquele que tem um coração de pobre, porque dele é o Reino dos Céus" (Todos os Santos). "O canto é uma das expressões mais profundas e autênticas da liturgia" (Doc. 7,2.1.1b). "A arte musical é um meio para entrar mais profundamente em comunicação com o mistério da salvação, que se realiza na celebração litúrgica" (Doc. 7, 2.1.3).

e) Na liturgia, *objetos e gestos da vida cotidiana* tornam-se sinais litúrgicos, símbolos da fé cristã, que somente os fiéis compreendem. O pão, o vinho e a refeição eucarística, a água e o banho do batismo, o óleo e a unção..., sem deixar de ser pão, vinho, água, tornam-se *portadores de uma nova realidade*: o Reino de Deus, a vida divina, a comunhão no Corpo de Cristo. Assim também o canto e a música, sem perder nada de suas características, ou melhor, ampliando e alargando-as até o infinito, até o transcendente, até o mistério total de nossa fé, eles se tornam portadores da nova realidade inaugurados por Cristo. Os ritmos, a harmonia, as características do samba, da marcha-rancho, do baião, são colocados a serviço do Povo de Deus para que ele possa exprimir, viver e celebrar o mistério de sua fé.

7. Concluindo

Se a renovação da música litúrgica já deu passos enormes em, relativamente, pouco tempo (uns dez anos apenas!), ainda há muito caminho pela frente. Nesse tempo de crescimento, devemos ir, aos poucos, substituindo as criações menos litúrgicas e menos artísticas por novas criações mais maduras e mais de acordo com a função na liturgia.

O esforço não deve ser só dos compositores e poetas. É preciso um trabalho de *educação* musical e litúrgica de todo o povo. Não basta ter bons compositores e poetas; devemos nos convencer da urgente necessidade de ter, em cada comunidade, pelo menos uma pessoa, um *ministro* do canto litúrgico, que tenha o dom e a formação musical, litúrgico, pastoral e pedagógica, para levar avante esse trabalho.

Impossível? Por quê? Se estamos convencidos da necessidade de catequistas para as crianças, se gastamos dinheiro na preparação de, se achamos necessário multiplicar os ministros extraordinários da Eucaristia. Por que não nos preocuparmos também com o ministério do canto litúrgico? Pois, tão urgente quanto a criação e a divulgação de novas músicas, é a elaboração de uma *pedagogia* que leva o povo cristão a *saber viver a música*: sentir com a música, pensar com a música, rezar com a música, entregar-se a Deus por meio da música.

Como organizar a Pastoral Litúrgica[1]

Pastoral Litúrgica: uma realidade complexa, vivida – bem ou mal – por todas as comunidades e paróquias..., mas pouco refletida, pouco pensada sistematicamente.

Quem escreve este artigo não escapa a esta regra geral: durante mais de vinte anos trabalhou intensamente na organização da Pastoral Litúrgica em uma arquidiocese, atingindo dezenas de paróquias e comunidades. Mas pouco parou para trabalhar o assunto teórica e sistematicamente. O que é mesmo Pastoral Litúrgica? Como tem se desenvolvido nas várias etapas da história da Igreja? Quais são os vários métodos usados atualmente e qual a ideologia, a teologia, a cristologia, o conceito de Igreja e o conceito de liturgia subjacentes a cada um desses métodos? Quais são as contribuições efetivas e possíveis das ciências do humano e do social à Pastoral Litúrgica? Como se integram reflexão e ação, organização e mística?...

O presente artigo se ressentirá desta falha. Será apenas uma colocação reflexiva da prática à prática, sem o devido recuo para análise mais profundas. Dirige-se a quem quer trocar experiências e ideias sobre a prática da Pastoral Litúrgica e aprender com a ação e a reflexão de outros. Quer provocar uma análise – ainda que incipiente – da Pastoral Litúrgica desenvolvida por cada um de nós nas comunidades, paróquias, dioceses. Quer provocar diálogo, complementação e crítica da parte dos leitores.

Há duas maneiras de conhecermos uma cidade: sobrevoando-a de helicóptero, por exemplo, ou andando por dentro dela, de ônibus

---

1. Originalmente publicada em: *Revista de Liturgia*, n. 92 [mar.-abr. 1989], 35-43. (N. do E.)

ou a pé, conhecendo cada beco, cada detalhe, se quisermos. Mal comparando a Pastoral Litúrgica a uma cidade, escolhemos o primeiro método: vamos "sobrevoá-la", conhecendo os seus traçados, tendo uma visão de conjunto, sem entrar nos detalhes.

Num primeiro momento, tentamos enumerar alguns pressupostos sobre a Pastoral Litúrgica, para depois tratarmos especificamente do tema proposto: como organizar a Pastoral Litúrgica numa CEB, numa paróquia, numa diocese? Vamos do mais simples ao mais complexo: o que não significa que devemos esperar para iniciar uma pastoral diocesana depois de ter organizado a Pastoral Litúrgica nas paróquias e comunidades: os dois caminham de mãos dadas, entrelaçadas. No final elencamos algumas perguntas que poderão servir de instrumento de avaliação-reflexão a ser desenvolvida em cada comunidade, paróquia e Igreja particular que se preza e que preza a liturgia.

1. Pressupostos

1.1. Encarnação na realidade

Pastoral é resposta evangélica a uma determinada realidade. A Pastoral Litúrgica se refere àquela dimensão da pastoral que trata especificamente da vida litúrgica de um determinado grupo de pessoas, com sua cultura, sua realidade, suas necessidades, sua caminhada de fé.

1.2. Um processo sem fim

Como toda a pastoral, também a Pastoral Litúrgica é um processo nunca acabado de ação e reflexão. Parte de um diagnóstico, de uma análise crítica da prática litúrgica do momento; vislumbra, como meta, uma prática diferente, melhor do que a que temos agora, e estabelece os passos necessários para atingir essa meta, dentro de determinado prazo. Procura-se realizar aquilo a que se propôs, vencendo obstáculos e dificuldades. Esgotado o tempo estabelecido, faz-se de novo uma análise crítica do caminho percorrido e da situação do momento, para redefinir objetivos e decidir os passos da etapa seguinte.

1.3. Vários setores

A liturgia é uma realidade muito ampla, que envolve várias práticas: a celebração aos domingos, a celebração dos sacramentos (batizados, casamentos, penitência, unção dos enfermos, crisma...), as festas do ano litúrgico, as celebrações em determinadas ocasiões. Por isso, essa realidade poderá exigir a subdivisão da Pastoral Litúrgica em vários setores: pastoral do batismo, da crisma, da celebração dominical, dos mortos, dos doentes. Cada setor poderá trabalhar independentemente dos demais. Porém, serão necessários momentos e mecanismos para assegurar uma caminhada conjunta de todos os setores.

A liturgia não é algo isolado. Ela está inserida dentro de um contexto eclesial e social. Assim, a Pastoral Litúrgica não deve caminhar de maneira isolada das outras pastorais. Ela terá sua vida e seu trabalho próprio; mas haverá momentos de entrosamento com toda a caminhada pastoral da comunidade, paróquia, diocese, regional..., que por sua vez deve sempre estar atenta à realidade social e política, para ouvir "o que o Espírito diz às Igrejas", para discernir as atitudes a serem tomadas, à luz do evangelho, naquela realidade. Assim, quem trabalha na pastoral do batismo, quem faz parte da equipe de uma das missas dominicais ou quem está preparando a festa do padroeiro procure inteirar-se e participar, em âmbito de assembleias e outros meios, da pastoral como um todo. Procure acompanhar a vida e a missão da comunidade, paróquia ou diocese como um todo.

Isso nos leva a perguntar pelo tipo de relação existente entre liturgia e Pastoral Litúrgica e as outras pastorais. Podemos perceber facilmente quatro modelos:

1.3.1. Liturgia é a única atividade pastoral

Há paróquias em que as atividades do padre se concentram na administração dos sacramentos. (Trata-se realmente, de "administração" e não de "celebração".)

A administração dos sacramentos vem acompanhada por outro tipo de administração: a do dinheiro e dos bens da paróquia, que tem por objetivo principal assegurar o sustento do administrador dos sacramentos e a manutenção do templo.

Fora desses dois tipos de administração, encontramos pouquíssimas atividades pastorais: um pouco de catequese, talvez uma ou outra obra assistencial. A pastoral se reduz praticamente à administração dos sacramentos. A única realidade parece ser a liturgia.

Este modelo já caducou. Está superado. Mas ainda persiste em muitos lugares e na cabeça de muita gente.

1.3.2. Liturgia é uma atividade ao lado de tantas outras

O modelo que parece mais espalhado entre nós é aquele que encontramos de algum modo respaldado no Documento de Puebla e na organização pastoral da CNBB.

O Documento de Puebla coloca a liturgia (junto com a oração particular e a piedade popular) como um dos meios para a comunhão e participação (que é a maneira de fazer evangelização), ao lado do testemunho, da catequese, da educação e da comunicação social.

Na organização pastoral da CNBB, a dimensão litúrgica ("linha 4") é uma das "linhas" de pastoral, ao lado da dimensão comunitária e participativa ("linha 1"), dimensão missionária ("linha 2"), dimensão catequética ("linha 3"), dimensão ecumênica e de diálogo religioso ("linha 5"), dimensão profética e transformadora ("linha 6").

Assim, na prática de muitas paróquias ou comunidades, a liturgia aparece como uma atividade evangelizadora ao lado das outras. Não se ressalta a sua posição única na vida da comunidade. Quem já trabalha em outro setor de evangelização, não vê necessidade de participar também da celebração. Muitas catequistas, agentes de pastoral (leigos e religiosos) constroem a sua vida de fé, a sua espiritualidade, em torno do trabalho de seu setor, sem comparecer regularmente às celebrações da paróquia ou comunidade. "Isso é lá com o pessoal da liturgia", dizem. Subentendem talvez: "E a liturgia é para o povo que ainda não se engaja em outras pastorais".

Isso tem acontecido apesar do esforço da CNBB em mostrar a interligação entre as várias linhas de pastoral (veja principalmente o documento 28, que insiste bastante nesse ponto).

1.3.3. Liturgia sem Pastoral Litúrgica

Em algumas CEBs existe a tendência a não querer Pastoral Litúrgica nenhuma: "Aqui é a comunidade toda que é responsável pela liturgia; não precisamos de equipe especial para isso". – "Celebramos a partir da vida do dia a dia. Não é preciso organizar e pensar tanto a liturgia; ela deve ser espontânea". – "Aqui preparamos a liturgia por rodízio; um domingo é o clube de mães, outro domingo são as crianças da catequese, outro anda são as equipes da saúde ou a pastoral operária".

Na prática, porém, parece haver sempre um ou dois agentes da pastoral, que dão as orientações, que redigem o roteiro da celebração ou que compram os folhetos prontos...

Por que essa resistência em organizar a Pastoral Litúrgica, enquanto há grande preocupação em organizar as outras pastorais?

1.3.4. Liturgia da história, raiz da Igreja profética e libertadora

A Constituição Conciliar *Sacrosanctum Concilium* diz que a liturgia "é o cume para qual tende a ação da Igreja e, ao mesmo tempo, é a fonte donde emana toda a sua força" (SC 10). Há certamente quem vê nisso o perigo do "liturgismo": todas as atividades pastorais existiriam no fundo para trazer mais gente "para a igreja", isto é, para as celebrações, como no modelo "a" descrito acima. Mas é possível ler a SC no contexto de todas as conclusões do Concílio, onde encontramos, entre outras, a Constituição Pastoral *Gaudium et Spes*, sobre a Igreja no Mundo. Na América Latina, essa leitura deve vir completada ainda com a visão de Medellín e de Puebla. Ou seja: A Igreja (e, portanto também a liturgia) não tem um fim em si. Está a serviço da missão, a serviço do Reino no mundo, na sociedade. Aí, então, a liturgia só se tornará "cume", ponto alto de toda a ação da Igreja, à medida que forem trazidas para dentro dela, no coração do mistério celebrado, "as alegrias e as esperanças, as tristezas e as angústias dos homens de hoje, sobretudo dos pobres e de todos os que sofrem" (GS 1), à medida que for vivido, no coração do mistério celebrado, o compromisso com a causa da libertação do povo oprimido. Só assim a liturgia se tornará "fonte", "raiz" da ação profética, libertadora, de comunhão e participação.

O Documento de Puebla afirma que as raízes últimas da nossa comunhão e participação, tanto na Igreja como na sociedade, estão na comunhão trinitária, na perfeita intercomunhão de amor que liga o Pai, o Filho e o Espírito Santo e do qual passamos a participar por Cristo, com Cristo e nele. Toda a vida e a missão da Igreja derivam dessa participação. E a liturgia dentro disso? O documento não fala sobre isso. Mas não será a liturgia exatamente o momento-espaço onde a comunidade reunida mergulha na vida trinitária e nela recebe e reconhece comunitariamente, com Igreja, sua própria identidade? A Trindade produz a comunhão não só na liturgia, mas também no dia a dia da vida e missão da Igreja, não só na Igreja, mas também na sociedade, até mesmo independente da Igreja. Mas é na Igreja que essa comunhão é reconhecida e recebe um nome. É no momento litúrgico (onde a comunidade está reunida no Espírito, com a Palavra em uma das mãos e na outra a vida vivida), que é professada a fonte dessa comunhão. Professada, reconhecida, aceita, louvada, adorada pública e comunitariamente. É na liturgia que assim a Igreja é constituída, como mistério e como missão.

Neste quarto modelo, a liturgia não é toda a pastoral, mas também não é apenas uma atividade pastoral entre outras. Ela está no centro da vida e da missão da Igreja: não para absorver todas as energias e atenções pastorais, mas como lugar indispensável para a comunidade local existir como Igreja.

1.4. Unidade fundamental

A ligação entre liturgia e outras pastorais não deve ser, portanto, formal, de organização ou informação. Há uma relação maia profunda, "de raiz", lá onde brota a vida e se definem os objetivos, as opções e prioridades. O que queremos, afinal, com a liturgia e a Pastoral Litúrgica? Em que nível queremos trabalhar?

a) Queremos uma reforma de alguns ritos e a correta e bela execução de um ritual apenas? Ou queremos uma liturgia que envolva a pessoa humana como um todo, que a coloque em comunhão com o divino e que a lance na missão, criando estruturas sociais e políticas de comunhão e participação?
b) Queremos uma liturgia clericalista? Ou uma festa de comunhão eclesial? E comunhão eclesial com quem? Com a classe média? Com os pobres marginalizados?
c) Queremos uma liturgia inculturada? Ou preferimos eternizar as formas culturais que vieram de fora? A linguagem usada é a dos intelectuais ou a do povo?

d) O clero e outros agentes de pastoral consideram as celebrações, os cursos, os encontros de preparação aos sacramentos como momento propício para passar ideias, para passar conteúdos ou para viver uma experiência nova, libertadora, à escuta do Espírito que forma a comunidade reunida?
e) Queremos celebrar com textos pré-elaborados por outros? Ou queremos celebrar a partir da história e da vida da comunidade desvendando nelas a presença ativa e transformadora do Ressuscitado e do seu Espírito?
f) Queremos uma liturgia animada e mais comunicativa com bastante comunicação ativa? Ou queremos uma participação no mistério da morte-ressurreição de Jesus Cristo, pela qual os participantes engajam toda a sua existência na luta por mais vida e na organização da nova sociedade?

Trata-se de perguntar até que ponto a liturgia está de fato, constituindo e fazendo crescer a comunhão na comunidade-Igreja, e como está sendo fermento de missão da Igreja na sociedade, onde igualmente deve crescer a comunhão e participação por meio de um processo de libertação.

O momento litúrgico é para ser um momento de manifestação ritual, celebração sacramental, da Igreja local com seu mistério e sua missão, com suas opções e prioridades. A liturgia é para ser a Igreja-local-em-celebração, em ação ritual; fotografia, espelho, epifania da Igreja local.

Nem sempre isso acontece na prática. Queremos uma Igreja-comunhão, mas na celebração não há preocupação com o envolvimento dos participantes, não há diálogo na homilia; há pouco espaço para o povo se expressar. Queremos uma Igreja a serviço da libertação, mas o nosso linguajar ("libertador" ou não) dá opiniões prontas, não provoca a reflexão; introduzimos folhetos, cantos novos, novos símbolos..., muitas vezes desconhecendo ou desvalorizando a cultura e as expressões religiosas próprias do povo...

Pior ainda é quando a liturgia continua sendo apenas um momento de satisfação de necessidades religiosas individuais, sem preocupação em construir o homem novo, renovado pela novidade do evangelho de Jesus Cristo, numa comunidade de fé, de conversão, de missão transformadora da sociedade.

Outro aspecto do entrosamento da liturgia no conjunto da vida e missão da Igreja diz respeito às diretrizes da Pastoral Litúrgica vindas de Roma ou da CNBB ou do regional...: as equipes na base não se contentem em conhecê-las, mas assumam a responsabilidade de "traduzi-las", de interpretá-las para a sua realidade.

1.5. Técnica e mística

A pastoral procura ser eficiente e objetiva e, para isso, recorre a métodos de planejamento, estabelecendo objetivos e prioridades, demarcando campos e prazos. A Pastoral Litúrgica, por sua vez, pode e deve trabalhar com esses elementos. No entanto, deverá ter em mente seus limites. De fato, como podemos planejar a participação no mistério? Podemos, sim, criar as condições favoráveis para a vivência do mistério. A liturgia é festa, é acontecimento, é intervenção de Deus no hoje da comunidade; a própria comunidade reunida no Espírito é uma Palavra de Deus que vai ecoar na sociedade atual. Como planejar o acontecimento, a festa, a Palavra de Deus, a profecia...? Podemos e devemos fazer uma programação, preparar o ambiente e as pessoas envolvidas..., mas a própria liturgia escapa ao planejamento. Nasce do momento celebrativo. Sua eficácia depende do dom gracioso de Deus e depende da acolhida amorosa, do "sim" da comunidade reunida, não só no momento da ação celebrativa, mas na práxis transformadora da realidade histórica, para que o Verbo possa se fazer carne, hoje e sempre. Como planejar, então, a eficácia da liturgia?

Assim, o esforço pela objetividade e pela eficiência deverá vir sempre animado por uma mística. Mística de comunhão com Deus e com os irmãos. Mística da gratuidade que é capaz de "perder tempo" com a festa, com o louvor, com a admiração e a adoração..., considerados inúteis quando medidos com os parâmetros do lucro e da eficiência.

Mística da compaixão, que não apaga a mecha que ainda fumega e que é capaz de esperar pacientemente que os frutos amadureçam, até numa figueira estéril. Mística da valorização do humilde, do pequeno, do marginalizado..., por ser este o terreno propício às sementes do Reino. Mística de comunhão e participação, que não restringe o processo de ação-reflexão a um pequeno grupo de técnicos, mas que procura envolver o máximo de pessoas possíveis, tanto na reflexão e nas decisões, quanto na ação e avaliação.

2. Como se organiza a Pastoral Litúrgica numa paróquia ou comunidade?

Não há duas paróquias ou comunidades iguais. Portanto, não há como dar receitas. O que se segue abaixo são apenas algumas pistas, em forma de receita. Talvez sirvam para estimular a criatividade. Em cada caso será preciso analisar a realidade com suas necessidades, suas possibilidades, sua caminhada. Será preciso ver, na prática, como a comunidade reage...

Resolvemos juntar num só tópico a organização da Pastoral Litúrgica em comunidades e paróquias. As diferenças são enormes evidentemente. Na comunidade há mais envolvimento e participação de todos os membros; a comunicação é mais fácil, porque mais espontânea; há maior vivência da fé na vida cotidiana e social. Nas paróquias, de modo geral, os serviços se tornam mais complexos; o relacionamento entre os membros é mais impessoal; o padre costuma tomar a dianteira. Mesmo assim, acreditamos que – respeitando essas diferenças – quanto à organização os passos a serem dados serão semelhantes:

2.1. Equipes de celebração litúrgica: formação na ação

Vamos formando várias equipes, cada uma delas assumindo uma responsabilidade bem determinada e limitada. Por exemplo: uma equipe para as celebrações dominicais comuns, outra para os batizados, outra para a festa do padroeiro, para o Advento e o Natal, para a Quaresma, para a Semana Santa e a Páscoa, outra para a liturgia por ocasião da morte de um cristão, e assim por diante...

Como se faz essa formação? A formação básica é feita por meio de reuniões regulares onde as celebrações são preparadas e avaliadas. A formação inclui aspectos de aprofundamento da fé (sempre ligando fé, realidade e liturgia), aspectos prático-litúrgicos (capacitando para o trabalho a ser desenvolvido, a tarefa a ser realizada), e também aspectos de relações humanas (possibilitando o trabalho em equipe).

Cada uma dessas equipes merece e precisa de acompanhamento sério, responsável e constante, pelo menos até que domine os instrumentos de trabalho (os livros litúrgicos, por exemplo), o sentido e os processos básicos, tanto da celebração como das reuniões de preparação e avaliação (a sequência e a dinâmica de uma celebração, o sentido do conjunto de cada uma de suas partes, o sentido e a maneira de celebrar cada tempo do ano litúrgico, a maneira como fazer entrar na celebração os acontecimentos importantes da vida do povo, do bairro, do país, do mundo..., a maneira de ligar as leituras bíblicas com a vida e com a celebração, o uso de objetos e ações simbólicos, o roteiro de uma reunião...).

Ninguém aprende a ser mecânico ou cozinheira ou lavrador ou qualquer outra profissão a não ser com a ajuda de outra pessoa que o inicie na profissão. Assim também com a Pastoral Litúrgica, embora não se trate aqui de uma profissão, mas sim de um serviço prestado à comunidade.

2.2. Formação sistemática

À medida que as equipes irão caminhando, sentirão necessidade de uma formação mais específica e sistemática. Poderão pedir, por exemplo, o estudo do evangelista do ano ou a história da festa da Páscoa ou ainda a história da missa ou o sentido da liturgia como celebração do Mistério Pascal ou um estudo da estrutura da missa e de cada uma de suas partes ou a iniciação musical ou o sentido e a estrutura do ano litúrgico ou o sentido da própria liturgia como um todo e sua função na vida e na missão da Igreja ou um levantamento das formas celebrativas na vida e religiosidade do povo.

A formação sempre precisa ser pensada em termos de crescimento e aproveitamento de toda a paróquia ou comunidade, e não só dos membros da equipe. Portanto, sempre que a equipe adquire um conhecimento maior, ela deve imediatamente pensar como isso poderá beneficiar a paróquia ou comunidade toda.

2.3. Trabalho, amizade, oração

Ao lado das reuniões periódicas (semanais para as equipes de celebração dominical, mas espaçadas geralmente para outras equipes) e dos encontros de formação mais sistemática, não descuidemos do relacionamento pessoal e da amizade entre os membros da equipe. Estes poderão ser alimentados por meio de visitas, da lembrança dos aniversários, de um passeio de vez em quando ou de uma confraternização.

Não descuidemos tampouco da espiritualidade e da mística da equipe. Um momento de oração em cada reunião poderá ajudar neste ponto, além dos momentos de celebração sem pressa, em clima doméstico, só para a equipe, favorecendo maior aprofundamento da Palavra e do Sacramento, a partilha das experiências de fé e de vida, a oração espontânea...

2.4. Visualização do conjunto

Para facilitar a visão de conjunto da Pastoral Litúrgica e também de outras pastorais, façamos mapas ou quadros ou desenhos com os nomes dos membros e o trabalho que cada equipe realiza e deixemos no local da reunião.

Um tipo de "livro de ata" onde se anotam as importantes decisões das equipes poderia ficar no mesmo local, onde todos poderão folheá-lo, lê-lo, acompanhá-lo.

2.5. Formação de uma equipe de animação da vida litúrgica ("equipe de liturgia")

Assim que tivermos os serviços mínimos necessários funcionando razoavelmente bem, estará na hora de pensar na formação de uma equipe mais ampla para animar e coordenar o conjunto da pastoral de conjunto da comunidade ou paróquia. Poderíamos chamá-la de "equipe de liturgia".

Geralmente essa equipe será formada por representantes das equipes que já estão funcionando e que são responsáveis por determinado setor ou aspecto da Pastoral Litúrgica, as chamadas "equipes de celebração".

2.6. Concretamente o que fazer?

a) Façamos, em equipe, um mapeamento e um diagnóstico da realidade litúrgica da paróquia ou comunidade: quais os serviços existentes? Como estão atuando? Têm objetivos? Estão alcançando os objetivos que propuseram? Sim? Não? Por quê?

b) Envolvamos nessa avaliação a comunidade toda, se possível, ou então representantes das várias pastorais e grupos na paróquia e perguntemos também pelas áreas descobertas, as necessidades não atendidas que poderiam levar à criação de novas equipes: o que poderia ser feito para melhorar a participação nas celebrações litúrgicas? As celebrações litúrgicas têm ajudado o povo a viver melhor a sua fé e fraternidade no dia a dia e na realidade social e política? Como? O que poderia melhorar? Fora das celebrações costumeiras, haveria necessidade de criar algum outro tipo de celebração? Qual? Por quê? Como?

c) Analisemos a liturgia no conjunto da vida e da missão da comunidade ou da paróquia: as outras pastorais e grupos existentes na Igreja têm acompanhado o trabalho das equipes de liturgia? Cuidam de ter momentos litúrgicos próprios? Precisariam de uma ajuda da equipe de liturgia? Temos acompanhado o trabalho das outras pastorais e a caminhada geral da Igreja? De que modo as suas preocupações e descobertas têm estado presentes nas liturgias da comunidade ou paróquia? O que as equipes poderiam fazer nesse sentido? Está havendo uma preocupação em aproximar liturgia e piedade popular / liturgia e cultura negra? Como? Temos aproveitado as ocasiões de celebrar com cristãos de outras Igrejas cristãs não católicas? Como? O que poderia ser feito para melhorar esses contatos? Temos nos preocupado com a "massa" que só vem à Igreja em certas ocasiões sociais ou em dias especiais? O que podemos fazer para que possa acompanhar melhor a renovação da Igreja?

d) Na medida do possível, vamos cuidando também de outros aspectos da vida litúrgica: o que temos feito e o que poderia se fazer em termos de formação litúrgica de todo o povo celebrante? Como anda a formação para os ministérios litúrgicos (leitores, cantores e instrumentistas, animadores ou dirigentes das celebrações dominicais, ministros da palavra, do batismo, dos doentes, da liturgia dos mortos, dos futuros padres...)? Quem sabe não estaria na hora de pensarmos melhor o local de nossas celebrações: a organização do espaço, o lugar do altar, da estante da palavra, do tabernáculo, da presidência, dos cantores e instrumentistas, do povo em geral é a melhor possível? É bonita a nossa capela ou igreja? É bem iluminada e arejada? É limpa? Ela nos ajuda a nos comunicar com o Senhor e com os irmãos?

e) Vamos acompanhando e provocando avaliações periódicas em cada equipe de celebração. Cuidemos de ouvir sempre o povo envolvido. Vamos propor a criação de novos ministérios e equipes, sempre que parecer necessário. Façamos ligação com o padre (principalmente no caso de ele não participar da comunidade ou não morar na paróquia), com as outras pastorais, com o setor, com a diocese. Fiquemos atentos ainda aos acontecimentos dentro e fora da Igreja.

f) Cuidemos da formação litúrgica, tanto dos membros das equipes, como do povo em geral, por meio de reuniões, palestras, debates, semanas de liturgia, cartazes, catequese litúrgica. Conversemos muito com os vizinhos, os companheiros de trabalho, para perceber melhor o que o povo está querendo e precisando em termos de formação litúrgica.

3. Como se organiza a Pastoral Litúrgica numa diocese?

3.1. O específico da Pastoral Litúrgica

Tentaremos assinalar aqui o que consideramos específico de um trabalho de Pastoral Litúrgica diocesano (ou setorial, ou regional...).

A não ser em poucas ocasiões (celebrações diocesanas), a equipe de liturgia não tem como papel principal a preparação direta de celebrações, nem atuação nas mesmas, nem sua avaliação. Tem um papel preponderante de assessoria, animação, formação e coordenação.

O primeiro trabalho a ser feito é *andar, observar, conversar*, conhecer a realidade dos setores das paróquias, comunidades. Que tipo de realidade? A liturgia e a vida. E ainda a relação que existe entre os dois. Conhecê-las, não só objetivamente, com os óculos de alguém de fora, mas tentar perceber também a consciência que o próprio povo tem desses três aspectos da realidade. É um trabalho nunca terminado e que deve ser aprofundado a cada ano, a cada momento. Para não perder a riqueza das observações feitas. É importante ir fazendo um tipo de diário ou fichas de observação ou outro tipo de anotações. Em uma ou outra ocasião poderá ser útil fazer um levantamento sistemático de alguma área ou algum aspecto da realidade, abrangendo, quem sabe, comunidades ou paróquias inteiras.

Não basta conhecer a realidade, para depois nela atuar como "técnicos". Qualquer trabalho de pastoral supõe laços de comunhão e participação. É preciso, portanto, criar laços, principalmente com os agentes locais de Pastoral Litúrgica, já que é junto com eles que iremos detectar problemas e possibilidades, encaminhar soluções, criar e avaliar a vida litúrgica.

A equipe diocesana só tem sentido se ela ajudar a *criar, fortalecer, animar, organizar, interligar, coordenar* as equipes nas comunidades, nas paróquias, nos setores, para que no conjunto possam formar uma grande rede tecida pelo fio da unidade e da responsabilidade pela vida litúrgica na diocese toda. Pelo aprofundamento e pela reflexão em comum, pelas decisões tomadas ao longo dos anos..., irá nascendo a liturgia própria daquela diocese, irá se desenhando um "rosto" litúrgico com características próprias, enriquecendo, assim, a imensa variedade das igrejas.

Nesse serviço de assessoria e animação, não descuidemos da *formação permanente* de todos os agentes da Pastoral Litúrgica. Essa formação comporta elementos bíblico-teológico-litúrgico (de "conteúdo") e – ligados a estes – também elementos prático-litúrgicos. É importante que esses dois jamais estejam separados. Os treinamentos de leitura, canto, organização do ano litúrgico etc. sempre estejam acompanhados do devido aprofundamento. O aprofundamento, a procura do sentido, o estudo serão tanto mais eficazes, quanto mais estreitamente ligados à preparação ou avaliação de uma prática. Em outras palavras: teoria e prática devem andar de mãos dadas. A teoria será teoria de uma prática. E a prática será daquela teoria, que poderá ser corrigida, completada a partir da prática. Isso supõe que – ao organizar dias ou semanas de formação – sejam convidadas somente aquelas pessoas que estão, de fato, trabalhando na Pastoral Litúrgica ou que já se comprometeram a iniciar um trabalho.

Assim, poder-se-ia se pensar em dias de *formação* teórico-prática *ligada aos tempos do ano litúrgico* (Advento-Natal, Quaresma-Páscoa, Tempo Comum), ligada aos vários serviços (leitores, cantores e instrumentistas, dirigentes de celebração dominical, ministros do batismo etc.) ou ainda concentrada nos vários tipos de celebração (missas, celebração da Palavra aos domingos, Novena de Natal, batismo etc.). Não só os ministros, mas também o povo tem direito à formação litúrgica. Porém, é mais lógico (eclesio-lógico) que ela fique a cargo de cada paróquia ou comunidade.

Vamos nos preocupar igualmente com a *formação da criatividade*; quem sabe, com a ajuda de profissionais do teatro, da dança, do psicodrama. As nossas liturgias estão muito "presas" ainda, bloqueadas. Há muita repetição e cópia de modelos, gestos, símbolos; há pouca inventividade dos grupos locais.

Vamos procurar a assessoria de profissionais também para a área da *música na liturgia* e da construção e arranjo dos locais para a celebração. Eles têm uma contribuição importante a dar, sem a qual a liturgia poderá ficar descuidada.

Vamos criar com as equipes de base *um instrumento e uma prática* de análise de sua própria realidade, que sempre é diferente da realidade de outras paróquias e comunidades. Vamos insistir no conhecimento e na valorização dessa originalidade.

Ao mesmo tempo, *ajudemos as equipes locais* a conhecer, valorizar e situar-se no plano diocesano com seus objetivos, diretrizes, prioridades. E que o plano de trabalho da equipe diocesana esteja entrosada na pastoral de conjunto da diocese. Isso supõe que alguém da equipe diocesana de liturgia faça parte dos organismos de coordenação diocesana de pastoral.

A equipe diocesana "promove a ação litúrgica, sob orientação do bispo" (cf. SC 43 e 45). Trabalhemos, pois, em sintonia com ele e sejamos uma espécie de ponte entre os agentes de Pastoral Litúrgica e o bispo, responsável último pela vida litúrgica na Igreja local. É preciso informar e envolver o bispo nos problemas, anseios e iniciativas que surgem da base. É preciso informar e envolver também as bases nas iniciativas tomadas na diocese a serviço das paróquias e comunidades. Vejam a necessidade de elaborar e divulgar subsídios para as celebrações e para a formação: folhetos, livros de canto, fitas-cassete etc. Fiquem em contato com os serviços de Pastoral Litúrgica da *CNBB nacional* e regional e com os outros serviços de pastoral diocesana.

Todo trabalho lembrado até agora faz surgir uma pergunta: *que tipo de pessoas* deveriam integrar a equipe diocesana? Podemos pensar em dois tipos: a) gente especializada em teologia e pastoral litúrgicas, assessorados por especialistas da música, da arquitetura e outros...; b) representantes da Pastoral Litúrgica das bases. Os primeiros garantem a profundidade e o avanço na pesquisa e na reflexão; os últimos cuidam da relevância de tudo isso para a prática. Seria bom que a equipe fosse integrada por padres e não padres, homens e mulheres, jovens e adultos. É quase indispensável que uma ou duas pessoas sejam liberadas para esse serviço e que tenham um mínimo de recursos (humanos e materiais) à sua disposição para deslanchar o trabalho. É evidente que precisam do aval do bispo e que todos – padres e outros agentes de pastoral, paróquias e comunidades – sejam comunicados oficialmente, pelo bispo, da existência da equipe. Essa autorização oficial virá completar a autoridade moral adquirida por meio do trabalho desenvolvido, para dar credibilidade à equipe. Também para a equipe diocesana vale a insistência na formação permanente, na espiritualidade e na amizade entre os seus membros.

3.2. Diagnosticando a Pastoral Litúrgica de sua diocese, paróquia ou comunidade

De nada adiantaria este artigo se ele não levasse a uma análise crítica da própria realidade. Qualquer leitor, empenhado seriamente no trabalho de Pastoral Litúrgica, certamente ficou comparando o que está escrito aqui nestas páginas com a sua realidade. Estabeleceu um diálogo com o texto: gostou, não gostou; concordou, discordou; talvez até já tenha pensado em experimentar algo novo que descobriu ou talvez já esteja disposto a encaminhar observações ou experiências para a revista. De qualquer modo, queremos facilitar esse diálogo elencando algumas questões que poderiam ser trabalhadas nas equipes, além de outras questões surgidas no local:

a) Como está a Pastoral Litúrgica em nossa comunidade, paróquia, diocese?
b) Em que etapa se encontra?
c) Quais são os seus objetivos?
d) Quais os passos planejados?
e) Quem é responsável por ela (ou em cada um dos setores)?
f) De que maneira toda a comunidade, paróquia, diocese é envolvida no processo pastoral?

g) Como o povo julga o nosso trabalho?
h) Como é a relação com as outras pastorais? (Em qual dos quatro modelos encaixa-se melhor? Por quê?)
i) Como é assegurada a resposta à realidade social, política, econômica e cultural do bairro, da cidade, da região...?
j) Como está a nossa formação permanente?
k) O que consideramos positivo no trabalho que estamos realizando?
l) Quais as dificuldades, os bloqueios que atravancam o processo? Como resolver?

Formação litúrgica, trinta anos depois[1]

1. Lembrando o que diz o documento conciliar

1.1. Formação por causa da participação

Dentro do primeiro capítulo do documento conciliar sobre a sagrada liturgia, *Sacrosanctum Concilium* (SC), que trata dos "princípios gerais e do incremento da liturgia", encontramos no início um bloco intitulado "A natureza da sagrada liturgia e sua importância na vida da Igreja". Logo em seguida, em segundo lugar, vêm sete itens (n. 14-20), agrupados sob o seguinte título: "Necessidade de promover a instrução litúrgica e a ativa participação".

Chama logo a nossa atenção o fato de que a formação litúrgica vem atrelada à preocupação com a participação de todo o povo na liturgia. Aliás, também os assuntos que seguem dentro do primeiro capítulo (reforma da sagrada liturgia, incremento da vida litúrgica na diocese e na paróquia e como promover a ação Pastoral Litúrgica), assim como os outros capítulos (sobre a Eucaristia, os demais sacramentos e sacramentais, o Ofício Divino, o ano litúrgico, a música sacra, a arte sacra e as sagradas alfaias), estão todos voltados para essa preocupação pastoral básica.

1. Originalmente publicado em: *Revista de Liturgia*, n. 120 [nov.-dez. 1993], 4-6. (N. do E.)

1.2. A participação tem um fundamento teologal: o sacerdócio dos batizados

A participação, por sua vez, brota da natureza teologal da liturgia, que é tratada nos itens anteriores: ali se descreve a liturgia como ação eclesial de todo o povo sacerdotal, fazendo memória da Páscoa de Jesus, pela força do Espírito Santo. A formação é apresentada como necessária para possibilitar a participação de todo o povo na liturgia, e esta não é uma concessão, mas uma exigência com fundamento teológico: "Por força do batismo, o povo cristão, 'geração escolhida, sacerdócio real, gente santa, povo adquirido por Deus' (item 14), tem a participação como direito e obrigação".

1.3. Os dois destinatários da formação litúrgica e um duplo objetivo

O documento conciliar trata de dois destinatários da formação litúrgica: o povo e o clero.

O objetivo da formação do povo é a participação plena, consciente e ativa nas celebrações litúrgicas, pois esta possibilitará que o povo tenha a liturgia como "primeira e necessária fonte" do espírito cristão. A formação do clero tem como pano de fundo e objetivo principal a formação à participação do povo. Devem se tornar "mestres" da liturgia, não só no sentido de um conhecimento intelectual, mas também espiritual: devem estar imbuídos do espírito e da força da liturgia. A atenção maior do documento vai para aqueles que estão no período de formação, nos seminários, nas casas religiosas, nos institutos de teologia. Comportam dois aspectos complementares: o estudo e a vivência.

Para o estudo, o Concílio prescreve que a liturgia esteja entre as matérias mais importantes nas faculdades teológicas, que seja tratada sob o aspecto teológico, histórico, espiritual, pastoral, jurídico.

Para que isso seja possível, é preciso que haja professores especializados em liturgia e institutos especializados para formá-los.

Quanto à vivência espiritual, aparece uma expressão interessante e curiosa: "Nos seminários e casas religiosas, os clérigos adquirem *formação litúrgica da vida espiritual*", para poderem entender as celebrações e nela participar de todo o coração. Está certamente ligado com o que se disse acima a respeito da liturgia como "primeira e necessária fonte" da vida espiritual (cf. item 14); esta deve ser formada tendo como eixo, como ponto de referência, como método a participação na liturgia.

Mas a formação do clero não se limita ao seminário: o Concílio pede que sejam ajudados os padres já atuantes na pastoral, para que entendam aquilo que estão fazendo nas celebrações, vivam a vida litúrgica e façam com que os fiéis sejam dela participantes (SC 18). Também a formação do povo é, de certo modo, permanente e, tanto na formação como na maneira de participar, deve-se levar em conta a idade, a condição, o gênero de vida, o grau de cultura religiosa das pessoas (SC 19).

1.4. Outros aspectos da formação litúrgica

Até aqui, fomos acompanhando os itens do documento conciliar sobre a liturgia, que falam explicitamente da formação litúrgica. Mas, de alguma maneira, todo o documento tem algo a nos dizer sobre a formação. Vamos lembrar alguns tópicos mais importantes:

a) Os itens 5-10 do texto conciliar falam do *sentido teológico da liturgia*: a liturgia como celebração do Mistério Pascal, da presença viva e dinâmica de Cristo na sua Igreja, principalmente nas ações litúrgicas, da liturgia como antecipação da cidade futura (hoje, dizemos: antecipação do Reino). Ligado a isso, podemos também olhar o item 24, que trata do caráter bíblico da reforma litúrgica. Daí podemos concluir que a formação litúrgica não pode ser reduzida a um conhecimento prático de como "montar" ou fazer uma celebração. Tanto na formação do clero, como na dos leigos, espera-se um forte conteúdo bíblico e teológico, além do caráter espiritual, já citado acima.

b) O Concílio Vaticano II retomou com toda a força o fato de a liturgia não ser uma oração de indivíduos isolados, mas uma ação ritual eclesial, comunitária. Passar de uma oração individual (quando não individualista!), para uma celebração onde é fundamental a comunicação e a sintonia entre os participantes, é algo que se deve aprender. Alguém deverá nos introduzir na oração comum, no canto em comum, nas atitudes a serem tomadas em comum, no fato de agirmos o tempo todo como se fôssemos um só corpo, uma só pessoa. Também os ministérios litúrgicos são chamados a atuar dentro do corpo, a serviço dele, e não dominando o corpo, como que estando "acima" dele.

c) Se redescobrimos que a liturgia é ação, devemos acrescentar imediatamente que não esgota toda a ação da Igreja, como dava a pensar a prática eclesial antes do Concílio. A ação ritual, a celebração, nos prepara e *nos lança na missão*: "solicita e estimula os fiéis para a caridade imperiosa de Cristo". O item 10 da SC, onde apresenta a liturgia como cume e fonte de toda a ação da Igreja, parece reforçar uma visão sacramentalista e eclesiocêntrica da missão da Igreja. Diz que todos os trabalhos apostólicos da Igreja têm por finalidade levar todas as pessoas ao batismo e à participação na liturgia, principalmente à Ceia do Senhor! Mas penso que podemos e devemos interpretar este item a partir dos documentos posteriores do mesmo Concílio, e dos quais a SC não pôde se beneficiar, por ter sido promulgada antes de todos os outros. Devemos corrigir o Concílio com o próprio Concílio e reler este item a partir da Constituição Pastoral sobre a Missão da Igreja no Mundo (*Gaudium et*

Spes), a partir dos textos sobre as missões (*Ad Gentes*), sobre a atuação dos leigos, sobre o ecumenismo e tantos outros. Aí a Igreja Católica reassume seu papel como servidora do Reino no mundo, na sociedade, juntamente com as outras Igrejas cristãs e mesmo com outras religiões e com gente sem crença nenhuma. Nessa visão, a liturgia é "cume e fonte" na medida em que celebra a partir da ação profética da Igreja na sociedade; na medida em que é capaz de festejar a epifania do Reino e a presença viva e transformadora de Deus na história atual; na medida em que expressa na celebração as angústias, os problemas, as esperanças e as alegrias do Povo de Deus, as lutas e as vitórias por uma sociedade justa e fraterna, sinal do Reino que cresce no meio do mundo.

d) Os itens 33-36, falando da índole didática e pastoral, lembram como *a própria liturgia é formativa*: "Enquanto a Igreja reza, canta ou age, é que se alimenta a fé dos participantes e suas mentes são despertadas para Deus, a fim de lhe prestarem um culto racional e receberem com mais abundância sua graça". Esse é um dos motivos por que a reforma litúrgica cuidou para haver mais leituras bíblicas, reintroduziu a homilia e a oração dos fiéis e resolveu abrir mão do latim que por tantos séculos criou um fosso entre a liturgia e o povo. Portanto, o melhor "curso" de "liturgia" é a própria celebração e a vida litúrgica da comunidade levada a sério. Onde faltam boas celebrações, que alimentam a fé e a ação missionária de toda a comunidade, não adianta muito dar cursos de liturgia. Penso principalmente nos seminários e casas de formação: não adianta ter aulas de liturgia na faculdade ou no instituto de teologia se falta a vivência litúrgica na casa de formação e um acompanhamento sério nos estágios de Pastoral Litúrgica.

e) Poderíamos ainda lembrar *outros enfoques*, como a importância de não separar, na formação, os sacramentos do resto da liturgia, de não se esquecer do Ofício Divino, de não se descuidar do ano litúrgico, da música e da arte.

2. A formação litúrgica no Brasil depois do Concílio

Vamos olhar de que modo a renovação litúrgica levada avante entre nós, no Brasil, deu os seus frutos na formação litúrgica do Povo de Deus. Até que ponto a Constituição Conciliar sobre a Sagrada Liturgia conseguiu sair do papel? Até que ponto conseguiu avançar mais que isso? Olhando no momento em que nos encontramos agora, trinta anos depois da promulgação do documento conciliar, o que caracteriza a formação litúrgica entre nós? Seria interessante podermos ouvir cada um dos leitores desta revista contar sua experiência. Não sendo possível isso, tento lembrar alguns traços e peço que vocês confrontem com a realidade de sua comunidade ou região e completem:

a) O que salta aos olhos é que a formação litúrgica acontece principalmente *na prática, entre os leigos*, mais especificamente nas equipes de liturgia, nos grupos que se responsabilizam pela organização das celebrações nas comunidades. Tendo de atuar, querem saber o que é para fazer e por que; querem entender o que estão fazendo; procuram pessoas ou subsídios que os possam ajudar nessa tarefa. Há uma procura muito grande: os leigos querem aprender. Há um dinamismo impressionante nessa procura: à medida que se adentram na liturgia, vão adquirindo conhecimento e querem aprender sempre mais. Sinto um grande interesse, não só prático, mas também teológico-litúrgico e, sobretudo, espiritual. Trinta anos atrás, quem teria coragem de pensar que um dia os leigos teriam acesso à liturgia e à formação litúrgica?! Apesar de todo esse avanço, o povo reclama da pouca formação que é oferecida. Reclama também de que muitos padres continuam com uma mentalidade clerical na liturgia. Será que a natureza comunitária da liturgia é suficientemente levada a sério na formação para os ministérios, principalmente para os ministérios ordenados? Por que, então, tantos presidentes de assembleias litúrgicas continuam celebrando *para* o povo, em vez de *com* o povo, atuando como se fossem eles os únicos a celebrar? Por que ainda há tão pouco incentivo aos ministérios leigos, às equipes de liturgia? Por que não se gasta o mesmo tanto em dinheiro e tempo para a necessária formação desses ministérios leigos, quanto é gasto com os futuros ministros ordenados? Por que há, ainda, tão poucas equipes de liturgia formadas nas paróquias, nas dioceses?

b) A *metodologia* que parece mais adequada é a que parte da ação na qual os formandos estão envolvidos e na medida dessa ação. Ou seja, o aproveitamento é maior quando a reflexão e o aprofundamento acompanham, passo a passo, o trabalho que está sendo realizado pelo grupo. Cursos intensivos, de introdução à liturgia, ou de aprofundamento teológico, pouco adiantam no início do processo; só têm efeito depois que o grupo já fez uma boa caminhada na prática de preparar, celebrar e avaliar. Pessoalmente, costumo seguir o método "ver-julgar-agir". Parto do trabalho realizado pelo grupo ou dos problemas percebidos na realidade litúrgica da comunidade, para em seguida buscar luzes na Bíblia, na teologia, na história, e, no final, juntos esboçarmos pistas para melhorar a prática.

c) Em tudo isso, a atuação das *mulheres* é digna de nota. São maioria entre os participantes das equipes de liturgia e dos cursos de formação para agentes. Aos poucos estão aparecendo também nos cursos especializados, mesmo que geralmente tenham de pagar do próprio bolso todas as despesas, enquanto muitos de seus colegas padres podem contar com a ajuda de sua diocese ou paróquia. Assumem tarefas como formadoras, dando cursos e assessorias na Pastoral Litúrgica. Em muitas dioceses, mulheres coordenam o serviço diocesano de Pastoral Litúrgica, cuidando da formação litúrgica permanente das comunidades e dos agentes de pastoral.

d) Além das orientações práticas, que são sempre muito procuradas, entre os *assuntos preferidos* encontramos a relação entre liturgia e vida, liturgia e realidade, liturgia e missão na sociedade; formação e atuação de equipe de liturgia (ministérios litúrgicos); ano litúrgico; Ofício Divino; liturgia e piedade popular. Tem-se trabalhado também a celebração da Palavra, a missa, a liturgia como festa comunitária. Assuntos menos procurados são, por exemplo, a eucologia, os sacramentos, o espaço litúrgico, a liturgia na catequese.

Quanto à música e ao canto na liturgia, há muita procura; porém, nem todos superam o nível do canto pastoral ou catequético, para chegar a uma música verdadeiramente litúrgica. Uma expressão usada no início da renovação litúrgica conciliar continua válida hoje: precisamos cantar *a* liturgia, em vez de cantar *na* liturgia. Ou seja, poucos perceberam a diferença entre a música ritual, que é a própria liturgia cantada (expressando o mistério celebrado), e outros cantos religiosos, que muitas vezes continuam ocupando o espaço da primeira (e que geralmente expressam sentimentos religiosos ou conteúdos catequéticos). Infelizmente, nos encontros que deveriam ser de formação litúrgico-musical, há compositores que parecem mais preocupados em divulgar suas próprias músicas (quaisquer que sejam), do que em promover a música ritual e formar o povo musical e liturgicamente.

e) Algo novo que está aparecendo: a atenção dada aos gestos corporais, à dança, à conscientização do *corpo* na liturgia. Estamos descobrindo o valor espiritual do corpo. Estamos começando a perder o medo de sentir o nosso corpo na liturgia. Vamos aprendendo com quem entende do assunto: os negros, os profissionais do teatro, da dança...

f) Na *Ciência Litúrgica*, ou seja, no estudo sistemático mais profundo, está surgindo uma nova metodologia, acompanhando a Teologia da Libertação. Em grandes linhas, ela segue a mesma metodologia "ver-julgar-agir" citada acima para a formação pastoral-litúrgica, porém, recorrendo a procedimentos metodológicos teológicocientíficos, aprendendo com sociólogos e antropólogos como fazer uma abordagem científica da realidade litúrgica.

g) Entre as modalidades de formação, além da formação na ação, acompanhando as equipes de liturgia e outros ministros e agentes de pastoral, além dos encontros e cursos, também inúmeros *subsídios* têm ajudado na formação: apostilas e boletins nas comunidades, paróquias, dioceses; livros ou apostilas para orientar as equipes; estudos mais aprofundados, sejam produzidos aqui no Brasil, sejam traduzidos de outros países. Por fim, não podemos deixar de mencionar a *Revista de Liturgia*, que, desde 1973, tem se empenhado em oferecer às comunidades elementos de aprofundamento e orientação prática.

h) Se formos olhar as *lacunas*. Bem, há muito trabalho ainda a ser realizado! A comemoração dos trinta anos da SC poderá significar para todos nós um estímulo para redobrar os esforços! É só retomar item por item deste artigo, comparar com nossa prática, escolher as prioridades e "pôr a mão na massa"!

Liturgia: aprendizagem pela ação ritual[1]

Quando falamos em "formação litúrgica", geralmente pensamos em cursos, encontros, reuniões. São importantes e necessários em todos os níveis, desde a pequena comunidade ou paróquia até os cursos que preparam especialistas para a animação litúrgico-pastoral, para a pesquisa e para o magistério.

Porém, hoje convido vocês a olhar a formação litúrgica sob outro enfoque: a própria liturgia é formadora. Formadora de quê? De nossa fé, de nosso seguimento de Jesus Cristo, de nossa espiritualidade e – por que não? – também de nossa personalidade. Mas há uma condição. A liturgia não atua automaticamente; depende de uma atitude fundamental de nossa parte. Geralmente, fazemos da liturgia um momento didático ou moralizante, onde o(s) ministro(s) litúrgico(s) (muitas vezes com ajuda de folhetos e "jornaizinhos"), ensinam, procuram passar formação e informação, trabalham "temas", convidam, incentivam ao compromisso. Tudo isso não deixa de ter alguma validade, quando bem dosado. Mas essa não é a maneira própria e genuína de a liturgia ser formadora. Qual é então sua maneira característica? A liturgia leva a uma aprendizagem à medida que as pessoas *participam da própria ação litúrgica*, ativa e consciente, exterior e interiormente, de forma plena e frutuosa; à medida que entram de cheio na proposta ritual. Mas isso, por sua vez, só é possível quando não substituímos essa proposta ritual, essa *ação litúrgica*, por outras coisas. Por isso, os ministros são os primeiros a terem de assumir a proposta ritual.

---

1. Texto apresentado no encontro da Associação dos Liturgistas do Brasil [ASLI] em 2014.

O tema não é novo[2], mas é pouco aprofundado entre nós; é pouco posto em prática; é pouco trabalhado pedagogicamente. Por isso, a título de lembrete, procuro, nestas poucas linhas, esboçar alguns pontos práticos para a nossa vivência, evocando seu embasamento teológico-litúrgico, sem preocupação nenhuma de completeza.

1. Reencontrar a ação

Muitas vezes se confunde liturgia com leitura de textos de livros litúrgicos, sejam missais ou rituais, sejam folhetos e "jornaizinhos". Não se sabe mais celebrar sem papel: nem o povo, nem o padre, nem os outros ministros litúrgicos. Geralmente, a procissão de entrada se reduz, da parte da assembleia, a acompanhar o canto de entrada que está no papel. A saudação da assembleia por parte do celebrante é substituída por uma leitura impessoal de um texto escrito, às vezes acompanhado por um desajeitado estender dos braços, que acaba não

---

2. Montini, Jean-Baptiste, Sur l'éducation liturgique, *La Maison-Dieu*, Paris, 55 (1958) 141-170; Concílio Vaticano II, *Sacrosanctum Concilium*, 33; Sagrada Congregação dos Ritos, *Inter Oecumenici*, 4-19; Vagaggini, Cyprien, La liturgie, catéchèse de l'Église, in: *Initiation théologique à la liturgie*, Paris/Bruges, Biblica, 1963, v. 2, 50-55; Jean-Nesmy, Claude, *Espiritualidade pascal*, São Paulo, Paulinas, 1966, 13-14; Baguet, Robert, La formation de l'expression liturgique, *La Maison-Dieu*, 78 (1966) 137-144; Jean-Nesmy, Claude, L'éducation du comportement spirituel du pénitent, *La Maison-Dieu*, Paris, 90 (1967) 189-208; Triacca, Achille M., La liturgia educa alla liturgia? Riflessioni fenomenico-psichologiche sul dato liturgico globalmente considerato, *Rivista Liturgica*, 58 (1971) 261-75; Moltmann, Jürgen, A festa libertadora, *Concilium*, Petrópolis, 92 (1974/2) 219-227; Coffy, Robert, La célébration, lieu de l'éducation de la foi, *La Maison-Dieu*, Paris, 140 (1979) 25-40; Gy, Pierre-Marie, La liturgie entre la fonction didactique et la mystagogie, *La Maison-Dieu*, Paris, 177 (1989) 7-18; Aparisi, Antônio, Para uma pedagogia da celebração sacramental, in: Codina, Vitor et alii, *Os sacramentos hoje. Teologia e pastoral*, São Paulo, Loyola, 1985, 95-116; Petrazzini, M. L., A formação litúrgica, in: Sartore, D.; Triacca, A. M. (orgs.), *Dicionário de liturgia*, São Paulo, Paulinas, 1992.

acolhendo ninguém. As leituras são lidas, não proclamadas. As orações são "rezadas" do Missal. A "ação" eucarística fica reduzida à reza monótona de alguma oração eucarística prescrita, interrompida somente pelas palavras da consagração (que normalmente ainda recebem um pouco mais de atenção), e pela elevação da hóstia e do cálice (geralmente feita no momento errado, ou seja, no momento da narrativa da instituição, em vez de acompanhando a doxologia final). O gesto de repartir e comer juntos do mesmo pão e beber do cálice, gesto ao qual o Cristo nos convida, não passa de uma distribuição (em fila!) de uma "hóstia" que em nada lembra o pão saboroso, que alegra e que alimenta. Vinho, então, só para o padre...

Desculpem o tom de caricatura: estou apenas relatando o que se vê em muitas celebrações litúrgicas. Falo da missa, mas o mesmo poderia se dizer dos batizados, dos casamentos, da celebração da Palavra, da Liturgia das Horas...

2. A ação na missa

A título de exemplo, vamos tentar lembrar em que consiste a *ação* na missa, como nos é proposta pela liturgia renovada pelo Concílio:

Um primeiro momento é de constituição da assembleia: transformar as pessoas que vêm para celebrar num "povo celebrante", num povo de sacerdotes, numa comunidade de irmãos unidos no amor de Cristo. A palavra-chave que expressa a ação a ser realizada parece ser: *acolhimento*. Quem acolhe quem? Os ministros (presidente, equipe de liturgia) acolhem os outros participantes. Todos acolhem a todos. E, por meio desse gesto fraterno, na ternura dos olhares e no calor humano, na tentativa de superar os preconceitos, Deus "aparece", o Espírito se torna palpável, Jesus se faz presente e acolhe, chamando a cada um/a pelo nome. E é acolhido também, por cada um/a de nós, no ardor de nosso desejo, no pedido de perdão por causa de nossos erros, na busca do caminho, da verdade, da vida. Afinal, somos juntos a *ecclesia*, a *qahal*, a comunidade do Senhor, povo da aliança, convocada por Deus, unida por Cristo, no Espírito, para ser um sinal vivo de sua aliança na sociedade, chamados para proclamar as maravilhas do Senhor da Vida.

Os vários gestos ou "ações" menores previstos no Missal (procissão e canto de entrada, saudação, rito penitencial, hino de louvor e coleta) devem vir carregados dessa atitude fundamental que é o acolhimento. Sem essa atitude fundamental, vivida por nós, povo e ministros, os ritos iniciais viram formalismo, ritualismo, palavras ocas, que mal conseguem disfarçar o vazio em que muitas vezes as pessoas se encontram.

Qual é a ação fundamental que está na base da liturgia da Palavra? É o *diálogo*. Diálogo da aliança entre Deus e o seu povo, entre Jesus Cristo e sua comunidade, no Espírito. Diálogo esse que passa necessariamente pelo diálogo que se estabelece (ou não) na comunidade reunida, entre assembleia de um lado e os ministérios de outro: os leitores, o salmista e outros solistas, os cantores e instrumentistas, o animador ou animadora, o presidente. Todos os gestos rituais previstos, como ir à estante da Palavra, sentar-se, fazer a leitura, ouvir a leitura, cantar e ouvir o salmo, ficar de pé, aclamar, incensar, proclamar e receber o evangelho proclamado, beijar o livro..., fazer a homilia ou as preces ou delas participar, todos esses gestos só terão sentido se alimentados pela atitude básica do diálogo, no qual procuramos e encontramos uma palavra para sustentar o nosso viver. O Cristo fala à comunidade reunida em seu nome; o Espírito nos recorda e faz entender a palavra de Jesus, no aqui e agora de nossa história. Deus se revela como mistério que dá sentido à nossa vida. Mas precisa da palavra amiga, verdadeira, cheia de sentido que dirigimos uns para os outros, debruçando-nos sobre os acontecimentos de nossa vida pessoal, comunitária e social.

A liturgia eucarística é uma *ação de graças/refeição*. Pão e vinho são trazidos sobre a mesa, sintetizando todo o nosso viver, sintetizando todos os dinamismos da natureza e da cultura, percebidos como dom de Deus e que se tornam motivo de ação de graças e de louvor: "Bendito sejais, Senhor Deus do universo, pelo pão e pelo vinho". Mas o motivo principal de nosso louvor e de nossa gratidão vem expresso numa *ação* de graças sobre esse mesmo pão e vinho. O presidente, em nome de toda a assembleia, com o seu consentimento e acompanhado por ela, exulta de alegria no Espírito e faz a memória de Jesus, de sua vida, paixão, morte, ressurreição e gloriosa ascensão..., do dom total de sua vida ao Pai, para a libertação de seu povo. Participar da ação eucarística significa sentir essa exultação por todo o nosso corpo, deixar a alegria tomar conta de nós, oferecer intimamente toda a nossa vida, juntamente com Jesus, assumir o compromisso, o trabalho, a missão da libertação de todos os oprimidos hoje, e arcar com as dificuldades e os sofrimentos que disso decorrem. Em seguida, o pão e o vinho, transformados, transignificados por essa ação de graças no Espírito, são repartidos, em sinal de doação total, de compromisso, em sinal de comunhão e de ressurreição, de vida total. Comendo do mesmo pão e bebendo do mesmo cálice, somos feitos um só Corpo no Senhor; assumimos o compromisso comunitário da missão, sabendo/saboreando nesse gesto a felicidade que vem da doação.

A ação fundamental dos ritos finais é o *envio em missão*. A bênção e a despedida são gestos/palavras que devem expressar esse envio. Supõem que a comunidade não limite suas ações à celebração dominical, mas que, por meio de várias pastorais, oriente e organize a missão na sociedade.

3. Subjetivar as ações objetivas da liturgia[3]

A ação litúrgica é capaz de formar (dar forma, alimentar, ajudar a crescer) o cristão, o "homem (ser) novo" em cada um/a de nós. Isso acontece à medida que assumimos pessoalmente, subjetivamente, aquilo que a liturgia nos propõe objetivamente. Assumo como sendo minhas as palavras proferidas e as ações realizadas por todos. Entendo como sendo dirigidas a mim ou ditas e feitas em meu nome as palavras e ações ditas ou feitas por um dos ministros. Faço o "trabalho" (*urgia*) previsto. Entrego-me ao jogo ritual, entro na sua dinâmica, como se entra numa partida de futebol ou numa dança ou na execução de uma peça musical. Entro com minhas vivências e experiências pessoais, dialogando com a proposta do rito. Entro com meu corpo, minha afetividade, minha mente. Entro com meu passado, presente e futuro. Faço, não fico apenas lendo ou pensando. Deixo de ser plateia, torno-me ator/atriz, agente. Faço, não fico apenas observando a ação feita por outros.

Na prática, isso requer um conhecimento daquilo que celebramos e uma decisão de participar efetivamente.

4. Uma ação conjunta

A liturgia requer a participação personalíssima de cada um/a de nós, mas não é um empreendimento individualista. Pede para ser vivida como ação eclesial, como ação comunitária que é. Somos convidados a entrar no "corpo comunitário" para celebrar a uma só voz, a um só coração, a uma só alma. Enquanto fazemos juntos os mesmos gestos, enquanto cantamos unindo nossas vozes num mesmo ritmo,

3. Oliviéro, Philippe; Orel, Tufan, L'expérience rituelle, *Recherche de Science Religieuse*, Paris, 78 (3) (1990) 329-372.

numa mesma melodia, enquanto damos o abraço da paz e partilhamos o mesmo pão e o mesmo cálice, o Espírito nos une num só Corpo. Forma/informa nossos corpos/mentes/corações. Imprime neles a verdade/realidade de nossa comum-união em Deus. Aprendemos fazendo a integração do "eu" pessoal no "nós" comunitário.

5. Uma ação pascal

A dinâmica fundamental de toda a liturgia é a dinâmica pascal: unidos a Cristo numa morte semelhante à dele, somos corressuscitados com ele, passo a passo, dia a dia, ano após ano. Fazendo memória da morte-ressurreição de Jesus, as forças de morte em nós vão perdendo sua força na luta com as forças da vida: onde havia medo, instala-se a coragem; a esperança vence o desânimo; o "cada-um-por-si" se abre ao comunitário; o comodismo cede à solidariedade.

6. Finalizando...

Há uma liturgia que forma e outra que deforma. Há uma maneira de estar na liturgia que forma e outra que deforma. Cabe a nós a escolha.

Curso de conscientização do corpo na liturgia: "Glorifiquem a Deus em seus corpos" (1Cor 6,20)[1]

1. Justificativa

O projeto é ambicioso. Tentamos redescobrir, reaver, recuperar a unidade perdida entre o pensar, o fazer e o sentir, entre mente, corpo e coração, entre a razão, a corporeidade e a intuição-afetiva. Sabemos que estamos apenas no início; buscamos caminhos pioneiramente. Mas temos a certeza também de que esses primeiros passos são importantes e urgentes e essa opinião foi confirmada pelos participantes.

De fato, não é possível fazer liturgia (lit-*urgia*: ação, trabalho, serviço) sem o corpo. Mas há várias maneiras de estar com o corpo na liturgia. Inspirando-nos numa fenomenologia esboçada por Olivier Du Roy[2], distinguimos:

a) Muitos de nós ainda fomos (de-)formados no velho *ritualismo*, formal e vazio, no qual o gesto vale pela fria exatidão de sua execução ou pelo seu poder quase automático, rígido, por um "juridicismo" controlador. ("Assim", do jeito que vem prescrito, o gesto é válido; de outra forma perde a sua validade.) Há também aqueles que se preocupam com o gesto pelo gesto, mas com uma

1. Originalmente publicado em: *Revista de Liturgia*, n. 101 [set.-out. 1990], 161-164. (N. do E.)
2. *Moines d'aujourd'hui*, Paris, Epí, 1972, 198-205.

preocupação estética: a liturgia deve ser bonita, um espetáculo para os olhos.

b) Em reação ao ritualismo, muitos correram para o *espontaneísmo*, onde é suspeito qualquer gesto que não seja aquele cotidiano, ou do jeito que todo mundo faz, no dia a dia, em casa, na rua... Qualquer gesto um pouco mais ritualizado torna-se, então, suspeito de ser alienante e alienador, afastando-nos da dura realidade da vida. O espontaneísmo se expressa ainda na *calorosa extroversão* epidérmica, a flor da pele, carregada de emotividade do gesto dito "verdadeiro".

c) Outros ainda redescobriram o valor da *interioridade* e querem a todo custo recuperá-la também na liturgia, exagerando às vezes o aspecto intimista, em que os gestos são poucos e só existem para levar o indivíduo ao recolhimento, afastando-o do mundo real, material. Ficam de olhos fechados para não se distrair.

d) Às vezes confunde-se gesto com gesticulação, movimentação, tipo *ginástica litúrgica*, na qual se fazem movimentos (com os braços por exemplo) como que "colocados" por cima do texto. (O pai-nosso muitas vezes é alvo desse tipo de movimentação que mais distrai que concentra: "Pai Nosso..." de braços levantados; "o pão nosso de cada dia" de mãos dadas etc.).

e) A valorização da piedade popular e das expressões religiosas afro-brasileiras abrem caminho para um *gesto litúrgico unificador*: que liga céu e terra, consciência e matéria, pessoas e comunidade (*syn-ballein*: "juntar", "ligar").

É importante notar que até mesmo a prática da Teologia da Libertação, a qual tanto procura a superação da dicotomia entre teoria e prática, só muito recentemente começou a desmanchar seu preconceito e despertar para o potencial libertador da festa, da liturgia, da oração, da piedade, da mística. Só muito recentemente lembramos que há dois polos complementares: o polo da objetividade e racionalidade da práxis, da luta, da organização, e o polo do lazer, da gratuidade da festa, do louvor, da ritualidade. Até bem pouco – e muitos ainda se encontram nessa fase –, a liturgia só era considerada "interessante" para a libertação quando transformada em instrumento de "conscientização" (entendida erradamente como momento de passar ideias por meio de muitas falas, cartazes, cantos de conteúdo "libertador").

E nós, o que pretendemos? Onde nos situamos em tudo isso?

Estamos à procura do gesto significativo, intencional, simbólico no qual uma determinada realidade teologal é vivida numa atitude que é espiritual e corporal ao mesmo tempo. Em cada gesto ou atitude na liturgia, procuramos vivenciar conscientemente o corpo com expressão de uma intencionalidade que é interior ao corpo e com a qual expressamos, como comunidade (corpo comunitário), nossa comunhão com o Senhor, que procuramos viver em toda a nossa vida. "Espiritualidade materialista" ou "materialismo espiritual", como queiram...

Estender a mão para receber o pão eucarístico não deve ser um gesto técnico, funcional. Brota de dentro para fora. É abertura, é entrega, é aceitação do mistério que é celebrado. É compromisso. É prontificar-se para a doação total ao Pai, expressa no gesto de entrega de Jesus: "Isto é meu corpo que é dado por vós". A atitude interior aflora numa atitude exterior com densidade teologal. E essa densidade teologal é vivida, "sabida", não só com a mente, mas com cada célula, com cada articulação, com toda a energia quem flui da cabeça aos pés, inspirando mais tarde a nossa ação no dia a dia.

Porém, poucos aprendemos a tomar consciência do corpo que somos.

Precisamos ir nos descobrindo, fazendo "escavações" em nosso corpo/mente, prestando atenção às nossas tensões, nossos hábitos, nossos equilíbrios e desequilíbrios. E para isso precisamos prestar atenção também às pessoas à nossa volta e perceber como a sua vida profissional moldou seus corpos. Gastamos muita energia à toa por desconhecermos o movimento natural de nosso corpo, a maneira correta e "econômica" de falar, andar, curvar-se, pegar na enxada, no volante, na panela...

2. Finalidade do curso

O nosso curso visa, assim, num trabalho interdisciplinar, dar os primeiros passos na conscientização do corpo, procurando tomar consciência daquilo que o corpo é na liturgia. Como diz a Dorothy Lenner, que nos acompanhou neste processo:

> O corpo, ele mesmo fala. Já é uma linguagem que nunca mente. A gente pode falar verbalmente uma coisa e o corpo pode estar dizendo outra. Existe um estilo de presença. Os gestos tendem a ficar estereotipados, a ficar rígidos, a ser executados sem fantasia, a expressar o código e não a pessoa, e neste caso perdem o seu valor expressivo e a ritualidade "mágica" – a "magia" é um dos traços dominantes do estilo corporal de engajamento na liturgia.
>
> Outro estilo de presença é a interioridade mística. Há uma comunicação "mágica", misteriosa entre os que celebram, uma presença interior constante: Deus – uma busca na profundidade do ser – e a concentração no universo interior do espírito (aqui a presença corporal é esquecida).
>
> Conseguir o equilíbrio, a união entre mente-corpo-espírito-palavra: aí está a dificuldade. É preciso desenvolver a intuição, intensificar a percepção, a percepção dos sentidos (o espírito vive nos sentidos): a linguagem dos olhos, das mãos, de todo o corpo. É preciso aprender a fazer a leitura do corpo, pois o nosso corpo é mensageiro.
>
> A renovação da liturgia faz um apelo para a veracidade, para a verdade total, para um florescer a partir do interior, para o gesto que

estabelece uma relação sincera, consciente, não mecânica. É nosso ser inteiro que se apresenta diante do altar e que se dá: doar-se, oferecer-se inteiramente. Escutar não é uma atitude passiva, uma ausência, e sim uma presença atenta. Eu sou aquilo que faço. A expressão corporal, a ação torna-se assim verdadeiro ato de fé, prece.

Infelizmente perdemos a unidade de nosso ser; emitimos gestos inacabados, desajeitados, pesados, estereotipados, mecânicos, tiques paranoicos. A própria palavra, mal pronunciada, perde sua força e seu significado.

3. Quem somos nós?

Somos liturgistas, integrantes do centro de liturgia da Faculdade de Teologia Nossa Senhora da Assunção, São Paulo (SP), Domingos Ormonde, Penha Carpanedo e Ione Buyst, que foram pedir ajuda a profissionais de outra áreas, Dorothy Lenner atriz, diretora e professora de técnica do ator (improvisação, trabalho de máscara, interpretação, mímica...) e de teatro-dança; Glaucia Castelo Branco Rodrigues, psicóloga com especialização em cinesiologia, professora de ioga e técnicas de relaxamento; Lucia Lee, professora de técnicas corporais orientais; Jaime Kuk, monitor de teatro, professor de Tai-chi-chuan; Nina Kuk, professora de terapias corporais; Maria do Carmo Bauer, fonoaudióloga, professora de técnica e expressão vocal.

4. Como está montado o curso?

Durante dois anos consecutivos (1989 e 1990), oferecemos uma oportunidade aos participantes da segunda etapa do curso de janeiro numa média de dezoito horas, espalhados durante o mês todo.

De 12 a 17 de fevereiro deste ano, organizamos um curso intensivo de mais de cinquenta horas, de segunda a sábado, em tempo integral. Participaram dezessete pessoas, na maioria padres e religiosas, vinda de várias regiões do Brasil.

Nesta última experiência, as atividades foram programadas da seguinte forma:

Na parte da manhã, sob a responsabilidade da equipe de Dorothy:

a) relaxamentos,
b) exploração do corpo,
c) trabalhos de improvisação e interpretação,
d) postura, holística,
e) exercícios de interiorização,
f) exercícios vocais...

tendo em vista as atitudes e gestos simbólicos fundamentais na liturgia: andar, falar, ouvir, comunicar-se com o olhar, oferecer, orar, louvar, pedir, ungir, dançar, cantar...

Na parte da tarde, sob a responsabilidade dos liturgistas, laboratórios:

1° dia: Chegada: organização e ocupação do espaço litúrgico (andar ou dançar em procissão, reverenciar o altar, constituir a assembleia, dirigir-se ao Senhor na coleta).

2° dia: Palavra: ocupação da estante, concentração, preparação de uma leitura com o método da leitura orante; anunciar, proclamar, ouvir, responder cantando.

3° dia: Oração Litúrgica: prece dos fiéis, orações tipo coleta, salmos...; *e vestes litúrgicas.*

4° dia: Gestos Sacramentais: batizar, ungir, partir o pão, impor as mãos, fazer a ação eucarística...

Em cada laboratório tentamos trabalhar sempre a atitude corporal, a atitude interior e a teologia subjacente. O principal é *fazer* e não "falar sobre". Houve também momentos de estudos dos seguintes textos:

a) "Acerca do conhecimento: a mente bicameral", de John Westerhoff[3]. O conhecimento humano (e por conseguinte também o conhecimento religioso) só é humanamente possível e completo quando adquirido pelas duas vias complementares e interdependentes realizadas cada uma em um dos dois compartimentos do cérebro: a via intelectual, racional, ativa, e a via intuitiva, afetiva, passiva. Em nossa sociedade ocidental – também na teologia, na catequese e até mesmo na liturgia –, acentuamos durante séculos, unilateralmente, a via racional. É urgente ativarmos a via intuitiva para equilibrar a pessoa e a sociedade e possibilitar o conhecimento de Deus, a aproximação do mistério que só é possível quando a via racional vem completada pela via afetiva. A liturgia é o espaço privilegiado para fazer esse caminho.

b) "Corporeidad y liturgia", de A. Verheul[4], situa a liturgia na antropologia atual que procura superar o dualismo espírito-matéria, corpo-alma-espírito, redescobrir a força simbólica do corpo, que está também na base econômica da revelação e da salvação. O autor trata da corporeidade na liturgia sacramental e na liturgia oracional.

c) "Gestos e ações simbólicas na liturgia", de Antoine Vergote[5]. O gesto litúrgico é ao mesmo tempo significativo e operatório: expressa e realiza aquilo que expressa. Por isso, podemos dizer que ele é "fé em ato". Expressando, ele faz nascer e crescer a fé. É, pois, pelo corpo, vivido em sua força simbolizante, que realizamos a relação com o Senhor. O gesto litúrgico deve partir das intenções

3. *Concilium* 194 (1984/4) 84-92.
4. *Introducción a la liturgia*, Barcelona, Herder, 1967, 179-102.
5. *Concilium* 62 (1971/2) 168-178.

inscritas na corporeidade do ser humano para abri-lo ao horizonte de nossa existência.

As noites foram aproveitadas com programas relacionados com o curso: o filme *A festa de Babette*, gravação de uma missa zairense, a peça de teatro "Concílio do amor" e uma vigília litúrgica.

Todas as celebrações (Ofício Divino, celebração da Palavra e celebração eucarística) estavam integradas com as outras atividades, não no sentido de tentar criar "novidades" ou trabalhar "termas", mas de viver em profundidade cada elemento ritual e a celebração na sua totalidade, na sua veracidade.

A presença de dois músicos como participantes do curso veio preencher uma lacuna já sentida anteriormente. A música é elemento necessário a ser integrado no curso.

Para reunir pessoas altamente motivadas para a experiência e concentradas no assunto durante uma semana inteira, em regime de internato, o curso deu os seus melhores frutos.

Vale a pena ouvir alguns testemunhos deixados como avaliação:

O *curso respondeu às suas expectativas? Até que ponto?*

Sim,

a) como descoberta de minhas capacidades corpóreas e de sua integração harmoniosa;
b) na descoberta da importância do corpo na oração;
c) na harmonia e coerência entre o pensar e o falar;
d) na concentração e preparação do corpo para celebrar;
e) ajudou-me a criar maior unidade entre sentimento e ação, corpo e espírito, por meio dos gestos expressos;
f) desbloqueou-me bastante; ajudou soltar mais meu corpo;
g) deu pistas para continuar esse trabalho de libertação do corpo em nós e nas comunidades;
h) percebi que o "novo" tem de sair de dentro de nós;
i) imbuídos do Espírito, poderemos viver melhor as nossas liturgias.

O *que você aproveitou mais? Qual foi a experiência mais forte?*
A preparação:

a) Sem preparação, sem interioridade não acontece nada. Onde não há concentração, posse de si, não há profundidade e, consequentemente, só há superficialidade, rotina, mal-estar, e o Reino acaba obstaculizado pelos seus portadores.
b) O rezar e preparar qualquer ação que eu vá fazer.
c) O preparar o meu corpo e mente, deixando evasão à imaginação.

A unidade:

a) O "novo" que brota da unidade entre a corporeidade, o universo e Deus.
b) A experiência de poder rezar com todo o meu corpo.
c) A alegria de compreender e aceitar meu corpo como o mais completo veículo de comunhão com Deus, com os irmãos e com o mundo.
d) A harmonia celebrativa.
e) A abertura do corpo ao Espírito, como nos exercícios de criatividade com Dorothy e na celebração da vigília.
f) A aprendizagem de viver com intensidade cada parte do meu corpo e cada momento de minha vida.
g) O ganho de mais confiança em mim.
h) A interiorização:
   - Na celebração é preciso entrar em mim, para então tirar o melhor que tenho.
   - A experiência de entrar profundamente no meu "eu" e expressá-lo por meio de gestos e movimentos e de como usar os símbolos e gestos na celebração.
i) O trabalhar o corpo e a mente:
   - Realizar exercícios de sensibilização e conhecimento do próprio corpo.

- Acolher o desequilíbrio como desafio; o desequilíbrio como criador.
- Ativar a capacidade de observação.
- Ouvir, ouvir, ouvir, integrando cabeça, coração, mãos e pés.

j) A liturgia como um trabalho criativo, mas exigente:

- O curso foi ótimo. Rico em sugestões, abrindo um leque imenso para a nossa criatividade litúrgica. Foi um "cair em si" diante de tantas possibilidades e tantos recursos que, sempre ou quase sempre, são ignorados ou menosprezados.
- O elenco de artistas da peça de teatro a que assistimos nos mostrou que o êxito está na perseverança, no aprimoramento constante e no amor com que realizamos nossa ação.
- Precisamos aprender dos atores de teatro a espetacularização, a capacidade de sacrifício, a gratuidade, a concentração e o amor por tudo e por todos; se não fizermos isso, correremos o risco de sermos "profissionais" de ritualismos enfadonhos, mágicos, vazios, proporcionando horas de mal-estar aos "fiéis", que suportam nossas celebrações movidos pelo imperativo do mandamento.

k) A convivência do grupo:

- Muita fraternidade (boa convivência).
- Comunicação profunda, relacionamento maduro.

l) A atenção ao outro:

- Olhar o outro ser humano que precisa ser visto, amado, tocado, respeitado, valorizado.

m) Outros:

- Atenção ao espaço da celebração.
- Cuidado com as vestes litúrgicas.
- Sentimento de maior liberdade para uma liturgia mais verdadeira e profunda.

5. Para finalizar, dois comentários

a) Bem recentemente, num encontro de formação de noviças e noviços, ficou claro mais uma vez como discriminamos o nosso corpo quando se trata da liturgia. Nas celebrações, os participantes ficavam numa quase imobilidade, com fisionomia pouco expressivas, contradizendo ou escamoteando a riqueza de sentimentos expressos nos textos dos salmos. Apena as bocas se abriam para salmodiar para o canto do hino. Na hora do intervalo, a surpresa: os mesmos rapazes e moças – quem diria?! – soltos, numa alegre roda descontraída, com rostos brilhando de felicidade, dançando quadrilha ao som de cinco ou seis instrumentos, que do meio da roda comandava a brincadeira. Corpo, mente e coração entrosados. Harmonia, equilíbrio. Por que não na liturgia essa mesma harmonia e essa mesma participação equilibrada do corpo?

b) Alguém poderá perguntar se toda essa ênfase dada ao corpo e à ritualidade não cheira à alienação. Onde está nossa preocupação com a miséria, a opressão, as lutas do povo? O nosso trabalho supõe pessoas já engajadas e comprometidas com a libertação. Trata-se de reforçar o outro polo, o polo da gratuidade, do louvor, da ritualidade. "Cantar e libertar", diz Gustavo Gutiérrez[6]. Não como dois momentos separados, estanques, mas sim interligados.

O que dizer mais? Palavras são limitadas para expressar a experiência dinâmica que vivemos. Para entender mais, só mesmo *participando.*

6. *Falar de Deus a partir do sofrimento do inocente*, Petrópolis, Vozes, 1987.

Posfácio

Márcio Pimentel
(presbítero da Arquidiocese de Belo Horizonte, membro da Rede Celebra, doutorando junto ao Instituto di Liturgia Pastorale di Santa Giustina (Pádua), com uma tese sobre a contribuição epistêmico-metodológica de Ione para a Ciência Litúrgica no Brasil)

Minha vocação para o estudo da liturgia nasceu no seio da equipe de liturgia de minha paróquia de origem. O chão que eu pisava era de uma comunidade eclesial de base urbana, de uma cidade do interior da Bahia, no comecinho do sertão. Sou devedor do trabalho generoso e incansável de uma religiosa da Congregação das Irmãs servas da Sagrada Família (Ir. Gisélia), que, todas as terças-feiras, reunia membros da comunidade e dos ministérios litúrgicos para preparar a celebração dominical. O caminho que seguíamos era simples: partíamos do evangelho, percorríamos as outras leituras e íamos procurando pelos sinais do mistério que nos atraía ao seu envolvimento. A reunião terminava com a escolha dos cantos e a distribuição de alguma função específica. Foram anos vivendo nesse ritmo, desde 1992 até que decidi ingressar no seminário, tendo reconhecido o chamado do Senhor para o serviço presbiteral. Assim, muito cedo, nasceu a minha paixão pela celebração litúrgica. O liturgo e liturgista que fui me tornando é consequência dessa experiência pastoral, fruto do zelo de uma mulher com uma das fontes da fé e da vida cristãs, que talvez esteja, infelizmente, dentre as mais desprezadas porque considerada secundária. Evidentemente, para mim foi diferente.

Mas por que descrever essas memórias num posfácio dedicado a fechar a obra que sela a contribuição de Ione Buyst no cenário da Ciência Litúrgica no Brasil, como sinal de reconhecimento de seu legítimo ministério pastoral e teológico que exerceu com garra, intrepidez e profundidade? Porque é o testemunho de que o trabalho de Ione deu frutos. Porque, de algum modo, minha vocação e missão receberam o toque do compromisso de Ione com a reforma litúrgica, ao oportunizar às comunidades a formação necessária à participação no Mistério *per ritus et preces*, tal e qual o Concílio estipulou. A Pastoral Litúrgica de minha comunidade natal em certo sentido é consequência do labor de Ione, nascido junto às comunidades da Arquidiocese de Ribeirão Preto, enriquecido com sua formação acadêmica, desenvolvido e aprofundado subsequentemente junto ao Centro de Liturgia e à Rede Celebra. Mas também enxergo nisso tudo uma analogia. Da mesma maneira que eu devo minha vocação de ser servidor da inteligência da Liturgia a uma mulher, que me pôs em contato direto com a fonte do Mistério mediante a atuação generosa na Pastoral Litúrgica, o Brasil deve essa mesma experiência a outra mulher, que dedicou sua vida para que pessoas como eu, membros de comunidades simples e pobres, pudéssemos beber diretamente da fonte.

O primeiro livro de Liturgia que eu li tem Ione por autora. Publicado pela editora Vozes, disponibilizado na pequena biblioteca da casa paroquial que eu visitava e observava com curiosidade: *A missa*. Com essa obra e no contexto de descoberta da beleza e importância da celebração para que eu me tornasse cristão de fato, o novo mundo se abriu. Ali conheci Ione. Ali tive contato com a responsável indireta por tudo quanto vivi depois em termos de interesse e contato com a liturgia. Não é por qualquer motivo que minha tese de doutorado versa sobre a contribuição dela à epistemologia e método da Ciência Litúrgica no Brasil.

Ter sido convidado por minha querida amiga, Penha Carpanedo, para organizar os escritos autobiográficos de Ione e curar com ela dos artigos e testemunhos em sua homenagem, bem como trabalhar na escolha de artigos significativos de seu ministério teológico, foi um presente. Era a oportunidade de ter um contato único com aquela que estava na raiz da formação do teólogo e ministro que me tornei. Nada me traz mais alegria do que, ao encontrar Ione, já no alto de seus 89 anos, marcada pela fragilidade própria da idade e das dificuldades de memória que naturalmente enfrenta, ser reconhecido por ela, ela chamando-me pelo nome, pondo à disposição sua intimidade intelectual, compartilhando sem cerimônias as riquezas de sua jornada como monja, como teóloga, como irmã. No último encontro que tivemos em Ribeirão Preto, pudemos mergulhar em suas memórias mais antigas, numa visita guiada pelas fotos que registraram sua trajetória, desde a Bélgica até recentemente.

O livro que o leitor recebe em suas mãos, hoje, é resultado desse contato amoroso com a fonte da fé que tem, no rosto de Ione Buyst, sua manifestação mais genuína. Por isso, quase contra a vontade dela (depois de muita conversa conseguimos convencê-la), há uma imagem dela neste livro em que ela se apresenta nos "trajes nupciais" da vida monástica. Queríamos mostrar sem rodeios o quanto a Pastoral Litúrgica em nosso país deve a essa mulher que abraçou o nosso país, particularmente o jeito de ser Igreja que nele se desenvolveu. Um fato curioso sobre Ione – sobre o qual conversamos recentemente – é que ela praticamente não tem sotaque. Comentando a respeito, ela deu a entender que era fruto do empenho de inculturar-se, de modo que pudessem entrar no dinamismo das linguagens de nosso país, comunicar-se e melhor e contribuir eficazmente com a formação do Povo de Deus. Ione abriu mão até onde pode de marcas profundas de sua identidade europeia para assumir a *mens Brasilis*. E o fez com louvor. Como resultado, criou uma Ciência Litúrgica verdadeira e legitimamente autóctone e abriu caminho para que outros contribuíssem. Não o fez sozinha, pois sempre compreendeu que esse caminho se deve trilhar como Jesus quis: em comunidade. E é aí que eu me encontro.

No último contato que tivemos, antes de mandar o livro para a editora, alguém brincou com ela: "Ione, você agora está passando o bastão para o Márcio". Ela deu uma risada e disse: "Não só para ele. Tem muitos outros!". E é isso mesmo. Ione, que nunca trabalhou sozinha, continua a inspirar gerações de novos pesquisadores. Têm surgido, inclusive, estudiosos, dentro e fora do país, animados em fazer notar o significado e a riqueza da Ciência Litúrgica propugnada por ela. Seu mérito está em conjugar, com seu método, saber e sabor, inteligência e afeto, mente e corpo historicamente separados na perspectiva científica do ocidente, também em sede teológico-litúrgica. Aquilo que foi sonhado pelo Movimento Litúrgico e amplamente estudado teoricamente nas academias, sobretudo europeias "fez-se carne" na proposta metodológica de Ione.

Essa obra é apenas uma singela contribuição para que sua história não se perca e seu nome não seja apagado de nossa memória. Esperamos que suas páginas nutram o desejo de quem, amando o evangelho e a Igreja, se interesse por uma Ciência Litúrgica com traços latino-americanos. Ione chegou lá e deve ser elogiada, aplaudida, celebrada por isso. Recebemos nas mãos o seu legado e cuidaremos para que cresça, melhore e continue a marcar a vida litúrgico-sacramental de nossas comunidades.

Obrigado, Ione. Irmã, mestra e amiga.

Anexo
Produção bibliográfica de Ione Buyst

1. Artigos de Ione Buyst publicados na Revista de Liturgia, editada pela Congregação Pias Discípulas, de 1973 a 2019 [em ordem cronológica]

Celebrar o batismo, RL, n. 0 [1973], 14-18.

Celebrar a Eucaristia, RL, n. 1 [jan.-fev. 1974], 22-25.

Celebrar a Confirmação, RL, n. 3 [mai.-jun. 1974], 30-32.

Liturgia doméstica, RL, n. 4 [jul.-ago. 1974], 13-14.

A Liturgia da Penitência, RL, n. 8 [mar.-abr. 1975], 25-29.

Equipes de Nossa Senhora, em Ribeirão Preto, RL, n. 10 [jul.-ago. 1975], 30.

Celebrar a Vida, RL, n. 11 [set.-out. 1975], 17-20.

Celebração dos sacramentos em várias etapas, RL, n. 14, [mar.-abr. 1976], 19-22.

Música na liturgia, RL, n. 17 [set.-out. 1976], 1-8.

Celebrações de natal, RL, n. 18 [nov.-dez. 1976], 15-18.

Comunidades sem padre celebram a Semana Santa, RL, n. 20 [mar.-abr. 1977], 10-25.

Variar as celebrações e seguir o ano litúrgico, RL, n. 21 [mai.-jun. 1977], 14-17.

Culto dominical na festa de Pentecostes, RL, n. 21 [mai.-jun. 1977], 18-22.

Benzer ou bendizer?, RL, n. 24 [nov.-dez. 1977], 2-8.

A Semana Santa e o povo, RL, n. 26 [mar.-abr. 1978], 2-6.

Novena preparando Pentecostes, RL, n. 27 [mai.-jun. 1978], 2.
O leitor e a Proclamação da Palavra nas celebrações, RL, n. 33. [mai.-jun. 1979], 2-9.
A participação do povo na Oração litúrgica, RL, n. 35 [set.-out. 1979], 2-9.
Preparando a grande festa (Páscoa), RL, n. 38 [mar.-abr. 1980], 1-5.
Jesus Cristo, a arte e o povo, RL, n. 39 [mai.-jun. 1980], 1-7.
Liturgia das Horas, oração do Povo de Deus, RL, n. 43 [jan.-fev. 1981], 2-6.
Liturgia dominical, RL, n. 46 [jul.-ago. 1981], 9-14.
Equipes de liturgia, RL, n. 48 [nov.-dez. 1981], 20-24.
Liturgia como comunicação, RL, n. 51 [mai.-jun. 1982], 14-19.
Celebração dominical. Sugestões..., RL, n. 52 [jul.-ago. 1982], 14-24.
Liturgia no Documento de Medellín, RL, n. 62 [mai.-jun. 1984], 2-8.
A liturgia optou pelos jovens?, RL, n. 64 [jul.-ago. 1984], 1-4.
Curso básico de liturgia para agentes de pastoral, RL, n. 71 [set.-out. 1985], 8-12.
O local da celebração na periferia das cidades, RL, n. 72 [nov.-dez. 1985], 5-13.
Um tempo para a liturgia: chances e riscos, RL, n. 80 [mar.-abr. 1987], 2-5.
Liturgia na América Latina: celebração da Páscoa do Povo?, RL, n. 81 [mai.-jun. 1987], 10-16.
Cada domingo a Caminho de Emaús, RL, n. 84 [nov.-dez. 1987], 9-10.27-30.
A Novena do Advento, RL, n. 97 [mai.-jun. 1988], 70-74.
Liturgia e compromisso libertador, RL, n. 88 [jul.-ago. 1988], 98-103.
A Palavra de Deus, livro? Ou pessoa viva?, RL, n. 89 [set.-out. 1988], 150-155.
Música ritual. Uma nova seção na *Revista de Liturgia*, RL, n. 91 [jan.-fev. 1980], 24.

Pastoral Litúrgica: experiências, RL, n. 91 [jan.-fev. 1989], 26-28.
Como organizar a Pastoral Litúrgica, RL, n. 92 [mar.-abr. 1989], 35-43.
Música Ritual, RL, n. 92 [mar.-abr. 1989], 60-61.
Música ritual: o Espírito canta em nós, RL, n. 93 [mai.-jun. 1989], 88.
Música ritual: o que cantar na liturgia?, RL, n. 94 [jul.-ago. 1989], 124.
Liturgia, acontecimento teologal, RL, n. 95 [set.-out. 1989], 138-150.
Música ritual: os ministros da música na liturgia, RL, n. 95 [set.-out. 1989], 153-154.
Música ritual: o canto novo das CEBs, RL, n. 96 [nov.-dez. 1989], 192-194.
Vocabulário litúrgico, RL, n. 96 [nov.-dez. 1989], 197-198.
Novo jeito de proclamar o evangelho, RL, n. 97 [jan.-fev. 1990], 10.
Música ritual: a música no Documento 43 da CNBB, RL, n. 97 [jan.-fev. 1990], 23.
Música ritual: cantem a Quaresma, RL, n. 98 [mar.-abr. 1990], 61.
Curso de conscientização do corpo na liturgia, RL, n. 101 [set.-out. 1990], 161-164.
Mulheres se encontrando na liturgia, RL, n. 102 [nov.-dez. 1990], 167-168.
Liturgia de coração: o céu se abrindo, RL, n. 104 [mar.-abr. 1991], 59.
Liturgia de coração: eu clamo a Ti, porque me respondes (Sl 17), RL, n. 105 [mai.-jun. 1991], 91.
Tu és o meu Filho muito amado, RL, n. 105 [mai.-jun. 1991], 99.
Liturgia de coração: a roda, RL, n. 106 [jul.-ago. 1991], 130.
Homilia, experiência orante, RL, n. 107 [set.-out. 1991], 136-137.
Liturgia de coração: chamem-me pelo nome, RL, n. 107 [set.-out. 1991], 165.
Liturgia nas reduções guaranis, RL, n. 108 [nov.-dez. 1991], 171-173.
Liturgia de coração: sobre a prática da escuta, RL, n. 108 [nov.-dez. 1991], 198.
Liturgia de coração: de coração a coração, RL, n. 109 [jan.-fev. 1992], 8.
Liturgia de coração: prazer ou dever?, RL, n. 110 [mar.-abr. 1992], 63.

Liturgia de coração: corações ao alto, RL, n. 111 [mai.-jun. 1992], 98-99.
Liturgia de coração: a verdade dos ritos, RL, n. 112 [jul.-ago. 1992], 132.
Liturgia de coração: de cor, de-cor-ar, de cor-ação, RL, n. 113 [set.-out. 1992], 154.
A liturgia no Brasil depois do oitavo, RL, n. 114 [nov.-dez. 1992], 168-172.
Liturgia de coração: danço diante de Deus, RL, n. 114 [nov.-dez. 1992], 197-198.
Liturgia de coração: mulheres?, RL, n. 115 [jan.-fev. 1993], 229.
Liturgia de coração: ofertório pascal: doação sem limites, RL, n. 116 [mar.-abr. 1993], 34.
Liturgia de coração: vestidos de luz, RL, n. 117 [mai.-jun. 1993], 31.
Mistérios: tocando no misterioso coração da vida, RL, n. 118 [jul.-ago. 1993], 8-10.
Liturgia de coração: sou uma açucena dos vales: a propósito das flores, RL, n. 118 [jul.-ago. 1993], 27 -28.
Liturgia de coração: corpos, RL, n. 119 [set.-out. 1993], 30.
Formação litúrgica, RL, n. 120 [nov.-dez. 1993], 4-6.
Liturgia de coração: "Me prepara mesa farta!", RL, n. 120 [nov.-dez. 1993], 29.
Serviços autônomos? Ou trabalho de equipe?, RL, n. 121 [jan.-fev. 1994], 8-10.
Meditação litúrgica, RL, n. 126 [nov.-dez. 1994], 31-35.
O Senhor é meu Pastor, RL, n. 130 [jul.-ago. 1995], 8-10.
Bendito eucarístico, RL, n. 130 [jul.-ago. 1995], 27-28.
Responsos, RL, n. 139 [jan.-fev. 1997], 27-29.
Batismo na Casa das Mangueiras, RL, n. 146 [mar.-abr. 1998], 27-34.
A festa do batismo na Casa das Mangueiras, RL, n. 147 [mai.-jun. 1998], 27-30.
Persistir a ação de graças e a partilha, RL, n. 150 [nov.-dez. 1998], 28-33.

Participação do povo na liturgia eucarística, RL, n. 153 [mai.-jun. 1999], 27-32.

Celebrar com símbolos: simbolização aprendendo com os gestos cotidianos, RL, n. 157 [jan.-fev. 2000], 4-5.

A Santíssima Trindade e a Liturgia: em nome do Pai e do Filho e do Espírito Santo, RL, n. 157 [jan.-fev. 2000], 9.

Celebrar com símbolos: como uma grande vela se torna um círio pascal, RL, n. 158 [mar.-abr. 2000], 4.

A Santíssima Trindade e a liturgia: servir a Deus e ser servido (a) por Deus, RL, n. 158 [mar.-abr. 2000], 9.

Celebrar com símbolos: os sacramentos são símbolos?, RL, n. 159 [mai.-jun. 2000], 9-10.

A Santíssima Trindade e a Liturgia. "Triságio" Três vezes Santo na liturgia eucarística, RL, n. 159 [mai.-jun. 2000], 27-29.

Celebrar com símbolos: a liturgia como realidade simbólico-sacramental, RL, n. 160 [jul.-ago. 2000], 29-31.

Notícias: Dança litúrgica na missa da comunidade, RL, n. 160 [jul.-ago. 2000], 32.

Celebrar com símbolos: gesto e palavra, RL, n. 162 [nov.-dez. 2000], 29.

Celebrar com símbolos: sinal sensível não é a realidade significada, RL, n. 162 [nov.-dez. 2000], 27-28.

Homilia, anúncio de uma presença escondida, RL, n. 167 [set.-out. 2001], 29-30.

Eucaristia: uma nova prática e uma nova teologia, RL, n. 172 [jul.-ago. 2002], 4-8.

"Alguém me tocou", RL, n. 176 [mar.-abr. 2003], 4.

Ofício Divino de crianças e adolescentes, RL, n. 178 [jul.-ago. 2003], 28-29.

Ofício Divino de crianças e adolescentes, RL, n. 179 [set.-out. 2003], 29-31.

Ofício Divino de crianças e adolescentes, RL, n. 180 [nov.-dez. 2003], 14-16.

Façam isto, RL, n. 181 [2 jan.-fev. 2004], 4.
Ofício Divino de crianças e adolescentes, RL, n. 181 [jan.-fev. 2004], 14-15.
Ofício Divino de crianças e adolescentes, RL, n. 182 [mar.-abr. 2004], 15-16.
Ofício Divino de crianças e adolescentes, RL, n. 183 [mai.-jun. 2004], 23-24.
Grilos: O "Glória a Deus" na celebração dominical da Palavra, RL, n. 186 [nov.-dez. 2004], 29.
Grilos: Beijar a mesa, RL, n. 187 [jan.-fev. 2005], 21.
Grilos: A Ceia do Senhor, RL, n. 188 [mar.-abr. 2005], 21.
Grilos: Eucaristia com hóstia ou com pão, RL, n. 189 [mai.-jun. 2005], 11.
Grilos: Vinho para todos, RL, n. 190 [jul.-ago. 2005], 11.
Grilos: Fração do pão, RL, n. 191 [set.-out. 2005], 13.
Grilos: Comunhão, RL, n. 192 [nov.-dez. 2005], 10.
Como introduzir o "Ofício Divino de adolescentes e crianças". Sugestões, RL, n. 193 [jan.-fev. 2006], 26-27.
Grilos: Água e vinho, RL, n. 193 [jan.-fev. 2006], 28.
Grilos: Elevação, RL, n. 194 [mar.-abr. 2006], 15.
Música ritual 5: o vosso coração de pedra, RL, n. 199 [jan.-fev. 2007], 6-9.
Grilos 14: O altar no centro das atenções, RL, n. 199 [jan.-fev. 2007], 28.
Música ritual: uma entrada para o mistério (6): Exulte de alegria, RL, n. 200 [mar.-abr. 2007], 8-11.
Grilos 15: Mistagogia, o que é?, RL, n. 200 [mar.-abr. 2007], 26.
Música ritual: uma entrada para o mistério: "A nós descei", RL, n. 201 [mai.-jun. 2007], 8-10.
Grilos 16: Adentrando o mistério da vida, RL, n. 201 [mai.-jun. 2007], 25.
Música ritual: uma entrada no mistério: Banhados em Cristo, RL, n. 202 [jul.-ago. 2007], 8-10.

Grilos 17: O segredo da liturgia: mística no corpo, RL, n. 202 [jul.- ago. 2007], 19.

Música Ritual: uma entrada no mistério (9): uma "louvação" na liturgia pelos falecidos, RL, n. 203 [set.-out. 2007], 8-11.

Grilos 18: O método mistagógico, RL, n. 203 [set.-out. 2007], 19.

Música ritual: uma entrada no mistério: um hino para cantar o natal, RL, n. 204 [nov.-dez. 2007], 11-13.

Grilos 19: Mistagogia hoje? Como e quando?, RL, n. 204 [nov.-dez. 2007], 25.

Ecologia e liturgia, RL, n. 209 [set.-out. 2008], 4-7.

A herança de Medellín na liturgia – 1, RL, n. 211 [jan.-fev. 2009], 8-9.

A herança de Medellín na liturgia – II, RL, n. 212 [mar.-abr. 2009], 11-13.

Pastoral Litúrgica, entre teoria e prática, RL, n. 213 [mai.-jun. 2009], 4-7.

O que a liturgia tem que ver com ecologia?, RL, n. 217 [jan.-fev. 2010], 4-6.

Páscoa de Cristo, Páscoa do universo: Mistério Pascal, um mistério cósmico, RL, n. 218 [2010], 4-7.

Celebrando a aliança cósmica, RL, n. 219 [mar.-abr. 2010], 4-16.

Conversando sobre o ODC, RL, n. 219 [mar.-abr. 2010], 14-16.

Sacramentalidade da liturgia em perspectiva cosmológica, RL, n 220 [jul.-ago. 2010], 4-8.

Potencial eco pedagógico da liturgia, RL, n. 221 [set.-out. 2010], 4-8.

Já é hora de despertar, RL, n. 222 [nov.-dez. 2010], 4-6.

Cátedras e outras cadeiras, RL, n. 224 [mar.-abr. 2011], 26-27.

Dom Clemente. Profunda gratidão, RL, n. 228 [nov.-dez. 2011], 15.

Como participar da Vigília Pascal, RL, n. 229 [jan.-fev. 2012], 12-14.

O Espírito Santo e nós: "parceria" na liturgia, RL, n. 231 [mai.-jun. 2012], 4-8.

Uma liturgia em Lampedusa, RL, n. 241 [jan.-fev. 2014], 4-8.

Liturgia no Documento de Medellín, RL, n. 266 [mar.-abr. 2018], 4-7.

Recordações, RL, n. 276 [nov.-dez. 2019], 8.

2. Livros de Ione Buyst

[Antes de serem livros, muitos deles foram publicados na *Revista de Liturgia*]

Como fazer Ciência Litúrgica na América Latina hoje. Princípios (Dissertação apresentada à Faculdade de Teologia Nossa Senhora da Assunção de São Paulo, para obtenção do grau de Mestre em Teologia na área de Liturgia). São Paulo: Faculdade de Teologia Nossa Senhora da Assunção, 1987.

Como estudar liturgia. Princípios de Ciência Litúrgica. São Paulo: Paulinas, 1990.

O *hino "Cristo ressuscitou". Relato e análise de uma experiência litúrgica* (Tese apresentada para a obtenção do grau de Doutorado em Teologia, com Especialização em Liturgia, à Comissão Julgadora da Faculdade de Teologia Nossa Senhora da Assunção de São Paulo, sob a orientação do Prof. Dr. Pe. Gregório Lutz). São Paulo: Faculdade de Teologia Nossa Senhora da Assunção, 1993.

Pesquisa em liturgia. Relato e análise de uma experiência. São Paulo: Paulus, 1994.

Cristo ressuscitou. Meditação litúrgica com um hino pascal. São Paulo: Paulus, 1995.

Símbolos na liturgia. São Paulo: Paulinas, 1999.

Festa do batismo. Da vivência de rua à vida em comunidade. São Paulo: Paulinas, 1999 (em parceria com a Equipe da Casa das Mangueiras, Ribeirão Preto).

Celebrar com símbolos. São Paulo: Paulinas, 2001.

Celebração do Domingo ao redor da Palavra de Deus. São Paulo: Paulinas, 2002.

Preparando a Páscoa. Quaresma, Tríduo Pascal, Tempo Pascal. São Paulo: Paulinas, 2002.

Preparando o Advento e Natal. São Paulo: Paulinas, 2002.

Liturgia de coração. Espiritualidade da celebração. São Paulo: Jorge Zahar, 2003.

O *mistério celebrado. Memória e compromisso I* (Livros Básicos e Teologia 9). Valencia (Espanha)/São Paulo: Siquém/Paulinas, 2003 (em parceria com José Ariovaldo da Silva).

O *mistério celebrado. Memória e compromisso II* (Livros Básicos e Teologia 10). Valencia (Espanha)/São Paulo: Siquém/Paulinas, 2004 (em parceria com Manoel João Francisco).

A missa. Memória de Jesus no coração da vida. São Paulo: Paulinas, 2004.

Ofício Divino de adolescentes e crianças. São Paulo: Paulus, 2005 (em parceria com Penha Carpanedo e Reginaldo Veloso).

A Palavra de Deus na Liturgia (Coleção Rede Celebra 1). São Paulo: Paulinas, 2001.

O *ministério de leitores e salmistas* (Coleção Rede Celebra 2). São Paulo: Paulinas, 2001.

Homilia, partilha da Palavra (Coleção Rede Celebra 3). São Paulo: Paulinas, 2001.

Domingo, dia do Senhor (Coleção Rede Celebra 5). São Paulo: Paulinas, 2003.

Presidir a celebração do dia do Senhor (Coleção Rede Celebra 6). São Paulo: Paulinas, 2004.

Pão e vinho para nossa ceia com o Senhor (Coleção Rede Celebra 7). São Paulo: Paulinas, 2005.

3. Artigos de Ione Buyst publicados em livros e outras revistas

Medellín na Liturgia. *REB*, Petrópolis, 48, fasc. 192 (1988) 860-875.

Comunicação e liturgia (em parceria com Mário Celli e Tarcísio Justino Loro). In: VV.AA. *Comunicação e missão da Igreja*. São Paulo: Paulinas, 1989, 45-51.

Liturgia cristã (em parceria com Ernesto Cardoso). In: BEOZZO, José Oscar (org.). *Curso de Verão. Ano IV* (Coleção Teologia Popular 4). São Paulo: Cesep/Paulinas, 1990, 49-92.

Signos y símbolos. In: CELAM. *Manual de Liturgia II. La celebración del misterio Pascual* (Colección de textos básicos para seminarios latinoamericanos II). Bogotá: Celam/Departamento de Liturgia, 2000, 327-385. Em português: Sinais e símbolos. In: CELAM. *Manual de Liturgia II. A celebração do Mistério Pascal. Fundamentos teológicos e elementos constitutivos*. São Paulo: Paulus, 2005, 233-274.

Seguindo Míriam ao som do pandeiro. Dançar a Liturgia. In: SILVA, José Ariovaldo da; SIVINSKI, Marcelino (orgs.). *Liturgia, um direito do povo.* Petrópolis: Vozes, 2001, 229-238.

Recordação da vida. Um novo elemento ritual para uma liturgia "ligada à vida". In: GOOSSENS Anita et alii. *A esperança dos pobres vive. Coletânea em homenagem aos 80 anos de José Comblin*. São Paulo: Paulus, 2003, 377-387.

Sacramentalidade da liturgia na *Sacrosanctum Concilium* (SC), Constituição Conciliar sobre a Sagrada Liturgia. In: CNBB. *A Sagrada Liturgia 40 anos depois* (Estudos da CNBB 97). São Paulo: Paulus, 2003, 88-102.

Espiritualidade litúrgica. *Revista de Cultura Teológica*, São Paulo, v. 11, n. 44 (2003) 31-40.

Beba da fonte: sobre o lugar da liturgia na espiritualidade cristã. In: 11° INTERECLESIAL DAS CEBs. *CEBs: Espiritualidade Libertadora. Seguir Jesus no Compromisso com Excluídos*. Belo Horizonte: O Lutador, 2004, 104-113.

Eis o mistério da fé. A Eucaristia como sacramento pascal. In: CNBB. *A Eucaristia na vida da Igreja* (Estudos da CNBB 89). São Paulo: Paulus, 2005, 25-41.

Liturgia da Palavra e liturgia eucarística, um só ato de culto. Eucaristia como celebração da nova e eterna aliança. In: CNBB. *A Eucaristia na vida da Igreja* (Estudos da CNBB 89). São Paulo: Paulus, 2005, 88-100.

4. Artigos publicados nos "Cadernos de Liturgia", do Centro de Liturgia da Faculdade de Teologia Nossa Senhora da Assunção, São Paulo, Paulus

Introdução. In: *Caderno n. 3: formação litúrgica. Como fazer?* 1994, 5-8. Atualização: vale a pena? In: ibidem, 27-32. Apresentação de dois tipos de experiências de organização da formação litúrgica em dioceses. In: ibidem, 66-69.

Introdução [em parceria com Frei José Ariovaldo da Silva]. In: *Caderno n. 4: Curso de Especialização em Liturgia,* 1995, 5-9. Primeiro momento: Aquisição de instrumental e método para a abordagem da realidade litúrgica. In: ibidem, 11-44. Programação. In: ibidem, 13-14; Relatório deste primeiro momento. In: ibidem, 15-33. Avaliação do primeiro momento: realidade litúrgica. In: ibidem, 34-35. Anexo 1 – Prática celebrativa: preparando uma celebração dominical da Palavra. In: ibidem, 36-37. Anexo 3 – Prática celebrativa do Ofício Divino – Liturgia das Horas. In: ibidem, 61-62. Liturgia, celebração do Mistério Pascal. Liturgia, ação do Espírito Santo. In: ibidem, 82-83. Ritualidade litúrgica: "Façam isto". In: ibidem, 86-93. Espiritualidade litúrgica. In: ibidem, 94-95. Anexo 5: Prática celebrativa: Laboratório Litúrgico com elementos da Semana Santa. In: ibidem, 120. Anexo 8: Laboratório Litúrgico: Corpo na liturgia. In: ibidem, 137-140.

Ministérios litúrgicos leigos na renovação litúrgica do Concílio Vaticano IL. In: *Caderno n. 5: Ministérios litúrgicos leigos nas comunidades. Avanços e problemáticas,* 1999, 25-31.

Morte (grupo 6). In: *Caderno n. 6: Quando os católicos "de massa" procuram a Igreja,* 1998, 50-58.

Ritualidade da bênção. In: *Caderno n. 7: Celebração de bênção, quando católicos de massa procuram a Igreja,* 1996, 46-50.

Introdução. In: *Caderno n. 8: Liturgia e Política,* 1999, 7-9; Relato e análise de experiências significativas. In: ibidem, 34-54.

Lugar das emoções e dos sentimentos na liturgia. Alguns elementos para promover a discussão. In: *Caderno n. 8*: *Liturgia e subjetividade*, 1998, 39-45.

Tempo como realidade simbólico-sacramental na liturgia. In: *Caderno n. 11* (Ano litúrgico como realidade simbólico-sacramental), 2002, 21-28.

Espiritualidade cristã, espiritualidade litúrgica. In: *Caderno n. 12*: *Espiritualidade litúrgica a partir do Ofício Divino das Comunidades*, 2003, 30-43.

5. Participação em vídeos

Oração e Celebração / Renovação litúrgica. In: *Curso de Verão, ano IV*. São Paulo: Verbo Filmes/Cesep, 1990 (em parceria com Ernesto B. Cardoso).

Missa, nossa ceia com o Senhor. Para compreender e celebrar melhor a Eucaristia. São Paulo: Verbo Filmes, 2002.

Liturgia. Um olhar retrospectivo. São Paulo: Verbo Filmes, 2004.

A Eucaristia na vida da Igreja. São Paulo: Verbo Filme, 2005.

6. Contribuições de Ione no projeto Liturgia em Mutirão: subsídio para a formação, Brasília, Edições CNBB, 2007

Discípulos e discípulas de Jesus, missionários e missionárias do Reino, 26-28.

Advento, venha a nós o vosso reino, 53-55.

Restaure meu povo, 62-64.

Sobre o lugar da liturgia na espiritualidade cristã (ficha 30); 165-167.

Espiritualidade cristã, 168-170.

Voltando ao início, 171-174.

A mística da reunião litúrgica, 175-177.
A mística da Palavra na reunião litúrgica, 178-179.
A mística da oração litúrgica, 180-182.
A mística dos gestos e ações simbólicas, 183-185.
A mística do tempo próprio para celebrar, 186-188.
O desafio da espiritualidade comunitária, 189-191.
O Espírito canta em nós, 192-194.
Por que beijar o altar, 217-219.
O zelo litúrgico: sobre fidelidade às normas e fidelidade, 220-222.

Caderno de Fotografias

Meus pais: Pol e Lucie

Meus irmãos: Hugo, 1942; Hilda, 1944 e Lydia, 1947

A família de férias no litoral, 1949

Frequentei a escola primária em Itterbeek

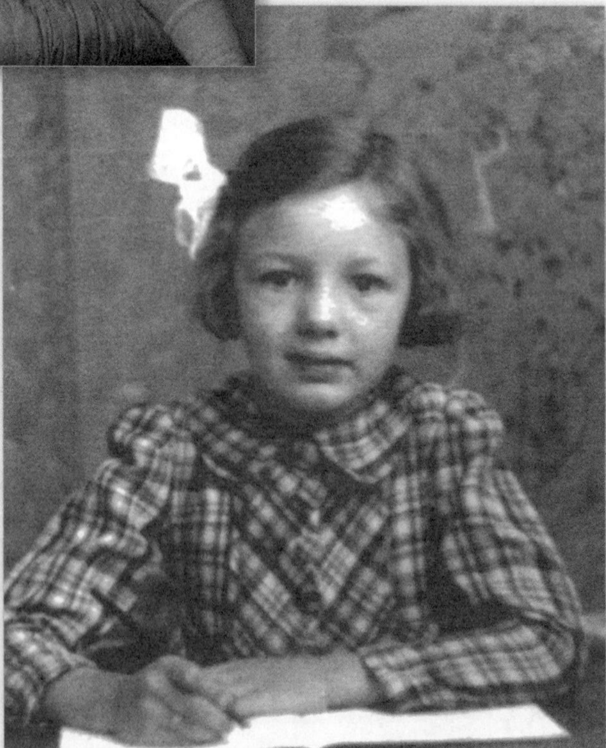

Meu avô materno com 2 filhos e meu pai na colheita de morangos

A família de meu pai

Parentes de minha mãe

Três gerações:
minha avó materna,
minha mãe, eu
e minhas irmãs

ESCOLA SECUNDÁRIA

ESCOLA SECUNDÁRIA

A anciã de bengala sou eu, numa peça de teatro

A PARTIR DE 1950, PARTICIPEI DE UM GRUPO DE ESCOTEIRAS, EM ANDERLECHT

Grupo de música (flauta)

Equipe de coordenação

Excursão com os alunos, para quem lecionei línguas germânicas entre 1957 e 1962, no Regina Caelilyceum

21/11/1962 – Entrada no Mosteiro de Schotenhof

26/05/1963 – "Vestição" e entrada no noviciado

NOME MONÁSTICO RECEBIDO:
JOHANNE
PADROEIRO: JOÃO BATISTA

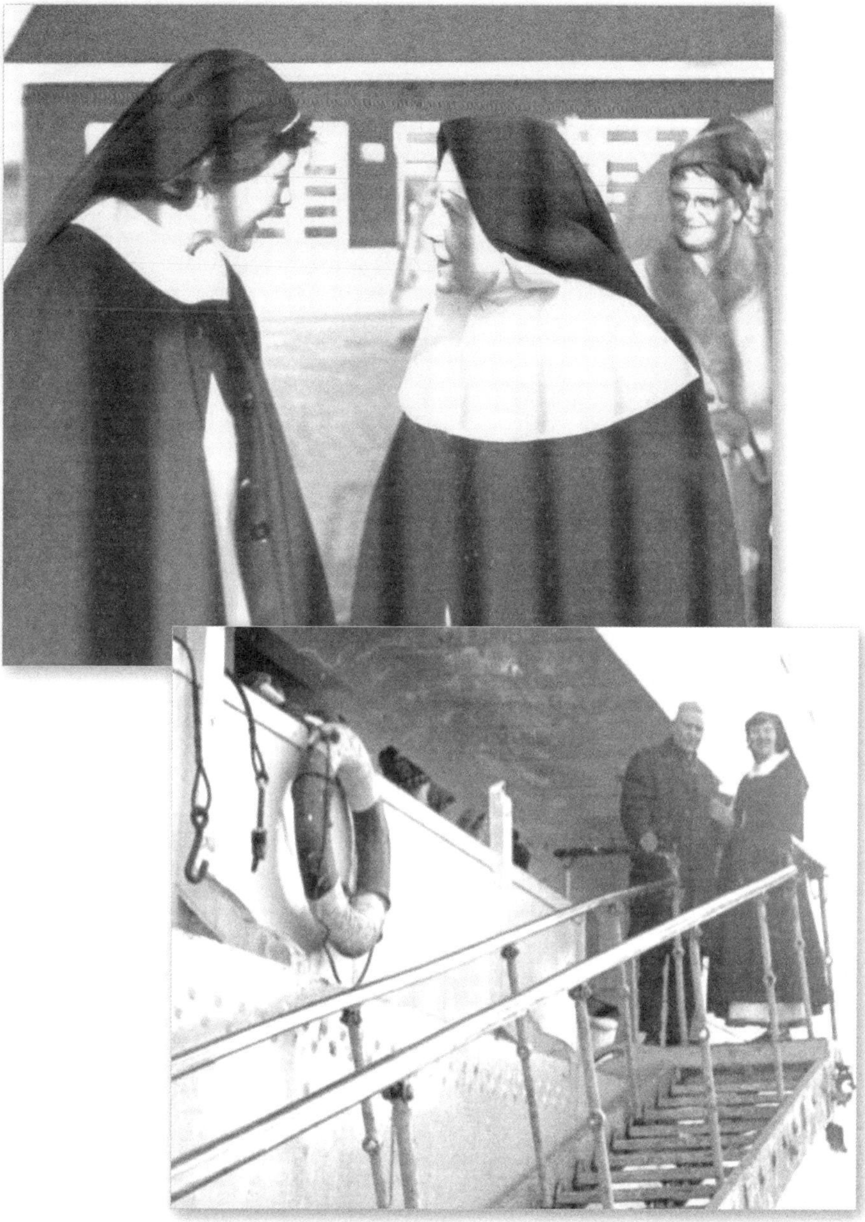

Dia 17 de janeiro de 1964, despedida...
Catarina e eu (ainda noviça) embarcamos num navio semi-cargueiro que nos levaria a Santos, com paradas na Espanha (Vigo), nas Ilhas Canárias, em Recife, Rio de Janeiro...

Fiz minha primeira profissão monástica em 24 de junho de 1964

Serviço arquidiocesano de Liturgia, Encontro "O Povo Canta!"

SECRETARIADO DE PASTORAL

Em janeiro de 1972,
Sueli e eu mudamos para o conjunto habitacional Iguatemi...

Em 1973, descobrimos o posto policial, prisão de menores, na Vila Virgínia

Aqui nasceu a Casa das Mangueiras... Primeiros meninos da casa

CASA DAS MANGUEIRAS

Celebrações

Coordenadora da Casa das Mangueiras

Na Casa das Mangueiras: entre as flores de Lótus, o Arcebispo Metropolitano, DOM JOVIANO, fala sobre a união e o amor entre os povos, na tarde de esperança realizada na última terça-feira

Ele tem alma e som de poeta: com seu violino mágico ANDRÉ BORDI representando as Sociedades Espíritas, deu show em adoração a Deus arena que leva o nome de Gláucia Petersen

Ela vive 24 horas em oração: a Monja IONE BUYST foi uma das mulheres responsáveis pela edificação da Casa das Mangueiras, que hoje é considerada uma das fortalezas de nossa região

Representando suas religiões na confraternização de final de ano com muita oração: NEIDE RIBEIRO DE OLIVEIRA (Afro) e MOHAMED HANZ que leu passagens da bíblia na língua árabe

Oração Interreligiosa, dez. 2008

Mudança para São Paulo,
Faculdade Nossa Senhora da Assunção

EQUIPE DE FUNDAÇÃO DO CENTRO DE LITURGIA

Equipe ampliada

Pós-Graduação – Turma de 1989-1990

1992, Turma da atualização

SEMANA DE LITURGIA

FRATERNIDADE DAS OBLATAS DE SÃO BENTO

E A COMUNIDADE DO POVO DA RUA EM SÃO PAULO

Em 1986 começou meu contato com o Mosteiro da Anunciação do Senhor na cidade de Goiás

Primeiro oratório do Mosteiro da Anunciação

MOSTEIRO DA ANUNCIAÇÃO, IGREJA DA TRINDADE

MOSTEIRO DA ANUNCIAÇÃO, IGREJA DA TRINDADE

CONSAGRAÇÃO MONÁSTICA

Vigília de Pentecostes, 21/05/1994

Em 1996, mudança para um apartamento na Rua da Abolição

1995, início da Celebra

Rede de Animação Litúrgica

Reencontro com um ex-aluno da PUCCamp: Dom Sérgio da Rocha, ex-Presidente da CNBB

Brasília, 2015. 20 anos da Rede Celebra

Voltei para Ribeirão Preto no dia 06 de julho de 2007

NOS MEUS 70 ANOS,
UMA SURPRESA:
UM LIVRO

DIA DE FESTA E DE REENCONTROS

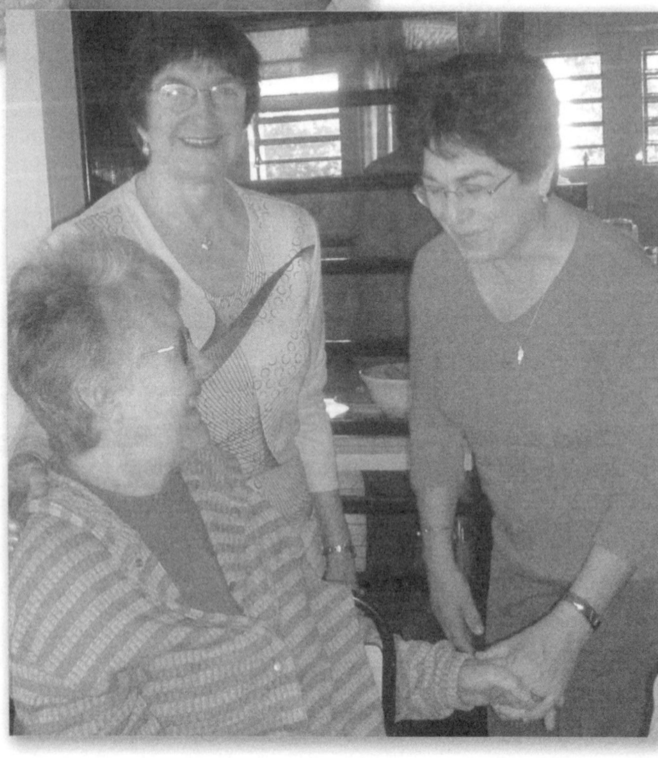

COMUNIDADE DO VITA ET PAX, 2006

Irmã Marina, minha enfermeira desde 2020, quando passei a morar no *Vita et Pax*

50 ANOS • REVISTA DE LITURGIA